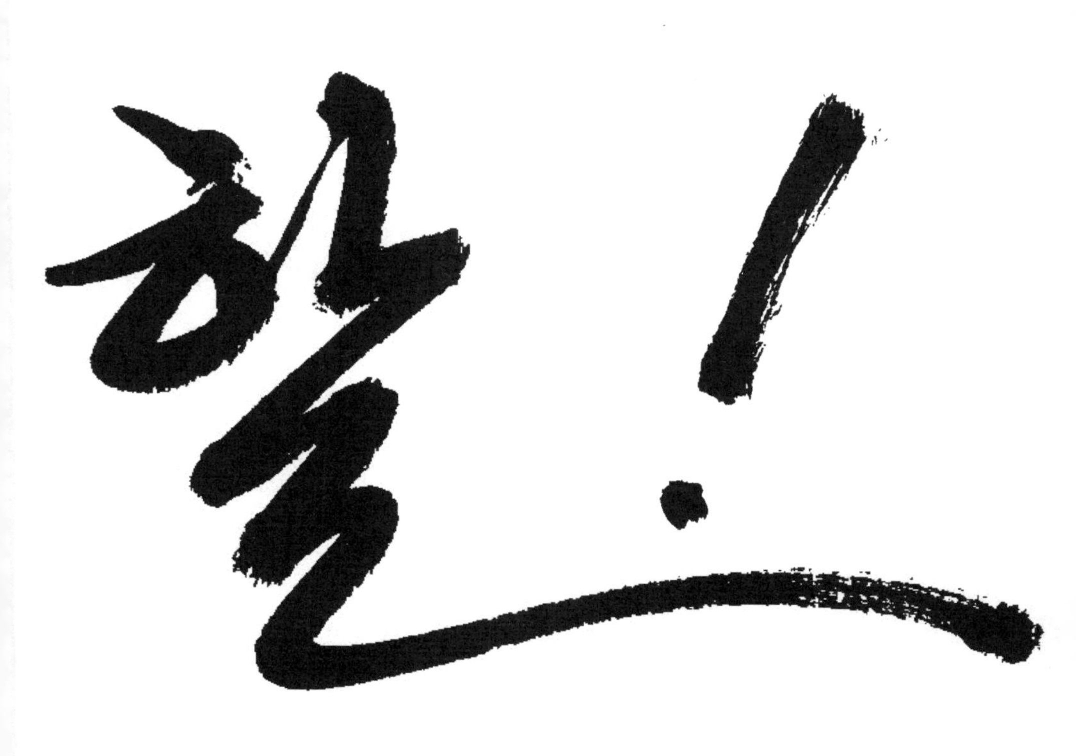

임제선사어록

고광역주

舍利園

차례

제1장 상당上堂

제2장 시중示衆

제3장 감변勘辨

제4장 행록行錄

제5장 탑기塔記

鎭州臨濟慧照禪師語錄
진 주 임 제 혜 조 선 사 어 록

住三聖嗣法小師慧然集
삼성사 주지 법제자 혜연이 모으다.

제1장 상당上堂

상당 설법

마련하고 만족하는 처處

府主王常侍 與諸官 請師升座. 師上堂 云 山僧今日 事不獲已 曲順人情 方登此座. 若約祖宗[1]門下 稱揚大事 直是開口 不得無爾措足處. 山僧此日 以常侍堅請 那隱網宗[2]? 還有[3]作家戰將直下 展陣開旗麼? 對衆證據看!

부주府主 왕상시王常侍가 모든 관원官員과 함께 임제臨濟를 초청하여 높은 자리에 오르게 되었다. 임제가 선당禪堂에 올라서 다음과 같이 말했다.

임제 산승山僧이 오늘 일도 하지 않고 인정에 이끌려 지금 막 이 자리에 올랐습니다.

만약 조사祖師의 종문 사람들이 칭찬할 만한 큰일을 곧바로 입을 연다면, '너희가 마련하고 만족하는 처處'를 얻지 못할 것도 없습니다.

산승에게 이러한 날이 있는 것도 왕상시의 결연한 간청懇請 때문인데 어찌 핵심을 숨기겠습니까?

또한 전문 선객禪客들이 전쟁터가 바로 발 밑이라고 진陣을 벌이고 깃발을 펼치겠습니까?

마주하는 여러 증거들을 보세요!

1 조사전래祖師傳來의 종지宗旨
2 핵심, 급소.
3 그리고, 또한

●府主王常侍與諸官 請師升座.

부주府主 왕상시王常侍가 모든 관원官員과 함께 임제臨濟를 초청하여 높은 자리에 오르게 되었다.

부주府主는 지방장관으로 하북부河北府의 장관이다. 왕은 성씨이며 '상시常侍'는 실제 관직은 아니다. 왕의 좌우에서 보좌하며 모든 일을 돕는 관직으로 산기상시散騎常侍의 줄임말이다. 이 왕상시가 임제를 진주로 초청했는데, 그 당시 진주는 왕씨 일족이 권력을 장악해 독재했다고 한다. 그 왕상시와 관원의 요청으로 이 법회가 이루어졌기에 임제가 법상에 오르게 되었다는 것이다.

●師上堂 云山僧今日 事不獲已 曲順人情 方登此座.

임제가 선당禪堂에 올라서 다음과 같이 말했다./ 임제:산승山僧이 오늘 도리에 맞지 않게 인정에 이끌려 일도 하지 못하고 지금 막 이 자리에 올랐습니다.

임제가 법상에 올라서 인정에 끌려다니지 말아야 하는데 체면을 차리느라고 간청에 못 이겨 억지로 법상에 올랐다고 겸손하게 말을 시작했다.

●若約祖宗門下 稱揚大事 直是開口 不得無爾措足處.

만약 조사祖師의 종문 사람들이 칭찬할 만한 큰일을 곧바로 입을 연다면 '너희가 마련하고 만족하는 처處'를 얻지 못할 것도 없습니다.

조족처措足處에서 일반적으로 조措는 '둔다'로, 족足을 '발'로 해석해서 발붙일 곳으로 해석하나, 조措를 '마련하다', 족足을 '만족하다'로 새기면 '마련하고 만족하는 처處'라고 볼 수도 있다. 문맥상 '발붙일 곳'으로 보기보다는 '마련하고 만족하는 처處'로 보는 게 더 타당해 보인다. 또 '부득무不得無'는 얻지 못할 게 없다는 뜻이다. 따라서 '직시개구부득무이착족처直是開口不得無爾措足處'는 '곧바로 말만 하면 네가 마련하고 만족하는 처處를 얻지 못할 것도 없다.'라고 해석되는데, '곧바로 말해도 발붙일 곳이 없을 것이다.'라는 문장보다 의미도 훨씬 잘 통하고 매끄럽다. 뒤에 무엇을 마련하고 만족하는지 계속해서 설명이 나오니 자세한 설명은 생략한다. 다만 임제 설법의 주된 관점은 '일체유심조一切唯心造'가 이루어지는 '법계法界'를 밝히는 게 그 핵심인데, 그 모든 것의 중심에 '처處'의 작용이 있다.

사실 이 '처處'라는 개념은 임제가 처음으로 밝힌 게 아니고 이미 부처님께서 '12처處'를 말씀하셨고 그것을 다시 임제가 깨달아 계승한 것이다. 우리가 보고 듣고 느끼는 세상은 모두 이 '처處'에서 조작한 법계이며, 이렇게 조작된 법계法界를 바라보면서 판단하게 되는 것이다. 이런 일을 벌이는 그곳을 '입처入處'라고 하며, 임제록 대부분은 이 처處란 개념에 대한 설명이다. 지금 독자의 눈에 보이고 들리는 등으로 감각되는 모든 것이 실제로 대상을 느낀 것이 아니고, '감각 기관'을 통해서 들어온 정보를 토대로 자신이 분석해서 만들어 낸 것들을 늘어놓은 것이다. 이러한 일을 하는 것이 바로 '처'의 작용이다. 이 처가 제대로 작동해야 우리가 보고 듣는 모든 것을 늘어놓을 수 있고 그 결과에 만족하기에 전혀 문제 삼지 않는 것이다. 처에 대한 자세한 내용은 뒤에 수도 없이 나오므로 계속해서 읽어주길 바란다.

●山僧此日 以常侍堅請 那隱綱宗? 還有作家戰將直下 展陣開旗麽? 對衆證據看!

산승에게 이러한 날이 있는 것도 왕상시의 결연한 간청懇請 때문인데 어찌 핵심을 숨기겠습니까? 또한 전문 선객禪客들이 전쟁터가 바로 발 밑이라고 진陣을 벌이고 깃발을 펼치겠습니까? 마주하는 여러 증거들을 보세요!

임제는 이런 날이 모두 왕상시의 간청으로 있게 되었는데 어떻게 가장 중요한 핵심을 숨기겠느냐고 반문을 하고, 전문 선객이 돼서 전쟁터가 발 밑인데 진을 벌이고 깃발을 꽂으며 전쟁을 하겠냐고 되묻고 마주하는 여러 증거들을 각자 확인하라고 법문法門을 한 것이다.

박힌 말뚝은 제거되었다.

僧問 如何是佛法大意? 師便喝[1] 僧禮拜. 師云 這箇師僧却堪持論[2]. 問 師唱[3] 誰家曲宗風 嗣阿誰[4]? 師云 我在黃蘗處 三度發問 三度被打. 僧擬議 師便喝 隨後打 云 不可向虛空裏 釘橛去也.

승려가 물었다.

승려 무엇이 부처님 법의 큰 뜻입니까?

임제가 곧 할喝을 했고 승려는 절을 했다.

임제 이 사람이 사제師弟관계를 버릴 테니 지론持論을 말해 보게.

승려 스님께서 표명하시는 것은 누구에게 귀의한 종풍宗風이며 누구에게 이어받았습니까?

임제 내가 황벽의 처소에서 세 번을 물었다가 세 번 맞았다.

승려가 머뭇거리니 임제가 곧 할喝을 하고 뒤이어 때렸다.

임제 허공 속으로 향하지 않는다는 것은 박힌 말뚝이 제거된 것이다.

---

1 11세기 중국의 운서 <광운廣韻>에 따르면, 喝의 반절은 허갈절(許葛切)이므로 'ㅎ + ㅏㄹ'이 되어 '할'이라고 읽어야 한다. 우리나라에서는 와음이 되어 '갈'이라고 읽지만, 아직도 불교계에선 본음대로 '할'이라고 읽는다.

2 논객으로서 주장하다, 이치에 맞게 의논을 하다.

3 언명하다, 표명하다.

4 누구, 어떤 사람

●僧問 如何是佛法大意? 師便喝 僧禮拜.
승려가 물었다. 무엇이 부처님 법의 큰 뜻입니까? 임제가 곧 할喝을 했고 승려는 절을 했다.

어느 한 승려가 부처님 법의 큰 뜻 물었더니 임제는 곧바로 할을 했다. 여기서 '할喝'은 꾸짖기 위해 큰 소리를 내는 것이지 '할!'이라고 소리 내는 게 아니다. 그렇다면 임제는 왜 질문한 승려에게 답변 대신 꾸짖었을까? 사실 그것은 승려를 꾸짖은 것이 아니라 임제의 답변이다. 다만 언어를 쓰지 않고 바로 실상을 보여준 것이다. 큰 소리를 내어 '할'을 하는 이유는 어리석은 행동을 했을 때 그 어리석음을 깨닫게 해서 바로잡으려는 일종의 '몸짓 body language'인 것이다.

임제가 승려에게 보여준 할의 의미는 '번뇌에서 헤매는 어리석은 중생이 깨달아서 해탈의 삶을 살아가게 하는 것이 부처님께서 설하신 법의 큰 뜻' 즉 '핵심'이라고 대답한 것이며, 동시에 어리석은 생각에서 벗어나도록 큰 경책을 했다고 볼 수도 있다. 그랬더니 질문했던 승려는 그 말뜻을 이해했다는 듯이 절을 했다. 절이란 처음 만나거나 헤어질 때 윗사람에게 하는 행위이다. 그 외에는 매우 '큰 가르침을 받아 몽매함을 깨우쳤을 때 감사함을 표현할 때' 절을 하게 된다. 따라서 그 승려가 임제에게 절을 했다는 것은 뭔가를 깨달아서 감사의 표시로 절을 했다고 볼 수 있을 것이다.

●師云 這箇師僧却堪持論. 問 師唱誰家曲宗風 嗣阿誰?
이 사람이 사제師弟관계를 버릴 테니 지론持論을 말해 보게. 스님께서 표명하시는 것은 누구에게 귀의한 종풍宗風이며 누구에게 이어받았습니까?

임제는 스승과 제자를 떠나서 물어볼 게 있으면 물어보라고 그 승려에게 말했다. 즉 '법에 관한 것' 말고도 물어볼 게 있으면 무엇이라도 괜찮으니 물어보라고 허락을 한 것이다. 그러자 그 승려는 대뜸 임제에게 누구의 법을 이었냐고 물었다. 즉, 이것은 법의 정통성을 물은 것으로 당시 선종에서 내려오던 전통과 깊은 관계가 있다.

본래 깨달음은 누가 증명해 주는 것이 아니고 자신이 스스로 아는 것이다. 만약 자신이 깨달음을 얻고도 깨달은 줄을 모른다면 누가 그 깨달음을 알아줄 것이며, 또 남이 알아준다고 한들 무슨 의미가 있을까? 깨달으려고 하는 이유는 자신의 번뇌를 없애기 위함인데, 깨닫고도 자신의 번뇌가 사라지지 않았다면 다른 사람이 그 깨달음을 인정한들 무슨 의미가 있을까? 그러므로 인가印可라는 것에 대해 너무 집착하는 것은 문제가 있다. 어떤 인가를 받아야 할지는 뒤의 '시중示衆' 부분에서 다시 언급하니 참조하길 바란다.

●師云 我在黃蘗處 三度發問 三度被打. 僧擬議 師便喝 隨後打 云 不可向虛空裏 釘橛去也.

내가 황벽의 처소에서 세 번을 물었다가 세 번 맞았다. 승려가 머뭇거리니 임제가 곧 할喝을 하고 뒤이어 때렸다. 허공 속으로 향하지 않는다는 것은 박힌 말뚝이 제거된 것이다.

임제는 그 대답을 황벽에게 세 번 묻고 세 번 맞았다고 대답했다. 임제는 몰라서 물었을 뿐 황벽에게 특별히 잘못한 게 없는데 도대체 왜 맞았을까? 임제가 물었던 불법의 대의는 결국 자신에게 벌어지는 처의 작용을 깨닫는 것이다. 그런데 왜 자신에게 일어나는 처의 작용을 살피지 않고 엉뚱한 곳에서 해답을 찾느냐고 때린 것이다. 이 승려 역시 그 말을 몰라 머뭇거리니 임제도 황벽처럼 때렸던 것이다. 여기서 때렸다는 것은 폭력을 행사했다는 말이 아니다. 스승이나 부모가 자식을 바르게 인도하기 위해 충격을 주는 일종의 방법일 뿐이다. 임제도 그 말의 뜻을 이해시키기 위해 행동으로 보여 준 것이다.

임제는 또 '허공으로 향해가지 않는 것은 말뚝이 제거된 것이다.'라고 했는데, 허공은 '허공이란 존재存在'가 따로 있지 않기에 실체實體가 없다. 이렇게 '번뇌라는 것'도 '허공'과 같아서 번뇌라는 실체는 그 어디에도 없다. 아무리 그렇다고 하더라도 중생은 어리석기에 없는 번뇌를 붙들고 괴로워하며 자기 자신을 꽁꽁 묶어버린다. 그러므로 '허공으로 향하지 않는다.'라는 표현은 '쓸데없는 번뇌를 향해서 가지 않는다.'라는 뜻이다. 따라서 임제 자신은 번뇌로 묶어 놓았던 말뚝을 이미 제거했다는 뜻이다. 이 말에는 황벽의 법을 이은 게 중요한 것이 아니고 번뇌를 떠난 자유인으로 사는 게 더 중요하다고 말하는 것이다. 즉 어리석은 승려의 잘못된 질문을 지적하기도 하고 아울러 자신의 스승이 바로 황벽임을 은연중에 밝히고 있는 것이다.

부처가 어디 있더냐?

有座主問 三乘十二分教 豈不是[1] 明佛性? 師云 荒草 不曾[2]鋤. 主云 佛豈賺人也? 師云 佛在什麽處? 主無語. 師云 對[3]常侍 前擬瞞老僧! 速退速退. 妨他 別人請問.

좌주가 물었다.

좌주 삼승三乘 십이분교十二分教가 어찌 불성佛性을 밝힌 게 아니겠습니까?

임제가 물었다.

임제 잡초가 무성茂盛 하니 일찍이 김매지 않은 것이다.

좌주 부처가 어찌 사람을 속이겠습니까?

임제 부처가 도대체 어디에 있더냐?

좌주가 할 말을 잃었다.

임제 왕상시와 친하다고 앞에서 노승을 기만하려는구나! 얼른 물러가라. 다른 사람들이 묻는 데 방해된다.

1 豈不是 : 어찌 …이 아니겠는가?
2 不曾: …한 적이 없다.
3 對 : (의기)투합하다. 적합하다. 어울리다. 사이가 좋다.

●有座主問三乘十二分教 豈不是明佛性?

어떤 좌주가 물었다. 삼승三乘 십이분교十二分教가 어찌 불성佛性을 밝힌 게 아니겠습니까?

'좌주座主'는 지금 강원의 '강주'나 승가대학의 '학장'쯤 된다. 또 '삼승三乘'은 '성문聲聞, 연각緣覺 보살승菩薩乘'으로 부처님의 모든 제자이고, '십이분교十二分教'는 불법을 12가지로 분류한 것이다. 그러나 여기서의 삼승 12분교는 대승의 가르침을 의미한다. 좌주가 불경을 연구해 보니 '삼승십이분교三乘十二分教' 즉, 대승의 가르침이 모두 불성을 밝히고 있는데 어찌 그것도 모르느냐고 따지듯이 묻는 것이다.

●師云 荒草 不曾鋤.

잡초가 무성茂盛하니 일찍이 김매지 않은 것이다.

그 질문에 임제는 '잡초가 무성하니 김을 매지 않았다.'라고 말했다. 풀은 풀이되 필요한 풀이 아닐 때 그것을 '잡초'라고 부르는 것이니 잡초의 의미는 부처님 말씀인 것은 틀림없지만 골라내야 할 대상이 된다. 달리 말하면 부처님 법의 골자는 '쓸데없이 집착해서 만들어진 것'이 바로 '번뇌라는 것'을 깨닫는 데 있다.

대상이 무엇이든 집착을 한다면 그것은 잡초가 된다. 하물며 부처님 법이라도 해도 예외는 없다. 부처님 법도 집착하는 순간 괴로움은 따르게 된다. 부처님 법은 벗어나기 위한 수단이지 집착할 대상이 아니다. 그런데 좌주는 그 집착을 벗어나기는커녕 '부처님 법이 최고'라고 집착해서 새로운 잡초를 키운 꼴이 된다.

부처님 법은 '해탈로 나아가기 위한 수단'이지 '평생 짊어질 목적'이 아닌데도 불구하고 그렇게 생각하면 그 법은 짐이 될 뿐 해탈로 인도하지 못한다. 그래서 임제는 좌주에게 호미로 잡초를 제거하지 못했다고 한 것이다.

여기까지는 삼승십이분교를 우리가 알고 있는 개념으로 살핀 것인데, 어쩌면 삼승三乘 십이분교十二分教가 지금까지의 생각과 다를 수도 있다. 일승은 성문, 이승은 연각, 삼승은 보살승으로 생각한다면 삼승은 대승이란 말이 된다.

또 십이분교를 '12가지로 나누어진 가르침'으로 본다면 십이처十二處나 십이연기十二緣起를 말하는 것일 수도 있다. 그런데 앞뒤 문맥을 보면 십이처十二處가 더 맞는 말 같다. 그렇게 본다면 '대승의 십이처'가 어떻게 불성을 밝히는 게 아니라고 하냐고 묻는 말이 된다. 즉 당시에 유행했던 불성佛性 사상과 유식唯識의 문제에 관한 문제로 볼 수 있다.

실제로 임제는 유식에 매우 조예가 깊었던 사람이므로 삼승십이분교는 '대승의 유가유식瑜伽唯識'을 말하는 것으로 보인다. 만약 그렇게 본다면 이 질문을 훨씬 더 명확하게 이해할 수 있다. 질문의 요지는 주관이 되는 안이비설신의가 객관 대상인 색성향미촉법을 상대하니 어찌 이것이 불성이 내 안에 있음을 밝히는 게 아니겠느냐고 묻는 말이 된다. 그렇게 말하니 임제가 잡초가 무성하니 호미질을 하지 않았다고 면박을 준 것이다.

유식의 요지는 무아를 바르게 이해하기 위한 논리적 탐구이지 불성이란 존재存在를 밝히기 위함이 아니다. 불성은 존재存在로서의 속성이 아니고 '부처가 될 가능성'을 표현한 말일 뿐이다. 즉 좌주는 불성을 존재存在로 보고 어리석게 질문하므로 임제는 잡초를 제거하지 않았다고 말한 것이다.

●主云 佛豈賺人也? 師云 佛在什麽處? 主無語.
부처가 어찌 사람을 속이겠습니까? 부처가 도대체 어디에 있더냐? 좌주가 할 말을 잃었다.

임제의 말을 알아듣지 못한 좌주는 다시 부처님이 어찌 우리를 속이겠느냐고 따져 물었고, 임제는 부처가 어디에 있느냐고 되물었다. '부처님'이란 말은 고유명사가 아니라 보통명사이다. 즉 어떤 상태에 있을 때 붙여지는 게 이름이다. 부처란 어디에 있는 게 아니고 부처의 삶을 살아갈 때 비로소 '부처'라고 부르는 것이다.

'부처'는 객관적인 실체實體를 지칭하는 것이 아니기에 어디에서도 그 실체를 찾을 수 없다. 여기에서 말하는 부처는 역사적으로 실존했던 그 부처가 없다고 말하는 게 아니다. 그런 정도는 이미 알고 있었기에 좌주가 아무런 대답도 하지 못한 것이다.

●師云 對常侍 前擬瞞老僧! 速退速退. 妨他 別人請問.
왕상시와 친하다고 앞에서 노승을 기만하려는구나! 얼른 물러가라. 다른 사람들이 묻는 데 방해된다.

아마도 여기에 등장하는 좌주는 왕상시와 친분이 돈독했던 것 같다. 그래서 임제보다 더 뛰어나다는 것을 증명하려고 왕상시 앞에서 도발했던 것 같다. 그렇지 않은 다음에야 이렇게 도발적으로 질문을 할 이유가 없다.

사실 깨달음은 학문으로 배우고 외워서 얻어지는 것은 아니고 스스로 느끼고 사유하며 체험했을 때 비로소 확인되는 것이다. 번뇌를 없애고 싶으면 그 번뇌가 어떻게 생성되고 유지되며, 변하고 사라지는지를 분명하게 볼 수 있어야 그 번뇌가 자신의 손아귀에 있어 번뇌를 자유자재로 다루게 되는 것이다. 이렇게 임제는 좌주의 어리석음을 한마디로 꼬집어 일축해 버렸다. 임제는 좌주의 수준 낮은 질문에 대꾸할 가치조차도 느끼지 못했을 것이다. 그렇지 않고서야 다른 사람이 묻는 데 방해되니 얼른 물러가라고 말 하겠는가?

소중한 보배

復云 此日法筵 爲一大事故 更有問話者麼? 速致問來! 爾纔開口 早 勿[1]交涉也. 何以如此不見? 釋尊云 法離文字 不屬因不在緣故 爲爾信不及 所以[2] 今日葛藤恐滯. 常侍與諸官員昧他佛性 不如且退. 喝! 一喝 云 少[3] 信根人 終無了日[4] 久立珍重.

임제가 다시 말했다.

임제 오늘의 법연法筵은 일대사一大事를 위한 까닭이니

다시 더 물어볼 사람이 있는가?

속히 물어보라!

너희가 겨우 입을 뗐을지라도 벌써 교섭되었다.

어째서 이처럼 보지 못하는가?

석존釋尊께서 말씀하시기를

"법法은 글자를 떠나 있기에 안의 원인에 속하지도 않고

밖의 조건에 있지도 않다."라고 하셨기 때문에

너희가 완전하게 믿을 수 없어

오늘도 갈등葛藤하고 막힐까 두려운 것이다.

---

1 沒 과 혼용.

2 그러므로, 때문에. 爲자가 앞에 있을 경우와 그렇지 않을 경우가 있다. 文語의 所以와는 다르다.

3 述語로서는 없다, 부족하다의 뜻

4 결말이 나는 날. 了期라고도 한다.

왕상시와 모든 관원이 불성佛性에 빠져있으니
더욱 물러감만 못하리라.
할喝!

한 번 할을 하고 나서 말했다.

임제 믿음이 적은 사람이 끝내 마치지 못하는 것은
오랜 입장을 보배처럼 여기기 때문이다.

●復云 此日法筵 爲一大事故 更有問話者麽? 速致問來!
임제가 다시 말했다. 오늘의 법연法筵은 일대사一大事를 위한 까닭이니 다시 더 물어볼 사람이 있는가? 속히 물어보라!

임제가 이 법회를 연 이유가 '일대사一大事'를 위해서라고 말했는데, 일대사는 과연 무엇일까? 인간에게 가장 중요한 문제는 아마도 '나고 죽는' 문제일 것이다. 밥을 먹는 이유도, 일하는 이유도, 인간이 하는 모든 일은 결국은 '죽지 않고 살아가기 위해서'라고 말할 수 있다. 이 생사라는 일대사는 늘 인류에게 있어서 자장 큰 난제였다. 이 문제에 대해 여러 종교와 철학, 과학이 각자의 방식대로 해답을 제시했으나 그곳엔 언제나 논쟁만 있을 뿐 올바른 해답이 제시된 적이 없다. 신을 섬기는 종교는 '세상은 신이 창조했으니 신이 거둔다.'라고 말하고, 자연을 믿는 종교는 '자연의 섭리이니 섭리대로 갈 것'이라고 말하며, 또 현대과학은 실제적이고 물리적인 접근을 통해 인간의 수명을 연장하려고 한다. 그러나 그 어느 종교나 학문도 조금만 깊게 들여다보면 자체의 모순에 빠져 벗어나지 못하고 있다. 이 문제에 대해 부처와 조사는 사람들에게 가장 확실하고도 완벽한 방향을 제시한다. 그러나 그 제시한 길은 언어라는 이원적인 구조를 벗어나야만 비로소 보이는 길이다. 이 길은 '제 3의 길'인 '중도'로, 이 길만이 일대사의 문제를 완벽하게 해결할 수 있다.

●爾纔開口 早勿交涉也.
너희가 겨우 입을 뗐을지라도 벌써 교섭되었다.

여기 '물교섭勿交涉'에서 '물勿'은 '몰沒'자와 같이 쓰이는 자로 '빠지다, 해버리다.'라는 뜻이다. 따라서 '물교섭'이란 말은 '이미 교섭이 되었다'는 뜻이다. 이 부분이 매우 중요한데 우리는 사물을 판단할 수 있어야 비로소 언어로 표현할 수 있다. 만약에 대상을 판단할 수 없다면 아무리 본다고 해도 말로 표현할 수가 없다. 말하기 전에 이미 경험되어 있어야 그 경험을 토대로 대상을 판단할 수 있기 때문이다. 그러므로 무언가 '입을 열어 말을 했다는 것'은 이미 경험되었고 나름의 판단기준이 생겼다는 의미이다. 그래서 이미 대상과 그것을 아는 의식이 서로 교섭되었다고 한 것이다. 뒤에 더 자세한 설명이 또 나오므로 지금 모른다고 걱정할 필요는 없다.

●釋尊云 法離文字 不屬因 不在緣故

부처님께서 말씀하시기를 "법法은 문자를 떠나 있으기에 안의 원인에도 속하지 않고 밖의 조건에 있지도 않다."라고 말씀하셨기 때문에

과연 이 글을 읽는 독자 중에 이 말을 이해할 수 있는 사람이 몇이나 될까? 사실 그렇게 어려운 말은 아닌데, 용어를 바르게 하지 못한 채 짐작으로 읽고 제멋대로 해석해 버리기 때문에 생기는 일이다. 여기서는 '법法'이 무엇을 가리키고 있는지 그 대상을 정확히 아는 게 가장 중요하다.

'법法'은 '안眼, 이耳, 비鼻, 설舌, 신身'이 '색色, 성聲, 향香, 미味, 촉觸'을 감지해 취합하여 하나의 대상으로 묶는 작용을 '의근意根'이 하게 되는데, 바로 그 대상이 '법法'이다. 그래서 우리가 인식하는 그 대상은 언제나 통합된 개념으로 느끼게 된다.

예를 들어 여기에 사과가 있다고 치자. 우리가 이 사과를 보는 동시에 '시큼한 맛', '사과 향' '사과의 느낌' 등의 오감이 동시에 느껴지게 되는데, 이렇게 통합된 개념이 바로 '법'이다. 사실 우리는 여러 '감각 기관'에서 느낀 것들을 취합해 감정을 결부시켜 이해하게 되는 것이다. 이 법은 '마음이라고 부르는 의근'이 대상으로 삼는 것으로, 이것은 마음이 만들어 낸 대상이지 외부에 존재存在하는 '절대 객관 대상'을 말하는 게 아니다.

우리는 보통 대부분을 언어로 생각하기 때문에 그것이 마치 실체實體가 있는 것처럼 이해하는 것이다. 언어가 지시하는 것은 법으로, 마음이 만들어 낸 개념이지 실체가 아니다. 그래서 이 법은 몸 안에 있지도 않고, 외부에 존재存在하는 것도 아니다. 서로 의지해서 일어나는 것이 법이기에 마음만 작용한다고 만들어지지 않고, 외부에 존재存在한다고 해서 무조건 생겨나지도 않는다.

외부의 대상에 대한 감각 기능과 그것을 토대로 조작하는 처, 그리고 인식 작용이 서로 의지했을 때 비로소 드러나는 게 바로 '법'이다. 이 부

분도 뒤에 많이 나오므로 더 이상의 설명은 생략한다.

●爲爾信不及 所以 今日葛藤恐滯. 常侍與諸官員 昧他佛性 不如且退. 喝!

너희가 완전하게 믿을 수 없으므로 오늘도 갈등葛藤하고 막힐까 두려운 것이다. 왕상시와 모든 관원이 불성佛性에 빠져 있으니 더욱 물러감만 못하리라. 할喝!

임제는 또 위와 같은 내용을 듣고 이해가 안 되어 갈등하고 두려워하는 이유가 믿지 못하기 때문이라고 말했다. 그럼 무조건 믿으라는 말인가? 불교에서의 믿음은 무작정 믿는 것이 아니라 확인하고 나서 의심이 없는 것을 말한다.

다른 종교에서 말하는 '불합리해서 믿는다.'라는 식의 '어리석은 믿음迷信'과는 차원이 다른 것이다. 임제는 왕상시와 관원들이 '불성佛性이 자신에게 실체實體로 내재해 있다.'라는 식의 '불성론佛性論'에 빠져있어 더 얘기해봐야 이해하지도 못하니 이쯤에서 그만두는 게 좋을 것 같다고 말하고 '할'을 했다. 이 '할'의 의미는 '제발 정신 좀 차려라!'하고 말이 아닌 행동으로 보여주는 것이다.

●少信根人 終無了日 久立珍重.

믿음이 부족한 사람이 끝내 마치지 못하는 것은 오랜 입장을 보배처럼 여기기 때문이다.

'진중珍重'이란 말은 마지막 인사말로 '안녕!'이란 의미도 있지만 '보배처럼 귀중히 여긴다.'라는 뜻도 있다. 이곳에서는 문맥상 후자로 보는 것이 좋다. 그 이유는 끝내 깨닫지 못한 이유가 '구립진중久立珍重' 즉, '오랜 입장을 보배처럼 여긴 것'이기 때문이다.

앞의 문장에서 '불성'이 실재實在한다는 믿음 때문에 깨닫지 못한다고 지적했으니 '오랜 입장'이 바로 '불성이 실체로 내 안에 존재存在한다.'라고 생각하는 것이다. 설법의 마지막은 앞에서 말한 것 중에서 잊지 말아야 할 가장 중요한 핵심을 추려서 간단하게 상기시키는 법이다. 따라서 '구립진중久立珍重'을 '서 있느라 고생했소! 잘 가시오!'로 해석해서는 안 될 것이다. 그게 뭐가 중요하다고 그리 말하겠는가? 그리고 법문法門의 내용이 오래 서 있을 만큼 길지도 않다. 이런 식의 맥락 없는 해석은 공부하는 사람들의 눈만 가릴 뿐, 공부에 전혀 도움이 안 되니 그러지 않았으면 좋겠다.

아직 살피지 못했나?

師因一日 到河府 府主王常侍 請師升座. 時麻谷出問 大悲千手眼 那箇是正眼? 師云 大悲千手眼 那箇是正眼 速道 速道! 麻谷拽師下座 麻谷却坐. 師近前 云 不審?! 麻谷擬議 師亦拽麻谷下座 師却坐. 麻谷便出去 師便下座.

임제가 어느 날 하부河府에 이르렀는데 부주府主인 왕상시王常侍가 임제를 청하여 법좌에 오른 게 원인이었다. 그때 마곡麻谷이 나와서 물었다.

마 곡 대자대비하신 천수천안관세음보살은

어떤 눈이 진짜 눈입니까?

임 제 대자대비하신 천수천안관세음보살은

어떤 눈이 진짜 눈이냐?

얼른 말해라, 얼른 말해!

마곡이 임제를 자리에서 끌어내리고 마곡이 되돌아가 앉았다. 임제가 가까이 가서 말했다.

임 제 아직도 살피지 못했나?!

마곡이 머뭇거리니 임제 또한 마곡을 자리에서 끌어내리고 임제가 되돌아가 앉았다. 마곡이 곧 밖으로 나가자 임제도 바로 자리에서 내려왔다.

●師因一日 到河府 府主王常侍 請師升座. 時麻谷出問 大悲千手眼 那箇是正眼? 師云 大悲千手眼 那箇是正眼? 速道 速道! 麻谷拽師下座 麻谷却坐.

임제가 어느 날 하부河府에 이르렀는데 부주府主인 왕상시王常侍가 임제를 청하여 법좌에 오른 게 원인이었다. 그때 마곡麻谷이 나와서 물었다./ 마곡: 대자대비하신 천수천안 관세음보살은 어떤 눈이 진짜 눈입니까?/ 임제: 대자대비하신 천수천안 관세음보살은 어떤 눈이 진짜 눈이냐? 얼른 말해라, 얼른 말해! 마곡이 임제를 자리에서 끌어내리고 마곡이 되돌아가 앉았다.

마곡이 나와서 임제에게 던진 질문은 참 당황스럽다. 천수천안관세음보살은 천 개의 손과 천 개의 눈이 있어 모든 중생을 일일이 다 구원해 주신다는 보살이다. 만약 어떤 사람이 마곡처럼 '관세음보살의 천 개의 눈 가운데 어떤 눈이 진짜 눈인가?'라고 독자에게 묻는다면 어떻게 대답하겠는가?

임제는 그 질문을 마곡을 향해 되물으며 대답하기를 종용했다. 그러자 마곡은 자신의 질문에 답하지 못했다고 생각했는지 바로 끌어내리고 돌아가서 앉았다. 이때까지만 해도 마곡은 자신이 임제에게 한 방 먹였다고 생각했던 것 같다.

참고로 '각좌却坐'에 대해 살펴보도록 하자! 각좌却坐는 '뒷걸음질 치며 물러나 앉는 것'을 의미한다. 또 한 가지 반드시 생각해봐야 할 것은 '왜 선사들은 빨리 말하라고 하는가?'이다. 사람은 급하게 말할 때 평소에 바라보는 관점이 바로 드러나게 된다. 오랫동안 생각하고 뜸 들여 말하면 그의 평소 생각을 가늠하기 어렵다. 다분히 계산된 생각이기 때문이다. 빨리 말했을 때 생각하지 않고 있는 그대로 말하기 때문에 그 사람의 생각을 비교적 정확히 읽어낼 수 있다. 그래서 마곡에게 빨리 말해보라고 임제가 채근한 것이다.

●師近前 云 不審?! 麻谷擬議 師亦拽麻谷下座 師却坐. 麻谷便出去 師便下座.

임제가 가까이 가서 말했다./ 임제: 아직도 살피지 못했나?!/ 마곡이 머뭇거리니 임제 또한 마곡을 자리에서 끌어내리고 임제가 되돌아가 앉았다. 마곡이 곧 밖으로 나가자 임제도 바로 자리에서 내려왔다.

마곡은 임제가 다가와서 '불심不審?!'이라고 말했는데, 이 '불심不審'에는 두 가지 의미가 담겨있다. 하나는 임제의 질문에 대답하지 못하는 것을 보니 '아직 살피지 못했는가?'라는 뜻이고, 또 하나는 잘 모르면서도 어떻게 '안녕하신가?'라는 뜻이 동시에 있다.

생각지 못한 임제의 물음에 어안이 벙벙하던 그 순간, 임제는 마곡을 자리에서 끌어 내렸다. 그대는 참선할 자격이 없다는 뜻이다. 마곡은 임제의 한마디에 그만 퇴장하고 만다. 임제도 자신의 할 일을 마쳤으니 역시 퇴장 했다.

스승의 역할은 제자가 보지 못하는 것을 볼 수 있도록 일러주는 조언자며 안내자일 뿐이다. 깨달음은 각자가 탐구해서 얻어내는 것이지 스승이 깨달음을 담보해 주진 못한다. 임제는 마곡이 던진 질문에 대해 정말로 자신이 알고 있어서 그 질문을 던진 것인지 점검한 것이다. 사람들은 기본적으로 자신이 알지도 못하는 질문을 던지는 경우가 많다.

질문이라고 해서 그것이 언제나 정당하진 않다. 언어로 사유하는 질문을 던지는 경우는 그 질문이 더더욱 정당하지 않다. 언어는 양극단을 서로 의지해서 이루어지는 논리이므로 항상 50:50의 선택을 강요하게 된다. 이러한 질문은 질문 자체가 오류로 정당한 질문이라고 할 수 없다. 여기 마곡의 질문이 그러한데, 무엇이 바른 눈인지, 아닌지를 점검하는 것은 50:50의 선택 질문이다.

어느 것이 정안正眼이냐고 묻기 전에 그것이 과연 본다는 것이 무엇인지를 정확히 알고 난 후에 정안正眼인지, 아닌지를 물을 수 있다. 이 근본문제를 해결하지 않고 한 질문은 일견一見 난제難題인 것처럼 보이지만 사실은 어리석은 질문에 불과한 것이다. 임제가 마곡에게 같은 질문을 다시 던진 것은 이런 어리석음을 깨우쳐주기 위해서 그렇게 한 것이다.

마곡 역시 비범한 사람인 것은 분명하다. 자신의 오류를 바로 알아차리고 그 자리를 벗어나 퇴장을 했는데 과연 그는 어디로 갔을까? 아마 모르긴 몰라도 그는 그 문제를 해결하기 위해 선방으로 돌아갔으리라. 어리석은 사람은 아무리 가르쳐 주어도 모르고 현명한 사람은 말 한마디에 모든 것이 끝나버리기도 하는 것이다.

참고로, '불심不審'이란 말은 '안녕하신가?'로 번역되기도 한다. '불심不審'이 고대 중국의 승려가 서로 만났을 때 서로 건네던 인사말인데, 승려는 언제나 자신을 되돌아보고 또 대중을 살펴야 하므로 '살피지 못했습니다.'를 인사의 대용으로 쓴 것이다. 그러므로 불심에는 '안녕하십니까?'와 '살피지 못했습니다.'의 뜻이 함께 있다.

증명된 적도 없는 자

上堂云

赤肉團上 有一無位眞人 常從汝等諸人 面門出入 未證據者 看看! 時 有僧出問 如何是無位眞人? 師下禪床 把住 云 道道. 其僧擬議 師托開 云 無位眞人! 是什麼 乾屎橛? 便歸方丈.

선당禪堂에 올라 임제가 말했다.

임제 붉은 살덩어리에 어떤 '무위진인無位眞人'이 있어
항상 너희 모든 사람의 면문面門으로 출입하는데
아직 증거가 없는 자이니 살펴보고 살펴보라!

그때 어떤 승려가 나와서 물었다.

승려 무엇이 '무위진인'입니까?

임제가 선상禪床에서 내려와 틀어쥐고 말했다.

임제 말이다, 말!

그 스님이 머뭇거리니 임제가 떼어버리며 말했다.

임제 무위진인이라니!
이게 도대체 무슨 마른 똥 줄기더냐?

곧바로 방장실로 돌아갔다.

●赤肉團上 有一無位眞人 常從汝等諸人 面門出入 未證據者 看看!
붉은 살덩어리에 어떤 '무위진인無位眞人'이 있어서 항상 너희 모든 사람의 면문面門으로 출입하는데 아직 증거가 없는 자이니 살펴보고 살펴보라!

적육단상赤肉團上의 '상上'은 붉은 살덩어리의 '위에'라기 보다 '상황'이란 뜻이다. 즉 '붉은 살덩어리에'로 보아야 한다. 사람들은 몸속에 위치도 없는 진짜 사람이 있다고 생각하고 산다. 그런데 위치가 없다고 말했다. 왜 그랬을까?

사람들은 기본적으로 '자아'나 '영혼' 등의 육체와는 별개로 진짜의 내가 육체에 깃들어 있다고 생각하고 살아간다. 그런데 그 자아가 어디 있느냐고 물으면 구체적으로 어디 있다고 말할 수 없다. 눈으로 볼 때는 눈에 있는 듯하고, 귀로 들을 때는 귀에 있는 듯하다. 이렇게 자아는 있다고만 생각할 뿐 그 위치를 확정할 수 없다. 그래서 '위치가 없는 참 사람'이 있다고 말한 것이다.

또한, 사람들은 그 '자아自我'는 늘 '얼굴의 문面門'으로 들락날락하는 것처럼 생각하며 살아간다. 거의 모든 '감각 기관'이 얼굴에 몰려 있으므로 그렇게 느끼는 것이다. 그래서 우리나라 말도 '얼(혼)이 드나드는 구멍'이라고 생각해서 '얼굴'이라고 부르는 것과 같다. 그러나 그 자아를 본 사람은 아무도 없다. 과거에도 없었고 지금도 없으며 미래도 없을 것이다.

다만 사람들이 '그럴 것'이라고 생각할 뿐, '확인할 수도 없는 것'이기에 증거가 아직 없다고 말한 것이다. 그런데도 사람들은 무엇인지 확실히 알 순 없지만, 이 몸 어딘가에 진짜 내가 있다고 고집한다. 그것이 영혼이든, 에고이든, 자아이든, 마음이든……. 그러니 그것이 사실인지 아닌지 살펴보고 또 살펴보라는 것이다.

여기서 '간看'이란 우리말로는 그냥 '본다.'이지만, 간看의 본래 의미는 '사실인지 아닌지를 확인하며 살펴보는 것'을 말한다. 그래서 우리가 '경을 보는 것'을 간경看經이라고 한다. 경을 볼 때는 언제나 사실확인을 하며 그 내용을 따라서 보는 것이기 때문에 간경看經이라고 부르는 것이다.

●時 有僧出問 如何是無位眞人? 師下禪床 把住 云 道道.
그때 어떤 승려가 나와서 물었다. 무엇이 '무위진인'입니까? 임제가 선상禪床에서 내려와 틀어쥐고 말했다. 말이다, 말!

임제가 무위진인에 대한 설명이 채 끝나기도 전에 어떤 승려가 튀어나와 그 무위진인이 무엇이냐고 물은 것이다. 그러나 임제가 정작 이 무위진인을 말한 의도는 그 무위진인을 찾으라는 게 아니고 아무리 찾아봐야 찾을 수 없다는 사실을 말하려고 한 것이다.

지금 사람들의 마음에서 벌어지고 있는 생각 즉, 자아가 있고 그 자아가 내 몸을 조종한다고 하는 어리석음을 임제는 설명하려고 이 무위진인이란 말을 꺼낸 것이다. 그런데 말을 해주어도 알아듣지 못하고 무위진인이 뭐냐고 질문을 하니, 말귀도 모르는 승려가 한심했던 임제는 선상에서 내려와 그 승려를 틀어쥐고 '도도道道'라고 말했다.

여기서 '도도道道'는 과연 무슨 뜻일까? 이것은 '말해라 말해!' 또는 '말이다, 말!' 쯤으로 해석할 수 있는데, 여기서는 '말이다, 말!'로 해석했다. 이것은 말만 있을 뿐 확인되지 않는 말장난일 뿐임을 지적했다고 볼 수 있기 때문이다. 사실 '무위진인' 또는 '자아', '영혼' 등으로 불리는 것들은 모두 말만 있을 뿐 확인된 적도 없고 확인될 수도 없는 것들이다.

선禪 수행을 하는데 있어서 가장 먼저 할 일은 생각해도 되는 것과 생각하지 말아야 하는 것을 구분하는 것이다. 말만 있고 증명될 수 없는 것들은 반드시 사유思惟에서 배제해야 한다.

●其僧擬議 師托開 云 無位眞人! 是什麽 乾屎橛? 便歸方丈.
그 스님이 머뭇거리니 임제가 떼어버리며 말했다. 무위진인이라니! 이게 도대체 무슨 마른 똥 줄기더냐? 곧바로 방장실로 돌아갔다.

임제의 대답을 이해하지 못한 그 승려가 주저하고 머뭇거리니, 임제는 그 승려를 틀어쥐고 '무위진인이 무슨 똥 줄기더냐?!'고 나무라고 방장실로 되돌아갔다. 설법도 대중의 상태를 고려해서 하는 것이 중요하다. 지적 수준이 매우 낮아 아직 알아들을 수 없는 어린아이에게 어려운 강의를 한다면 무슨 의미가 있겠는가? 지금 말해주는 것보다는 성숙할 때까지 기다리는 것이 더 현명하다. 그래서 임제는 설법을 그만두고 방장실로 퇴장한 것이다.

여기서 '간시궐乾屎橛'의 의미를 좀 더 분석해 보자! '건乾'은 '마르다', '하늘' 등의 의미로 쓰이는데 전통적으로 '건'이 아니라 '간'으로 읽는다. 아무튼, 이 '간시궐'이 무엇을 말하는 것인지 그 논란이 사뭇 진지하다. 그러나 문맥에서 보면 그게 그리 중요하지 않다. 그것이 '똥 막대기'이든 '똥 줄기'이든 아무런 상관없다. 임제는 '자아가 없다'는 말을 하려고 '무위진인'을 찾아보라고 말했는데, 그 승려는 실체實體도 없는 무위진인을 찾으려하니 무슨 뚱딴지같은 소리냐며 어이없어서 한 말일 뿐이기 때문이다.

'간시궐'은 그냥 우리말의 '뚱딴지' 정도의 의미이다. 사실 우리말의 '뚱딴지'도 '돼지감자'에서 유래한 말이지만, 우리도 꼭 그렇게 돼지감자라는 뜻으로 쓰지 않고 의미를 확장해서 쓰는 것과 같다. 따라서 문맥상 '간시궐'은 말귀를 못 알아듣는 승려가 하도 기가 막혀 임제가 내뱉은 말이다.

이런 난감한 상황이 지금의 수좌들이라고 다르겠는가? 예나 지금이나 매한가지로 다름이 없다. 그 이유의 핵심엔 잘못된 번역이 있다. 기존의 큰 스님들이 잘못된 번역과 법문法門으로 사람들의 눈을 가려놓았고, 또 후학들은 조금의 의심도 없이 그 해석을 고스란히 전수했다. 그러다 보니 후학들은 번역된 선어록을 읽다가 모르는 글이 나올지라도 큰 스님들이 번역했으니 틀림없는데 내가 어리석어 모를 뿐이라고 생각한다.

역자 역시도 철이 들기도 전에 절집에 들어왔기에 그렇게 생각했고, 언감생심 의심할 수 없었다. 이 문제의 심각성은 비단 이것으로 끝나지 않는다. 정작 임제가 말했던 요지를 제대로 이해하지 못한 채 '무위진인'을 찾으려고 뚝심 있게 무작정 돌진하는 것이 더 문제이다. '이해하고 수행하는 것'과 '이해하지 못한 채 수행하는 것'의 차이는 출발선에선 그리 차이나지 않는다. 그러나 그 상태로 나아가면 갈수록 간극間隙은 천양지차로 벌어져 회복할 수 없게 된다.

바른 이해야말로 수행의 첩경이다. 이런 '잘못된 해석의 전수'로 인해 피해를 보는 것은 멋모르고 달려드는 후학들이니, 너나 할 것 없이 한결같이 '무위진인'을 찾겠다고 애쓰는 것이 작금의 현실이다. 임제에게 '무위진인이 무엇입니까?'라고 물으니 '쓸데없는 소리'라고 단호히 말했거늘, 아직도 그 무위진인을 찾고 있으니 잘못 되어도 보통 잘못된 게 아니다.

특히 한문은 단어의 쓰임을 문맥에서 이해해야 하거늘 단순히 한 글자마다 집착하니 문맥이 보이지 않는 것이다. 분명히 말하지만, 임제는 '무위진인이라니! 이게 무슨 뚱딴지냐?'하고 꾸짖은 것이다. 그러니 지금의 수행자들이 무위진인을 찾겠다고 화두를 쓰지 말았으면 한다. 될 수 없는 뻔한 일에 목을 매는 것은 그야말로 시간 낭비요 인생 낭비일 뿐이다.

이왕 말이 나왔으니 '화두話頭'도 한 번 살펴보자! 화두話頭를 흔히 '의심 덩어리'라고 하는데, 무엇에 대한 의심일까? 대답은 너무나 간단하다. 바로 '화두話頭'다! 화두話頭의 '화話'는 '말'이란 뜻이고 '두頭'는 의미 없는 접미사이다. 따라서 '화두'는 그냥 말을 의미한다. 요즘 현대용어로는 '언어'에 해당한다. 또 우리는 '선禪'을 수행의 도구로 삼는다. 그런데 '선禪'이란 '선사禪思'라는 번역어를 줄여서 '선禪'이라고 부르는 것인데, 사실 '선禪'은 산스크리트어를 음사音寫한 말이고 '사思'는 그것에 대한 번역어로 '생각한다'는 뜻이다. 결국, 같은 말이지만 이해하기 쉽도록 이중으로 붙여 사용한 것이다. 우리말에도 비슷한 용예가 있다. '역전驛前'의 '전前'이나 '앞'은 같은 말이지만 '역전 앞'으로 붙여쓰기도 한다.

'선禪'이란 '생각한다'라는 뜻이며, 또 이것은 '사유수思惟修'라고도 번역한다. 즉 사유로써 닦는다는 말이다. 따라서 선은 깊은 사유를 하기 위해서 하는 것이다. 그렇다면 '화두선을 한다.'라는 의미가 더욱 명확해지는데, '언어를 의심하고 사유하는 것'이라고 정의 내릴 수 있다. 사실 우리가 번뇌에서 벗어나지 못하는 것이 '언어의 모순적인 관계로 사유함으로써 벌어지는 비극'이 대부분이다. 이 실마리를 볼 수 있어야 비로소 진리에 대한 접근이 가능해진다. 그래서 선사들은 화두를 의심하라고 끊임없이 말한 것이다. 이렇게 화두를 의심하다 보면 어느 순간 언어의 모순관계를 명확히 파악하게 된다. 그래야 그 모순 관계에서 벗어나는 길이 보인다. 그 길이 보여야 비로소 '언어도단言語道斷'이 이루어지는 것이다. '언어도단言語道斷'은 언어로 사유하지 않는 것이다. 그래서 옛사람들은 이것을 '말길이 끊어진 것'이라고 말했다. 이러한 내용은 뒤로 갈수록 더욱 깊게 다루어질 것이므로 계속해서 읽어주길 바란다.

두 번의 할喝

上堂 有僧出禮拜 師便喝. 僧云 老和尙 莫探頭 好! 師云 爾道! 落在什麽處? 僧便喝.

선당禪堂에 올랐는데 어떤 승려가 나와서 절을 했다. 임제가 바로 할喝을 했다. 승려가 말했다.

승려 노화상老和尙께서는 사람을 찾지 않는 게 좋겠습니다!

임제가 말했다.

임제 자네가 말해 보게! 결론은 어디에 있는가?

승려가 바로 할을 했다.

●上堂 有僧出禮拜 師便喝.

선당禪堂에 올랐는데 어떤 승려가 나와서 절을 했다. 임제가 바로 할喝을 했다.

임제가 설법하려고 법상에 올랐는데 어떤 승려가 나와서 절을 했다. 설법할 때의 절은 '깨우쳐준 스승에 대한 감사'를 표현하는 '몸짓'이다. 그런데 이 승려는 임제가 말하기도 전에 먼저 미리 나와서 절을 했다. 그래서 임제는 할로 꾸짖었다. 이 할의 의미는 '질문도 없는데 혼자 한 대답은 그냥 헛소리인 것을 모르나?'라는 의미가 담겨있다.

●僧云 老和尚 莫探頭 好!

노화상께老和尚서는 사람을 찾지 않는 게 좋겠습니다!

그 승려가 '사람을 찾지 않는 게 좋겠다.'라고 말한 뜻은 '내가 이미 법을 받았으니 다른 사람 찾을 필요도 없다.'라고 볼 수 있다.

●師云 爾道! 落在什麽處? 僧便喝.

임제가 말했다. 자네가 말해 보게! 결론은 어디에 있는가? 승려가 바로 할을 했다.

임제는 '낙재집마처落在什麽處'라고 물었는데 그 의미는 '내가 가르친 법의 골자가 무엇이더냐?'하고 물은 것이다. 그러자 그 승려는 '할喝'을 했다. 그 승려의 생각으론 임제가 법상에 올라서 '할喝'을 자주 했기 때문에, 그 임제의 '할'이 바로 '결론'이라고 생각했을 것이다. 어리석은 사람들은 상대방의 의도를 읽어내지 못하고 그의 특정한 행동만을 기억해서 말하는 경향이 있다.

근세에 가장 유명한 물리학자인 아인슈타인의 운전기사는 아인슈타인의 강의를 하도 많이 들어서 토씨 하나도 틀리지 않고 아인슈타인과 똑같이 강의를 재연할 수 있었다고 한다. 그러나 그는 아이슈타인이 무엇을 말하는지 전혀 이해하지 못했다고 한다. 이렇게 누구의 행동을 완벽히 흉내 냈다고 해서 흉내 낸 그 사람이 될 수는 없다. 거기엔 그 사상이 없기 때문이다. 즉 이 승려가 '임제의 할'을 그대로 흉내 냈을지는 몰라도 임제의 깨달음과는 거리가 멀다.

할喝은 정말로 없는가?

又有僧問 如何是佛法大意? 師便喝 僧禮拜 師云 爾道好! 喝也無? 僧云 草賊[1] 大敗. 師云 過在什麽處? 僧云 再犯不容. 師便喝.

또 어떤 승려가 물었다.

승 려 부처님 법法의 핵심이 무엇입니까?

임제가 곧 할喝을 하니
승려가 절을 했다.

임 제 너는 훌륭다고 말하는구나!
할은 없는가?

승 려 좀도둑이 크게 졌습니다.

임 제 잘못이 어디 있더냐?

승 려 다시 범한다면 용납하지 않겠습니다.

임제가 바로 할을 했다.

1 草賊 [문어] 초적. 강도. 좀도둑 草賊大敗도적은 참패했다.

●又有僧問 如何是佛法大意?

또 다른 어떤 승려가 임제에게 '부처님 법의 핵심이 무엇입니까?'라고 물었다.

여기서 '의意'라는 글자는 '뜻', '의도', '의지'로 번역될 수 있는데, 우리말의 '뜻'이라는 표현은 범위가 넓어 정확히 무엇을 말하는지 특정하기가 어렵다. 그러나 '대의大意'를 '핵심이나 골수', 또는 '전체적인 뜻'으로 본다면, '부처님 가르침의 핵심이 무엇입니까?'라고 번역할 수 있겠다. 선어록에는 이 표현과 함께 '여하시조사서래의如何是祖師西來意?'도 자주 등장하는데, 이것은 같은 질문의 다른 표현인 것이다. 즉 부처를 달마로 바꾸어 표현한 것 말고 다른 게 없다고 보아도 좋다. 비록 질문의 형태는 다를지라도 같은 답을 요구하기 때문이다.

부처님께서는 왜 법을 설했으며, 달마대사는 왜 인도에서 건너오셨을까? 그 대답은 너무나 단순 명료한데 '어리석은 중생들을 깨닫게 해서 번뇌에서 벗어나 행복하게 살도록 하기 위함'이다. 따라서 임제의 '할喝'도 덕산의 '방棒'도 모두 같은 의미이다. 그리고 '갈喝'과 '봉棒'은 '갈'과 '봉'으로 읽어야 하지만 절집에선 전통적으로 '할喝'과 '방棒'으로 읽었다.

●師便喝 僧禮拜.

임제가 곧 할喝을 하니 승려가 절을 했다.

임제는 그 대답으로 '어리석음에서 벗어나는 것이다.'라고 할로 채근했다. 선사들이 말로 하지 않고 행동으로 대답하는 경우가 많은데 그 이유는 언어로 대답하면 언어의 함정에 빠지기 쉽기 때문이다. 언어는 상대되는 반대개념을 근거로 이루어져 있어서 어느 한쪽에 치우쳐 생각할 수밖에 없도록 강요한다. 그래서 말 대신 행동으로 대답하는 것이다.

본래 '할'은 '어리석은 행동을 할 때 일깨워 주려고 큰소리로 고함치는 행위'를 표현한 말이다. 그러므로 '불법의 대의는 어리석음에 벗어나는 것이다.'라는 것을 '할'이라는 행동으로 보여주는 것이다. 그러자 승려는 깨닫지도 못했으면서 마치 알았다는 듯이 절을 했다. 누군가는 그 사람이 깨달았는지 아닌지 어떻게 아느냐고 생각할 것이다. 누구든 모르는 사실을 깨닫게 될 때는 잠시의 멈춤이 생기기 마련이다. 생각할 시간이 필요하기 때문이다.

만약 생각할 필요가 없다면 깨달은 것이 아니고 이미 알고 있거나 아예 모르는 것이다. 그런데 이미 알고 있다면 임제에게 이렇게 묻지 않았을 것이다. 바로 궁금한 것만을 콕 집어서 물어보지 이렇게 두리뭉실하게 묻지 않았을 것이다.

●師云 爾道好! 喝也無?
너는 훌륭다고 말하는구나! 할은 없는가?

이 문장을 어떻게 나누어 보느냐에 그 의미가 달라진다. '이도爾道 호할야무好喝也無?'로 본다면 '너는 좋은 할喝이 없다는 거냐?'로 해석될 수 있다. 그러나 문맥상 조금 전에 임제가 할을 하니 그 승려가 절을 했는데 그 의미가 '호好, 좋다.'에 해당하기 때문에 '이도호爾道好! 할야무喝也無?'로 보아야 한다. 여기서 '호好'자는 '좋다.', '훌륭하다.','좋아하다' 등으로 쓰이는데 여기서는 중국 사람들의 일상적인 표현인 '하오'로 '괜찮았다, 좋았다.' 정도의 뜻으로 우리말엔 꼭 맞는 번역어가 없다. 이 말의 의미는 "너는 좋다지만 내가 미혹에서 벗어나라고 꾸짖은 그 '할'은 전달되지 못했느냐?"가 될 것이다. 그래서 임제가 '할은 없는가?'라고 되물은 것이다.

● 僧云 草賊大敗.
승려가 '좀도둑이 크게 졌습니다.'라고 말했다.

'남의 마음을 엿보는 것'을 선사들은 도둑이라는 표현으로 썼다. 그런데 그 승려는 임제를 떠보려다 들켰으므로 '초적草賊' 즉 '좀도둑'이 크게 졌다고 말한 것이다.

●師云 過在什麽處? 僧云 再犯不容.
임제가 말했다. 잘못이 어디 있더냐? 승려가 말했다. 다시 범한다면 용납하지 않겠습니다.

임제가 '잘못이 어디에 있더냐?'라고 다그쳐 물으니 승려는 '재범불용再犯不容'이라고 말했다. 이 문장도 그 해석이 분분하다. 그러나 '재범=불용'이란 말이다. '또 저지른 것'은 곧 용납할 수 없는 일이란 뜻으로, 결국 이해하지 못했기 때문에 또 저질렀다고 자인하는 것이다.

잘 잘못은 어떤 실체實體가 아니기에 '알면 없고', '모르면 있는 것'이다. 즉 번뇌도 그와 같이 알면 없고, 모르면 있다. 만약 어떤 사람이 해가 동쪽에서 떠서 서쪽으로 지는 것을 보고 '왜 저 해는 동쪽에서 떠서 서쪽으로 져야만 하지? 동쪽으로 지면 좋겠는데…'라고 생각하며 시비를 걸고 괴로워한다면 그 어리석음이 어디에 있을까? 어리석음은 어디에 있는 존재存在가 아니다. 아느냐 모르느냐의 문제인 것이다. 그래서 부처님께서 '모르는 문제' 즉 '무명'을 제거해야 한다고 끊임없이 말씀하신 것이다.

●師便喝.
임제가 바로 할을 했다.

임제는 또다시 할로 승려에게 화답했다. 뒤에 네 가지 '할'의 작용에 대해 말한 부분이 있으므로 그것을 읽어보면 이 '할'이 무엇이었는지 자연스레 드러날 것이다.

빈주구賓主句

是日 兩堂首座 相見同時下喝. 僧問師 還有賓主也無? 師云 賓主歷然. 師云大衆 要[1] 會臨濟賓主句 問取[2] 堂中二首座. 便下座.

이날 두 선당禪堂의 수좌가 만나

같은 시각에 할喝을 했다.

승려가 임제에게 물었다.

승려 이것도 빈賓과 주主라고 하시겠습니까?

임제 빈과 주는 역력하게 그대로다.

임제가 대중에게 말했다.

임제 임제의 빈주賓主라는 말을 알아야만 하니
'선당에서 두 수좌首座'를 담판 지어라.

곧 자리에서 내려왔다.

---

1 要: 欲과 같다. …하려고 생각하다, …하고 싶다,…해야만 한다

2 問取: 질문을 걸다. 담판하다.

● 是日 兩堂首座 相見同時下喝. 僧問師 還有賓主也無? 師云 賓主歷然.

이날 두 선당禪堂의 수좌가 만나 같은 시각에 할喝을 했다. 승려가 임제에게 물었다. 이것도 빈賓과 주主라고 하시겠습니까? 임제가 말했다. 빈과 주는 역력하게 그대로다.

'빈賓'과 '주主'의 개념은 '손님'과 '주인'으로 표현하지만, 사실 이것은 논리적인 '객관'이나 '주관'을 의미하는 것이다. 절집은 일반적으로 중앙에 법당을 배치하고, 법당의 좌우에 동당과 서당의 승당을 둔다. 따라서 양당은 동당과 서당을 말한다. 만약 양당兩堂의 수좌가 동시에 큰 소리를 냈다면 누가 주인(소리 지른 사람)이고 누가 손님(소리 들은 사람)이 되겠는가? 두 사람 모두가 소리 질렀고, 또 그 소리를 들었다. 과연 누가 주인이고 누가 객이 되겠는가?

'주관과 객관'은 상황 논리이니 때로는 주관도 되었다가, 또 객관도 되지 않겠는가? 이 질문은 매우 타당하다. 그러나 적용되는 관점이 다르다. 이것은 사람과 사람 사이의 관계를 제삼자의 관점에서 주관과 객관으로 바라본 것이다. 이 생각이 타당해 보이는 것은 자신이 본래부터 존재存在하던 세상에 태어나서 살다가 죽는 객관적이고 독립적인 존재存在라고 생각하기 때문이다.

모든 것을 독립적인 존재存在로 생각하니, 두 독립적인 객체를 한 공간에 놓고 자신은 제삼자가 되어 바라보면서 생각하게 되는 것이다. 한마디로 중생이 가지는 어리석은 소견이란 말이다. 그러나 임제가 말하는 빈주는 모두 나 자신의 '처處'에서 벌어지는 사건이다. 그렇기에 빈과 주는 여전히 그대로 인 것이다.

● 師云大衆 要會 臨濟賓主句 問取堂中二首座. 便下座.

임제가 대중에게 말했다. 임제의 빈주賓主라는 말을 알아야만 하니 '선당에서 두 수좌首座'를 담판 지어라. 곧 자리에서 내려왔다.

위에서 빈주는 역력하게 그대로라고 하면서 임제 자신이 말한 빈주의 문제를 반드시 알아야 한다고 강조했다. 그리고 선방에 앉아 두 수좌에 대해서 담판 지으라고 말한다. 과연 이 의미는 무엇일까? 이것이 진정한 화두이다. 화두가 화두다워지려면 풀리지 않는 궁금증이 있어야만 바로 진정한 화두가 되기 때문이다.

사실 이 문제는 알고 보면 그리 어려운 문제도 아니다. 우리는 외부의 세계, 즉 세상이 이미 그렇게 존재存在했고 그 세상에 태어나 살다가 죽는다는 관점을 가지고 살아간다. 그래서 자신이 '주인'이고, 나 이외의 것은 '손님'이라는 관점을 가지고 있다. 이런 상태에서 만약 두 사람이 만나면 두 사람 다 주인이고 손님이 되어 버린다. 그러면 누가 주인이고 누가 손님이겠는가?

이렇게 외부의 상황으로 주객을 판단하면 딜레마 Dilemma에 빠지게 된다. 이것이 바로 언어로 사유할 때 생기는 모순 중의 하나이다. 이렇게 객관적 존재存在들로 바라보면 서로의 이해가 상충될 때 해결책이 있을 수 없고 서로 불편한 타협을 해야만 되는 것이다. 그러나 임제가 말하는 '빈주'라는 것은 '자신의 처處'에서 일어나는 '빈주'에 관한 것이므로 그 대상이 다르다.

자신에게 사물이 인식될 때 필연적으로 발생하는 것이 '빈주'이다. 외부의 대상을 인식했다는 말은 곧, 내입처內入處와 외입처外入處로 이미 작용했다는 말이다. '감각 기관'을 통해서 들어온 외부정보를 감지한 것은 '외입처外入處'로 작용하고, 그것을 보고 있는 자아가 있다고 생각하는 것이 '내입처內入處'의 작용이다. 그래서 무엇을 인식했다는 말은 '인식주체'와 '인식대상'이 '주와 빈'으로 이미 작용한 것이다. 바로 이 '내입처內入處'와 '외입처外入處'의 작용이 바로 임제가 말하는 '빈주'이다.

무엇을 보았다면 '보는 자'와 '보이는 대상'이 생긴 것이니 빈주는 뚜렷한 것이다. 그래서 임제는 이러한 빈주의 문제를 깨닫도록 선방에 앉아 좌선할 때 그것이 사실인지 아닌지를 확실하게 담판 지으라고 한 것이다. 요즘 선방에선 화두에 집중하면 모든 것이 해결되는 것처럼 말한다. 이것은 어마어마한 착각이다.

집중력을 발휘해 대상에 집중하다 보면 시간이 빠르게 지나가는 경험을 누구나 하게 된다. 그러면 수행자들은 수행의 진척이 이루어진 것으로 생각을 하겠지만, 그냥 그런 느낌일 뿐이지 바뀐 것은 아무것도 없다. 사유가 멈추면 깨달음은 있을 수 없다. 뒤에 나오는 이야기지만 '석실 행자가 방아를 찧다가 몰입하는 바람에 방아다리 바꾸는 것조차 잊은 사건'을 물었을 때, 임제는 단호히 '몰익심천沒溺深泉' 즉 '깊은 우물에 빠진 것이다'라고 말했다.

깨달음은 깊은 사유 없이는 불가능한데, 깊이 사유하기 위해서는 반드시 고도의 집중력을 얻어야 한다. 대부분의 처음 수행을 시작하면 집중력이 매우 약하다. 그래서 그 집중력을 키워주기 위해 삼매三昧를 강조하나 삼매가 능사는 아니다. 삼매란 군인이 전쟁터에 갈 때 반드시 챙겨야 할 개인용 화기일 뿐이다. 그러므로 그 화기를 챙겼다고 적들이 사라지지 않는다. 무기만 들고 다니기만 하고 적을 섬멸하지 않는다면 전쟁은 끝나지 않는다.

삼매라는 무기가 제아무리 좋고 멋지게 보일지라도 번뇌라는 적을 물리치지 못한다면 그 무기는 오히려 화려한 짐일 뿐이다. 그와 같이 참선은 사유가 목적이며 그 사유를 위해 집중이라는 삼매가 필요한 것이다. 그래서 임제도 선당에서 '임제의 빈주구'를 담판 지으라고 강조한 것이다.

바르고 정밀한 사유만이 해탈을 보증하지, 삼매는 해탈을 보증하지 않는다. 삼매에 들었을 때 번뇌를 잠시 내려놓을 순 있어도, 삼매에서 벗어나는 순간 삼매에 들기 전의 상태로 되돌아가 버린다. 그러나 깊은 사유로 분명하게 드러나 깨달은 사실은 삼매에서 벗어나도 인식에 그대로 자리 잡게 되므로 '번뇌가 사라진 법계法界'를 새롭게 구성하므로 사라지지 않는다.

불자拂子를 세우다

上堂 僧問 如何是佛法大意? 師豎起拂子 僧便喝 師便打. 又僧問 如何是佛法大意? 師亦豎起拂子[1] 僧便喝 師亦喝. 僧擬議[2] 師便打.

선당禪堂에 오르니 승려가 물었다.

승려 부처님 법의 핵심이 무엇입니까?

임제가 불자拂子를 곧게 세우니
승려가 곧 할喝을 했고
임제가 바로 때렸다.
또 승려가 물었다.

승려 무엇이 부처님 법의 큰 의도입니까?

임제가 또 불자를 곧게 세우니
승려가 곧 할을 했고
임제 또한 할을 했다.
승려가 머뭇거리자
임제가 바로 때렸다.

1 拂子: 말갈기 털로 만든 것으로 파리나 벌레 등을 쫓기 위해 쓰던 도구인데 먼지 떨이처럼 생겼다. 선사들의 항상 휴대한 물건이다.
2 擬議:: 주저하다, 머뭇거리다. 말하고자 했는데 아직 말하지 못하다

● 上堂 僧問 如何是佛法大意?
선당禪堂에 오르니 승려가 물었다. 부처님 법의 핵심이 무엇입니까?

질문이 앞의 법회에 질문했던 승려와 같다. 아마도 이것은 불교를 이해할 수 없었던 당시 사람들의 과제였는지 아니면 선문답의 정형화된 형식이었는지는 알 수 없다. 그러나 '부처님 설법의 핵심이 무엇인가?'라는 강한 의심이 '1700 공안'으로 발전했을 가능성이 있다. 다만 전술했듯이 이 질문에 대한 답변은 사실 '중생을 깨닫게 하기 위한 것' 외엔 다른 해답이 없다.

언어로 생각할 때 벌어지는 불완전성 때문에 언어는 진리에 접근하는 첫 번째 방해 요소로 작용한다. 그래서 선사들은 언어 이외에 다른 방법으로 보여주려 애썼는데 그것의 한 형태가 '몸짓 Body language'이다. 이 외에는 파격적인 언어 사용도 있다.

예를 들어 '구모토각龜毛兎角'이란 표현이 있는데 '거북 털과 토끼 뿔'이란 말인데, 언어로 생각할 때는 '거북의 털'이나 '토끼의 뿔'이 가능하지만 실재實在하진 않는다. 이렇게 언어만을 가지고 사유하게 되면 얼마든지 상상으로 개념을 만들어 낼 수 있으며, 그 개념은 실재實在하는 것으로 여기게 되며 또 그것에 속아 울고 웃게 되는 것이다. 이것이 언어로만 생각할 때 벌어지는 치명적인 문제이다.

'천당'이나 '지옥'이 바로 언어로 사유해서 생긴 엉뚱한 개념의 한 예이다. 존재存在 자체를 확인할 수 없음에도 불구하고 언어로 생각하다 보니 상상으로 개념을 만들고 그 위에 그럴듯한 살을 붙였다. 결국, 그런 상상의 개념들이 사람들을 구속했고 또 스스로 그것에 구속당하고 말았다. 이렇게 눈 밝았던 선사들은 언어가 가진 위험성을 일찌감치 파악해 '법'의 본 모습을 보여주기 위해 여러 가지로 노력했다. 그 노력의 흔적이 바로 '할喝'이나 '방棒', '화두' 등이다.

● 師竪起拂子 僧便喝 師便打.
임제가 불자拂子를 곧게 세우니 승려가 곧 할喝을 했고 임제가 바로 때렸다.

임제는 위의 질문에 불자를 들어 올리는 것으로 대답했다. 부처님께서 쉬지 않고 법을 설한 이유는 중생을 번뇌의 구렁텅이에서 일으켜 세우는 것이므로 불자를 일으켜 세운 것이다. 언어를 사용해서 생기는 오해와 '개념의 존재화存在化'라는 폐단을 없애려고 선사들은 언어 대신에 몸짓으로 법을 보여준 것이다. 그러나 이러한 임제의 답변을 그 승려는 이해하지 못했고, 오히려 할로 대답했다.

할은 상대방이 허물이 있을 때 그 허물을 깨닫게 하려고 하는 일종의 몸짓이다. 그런데 이미 일을 마친 사람에게 문제가 있다는 듯이 할로 꾸짖은 것이다. 그래서 임제가 어쩔 수 없이 자비심을 발해서 좀 더 적극적 방법으로 꾸짖기 위해 때려서 가르친 것이다. 동양의 전통에서 때리는 행위는 잘못을 바로잡을 때 쓰는 수단이다. 따라서 임제가 때린 행위는 지금의 '폭력'이라는 개념과 확연히 다르다.

●又 僧問 如何是佛法大意? 師亦竪起拂子 僧便喝 師亦喝. 僧擬議 師便打

또 승려가 물었다. 무엇이 부처님 법의 큰 의도입니까? 임제가 또 불자를 곧게 세우니 승려가 곧 할을 했고 임제 또한 할을 했다. 승려가 머뭇거리자 임제가 바로 때렸다.

이해하지 못했던 그 승려는 질문에서부터 상황을 다시 재연한다. 그 승려가 다시 불법의 큰 의도를 묻는데 임제는 똑같이 불자를 들어 답하고 승려도 할로 대답했다. 그러면서 그 승려는 임제가 몽둥이를 들 것이라고 예상했을 것이다. 그러나 임제는 그것을 미리 알고 할로 바꾸어 답하니 승려는 임제의 행동에 어쩔 줄 몰랐다. 그 틈을 노려 임제는 다시 때려서 경책했다.

사람의 인식은 기존의 경험을 통해서 판단하고 예상한다. 그것이 법계法界가 드러나는 구조이다. 아마 깊은 사유를 통해 이것을 보았던 승려라면 이 임제의 경책에 깨달았을 것이다. 업業의 작동원리도 이렇게 작동하며, 그것이 바로 우리가 세상을 벌여놓고 살아가는 법계인 것이다.

통달한 사람과 흉내 내는 짝퉁의 가장 큰 차이점은 다른 상황에 대한 대처 능력이다. 통달한 사람은 상황이 바뀌어도 얼마든지 대처할 수 있지만 흉내 낸 사람은 상황이 바뀌면 어쩔 줄 모르는 법이다. 과연 진정한 불법의 대의는 무엇일까? 모든 일은 자신의 처에서 벌어지는 것이므로 그 처의 작용을 정확하게 이해해 속박에서 완전히 벗어나는 것이라 하겠다. 그러니 다른 데서 찾으려는 기미만 보이면 바로 때리거나 할을 하는 것이다.

한 방망이 맞고 싶다.

師乃云大衆 夫爲法者 不避喪身失命[1]. 我二十年在黃蘗先師處 三度 問 佛法的的大意 三度蒙他賜杖 如蒿枝拂著相似. 如今[2]更思 得一頓棒喫 誰人爲我行得? 時有僧出衆云 某甲行得. 師拈棒與他 其僧擬接師便打.

임제가 이어서 대중에게 말했다.

임 제 대체로 법法을 위해서라면 몸을 버리고
목숨을 잃더라도 피하지 말아야 한다.
나는 먼저 가신 스승 황벽黃蘗의 처소에
20년 동안 있으면서 부처님 법의 핵심을 세 번 물었다가
세 번 주장자로 맞았는데 쑥 줄기로 간지럽히는 듯했다.
지금 다시 한 방망이 맞고 싶은 생각이 드는데
누가 나를 위해 해주겠는가?

그때 어떤 승려가 대중에서 나와 말했다.

승 려 제가 하겠습니다.

임제가 몽둥이를 집어서 다른 사람에게 주었고
그 승려가 머뭇거리며 다가오니 임제가 바로 때렸다.

---
1 喪身失命: 목숨을 잃다.
2 如今: 지금. 「而今」이라고도 한다.

●師乃云大衆 夫爲法者 不避喪身失命.

임제가 이어서 대중에게 말했다. 대체로 법法을 위해서라면 몸을 버리고 목숨 잃더라도 피하지 말아야 한다.

모든 생명체는 목숨을 가장 소중히 여긴다. 그래서 어떤 생명체든 죽음 앞에서는 죽지 않으려고 발버둥 친다. 그런데 '법法'을 아는 게 얼마나 중요하길래 목숨을 버리는 한이 있어도 피하지 말라고 했을까? 만약 법을 '알고 사는 것'이 '모르고 사는 것'보다 목숨을 버려도 아깝지 않을 만큼의 차이를 보인다면 비록 한 번뿐일 목숨일지라도 기꺼이 버릴 수 있지 않을까?

우리 눈에 별 볼일 없어 보이는 작은 미물 조차도 죽지 않으려고 애쓰는 것을 보면 크던 작던 목숨은 소중한 것이다. 이처럼 소중한 목숨을 걸고 달려들 때는 무작정 뛰어들 게 아니라 매우 신중하게 가치를 판단하고 뛰어 들어야만 하는 것이다. 그렇다면, 법을 아는 게 그만한 가치가 있는지 반드시 확인해야 하는 것이다.

부처님께서는 '비록 백년을 살더라도 행복하지 않다면, 그 길을 알고 하루를 사는 게 훨씬 더 낫다.'라고 하셨는데, 여기서 '그 길'은 '행복한 삶'이다. 제아무리 오래 살지라도 행복하지 못하다면, 살아가는 시간이 늘면 늘수록 괴로움은 더욱 늘어날 것이다. 따라서 '법을 안다는 것'은 행복한 삶이고, '법을 모른다는 것'은 괴로운 삶이다. 그렇기에 법을 알기 위해 목숨을 바칠지라도 아깝지 않은 것이다.

●我二十年在黃蘗先師處 三度 問 佛法的的大意 三度蒙他賜杖 如蒿枝拂著相似.

나는 먼저 가신 스승 황벽黃蘗의 처소에 20년 동안 있으면서 부처님 법의 핵심을 세 번 물었다가 세 번 주장자로 맞았는데 쑥 줄기로 간지럽히는 듯했다.

임제는 자신이 깨달음을 얻는 과정에서 매 맞은 것이 두렵지 않았고 오히려 쑥 가지로 간지럽히듯 부드럽고 행복했다고 표현했다. 무언가 알지 못했을 때의 그 답답함은 깨닫기 전엔 해소되지 않기에 괴로움만 커지는 것이다. 그러나 어리석음을 깨달아 벗어난 뒤에 되돌아보면 그 답답했던 것들이 지금의 나를 만들었다는 것을 알게 되고 또 더없이 소중하게 느껴진다.

임제가 자신의 과거 수행 이야기를 하는 의도는 깨달은 스승 밑에서 가르침을 받는 게 얼마나 소중한 것인지를 말하려는 것이다. 그러니 스승이 있을 때 그 기회를 놓치지 말라는 것이다. 내가 원하는 목적지에 이미 도달한 스승을 만난다는 것은 최상의 행복에 속한다. 그가 지시하는 길만 따라가면 그곳에 갈 수 있기 때문이다. 그렇기에 지금 스승으로부터 받는 경책이 괴롭게 느껴질지라도 가장 빠른 길임을 안다면 그 가르침이 비록 몽둥이찜질 일지라도 '부드러운 쑥 가지로 쓰다듬는 것'처럼 느껴질 것이다.

반드시 법을 알아야만 진정으로 후회하지 않는 행복을 얻을 수 있으니 아무리 어렵더라도 외면하지 말고 직시해야 한다. 임제가 황벽의 가르침에도 불구하고 '세 번의 좌절을 겪었던 것'도 다른 질문이 아닌 똑같은 질문이었다. 지금 당면한 그 문제를 모른다고 해서 결코 회피해서는 안 된다. 그럴수록 그것에 더욱 냉철하게 살피고 집중해서 돌파해야만 한다. 그래서 불일 보조국사는 '땅에서 넘어진 자는 그 땅을 짚어야 일어설 수 있다.'라고 말씀하신 것이다.

●如今更思 得一頓棒喫 誰人爲我行得? 時有僧出衆云 某甲行得. 師拈棒與他 其僧擬接師便打.
지금 다시 한 방망이 맞고 싶은 생각이 드는데 누가 나를 위해 해주겠는가? 그때 어떤 승려가 대중에서 나와 말했다. 제가 하겠습니다. 임제가 몽둥이를 집어서 다른 사람에게 주었고 그 승려가 머뭇거리며 다가오니 임제가 바로 때렸다.

이렇게 임제는 황벽에게 얻은 깨달음에 대해 말하면서 '누가 나에게 그때처럼 해주겠는가?'라고 물었다. 그것은 임제가 정말 자신을 때려 달라고 한 게 아니고, '자신보다 더 뛰어난 제자가 나타나 황벽과 같은 훌륭한 가르침을 내려주면 좋겠다.'라는 임제의 희망을 표현했다고 볼 수 있다.

사실, 자신이 깨닫는 것은 그리 어렵지 않다고 말할 수 있다. 하지만 법을 전할 훌륭한 제자를 길러내는 일은 매우 어려운 일이다. 임제는 이 사실을 통감했기에 그렇게 말했던 것인데, 어리석은 승려는 자청해서 자신이 때려 보겠다고 하니 그 말을 들었던 임제는 얼마나 기가 막혔을까? 그런 이유로 그 승려가 다가오자 그의 어리석음 깨우치려고 몽둥이를 들어서 다른 사람에게 주었을 것이다.

그런데 반해 그 승려는 임제가 자신에게 그 주장자를 건네줄 줄 알았는데, 남에게 주었으니 적잖이 당황했을 것이다. 임제는 기회를 놓치지 않고 다시 강력한 한 방을 먹여 그 우매함을 깨우쳐주려 했을 것이다.

사람의 생각은 좀처럼 바뀌지 않는다. 대부분 생각도 생각하던 대로 하고, 말도 하던 말만 하며, 행동도 하던 짓만 한다. 그것을 소위 '업業'이라고 부르는 것이다. 그럴 때 필요한 것이 주의 환기를 통한 의식의 전환인데, 일반적으로 예상하지 못한 일이 일어났을 때 의식의 전환이 이루어진다. 선사들은 이러한 사실을 관찰과 깊은 사유를 통해 통찰하고 체험적으로 알았을 것이다. 그렇지 않고서야 이렇게 순간적으로 상대의 허를 찌르고 기지를 발휘해 충격을 주는 방식으로 납자衲子를 제접提接할 수 없었을 것이다.

칼날 위의 일

上堂 僧問 如何是劍刃上事[1]? 師云 禍事[2] 禍事! 僧擬議 師便打.

선당禪堂에 오르니 승려가 물었다.

승려 무엇이 칼날 위의 일입니까?

임제 재앙이지 재앙!

승려가 머뭇거리자 임제가 바로 때렸다.

1 劍刃上事: 검으로 베어질 일, 베어낼 일>刃:벤다 上:진행을 나타냄
2 禍事 : 재난, 재앙, 화

●僧問 如何是劍刃上事?
선당禪堂에 오르니 승려가 물었다. 무엇이 칼날 위의 일입니까?

'검인상사劍刃上事'는 '칼날 위의 일'로 번역되는데, 도대체 무슨 말인지 알 수 없다. 그러나 이것은 복잡하게 생각할 필요가 없다. 예리한 칼끝에서 일어날 일은 잘릴 일 밖에 없기 때문이다. 따라서 그 승려가 임제에게 한 질문은 지혜의 검을 휘둘러 무엇을 할 것이냐는 것이다. 결국, 이것도 불법의 핵심이 무엇이냐는 질문과 일맥상통하는 것이다.

부처님이 중생에게 법을 편 이유도 번뇌를 제거해 행복하게 살게 하기 위한 것이고, 지혜의 검이 할 일도 번뇌를 일으키는 재앙을 자르는 일이기 때문이다.

부처님 경전에서 병장기兵仗器가 등장할 때는 대체로 어리석은 중생들의 '무명無明'을 부수고, '삿된 견해'를 물리치는 도구로 등장한다. 아마도 부처님이 무사 계급의 '찰제리刹帝利'였기에 수행도 전투적으로 돌진하고 설법할 때도 무사와 관련된 비유들이 많이 등장한다. 그것도 당연한 것이 누구나 자신이 자라면서 자연스레 축적된 경험을 기반으로 말하게 되는데, 이것은 매우 자연스러운 일이다. 게다가 인도 신화가 신들의 전쟁과 관련된 게 많은 관계로 그런 표현이 많은 것도 사실이다. 어쨌든 이 질문의 요지는 '지혜의 검으로 제거할 대상이 무엇인가?'라는 것이다.

● 師云 禍事 禍事!
임제가 말했다. 재앙이지 재앙!

위의 질문에 임제는 '화사화사禍事禍事'라고 대답했는데, '화사'의 의미는 '재앙이 되는 일'이며, 강조하려고 두 번 반복했다. 그렇다면 '재앙이 되는 일'이란 무엇일까? 경전에서는 그것을 '근심患'으로 표현이 되었는데 결국 같은 말이다.

이 재앙과 짝을 이루는 말이 '맛味' 인데, 맛의 성질을 알아야 재앙도 알 수 있다. 맛이란 '육근六根' 즉 '눈, 귀, 코, 혀, 몸, 뜻'의 감각에서 느껴지는 '맛의 달콤함'을 이르는 말이다.

예를 들어 눈에 아름답게 보이는 대상이 있다고 하자! 그 눈에 보이는 아름다움이 바로 '색의 맛'이다. 이것은 마침내 재앙으로 다가오게 되므로 부처님께서는 맛을 알고 재앙을 알아야 비로소 '떠날 수 있다離'고 말했다. 그래서 육근의 단속이 매우 중요한 것이다. 물론 여기에서 말하는 '재앙'도 당연히 '육근의 맛'에서 비롯되는 '번뇌'이다. 만약 육근의 '맛'이 번뇌로 이어진다면 행복한 삶은 그 맛을 탐착하기 때문에 어느 한순간 무너져 버리게 된다.

이 육근의 맛을 단속하는 것이 수행이라는 것은 너무나 당연한 귀결이며, 그 단속이 바로 수행의 시작이며 깨달음으로 이르는 지름길이 되는 것이다. 그래서 금강경에서도 수다원의 정의를 '색, 성, 향, 미, 촉, 법에 들지 않는 것'이라고 한 것이다.

참고로 '수다원'은 수행자가 반드시 넘어야 하는 첫 번째 관문이다. 이렇게 육근을 잘 단속하면 그것을 통해 들어오는 모든 감각 작용의 전 과정을 면밀하게 살피게 된다. 이것이 임제가 강조하는 '사람의 처處'에 접근하는 가장 좋은 방법이며 '맛'을 아는 길이다. 맛을 알아야 그 '재앙'도 끊어낼 수 있는 것이다. 따라서 칼날을 휘둘러야 하는 일이 바로 '재앙'이라고 임제는 힘주어 말한 것이다.

●僧擬議 師便打.
승려가 머뭇거리자 임제가 바로 때렸다.

임제의 이런 직접적인 표현을 듣고도 무슨 말인지 몰라 그 승려는 고개를 갸우뚱하며 머뭇거렸다. 그 말은 자신이 원하던 대답도 아니고 살펴본 적도 없는 것이다. 사람들은 보통 질문을 할 때, 기대하는 답변이 이미 정해져 있다. 이런 종류의 질문은 궁금해서 묻는 것이 아니라 자신의 의견에 동의해주기를 바라고 하는 질문인 경우가 대부분이다.

아마도 이 승려는 지혜의 검으로 뭔가 대단한 것을 잘라내서 부처나 조사가 되길 원했는지도 모르겠다. 그래서 질문했던 그 승려는 임제의 '재앙禍事'이란 대답에 머뭇거렸고, 그것을 본 임제는 화사禍事가 일어나는 게 다 자신의 처處의 작용이니 지혜의 칼로 다스려야 한다고 말했거늘 그것도 모르고 머뭇거리느냐는 경책의 의미로 한 대 때렸을 것이다.

지금의 수행자들도 크게 다르지 않다. 말은 부처가 되겠다고 하지만 정작 그는 '부처의 삶'을 살고 싶은 게 아니고 '부처라는 존경'을 원하는 것이다. 과연 부처님처럼 평생을 길바닥에서 헐벗으며, 잠시도 쉬지 않고 죽는 그 순간까지 중생과 더불어 살아갈 사람이 과연 얼마나 될까? 지금 승려들의 대부분은 자신의 노후를 걱정하기에 승려들의 복지에만 그 관심이 쏠려 있다.

만약 그들이 진정한 수행자라면 법랍이 늘면 늘수록 신자들에게 입은 시은을 갚기 위해 무엇을 할까를 고민해야 할 것이다. 그러나 지금의 수행자들은 나의 삶을 어떻게 잘 회향할까를 고민하기보다 자신의 노후를 걱정하며 '개인토굴'에 관심이 더 많다. '부처'란 부처의 삶을 살아갈 때 '붙여지는 이름'인 것이다. 부처는 사고의 대 전환이 이루어지지 않고 될 수도 없으며, 변치 않고 그 삶을 유지할 수 없다. 그 인식의 전환이 바로 깨달음이며, 그런 깨달음을 얻기 위해서는 '화사禍事' 즉 '재앙災殃'이 되는 번뇌를 지혜의 검으로 반드시 제거해야만 하는 것이다.

석실행자石室行者

問 秪如 石室行者[1] 踏碓忘却移脚 向什麽處去? 師云 沒溺深泉.

누군가 물었다.

질문 예컨대 석실행자石室行者는
디딜방아를 찧다가
다리 바꾸는 것도 잊었다는데
어디를 향해 간 것입니까?

임제 깊은 우물에 빠져버린 것이다.

1 石室行者: 청원青原의 4세손인 석실선도石室善道로 당 무종武宗 때 도교를 숭상해 법난이 일어나는 바람에 스님은 세속의 옷을 입고 살았다. 그 후 법난이 지났어도 석실은 늘 세속 옷을 입고 있었으므로 행자行者로 불렸다. 석실 행자는 정진이 순일해 디딜방아를 찧다가 생각이 끊어져서 다리 옮기는 것조차 잊었는데 특이한 일이라 오랫동안 그 이름이 회자 되었다.

●問 秖如 石室行者 踏碓忘却移脚 向什麽處去? 師云 沒溺深泉.
누군가 물었다. 예컨대 석실행자石室行者는 디딜방아를 찧다가 다리 바꾸는 것도 잊었다는데 어디를 향해 간 것입니까? 임제가 말했다. 깊은 우물에 빠져버린 것이다.

여기서 질문자가 누구인지 정확히 알 수 없으나 질문의 요지는 '그 석실행자石室行者가 디딜방아를 찧다가 다리 바꾸는 것도 잊었다는데, 과연 어디를 향해서 간 것이냐'는 것이다. 이에 대해 임제는 '깊은 우물에 빠진 것'이라고 대답했다.

수행의 목적은 깊은 삼매三昧를 얻는 것이 아니다. 깊은 삼매만으로는 완전한 해탈을 이룰 수 없다. 부처님께서도 태자 시절에 해탈을 성취하고자 왕궁에서 나와 출가하고 맨 먼저 찾아간 곳이 바로 당시 최고로 존경받았던 선정 수행자들의 처소였다. '알라라칼라마'와 '막칼리코살라'를 거치며 선정 수행을 통해 '비상비비상처非想非非想處'까지 올랐으나 스승들의 만류에도 불구하고 과감히 떠나 버리셨다. 왜 그랬을까?

그 이유는 선정에 들었을 때는 매우 즐겁고 행복했지만, 선정에서 나오는 순간 아무것도 바뀐 게 없고 모든 게 원상복구 된다는 절망감 때문이었다. 행복해지기 위해서는 언제나 선정에 들어야 하는데 삶을 유지하기 위해서는 그 선정상태를 유지할 수가 없었다. 계속 그렇게 선정의 기쁨 속에 계속해서 머물기 위해서는 삶을 포기해야 했다.

수행하는 이유는 '행복하게 살기 위해서'인데 삶을 포기해야 해탈할 수 있다는 사실을 받아들일 수 없었다. '목석같이 지내거나 일찍 죽어버리기 위해서 수행한다는 것'은 매우 어리석은 일로 느껴졌다. 죽어야 얻어지는 것이 해탈의 완성이라면 굳이 선정 수행까지 해가면서 죽을 이유도 없었다. 태자 자신을 낳았던 어머니도 이레 만에 돌아가셨고, 네 개의 성문을 통해서 놀러 나왔다가 노인의 죽음을 보았으니 죽지 말라고 해도 누구나 죽는다는 사실은 모를리도 없었다. 태자가 그 화려한 왕궁의 삶을 포기하고 출가한 이유가 바로 그 두려움에서 벗어나기 위해서였는데, 선정 때문에 죽어야 하다니! 그 사실을 도저히 받아들일 수 없었던 태자는 그 선정 수행에 머물 수 없어 과감히 버렸다.

임제가 '깊은 우물에 빠진 것'이라고 대답한 것도 바로 이 같은 사실을 누구보다 잘 알고 있었기 때문이다. 놀랍게도 대부분의 많은 사람은 삼매三昧와 해탈도 구분하지 못한다. 삼매란 대상에 집중하다 보면 자신도 모르는 사이에 시간을 훌쩍 뛰어넘는 놀라운 집중 상태를 경험하게 된다. '오로지 하나의 대상만 있을 뿐 몸에 대한 감각이 사라지고 매우 기쁘며 맑은 정신 상태'가 계속해서 유지되는데 이것이 30분 이상 지속되면 삼매라고 부른다.

삼매는 잘만 활용하면 깊은 사유를 끊이지 않고 이어갈 수 있어서 진리를 탐구하는데 큰 도움이 된다. 하지만 깊은 사유를 이어가지 않고 그 삼매의 즐거움에만 빠져있으면 진리는 온데 간데 없고 그냥 알음알이를 진리로 착각하고 일생을 마치게 된다. 만약 수행자가 이 삼매三昧로 깊은 사유를 이어가 완벽한 하나의 결론에 도달하면 번뇌는 존재存在 근거를 잃어 버리게 된다. 이렇게 되었을 때 번뇌에서 벗어난 '해탈解脫'이라고 부르는 것이다. 수행의 목적은 해탈이지 삼매가 아님을 명심해야 한다.

삼매 자체에는 해탈이 없다. 사유 없는 삼매는 그야말로 깊은 우물에 빠진 것이다. 삼매는 사유의 수단일 뿐인데, 사람들은 삼매의 경험이 너무 황홀한 나머지 쉽게 벗어나지 못하는데 그 이유는 의외로 단순하다. 사람들은 수행을 통해서 해탈하고 싶은 게 아니고 남들이 경험하지 못한 특별한 경험을 원했고, 남들보다 더 뛰어나고 싶은 그 욕망 때문이다. 그런 이유로 임제는 그 '석실행자石室行者의 방아다리 옮기는 것도 잊은 사건'을 '깊은 우물에 빠진 것'이라며 잘못된 수행 관점을 꼬집어 말한 것이다. 사람들은 수행을 통해서 나에게도 뭔가 특별한 경지나 경계가 나타날 것을 내심 기대한다. 이렇게 수행 자체를 하나의 환상으로 생각한다는 게 가장 큰 문제이다.

꿈속에선 깨어 있을 때 경험하지 못한 신기한 환상들이 마구 벌어지곤 한다. 이 꿈속의 환상과 삼매에 들 때 나타나는 환상은 매우 유사하다. 비슷한 방식으로 환상이 나타나기 때문이다. 이것은 실재實在하는 사실이 아니기에 환상이라고 부르는 것이다. 만약 다른 사람이 공감할 수 없으며 현실이 반영되지 않은 것이 나타났다면 그것은 마음이 만들어 낸 환상이다. 적어도 진리를 추구하는 사람이라면 그것을 사유의 대상으로 삼지 말아야 한다. 다른 사람들은 체험할 수 없고 자신만 체험된다면 그것은 개인이 느낀 환상일 뿐, 진리라고 말할 수 없다. 그래서 진리에 접근하는 태도는 언제나 증명할 필요 없는 것만을 생각할 뿐, 증명되지 않는 것은 사유에서 배제시켜야 비로소 바른 사유가 이루어지고 진리로 나아갈 수 있는 것이다.

밧줄 없이 묶이다.

師乃云 但有來者 不虧欠 伊總識 伊來處. 若與麼來 恰似失却 不與麼來 無繩自縛. 一切時中 莫亂斟酌! 會與不會 都來是錯分明. 與麼道 一任天下人 貶剝[1] 久立珍重.

임제가 이어서 말했다.

임 제 다만 오는 게 부족하거나 이지러지지 않았다면
그것은 '처處'에서 온 것이며, 모두 인식이다.
만약 그렇다면
다리를 잃은 것과 흡사한 것이니,
그렇지도 않는 것에
밧줄도 없이 스스로 묶인 것이다.
언제라도 어지러이 짐작하지 말라!
알든지 모르든지 이렇게 온 모든 게 분명한 착각이다.
그러한 말이 세상 사람들에게
폄훼와 핍박을 도맡아 하는데도
오래도록 확고하게 서 있는 것은
보배처럼 소중히 여겨서이다.

1 貶剝 비난하다, 깎아내리다, 헐뜯다.

●師乃云 但有來者 不虧欠 伊總識 伊來處.
임제가 이어서 말했다. 다만 오는 게 이지러지거나 부족하지 않다면 그것은 '처處'에서 온 것이며, 모두 인식이다.

임제가 이어서 했던 말은 '석실행자石室行者'가 향해서 갔던 그 '깊은 우물'의 실체實體가 인식 작용임을 설명하는 내용이다. 결국, '삼매三昧'도 인식 작용에서 일어나는 사건이며 그 조작되는 장소가 바로 '처處'라는 것을 밝히고 있기에 매우 중요한 대목이다. 그러나 기존의 해석들은 아무리 읽어봐도 앞뒤 맥락도 없이 번역되어 내용을 파악할 수 없다.

나에게 오는 사람을 절대로 잘못 보는 일이 없다. 그이가 온 곳을 모두 알아 버린다.<서옹역>, 나에게 찾아오는 사람을 나는 조금도 잘못 보지 않는다. 그가 온 곳(견해. 공부의 수준)을 모두 안다.<무비역> 앞의 두 문장은 '서옹 스님'과 '무비 스님'의 번역이다. 분명히 조금 전까지 임제는 '몰익심천沒溺深泉'을 설명하고 있었다. 그리고 지금 하는 말은 그 뒤에 이어서 한 말이다. 앞의 문장과 동떨어진 설명이다. 이어서 하는 말이라고 보기엔 무리가 있다. 잘 비교해보길 바란다.

여기 이 문장은 '다만 오는 게 부족하거나 이지러지지 않았다면 그것은 '처處'에서 온 것이며, 모두 인식이다.'라고 해석되어야 한다. 풀어서 말한다면 우리가 눈으로 보는 세상은 어느 것 하나 찌그러져 보이거나 어느 한구석도 채워지지 않은 데가 없다. 그런 모든 게 다 '처'에서 비롯된 '인식 작용'이라는 것이다. 사람들은 세상은 본래부터 그 자리에 그대로 있었고, 그렇게 존재存在하는 세상에 내가 태어났으며 그 '나我라는 존재存在인 영혼이나 자아'가 눈을 통해 세상을 있는 그대로 본다고 믿으며 살고 있다.

살아 있는 생명체는 감각 작용이 일어나므로 '처'에서는 '안에 내가 있어서 외부의 무엇을 보고 있다는 생각'으로 조작하기에 그렇게 보이는 것이다. 이렇게 '처'에서 '주객主客이 마주한다는 인식 작용'이 일어나면서 서로에게 의지해서 법계法界도 만들어지는 것이다. 이 현상은 '외입처外入處'를 외부에 대상이 있고, '내입처內入處'를 내부에 보는 자가 있다고 생각하도록 만들기 때문에 정작 보고 있다는 의식만 남고 자기 자신에 대한 부분을 모두 삭제하기 때문에 벌어지는 생각이다.

우리가 대상을 아는 작용인 인식이 드러나면서 법계法界를 만들어내지만 그 속엔 보는 자도 듣는 자도 사라지고 '내가 보고 듣는다는 기본 생각'만 남게 된다. 우리가 보고 있는 것은 객관의 '세상'이 아니라 각자의 인식이 모든 것을 창조해 '법계'를 벌여놓고, 또 그 '법계가 바로 객관 세상이며 나는 그것을 보고 있다'고 착각하게 만드는 것이다. 그러한 인식 작용 때문에 조금의 모자람이 없이 완벽하게 보이는 것이다.

예를 들어 간단하게 선 line으로만 그린 간단한 그림이 있다고 하자. 그 그림은 사실 어떤 사물과는 관계가 멀다. 그렇게 선으로 만들어진 사물은 존재存在하지 않는다. 그러나 우리는 그것이 무엇이라고 단정 짓고 완전한 사물의 모습처럼 이해한다. 그래서 아이들에게 그림을 그려보라고 하면 기본적으로 선만 그린다. 어른도 간략한 선만으로 대상을 그리고 마치 그것처럼 이해한다. 어떻게 그것이 가능할까?

이것은 인공지능이 아무리 뛰어나도 쉽게 구현되지 않는 인간의 뛰어난 특징이다. 그래서 옛날 동굴의 벽화를 보면 단순한 선으로 여러 가지 동물을 그렸다. 사실 동물이나 우리 몸 그 어느 것에도 경계를 구분하는 줄은 그어져 있지 않다. 그런데 우리는 그림을 기본적으로 선으로 표현한다. 또 그 선만으로도 그것이 무엇이라고 특정해 내는데 아무런 부족함이 없는 것이다. 이렇게 보이는 것이 가능한 이유는 바로 '식이 창조해낸 세상' 즉 '법계法界'를 보고 있기 때문이다. 지금 임제는 석실행자石室行者의 '몰익심천沒溺深泉'도 결국 처에서 조작된 의식 작용으로 드러나는 것이라고 설명하는 것이다.

●若與麽來 恰似失却 不與麽來 無繩自縛.
만약 그렇다면 다리를 잃은 것과 흡사한 것이니 그렇지도 않는 것에 밧줄도 없이 스스로 묶인 것이다.

이 문장은 '만약 다리가 없어진 것'도 아닌데 마치 '다리가 없어진 것'처럼 느낀다면 '다리가 없어진 것 같은 그 느낌'에 밧줄 없이 스스로 묶인 거와 같다는 것이다. 일반적으로 수행자들은 이런 상태가 드러나는 것을 삼매三昧를 얻었다고 생각하며, 또 그런 경험을 갈구渴求한다. 사실, 실제로 선방에 앉아서 수행했던 사람치고 이런 경험 없는 사람은 거의 없을 것이다. 그러나 이것이 언제나 찾아오진 않기에 그런 신비한 경험을 다시 느끼기를 바라면서 무작정 기다린다. 그러다 보니 있지도 않은 밧줄에 묶여버리는 함정에 빠지게 되는 것이다. 그래서 부처님도 이 순간을 도에 이르는 첫 관문이기도 하지만 가장 위험한 순간이라고 지적했다. 그 이유는 허상으로 일어난 것을 수행의 깊은 경지가 드러났다고 생각하기 때문이다.

인간은 기본적으로 경험하지 않은 것은 절대로 볼 수가 없다. 우리의 '감각 기관'은 늘 자신은 의식에서 삭제하고 자아가 관찰만 하는 것처럼 반응한다. 이것은 태어나면서부터 그렇게 해왔고, 또 생명이 다할 때까지도 그렇게 할 것이다. 그렇기에 의식은 끊임없이 외부의 자극에 반응하려고 준비한다. 그런데 앉아서 참선하게 되면 그 의식은 들어오는 정보가 끊어지게 된다. 그러면 의식은 익숙한 상황이 아니라 끊임없이 뭔가를 찾아다니게 되는 것이다. 그러다 뭔가에 집중하게 되면 의식은 스스로 환상을 만들어 그것을 대상으로 삼게 된다. 수행자가 이것을 알아차리지 못하면 이 꿈과 같은 환상에서 벗어날 수 없다. 그래서 임제는 '밧줄 없이 스스로 묶였다.'라고 말한 것이다.

● 一切時中 莫亂斟酌! 會與不會 都來是錯分明.
언제라도 어지러이 짐작하지 말라! 알든지 모르든지 이렇게 온 모든 것은 분명한 착각이다.

'언제라도 어지러이 짐작하지 말라!'는 것은 수행 중에 이렇게 '근거 없는 현상'이 언제라도 나타날 수 있는데 그것을 '깊은 수행의 경지가 아닐까?'하고 지레짐작하지 말라는 것이다. 수행과정에서 나타나는 신비한 현상은 모두 다 착각이요 환상이다. 왜냐하면, 그것이 '실제 대상을 근거로 나타난 것'을 본 게 아니고 환상으로 조작된 것을 보고 있는 것이기 때문이다.

부처님께서는 늘 수행자에게 '생각해야 할 것'과 '생각하지 말아야 할 것'을 알아야 한다고 말씀하셨다. 생각해야 할 것은 '외부의 대상을 '감각 기관'을 통해서 받아들인 것'은 생각해도 되지만 '외부에 대상이 없어 '감각 기관'을 통하지 않고 나타난 것'은 '생각하지 말아야 한다.'라고 말씀하셨다.

진리는 사실에 근거한 생각에서 도출되어야 하는데, 사실과 관계없는 상상 속의 일을 그 근거로 삼게 되면, 설사 99%가 진실이고 단 1%만이 거짓일지라도 모두 거짓이 되어버리므로 진리를 절대 파악할 수 없기 때문이다. 수행자 또한 그렇게 대상이 없는데도 무언가 나타나거나 보인다면 '대상을 찾아 헤매는 마음이 조작해서 드러난 것이로구나!'하고 바로 알아차려야 '마사魔事'의 유혹에서 벗어날 수 있다. 수행자라면 반드시 그렇게 바라보아야 허망한 생각이 자리 잡지 못하게 될 뿐만 아니라 그를 옭아매지도 못하게 되는 것이다.

●與麽道 一任天下人 貶剝 久立珍重.
그러한 말이 세상 사람들에게 폄훼와 핍박을 도맡아 하는데도 오래도록 확고히 서 있는 것은 보배처럼 소중히 여겨서이다

사실 '석실행자石室行者'가 유명해진 이유는 '수행이란 것'이 마치 '신기한 현상을 경험하는 것'으로 여겼기 때문이다. 이러한 현상은 예나 지금이나 아주 다르지 않다. 지금도 남들이 경험해 보지 못한 신비한 경험을 해보려고 수행하는 사람들이 대다수며, 또 그런 사람들의 심리를 이용해 장사하는 사람도 많다. '~명상'이라고 이름 붙여놓고 특별한 경험을 할 수 있다는 식의 광고로 회원을 모집해 '수행'을 상품화해서 팔아먹는다. 이것은 묶인 사람을 벗어나게 하는 것이 아니고 오히려 칭칭 옭아매 빠져나가지 못하게 만드는 것이다.

수행은 어디에 빠지려고 하는 게 아니라 벗어나기 위해 하는 것이다. 무언가에 빠지는 일은 언제나 자신을 묶어버린다. 참선하는 수행자라면 자신이 참선이란 밧줄로 스스로 단단히 묶지 않았는지 점검해야 할 것이

다. 하지만 임제의 말처럼 이러한 견해는 사람들이 수행을 오해하도록 만들었고, 또한 수행이란 명목하에 핍박을 담당했다. 하지만 워낙 오랫동안 견고하게 유지한 입장이라 그 굴레에서 벗어나는 게 쉽지 않다. 그래서 부처님께서도 '아집我執'에서 벗어나는 것보다 '법집法執'에서 벗어나는 것이 어렵다고 하신 것이다.

유마힐도 부대사도 짓지 말라!

上堂 云 一人在 孤峯頂上 無出身之路 一人在 十字街頭 亦無向背. 那箇在前 那箇在後? 不作維摩詰 不作傅大士 珍重.

선당禪堂에 올라 말씀하셨다.

임제 한 사람이 있는 데가
우뚝 솟은 봉우리의 꼭대기면
몸을 벗어나는 길이 없고,
한 사람이 있는 데가
교차하는 길이면 또 갈 방향이 없습니다.
어찌 그 사람이 앞에 있으며,
어찌 그 사람이 뒤에 있겠습니까?
유마힐維摩詰도 만들지 않고,
부대사傅大士도 만들지 않은 게
보배처럼 귀중합니다.

●上堂 云 一人在孤峯頂上 無出身之路 一人在十字街頭 亦無向背.
선당禪堂에 올라 말씀하셨다. 한 사람이 있는 데가 우뚝 솟은 봉우리 꼭대기면 몸을 벗어나는 길이 없고, 한 사람이 있는 데가 교차하는 길이면 또 갈 방향이 없습니다.

해석은 되어있으나 읽어도 무엇을 말하는 것인지? 참! 알 것 같기도 하고, 모를 것 같기도 하다. 여기서 '일인재一人在'의 뜻은 '어떤 한 사람' 즉 '영혼'이나 '자아'가 있다고 여기는 그 장소를 말한다. 따라서 "'나라고 여기는 놈이 있는 그곳'이 인체의 가장 최상부最上部에 있다면 몸을 벗어나는 길이 없고, 그 사람이 있는 데가 교차로의 가운데라면 '갈 방향向背'이 없을 것"이라는 것이다.

사람들은 기본적으로 '나'라는 '자아'나 '영혼'이 머리 위에 있다거나 몸의 중앙에 있다고 생각한다. 사람들이 생각하는 것처럼 그렇게 존재存在한다면 발생하는 문제를 지적하는 것이다. 만약 그 영혼이 머리 꼭대기 위에 있다면 '몸에 들어가고 나오는 길'이 있어야 마땅한데 그 길이 없다는 것이다. 그리고 몸 가운데 있다면 어디든 바라보는 기본 방향이 있어야 하는데 몸통에 붙어있는 팔도 서로 방향이 다르고 귀도 서로 방향이 다르니 어느 쪽을 향한다고 할 수가 없는 것이다.

●那箇在前 那箇在後?
어찌 그 사람이 앞에 있으며, 어찌 그 사람이 뒤에 있겠습니까?

나라고 여기는 영혼이나 자아가 머리 꼭대기에 있다거나 몸 가운데 있을 수 없는데 어떻게 그 사람이 앞에 있다거나 뒤에 있다고 말할 수 있냐는 것이다. 그렇다. 인간의 '영혼이나 자아가 어디에 있을 것'이라고 하는 자체가 망상이다. 그래서 부처님께서는 사람이 그렇게 '변치 않는 자아'로 존재存在하지 않는다고 하신 말씀이 바로 '무아無我'인 것이다.

● 不作維摩詰 不作傅大士 珍重.
유마힐維摩詰도 만들지 않고, 부대사傅大士도 만들지 않은 게 보배처럼 귀중합니다.

임제는 '유마힐도 부대사도 만들지 않는 것'이 매우 중요하다고 말했다. 이곳의 '진중珍重'도 인사말로 쓰인 것이 아니고 '보배처럼 중요하다.'라는 의미로 쓰였다. 유마힐이나 부대사는 신통력으로 대표되는 상징적 인물이다. 사람들은 누구나 수행을 통해서 뭔가 남과 다른 특별한 신통력을 얻으려는 욕망이 자리 잡고 있다. 그 이유는 내면에 지배의 욕망이 있기 때문이다. 그런 생각으로는 절대로 깨달음에 접근할 수도 없고 단지 방해만 될 뿐이다.

사실 임제가 말하는 깨달음이란 '내가 보고 느끼는 모든 세상이 모두 내가 만들어 낸 세상'이라는 것인데, 만약 이것을 깨닫게 된다면 '신통력이라고 부르는 것'도 별다른 게 아니고 다 '내가 지어냈다는 것'을 알게 된다. 지금 '신통한 능력이라고 믿는 것'도 분명하게 알게 된다면 '그저 당연한 일'로 여기게 될 것이다.

'유마힐도 부대사도 만들지 않는 게 매우 중요하다.'라는 임제의 이 말은 '다른 사람들이 내뱉은 말'을 아무런 의심도 없이 무작정 믿지 말고 충분히 의심하고 또 의심해서 정말 그런지 확인하라고 말한 것이다. 유마힐이나 부대사의 신통력은 아무도 확인한 사람이 없다. 다만 그랬다는 이야기만 전해질 뿐이다. 무엇이 사실이 되려면 반드시 재연하고 또 확인할 수 있어야만 한다. 이런 신통력은 믿어서 그렇게 보이는 것이지 사실을 기술하는 것이 아니다.

유마힐이나 부대사와 같은 '증명할 수 없는 상상을 만들지 않는 것'이 수행의 시작이며 매우 중요하다고 법상에서 내려오기 전에 힘주어 강조하여 말을 한 것이다. 진리는 '확인하는 것'이지 '상상하는 것'이 아님을 명심해야만 한다. 이것이 수행의 시작이자 첩경이 되는 것이다. 수행을 통해서 신통력을 얻으려고 하지 말고 진리를 확인하려고 부단히 노력해야 한다.

진정한 출가出家

上堂 云 有一人 論劫[1] 在途中 不離家舍 有一人離家舍 不在途中. 那箇合受 人天供養? 便下座.

선당禪堂에 올라 말씀하셨다.

임제 한 사람은 가정을 떠난 적도 없지만
언제나 길에 있었고,
한 사람은 가정을 떠났으면서도
길에 있지 않았다.
어느 쪽이 사람과 하늘의 공양을
받을 만하겠는가?

곧 자리에서 내려왔다.

1 論劫: 영구히. 미래영겁에. 항상 부사로 쓰인다.

●有一人 論劫在途中 不離家舍 有一人離家舍 不在途中.
선당禪堂에 올라 말씀하셨다. 한 사람은 가정을 떠난 적도 없지만 언제나 길에 있었고, 한 사람은 가정을 떠났으면서도 길에 있지 않았다.

출가하고서도 수행하지 않는 사람과 세속에 있더라도 수행하는 사람이 있다면 어느 쪽이 더 훌륭한가의 문제이다. 깨달음을 얻는 데는 '출가'와 '재가'는 문제 되지 않지만, 수행하는데 필요한 여건과 짊어져야 할 의무는 사뭇 다르다. '출가'를 하면 수행의 여건은 좋아지지만, 신자에 대한 의무가 부가된다. 그 이유는 수행에 필요한 모든 옷과 음식을 스스로 노력해 얻는 게 아니고 오로지 신자에 의지하여 공급받기 때문이다.

출가자는 언제나 수행을 통해 얻은 깨달음으로 공유하고 봉사하는 의무를 동시에 가지게 된다. 그와 반대로 재가자는 깨달음을 얻기 위해 전념하긴 힘들지라도 앞에서 언급했던 의무는 없다. 깨달음을 얻는 문제를 놓고 생각해 보면 출가와 재가가 중요한 게 아니라 실제로 '누가 수행을 바르게 하는가?'가 훨씬 더 중요하다.

●那箇合受 人天供養? 便下座.
어느 쪽이 사람과 하늘의 공양을 받을 만하겠는가? 곧 자리에서 내려왔다.

여기서 '공양供養'이란 문제를 깊이 생각해 볼 필요가 있다. 공양은 본래 존경하는 사람을 위해 음식을 바쳐서 제공하는 행위를 말한다. 살다보면 내가 아끼는 것을 주어도 아깝지 않은 사람도 있고, 설사 버릴지라도 주고 싶지 않은 사람도 있기 마련이다. 보통 내가 주고 싶을 때는 상대방에게 감사했을 때이고, 주고 싶지 않을 때는 강탈당하는 기분이 들 때이다.

만약 어떤 사람이 도저히 스스로 해결할 수 없는 난제를 만나 힘들어할 때 감로와 같은 법문法門을 수행자에게 듣고 어리석음에서 벗어났다면 그는 그 수행자에게 무엇을 주더라도 아깝지 않고 기쁠 것이다. 이런 것이 '주는 사람'과 '주는 물건', '받는 사람'이 모두 깨끗한 아름다운 공양 즉 '삼륜三輪이 청정'한 공양이라고 말할 수 있다. 이렇게 감사함과 존경심은 '세속에 사느냐?', '절집에 사느냐?'에 따라서 결정되는 게 아니다.

어느 곳에 살더라도 그가 훌륭하게만 산다면 그림자가 사람을 따르듯이 그에 대한 존경심도 자연히 따르게 된다. 그런데 '승려만 되면 세상의 존경을 한 몸에 받을 것'이라고 착각하는 사람들이 있다. 그리고 그것이 아주 당연하다고 여기며 '막행막식莫行莫食'하는 승려들을 종종 보게 된다. 참으로 어리석은 사람이라 말하지 않을 수 없다.

임제의 법문法門은 군더더기가 없고 간결하다. 하지만 그 법문을 이해하고 깨닫기 위해서는 끊임없는 사유가 절대적으로 필요하다. 충분한 사유가 되어있지 않으면 그 법문法門을 이해할 수 없다. 훌륭한 스승의 법문을 들으면 고개는 끄덕여지며 '그럴듯해! 참으로 맞는 말이야!'라고 감탄하면서도 그것은 실행에 옮기기 힘든 것이라고 한다. 사람들이 그렇게 말하게 되는 이유가 무엇일까? 혹시 그게 '실천할 수 없는 말'을 스승이 한 게 아닐까? 대부분은 사람들이 일러준 스승의 말만 듣고 그냥 '그럴 수도 있겠네!'하고 수긍만 했기 때문에 그런 것이다.

중요한 것은 수긍이 아니라 스승이 내린 결론처럼 그 자신도 그 문제를 치열하게 사유하여 같은 결론에 도달해야만 비로소 행동이 바뀌게 되는 것이다. 즉 '대충 그럴 것 같은' 게 아니라 '그럴 수밖에 없네!'하고 분명하게 알아야 한다는 것이다. 분명하게 알면 그렇게 하라고 해도 하지 않는 것이다.

누구든지 어떤 말을 듣고도 실천이 되지 않는다면, '나는 분명히 모르고 있구나!'라고 알아차려야 한다. 그런 다음 분명히 알도록 스스로 궁구하고 사유해서 자신도 똑같은 결론에 도달해야만 한다. 스스로 같은 결론을 내지 않고 수긍한 것으로만 끝내버린다면 그냥 하던 방식대로 할 뿐이니, 절대로 바뀌지 않기에 이것을 '업業'이라고 부르는 것이다. 이 업業을 바꾸려 한다면 '업장 소멸'을 위해 애쓸 것이 아니라 깊게 사유하여 분명한 결론에 도달해야만 비로소 그 업이 바뀌는 것이다.

세 가지 차등 법문法門

上堂 僧問 如何是第一句? 師云 三要印開朱點側 未容擬議主賓分. 問 如何是第二句? 師云 妙解豈容無著問? 漚和爭負截流機. 問 如何是第三句? 師云 看取[1]棚頭[2] 弄傀儡 抽牽[3] 都來裏有人. 師又云 一句語須具三玄門 一玄門[4]須具三要 有權有用. 汝等諸人 作麼生會? 下座.

선당禪堂에 오르니 승려가 물었다.

승려 무엇이 으뜸가는 법문法門입니까?

임제 삼요인三要印을 열었더니 옆에는 붉은 점 묻어있고

머뭇거릴 새도 없이 주관과 객관은 나뉘었네.

승려 무엇이 버금가는 법문입니까?

임제 미묘한 이해妙解 묻지 않고 어찌해서 받아들일꼬?

다툼 등지고 거품 뭉치니 흐르는 기틀 끊네.

승려 무엇이 세 번째 가는 법문입니까?

임제 무대에서 꼭두각시 가지고 노는 것으로 보니

속에 있는 사람이 모두 나오게 조종하네.

임제 하나의 법문마다 반드시 세 개의 현문玄門을 갖추었고

하나의 현문玄門은 모름지기 세 가지 조건要을 갖추어야

1 看取: 속에 담긴 본질이나 내용을 보아서 알아차림
2 棚頭: 인형극의 무대.
3 抽牽: 인형극에서 쓰는 인형에 붙은 끈을 위에서 조종하여 인형을 움직이다.
4 三玄門: 불, 법, 처

잡아서 쓸 수 있다.

너희들은 어째서 그런지 알겠는가?

자리에서 내려왔다.

●上堂 僧問 如何是第一句?
선당禪堂에 오르니 승려가 물었다. 무엇이 으뜸가는 법문法門 입니까?

법문法門도 들어보면 듣는 대상에 따라 깊이를 다르게 말하기도 하지만 법문하는 사람의 깨달음의 정도에 따라 그 깊이가 달라지기도 한다. 부처님의 경우는 듣는 사람에 따라 최적화된 설법을 하셨기에 '대기설법對機說法'이라고 부른다. 즉 그 사람의 지적 수준에 따라 법의 깊이를 달리 조절하여 설하셨다는 것이다.

부처님께서는 최상의 깨달음을 성취하셨기에 듣는 대상에 따라 깊이를 조절해 말씀하셨지만, 그렇지 않은 사람이 하는 설법을 듣다 보면 오히려 그 깨달음의 깊이가 가늠되기도 한다. 임제는 설법의 내용에 따라 깨달음의 정도를 '상중하'의 세 단계로 나누어 말했다. 그중 가장 으뜸이 되는 법문이 무엇인가가 이 질문의 요지이다.

●師云 三要印開朱點側 未容擬議主賓分.
임제가 말했다. 삼요인三要印을 열었더니 옆에는 붉은 점 묻어 있고/ 머뭇거릴 새도 없이 주관과 객관은 나뉘었네.

임제가 말한 '삼요인三要印'이란 '중요한 세 가지'를 도장에 비유해서 말한 것인데, 자세한 설명이 없어 삼요인에 대한 해석이 분분하다. 그러나 사실 의견이 분분하게 따져볼 만한 것도 없는 내용이다. 너무나 분명하게 임제록의 뒷부분에 이것에 대한 설명이 되어있기 때문이다.

'삼요三要'는 '꼭 필요한 세 가지'로 번역할 수 있는데, 꼭 필요하다는 말은 독립적이지 않다는 말과 같다. 독립적으로 존재存在할 수 있다면 그것만으로도 충분하기에 그 필요성이 사라지게 된다. 사실 우리가 보고 있는 것은 외부에 있는 세상이 아니라 세상을 반영해 지어낸 법계法界이다.

이 법계法界가 드러나려면 '삼요'라는 '감각 작용根', '감각 대상境', '인식 작용識'이 동원되어야 한다. 먼저 '감각 대상'과 '감각 작용'이 의지하면 '내입처內入處'와 '외입처外入處'라는 12처가 나타나는데, 이 '처'의 작용은 '주관이 객관을 본다.'라고 조작하는 역할을 한다. 여기에 '인식 작용'이 가세를 하면 '18계'라는 '법계'가 드러난다. 임제는 이 법계가 드러나는 과정을 '도장 찍는 것'에 빗대어 말한 것이다.'삼요인을 열었다.'라는 말은 '감각 작용, 감각 대상, 인식 작용'이 동원되어 드러난 '법계라는 도장'을 열었다는 것이다.

종이에 도장이 찍히면 도장의 문양이 종이에 그대로 새겨지는데 그 도장 주변엔 이미 인주 자국이 있다. 설사 도장을 종이에서 떼지 않았을지라도 이미 도장의 무늬는 종이에 찍혀있다. 즉 눈앞에 법계라는 '도장 문양'이 나타났다면 벌써 주관과 객관이 나뉘어 '내가 세상을 본다.'라고 생각하는 것이다. 그렇게 순식간에 법계가 드러났다가 사라지며 비록 도장은 아니지만, 도장을 반영한 도장 문양이라서 너무나 현실적이다. 그러다 보니 그것이 외부의 세상이 아니고 법계라는 사실을 쉽사리 눈치챌 수조차 없는 것이다.

우리가 볼 수 있는 것은 여러가지 단서나 증거들만 볼 수 있다. 즉, 의식에 남아 있는 '인주 자국' 같은 흔적만을 볼 수 있는데 그 흔적도 깊은 사유를 하지 않으면 발견하지 못한다. 따라서 수행자는 이 인주 자국을 따라가야 도장이 어떻게 찍혀서 법계가 만들어졌는지를 찾을 수 있다. 이러한 '삼요'와 '처'와 '계'의 관계를 밝히는 법문法門이 가장 으뜸가는 법문이라는 것이다.

●問 如何是第二句? 師云 妙解豈容無著問? 漚和爭負截流機.
승려가 물었다. 무엇이 버금가는 법문입니까? 미묘한 이해妙解 묻지 않고 어찌해서 받아들일꼬? 다툼 등지고 거품이 뭉치니 흐르는 기틀 끊네.

다음의 질문은 당연히 '버금가는 법문法門은 무엇인가?'이다. 그런데 이 '제이구第二句'의 해석 또한, 그 의견이 분분하다. 대부분은 '무착문無著

問'의 '무착無著'을 '무착無著[1]'이란 인물로 해석하는데 그것은 잘못된 해석이라 문맥도 맞지 않는다. '무착문無著問'에서 '착문著問'이 '질문하다'라는 말이니 '질문 없이'로 보아야 마땅하다. 따라서 '묘해기용무착문妙解豈容無著問'은 '질문도 하지 않고 어떻게 깊은 이해를 하겠는가?'라는 의미이다.

'구화쟁부절류기漚和爭負截流機'에서 '구화쟁부漚和爭負'는 '이것이 옳으니 저것이 옳으니' 하고 다투는 논쟁을 등져 '물거품처럼 하나로 뭉치는 것'을 표현한 것이다. 즉 언어로 사유하여 양극단으로 치우치던 마음을 등지니 물거품이 서로 합쳐지듯이 양극단이 융화됨을 표현한 것이다. 또 '절류기截流機'는 흐름의 기틀이 끊어진 것이니 사람들이 믿고 있던 신념이나 개념이라는 의식의 흐름이 모두 끊어져 진실을 보게 된다는 말이다. 즉 언어적 사유가 끊어져서 양극단에 치우치지 않는 중도를 발견하게 된다는 말이다.

부처님께서도 '언어가 적멸寂滅'하는 순간을 '초선初禪'으로 말씀하셨다. 따라서 진정한 수행이 시작되는 순간이 바로 언어가 적멸해서 양극단을 벗어나는 순간이 되겠다. 그래서 선사들도 끊임없이 '언어도단言語道斷'을 외친 것이다.

●問 如何是第三句? 師云 看取棚頭弄傀儡 抽牽都來裏有人.
승려가 물었다. 무엇이 세 번째 가는 법문法門입니까? 무대에서 꼭두각시 가지고 노는 것으로 보니/ 속에 있는 사람이 모두 나오게 조종하네.

세 번째의 최하위 법문法門을 물으니 임제는 '무대에서 꼭두각시 노름하는 것처럼 보기에 누군가가 그 인형을 조종하듯 바라본다.'라고 말했다. 즉, 이 육체는 꼭두각시이고 마음이나 영혼이라고 부르는 '진짜 나'라는 게 따로 있어서, 꼭두각시를 조종하듯 사람의 육체도 조종한다고 설법한다는 것이다.

우리는 이제까지 절에 발을 들인 순간부터 이런 법문法門을 주구장창

1 無著: 중국 오대산五臺山 화엄사華嚴寺에 살면서 대력 2년(767)에 문수보살을 친견했다고 함.

듣고 살았다. 그런데 이것이 가장 최하의 법문인 것이다. 뒤에 나오는데 임제가 이 '제삼구第三句'에 대해 '자신도 구제하지 못한다.'라고 평했다.

●師又云 一句語須具三玄門 一玄門須具三要 有權有用.
하나의 법문마다 반드시 세 개의 현문玄門을 갖추었고 하나의 현문玄門은 모름지기 세 가지 조건要을 갖추어야 잡아서 쓸 수 있다.

또 임제는 이어서 하나의 법문法門마다 반드시 '삼현문三玄門'이 갖추어져 있다고 말했다. 여기서 삼현문은 '세 가지 알기 힘든 관문'으로 '불佛', '법法', '처處'를 말하는데 뒤에 각각의 설명이 나온다. 또 하나의 '현문'이 '삼요'를 갖추어야 잡아서 쓸 수 있다고 말했는데, 그것은 '부처佛'도 '법法'도 '처處'도 모두 '육근六根, 육경六境, 육식六識'이 서로 의지해야만 비로소 드러나 사용할 수 있기 때문이다. 수행자는 '삼현문'과 '삼요'의 관계를 분명하게 알아야 하는데, 그러기 위해서는 깊은 사유를 통에 추호의 의심도 남아 있지 않을 때까지 정진해야 한다. 의심이 조금이라도 남아 있으면 번뇌가 완전히 사라지지 않아 자유로울 수 없기 때문이다.

참고로 삼현문三玄門에서 '현문玄門'이란 '캄캄해서 알기 어려운 관문'으로 해석할 수 있다. 이 삼현문을 임제는 구체적으로 '불', '법', '처'라고 말했는데, 이들의 관계는 매우 밀접하다. 외부 대상을 '감각 기관'이 감지해 그 신호를 근거로 주관과 객관으로 나누어 조작하는 곳이 '처'이며, 이 처에서 조작해서 만들고 벌여놓은 세상이 바로 '법계法界'이다. 이렇게 보이는 법들'이 어떻게 만들어졌는지 밝게 비추어 모두 아는 것을 '부처'라고 부르고 모르는 것을 '중생'이라고 한다.

여기에서 '처處'를 이해하는 것이 매우 중요한데, 이 처를 이해하지 못하면 '법'도 '부처'도 이해할 수 없기 때문이다. 우리가 알고 있다고 생각하는 그 세상을 만들어내는 가상의 장소가 바로 '처處'이다. 컴퓨터로 비유하자면 '법'은 '연산 작용을 통해 처리된 결과로 모니터의 출력물'이며, '처處'는 '컴퓨터 본체의 각 부품을 통해 들어온 신호를 연산 처리해 인간에게 의미 있는 신호로 바꾸어주는 운영체제와 같은 가상의 장소'이다, '

부처'와 '중생'은 '컴퓨터의 실사용자'로 생각해 볼 수 있는데, 컴퓨터에 빠져 중독되어 있는 사용자는 중생이요, 그 컴퓨터가 필요할 땐 사용하지만 컴퓨터가 허구임을 알고 쓰는 자유로운 사용자가 부처이다. 완전한 이해는 아니지만 대충 이렇게라도 생각해 보면 어느 정도는 이해가 될 것이다. 이렇게 불, 법, 처의 관계는 매우 복잡하게 연결되어 있어 좀처럼 이해하기 힘들기에 '알기 어려운 관문玄門'이라고 부른 것이다.

●汝等諸人 作麽生會? 下座.
너희들은 어째서 그런지 알겠는가? 자리에서 내려왔다.

임제는 법어를 마치고서 사람들에게 알아들었는지를 물었다. 이 법문法門을 듣고 아무도 알아듣지 못한 모양이다. 만약 알아들은 사람이 있었다면 기뻐 날뛰는 사람이 분명히 있었을 것이다. 설법자는 상대가 알아들었는지, 못 알아들었는지를 눈빛만 보아도 알 수 있다. 대중이 못 알아들은 게 분명하지만, 그래도 '알겠느냐고 물었다는 것'은 대중이 깨닫기를 바라던 스승의 애절한 마음이 아닐까?

제2장 시중示衆

대중에게 법을 보여주다.

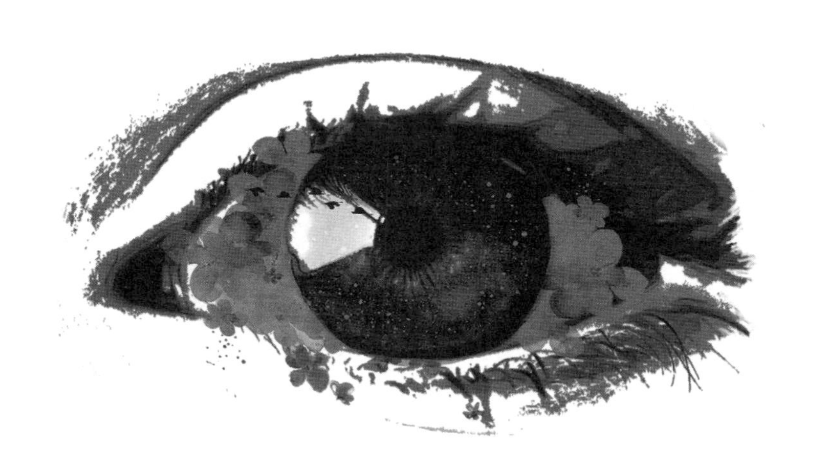

사람의 상태

師晩參 示衆云 有時[1] 奪人不奪境 有時奪境不奪人 有時人境俱奪 有時人境俱不奪. 時有僧問 如何是奪人不奪境? 師云 煦日發生鋪地錦 瓔孩垂髮白如絲. 僧云 如何是奪境不奪人? 師云 王令已行天下遍 將軍塞外絶烟塵. 僧云 如何是人境兩俱奪? 師云 幷汾絶信 獨處一方. 僧云 如何是人境俱不奪? 師云 王登寶殿 野老謳歌.

임제가 저녁 참선 시간에 법문法門했다.

임제 경우에 따라

사람은 빼앗겼지만 대상을 빼앗기지 않고,

대상은 빼앗겼지만 사람을 빼앗기지 않으며.

사람과 대상 양쪽 모두 빼앗기고,

사람과 대상 모두 빼앗기지 않는다.

그때 어떤 승려가 물었다.

승려 무엇이 사람은 빼앗겼지만

대상을 빼앗기지 않은 것입니까?

임제 따사로운 햇살에 대지는 비단으로 뒤덮였고

갓난아기 늘어진 머리 명주처럼 새하얗네.

승려가 물었다.

1 有時: 이따금, 간혹, 경우를 따라

승려 무엇이 대상은 빼앗겼지만
사람을 빼앗기지 않은 것입니까?

임제 왕의 명령 세상에 이미 두루 시행되니
장군은 국경 막고 봉화도 끊었다네.

승려가 물었다.

승려 무엇이 사람과 대상 양쪽 모두 빼앗긴 것입니까?

임제 병주幷州와 분주汾州 연락 끊겨
한 곳에 외롭게 살아가네.

승려가 물었다.

승려 무엇이 사람과 대상 모두 빼앗기지 않은 것입니까?

임제 임금이 보배 궁전에 오르니
촌 늙은이 입 모아 칭송하네.

●師晩參 示衆云
임제가 저녁 참선 시간에 법문法門했다.

여기서 '만참晩參'은 '저녁에 하는 참선'을 말한다. 이때 하는 법문法門은 비교적 자유로운 분위기에서 묻고 답하며 이루어지는데, 이것을 '소참小參 법문'이라 부른다. 그런데 여기서 한 가지 음미해 볼 단어가 있는데 바로 '시중示衆'이다. 이 '시중'은 설법한다는 말인데, '설법'이란 말 대신에 '시중'이라고 표현한 이유는 설법은 말로 법을 설한다는 의미이므로 언어에 의지하는 느낌이 강하게 든다. 그런데 사실 언어에 의지해서 사유하는 것 때문에 '일차적으로 오류를 일으킨다는 사실'을 선사들이 누구보다 잘 알고 있었으므로 '설법'이란 말 대신에 '대중에게 직접 보여준다.'라는 의미로 '시중'이란 표현을 썼을 것이다.

● 有時奪人不奪境 有時奪境不奪人 有時人境俱奪 有時人境俱不奪.

경우에따라 사람은 빼앗겼지만 대상을 빼앗기지 않고, 대상은 빼앗겼지만 사람을 빼앗기지 않으며, 사람과 대상 양쪽 모두 빼앗기고, 사람과 대상 모두 빼앗기지 않는다.

수행자라면 수행하기에 앞서 자신의 상태를 먼저 파악해야 한다. 그래야 문제점을 파악해 조치할 수 있기 때문이다. 만약 문제점조차 파악하지 못하고서 무엇을 어떻게 고치겠는가? 그래서 임제는 살아가는 방식에 따라 '탈인불탈경奪人不奪境'의 유물론자, '탈경불탈인奪境不奪人'인 유심론자, '인경구탈人境俱奪'의 삼매주의자, '인경구불탈人境俱不奪'의 해탈자로 나누었다. 이것은 부처님께서 외도 비판을 통해서 삿된 견해가 무엇이고, 바른 견해가 무엇인지를 가르친 것과 그 맥락을 같이 한다.

● 時有僧問 如何是奪人不奪境?

그때 어떤 승려가 물었다. 무엇이 사람은 빼앗겼지만 대상을 빼앗기지 않은 것입니까?

자아는 없고 대상만 존재存在한다고 생각하는 '유물론자唯物論者'들을 말하는 것으로 현대 과학자들의 입장과 크게 다르지 않은데, 언제나 '보고 확인할 수 있는 것'만을 신봉한다. 따라서 보이지 않는 영혼이나 정신 따위는 인정하지 않는다. 즉 본래부터 존재存在하던 물질들이 서로 이리저리 섞여서 만들어졌기에 '죽음이란 원래의 물질로 흩어지는 것'이라고 생각한다. 그래서 이런 사람들은 죽으면 끝이므로 '살아있을 때 실컷 즐기자!'라고 생각하여 쾌락주의로 흐르기 쉽다.

현대 사회의 '욜로(You Only Live Once, YOLO)족'과 크게 다르지 않다. 물질만을 신봉하다 보니 '내가 얼마나 가지고 있는가?'를 행복의 척도로 삼기에 남의 눈을 개의치 않고 즐기기에 열중한다. 그러다 보니 사상적인 깊이와 지적 수준이 어린아이와 같이 낮아서 자신이 소유하는 것만을 추구하며, 그 소유가 박탈되면 정신적 충격에서 헤어 나오지 못하게 된다. 그래서 '사람은 빼앗겼지만 대상을 빼앗기지 않았다.'라고 표현한 것이다.

●煦日發生鋪地錦 瓔孩垂髮白如絲
따사로운 햇살에 대지는 비단으로 뒤덮였고/ 갓난아기 늘어진 머리 명주처럼 새하얗네.

'따사로운 햇살에 대지는 비단으로 뒤덮였다.'라는 것은 세상은 자연의 섭리로 돌아가며 아름답기 그지없어 탐난다는 것이고, '갓난아기 늘어진 머리 명주처럼 새하얗네.'라는 말은 늙어서 머리가 백발이 되어도 정신 상태는 무조건 소유하려고만 하는 어린아이와 같음을 은유적으로 표현한 것이다. '유물론자唯物論者'들은 모든 가치의 척도가 물질이므로 그것에 대한 소유를 통해 행복을 추구하며, 그것만이 최고의 가치로 여기게 된다. 소유에 눈이 멀어 끊임없이 가지려는 현대인들과 매우 닮아 있다.

●僧云 如何是奪境不奪人?
승려가 물었다. 무엇이 대상은 빼앗겼지만 사람을 빼앗기지 않은 것입니까?

이것은 '유심론자唯心論者'들을 말하는 것으로 '정신이나 영혼'이 '진짜 나'이며 이 몸은 껍데기에 불과하니 언제든지 벗어버릴 수 있다고 생각하고 살아간다. 그래서 모든 가치는 정신적인 것에 있지, 육체적인 것에 있지 않다고 생각하며 살아간다. 신을 섬기며 살아가는 종교인의 대부분이 여기에 해당한다. 그래서 그들은 신의 명령에 정신이 마비되어 다른 사람들의 말에 귀 기울이려고 하지 않고 자기 말만 한다. 그래서 대상은 빼앗겼지만 사람을 빼앗기지 않았다고 말한 것이다.

●王令已行天下遍 將軍塞外絶烟塵
왕의 명령 세상에 이미 두루 시행되니/ 장군은 국경 막고 봉화도 끊었다네.

'왕령王令이 이미 천하에 두루 시행되었다.'라고 말했는데 여기서 왕은 '주관하는 절대자'로 곧 '정신이나 영혼'을 의미한다. 영혼이 육체를 지배한다고 생각하기에 더러운 육체는 언제든지 버릴 수 있다고 생각한다. '장군이 국경을 막고 봉화도 끊었다.'라는 것은 몸은 신경조차 쓰지 않고 '정신적인 것'에만 그 가치를 두고 살아간다는 말이다. 이렇게 마음과 몸을 주종관계로 보아 '마음이 몸을 지배한다.'라고 생각하기에 마음만 잘 닦으면 그만이라고 생각하기에 육체를 함부로 대하는 습성이 있다.

●僧云 如何是人境兩俱奪?
승려가 물었다. 무엇이 사람과 대상 양쪽 모두 빼앗긴 것입니까?

이것은 '삼매주의자'나 '신선술을 믿는 사람들'을 가리키는 것으로 삼매에 들거나 신선술을 통해서 어떤 이상향으로 다가가려는 사람들을 말한다. 이들은 신선술이나 삼매 등을 오랫동안 수련하면 신선이나 아라한이 되어 무릉도원 같은 아주 다른 세상에서 살아간다고 믿는 사람들이다. 그래서 사람도 대상도 모두 빼앗겼다고 말한 것이다.

●幷汾絶信 獨處一方
병주幷州와 분주汾州 연락 끊겨/ 한 곳에 외롭게 살아가네.

여기서 병주와 분주는 중국의 옛 지명인데, 거리가 먼 두 지방을 상징적으로 예시한 것이니 지명은 중요하지 않다. '두 지방이 서로 연락이 끊겨 한곳에 외롭게 살아간다.'라는 말의 뜻은 '자기만의 세계에 빠져 사는 사람들'이란 것이다. 진리의 탐구는 보편타당해야 진리라고 말할 수 있다. 그런데 이런 사람들의 특징은 언제나 자신만이 옳다고 여기고 자신만의 세상에 빠져 다른 사람의 말은 아랑곳하지 않는다.

'증명되지 않는 자기만의 세계'에 빠져 일평생 '신선술'이나 연마하거나, '삼매'나 얻어 보겠다고 '선방에 목매는 수좌들'이 바로 여기에 해당한다. 수행은 번뇌에서 벗어나 더불어 행복하게 살기 위해서 하는 것이다. 아무리 '그림처럼 아름다운 곳'에 살지라도 혼자라면 그 삶이 과연 행복할까? 그리고 지금 내가 행복하지 않은데, 어디 간들 행복하겠는가? 그래서 이것을 사람과 대상 모두 빼앗긴 것이라고 표현한 것이다.

●僧云 如何是人境俱不奪?
승려가 말했다. 무엇이 사람과 대상 모두 빼앗기지 않는 것입니까?

이것은 해탈한 자이다. 해탈은 어디로 가는 것이 아니다. 만약 지금이 자리에서 해탈할 수 없다면 그는 어디를 향해서 가더라도 번뇌로부터 자유로워질 수 없다. 해탈은 사람이 대상에서 멀어지는 게 아니고 있는 그대로, 그 자리에서 바로 이루어지는 것이다.

●王登寶殿 野老謳歌
임금이 보배 궁전에 오르니/ 촌 늙은이 입 모아 칭송하네.

여기서 '임금이 보배 궁전에 올랐다는 것'은 깨달음을 성취했다는 표현이고, '촌 늙은이가 입을 모아 칭송한다는 것'은 번뇌가 사라져 아무런 걱정이 없음을 나타낸 것이다. 본래 마음과 대상은 따로 분리되는 것이 아니고 서로에게 의지해 있다.

몸이나 마음은 '삶이라는 생명 현상'을 '몸의 측면'과 '마음 작용의 측면'으로 본 입장일 뿐이다. 어느 것 하나만을 취하거나 버릴 수 없다. 하나를 버리면 서로 의지해 있기에 그 나머지 역시 모두 무용지물이 되고 만다. 이렇게 해탈이란 무엇을 얻거나 잃는 게 아니다. 만약 무엇인가를 얻거나 잃었다면 참다운 수행을 했다고 말할 수 없다. 수행은 잘못된 시각을 걷어내서 바르게 보는 것이다. 예전엔 잘못된 시각으로 살아서 괴로웠다면 잘못된 시각을 바로잡아 살게 되면 있는 그 자리에서 해탈이 이루어져 즉시에 행복해지는 것이다.

사람의 처處

師乃云 今時學佛法者 且要求眞正見解. 若得眞正見解 生死不染 去住自由 不要求殊勝 殊勝自至. 道流! 秖如自古先德皆有出人底路 如山僧 指示人處. 秖要爾不受人惑 要用便用更莫遲疑!

임제가 이어서 말했다.

임제 지금 불법을 공부하는 사람에게
더욱 요구되는 것은 '참되고 바른 견해'이다.
만약 참되고 바른 견해를 얻는다면
태어나고 죽는 것에 오염되지 않아
가고 머무름이 자유로워 뛰어나려고 하지 않아도
저절로 뛰어나게 되는 것이다.
수행자여!
예컨대 예로부터 앞선 대덕大德들은
산승山僧이 '사람의 처處'를 가리키고 보여주는 것처럼
'사람을 나오게 하는 방법'이 모두 있었다.
다만 너희들에게 '바라는 것'은
써야 한다면 바로 쓰더라도
'사람들의 어리석음'을 받아들이지 말고
절대로 의심을 늦추지 말라!

●師乃云 今時學佛法者 且要求眞正見解.
임제가 이어서 말했다. 지금 불법을 공부하는 사람에게 더욱 요구되는 것은 '참되고 바른 견해眞正見解'이다.

부처님께서는 깨달음을 얻어 해탈하기 위해서는 가장 먼저 '바른 견해正見'를 가져야 한다고 말씀하셨는데, 임제 역시 그 점을 먼저 지적했다. 그렇다면 '바른 견해正見'란 과연 무엇일까? 부처님께서는 '모든 희론戲論이 적멸한 것'을 '정견正見'이라고 말씀하셨는데, 선가禪家에서도 '알음알이를 버려라!'라고 말하거나 '말장난하지 말라!'라고 한다. 이것은 '언어로 사유하는 것'을 떠나야 한다는 것인데, 그래야 비로소 '바른 견해'가 열린다. 이렇게 열린 그 길이 '양극단을 여윈 제삼第三의 길'인 '중도中道'인 것이다. 임제의 '진정한 견해'도 바로 이 지점을 정확히 지목하고 있다. 이렇게 '중도中道'로 바라볼 수 있어야 생사의 괴로움에서 벗어나 진정한 자유를 얻게 되는 것이다.

●若得眞正見解 生死不染 去住自由 不要求殊勝 殊勝自至.
만약 참되고 바른 견해를 얻는다면 태어나고 죽는 것에 오염되지 않아 가고 머무름이 자유로워 뛰어나려고 하지 않아도 저절로 뛰어나게 되는 것이다.

정말 '참되고 바른 견해'를 갖는다고 해서 나고 죽는 문제가 해결되고, 가고 머무는 게 자유로워질까? 여기서 말하는 생사는 물리적인 인간의 수명을 말하는 게 아니다. 본래 '나고 죽음'이 없는데, 나고 죽는다는 잘못된 잣대로 바라보니 모두 나고 죽는 것처럼 보이는 것이다. 즉 인식의 오류이다.

우리가 세상을 바라볼 때는 언제나 '나고 죽는 것'으로 인식하기에, 그 누구도 '나고 죽는 것'에서 자유롭지 못한 것이다. 엄연히 내 주위의 모든 사람이 예외 없이 나고 죽었고, 부처님도 '탄신일'과 '열반일'이 있으니 나고 죽은 것이다. 그렇다면 부처님께서 생사를 초월했다고 말하지만, 사실 부처님조차 생사를 피하지 못했다고 봐야 하지 않을까?

물론 부처님도 중생의 눈으로 보면 나고 죽었다. 그러나 깨달은 자의 눈으로 보면 '나고 죽는다는 것'이 사실이 아니므로 생사 자체가 사라져

버린다. 따라서 여기서 말하는 나고 죽는 생사의 문제는 그런 우리가 생각하는 물리적인 생사를 말하는 것이 아니다. 그래서 임제는 생사에 '오염되지 않았다.'라고 말했다. 오염이 된다는 말은 본래 가지고 있던 색깔을 잃고 다른 색깔로 덧입혀졌다는 말이다. '본래 생사로 이루어지지 않았거늘 오염된 생각으로 바라보니 생사로 보이더라.'라고 말하는 것이다.

이것을 조금 더 깊이 생각해 보자! 사실 사람들의 '생각이란 것'이 '자기가 자신에게 말하는 것'이다. 따라서 생각에서 만들어진 판단의 근거는 언제나 언어이다. 그런 이유로 자신이 사용하는 언어가 바뀌게 되면 이상하게 다르게 생각하게 된다. 언어가 판단하는 잣대로 작용하기 때문에 벌어지는 사건이다. 이렇게 사유라는 것이 언어를 근거로 하기에 대상 속에 언제나 '실체實體'라는 '자아'가 있다고 자연스럽게 생각하게 되며, 그 자아가 나고 죽는다고 생각하게 되는 것이다. 그러나 이것은 정작 그 자아가 정말로 존재存在하는지?, 만약 존재存在한다면 어디에서 확인할 수 있는지? 제대로 살펴보지도 않고 남의 이야기만 듣고 그렇다고 단정 지어버린 것에 불과한 것이다.

예를 들어 어느 누가 태어났다고 가정해보자! 과연 우리는 그 사람이 태어난 시점을 특정할 수 있을까? 어머니 몸에서 나왔을 때 우리는 태어났다고 말하지만, 정말 그때 태어난 것일까? 그러면 태어나기 전 어머니의 배 속에 있을 땐 태어난 생명이 아니란 말인가? 만약 그것도 태어난 생명이라고 한다면, 정작 아버지나 어머니의 몸속에 있던 정자나 난자는 태어난 것이 아니란 말인가? 또 그 난자나 정자로 분화하기 이전의 세포는 어떻게 생각하는가? 이렇게 태어난다는 것에 대한 경계가 불분명하다. 즉 인간의 생명 현상의 어느 일부분을 재단해서 생과 사를 말하고 있을 뿐이지 그 어디에도 생사의 실체는 없다.

다만 우리에겐 생명 현상이 드러나고 있을 뿐인데, 그것을 언어적 사유로 재단하니 이것은 '태어남', 저것은 '죽음'이라고 규정짓고, 또 그렇게 철석같이 믿고 있을 뿐이다. 그렇다면 사실을 이렇게 안다고 해서 과연 무엇이 바뀔까? 당연히 바뀐다. 알기 전엔 언제나 '나는 어디서 와서 어디로 가는가?'를 고민하고 두려워했다면, 분명하게 알고 나면 '그런 생각이 얼마나 어리석었는지'를 자각하게 되어 더는 생사의 어리석음에 빠지지 않는다 따라서 번뇌 따위가 발붙일 수도 없게 되는 것이다.

'바른 견해'는 언어를 통한 모순적인 사유에서 벗어난 뒤, 더욱 깊은 사유를 통해 '자아가 없다'라는 사실을 철저히 통찰하고 깨닫는 것이다. 그런 통찰이 일어나면 공간의 제약으로 갇혀 있을지라도 자유로우며, 훌륭하려고 노력하지 않아도 그 자체로 훌륭한 것이다.

● 道流! 秖如自古先德 皆有出人底路 如山僧 指示人處.
수행자여! 예컨대 예로부터 앞선 대덕大德들은 산승山僧이 '사람의 처處'를 가리키고 보여주는 것처럼 '사람을 나오게 하는 방법'이 모두 있었다.

예전의 선지식善知識들도 임제 자신이 말하는 '사람의 처處'와 같은 해탈로 나아가는 방법이 존재存在했다고 말했는데, 그 '사람의 처'는 외부에 존재存在하는 장소가 아니라 사람이 생명 활동을 할 때 함께 드러나는 '가상의 장소'를 말한다. 이 '처'는 본래 '육입처六入處'라고도 부르는 것으로, 이것을 나누면 '육내입처六內入處 육외입처六外入處'로 나누어 볼 수 있다. 그리고 이것을 그냥 '십이처十二處'라고도 부른다.

부처님 경전에 의하면 '처處'는 '눈眼'이 '색色'을 만났을 때 '안입처眼入處'가 드러난다고 하셨는데, 여기서 안입처眼入處가 드러났다는 것은 안내입처眼內入處가 안외입처眼外入處를 마주하는 것인데, 이것을 근거로 '안식眼識'이 가세하면 '내가 대상을 본다.'라는 인식이 나타난다. 이러한 과정들이 서로가 서로에게 의지하면 '눈으로 보는 세상인 안계眼界'가 드러난다. 그렇게 드러나는 '안계眼界'를 다시 바라보면 우리가 보는 세상이 드러나는 것이다.

이 이야기가 매우 복잡하게 들릴 수 있으나 임제의 설명을 차근히 따라가다 보면 어느 순간 이해가 갈 것이다. 아무튼, 사람은 생명 활동이 있을 때만 '세상이라고 여기는 법계法界'가 등장하는데 그 원동력은 '대상과 감각 작용 그리고 인식 작용'인데, 이것들이 서로 의지해서 모든 것을 조작하는 가상의 장소가 바로 '사람의 처'인 것이다.

●秖要爾不受人惑 要用便用 更莫遲疑!
다만 너희들에게 '바라는 것'은 써야 한다면 바로 쓰더라도 '사람들의 어리석음'을 받아들이지 말고 절대로 의심을 늦추지 말라!

이런 '사람의 처'를 쉽게 받아들이지 못하는 이유가 무엇일까? 그것을 임제는 '사람들의 어리석음'이라고 말한다. 그래서 '사람들의 어리석음人惑'을 받아들이지 말라고 말한 것이다. 사실 자신이 생각하는 모든 사유는 주변 사람들의 생각을 받아들여 그대로 자신이 '시연示演 하는 것'과 같다. 자신을 자세히 관찰해 보면 내가 하는 모든 말과 행동, 생각이 모두 다른 사람들이 하는 것을 흡수해서 그대로 재연하고 있음을 알게 될 것이다. 내가 언제나 세상을 실체實體로 본 이유가 바로 사람들의 생각을 그대로 따라서 재연하고 있기 때문이다. 그래서 수행으로 이 잘못된 망상을 바로 잡아, 있는 그대로 바라볼 수 있는 통찰력과 안목을 갖추는 것이다. 그렇다고 해서 지금 우리가 사용하는 언어나 생각을 쓰지 말라는 게 아니다. 그래서 임제가 써야 한다면 바로 쓰더라도 의심을 늦추지 말라고 한 것이다.

과연 지금 내가 생각하는 그것이 과연 정당한 생각인지, 아닌지를 의심하라는 것이다. 그 의심이 의문의 여지가 없을 때까지 치열하게 의심해야 분명한 대답을 얻을 수 있다. 그래서 화두를 '의심 덩어리'라고 부르는 것이다. 단순히 '이 뭣고?'라고 반복한다고 해서 깨달음은 얻어질 수 없다. 다만 그것은 집중하므로써 잠시 '다른 것'을 내려놓는 것에 불과하므로, 집중하던 대상이 사라지면 내려놓았던 그 대상도 다시 본래대로 올라오므로 아무리 오랜 시간을 할지라도 깨달을 수 없는 것이다.

'깨달음'이라고 이름 붙여진 것 만을 보더라도 사유를 통해서 깨닫기에 그렇게 부르는 것이다. 그런데 깨달음을 얻겠다는 사람이 사유를 멈춘다면 어떻게 깨달음이 있을 수 있겠는가? 자신이 전보다 더 멍청해지고 기억력이 사라지고 있다면 그것은 사유하는 것이 아니고 대상에만 집중했기 때문에 멍청해진 것이다. 멍청해지자고 수행한다면 차라리 안 하는 것만 못한 것이다. 따라서 어떻게 이런 세상이 내게 드러났는지를 완전히 깨달을 때까지 '의심하고 또 의심해서 밝혀내는 것'이 바로 참선의 핵심이다. 그래서 임제는 이렇게 '사람의 처'와 '사람의 어리석음', '철저한 의심'을 강조하고 또 당부하는 것이다.

부처님께서는 육근, 육경, 육식의 관계에서 벌어지는 십이처十二處와 십팔계十八界를 설명하시면서 '자기의 죽음은 스스로 경험될 수 없다.'라고도 말씀하셨다. '감각 기관'이 사멸되면 판단 근거가 소실되므로 '자기의 죽음'을 경험할 수 없으며 세상이라고 여겼던 그 법계法界도 동시에 사라지게 되는 것이다. 무엇인가를 느끼고 경험하고 있다면 아직 살아있다는 것이다.

부처님은 또한 사람이 죽으면 어디로 가느냐는 질문에 대해 대답하시기를 생명은 이 초에서 저 초로 불이 옮겨붙는 것과 같다고 말씀하시면서 조건이 갖추어지면 계속해서 타지만, 조건이 사라지면 옮겨붙었던 그 불은 꺼지게 된다. 그렇게 꺼진 촛불을 보고 그 촛불이 '어디서 와서 어디로 갔느냐고 묻는 것'이 과연 정당한지를 되물으셨다. 초에 의지해 불타는 촛불과 같이 그 불에는 어떤 실체實體가 없다. 인생도 그와 같거늘 인생을 실체로 바라보니 '어디에서 와서 어디로 가는 것'이라고 생각하는 것이다.

만약 우리의 삶을 조건에 의지해서 타고 있는 촛불과 같다고 통찰하게 된다면, '사람은 어디서 와서 어디로 가느냐?'는 식의 어리석은 질문은 하지 않게 될 것이다. 이렇게 통찰을 통해서 모든 것이 확연히 드러나면 번뇌를 일으켰던 그 질문 자체의 의미가 사라지니 번뇌도 사라지는 것이다. 이렇게 통찰을 통해서 견해가 바르게 섰을 때라야 번뇌에서 벗어나 해탈하게 되는 것이다.

얻지 못하는 병病

如今[1] 學者 不得病在甚處? 病在不自信處 爾若自信不及 卽便忙忙地徇 一切境轉 被他萬境回換 不得自由. 爾若能歇得[2] 念念馳求[3]心 便與祖佛不別. 爾欲得識祖佛麽? 秖爾[4]面前 聽法底是. 學人 信不及 便向外馳求 設求得者 皆是文字勝相 終不得 他活祖意. 莫錯諸禪德! 此時不遇 萬劫千生 輪回三界 徇好境掇去 驢牛肚裏生.

임제 지금 배우는 이들의 얻지 못하는 병은 어디에 있는가?

병은 네가 스스로 '처處'를 믿지 못해 있는 것이다.

네가 만약 스스로 온전히 믿지 못한다면

곧 모든 대상이 바뀌므로 따라다니기 바쁘며

'수많은 대상의 돌고 바뀌는 것'에 영향을 받아

자유를 얻을 수 없다.

네가 만약

'생각마다 구하려고 내달리는 마음'을 멈출 수 있다면

곧 조사라는 부처와 더불어 다르지 않을 것이다.

너희는 조사라는 부처를 알고 싶은가?

다만 너는 눈앞에서 설법을 듣는 바로 그 사람이다.

배우는 사람이 온전히 믿지 못하니

---

1 如今: 지금. 而今이라고도 한다.
2 歇得: 움직임을 정지하다.
3 馳求: 뒤좇아 가다.
4 祇儞: 是儞와 같은데, 좀 더 강한 뜻이다

곧 밖을 향해 좇아가는 것이다.

설령 구해서 얻었다고 하더라도

모두 멋있는 글귀일 뿐,

저 살아 있는 조사의 뜻을 끝내 얻지 못한다.

모든 선덕禪德은 착각하지 말라!

지금 만나지 못한다면 오랜 세월 동안

삼계三界를 윤회輪回하게 되니

좋은 대상을 주워서 간 게

당나귀나 소의 배속에 태어나는 것이다.

●如今學者 不得病在甚處? 病在不自信處. 爾若自信不及 卽便忙忙地徇 一切境轉 被他萬境 回換不得自由. 爾若能歇得 念念馳求心便與祖佛不別.

지금 배우는 이들의 얻지 못하는 병은 어디에 있는가? 병은 네가 스스로 '처處'를 믿지 못해 있는 것이다. 네가 만약 스스로 온전히 믿지 못한다면 곧 모든 대상이 바뀌므로 따라다니기 바쁘며 '수많은 대상의 돌고 바뀌는 것'에 영향을 받아 자유를 얻을 수 없다. 네가 만약 '생각마다 구하려고 내달리는 마음'을 멈출 수 있다면 곧 조사라는 부처와 더불어 다르지 않을 것이다.

앞에서 말한 '처處'에 대한 설명이 계속해서 이어진다. 임제는 깨달음을 얻지 못하는 이유를 바로 '처를 믿지 못하기 때문'이라고 말했다. 이 '처의 작용'이 '자기 자신에게 일어나는 일'이라는 사실을 믿지 못하기 때문에 밖으로 내달리며 찾아다니는 것이다. 내가 본 대상이 외부에 그대로 존재存在한다고 생각하기에 좇아가는 것인데, 그 대상은 언제나 끊임없이 변화하고 멈추지 않기 때문에 영원히 가질 수도 없다. 그런 까닭으로 원하는 것을 한 번 얻었다고 끝나는 게 아니다.

원하는 것은 끊임없이 늘어만 가고, 구해놓은 것 또한 영원하지 못해 다시 구해야 한다. 그러다 보니 일생 대상에 매여 자유롭지 못하게 되는데, 이게 바로 우리의 어리석은 삶인 것이다. 그러므로 대상을 좇는 그 마음을 멈출 수만 있다면, 그것이 바로 자유를 얻는 것이며, 대상의 구속에서 벗어나는 해탈이 이루어지는 것이다.

●爾欲得識祖佛麽? 秖爾面前 聽法底是. 學人 信不及 便向外馳求.
너희는 조사라는 부처를 알고 싶은가? 다만 너는 눈앞에서 설법을 듣는 바로 그 사람이다. 배우는 사람이 온전히 믿지 못하니 곧 밖을 향해 좇아가는 것이다.

'조불祖佛'은 '조사와 부처' 또는 '조사라는 부처'로 해석이 가능하다. 이 임제록은 여러 곳에 있는데, 단순히 '조祖'자만 있는 곳도 있고 '조불祖佛'로 되어있는 곳도 있다. 문맥상 '조' 자만 되어있으면 문장이 매끄러운 데, '조불祖佛'로 표현된 곳은 비교적 읽기가 불편하다. 아마도 후에 좀 더 권위를 실어주기 위해 편집자들이 '불佛' 이란 글자를 임의로 추가하지 않았나 하는 생각이 든다. 즉 '조사라는 부처'라고 식으로 '부처와 조사가 동등하게 느껴지기'를 바랬을 수도 있다.

아무튼, 지금 설법을 듣고 있는 바로 그 사람이 바로 '부처라고 하는 조사'란 것이다. 곧 자신이 조사이고 부처인데, 믿지 못하기에 밖으로 조사나 부처를 찾겠다고 밖에서 구하려고 좇고 있다는 것이다. 부처나 조사가 '자신의 처'에 있다는 것을 철저히 믿지 않기에 자신을 향해 눈을 돌릴 수 없을 것이다. 사실, 대상을 좇는 그 마음만 멈추기만 하면 되는데, 그 마음을 쉽게 멈출 수 없기에 문제가 되는 것이다.

지금 이렇게 듣고 볼 수 있게 만드는 그 '처'의 작용을 알게 되면 '세상처럼 나타난 법계法界'가 어떻게 움직이고, 어떻게 인식되며, 어떻게 사는지를 명확하게 알기에 허망한 대상을 좇으려는 마음이 사라져 멈춰지게 되는 것이다. 그렇게 좇는 마음이 멈추게 되면 가지고 소유하려 애쓰지 않게 되어 평안한 일상이 전개되는 것이다.

●設求得者 皆是文字勝相 終不得 他活祖意.
설령 구해서 얻었다고 하더라도 모두 멋있는 글귀일 뿐, 저 살아 있는 조사의 의도를 끝내 얻지 못한다.

'외부에서 찾아 얻었다는 것'도 알고 보면 그냥 '부처라는 멋있는 글귀'일 뿐이다. 이것은 자신이 '사유의 결론으로 체득한 것'이 아니기에, '대상이 실재實在한다는 그 생각'을 멈출 수 없어 조금 쉬는 듯하다가 어느 순간 다시 계속해서 좇고 있는 자신을 발견하게 된다. 그렇기에 번뇌도 사라지지 않는 것이다. 절집에서 말하는 '깨달음'을 얻었는지 얻지 못했는지는 그 번뇌가 '사라졌는가, 사라지지 않았는가?'로 판별할 수 있다.

세상의 학문이 제아무리 우주의 신비를 세밀하게 밝혀낼지라도 탐욕과 분노와 어리석은 마음을 멈출 수 없다. 그 이유는 세상의 학문이 '객관적'이라는 명목하에 언제나 자신은 배제한 채 관찰한 대상만을 연구하므로 정작 자기 자신은 알지 못하는 것이다. 그래서 세상에서 똑똑하다는 사람들일수록 더욱더 문자의 틀에 갇히고 만다. 결국, 그렇다 보니 자신이 얻었다고 하는 결론이란 것도 따지고 보면 그냥 '멋있는 말' 뿐인 것이다.

이러한 방법으로는 끝내 자신의 번뇌를 조금도 해결하지 못해 불행한 일생을 살다가 가는 것이다. 그런 이유로 많이 아는 것 같은 과학자는 조그만 번뇌에도 힘들어 어쩌지 못하지만, 세상을 세세히 알진 못해도 수행을 통해서 자신의 처에서 일어나는 작용을 남김없이 본 사람은 행복하게 살아가는 것이다.

●莫錯諸禪德! 此時不遇 萬劫千生 輪回三界 徇好境掇 去驢牛肚裏生.

모든 선덕禪德은 착각하지 말라! 지금 만나지 못한다면 오랜 세월 동안 삼계三界를 윤회輪回하게 되니 좋은 대상을 주워서 간 게 당나귀나 소의 배속에 태어나는 것이다.

임제는 또 지금 깨닫지 못하면 세세생생 윤회할지라도 좋아봤자 소나 당나귀의 배 안으로 들어가는 것뿐이라고 말했다. 깨달아서 '행복하게 살 기회'는 오직 '지금' 밖에 없다. 지금 내게 드러난 세계는 '세계처럼 느껴지는 법계法界'로 모두 내가 만들어 낸 세상이다. 인간 아닌 다른 생명체로 살아간다면 '감각 기관'이 서로 다르므로 그 생명체에게 드러나는 세상도 당연히 다르다.

여기에 개미 한 마리가 있다고 하자! 그 개미가 보는 세상이 내가 보는 세상과 똑같을까? 세상을 탐지하는 '감각 기관'이 서로 다르므로 보이는 세상도 당연히 다를 것이다. 이렇게 생명체에게 드러나는 세상은 생명체의 감각 조건에 따라 달라지는 것이다. 그런데 만약 내가 윤회해서 다른 동물로 태어난다면 '이 생각과 세상'이 새로 태어난 세상에 그대로 구현될까? 절대로 그렇지 않다. 그렇다면 그렇게 달라진 내가 이전의 '그 사람'이라고 말할 수도 없다.

'어릴 적의 나'와 '지금의 나'는 세포 하나도 같은 것이 없다. 그런데 '어릴 때의 나'와 '지금의 나'를 동일시하는 이유는 무엇일까? 아마도 그것은 어릴 때의 내 모습을 '기억'하고 있어서 일 것이다. 그런데 그 기억이 사라진다면 같은 사람이라고 말할 수 있을까? 요즘은 고령화 사회가 되다 보니 주변에서 치매 환자를 자주 보게 된다. 그 치매 환자가 엊그제까지만 해도 분명히 내 어머니요, 아버지였건만, 치매에 걸렸다는 이유로 자신이 낳은 자식마저 이방인처럼 대하는 것을 보게 된다. '기억이 사라진다는 것'은 그가 살던 세상도 함께 사라져 버리는 것을 의미한다.

기억이란 이렇게 그 사람의 정체성을 나타내는 것이다. 그렇기에 기억도 나지 않는데 전생의 나를 말하거나, 지금의 나를 기억할 수 없는 내생의 나를 말하는 것이 과연 정당할까? 기억할 수 없다면 아무리 모습이나 특성이 같아도 같은 존재存在라고 말할 수 없다.

이렇게 '모든 것'을 실체實體의 개념으로 바라보게 되면 나에게도 진짜 나我라는 실체가 있다고 생각한다. 그렇게 되면 나는 반드시 어디에서 와야만 되고 또 어디로 가야만 되는 것이다. 그러다 보면 끊임없이 자기 정체성에 대한 혼란과 자기모순에 빠지게 된다. 그래서 '지금' 이렇게 생각할 수 있을 때 만나지 못한다면 천겁만생千劫萬生을 다시 태어날지라도 깨달음을 기약할 수 없는 것이다. 그러니 의심을 놓지 말고 통찰할 수 있는 안목을 키워 어리석은 생각에서 하루빨리 벗어나야 할 것이다.

여기서 '천겁만생千劫萬生을 말하고, 소나 나귀의 배 안에 들어간다는 말'이 있는 것을 보고 누군가는 이렇게 말할 것이다. '임제도 분명히 윤회를 인정했다.'라고 말이다. 이 문장이 이렇게밖에 이해되지 않는다면 그는 철저하게 언어로 생각하는 것이며 언어의 노예가 되어 생각조차 할 수 없게 되어버린 것이다.

부족함 없는 처處

道流！約山僧見處 與釋迦不別．今日多般[1]用處 欠少什麼 六道神光 未曾間歇？若能如是見得[2] 秖是一生無事人．大德！三界無安 猶如火宅！此不是爾久停住處 無常殺鬼 一剎那間 不揀貴賤老少．

임제 수행자여!

산승山僧이 본 처處를 간략히 말하면

'석가釋迦'와 조금도 다르지 않으니라.

지금 여러 가지로 작용하는 '처'에는 '

여섯 갈래의 신통한 빛'이 끊긴 적이 없는데

어떻게 모자라겠는가?

만약 능히 이렇게 볼 수 있다면

다만 이 사람은 '한평생 일 없는 사람'일 것이다.

대덕大德이여!

삼계三界가 마치 불난 집과 같아 편안하지 않으니라!

'무상無常이란 죽음의 그림자'가 한순간도

귀천貴賤이나 노소老少를 가리지 안 나니

여기는 네가 오래 머물 곳으로 적당하지가 않다.

1 多般: 갖가지, 여러 가지, 제반

2 見得: 간파하다, 알아채다.

●道流! 約山僧見處 與釋迦不別.

수행자여! 산승山僧이 본 처處를 간략히 말하면 '석가釋迦'와 조금도 다르지 않으니라.

임제는 자신이 본 처處가 석가모니 부처님과 다르지 않다고 확언했는데 이 말을 이해하려면 우선 '견처見處'가 무엇인지부터 바르게 알아야 한다. 역자는 절집에 들어와서 가장 많이 들었던 말 가운데 하나가 바로 '견처見處'라는 말이었다.

예를 들어 '견처가 있다느니, 없다느니…….' 하는 이런 식의 말들을 어른 스님들께 참 많이 들었다. 그러다 보니 '견처'를 '수행을 통해 얻어지는 신비한 경지'로 생각했었는데 정작 임제의 설명은 그렇지 않았다. '견처見處'를 글자 그대로 해석해 보면 '처處를 보았다'라고 해석된다. 그러므로 이 '견처見處'는 '수행을 해서 얻는 경지'가 아니고 말 그대로 '처를 확인하고 본 것'이다.

임제가 말하는 '처處'라는 표현은 부처님께서 말씀하신 12처에서 그 기원을 찾을 수 있다. 엄격히 말하면 부처님 이전에도 '처處'라는 표현을 쓰긴 했지만, 그것은 조금 의미가 다르다. 어쨌든, 부처님께서는 사람에게 세상이 법계法界로 조작되는 '가상의 장소'를 '십이처十二處'라고 말씀하셨는데, 이 '12처를 확인한 것'을 '견십이처見十二處'라고 말하지 않고 '견처見處'로 축약해 사용한 것이다.

고대 중국의 당송唐宋대의 사람들이 시경詩經의 영향으로 '글자 수를 맞추어 말하는 것'을 좋아해 쓸데없이 글자 수에 집착했다. 이런 이유로 무리하게 글자 수를 맞추다 보니 그 영향으로 이상한 불교 용어들이 상당수 있다.

예를 하나 들자면 우리가 쓰는 절집 용어 중에 '나한羅漢'이란 말이 있다. 이것은 원래 '아라한阿羅漢'인데, 두 글자로 말하기 좋아하는 중국 사람들의 특성 때문에 줄여서 '나한羅漢'이라고 불렀다. 그런데 '아라한'의 '아阿'는 고대 범어에서 '아니다 not'라는 부정하는 말이므로 '아라한'은 '나한이 아니다'라는 의미가 된다. 이렇게 '아라한'과 '나한'은 서로 정반대의 개념인데도 불구하고 아무렇지도 않게 '아라한'을 '나한'으로 써버린다. 그러다 보니 '견십이처見十二處'도 '견처見處'로 쓴 것이다. 이 '견처'에 대한 설명이 임제록의 핵심 부분이므로 계속해서 이 '처'에 대한 설명은 계속 진행된다.

● 今日多般用處 欠少什麽 六道神光 未曾間歇? 若能如是見得 秖是一生無事人.
지금 여러 가지로 작용하는 '처'에는 '여섯 갈래의 신통한 빛'이 끊긴 적이 없는데 어떻게 모자라겠는가? 만약 능히 이렇게 볼 수 있다면 다만 이 사람은 '한평생 일 없는 사람'일 것이다.

이 문장은 강조하기 위해 문장이 도치되었다. 여기서 '여섯 갈래의 신통한 빛'은 눈, 코, 입, 귀, 몸, 생각으로 들어오는 정보를 말하는 것인데 예전엔 표현할 단어가 마땅하지 않아 빛으로 표현한 것이다. 빛은 특성상 캄캄한 밤에 빛을 비추면 어둠이 사라져서 바로 알게 되므로, '감각 기관이 대상을 감지하는 것'을 빛의 특성을 빌려 표현한 것이다. 그처럼 여섯 갈래로 들어오는 '신통한 빛' 즉, '대상의 감지'를 통해서 그 대상을 인지하게 된다. 이렇게 인지된 여섯 가지 정보는 한순간도 쉰 적이 없다.

'육근'을 통해 감지한 신호는 '내입처內入處'와 '외입처外入處'가 서로 상대한다는 의식의 처리 과정을 거치면서 의미 있는 신호를 분류하고 취사선택하게 된다. 그리고 의미를 분석해서 세상을 우리가 보는 '법계'라는 형태로 늘어놓고 그것을 기반으로 다시 판단하는 것이다. 그런데 이것은 워낙에 순식간에 이루어져서 아주 깊이 사유하지 않는다면 도저히 눈치를 챌 수조차 없다. 이러한 사실을 확인하게 되는 순간, 내가 보고 있는 모든 것이 '허상'이요, '가짜'라는 사실을 깨닫게 되므로 소유에 대한 집착도 동시에 사라지게 된다. 그래서 임제는 이렇게 처를 본 사람을 '한평생 일 없는 귀한 사람'이라고 말한 것이다.

우리는 일상적으로 보는 것을 '내가 세상이라는 대상을 본다.'라고 생각하지만, 사실은 '세상에 대한 정보를 '감각 기관'이 반응해서 생긴 신호를 분석해서 실제로 있는 것처럼 구현해 낸 것'을 인식 작용이 분별한 것이다. 그렇기에 무언가 '구별되는 것'을 보았다면 그것은 조금도 모자라지 않게 보이는 것이다.

눈을 떠서 보이는 세상을 자세히 관찰해보라! 이상하리만큼 어느 곳 하나도 비어있는 곳 없이 꽉 차게 그려져 있을 것이다. 그게 뭐 당연한 것이 아니냐고 생각하겠지만, 그 당연하지만 놀라운 사실에 대하여 말하는 것이 바로 '처'이며 그것을 확인하는 것이 '견처'이다. 그래서 임제는 우리 자신이 보고 느끼며 쓰는 그 처는 '감각 기관'의 신호가 끊어지지 않는 한 '더 집어넣거나 뺄 것'도 없는 것이다.

●大德! 三界無安 猶如火宅! 此不是爾久停住處. 無常殺鬼 一剎那間 不揀貴賤老少.
대덕大德이여! 삼계三界가 마치 불난 집과 같아 편안하지 않느니라! '무상無常이란 죽음의 그림자'가 한순간도 귀천貴賤이나 노소老少를 가리지 않나니 여기는 네가 오래 머물 곳으로 적당치 않느니라.

'삼계는 편안하지 않아 불난 집과 같다.'라고 말했는데 이 말은 법화경에 나오는 말이다. 그럼 삼계가 무엇이길래 부처님께선 편안하지 않다고 했을까? 삼계는 '욕계欲界', '색계色界', '무색계無色界'를 말하는데, 우선 삼계를 논하기 전에 '계界'가 무엇인지 분명히 아는 게 중요하다. '계界'는 우리가 알고 있는 '외부에 존재存在하는 절대적인 세상'을 의미하는 말이 아니다. 우리가 말하는 '세상'은 범어의 '세간世間 loka' 이지 여기서 말하는 '계界 dhatu'가 아니다. '계'는 '내외입처內外入處'와 식이 서로 의지할 때 드러나는 '조작된 세계'를 의미한다.

따라서 '욕망의 세계欲界', '색의 세계色界', '색도 없는 세계無色界'라는 삼계도 모두 마음이 만들어 낸 '의식의 세상' 즉 '법계'인 것이다. 그 '법계'를 무엇으로 채우느냐에 따라 세계가 달라지는데, 욕망으로 채우게 되면 '욕계欲界', 걸리는 대상으로 채우게 되면 '색계色界', 걸리지 않는 대상으로만 채우게 되면 '무색계無色界'가 되는 것이다. 그러나 의식이 욕계欲界, 색계色界를 넘어 무색계無色界에 이른다고 할지라도 어쨌든 어리석음이 만들어 낸 세계일 뿐이다. 욕망이 거칠게 흘러내리는가 미세하게 흘러내리는가의 차이만 있을 뿐 크게 다르지 않다. 그래서 편안하지 않다고 하는 것이다. 자신이 욕계欲界에 있던, 색계色界에 있던, 무색계無色界에 있든지 간에 '외부에 존재存在하는 진실한 세상'으로 믿고 있기는 마찬가지이기 때문이다.

이 삼계에서 벗어나려면 이 삼계가 다 '처의 작용에 불과하다는 사실을 알 때'만이 비로소 벗어날 수 있는 것이다. 이렇게 벗어난 것을 욕망이 흘러내리지 않는다고 해서 '무루無漏'라고 하고, 조작되지 않았다고 해서 '무위無爲'라고 하는 것이다.

무상이란 생명을 앗아가는 귀신은 '지위고하地位高下'나 '남녀노소男女老少'를 가리지 않고 모두 죽음으로 몰고 간다. 제아무리 '무색계無色界'가 좋다고 하더라도 이 삼계라는 곳은 편안한 곳이라 할 수 없다. 사실 우리의 삶은 초 심지에 붙어있는 불꽃과 같아 언제라도 '초'라는 연료가 바닥나거나 탈 수 있는 조건이 사라지면 언제라도 꺼질 수 있다는 사실을 상기해야만 한다. 그래서 삼계가 편안하지 않고 불난 집과 같다고 말했던 것이니, 바로 이 삼계에서 벗어나는 것이 진정한 해탈이 되는 것이다.

삼신불三身佛

爾要與[1]祖佛不別 但莫外求! 爾一念心上 清淨光 是爾屋裏法身佛 爾一念心上 無分別光 是爾屋裏報身佛 爾一念心上無差別光 是爾屋裏化身佛. 此三種身 是爾 卽今目前 聽法底人 秖爲不向外馳求 有此功用[2]. 據經論家 取三種身 爲極則約山僧見處不然 此三種身是名言 亦是三種依. 古人云 身依義立 土據體論. 法性身法性土 明知! 是光影.

임제 너희가 요구하는 것이 조사나 부처라면

다르지 않으니 단지 밖에서 구하려고 하지 말라!

너의 한 생각 마음에 깨끗한 빛이 바로

네 안의 '법신 부처님'이고,

너의 한 생각 마음에 분별없는 빛이 바로

네 안의 '보신 부처님'이며,

너의 한 생각 마음에 차별 없는 빛이 바로

네 안의 '화신 부처님'이니라.

이런 세 종류의 몸이 바로 너 이다.

지금 바로 앞에서 법문法門을 듣는 이 사람이

다만 밖으로 향해 얻으려 내달리지 말아야

이러한 효용도 있는 것이다.

경론 전문가들의 말을 빌려

1 與: 가정 [···與] ···이라면
2 功用: 기능, 용도, 효용

'세 종류의 몸'을 궁극의 도리로 삼으나
산승山僧이 본 처處를 간략하게 말하면
그렇지 않고 이 '세 종류의 몸'은 바로 이름이며,
또한 이것은 세 종류에 의지 된 것이다.
옛사람은 '몸身은 뜻義에 의지해 세워지고
국토國土는 본체本體를 근거로 논한다.'라고 말했다.
법성신法性身과 법성토法性土를 분명히 알라!
이것은 빛과 그림자이다.

●爾要與祖佛不別 但莫外求!
너희가 요구하는 것이 조사나 부처라면 다르지 않으니 단지 밖에서 구하려고 하지 말라!!

임제는 우리가 조사나 부처와 조금도 다르지 않다고 말했는데, 과연 이 글을 읽고 자신이 부처나 조사와 같다고 생각하는 사람이 몇이나 될까? 만약 이러한 말을 듣고 수긍할 수 없다면, 그 사람은 '나는 독립적인 실체實體로 존재存在한다.'라고 생각하며 사는 것이다. 그래서 모든 일의 원인이 자신 외의 밖에 있다고 생각하기에 남을 원망하기에 바쁜 것이다.

혹자는 이렇게 말할 것이다. '내가 이미 조사라는데 굳이 수행할 필요가 있나?' '삼계라는 화택에 산다더니 이제는 또 자신이 부처라니?' 이게 무슨 모순된 논리란 말인가? 하지만 이것이 엄연한 사실이기도 하다.

오래전에 역자는 우연한 기회에 컴퓨터를 접했다. 컴퓨터 주인 말로는 이미 고장 난 컴퓨터라는데 하드웨어 자체는 아무런 문제가 없었다. 당시엔 컴퓨터에 문외한이라서 그게 오작동 되는지조차 몰랐다. 나중에 안 사실이지만 소프트웨어에 바이러스가 걸려서 이상하게 작동한 것이다. 사실 그 컴퓨터 본체는 아무런 이상이 없었지만 잘못된 소프트웨어 때문에 오작동 한 것이다. 현재 우리의 상태도 그와 같이 바이러스에 걸려 제대로 작동하지 못하는 컴퓨터라고 생각해 볼 수 있다.

조사라는 부처는 정상적으로 동작하는 컴퓨터이고 중생인 우리는 바이러스 걸린 컴퓨터이며, 그것을 치료하는 백신이 바로 부처님과 조사의 법문法門이라고 말할 수 있다. 사실 하드웨어인 이 몸에는 아무런 문제가 없다. 그렇기에 그 사람 자체는 바로 '조사라는 부처'와 조금도 다름없는 것이다. 그러니 오작동하는 원인을 밝혀서 바로 잡아주기만 하면 되기에 다른 것에서 찾을 이유조차 없는 것이다.

그런데 만약 나를 내버려 두고 다른 데서 그 원인을 찾으려 한다면, 나我라는 컴퓨터 본체를 버리고 다른 컴퓨터를 찾는 꼴이 된다. 그렇게 되면 나는 절대로 고쳐지지 않고 결국 폐기되고 말 것이다. 수행은 '잘못된 것'을 바로 잡자는 것이지 폐기하자는 게 아니다. 그런데 간혹 수행자 중에 자신을 폐기하려는 사람들을 종종 보게 된다. 만약 제대로 이해하고 수행을 했다면 그렇게 어리석은 생각은 절대로 하지 않았을 것이다.

어떤 수행자가 자신을 폐기하고 싶어한다면 '나는 수행을 제대로 이해하지 못하고 있다.'라고 알아차려야만 비로소 바로 잡을 수 있다. 수행에 있어서 빠르게 시작하는 것 차제는 그리 중요하지 않다. 바른 이해 없이 출발하면 출발하지 아니함만 못한 것이다. 이렇게 자신을 폐기하고 싶다는 생각이 일어난다면 내가 잘못된 길을 향해서 가고 있음을 분명히 알아야 한다. 만약 이렇게 알게 된다면 그 순간이 바로 진정한 수행의 시작점이 될 것이다.

●爾一念心上 淸淨光 是爾屋裏 法身佛
너의 한 생각 마음에 깨끗한 빛이 바로 네 안의 '법신 부처님'이고,

임제는 너의 한 생각 마음에 깨끗한 빛이 네 안의 비로자나 부처님이라고 말했다. 이 말은 또 무슨 의미일까? 본래 법신불은 '법 그 자체인 진리'를 '부처님'과 동일시同一視 한 데서 비롯된 말이다. 빛이란 본래 깨끗해서 어떤 색깔도 없이 비추어야 그 색깔이 왜곡되지 않아 본래 가지고 있는 고유의 색을 볼 수 있다.

여러분은 혹시 청과시장에 가본 적이 있는가? 청과시장에 가면 형광등

대신 백열등이 켜져 있는데, 그 이유는 형광등 불빛은 여러 파장의 빛이 골고루 있지 않아서 신선한 과일도 시들어 보이기 때문이다. 이렇듯 왜곡 없이 사물을 보려면 빛이 깨끗해야만 그 본연의 색을 볼 수 있는 것이다. 그러므로 '법신 부처님'은 마음에 잘못된 관점이 사라져 '있는 그대로를 볼 수 있는 것'을 가리키는 것이다.

여기서 한가지 '일념심一念心'이란 말을 더 살펴보자. 마음과 관련된 것들을 한자에서는 '심心'자를 넣어서 조합한다. 여기서 '념念'도 잘 보면 지금을 나타내는 '금今'자와 마음을 나타내는 '심心'자를 넣어서 조합한 글자임을 알 수 있다. 따라서 '념念'자는 '지금, 이 순간'의 마음을 나타낸다. 또 마음은 계속해서 변하므로 고정되어 있지 않다. 그러므로 내 마음은 이렇다고 단정할 수가 없다.

우리 속담에 '화장실 가기전 마음과 화장실 다녀온 뒤의 마음이 다르다.'라는 말이 있다. 이렇게 사람의 마음은 시시각각으로 달라지게 마련이다. 그러므로 '일념심一念心'은 '지금, 이 순간의 마음'을 가리키는 마음인 동시에 과거의 기억을 참조하는 마음이다. 임제는 그냥 마음이라고 말해도 될 텐데 굳이 이렇게 복잡하게 표현했을까? 그만큼 언어에 대한 깊은 통찰이 있었기에, 조금의 오해라도 줄여보려고 노력한 흔적으로 볼 수 있다. 언어는 진리를 보여주기엔 너무나 부정확해 오해의 소지가 너무 많기 때문이다. 그래서 선 수행에 관한 글을 볼 때는 깊은 사유를 통해 그 이면을 볼 수 있는 안목이 필요하다. 그렇게 그 이면을 꿰뚫어 볼 수 있는 수행자를 가리켜 '눈 푸른碧眼 납자'라고 부르는 것이다.

●爾一念心上 無分別光 是爾屋裏報身佛
네 한 생각 마음에 분별없는 빛이 바로 네 안의 '보신 부처님'이며,

보신불이란 어떤 수행의 결과로서 드러나는 부처님을 의미한다. 그런데 임제는 '분별없는 빛'이 보신불이라 했다. 이것은 수행을 통해서 얻어지는 결과가 바로 '분별이 사라지는 것'이기 때문에 그렇게 말한 것이다. 그렇다면 '분별이 사라진다는 것'은 무엇이고, 또 '어떤 분별'이 사라진단

말인가? 세상을 분별해야만 각각의 사물을 구분할 수 있는데, 분별이 없다면 어찌 구분한단 말인가? 그러나 사실 '우리가 보는 세계란 것'이 다 마음이 만들어 낸 '법계法界'이기에 그 법계를 드러나게 하는 빛은 단지 빛일 뿐이므로 좋고 나쁨의 분별이 있을 수 없다.

다시 말해 우리가 보는 법계는 모두 '감각 기관'을 거쳐 들어온 일종의 신호를 구분해서 벌여놓은 세상이므로 사실 '법계를 이루는 재료 자체'는 모두 같은 신호 체계일 뿐이다. 컴퓨터로 비유하자면 모니터에 뿌려진 화면들이 제아무리 다양하게 달라도 그 원시 코드는 '0' 과 '1'로 이루어져 있을 뿐, 조금도 다를 바가 없는 것이다. '법계라는 것'도 이렇게 이루어졌다는 것을 알게 된다면 분별이 자연스레 사라지고, 모든 게 똑같은 가치로 이해될 것이다. 이것이 바로 수행이라는 깊은 사유로 얻어지는 결과로 보신불이라고 하는 것이다.

●爾一念心上 無差別光 是爾屋裏化身佛.
네 한 생각 마음에 차별 없는 빛이 바로 네 안의 '화신 부처님'이니라.

화신불은 실제로 우리가 직접 만날 수 있는 부처님을 의미한다. 이것을 임제는 '차별이 없는 빛'으로 말했는데 우리가 직접 만날 수 있는 부처는 '차별하지 않는 사람'이다. 그러므로 내 마음에도 차별이 없다면 내가 바로 그 자리에서 차별이 없는 화신 부처님이 되는 것이다. 부처라는 존재存在가 있어서 차별하지 않는 게 아니라 차별하지 않고 살아가는 사람을 우리가 부처님이라고 부르는 것이다.

실제로 석가모니 부처님은 깨닫고 난 후 일평생 신분의 고하를 따지거나 차별하지 않았다. 그래서 사람들이 그를 '샤카족의 성자' 즉 '석가모니 부처님'이라고 부른 것이다. 중국에서도 부처님의 길을 따라 깨달음을 성취한 유명한 선사들 또한, 국왕부터 천민에 이르기까지 차별하지 않았다. 고승전을 조금만 떠들어 보더라도 차별 없이 살아간 조사를 어렵지 않게 엿볼 수 있다. 임제의 이러한 '삼신불三身佛'에 대한 설명만 보아도 그가 '경經'을 보는 안목이 얼마나 뛰어났는지 미루어 짐작할 수 있다.

●此三種身 是爾. 卽今目前 聽法底人 秖爲不向外馳求 有此功用.
이런 세 종류의 몸은 바로 너이다. 지금 바로 앞에서 법문法門을 듣는 사람은 다만 밖으로 향해 얻으려고 내달리지 말아야 이러한 효용도 있는 것이다.

이러한 세 종류의 몸이 결국은 지금 설법을 듣는 사람이지만 그 삼신불의 능력이 발휘되려면 밖을 향해서 구하려고 이리저리 날뛰지 말아야 한다는 것이다. 사실 법보화法報化 삼신三身도 결국 이 몸의 처에서 벌어지는 일들을 아느냐 모르느냐의 문제이므로 이것을 분명히 알려고 한다면 '모든 것을 조작하는 가상의 장소'인 그 '처'를 보아야만 하는 것이다. 만약 수행자가 그곳을 바라보지 않는다면 일평생을 찾아도 찾을 수 없을 것이다.

예를 들어 밥을 짓는 사람이 '쌀'과 '물'과 '불'의 관계를 살피지 않고, 쌀 대신 모래를 가져다 물과 불을 조절해 밥을 지으려 한다면 과연 밥이 될 수 있을까? 그래서 부처님께서는 비록 위험한 이쪽 강가에 서 있을지라도 저쪽 강너머의 안전한 강가를 확인할 수 있듯이 해탈하지 않아도 해탈을 볼 수 있다고 말씀하셨다. 수행자는 그 해탈을 반드시 보고 있어야 그곳에 도달할 수 있다고 말씀하셨다. 수행자라면 이렇게 이 모든 일이 나 자신에게 일어난다는 사실을 명확하게 인지해야 비로소 바른 수행이 시작되며 마침내 이러한 능력도 온전히 쓸 수 있는 것이다.

●據經論家 取三種身 爲極則 約山僧見處不然! 此三種身是名言 亦是三種依.
경론 전문가들의 말을 빌려 '세 종류의 몸'을 궁극의 도리로 삼으나 산승山僧이 본 처處를 간략하게 말하면 그렇지 않고 이 '세 종류의 몸'은 바로 이름이며, 또한 이것은 세 종류에 의지 된 것이다.

여기서 '궁극의 도리'란 '최종 수행의 목표'를 말한다. 즉, 경론을 전문적으로 연구하는 사람들의 말을 따라 수행을 통해 성취할 몸이 삼신불이라고 생각한다는 것이다. 그러나 임제가 실제로 처를 확인해보니 그렇지 않더라는 것이다. 이 삼신불은 '수행으로 도달해야 하는 최종 목표'가 아니고 그냥 이름 붙여진 것일 뿐이며, '청정한 빛', '분별없는 빛', '차별없는 빛'이라는 세 가지에 의지해서 드러나게 된다는 것이다.

●古人云 身依義立 土據體論

옛사람은 '몸身은 뜻義에 의지해 세워지고 국토國土는 본체本體를 근거로 논한다.'라고 말했다.

'몸은 뜻에 의지해 서 있는 것이고, 국토는 본체를 근거로 논한다.'라는 옛사람의 말을 임제는 인용했다. '몸은 뜻에 의지해 서 있다.'라는 게 무슨 뜻이며, '국토는 본체를 근거로 논한다.'라는 건 또 무슨 말일까? 법신불法身佛을 그 예로 들어 보자! '법신불法身佛'이라면 '법신法身'이란 말이 그 '뜻'이 되고, '불佛'이란 말은 '몸'이 된다. 따라서 '따로 존재存在하는 법신불'을 지칭하는 게 아니라 '법의 몸으로 된 부처'라는 것이다.

또 '법성토法性土'가 미리 있어서 '법신불法身佛'이 거기에 사시는 게 아니라 '법신불法身佛이 계신 곳을 법성토法性土'라 부른다는 것이다. 다시 말하면 아미타불阿彌陀佛이 극락세계極樂世界에 있는 게 아니고 아미타불阿彌陀佛로 살아가면 그곳이 극락세계極樂世界라는 의미이다. 그래서 부처님이 있을 때 '그가 계시는 것'을 근거로 그 국토의 이름도 붙인다는 것이다. 그러므로 그 국토는 부처님의 특성에 따라 붙여진 이름일 뿐, 실재實在하는 국토를 말하는 게 아니다.

●法性身法性土 明知! 是光影.

법성신法性身과 법성토法性土를 분명히 알라! 이것은 빛과 그림자이다.

법성신法性身과 법성토法性土의 관계는 빛과 그림자 같은 관계라는 것을 분명히 알라고 강조해서 말했는데, 이것은 또 무슨 의미일까? 그림자는 빛에 의해 그 존재存在가 드러나고 빛은 그림자에 의해 존재存在가 드러난다. 이렇게 빛과 그림자는 상호 의존적이다. 따라서 빛과 그림자가 상호 의존적이 듯 법성신法性身과 법성토法性土 또한 서로 의존해 있는 것이다.

빛에 희롱된 그림자

大德! 爾且識弄光影底人 是諸佛之本源一切處 是道流歸舍處. 是爾 四大色身 不解說法 聽法 脾胃肝膽 不解說法 聽法 虛空 不解說法聽法. 是什麼解說法聽法? 是爾目前歷歷底 勿一箇形段孤明. 是這箇 解說法聽法. 若如是見得 便與祖佛不別. 但一切時中 更莫[1]間斷觸目[2]皆是! 秖爲情生智隔 想變體殊 所以[3] 輪回三界 受種種苦. 若約山僧見處 無不[4]甚深 無不解脫.

임제 대덕이여!

너희들 또한 '식이 빛을 가지고 놀아서

생긴 그림자로 된 사람'이란 게

모든 부처님의 근본 원천이 되는 '모든 처處'이며,

이것이 바로 수행자가 돌아가야 할 집이 되는 처處이다.

이러한 네가

'사대四大로 된 색신色身이란 것'은

모르고 한 설법을 들은 것이고,

비장, 위, 간, 쓸개라는 것도

모르고 한 설법을 들은 것이고,

허공이라는 것도 모르고 한 설법을 들은 것이다.

---

1 更莫: 갱更은 강세를 더하는 말. 결코…해서는 안 된다.
2 觸目: 눈에 띄다, 돋보이다, 눈길이 닿다, 주목을 끌다.
3 爲…所以…: <… 때문에 따라서…> …때문에, …이므로
4 無不: …하지 않는 것이 없다, 모두 …이다.

무엇이 알고 한 설법을 들은 것인가?
이것은 '네 눈앞의 역력한 밑바탕에
어떤 하나의 형체도 없는데
홀로 명확하게 아는 것'이다.
바로 이런 사람이 이해된 설법을 듣는 것이다.
만약 이렇게 보고 얻게 되었다면
곧 조사라는 부처와 더불어 다르지 않을 것이다.
다만 어떤 시간일지라도
눈에 접촉하는 모든 것을 잠시도 끊지 말라!
단지 그렇게 감정이 생기게 되면
지혜는 틈이 벌어지고,
생각도 변해 본체를 바꾸는 까닭에
삼계를 윤회하고 갖가지 괴로움을 받느니라.
만약 산승山僧이 '처處를 본다는 것'을
한마디로 요약한다면 매우 깊지 않을 수 없고,
해탈解脫하지 못하는 게 없다.

●大德! 爾且識弄光影底人 是諸佛之本源一切 處是道流歸舍處.
대덕이여! 너희는 또한 '식이 빛을 희롱해 생긴 그림자로 된 사람이란 것'은 모든 부처님의 근본 원천이 되는 '모든 처處' 이며 이것이 바로 수행자가 돌아가야 할 집이 되는 처處이다.

임제는 우리가 '식識이 빛을 희롱해서 생긴 그림자로 된 사람'이라고 말했는데 과연 무슨 뜻일까? '식識'은 '식識이란 존재存在'를 말하는 게 아니고 '인식 작용'을 말하는 것이며, '빛을 희롱한 그림자'라는 말은 ''감각 기관'이 대상을 감지해 만들어 낸 신호를 이리저리 가지고 놀면서 다시 재구성해 낸다.'라는 말이니, 나我라는 존재存在도 결국, 인식 작용이 구성해낸 가상의 존재存在를 보고 있다는 것이다.

이것이 바로 모든 부처님을 만드는 근본 원천으로 '모든 처處'이며 수행자가 돌아가야 할 집이 되는 처處라고 말했다. 즉, 이 처處에서 모든 일이 벌어지는 '인식의 토대가 되는 장소'이므로 수행자라면 반드시 이 '처處'로 돌아가야만 이 인식 작용과 법계法界를 온전히 이해할 수 있기에 이렇게 말한 것이다. 수행자가 이 '처處'를 보지 못하면 아무것도 바뀌지 않아 해탈할 수 없다.

여기서 조금 더 깊게 파고 들어가 보자! 사실 '나'라고 말은 하지만 언제나 나는 상황 판단에서 제외된다. 그러다 보니 아무리 나를 찾으려 해도 찾을 수 없는 것이다. 빛의 장난으로 대상을 비출 때만 드러나는 실체實體가 없는 그림자와 같기 때문이다. 이 말은 '나我라는 존재存在가 드러날 때'는 대상을 인식할 때 그림자처럼 실체도 없는 자신이 잠시 드러나게 된다. 그래서 '내가 대상을 보고 있다.'라는 생각을 기본으로 깔아놓고 대상을 판단하고 분별하는 것이다.

주관은 객관이란 대상이 드러날 때 '내가 본다.'라는 인식이 잠시 드러났다 사라지게 된다. 그래서 '나'를 '식識이 빛을 가지고 놀아서 생긴 그림자로 된 사람'이라고 표현한 것이다. 이러한 '작용이 이루어지는 곳'이 바로 '내입처內入處'와 '외입처外入處'로 '주관이 객관을 바라본다.'라고 조작하는 장소가 되는 것이다. 이러한 관계를 파악하는 것이 깨달음의 근본이기에 '모든 부처님의 근본 원천'이라 말했고, 깨달음을 얻으려는 수행자라면 반드시 돌아가야만 하는 집이 되는 '처處'라고 한 것이다.

●是爾 四大色身 不解說法 聽法 脾胃肝膽 不解說法 聽法 虛空 不解說法聽法.

이러한 네가 '사대四大로 된 색신色身이란 것'은 모르고 한 설법을 들은 것이고, 비장, 위, 간, 쓸개라는 것도 모르고 한 설법을 들은 것이고, 허공이라는 것도 모르고 한 설법을 들은 것이다.

역자는 절집에 들어와서 어른 스님들께 '이 몸이 지수화풍地水火風의 사대四大로 이루어진 것'이란 말을 귀에 못 박히게 들었기에, 조금의 의심도 하지 못하고 그대로 받아들였다. 불교를 믿는 사람이라면 대부분 그렇게 받아들였을 것이고 그렇기에 불교도가 되었을 것이다. 그런데 임제는 이것이 잘못된 견해라고 말했을 뿐만 아니라 '각종의 장기로 이루어진 것' 역시 내가 아니며 '허공처럼 아무것도 없다는 것'도 아니라고 말했다. 임제는 도대체 왜 그렇게 말했을까?

본래 '사대四大 mahā · bhūta'란 인도 신화에서 비롯된 것으로, 세상을 이루는 근본적인 물질이 '흙', '물', '불', '바람'의 4가지로 보았기에 사람 또한 이러한 '사대四大'로 되었다고 생각했다. 그러나 부처님은 그 '사대四大'라는 '네 가지 근본 물질'로 이루어진 것이 아니라 '사계四界'라는 '네 가지 경계'라는 영역으로 인식된다고 말씀하셨다.

이 말의 의미는 마음이 '대상을 인식할 때 판단하는 기준으로 쓰는 것'이지 절대적인 물질의 구성 요소로 보아서는 안 된다는 것이다. '사대四大'와 '사계四界'의 차이점을 좀 더 구체적으로 비교하면 다음과 같다. '사대四大'라는 말을 썼을 때는 물리적으로 땅, 물, 불, 바람을 섞어서 반죽하여 도자기를 빚듯이 만들었다는 뜻이고, '사계四界'라는 말을 썼을 때는 대상을 인식할 때 딱딱한 것은 '지계地界'에, 유동적인 것은 '수계水界'에, 온도는 '화계火界'에, 움직임은 '풍계風界'로 그 경계를 분류해 비슷한 종류로 인식하고 구분한다는 뜻이 된다. 사대四大가 '네 가지 물질적 구성 요소'라면 사계四界'는 '경계로 인식되는 범주'로 생각해 볼 수 있다.

예를 들어 혈액이라는 '피'를 사대로 보면 '수대'라는 '물로 이루어진 것'이고, '사계'로 보면 물과 같은 유동적인 범주인 '수계'로 분류하여 인식한다는 말이다. 사대로 대상을 바라보면 '기계적인 인간론'에서 벗어날 수 없어 '인식識'이라는 인간의 '아는 작용'이 사라지게 된다. 그래서 임제는 우리가 사대로 만들어졌다는 것은 '제대로 알지 못하고 법을 설한 것'이라고 한 것이다.

또한, 인간을 각종 장기의 모임으로 파악하거나 아무것도 없다거나 하는 생각도 제대로 이해되지 못한 설법을 듣는 것이라고 말했다. 기계처럼 각각의 부품을 모아 놓는다고 해서 사람이 되진 않는다. 그렇다고 찾아서 증명할 수도 없으니 허공처럼 없다고 말할 수도 없는 것이다.

●是什麼解說法聽法? 是爾目前歷歷底 勿一箇形段 孤明. 是這箇 解說法聽法. 若如是見得 便與祖佛不別.
무엇이 알고 한 설법을 들은 것인가? 이것은 '네 눈앞의 역력한 바탕에 어떤 하나의 형체도 없는데 홀로 명확하게 아는 것'이다. 바로 이 사람이 이해된 설법을 듣는 것이다. 만약 이렇게 보고 얻게 되었다면 곧 조사라는 부처와 더불어 다르지 않을 것이다.

과연 나를 뭐라고 해야 나에 대해 제대로 알고 설법을 한 것일까? 임제는 '눈앞에서 뚜렷한 바탕에는 한 개의 형체도 없는데 이런 것을 홀로 명확하게 아는 것'이라고 말했다. 그 말은 '인간의 인식 작용'이 바로 '나'라는 것이다. 이러한 '인식 작용이 일어나는 그 근본이 되는 바탕에는 어떤 하나의 형체도 없다.'라고 임제는 말했는데, 여기서 인식 작용이 일어나는 바탕이란 무엇일까? 이 인식이 일어나는 바탕은 바로 '처處'이다. 지금 우리가 보고 느끼는 모든 게 다 이 처에서 일어난 작용인데, 가상의 장소이기 때문에 그곳에는 그 어떤 한 물건도 있을 수 없다.

예를 들면 컴퓨터의 모니터나 티비TV를 보면 온갖 사물이 그대로 비추어 형태를 구분할 수 있지만 사실 그 속엔 '아무것도 없는 것'과 같다. 이렇게 아무것도 없지만, 보이는 그것은 누구와 같이 보는 게 아니고 오로지 자신만이 그 '그렇게 구현된 세상'을 바라보는 것이다. 그래서 '외로이 이런 것들을 밝게 안다.'라고 말한 것이며, 이렇게 말한 설법을 듣는 것이 제대로 된 설법을 듣는 것이라고 말한 것이다. 만약에 이러한 사실을 어떤 수행자가 사유하고 확인해 같은 결론을 내렸다면 조사나 부처와 같다는 것이다.

●但一切時中 更莫間斷 觸目皆是! 秖爲情生智隔 想變體殊 所以 輪回三界 受種種苦. 若約山僧 見處 無不甚深 無不解脫.
다만 어떤 시간일지라도 눈에 접촉하는 모든 것을 잠시도 끊지 말라! 단지 그렇게 감정이 생기게 되면 지혜는 틈이 벌어지고, 생각도 변해 본체를 바꾸는 까닭에 삼계를 윤회하고 갖가지 괴로움을 받느니라. 만약 산승山僧이 '처處를 본다는 것'을 한마디로 요약한다면 매우 깊어지지 않을 수 없고, 해탈解脫하지 못하는 게 없다.

임제가 '눈으로 접촉한 모든 것을 절대로 끊이지 말라!'고 말한 이유는 처를 보기 위해서 수행자가 취해야 할 행동이기 때문이다. 즉 '감각기관'을 통해서 접촉되는 모든 것에 대해 잠시도 눈을 떼지 말아야 처處의 작용을 살필 수 있기 때문이다. 만약 수행자가 이것을 잘 관찰하다가 놓치게 된다면 그 모든 게 다 수포水泡가 되어버리므로 '처處의 작용'도 끝내 알 수 없게 된다. 접촉하는 것에 감정이 생기면 지혜는 그 틈이 벌어진다. 그렇게 되면 '그 대상에 대한 생각想' 즉 '대상에 대한 이미지' 자체도 바뀌어 그 본체까지도 다르게 해석된다. 이렇게 다르게 보이기 시작하면 온갖 차별이 발생하기 시작하며 그것은 결국 소유하거나 버리고 싶은 욕망으로 발전하게 된다. 이렇게 발전된 마음은 번뇌를 만들어 괴로움이 형성되는 것이다.

예를 들어, 여기에 번쩍번쩍 빛나는 황금이 있다고 하자. 어린아이가 맨 처음 금을 보았을 땐 그냥 별 의미 없는 쇠붙이 중 하나일 것이다. 그러나 사람들이 그것을 다른 쇠와 구분하여 귀하게 여기는 것을 보고, 그것을 받아들이게 되면 그 금에 대한 이미지가 그냥 평범한 쇠붙이에서 귀한 금속으로 달라져 버린다. 그러면 '갖고 싶은 마음' 즉 '탐심'으로 발전하고, 그 탐심은 갈망이 크면 클수록 번뇌도 그에 비례해 커지게 되는 것이다. 그러면 그 뒤에는 그 탐심의 노예가 되어 평생 시달리며 살아가게 되는 것이다. 이것이 바로 밧줄도 없는데 꽁꽁 묶여버린 것이다. 이런 작용들이 일어나는 곳이 바로 '처處'이기 때문에, 이러한 처의 작용을 보는 것이 매우 중요하다.

또 임제는 이런 까닭에 삼계를 윤회한다고 말했는데, 도대체 왜 그렇게 말했을까? 그 이유는 의외로 간단하다. '삼계三界' 자체도 이 '처處'에서 대상을 어떻게 바라보느냐에 따라서 '욕계欲界', '색계色界', '무색계無色界'로 다르게 드러나기 때문이다. 대상을 욕망으로 바라보면 욕계欲界이고, 색으로 바라보면 색계色界이며, 색도 아닌 것으로 보면 무색계無色界가 되는데, 이렇게 삼계三界는 모두 마음이 지어낸 것이므로 '삼계는 불난 집 三界火宅'이라고 말한 것이다. 바로 이런 처의 작용 때문에 '나我라는 실체 實體가 있어서 대상을 본다.'라고 생각하도록 만들어 버린다. 그러면 모든 것을 실체의 개념으로 바라보고 또 그렇게 철석같이 믿게 된다. 그러다 보니 결국, '나'조차도 실체로 여기게 되니 이렇게 나고 죽는 몸은 가짜로 보이고 그것을 조종하는 '참 나我라는 자아'가 있는 것처럼 느끼는 것이다.

그런 이유로 사람들은 자신이 '어디서 와서 어디로 간다.'라고 생각하게 된다. 그러다 보면 이것이 전생前生과 내생來生, 천당天堂과 지옥地獄, 영생永生, 윤회輪回, 단멸斷滅 등등의 생각으로 자연스레 이어지게 되며, 이런 이유로 태어남과 죽음이 반복되어 윤회한다고 생각하고 그로 인해 각종 괴로움에 시달리게 되는 것이다. 이러한 관계를 이해하려면 반드시 처處를 보아야만 알 수가 있다. 그래서 임제는 '처處를 보고도 해탈하지 못하는 이가 없으니 비교할 수 없이 깊다.'라고 말한 것이다.

하나의 정밀한 앎

道流! 心法無形 通貫十方 在眼曰見 在耳曰聞 在鼻嗅香 在口談論 在手執捉 在足運奔. 本是一精明 分爲六 和合一心. 旣無隨處解脫 山僧與麽說 意在什麽處? 秖爲道流 一切馳求心不能歇 上他古人 閑機境.

임제 수행자여!

마음의 법칙은
형태도 없이 시방十方을 꿰뚫어 통하는데
눈에 있으면 본다고 말하고,
귀에 있으면 듣는다고 말하고,
코에 있으면 냄새 맡고,
입에 있으면 말을 주고받고,
손에 있으면 잡아서 들고,
발에 있으면 분주히 움직인다.
본래 이것은 '하나의 정밀한 앎'이지만
나누면 여섯이 되고 모이면 '하나의 마음'인 것이다.
이미 '처處를 따르지 않는다면 해탈'이라고
산승山僧이 그렇게 말한 의도가 어디에 있겠는가?
다만 수행자들이
모든 것을 구하려고

내달리려 하며 마음을 쉴 수 없는 것은
저 옛사람들의 쓸데없는 말들 때문이다.

●道流! 心法無形 通貫十方 在眼曰見 在耳曰聞 在鼻嗅香 在口談論 在手執捉 在足運奔.
수행자여! 마음의 법칙은 형태도 없이 시방十方을 꿰뚫어 통하는데 눈에 있으면 본다고 말하고, 귀에 있으면 듣는다고 말하고, 코에 있으면 냄새 맡고, 입에 있으면 말을 주고받고, 손에 있으면 잡아서 들고, 발에 있으면 분주히 움직인다.

이 이야기는 얼핏 보면 너무나 당연한 이야기지만 자세히 보면 무슨 말인지 알 수 없다. 우리는 보통 마음이 보고, 듣고, 냄새 맡으며, 말하고, 움켜쥐며 분주히 움직인다고 생각한다. 이 생각엔 마음이란 주인이 몸을 소유하는 것처럼 이해하는 것이다. 그러니까 마음이 눈에 있으면 본다고 말하고, 귀에 있으면 듣는다고 말하며, 코에 있으면 냄새 맡고, 입에 있으면 말을 하며, 손에 있으면 잡고, 발에 있으면 걷는다고 생각하는 것이다.

●本是一精明 分爲六 和合一心.
본래 이것은 '하나의 정밀한 앎'이지만 나누면 여섯이 되고 모이면 '하나의 마음'인 것이다.

우리가 '안다는 것'이 단지 '하나의 마음이 아는 것'이라고 생각하지만, 사실은 '눈, 귀, 코, 입, 몸, 뜻'이라는 감각 작용을 통해 얻은 각각의 정보를 '하나로 취합해 인식한 것'을 마음이라고 부르는 것이다.

예를 들어 여기 사과가 하나 있다고 하자! 분명히 '사과라는 하나의 객체'로 인식하지만, 사실은 눈으로 본 색깔, 귀로 들은 소리, 코로 맡은 냄새, 입으로 맛본 맛, 몸으로 느낀 감촉, 생각으로 느끼는 '통합된 생각' 등의 여섯 가지로 나눌 수 있고, 그것을 모아 놓아 서로 화합하면 사과에 대한 '하나의 마음'으로 작동한다는 것이다.

●旣無隨處解脫 山僧與麽說 意在什麽處?
이미 '따르는 처處 없으면 해탈'이라고 산승山僧이 그렇게 말한 의도가 어디에 있겠는가?

'기무수처해탈旣無隨處解脫' 이란 '이미 처를 따르지 않는다면 해탈된 것'이라는 뜻이다. 이것이야말로 임제의 깨달음이며 그 핵심이라고 말할 수 있다. 처의 주된 역할은 주관의 내입처內入處가 객관의 외입처外入處를 상대한다고 보게 만드는 것이다. 그렇게 되면 '나는 대상을 본다.'라고 생각하게 된다. 그런데 보는 자를 내외입처內外入處에서 삭제해 버리므로 '내가 본다.'라는 생각만 남고 자신은 보이지 않게 된다. 이렇게 그려진 법계를 보고 외부의 진짜 '객관 세계'를 보았다고 착각하게 되는데, 이것은 사실 내가 외부의 '객관 세계'를 본 것이 아니라 내가 보았던 것은 눈치채지 못할 정도로 재빨리 만들어 낸 임시세상인 것이다.

처가 작용하면 의식과 함께 법계를 창조하고 그것을 실재實在하는 세계로 믿게 만들어 버린다. 그래서 처를 따르게 되면 내가 만들어 낸 법계를 외부의 세상으로 믿고 나도 그 세상에서 살아간다고 생각하기에 주관도 함께 드러나게 된다. 그렇게 드러난 주관은 자신의 생존을 위해 그것들을 끝없이 소유하려고 좇아다니며 쉬지 못하는 것이다. 이렇게 번뇌를 만들고 그 번뇌에서 벗어나지 못하게 되므로 매이게 되는 것이다. 그런데 만약 처를 따르지 않는다면 법계를 허상으로 알게 되니 자연히 그 구속에서 벗어나 자유롭게 되는 것이다.

●秖爲道流 一切馳求 心不能歇 上他古人 閑機境.
다만 수행자들이 모든 것을 구하려고 내달리려 하며 마음이 쉴 수 없는 것은 저 옛사람들의 쓸데없는 말들 때문이다.

수행자들이 구하러 다니느라 이리저리 뛰어다니며 마음이 쉬지 못하는 것은 예나 지금이나 다름이 없다. 마음이 쉬지 못하는 이유는 탐욕심 때문이다. 가지려는 마음이 사라진다면 당연히 뛰어다닐 일도 없다. 그러니 우리의 마음이 쉬지 못하고 끊임없이 내달리는 이유가 대상에 대한 갈애渴愛 때문이다.

그러면 이 목마른 애착이 왜 생기겠는가? 목마른 애착을 끊으려면 과연 무엇을 해야 할까? 전술했듯이 임제는 '이미 처를 따르지 않는다면 해탈되는 것이다.'라고 말했다. 이 처가 만든 착각을 따르지 않아야 그 처가 만든 '가짜 대상'의 속박에서 벗어날 수 있는 것이다.

만약 대상이 가짜라는 사실을 안다면, 가짜를 좇겠다고 일생을 허비하는 사람은 아무도 없을 것이다. 이렇게 가짜로 만들어내는 처의 작용을 아는 것이 매우 중요하기에 임제는 이 '처'에 대해 끊임없이 말하는 것이다. 사람들은 이렇게 생긴 가짜 대상을 진짜 대상으로 착각하는 바람에 대상에 대한 갈애渴愛를 멈추지 못하는 것이다. 이 갈애渴愛로 인해서 괴로움에서 벗어나지 못하기에 사람들은 이것에서 벗어나려고 수행을 한다.

수행을 하는 것까지는 별 문제가 없다. 그러나 수행이랍시고 하는 게 그냥 무작정 열심히 참는 것이 전부라는 것이다. 그런다고 해서 갈애渴愛가 사라지지 않는다. 물론 참다 보면 어느 정도 포기가 되기는 하지만 그렇다고 해서 그 욕망이 완전히 사라진 것은 아니다. 그 외의 또 다른 부류가 하는 수행은 다른 대상에 집중하는 것으로 벗어나려고 한다. 그러나 그것도 알고 보면 다른 것에 집중하느라고 잠시 내려놓았을 뿐 사라진 것이 아니기에, 조건만 다시 형성된다면 마른 섶에 불이 붙듯이 작은 욕망의 불씨가 그 사람을 순식간에 장악해 버린다.

그런 까닭에 선객으로 선방에 있을 때는 큰 근심 없이 살다가 선방에서 나와 세상에 발 디딘 순간, 몇십 년의 수행도 무색하게 욕망에 지배당해 어느 순간 무너져 버리게 되는 것이다. 그렇게 되는 이유는 너무도 명백하다. 문제에 대한 잘못된 접근 방식 때문이다. 제대로 된 방법으로 접근을 했더라면 어렵지 않게 벗어날 수 있었을 것이다.

임제는 여기서 그 이유를 '상타고인한기경上他古人閑機境'이라고 말했다. '한기경閑機境'이란 한마디로 '쓸데없는 말'이란 뜻이다. 즉 수행자들이 옛 스승들의 쓸데없는 가르침을 아무런 의심 없이 받아들였기 때문에 욕망에서 벗어날 수 없었다는 것이다. 지금도 이런 가르침은 여기저기에 널려 있다. 현명한 수행자라면 의심하고 또 의심해서 그 진위眞僞 여부與否를 반드시 가려서 수행을 시작해야 한다.

산승山僧이 본 처處만 취取해라!

道流! 取山僧見處 坐斷報化佛頭. 十地滿心 猶如 客作兒[1] 等妙二覺 擔枷鎖漢 羅漢辟支 猶如厠穢 菩提涅槃 如繫驢橛. 何以如此? 秖爲道流 不達三祇劫空 所以 有此障礙. 若是眞正道人 終不如是 但能隨緣消舊業 任運著衣裳 要行卽行 要坐卽坐 無一念心 希求佛果. 緣何如此? 古人云 若欲作業求佛 佛是生死大兆.

임제 수행자여!

산승山僧이 본 처處를 취한다는 것은

앉아서 보신報身과 화신化身이란

부처에 대한 생각을 끊어버리는 것이다.

십지十地에 가득한 마음은 반노예와 같아

등각과 묘각이란 칼과 족쇄를 멘 놈이되고,

아라한과 벽지불은 변소간의 더러움 처럼

깨달음과 열반이란 나귀 말뚝에 묶여버리는 것과 같다.

어째서 이러한가?

다만 수행자는 하려고 하나

삼아승지겁三阿僧祇劫의 공空함을

통달하지 못했기 때문에 이런 장애가 있는 것이다.

만약 이것을 사람들에게 참되고 바르게 말했더라면

1 客作兒: 품삯을 받는 고용인. 반노예.

끝내 이렇게 상황 따라 지난 업이나 소멸하고,

운명을 따라 옷 입으며,

가라면 가고, 앉으라면 앉으며 아무 생각 없이

부처가 되기를 바라지 않았을 것이다.

어째서 이렇게 되었는가?

옛사람이 말하기를

'만약 업을 닦아서 부처가 되려 한다면

부처는 곧 나고 죽는 큰 징조가 된다.'라고 했다.

●道流! 取山僧見處 坐斷報化佛頭.

수행자여! 산승山僧이 본 처處를 취한다는 것은 앉아서 보신과 화신이란 부처에 대한 생각을 끊어버리는 것이다

임제는 자신이 말한 그 '처處'를 취한다는 것은 '보신이나 화신불'에 대한 생각을 꺾어버리는 것이라고 말했다. 보신불은 수행의 결과로서의 부처님이 보신이고, 화신불은 현실적으로 나타난 부처의 형상을 말하므로, 여기 이 말의 핵심은 '열심히 업業을 닦아서 부처가 되겠다.'라는 생각을 아예 버리라는 말이 된다. 이것은 모든 것을 인과因果로 보는 관점에서 벗어나라는 것이다.

인과因果로 세상을 재단해 보는 이 관점은 부처님께서 말씀하신 연기도 인과로 해석하는 관점으로 자리잡게 된다. 그래서 삼세양중인과三世兩重因果라는 연기緣起의 해석 방식이 정설로 자리잡는 오류를 낳게 된다. '삼세 인과因果'는 운명론運命論이며 숙명론宿命論이다. 만약 이 글을 읽는 사람이 아직도 인과로 세상을 이해하고 있다면 수행을 몇십 년 했다고 자랑하며 뻐길지라도 그는 진리를 향해 한 발자국도 나아가지 못했다고 단언할 수 있다.

●十地滿心 猶如客作兒 等妙二覺 擔枷鎖漢 羅漢辟支 猶如廁穢 菩提涅槃 如繫驢橛.

십지十地에 가득한 마음은 반노예와 같아 등각과 묘각이란 칼과 족쇄를 멘 놈이되고, 아라한과 벽지불은 변소간의 더러움 처럼 깨달음과 열반이란 나귀 말뚝에 묶여버리는 것과 같다.

여기서 '십지十地'는 화엄경華嚴經에 나오는 수행의 과위果位인데, 그 경전에 의하면 '십신十信'부터 '십지十地'의 수행까지 50단계의 수행을 거쳐 등각等覺과 묘각妙覺의 깨달음을 성취하고 마지막에 구경각究竟覺의 깨달음을 얻어 부처가 된다고 한다. 이 화엄경은 불교 경전의 정수요 백미라고 생각했기에 많은 사람에게 꾸준히 읽혔고 그 가르침대로 수행했다. 그래서 그 경전의 말씀을 따라 차례차례 '수행의 과위果位'를 성취해서 부처가 되려고 하기에 등각과 묘각이란 칼과 족쇄를 채우는 놈에게 반노예처럼 되어 살아가게 된다는 것이다. 또 아라한阿羅漢이나 벽지불辟支佛에 매이면 깨달음과 열반이 나귀 묶는 말뚝처럼 고정되어 변소의 더러움처럼 되어 버린다는 것이다.

사실 이것은 요즘의 수행 풍토와도 크게 다르지 않다. 요즘 우리 주변에는 한쪽에서는 화두 수행을 통해서 부처가 되겠다고 매달리고 또 한편에서는 남방南方 수행을 통해 아라한이 되겠다고 외국으로 전전한다. 사실 이것은 부처나 아라한에 묶여 스스로 노예나 죄수처럼 살아가는 것과 다름없다.

사실 불교 수행은 묶인 것에서 벗어나 자유로워지는 것인데 오히려 그 불교라는 울타리에 갇히고 꽁꽁 묶여버려 오히려 그것을 알기 전보다 더 지저분해지고 말았다. 아무리 훌륭한 가르침일지라도 그 가르침을 듣고, 그 가르침이 전하는 골수를 파악하지 못한다면 오히려 듣지 않은 것만 못하다. 수행도 그와 같아서 수행에 대한 바른 이해 없이 어렴풋이 안 상태에서 무작정 수행하게 된다면, 아예 수행하지 않은 사람보다도 못한 것이다. 수행자라면 반드시 임제의 이 말을 마음에 깊이 새겨야 할 것이다.

●何以如此? 秖爲道流 不達三祇劫空 所以 有此障礙.
어째서 이러한가? 다만 수행자는 하려고 하나 삼아승지겁의 공空함을 통달하지 못했기 때문에 이런 장애가 있는 것이다.

위와 같은 장애를 갖는 이유에 대해 임제는 삼아승지겁이 공空함을 통달하지 못해서 그렇다고 말했다. 여기서 삼아승지겁은 범어梵語를 음사音寫한 말로 '매우 긴 세월'을 의미한다. 이 말은 불전 작가들이 쓴 부처님의 전기에서 '부처는 삼아승지겁의 공덕을 쌓아야 비로소 이룰 수 있다.'라고 한 데서 유래되었다.

불멸 후에 시간이 많이 흐르다 보니 부처님을 뵌 사람은 아무도 없고, 부처님에 대한 말만 주워들은 사람들은 부처님과 같은 위대한 분이 어느 한순간에 이루어졌다고 도저히 생각할 수 없었기에 아주 긴 세월 동안 공덕을 닦아 부처가 되었다고 생각했다. 그러다 보니 당시엔 깊은 사유는 뒷전이고 '공덕을 쌓거나 염불하는 것'으로 부처가 되려고 하는 사람들이 많았던 것으로 보인다. 사실 지금도 그렇게 생각하고, 또 그것이 훌륭한 신행 생활이며 수행이라고 생각하는 것이 현실이다.

임제는 삼아승지겁이란 시간이 텅 비었음을 통달해야 한다고 말했는데, 그것이 부처가 되는 것하고 무슨 관계가 있을까? 우리는 세상이 시간과 공간으로 이루어졌다고 생각하고 있다. 현대의 물리학을 대표하는 아인슈타인은 한술 더 떠서 시공이 휘어졌다고도 말했다. 이렇게 절대의 '객관 세계'가 시공간으로 되었다고 생각한다. 그런데 사실 우리에겐 시간을 느낄 수 없다. 그 이유는 시간을 느낄 수 있는 '감각 기관'이 없기 때문이다. 그렇다면 그 시간은 우리에게 어떻게 나타났을까?

우리의 눈에서 감지한 시각 정보는 동영상이 아니고 그림과 같은 이차원의 고정된 이미지이다. 그래서 움직임을 알 수가 없지만 이러한 이미지를 전달받은 '처'에서는 이차원의 그림을 시간이란 개념을 도입해 앞뒤의 이미지를 비교하면서 움직임을 인식한다. 마치 애니메이션이 그림을 연속적으로 보여주므로 움직임을 표현하는 것과 같다. 즉 서로 조금씩 다른 그림을 연속적으로 넘기면서 보게 되면 그 그림은 마치 살아 움직이는 것처럼 보이게 된다. 이때 이 정지된 것을 움직임으로 이해하는데 시간이란 개념이 필요한 것이다.

움직임이라는 것을 인식하기 위해서는 의식이 시간을 만들어 계산해야만 한다. 그래서 생각 속에 시간이란 개념이 자리잡게 된 것이다. 이 시간이란 것은 실제로 어디에 따로 존재存在하는 게 아니라서 절대로 찾을 수 없는데, 그것은 이 시간이란 것이 단지 마음이 조작해 낸 개념에 불과하기 때문이다. 즉 처에서 시간이라는 도구를 이용해 움직임을 계산하고 이해하는 것이다. 그러므로 시간적인 인과因果 즉 과거가 원인으로 현재가, 현재가 원인으로 미래가 있다는 생각은 모두 망상에 불과하다.

움직임을 이해하려고 만들어 낸 '시간의 덫'에 걸려서 '보거나 느낄 수도 없는 것'을 실재實在한다고 철석같이 믿고 있을 뿐이다. 이 글을 읽는 독자도 궁금하면 시간이 어디에 존재存在하는지 직접 찾아보기 바란다. 삼아승지겁이 다 내가 만들어 낸 허상인데 삼아승지겁을 닦아야 부처가 된다니 기가 막힌 노릇이 아니겠는가? 그래서 임제는 삼아승지겁의 공을 통달하지 못해서 부처가 될 수 없다고 한 것이다.

●若是眞正道人 終不如是 但能隨緣消舊業 任運著衣裳 要行卽行 要坐卽坐 無一念心希求佛果.

만약 이것을 사람들에게 참되고 바르게 말했더라면 끝내 이렇게 상황 따라 지난 업이나 소멸하고, 운명을 따라 옷 입으며, 가라면 가고, 앉으라면 앉으며 아무 생각도 없이 부처가 되기를 바라지 않았을 것이다.

시간이 공하다는 사실을 사람들에게 바르게 말해주었더라면 어리석게 업이나 닦으면서 세월을 보내지 않았을 것이라는 아쉬움을 임제는 토로하고 있다. 시간이 존재存在해야 운명도 존재하며 인과因果도 존재하게 될 것이다. 그런데 어디를 찾아보아도 시간은 발견되지 않는다.

예컨대 우리는 시간이 지날수록 이 몸이 늙어간다고 생각하지만, 마음작용은 전혀 그렇지 않다. 다만 감각 기관의 기능이 떨어져 어눌하게 느낄 뿐 늙으나 젊으나 한결 같이 느낀다는 것이다. 이렇게 인간에겐 시간을 느끼는 '감각 기관'이 없기 때문에 시간의 존재存在를 상상할 뿐이며 그 존재를 확인하지 못하는 것이다.

우리가 절대적으로 신봉하는 '인과율因果律'이 '절대적 운명론運命論'이란 사실을 이해하는 사람도 별로 없을 것이다. 인과因果란 '원인이 있으면 반드시 거기에 해당하는 결과가 있다.'라는 말인데 그렇다면 모든 결과가 원인에 종속되어 있다는 말이 된다. 그렇다면 그 원인에 원인을 찾아가다 보면 결국 최초의 원인으로 귀결되게 될 것이다. 그래서 이 시간적인 환원을 하게 되면 최초의 운동자인 빅뱅이나 최초의 운동자인 신이 있다는 결론에 도달하게 된다. 그래서 결국엔 이것이 운명론運命論과 같은 결과를 가져오게 된다.

만약 그렇다면 여러분이 살아가는 모든 것은 이미 결정되어 있기에 여러분이 할 수 있는 일은 아무것도 없다. 밥을 먹는 것도 잠을 자는 것도 일 분 일 초가 다 정해져 있어야 한다. '자유 의지'라는 것은 있을 수도 없게 된다. 이 인과因果라는 것도 결국은 다 마음이 '시간'과 '공간'이란 개념을 만들어냈기 때문에 나타난 것으로 마음이 세상을 좀 더 간편하고 쉽게 이해하려고 만들어 낸 잣대에 불과하다. 그런 이유로 삼아승지겁이 공하다는 사실을 사람들에게 바르게 말해주었더라면 '그렇게 오랜 세월 공덕을 쌓아서 부처가 되겠다는 어리석은 짓은 벌이지 않았을 것'이라고 한 것이다.

●緣何如此? 古人云 若欲作業求佛 佛是生死大兆.
어째서 이렇게 되었겠는가? 옛사람이 말하기를 '만약 업을 닦아서 부처가 되려 한다면 부처는 곧 나고 죽는 큰 징조가 된다.'라고 했다.

임제는 '이렇게 어리석은 수행을 하는 이유가 뭘까?'라고 자문하고, 그 질문에 대한 대답을 직접 하지 않고 '선업善業을 쌓아서 부처가 되려고 한다면 부처는 나고 죽는 큰 조짐이다.'라는 고인의 말을 인용했다. 그런데 이것은 과연 무슨 뜻일까?

삼아승지겁 동안 선업善業을 쌓아야 부처가 된다니, 부처가 되려면 삼아승지겁 동안 나고 죽어야 하니 나고 죽는 조짐이 아니고 무엇이겠는가? 깨달음은 '마음'이라는 이름에 숨어서 조작하고 작용하는 그것을 잘 살펴서 오작동 되고 있다는 사실을 깨닫는 것이며, 그 깨달음으로 '잘못된 생각'을 멈추었을 때 비로소 부처의 삶이 연출되는 것이다.

사람들이 부처가 되려는 이유는 '부처로 살기 위해서'가 아니라 부처와 같은 신통력을 얻어서 다른 사람 위에 군림하고 싶은 욕망 때문이다. 부처와 같이 무소유를 실천하며 스스로 거지가 되어 비가 오나 눈이 오나 매일 같이 하루도 빠지지 말고 동냥하며 길에서 먹고 길에서 자며 살아가라고 한다면 과연 그 길을 갈 사람이 몇이나 될까? 시간과 공간이 존재存在한다는 어리석은 생각에서 벗어난 것이 부처인데 그 생각 속에서 살아가며 버리지 못하니 벗어나지 못하는 것이다.

모든 것을 자세히 살펴보면, 언제나 연기적緣起的으로 서로 의지해서 일어나지, 원인과 결과로 묶이는 인과因果로 작동하지 않는다. 다만 우리가 인과因果라는 잣대로 세상을 재단해서 보고 있기에 그렇게 보일 뿐이다. 이렇게 세상을 인과因果로 보는 시각은 아주 단순한 유아적발상幼兒的發想으로 유물론唯物論의 사고思考에 그 기반을 두고 있다. 특히 법계에서는 인과因果로 작동되는 것은 아무것도 발견할 수 없다. 다만 사람들이 어리석어 세상을 그렇게 이해할 뿐이며, 그것 역시 제 생각도 아니다. 주변 사람들의 생각을 흡수해 그대로 내뱉고 있는 것에 불과하다. 그런 까닭에 업業을 지어서 부처가 되려고 한다면, 부처 때문에 기나긴 세월 동안 업業을 지어야 하니 생사에서 헤매는 게 당연하지 않겠는가? 부처는 공덕으로 이루어지는 것이 아니고 사유를 통해서 허망한 생각이 사라져 부처의 삶을 살아갈 때 우리가 그를 부처라고 부르게 되는 것이다.

네가 바로 하나의 부모父母

大德! 時光可惜 秪擬傍家波波地 學禪學道 認名認句 求佛求祖 求善知識 意度! 莫錯道流! 爾秪有一箇父母 更求何物? 爾自返照 看! 古人云 演若達多 失却頭 求心歇處 卽無事.

임제 대덕이여!

시간이 가히 아깝거늘 단지 주변에만 기대어

바쁘게 다니면서 선을 배우고 도를 배워

이름과 구절을 새긴 것으로 부처와 조사를 구하고

선지식善知識을 구해 뜻을 헤아리는구나!

착각하지 말라, 수행자여!

네가 다만 하나의 부모로 존재存在하거늘

다시 어떤 물건을 구하려는가?

너 스스로 돌이켜 비추어 보라!

옛사람이 말하기를

'연야달다演若達多가 머리를 잃었지만

마음을 그만둔 곳에서 곧 아무 일도 없었다.'라고 했다.

●大德! 時光可惜 秪擬傍家波波地 學禪學道 認名認句 求佛求祖 求善知識 意度!
대덕이여! 시간이 가히 아깝거늘 단지 주변에만 기대어 바쁘게 다니면서 선을 배우고 도를 배워 이름과 구절을 새긴 것으로 부처와 조사를 구하고 선지식善知識을 구하려고 뜻을 헤아리는구나!

임제는 시간도 아까운데 주변으로만 돌면서 잘못 배운 탓에 이름이나 구절에서 부처님과 조사, 선지식善知識을 구하려고 의미를 찾는다고 말했다. 일반적으로 부처님 경전을 읽거나 이해하는데 가장 큰 걸림돌이 되는 게 바로 '언어로 사유하는 것'이다.

언어는 양쪽으로 서로가 대립하는 모순 관계로 이루어져 있다. 따라서 언어로 사유하면 서로 반대되는 개념의 어느 한쪽의 논리에 빠져버리게 된다. 또한 '사물'이 '이름'과 일대일로 대응된다고 생각한다. 그래서 언어에 이름이 있으면 그것에 해당하는 사물도 있다고 생각한다. 그러다 보니 '천당'이나 '지옥'처럼 이름이 있으면 그에 해당하는 게 존재存在한다고 생각하게 된다. 이러한 사유의 근간에는 사물이 먼저 존재存在했고 그 후에 그 사물에 대해 이름이 붙여졌다는 생각이 있다. 그러나 알고 보면 존재存在에 대한 개념이 생겨야 이름이 붙여지고, 그 이름을 이해해야 비로소 사물이 제대로 보이기 시작한다는 것이다.

예를 들어 산속을 걸어갈 때, 도시에서 자란 사람은 그냥 알 수 없는 풀과 나무로만 숲이 존재存在한다. 그러나 시골에서 자란 사람은 그 숲을 지나가면서 갖가지 나무나 풀들을 구별해 낸다. 이렇게 같은 숲을 지나가더라도 이름을 아느냐 모르느냐가 그것이 존재存在하는가 아닌가를 결정하게 되는 것이다. 그래서 먼저 인식되어 개념이 마음에 저장되어야 비로소 사물이 보이기 시작하는 것이다.

이렇게 한 번만 인식되어 보이게 되면, 그다음부터는 자동으로 보이게 되므로, 이름과 구절만 익히게 되면 그때부터 '이름 붙여진 것들'은 본래 존재存在했던 것으로 여기게 된다. 그렇게 존재存在로 각인되면 그냥 이름만 붙었을 뿐인데도 더는 의심하지 않고 그것에 대해 잘 안다고 생각하게 된다. 이러한 이유로 우리가 '부처'라는 이름을 받아들이는 순간 자신은 부처를 잘 안다고 생각하기에 의심하지 않게 된다.

인간의 이런 사유의 특성 때문에 지금과 같은 고도의 문명 속에도 많은 종교가 합리적이지 않음에도 불구하고 꿋꿋이 살아남을 수 있는 것이다. 이러한 일들이 가능한 것은 무엇이든 한번 받아들이고 나면 그 순간부터 불합리에 대한 의심은 사라지고 당연하게 받아들이기 때문이다. 지금 이 글을 읽는 사람들도 자신을 잘 살펴보라! 정말 자신이 부처에 대해 무엇을 얼마나 알고 있는지?!

●莫錯 道流! 爾秖有一箇父母 更求何物? 爾自返照 看!
착각하지 말라, 수행자여! 네가 다만 하나의 부모로 존재存在하거늘 다시 어떤 물건을 구하려는가? 너 스스로 돌이켜 비추어 보라!

임제는 '네가 다만 하나의 부모로 존재存在하거늘 다시 무슨 물건을 구하려는가?'라고 반문하며 자신을 비추어 보라고 말했다. 하나의 부모로 존재存在한다니 이건 또 무슨 뚱딴지란 말인가? 지금 이 설법을 듣고 있는 청법 대중廳法大衆은 모두 선당에서 참선하는 결혼을 하지 않은 승려들이다. 그런데 왜 임제는 부모라고 했을까?

부모란 자식을 낳았을 때 비로소 '부모라고 불릴 수 있는 것'이기에 자식을 낳지 않았다면 부모가 될 수 없는 것이다. 따라서 임제가 말한 부모는 실제의 자식을 낳은 부모를 말하는 것이 아니고 생산자를 이르는 것이며, 그 생산자가 생산해 낸 것은 바로 눈앞에 벌어지고 있는 모든 법계法界이다. 곧 자신이 보고 느끼는 모든 법계를 창조해낸 창조주가 바로 자신이라는 것이다.

정말로 내게 보이는 모든 게 다 '스스로 만들어 놓은 것'이라면 나 이외의 다른 곳에서 어떤 물건을 찾을 수 있을까? 그러므로 '내가 세상을 어떻게 법계로 구현해 내는지를 잘 살펴보는 것'이 바로 '자신을 보는 것'임을 명심해야 할 것이다.

●古人云 演若達多失却頭 求心歇處 卽無事.
옛사람이 말하기를 '연야달다演若達多가 머리를 잃었다가 찾는 마음을 그만둔 곳에서 곧 아무 일도 없었다.'라고 했다.

'연야달다演若達多'는 경전에 등장하는 사람의 이름이다. 이 연야달다에 관한 이야기는 능엄경에 나오는 비유로, 연야달다라는 사람이 어느 날 자신을 보니 다른 사람들처럼 팔, 다리, 몸통은 다 보이는데 유독 머리만 보이지 않아 당황한 나머지 머리를 찾아 헤매게 되었다. 자신의 머리를 찾으려고 노심초사 헤매다가 어느 순간 머리가 어디로 도망간 게 아니고 항상 자신과 함께했다는 사실을 깨닫게 된다. 머리를 찾을 때는 노심초사로 괴롭고 불안했는데 찾는 마음이 멈추어 찾던 것을 그만두니, 자신을 괴롭혔던 그 마음이 온데간데없이 사라져 버렸다는 것이다.

우리가 직면한 괴로움도 이와 같아서 구하려고 하는 그 탐욕스러운 마음만 멈추면 괴로울 일이 없다. 여기서 '무사無事'라는 임제의 표현은 '일이 없다.'라는 의미라기보다 '일 자체가 아예 사라졌다.'라는 뜻이다. 사실 소유하고 싶어서 무엇인가를 찾아 헤매기에 괴롭고 힘든 것이니 소유하겠다는 생각이 멈춰지면 일 자체가 사라져서 괴로움도 함께 사라지는 것이다.

일상日常을 흉내 내지 말라

大德! 且要平常 莫作模樣! 有一般 不識好惡 禿奴 便卽見神見鬼 指東劃西 好晴好雨. 如是之流 盡須抵債 向閻老前 吞熱鐵丸有日 好人家男女[1] 被這一般野狐 精魅所著 便卽 捏怪瞎屢生 索飯錢有日在.

임제 대덕이여!

게다가 '평온한 일상平常'이 중요하다고 해서

흉내 내지 말라!

어떤 보통의 개념 없는 무식한 중들은 곧

귀신에 홀린 듯하고見神見鬼,

어물쩍 넘어가기도 하고指東劃西,

변덕도 심한데好晴好雨 이러한 부류는

목숨이 다하면 반드시 진 빚을 몸으로 갚기 위해

염라대왕 앞에 가서

뜨거운 쇠 구슬을 삼킬 날이 있을 것이고,

좋은 집안의 자녀도 보통의 이런 들 여우에 씌이면

정신이 홀려 곧 괴상한 소경으로 날조되니

구걸하러 다닐 날이 있을 것이다.

1 男女: 어린이, 자녀

●大德! 且要平常 莫作模樣!
대덕이여! 게다가 '평온한 일상平常'이 중요하다고 해서 흉내 내지 말라!

일없이 사는 것이 도인의 삶이라고 해서 그런 삶을 흉내 내는 사람들이 임제 당시에도 있었나 보다. 평상이란 제4선에서 드러나는 마음으로 좋고 나쁨의 어리석은 마음이 쉬어져서 평정을 이룬 상태를 말하는 것이다. 그러니 일하지 말고 놀라고 하는 것은 더더욱 아니다. 그리고 이러한 '평상을 흉내 낸다는 것'은 곧 상대를 속이고 자신을 뽐내서 뭔가 이득을 취하려는 계산이 깔려 있다고 볼 수 있다.

수행자는 진실이 생명이다. 그런데 만약 수행자가 진실하지 않고 거짓을 말한다면 그것은 자신도 불행할 뿐만 아니라 그를 믿고 따르는 추종자도 같이 불행하게 만드는 것이다. 수행자로서 단지 진실하기만 하더라도 다른 사람들을 불구덩이로 끌고 들어가는 불상사는 없을 것이다.

●有一般 不識好惡 禿奴 便卽見神見鬼 指東劃西 好晴好雨
어떤 보통의 개념 없는 무식한 중들은 곧 귀신에 홀린 듯하고, 어물쩍 넘어가기도 하고, 변덕도 심한데,

보통 승려들을 살펴보면 몇 가지 부류로 나뉘는데, 말마다 확인 불가한 귀신, 영가, 신 등을 들먹이는 부류가 있고, 또 무엇을 물어보면 본질은 어디 갔는지 없고 엉뚱한 말만 늘어놓는 부류가 있으며, 변덕이 죽 끓듯 해 일관성 없이 끌려다니는 부류가 있다. 이러한 한심한 승려들을 임제는 이렇게 '견신견귀見神見鬼', '지동획서指東劃西', '호청호우好晴好雨'로 표현했다.

● 如是之流 盡須抵債 向閻老前 呑熱鐵丸有日
이러한 부류는 목숨이 다하면 반드시 진 빚을 몸으로 갚기 위해 염라대왕 앞에 가서 뜨거운 쇠 구슬을 삼킬 날이 있을 것이고,

이런 부류는 그동안 시주의 은혜로 '먹고 산 것'을 염라대왕 앞에 가서 일일이 따져서, 그 빚을 몸으로 갚을 날이 있을 것이라고 임제는 엄포를 놓고 있다. 그런데 또 어떤 사람은 이 글을 읽고 임제는 염라대왕이

있는 것도 인정했고, 죽어서 다시 어디에 태어난다는 윤회를 인정했다고 주장하는 사람도 있을지 모르겠다. 만약에 그렇게 생각한다면 그는 글의 뜻을 이해하지 못하는 어리석은 사람이리라. 이것은 경고의 의미로 강하게 말하는 어조이지, 사실을 진술하는 것이 아니다.

●好人家男女 被這一般野狐 精魅所著 便卽 捏怪瞎屢生 索飯錢有日在.
좋은 집안의 자녀도 보통 이런 들 여우에 씌면 정신이 홀려 곧 괴상한 소경으로 날조되니 구걸하러 다닐 날이 있을 것이다.

또한, 좋은 집안의 사람일지라도 이런 들 여우 같은 중들에게 홀리면 정신이 매여서 세상을 괴상하게 날조해서 바라보게 되니 결국, 있던 재산도 다 빼앗기고 '알거지가 되어 구걸할 날이 있을 것'이라는 것이다.

요즘 종교인들이 혹세무민하며 자신의 이득만을 좇는 삶과 그다지 다르지 않고, 주변 승려들이 행태도 별반 강약의 차이만 있을 뿐 다르지 않다. 조상이 앞길을 막으니 잘되려면 천도재를 해야 한다느니, 집안에 우환이 끼었으니 백일기도를 하던지 불사를 해야 한다면서 온갖 수단을 써서 재산을 갈취한다. 그러다가 사업이 망해 재산이 없으면, 언제 그랬느냐는 듯이 아는 척도 안 한다. 이것은 승려의 본분이라 할 수 없다.

임제의 교육법教育法

師示衆云 我有時先照後用 有時先用後照 有時照用同時 有時照用不同時. 先照後用 有人在 先用後照 有法在. 照用同時 駈耕夫之牛 奪飢人之食 敲骨取髓 痛下鍼錐. 照用不同時 有問有答 立賓立主 合水和泥 應機接物. 若是過量人 向未擧已前 撩起便行 猶較些子.

임제가 대중에게 법문法門했다.

임제 나는 어느 때는 먼저 비추고 뒤에 쓰고,

어느 때는 먼저 쓰고 뒤에 비추며,

어느 때는 비추고 씀이 동시이고,

어느 때는 비추고 씀을 동시에 하지 않는다.

먼저 비추고 뒤에 쓴 것은 어떤 사람이 있었을 것이고,

먼저 쓰고 뒤에 비춘 것은 어떤 법이 있었을 것이다.

비추고 씀이 같을 때는 밭 가는 농부의 소도 몰아내고

배고픈 사람의 음식도 빼앗아 뼈를 부수고

골수를 취해 아픈 곳에 침을 놓는다.

비추고 씀을 동시에 하지 않을 때는

물어보면 대답하고 객관을 세우면 주관을 세워

진흙으로 반죽해 틀에 맞게 찍어낸다.

만약 이것을 넘는 사람은

예시하기 전으로 향해 간 것이니 자극하여 세우면
곧 가긴 하나 아직 비교하기엔 조금 부족하다.

● 師示衆云 我有時先照後用 有時先用後照 有時照用同時 有時照用不同時.
임제가 대중에게 법문法門했다./ 임제:나는 어느 때는 먼저 비추고 뒤에 쓰며, 어느 때는 먼저 쓰고 뒤에 비추며, 어느 때는 비추고 씀이 동시이며, 어느 때는 비추고 씀을 동시에 하지 않는다.

임제의 이 법문法門은 비교적 문장은 짧지만, 꽤 강력하다. 임제는 자신이 대중에게 가르치는 방식을 네 가지로 나누어 설명했다. 모든 사람을 똑같은 방법으로 가르치는 게 아니고 대상의 수준에 따라 다르게 가르친다는 것이다.

부처님께서도 중생을 교화하실 때, 마치 의사가 환자에게 알맞은 처방을 주듯이 근기에 맞게 가르침을 펼치셨다. 그것을 '응병여약應病與藥'이라고 부르는데, 임제는 이것을 '조용照用'으로 다르게 표현했다. 먼저 '비춘다.'라는 말과 '쓴다.'라는 말을 알아야 하는데, '비춘다.'라는 말은 비추어야 비로소 볼 수 있으니 '수행 이론을 가르친다.'라는 말이 된다. '쓴다.'라는 것은 '수행을 시킨다.'라고 이해하면 좋을 것이다.

● 先照後用 有人在
먼저 비추고 뒤에 쓴 것은 어떤 사람이 있었을 것이고,

임제는 '먼저 비추고 뒤에 쓸 때는 어떤 사람이 있을 것이다.'라고 말했는데, 과연 그것은 무슨 의미일까? '어떤 사람이 있다.'라는 것은 '아상我相' 즉 자아에 대한 고집이 있었단 말이다. '자아'가 있다고 생각하면, '진짜 나'라고 여기는 그 자아는 도대체 '어디서 와서 어디로 가는가?'라는 질문으로 이어지며, 그것을 찾기 위해 부단히 애를 쓸 것이다. 그래서 그런 사람에게는 '무상함'을 먼저 보여주어 '자아가 없음'을 느끼게 하고 '수행을 시키는 것'이다.

● 先用後照 有法在.
먼저 쓰고 뒤에 비춘 것은 어떤 법이 있었을 것이다.

'먼저 쓰고 뒤에 비추는 것은 법이 있을 것이다.'라고 말했는데, 이 사람의 경우는 이미 법에 대한 기본 이해가 되었으니 우선은 수행의 방향이 잡혀있는 것이다. 그렇기에 먼저 수행을 시키고 또 다른 의문점이 생겼을 때 그것만 보여주면 되는 것이다.

●照用同時 駈耕夫之牛 奪飢人之食 敲骨取髓 痛下鍼錐.
비추고 씀이 같을 때는 밭 가는 농부의 소도 몰아내고 배고픈 사람의 음식도 빼앗아 뼈를 부수고 골수를 취해 아픈 곳에 침을 놓는다.

'보이고 씀이 같을 때는 밭갈이 하던 소도 빼앗고 굶주린 사람의 밥도 빼앗으며 뼈를 부수고 골수를 꺼내 침을 놓는다.'라고 말했는데, 이문장을 읽으면 도대체 무슨 말을 하는 것인지 황당해서 말이 안 나온다. 과연 임제는 무슨 의도로 이런 황당한 말을 한 것일까?

사실, 이것은 배운 게 없어 사람도 없고, 법도 없는 무지렁이지만 깨달음에 대한 열망이 가득한 사람이다. 이런 사람은 스승이 처음부터 끝까지 일거수일투족을 다 가르쳐야 한다. '밭갈이하던 소를 빼앗는다.'라는 말은 무슨 뜻일까? 소로 밭을 가는 이유는 농사를 짓기 위해 밭을 정돈하는 것이다.

우리 마음도 대상을 밭에 골을 타듯이 자기 방식으로 정돈하는데, 정돈 방식 즉 이미 자신에게 형성된 관념을 빼앗는다는 말이다. '배고픈 사람의 음식을 빼앗는다.'라는 것은 중생의 먹이는 소유에 대한 탐욕과 갈망을 빼앗는다는 말이다. 이렇게 근간이 되는 뼈를 부수고 골수를 꺼내어 '불법이란 침'으로 근본부터 치료한다는 뜻이다.

●照用不同時 有問有答 立賓立主 合水和泥 應機接物.
비추고 씀을 동시에 하지 않을 때는 물어보면 대답하고 객관을 세우면 주관을 세워 진흙으로 반죽해 틀에 맞게 찍어낸다.

보이고 씀이 같지 않을 때는 이미 상당한 수준에 오른 사람이다. 그래서 특별히 지도하지 않고 물어볼 때만 대답하면 되는 것이다. 그리고 빈과 주를 세우는데 물을 섞어 진흙을 만들어 틀대로 찍는다고 말했는데 그것은 내입처內入處와 외입처外入處가 어떻게 세워지며 대상을 어떻게 서로 반죽하듯 섞어서 법계法界를 구현하는지를 가르친다는 것이다.

●若是過量人 向未擧已前 擄起便行 猶較些子.
만약 이것을 넘는 사람은 예시하기 전으로 향해 간 것이니 자극하여 세우면 곧 가긴 하나 아직 비교하기엔 조금 부족하다.

이것은 위에 언급한 네 종류의 사람들을 제외한 사람을 말한다. 위의 네 종류의 사람들은 수행에 대한 의욕이 있는 사람들이고, 여기서 말하는 그 외의 사람은 수행에 대해 아예 관심조차 없는 사람이다. 이런 사람들은 이 수행을 하면 어떤 이익이 있는지 말하고, 잘했다고 칭찬하면서 사기를 진작시켜 자극하면 조금 따라오는 듯해도 적극적이지 않아 비교할 수 없는 수준이라는 것이다.

귀한 사람

師示衆云 道流切要求取[1] 眞正見解. 向天下橫行 免被 這一般精魅 惑亂[2] 無事 是貴人. 但莫造作 秖是平常. 爾擬 向外傍家 求過覓脚手錯了也. 秖擬求佛 佛是名句 爾還識馳求底麼? 三世十方 佛祖出來也 秖爲求法 如今 參學道流也 秖爲求法 得法始了 未得依前輪回五道.

임제가 대중에게 법문法門했다.

임제 수행자가 간절하게 요구하고 구해야 할 것은
참되고 바른眞正한 견해이다.
세상을 향해 두루 돌아다닐지라도
이곳의 어지럽게 미혹된 보통 사람들의 생각에서 벗어나
일이 없으면 이것이 귀한 사람이다.
다만 조작하지 않는 것,
단지 이것이 '평온한 일상'이다.
네가 밖의 주변으로 향해가서 헤아리는 것은
허물을 구하는 것으로 매우 잘못된 것이며 착각이다.
다만 헤아려서 구한 부처는
부처가 바로 '이름으로 된 글귀'인 것이거늘
너는 아직도 알려고 그것을 뒤좇으며 구하려는가?

1 求取: 구하다, 원하다
2 惑亂 : 미혹시키다, 혼란시키다

시방十方 삼세의 부처와 조사가 세상에 나온 것도
다만 법을 구하기 위해서였으니,
지금 공부하는 수행자도 다만 법을 구해야
법을 얻어 비로소 마치는 것이며
얻지 못하면 예전처럼
오도五道를 윤회輪回하게 될 것이다.

● 師示衆云 道流! 切要求取 眞正見解 向天下橫行 免被 這一般精魅惑亂 無事是貴人.

임제가 대중에게 법문法門했다./ 임제:수행자가 간절하게 요구하고 구해야 할 것은 참되고 바른眞正한 견해이다. 세상을 향해 두루 돌아다닐지라도 이곳의 어지럽게 미혹된 보통 사람들의 생각에서 벗어나 일이 없으면 이것이 귀한 사람이다.

수행자가 참되고 바른 견해를 얻기 위해서 '참기 힘든 고행'을 하거나 '깊은 삼매'에 들어갈 필요는 없다. 그저 잘못된 생각을 바로잡기만 하면 되는 것이다. '견해'란 말이 의미하는 것을 잘 음미해보면 그 해답이 바로 나온다. 견해란 '이해해서 보는 것'을 말한다. 거기에 '참되고 바른 견해'라면 '참되고 바른 이해를 통해서 보는 것'이란 의미가 된다. 그러므로 바르게 사유를 해야 바른 결론이 나서 바른 견해가 얻어지는 것이다.

만약 사유를 하지 않는다면 어떻게 결론이 나겠는가? 고행이나 삼매에는 사유가 빠졌기 때문에 결코 바른 견해를 얻을 수 없다. 따라서 불교 수행자가 사유 없이 수행한다면 그것이야말로 큰 오류에 빠진 것이다.

지금 불교 수행의 가장 큰 문제는 자신이 무엇을 잘못하고 있는지조차 모른다는 것이다. 자신이 생각하는 '자기 생각'을 자세히 살펴보면, 이 모든 것이 대부분이 주변 사람들이 내게 들려준 이야기이며, 그것을 자신이 받아들인 생각일 뿐이다. 그 생각 중에서 순수한 자신만의 생각이 과연 얼마나 될까?

진리를 눈앞에 맞닥뜨리고 싶다면 내가 받아들인 그 생각들이 사실인지 아닌지부터 검증해야만 한다. 사실이면 그냥 두면 되고, 사실이 아니면 버려야 한다. 그래야 진리에 접근할 수 있다. 이것이 불법을 공부하고 참선하는 이유이며 참되고 바른 견해로 나아가는 지름길이다.

참되고 바른 견해는 특별한 어떤 견해가 아니다. 잘못된 견해인 '아름알이'를 제거한 것이 바로 참되고 바른 견해이다. 그래서 부처님께서도 '희론戱論이 사라진 것'이 바로 '정견正見'이라고 말씀하신 것이다.

임제는 '세상을 아무리 돌아다닐지라도 보통 사람들의 잘못된 생각에 빠지지 않고 벗어나 일이 없는 사람이야말로 정말 귀한 사람'이라고 말했다. 그런데 지금의 수행자들을 보면 수행 중에 뭔가 특별한 경험을 원하는 경우가 대부분이다. 수행 중에 뭔가 좀 특이한 현상이 나타나면 본인이 뭔가 높은 경지라도 오른 듯이 자랑스럽게 생각한다. 그러나 이러한 경험은 수행하는 사람들이라면 대부분 한두 번 안 겪어본 사람은 없을 것이다.

이러한 현상에 대해 조금만 더 깊이 생각해 보자! 좌선하다 뭔가 특별한 경험을 한 수행자의 말을 들어보면 신비한 경험을 했다고 하는데 바로 옆에 있던 나는 전혀 알 수가 없다. 이것은 다분히 개인적인 느낌일 뿐, 보편적이지 않기에 증명되지 않는 어떤 허상을 본 것에 불과하다. 이것과 정신 분열을 앓고 있는 사람이 보는 세상과 크게 다르지 않다. 왜냐하면, 그것은 객관에 근거해서 나타난 현상이 아니기에 마음이 만들어 낸 허상을 본 것이기 때문이다. 그래서 임제는 부처가 나타나면 부처를 죽이고 조사가 나타나면 조사를 죽이라고 말했다. 이것은 실제의 객관을 대상으로 나타난 게 아니고 마음이 만들어 낸 허상임을 알아야 비로소 벗어날 수 있다.

우리가 수행하는 목적이 허상을 보기 위해 하는 게 아니지 않은가? 대상이 아닌 것을 보고 느끼기 때문에 우리는 그들을 이상하게 여겨 '정신 분열 환자'로 취급하는 것이다. 어떤 사람이 수행했는데 정신 분열과 비슷한 상태가 되었다면, 그런 수행은 버려야 마땅하거늘 그것을 굉장한 수행의 경지를 얻은 것처럼 생각한다. 이것은 참으로 어리석은 짓이다. 만약 그렇다면 그 정신 분열 환자를 차라리 큰 스님으로 떠받드는 게 합당하지 않을까?

수행자들은 참선 중에 잠시 얻은 환상을 유지하려고 엄청나게 노력하는 데 비해 그들은 아무 노력도 하지 않고 그 환상이 계속해서 유지되니 차라리 정신 분열 환자 쪽이 더 훌륭하지 않겠는가? 각설하고, 어쨌든 세상 사람들이 괴로워하는 이유는 잘못된 생각에 의한 번뇌 때문이다. 세상 사람들이 가지는 이러한 잘못된 생각에서 영원히 벗어나 진실을 그대로 볼 수 있는 사람이라면, 이미 번뇌에서 벗어난 사람이니 그야말로 '정말 귀한 사람'임에 틀림없다.

● 但莫造作 秖是平常 爾擬向外傍家 求過覓脚手 錯了也.
다만 조작하지 않는 것, 단지 이것이 '평온한 일상'이다. 네가 밖의 주변으로 향해가서 헤아리는 것은 허물을 구하는 것으로 매우 잘못된 것이며 착각이다.

임제는 '단지 조작하지 말라! 단지 이것이 평상일 뿐'이라고 했는데 과연 무슨 뜻일까? '조작하지 말 것'은 무엇이고 '평상'은 또 무엇이란 말인가? 우선 조작의 의미를 살펴보자! 우리는 끊임없이 '수행修行한다.'라고 말하는데 과연 '수행修行'은 또 무슨 뜻일까? '수행修行'의 '수修'자는 '닦는다.'라는 말이고 '행行'자는 '행위', '진행한' 등의 뜻을 가진 글자이다. 그렇다면 수행은 '행위를 닦는다.'라는 정도의 의미로 해석할 수 있다. 그러나 우리는 '수행'이라고 말하면서 '마음을 닦는 것'으로 이해하고 있다. 그렇게 이해되는 이유가 바로 이 '행行'이란 글자가 '상카라 Sankhara 行'에 해당하기 때문이다.

이 '상카라'는 '조작'이라는 뜻을 갖는 단어이며 그 번역어가 바로 '행行'이다. '감각 기관'을 통해서 들어온 정보를 취합해서 조작하는 장소가 '처處'이며 그 조작이 바로 '행'인 것이다. 이렇게 대상을 조작하는 행위를 '무명행無明行'이라고 하고, 바르게 보아 대상에 조작된 것을 걷어낸 바로잡은 것이 '명행明行'인 것이다. 이렇게 조작을 걷어내고 명행明行으로 바라보게 되면, 탐진치貪瞋痴의 삼독심三毒心은 수그러들고 감정은 멀어져 지극히 평온한 평상을 유지하며 살아가게 된다. 그것을 '평온한 일상平常'이라고 임제는 표현한 것이다.

사실, 이 평상은 임제가 제일 먼저 한 말은 아니고 삼조三祖 승찬僧璨 스님이 쓴 '신심명信心銘'에 나오는 말인데, 경전의 표현으론 제4선第四禪에서 얻어지는 것으로 '버려서 얻어지는 평온 捨 Upekkhā'을 얻어 소유욕 없이 살아가는 삶을 의미한다. 다른 데서 얻었다는 특별한 능력이 있다고 할지라도 다만 조작하지 않는 것 말고는 그 어떤 것도 잔재주에 불과하다고 했는데, 임제는 왜 그렇게 말했을까? 그것은 그가 믿을 수도 없는 뛰어난 신통력을 아무리 발휘할지라도 탐진치貪瞋痴 삼독심三毒心三毒心을 버리지 못한 범부에 불과하기 때문이다.

현대사회의 인간은 과거에 살던 사람들보다 엄청난 능력을 발휘하는 인간으로 변모했다. 보름 이상 걸려야 갈 수 있던 서울과 부산의 거리를 불과 한두 시간 만에 주파해 버리며, 지구 반대편에 있는 사람과도 얼굴을 보며 실시간으로 통화할 수도 있다. 이러한 것들은 과거에는 상상도 할 수 없는 일이다. 이렇게 어마어마한 능력을 발휘해도 여전히 현대인들은 끊임없는 스트레스라는 번뇌에 시달린다. 이렇게 아무리 뛰어난 능력을 발휘해도 번뇌를 대처하지 못한다. 그래서 임제는 단지 평온한 일상을 버려두고 아주 특별한 방법을 찾기 위해 주변을 헤매는 것은 매우 잘못되었다고 한 것이다.

● 秖擬求佛 佛是名句 爾還識馳求底麽?
단지 헤아려서 구한 부처는 부처가 바로 '이름으로 된 글귀'이거늘 너는 아직도 알려고 그것을 뒤좇으며 구하려는가?

다만 글자의 의미를 생각해서 찾아낸 부처는 그냥 언어로 표현된 개념일 뿐이다. 부처란 '실체實體가 아니라 상태를 표현하는 말'이다. 부처의 삶을 살아갈 때 '부처'라고 불리는 것이지 부처가 있어서 세상을 살아가지 않는다. 그러나 우리는 기본적으로 '진짜 나'라는 게 따로 있다고 생각하며, 또한 이 몸을 조종하고 다니다가 죽으면 저승이든, 천국이든, 지옥이든, 윤회하며 어디론가 가버린다고 생각한다. 그러나 아무리 살펴보아도 그것이 사실이란 명백한 증거는 찾을 수 없다. 이것이 바로 언어적 사유를 해서 생기는 명백한 오류이다. 이 언어적 사유를 벗어나는 일은 불교 수행의 첫 관문이다. 그래서 옛 선사들은 '알음알이를 내지 말라'고 '언어도단言語道斷'이니, '불립문자不立文字'니 하는 말들을 쏟아냈다.

● 三世十方 佛祖出來也 秖爲求法 如今 參學道流也 秖爲求法 得法始了 未得依前輪回五道.

시시방十方 삼세의 부처와 조사가 세상에 나온 것도 다만 법을 구하기 위해서였으니, 지금 공부하는 수행자도 다만 법을 구해야 법을 얻어 비로소 마치는 것이며 얻지 못하면 예전처럼 오도五道를 윤회輪回하게 될 것이다.

여기서 '다만 법法을 구해야 한다.'라는 데서 '법法'이란 말을 하도 많이 들어서 그리 중요하게 다가오지 않을 수 있다. 그러나 이것을 잘 알지 못하고 넘어가게 되면 불교 전체를 오류로 몰고 갈 수 있으므로 반드시 그 개념을 이해해야 한다. 이것은 불교에서 이 세상을 '세계世界'라고 부르지 않고 '법계法界'라고 부르는 이유와도 그 맥락을 같이한다.

우리가 보는 세상은 자신의 감각 작용인 '보는 것, 듣는 것, 냄새 맡는 것, 몸으로 느끼는 것'의 다섯 가지 작용으로 얻어진 정보를 취합하는 기능인 의근意根에 의지해서 의식意識이 드러나는데, 이 의식은 육입처六入處에서 조작해 만들어 낸 '법法'을 그 대상으로 삼는다. 따라서 '법法'은 우리의 생각인 의식이 바라보는 대상인 것이다. 각각의 개별적인 정보를 취합해서 '조작'하는 것을 '행行'이라고 하며, 조작하는 장소가 바로 '처處'이고, 조작된 대상이 바로 '법法'이다. 따라서 이 '법法'의 생성원리를 이해해야 번뇌를 만드는 잘못된 지점을 알 수 있고, 그것을 알아야 비로소 잘못을 바로잡을 수 있기에 매우 중요한 것이다.

그런 이유로 부처님과 조사도 법을 구하기 위해 목숨을 걸었으니 수행자도 당연히 법을 이해하기 위해 애써야 할 것이다. 따라서 법을 얻는 것이야말로 수행의 종착점으로 나아가는 지름길이라고 말할 수 있다. 만약이 법을 얻지 못한다면 이전의 삶인 그 윤회를 반복하며 오르내릴 수밖에 없는 것이다.

법은 마음의 토대心地

云何是法? 法者是心法. 心法無形 通貫十方目前現用. 人信不及[1] 便乃認名認句 向文字中 求意度佛法 天地懸殊. 道流! 山僧說法 說什麽法? 說心地法 便能入凡入聖 入淨入穢 入眞入俗. 要且[2]不是爾 眞俗凡聖 能與一切 眞俗凡聖 安著名字 眞俗凡聖[3] 與此人 安著名字 不得. 道流! 把得便用 更不著名字 號之爲玄旨.

임제 어째서 이것을 법法이라 하는가?

법法이란 것은 바로 마음의 법法이니라.

마음의 법法은 모양도 없으면서

온 세상을 관통해 눈앞에 작용해 드러난다.

사람들이 믿지 못하니 곧 문자로 향해가서

이름이나 글귀로 새기고 불법의 의미를

헤아리고 구하니 하늘과 땅만큼 동떨어지는 것이다.

수행자여!

산승山僧이 하는 설법이 무슨 법을 설하겠는가?

마음의 토대가 되는 법을 설하는 것이기에

곧 능히 범부凡夫에도 들어가고 성인에도 들어가며,

깨끗함에도 들어가고 더러움에도 들어가며,

1 信不及: 완전히 믿을 수가 없다
2 要且: 요컨대, 결국, 어쨌든.
3 眞俗凡聖: 진리와 세속, 범부와 성인

진여에도 들어가고 세속에도 들어가는 것이다.
요컨대 너는 진속범성眞俗凡聖이 아니라도
능히 진속범성眞俗凡聖에게 명칭을 붙여주지만,
진속범성은 이 사람에게 이름을 붙여줄 수 없다.
수행자여!
잡으면 곧바로 쓰더라도 다시는
이름이나 글자에 매이지 않는 것을
'알기도 어려운 뜻玄旨'이라 부르는 것이다.

● 云何是法? 法者是心法. 心法無形 通貫十方目前現用. 人信不及 便乃認名認句 向文字中 求意度佛法 天地懸殊.
어째서 이것을 법法이라 하는가? 법法이란 것은 바로 마음의 법法이니라. 마음의 법法은 모양도 없으면서 온 세상을 관통해 눈앞에 작용해 드러난다. 사람들이 믿지 못하니 곧 문자로 향해가서 이름이나 글귀로 새기고 불법의 의미를 헤아리고 구하니 하늘과 땅만큼 동떨어지는 것이다.

앞에서 말했듯이 법法은 마음에서 벌어지는 사건이다. 그런데 문제는 이 법을 '세상이 돌아가는 이치'로 생각하기에 온갖 오류가 난무하는 것이다. 물론 보는 자신에게는 세상이 그렇게 보일지라도, 사실 그것은 내가 만들어 낸 세상인 '법계法界를 보고 있는 것'이다. 그래서 '법은 형태도 없으면서 시방十方을 관통해 눈앞에 작용해 드러난다.'라고 말한 것이다.

사람들은 이것을 믿을 수 없기에 언어나 문자를 통해서 뜻을 새겨 불법을 이해하나 그것은 하늘과 땅만큼의 차이를 보인다는 것이다. 언어나 문자를 통해서 이해하게 되면 반드시 양변의 어느 한쪽을 향해 선택해야 하는 문제가 발생한다. 왜냐하면, 문자나 언어의 체계는 그렇게 상반된 서로 다른 개념 체계가 대립하는 구조로 되었기 때문이다. 그러다 보니 언제나 언어로 생각하면 선택이라는 모순에 빠지게 되어 있다. 따라서 진리를 확인하려면 언어적 사유 구조를 벗어나야 비로소 보이기 시작한다.

이것이 바로 양극단을 떠난 '중도'로 '제3의 길'이며, '유일唯一한 길' 즉 '오직 한 길'인 것이다.

지금 이것은 '삼현三玄'이라는 '세 가지 알기 힘든 것'의 첫 번째 항목인 '법'에 대한 설명이다. 일반적으로 사람들은 '마음이란 주인이 있어서 몸을 도구로 하여 대상을 인식한다.'라고 생각한다. 그래서 마음의 본질을 시간이나 공간의 소급을 통해 추적하려고 한다. 왜냐하면, 우리는 세상이 '시간과 공간'으로 이루어졌다고 생각하기 때문에, 그것을 역추적하면 어떤 '궁극의 실체實體가 드러날 것'이라고 생각한다.

이 모든 생각의 시작은 인과율에 그 근거를 찾을 수 있는데, 그것은 그 원인만 계속해서 추적하면 뭔가를 밝힐 수 있다고 생각하는 것이다. 그러나 이것은 시간과 공간이란 존재存在에 대한 타당한 검토를 뒤로하고 소급을 통해서 존재存在를 증명하려고 하는 것이기 때문에 문제가 될 수밖에 없다. 그런데 만약 그 절대적이라고 믿고 있던 '시간과 공간'이 가짜로 드러나면 문제는 완전히 새로운 국면을 맞게 된다. 지금 여기서 설명하려는 모든 것이 '세상을 설명하는 것'이 아니라 '나에게 거울처럼 비추어진 가상의 세상'을 말하는 것이다.

여기서 조금더 깊이 들어가 보자! 안이비설신眼耳鼻舌身의 다섯 가지 감각 기능이 색성향미촉色聲香味觸의 대상을 의지해서 안식眼識, 이식耳識, 비식鼻識, 설식舌識, 신식身識의 '단편적인 앎'을 발생시킨다. 이렇게 발생된 앎의 조각들을 '생각하는 기능意根'이 모아서 하나로 개념화하는데, 이것이 생각하는 기능인 '의근意根'의 대상이 되는 '법'이다.

예를 들어 사과를 눈이 보면 빨간색의 정보만 확인된다. 그러나 우리는 사과를 보는 순간 시큼한 느낌도 같이 느낀다. 이렇게 단편적이었던 정보가 '생각하는 기능意根'을 통해서 법으로 가공된 것이다. 이렇게 우리가 보고 있는 모든 것이 단편의 정보가 아닌 종합된 정보이다. 이 정보가 바로 법이고 이것들이 모여있는 정보의 바다를 '법계法界'라고 부르는 것이다. 그러니 불교에서 말하는 법계란 세상을 말하는 것이 아니라 '정보의 바다'를 가리키는 것이다.

●道流! 山僧說法 說什麽法? 說心地法 便能入凡入聖 入淨入穢 入眞入俗.

수행자여! 산승山僧이 하는 설법이 무슨 법을 설하겠는가? 마음의 토대가 되는 법을 설하는 것이기에 곧 능히 범부凡夫에도 들어가고 성인에도 들어가며, 깨끗함에도 들어가고 더러움에도 들어가며, 진여에도 들어가고 세속에도 들어가는 것이다.

여기서 임제는 자신이 말하는 '법'이 '마음의 토대가 되는 법心地法'을 말하는 것이라고 분명히 밝히고 있다. 우리는 기본적으로 '눈 앞의 대상을 마음이 바라본다.'라고 생각하게 되는데, 그러한 생각을 만들어 내는 그 토대를 말하는 것이다. 그렇기에 범부, 성인, 더러움, 깨끗함, 참과 거짓에도 거침없이 들락거리며 어디든지 들어갈 수 있지만, 들어간 그곳이 '객관 세계' 자체는 아닌 것이다. 내게 나타나 보이는 세상은 마치 자신이 밤에 자면서 꾸는 꿈과 비슷하다. 꿈에서 벌어지는 일들은 너무나 생생하게 전개되기 때문에 그 꿈에서 깨기 전까지는 그것이 꿈이라는 사실조차 인식하지 못한다. 지금 내 눈앞에 아무것도 없을지라도 꿈속에서는 눈앞에 뭐가 있어서 보이고, 소리가 나지 않는데도 들리며, 음식이 없는데도 맛을 본다. 그런데 이러한 꿈은 왜 꾸게 될까?

사실 외부에서 들어온 신호를 분석하고 조작하는 장소가 바로 '처處'인데, 이 처에서 작용이 일어날 때 아는 기능인 의식 활동도 함께 일어난다. 이때 법계法界도 서로 의지해서 드러나게 된다. 이것은 신호를 처리(조작)하는 과정에서 앎의 작용으로 드러난 임시의 세계이지 진짜로 외부에 존재存在하는 현실 세계는 아니다. 이렇게 세상을 법계로 처리해서 보는 것은 모두 감각 신호를 정보화해서 처리한 결과이다. 이렇게 생성된 정보를 모두 버리거나 저장할 수 없기에, 버릴 것과 저장해 둘 것을 분류하는 과정에서 다시 그 정보를 불러와야 하는데, 이 과정에서 어쩔 수 없이 그 정보와 또 만나기에 그 정보를 본 인식 작용이 마치 현실처럼 느끼는 것이다.

이것과 비슷한 경험은 삼매를 경험할 때도 드러난다. 실재實在하진 않지만, 대상 하나에만 집중하게 되면 태어나서 한 번도 그 상황을 경험하지 못했기에 내가 경험했던 정보를 꺼내어 처에다가 늘어놓지 못하게 된다. 이러한 상황이 지속되면 의식 작용은 한 번도 없었던 상황이라 지금까지 통제하고 조작하던 모든 것을 포기하기에 이른다. 이렇게 되면 한 번도 경험하지 못한 신비한 경험을 하는데 이때 어마어마하게 황홀한 순간이 눈 앞에 펼쳐진다. 이 황홀함은 죽음이 임박한 순간에도 비슷하게 일어나는데, 이 황홀함 때문에 수행자는 평생 그 경험을 놓지 못하고 집착하게 된다.

그래서 부처님께서는 '이 순간이 진리에 첫발을 내딛는 순간이기도 하지만 가장 위험한 순간'이라고 거듭 강조하셨고, 조사 스님들은 이렇게 나타난 것은 모두 망상이니 제아무리 부처님이라도 버려야 한다고 말한 것이다. 이것이 망상이고 환상이라는 것을 알아야 비로소 벗어날 수 있다. 임제는 이것을 '살불살조殺佛殺祖'라는 표현을 썼다. 하지만 수행자 대부분은 이것이 환상이란 생각을 하지 못하고 그 황홀경을 다시 경험해 보고 싶어서 안달이 나 있다. 수행자에게 이런 경험이 생기기라도 하면 마치 무슨 깨달음의 경계에 도달한 것처럼 생각하고 호들갑을 떤다.

그러나 그런 신비한 경험은 모두 조건에 의해 나타난 것일 뿐, 깨달음과 아무런 관련이 없다. 이런 것들을 엄격히 말하면 마약을 투약했을 때 나타나는 환상과 크게 다르지 않다. 이러한 것들은 현대의 뇌과학이 실험을 통해 이미 입증된 사실이다. 이러한 현상은 자신의 몸에서 생성된 신경 전달 물질의 과다 분비로 연출된 환상일 뿐이며, 외부에서 이 신경 전달 물질과 비슷한 약물을 주입해도 비슷한 환상이 연출된다는 것을 이미 밝혔다. 그래서 싯달타 태자는 출가하여 선정 수행 여드레 만에 황홀하지만 쓸모없음을 깨닫고 버린 것이다.

● 要且不是爾 眞俗凡聖 能與一切 眞俗凡聖 安著名字 眞俗凡聖 與此人 安著名字 不得.
요컨대 너는 진속범성眞俗凡聖이 아니지만 능히 진속범성眞俗凡聖에게 명칭을 붙여주지만 진속범성은 이 사람에게 이름을 붙여줄 수 없다.

임제는 여기서 이해하기 힘든 이상한 말을 했다. 과연 이 말의 의미는 무엇일까? 우리가 '무엇인가를 인식하는 것'은 실재實在하는 것을 그대로 인식하는 것이 아니라 그것의 패턴을 인식하는 것이다. 즉 비슷한 것을 단위로 묶어서 인식한다는 것이다. 그렇기에 '낫 놓고 기역 자도 모른다.' 라는 말을 하는 것이다. '낫'과 '기역 자'는 비슷한 패턴이니 기억하는 영역도 비슷하게 저장되게 된다. 따라서 '낫'을 보면 '기역 자'도 자연스레 떠오르는 것이다. 요즘의 우리에게 익숙한 첨단 기기들을 보면 주로 이런 역할을 통해 '감각 기관'을 속인다.

영화를 예로 들면, 실제로 내 눈앞에서 일어난 일이 아니고 단지 우리 눈과 귀를 통해 들어오는 빛과 소리를 흉내 내어 '감각 기관'에 전달한 것에 불과하다. 그런데 우리는 마치 실재하는 착각을 일으키게 된다. 눈과 귀를 통해 들어오는 정보만 비슷하면 우리는 이처럼 같은 세계를 경험하는 것이다. 이것이 '마음에서 벌어지는 세계'라는 '법계法界'인 것이다. 그러나 이것은 실제로 그 세계에 들어간 것은 아니지만 그렇게 보이는 것이다.

이렇게 패턴으로 인식하기 위해서는 먼저 개념이 생겨야 하는데, 개념은 언어로 규정된다. 따라서 내가 그 이름을 알고 있어야 비로소 패턴도 보인다. 그렇기 때문에 내가 진속범성眞俗凡聖에겐 이름을 붙여주고 인식할 순 있지만, 그 진속범성은 이름 붙여준 이 사람에게 이름을 붙여줄 수 없다는 것이다. 그 진속범성이란 것들은 이름 붙여 부르는 이가 조작한 가상의 객체이므로 실체實體가 없어 그가 나에게 어떻게 하지 못한다는 것이다.

●道流! 把得便用 更不著名字 號之爲玄旨.
수행자여! 잡으면 곧바로 쓸지라도 다시는 이름이나 글자에 매이지 않는 것을 '알기도 어려운 뜻玄旨'이라 부르는 것이다.

임제는 잡으면 쓰지만 '글자에 매이지 않는 것'을 '알기 어려운 뜻'이라고 부른다고 말했는데, 이건 또 무슨 뜻일까? 우리는 이름과 사물을 대응시키는 일정한 패턴으로 사유하고 또 재단하며 또 매우 편리하게 쓰고 있다. 만약 언어가 없었더라면 인류는 이렇게 번영하지 못했을 것이다. 그러나 언어적 사유를 하고, 세상을 이 언어라는 잣대로 바라본 결과 편리함을 위해 사용했던 언어 때문에 점점 모든 것을 실체화實體化된 개념으로 파악하게 되었다. 그러다 보니 그 언어가 가진 실체적實體的이고 상대적인 개념 때문에 끊임없는 갈등과 번뇌에 시달리게 되었다.

언어를 사용하므로 인해 양극단으로 치우치며 50:50의 선택을 강요당하며 끊임없는 논쟁 속에 살게 되었다. 그렇기에 이러한 사실을 반드시 깨달아야 이름과 언어에 매이지 않게 되는 것이다. 따라서 필요할 때 바로 잡아 자유롭게 언어를 쓰더라도 그 언어의 굴레에 잡히지 않아야 한다. 그것이 또 말은 쉽게 하지만 쉽게 얻을 수 없기에 '알기 어려운 뜻' 즉, 현묘한 뜻玄旨이라고 표현한 것이다.

육근六根을 위주로 철저히 보아야

山僧說法 與天下人別 秖如有箇文殊普賢出來 目前各現一身 問法 纔道咨和尙 我早辨了也. 老僧穩坐 更有道流來 相見時 我盡辨了也. 何以如此? 秖爲我見處! 別外不取 凡聖內不住 根本見徹 更不疑謬.

임제 산승山僧이 설하는 법法이 세상 사람들과 다른게 있다면
예컨대 어떤 문수나 보현이 나와서
눈앞에 각자 몸을 드러내 법을 묻는다고 했을 때
화상께 묻는다고 말하자마자
나는 이미 판단이 끝나버렸다는 것이다.
노승은 꼼짝하지 않고 앉았는데
다시 어떤 수행자가 와서 인사할 때도
나의 판단은 모두 끝나버렸다는 것이다.
어떻게 해야 이렇게 하겠는가?
다만 내가 처處를 보듯이 하라!
특별히 밖을 취하지도 말고
범부나 성인 안에도 머물지 말며
육근을 위주로 투철하게 보아야
다시는 의심이나 오류가 없는 것이다.

● 山僧說法 與天下人別. 秖如 有箇文殊普賢出來 目前各現一身 問法纔道咨和尚 我早辨了也 老僧穩坐 更有道流來 相見時 我盡辨了也. 老僧穩坐 更有道流來 相見時 我盡辨了也.

임제: 산승山僧이 설하는 법法이 세상 사람들과 다른게 있다면 예컨대 어떤 문수나 보현이 나와서 눈앞에 각자 몸을 드러내 법을 묻는다고 했을 때 화상께 묻는다고 말하자마자 나는 이미 판단이 끝나버렸다는 것이다. 노승은 꼼짝하지 않고 앉았는데 다시 어떤 수행자가 와서 인사할 때도 나의 판단은 모두 끝나버렸다는 것이다.

임제는 '자신이 설한 법法은 세상 사람들과 다르다.'라고 말했는데, 이것은 법法을 바라보는 관점이 다름을 말하는 것이다. 사람들은 대부분, 법을 단순히 '외부에 존재存在하는 진리'로 생각한다. 그러나 임제는 세상을 '여섯 가지 감각 기능으로 받아들여 조작해 낸 것이 법'이라고 말했기에 다른 것이다. 임제는 '어떤 문수나 보현이 나와서 법을 묻기 위해 각자 눈앞에 몸을 드러내 화상께 묻겠다고 겨우 말해도 나의 판단은 이미 끝나버렸다.'라고 말을 했다. 이렇게 겨우 물으려고 입만 떼었는데 어떻게 판단이 끝날까?

사실 이것은 임제뿐만 아니라 누구나 그렇게 하고 있다. 우리는 대상을 볼 때 순간적으로 무엇이라고 판단이 끝났기 때문에 그것에 대해 아는 것이다. 판단하지 못하면 그냥 모르는 것일 뿐, 대상이 '무엇'이라고 드러나지 않는다. 또한 꼼짝도 하지 않은 자신에게 수행자가 와서 인사만 했는데도 판단이 끝났다고 말했는데 그것은 무슨 의미일까? 이것은 내입처內入處가 외입처外入處를 상대하는 순간 이미 주객은 성립되었으며, 인사를 한 그가 대상으로 인식되었다는 건 이미 판단이 끝난 것이다.

● 何以如此? 秖爲我見處! 別外不取 凡聖內不住 根本見徹 更不疑謬.

어떻게 해야 이렇게 하겠는가? 다만 내가 처處를 보듯이 하라! 특별히 밖을 취하지도 말고 범부나 성인 안에도 머물지 말며 육근을 위주로 투철하게 보아야 다시는 의심이나 오류가 없는 것이다.

그렇게 하려면 어떻게 해야 될까? 임제는 다만 자신이 처를 보려고 했던 방법을 일러주고 법문法門을 마친다. 그 방법은 의외로 간단하다. 밖에서 무엇을 구해서 장착하려 하지도 말고 내가 범부이니 성인이 되어야겠다는 생각도 하지말고, 근본견철根本見徹해야 하며, 그래야 의심이나 오류가 없다고 했다.

그럼 근본견철根本見徹은 무슨 뜻일까? 여기서 근根이란 육근 즉 안眼 이耳 비鼻 설舌 신身 의意 를 말하는데, 이것을 위주로 투철하게 보아야 한다는 의미이다. 사실 이것은 너무나 당연한 것이다. 수행은 그 원천을 파악하는 것에서부터 시작되는 것이다. 그래서 금강경에서 수행의 첫단계인 수다원을 말할 때 색성향미촉법色聲香味觸法에 들지 않는 것이라고 한 것이다. 마음의 괴로움을 벗어나려면 마음의 작용이 일어나는 그곳을 외면하고 다른 것에서 마음의 작용을 찾는다면 어떻게 찾는단 말인가? 제아무리 많은 시간을 보낸다고 할지라도 알 수 없을 것이다. 사실 임제록의 핵심은 여기에서 이미 다 설했다고 보아도 무방하다.

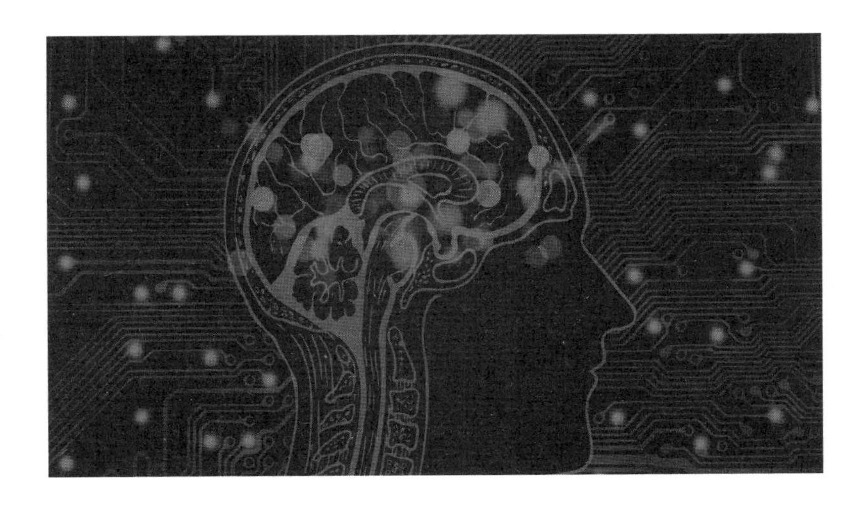

처處를 따라 주관을 짓다.

師示衆云 道流! 佛法 無用功處 秖是平常無事 屙屎送尿 著衣喫飯 困來卽臥. 愚人笑我 智乃知焉. 古人云 向外作工夫 總是癡頑漢. 爾且 隨處作主 立處皆眞 境來回換不得 縱有從來習氣 五無間業 自爲解脫大海.

임제가 대중에게 법문法門했다.

임 제 수행자여!

부처님 법은 힘을 써야 할 곳이 없으니,

다만 이것은 일이 없는 평온한 일상이라

뒷간에서 똥 누고 오줌 누며, 옷 입고 밥 먹으며

피곤하면 바로 눕는 것이다.

어리석은 사람은 나를 비웃지만

지혜로운 이는 이에 대해 알 것이다.

옛사람들은

'밖을 향해서 공부하는 사람은 반드시

어리석고 고집 센 놈이다.'라고 말했다.

너희들 또한 '처處'를 따라 주관을 지으니

'세워진 처處'에서는 모든 것이 참답고

대상이 오더라도 돌고 바뀌니 얻지 못하는 것이다.

비록 지금까지 익힌 습기가 있을지라도

'다섯 가지 끊임없는 작업業'을 하면

스스로 큰 바다에서 벗어날 수 있다.

● 師示衆云 道流! 佛法 無用功處 秖是平常無事 屙屎送尿 著衣喫飯 困來卽臥. 愚人笑我 智乃知焉.

임제가 대중에게 법문法門했다. 수행자여! 부처님 법은 힘을 써야 할 곳이 없으니, 다만 이것은 일이 없는 평온한 일상으로 뒷간에서 똥 누고 오줌 누며, 옷 입고 밥 먹으며 피곤하면 바로 눕는 것이다. 어리석은 사람은 나를 비웃지만 지혜로운 이는 이에 대해 알 것이다.

임제는 부처님의 법이 힘써야 할 곳이 없다고 했는데 과연 무슨 의미일까? 우리는 언제나 수행修行이라면 뭔가 어려운 일을 해야 '수행다운 수행'을 했다고 생각한다. 그래서 결제 중에 용맹정진이나 가행정진을 해야 '뭔가 한 것' 같고, '장좌불와長坐不臥'나 '일종식一種食', '무문관無門關', '삼년결사三年結社'라도 해야 뭔가 '제대로 수행한 것' 같은 착각에 빠진다. 그러나 사실 부처님 법에서는 그런 게 다 한마디로 부질없다는 말이다. 단지 평온한 일상으로 뒷간에서 똥 누고 오줌 누며, 옷 입고 밥 먹으며 피곤하면 바로 누우면 된다는 것이다.

그런데 이 평온한 일상을 어떻게 해야 얻을 수 있을까? 이 평온한 일상은 '처處에서 조작했기에 나타난 법法'이란 사실을 알아야 대상을 왜곡하지 않고 있는 그대로 볼 수 있다. 이렇게 보아야만 소유하려는 욕망이나 버리려는 혐오가 사라져 평온함을 얻을 수 있는 것이다. '처에서 조작한 것'들로 펼쳐진 세상, 즉 '법계法界'가 눈앞에 벌어지는 것처럼 느껴지게 된다. 그런데 그 법계가 너무나 '리얼 real'하게 느껴지기에 실제인 줄 알고 대해 좋고 나쁨의 감정을 일으키게 된다. 그래서 자연스레 좋은 것은 소유하고 싶고 나쁜 것은 멀리하고 싶은 것이며, 이런 이유로 번뇌가 시작되는 것이다.

여기서 '평온한 일상平常'은 어떤 상태일까? '평상平常'은 '평정, 평온 Upekkhā'으로 살아가는 삶을 말하는데, 평온함은 좋고 나쁨을 모두 버렸을 때 생기는 것이다. 그래서 이것을 '사심捨心', 즉 '버려서 얻어지는 마음'으로 번역하기도 했다. 이것은 '제3선第三禪'에 이르러야 얻어지는 것으로 '감정이 사라져 전혀 동요가 없는 상태'이다. 여기에 이르면 좋고 나쁨이 사라지게 되어 극도의 평정심이 유지된다. 이러한 상태에서 살아가면 '제4선第四禪'이 성취되는데 여기부터는 욕망이 떨어져 나가므로 바로 '평온한 삶'이 유지되는 것이다.

이렇게 처가 조작을 멈추고 극도의 평정심을 이루고 있으면 생명 유지에 필요한 최소한의 행위만으로 불만 없이 행복하게 살아가게 된다. 그래서 뒷간에서 똥 누고 오줌 누며, 옷 입고 밥 먹으며 피곤하면 바로 눕는다고 말한 것이다. 이런 모습을 어리석은 사람이 본다면 비웃을 것이고 현자가 본다면 고개를 끄덕일 것이다.

● 古人云 向外作工夫 總是癡頑漢.
옛사람들은 '밖을 향해서 공부하는 사람은 반드시 어리석고 고집 센 놈이다.'라고 말했다.

공부는 외형적으로 어떤 어려운 행위를 견뎌냈는지로 판가름 나지 않는다. 그런 것으로 그 수행의 기준으로 삼는다면 우리보다 신체 능력이 뛰어난 동물들은 벌써 깨달았을 것이다. 현재 세상에서 가장 달리기를 잘하는 사람이라고 할지라도 돼지보다 못 뛰는 것은 주지의 사실이다. 임제가 인용했던 이 말을 지금의 수행자도 반드시 명심해야만 할 것이다.

● 爾且 隨處作主 立處皆眞 境來回換不得.
너희들 또한 '처處'를 따라 주관을 지으니 '세워진 처處'에서는 모든 것이 참답고 대상이 오더라도 돌고 바뀌니 얻지 못하는 것이다.

'수처작주隨處作主 입처개진立處皆眞'이란 말은 임제록에서 가장 유명한 구절이다. 기존의 해석은 '그대들이 처한 곳에서 주인이 된다면 그대들이 서 있는 그곳이 그대로 진리의 자리이다. <법정역>' 정도의 해석이다. 그러나 이것은 대단히 잘못된 해석이다. '수처작주隨處作主'는 '처를 따라 주관을 지었다.'라는 말이다. 여기서 '처를 따른다는 것'은 '주관과 객관으로 나누어 본다.'라는 것이다. 대상을 보려면 보려는 자가 꼭 필요한데, 이런 생각을 만들어내는 곳이 바로 '처處'이다. 그러므로 처를 따른다는 것은 이미 주관이 세워진 것이다. 이미 주관이 세워졌다면 대상은 이미 객관화되어 진실하게 보일 수밖에 없다. 우리가 대상을 볼 때 눈병이 있지 않은 한, 어디 한군데 모자라게 보이거나 이상하게 보였던 적이 있던가?

이렇게 주관이 세워지면 내외입처內外入處는 세상을 너무나 완벽하게 조작하여 구현하므로, 그 구현된 세상을 전혀 의심할 수 없는 것이다. 바로 이런 이유로 우리는 지금 보고 있는 모든 것이 외부의 대상 그 자체라고 착각하게 되는 것이다. 그렇게 처에서 조작된 생생한 대상이 계속 돌고 바뀌면서 동영상처럼 다가오므로 그 사실을 알아차리지 못해 자신의 어리석음을 알지 못하는 것이다.

이것은 '처'의 작용에 대한 설명인데 그동안 잘못된 해석으로 인해 많은 수행자는 혼란을 겪고 깨달음을 오해하게 된 것도 부인할 수 없는 사실이다. 선사들은 '깨달음은 세수하다 코 만지기보다 쉽다.'라고 말하지만, 현실을 보면 전혀 그렇지 않다. 일평생 수행을 하고도 부족한지, 다음 생에도 이어서 하겠다는 수행자가 부지기수로 많다. 왜 이런 일이 벌어질까? 그것은 지도를 잘못 읽어서 엉뚱한 데서 헤매다 보니 벌어지는 일이다.

● 縱有從來習氣 五無間業 自爲解脫大海.
비록 지금까지 익힌 습기가 있을지라도 '다섯 가지 끊임없는 작업業'을 하면 스스로 큰 바다에서 벗어날 수 있다.

이 말은 '옛날부터 습관적으로 그렇게 살았더라도 다섯 가지 끊임없는 작업을 하면 생사라는 큰 바다에서 스스로 벗어날 수 있다.'라는 것이다. 여기서 '오무간업五無間業'은 무간지옥에 갈 다섯 가지 업이란 특성을 빌려서 비유했을 뿐, 그것을 의미하는 것이 아니다. 이 오무간업五無間業의 문제는 뒤에 상세히 나오므로 생략한다.

임제가 이 '오무간업五無間業'이란 강력한 단어를 썼던 것은 수행자가 '

쉬지 않고 바라보는 습관'을 익혀야 비로소 해탈할 수 있기 때문이다. 수행자가 반드시 끊이지 않고 바라봐야 할 것은 바로 '눈, 코, 입, 귀, 몸, 뜻'의 감각 작용과 함께 일어나는 제반사諸般事이다. 이것은 불교 수행의 기본이 되는 '정념正念Sammā · Sati'을 임제의 방식으로 표현한 것이다.

본래 글이란 문맥에 맞추어 쓰게 되어 있다. 그런데 기존의 해석은 문맥이 대부분 무시되고 글자 자체에 매몰되어 있기에 번역된 책을 읽더라도 내용이 우왕좌왕해서 무슨 말인지 도무지 알 수 없었다. 그래서인지 몰라도 그런 책을 근거로 수행을 하다 보니 진정한 수행에서 거리가 멀어져 버리고 말았다.

사실 이 책을 쓰게 된 것도 '임제록'이란 번역본이 없어서가 아니라 잘못된 번역 때문에 역자 자신이 헛고생을 너무 많이 했기 때문이다. 물론 이 번역이 완벽하다고 장담할 수는 없다. 천년의 장벽을 넘어서 번역한다는 건 매우 어려운 일이다. 우리가 쓰는 한글도 백 년 전에 쓴 글을 읽으면 너무나 생소해 무슨 말인지 모른다. 그런데 이 글은 천년도 넘었고 다른 나라 사람의 글이니 해독하기가 암호 수준인데다가 내용도 철학적이라 깊은 사유가 없다면 그 이해는 더욱 힘들어진다.

누군가는 지금 이 번역이 잘못되었다고 맹비난을 할 것이다. 물론 비난하는 사람도 비난 할만하니까 할 것이다. 그러나 무조건 비난만 하지 말고 사실인지 아닌지 직접 확인하고 사실이면 취하고 거짓이면 버리면 될 일이다. 사실 여부를 확인하지도 않고 무조건 비난만 한다면, 자신의 주장만 거듭할 뿐 어느 것 하나 바꾸지 못하고 끝내 진리를 마주할 수 없을 것이다.

거위왕은 우유만 마신다.

今時學者 總不識法. 猶如觸鼻羊逢著[1]物 安在口裏 奴郎不辨[2] 賓主不分. 如是之流 邪心入道 鬧處卽入 不得名爲 眞出家人 正是眞俗家人. 夫出家者 須辨得平常 眞正見解 辨佛辨魔 辨眞辨僞 辨凡辨聖. 若如是辨得 名眞出家 若魔佛不辨 正是 出一家 入一家 喚作造業衆生 未得名爲眞出家. 秖 如今有一箇佛魔同體 不分如水乳合. 鵝王喫乳[3] 如明眼道流 魔佛俱打. 爾若愛聖憎凡 生死海裏浮沈.

임제 요즘 배우는 이들은 예외 없이 법을 모른다.

마치 염소가 코에 물건이 닿기만 하면

입속에 넣어 버리는 것과 같아

주종主從도 가리지 않고 주객도 나누지 않기 때문이다.

이런 부류는 삿된 마음으로 출가해

시끄러운 곳으로 바로 들어간 것이니

'참다운 출가자'라 부를 수 없으니 그야말로

진정한 속인俗人인 것이다.

무릇 출가자라면 모름지기

평상을 판단할 수 있어야 참되고 바른 견해이니

부처와 마魔도 판단하고, 참과 거짓도 판단하며,

범부와 성인도 판단할 수 있는 것이다.

---

1 逢著: 맞닥뜨리다.
2 奴郎不辨: 본말本末을 구분하지 못하는 것
3 鵝王喫乳: 부처님은 섞인 우유를 안 먹고 순수한 우유만 마신다는 말이다.

만약 이렇게 판단할 수만 있다면
'참다운 출가'라 불릴 것이지만,
마魔와 부처도 판단할 수 없다면
이 사람은 '한 집에서 나와
또 다른 집으로 들어간 것'이니
'업業 짓는 중생'이라 불릴 뿐이며
'참다운 출가'라고 부를 수 없을 것이다.
다만 지금은 부처와 마魔가 한 몸에 있으니
물과 우유가 섞인 것과 같아 나눌 수 없다.
거위 왕은 우유만 마셨으니
눈 밝은 수행자라면
마와 부처를 함께 내칠 것이다.
네가 만약 성인만을 사랑하고
범부를 미워한다면
생사의 바다 그 가운데서 오르내릴 것이다.

● 今時學者 總不識法. 猶如觸鼻羊逢著物 安在口裏 奴郎不辨 賓主不分.
요즘 배우는 이들은 예외 없이 법을 모른다. 마치 염소가 코에 물건이 닿기만 하면 입속에 넣어 버리는 것과 같아 주종主從도 가리지 않고 주객主客도 나누지 않기 때문이다.

임제가 생각하기에 요즘 공부하는 사람들이 깨닫지 못하는 이유가 염소들이 코에 닿기만 하면 무엇이든 먹어 치우는 것처럼 주종과 빈주관계를 따지지 않고 받아들이기 때문이라는 것이다.

수행자라면 어떤 말을 들었을 때, 그 말을 수용하기 전에 그것이 사실에 기초하고 있는지, 아닌지를 꼼꼼하게 따져보아야 한다. 진리를 탐구하는 수행자라면 조금의 거짓도 허용하지 않아야 진리를 탐구할 수 있다. 그래서 부처님께서도 팔정도의 가장 첫 번째에 '바른 견해正見'를 말씀하신 것이다.

정견이란 삿된 견해가 사라진 것이 정견이지, 정견이란 주장이 있는 것이 아니다. 즉 잘못된 것을 근거로 생각하지 않는 것이 정견의 의미이다. 생각하지 말아야 할 것은 생각하지 않고, 생각해야 할 것만을 생각하는 것이 바로 정견이다. 그러려면 반드시 주종이나 주객의 관계를 꼼꼼히 따져보아 그 원인 규명이 분명해야만 하는 것이다. 수행자는 어떤 생각을 하더라도 조금의 허점도 용납해서는 안 되는데 조금의 허점이라도 생긴다면 전체가 거짓이 되기 때문이다.

● 如是之流 邪心入道 鬧處卽入 不得名爲 眞出家人 正是眞俗家人.
이런 부류는 삿된 마음으로 출가해 시끄러운 곳으로 바로 들어간 것으로 '참다운 출가자'라 부를 수 없으니 그야말로 진정한 속인俗人인 것이다.

이렇게 사유를 하지 않고 받아들이기만 하는 사람은 바르지 못한 마음으로 출가한 것이므로 시끄러운 곳에 곧바로 들어간 것과 같다고 말했다. 여기서 '시끄러운 곳'은 언어의 논리 구조에 빠진 것을 의미하는데, 이러한 논리에 빠지면 사고가 어느 한쪽에 치우치게 되어 늘 언쟁이 끊이지 않는다. 부처님 법은 논쟁이 끊어져 다툼이 없는 곳이다. 이것이 옳고 저것은 틀렸다고 말하며 싸우고 있다면 비록 출가했을지라도 그는 부처님 법에 한 발자국도 들이지 못한 것이다. 그래서 임제가 이런 사람은 출가자라고 부를 수 없고 그야말로 진짜 속인이라고 말한 것이다.

● 夫出家者 須辨得平常 眞正見解 辨佛辨魔 辨眞辨僞 辨凡辨聖. 若如是辨得 名眞出家 若魔佛不辨 正是 出一家 入一家 喚作造業衆生 未得名爲眞出家.
무릇 출가자라면 모름지기 평상을 판단할 수 있어야 참되고 바른 견해이니, 부처와 마魔도 판단하고, 참과 거짓도 판단하며, 범부와 성인도 판단하는 것이다. 만약 이렇게 판단할 수 있다면 '참다운 출가'라고 부르겠지만, 마魔와 부처도 판단할 수 없다면 이 사람이야말로 '한 집에서 나와 또 다른 집으로 들어간 것'이니 '업業 짓는 중생'이라 불릴 뿐이니 '참다운 출가'라고 부를 수 없을 것이다.

출가자라면 반드시 '평온한 일상'을 판단할 수 있어야 하며, 그래야 부처와 마魔, 참과 거짓, 범부와 성인도 판단할 수 있고 그래야 '참다운 출가자'라고 부를 수 있다는 것이다. 여기서 밝혔듯이 평온한 일상이 무엇인지를 분명히 알아야 나머지들도 모두 가려낼 수 있는 것이다. 이렇게 판단 불가의 상태라면 출가를 했더라도 참된 출가자라고 말할 수 없으니 속인과 다름이 없는 것이다.

따라서 수행자의 생명은 지혜인 것인다. 지혜가 없어 평상이 무엇인지도 모르는 사람이 수행을 한다면 어떻게 그 평상에 다가갈 수 있을까? 아무리 오랜 시간을 투자한다고 하더라도 끝내 이룰 수 없을 것이다.

● 秖如今有一箇佛魔同體 不分如水乳合.
다만 지금은 부처와 마魔가 한 몸에 있으니 물과 우유가 섞인 것과 같아 나눌 수 없다.

지금 우리들의 상태는 물과 우유가 섞여 있듯 부처와 마가 한 몸으로 있다는 것인데, 이 말은 참 의미심장한 말이다. 세상 사람들은 사람의 본성이 선善하다거나 악惡하다고 말한다. 그것을 우리는 통틀어 성선설性善說과 성악설性惡說로 분류할 수 있다. 이것은 언어를 근거로 사유해서 생기는 오류일 뿐이다.

사실 인간이 절대적으로 선하거나 악하지 않다. 악을 행하면 악하다고 말하고 선을 행하면 선하다고 말할 뿐이지, 그에게 선하거나 악한 본성이 들어있지 않다. 임제의 말대로 물과 우유가 섞여 있는 거와 같다. 이것은 선이나 악의 어떤 한쪽으로 골라서 분류할 수 없는 문제이다. 그러니 어떻게 지옥이나 천당에 갈 수 있겠는가? 골라낼 수도 없는데, 어떻게 선악을 분류하며 또 골라냈다고 한들 착한 쪽과 악한 쪽을 따로따로 천당이나 지옥에 넣을 수도 없다. 과연 그 누가 있어 그것을 골라낼 수 있단 말인가?

● 鵝王喫乳 如明眼道流 魔佛俱打. 爾若愛聖憎凡 生死海裏浮沈.
거위 왕은 우유만 마셨으니 눈 밝은 수행자라면 마와 부처를 함께 내칠 것이다. 네가 만약 성인만을 사랑하고 범부를 미워한다면 생사의 바다 그 가운데서 오르내릴 것이다.

여기서 '거위 왕'은 '석가모니 부처님'을 말하는데, 거위무리를 이끄는 대장 거위의 모습이 제자들을 이끄는 부처님과 비슷하다고 해서 붙여진 별명이다. '거위 왕이 우유만 마셨다.'라는 것은 '언어적 사유를 하지 않았다.'라는 것이다. 언어로 사유하면 '부처'를 선택하든 '마魔'를 선택하든 하나를 반드시 선택해야 한다. 그런데 어느 한쪽을 선택하는 순간 그 반대도 동시에 작용한다. 마치 물과 우유가 섞여 있는 것처럼 어느 한쪽을 배제할 수 없다.

아무리 착한 행위를 하더라도 그것 때문에 피해를 보는 사람이 있기 마련이다. 이처럼 선과 악은 본래 한 몸이다. 선을 선택하든 악을 선택하든 함께 따라오게 되어 있다. 그래서 부처님은 선과 악이라는 두 가지 선택지를 모두 버렸으므로 순수한 우유만 마셨다고 표현한 것이다.

사실 무엇을 선택해야 한다면 그냥 '모르는 것'이나 다름없다. 안다면 선택이란 없다! 그 길로 가면 그만이기 때문이다. 결국, 이것은 '선택의 문제'가 아니라 '아느냐, 모르느냐'의 문제가 되는 것이다. 그래서 부처님은 양극단의 선택을 버리고 바른 견해를 취한 것이다.

임제는 또 '성인을 사랑하고 범부를 미워하게 된다면 생사의 바다에서 헤어나지 못한다.'라고 말했는데, 사랑하고 미워하는 것이 생사와 무슨 관계가 있을까? 사랑하고 미워하는 감정은 육근六根이라는 '눈, 코, 입, 귀, 혀, 몸, 뜻'의 감각 기능에서 감지된 '좋다', '나쁘다'라는 느낌을 따라 좋은 것은 사랑하게 되고, 나쁜 것은 미워하게 된다. 이렇게 감정이 생기면 좋은 것은 더욱 소유하려는 애착이 붙고, 싫은 것은 버리려는 증오로 발전한다 그러다보면 결국 대상에 감정이 달라붙게 되고, 이 대상에 대한 개념이 마음에 저장되게 된다. 그 뒤엔 그 대상이 나타나자마자 똑같은 감정이 일어나게 되는 것이다.

사실 그 대상은 그저 그런 대상일 뿐인데 처의 조작으로 인해 감정이 달라붙게 된 것이다. 이런 방식으로 모든 대상엔 감정이 달라붙고, 그렇게 감정이 달라붙은 대상은 모두 존재存在로 여기게 된다. 이렇게 만들어진 존재存在는 마침내 번뇌로 다가오게 된다. 이런 존재存在에 대한 번뇌 중에 가장 큰 번뇌가 바로 '나고 죽는 존재存在'라는 번뇌이다.

무엇을 사랑하고 미워하는 것은 결국 '감정이 달라붙은 존재存在'를 개념화 시키는데, 이러한 '개념의 존재화存在化'는 결국 '태어남'과 '죽음'이라는 개념까지도 실체화實體化시켜 버린다. 그렇게 개념들이 '실재實在하는 존재存在'로 인식되면 그러한 존재存在들이 나고 죽는다고 생각하게 되는 것이다. 즉 생사의 바다에서 윤회를 거듭하며 나고 죽는다고 생각하며, 그런 왜곡된 시각으로 세상을 바라보며 살지라도 눈곱만큼의 의심조차 하지 않는다. 그렇게 삿된 견해가 머릿속에 고정되고 나면 언제 어디서 무엇을 보더라도 '존재存在하는 것'은 다 나고 죽는다고 생각하게 된다. 그래서 성인을 사랑하고 범부를 미워하면 생사의 바다에서 헤어 나오지 못한다고 한 것이다.

처處를 의심하는 마음이 마魔

問 如何是佛魔? 師云 爾一念心 疑處是魔. 爾若達得 萬法無生 心如幻化 更無一塵. 一法處處淸淨 是佛. 然佛與魔 是染淨二境.

질문 무엇이 부처佛와 마魔입니까?

임제가 말했다.

임제 너의 한 생각 마음이

처處를 의심하는 것이 바로 마魔이다.

네가 만약 온갖 법은 태어나지 않고,

마음이 허깨비와 같음을 완전히 통달했다면

하나의 번뇌가 있을 수 없다.

하나의 법에 처處와 처處가 깨끗하면

이것이 바로 부처이니라.

그러므로 부처佛와 마魔는 바로

'물든 것'과 '깨끗한 것'이라는

두 가지 대상이다.

●問 如何是佛魔? 師云 爾一念心疑處 是魔.

질문: 무엇이 부처佛와 마魔입니까?/ 임제가 말했다./임제: 너의 한 생각 마음이 처處를 의심하는 것이 바로 마魔이다.

임제는 악마의 정의를 지금 마음으로 처를 의심하는 한 생각이 바로 악마라고 말했는데 과연 무슨 뜻일까? 서양 사람들은 보통 천사와 악마를 독립된 캐릭터로 생각한다. 그래서 선한 존재存在가 천사이고 악한 존재存在가 악마라고 굳게 믿고 있다. 그래서 늘 악한 존재存在들을 모두 몰아내고 죽여야 한다고 생각한다. 우리나라 사람들의 선악 개념은 그렇지 않았으나 선교사의 영향으로 기독교가 횡행하고, 또 사람들이 서양식 교육을 받으므로 인해 자신도 모르는 사이에 우리도 그렇게 생각하게 되었다.

그러나 선과 악의 실상을 들여다보면 그것들이 독립적으로 존재存在하지 않고 서로에게 의지해 있다. 그렇기에 선과 악은 깊게 파고들면 들수록 그 경계가 모호해지기 마련이다. 그래서 대부분의 동양 사람들은 선과 악이 혼재해 있다고 생각해 왔기에, '선善' 속에도 '악惡'이 있고 '악惡' 속에도 '선善'이 있다고 생각했다. 그러나 '외부에 존재存在하는 객관적인 실체實體'라는 관점은 동서양이 이견이 없다. 다만 그것은 혼재하는 것인지, 완전히 독립적인지에 관한 관점만 다를 뿐이다.

독자 여러분은 어느 쪽이 옳다고 생각하는가? 부처님께서는 그것이 생각에서 비롯된 것일 뿐, 실체적實體的인 존재存在는 그 어디에도 없다는 사실을 깨달은 것이다. 다 마음이 조작해서 지어낸 개념일 뿐 '아무것도 아니었던 것'이다. 그렇게 본다면 이런 선악의 개념으로 바라보는 것이 '악마'이고, 그것이 어리석음을 깨달은 것이 '부처'인 것이다. 그래서 임제는 선과 악을 조작해 내는 장소인 그 '처를 의심하는 것'이 바로 악마라고 한 것이다.

● 爾若達得 萬法無生 心如幻化 更無一塵. 一法處處淸淨是佛.
네가 만약 온갖 법은 태어나지 않고 마음은 허깨비와 같음을 완전히 통달했다면 하나의 번뇌라도 있을 수 없다. 하나의 법에 처處와 처處가 깨끗하면 이것이 바로 부처이니라.

이 글을 읽는 대부분은 '만법무생萬法無生' 즉 '온갖 법이 태어나지 않는다.'라는 말에 공감하지 못할 것이다. 이렇게 엄연히 모두 태어나고 또 죽고 있는데 태어난 적이 없다니? 그러나 계속해서 하는 말이지만, 지금 이것은 '법法'을 말하는 것이다.

우리가 보고 있는 것은 '법法'을 보는 것이지 세상을 보는 것이 아니다. 즉 컴퓨터의 모니터에 나타난 화상을 실제로 알고, 그것을 보고 있다고 착각하는 것이다. 모니터의 그림은 태어나지 않고 나타났다 사라질 뿐이다. 이렇게 우리가 '태어나고 죽는다는 것'도 '처'에서 조작해 만들어 낸 개념을 보면서 실제를 본다고 생각할 뿐이다. 이러한 사실을 통달하면 번뇌가 생길 일이 전혀 없다.

모니터에 나타난 화면과 같이 환상으로 만들어 낸 허망한 그림이란 사실을 언제나 알고 있다면, 그 허깨비 같은 그림 때문에 번뇌가 생기지 않을 것이다. 내입처內入處와 외입처外入處가 하는 작용은 '나我라는 주체가 있어서 대상을 바라본다.'라고 생각하게 만드는 것이다. 따라서 내가 이렇게 생각한다면 지금 '처에 물든 것'이고 이것을 분명하게 알면 '오염된 처'에서 벗어나 깨끗해지는 것이다. 이렇게 하나의 법이 내입처內入處와 외입처外入處에서 깨끗해지면 이것을 바로 부처라고 한다는 것이다.

● 然佛與魔 是染淨二境.

그러므로 부처佛와 마魔는 바로 '물든 것'과 '깨끗한 것'이라는 두 가지 대상인 것이다.

임제는 부처와 악마를 한마디로 '오염된 것'과 '깨끗한 것'이라는 두 가지 대상이라고 정의 내렸다. 만약 서양 사람들이었다면 '부처는 본래부터 부처였고, 악마는 본래부터 악마였기에 그 본성은 변하지 않는다.'라고 생각할 것이고, 동양 사람들이라면 '부처'라는 존재存在와 '악마'라는 존재存在가 같이 있어서, 악마 속에도 부처가 있고 부처 속에도 악마가 있다고 대부분 생각할 것이다. 그러나 진실은 그 어디에도 부처나 악마라는 존재存在는 없고 어리석어 번뇌와 함께 살면 악마요, 깨달아 번뇌 없이 살면 그를 부처라고 하는 것이다.

누군가는 그렇게 생각할 것이다. '부처님께서 최고의 깨달음을 얻었다고 말하는데, 그게 최고의 깨달음인지 아닌지 어떻게 알겠어? 그것도 다 자기 생각이지?'라고 말이다. 물론 이렇게 생각할 수도 있다. 그러나 만약 세상 사람들이 너무나 당연하다고 생각해서 아무도 의심조차 하지 못한 것을 의심하고 찾아내서 그것을 알아냈다면 그것은 최고의 깨달음이라고 말해도 좋지 않을까?

아직도 사람들은 세상이 어떻게 만들어졌는지 또 어떻게 사라질지 궁금하게 생각한다. 그래서 서로 그 의견이 분분하다. 어떤 사람은 세상이 창조되었다고 말하고 어떤 사람은 빅뱅에 의해 분화되었다고 말한다. 그러나 그 어느 것도 증명되지 못했다. 사실 앞으로도 증명이 되지 않을 것이다. 사실 이 생각의 시작은 세상의 모든 것을 '존재存在'라는 '실체實體'가 있다고 가정하고 시작한 것이다.

그런데 부처님은 그 가정 자체를 의심했다. 그래서 그 실체를 찾아보니 실체는 그 어디에도 없었다. 그래서 부처님은 그것을 '무아'라고 말씀하셨다. 만약 '실체'가 없고 '무아'여서 가정 자체가 허구라면 그 나머지는 '생각해 볼 것'도 없다. 잘못된 가정 위에 서 있는 이론이 멀쩡할 리가 없기 때문이다. 그래서 부처님께서는 우리에게 세상이 인식되는 과정 전체를 일일이 확인하고 모든 것이 독립적으로 존재存在하지 않고 서로가 의지해서 나타나고 있다는 사실을 발견한 것이다. 즉, '나에게 드러나 보이는 것은 법이지 세상이 아니었다는 사실'을 깨달은 것이다.

아무도 보지 못했고 의심한 적도 없는 사실을 부처님은 여지 없이 꿰뚫어 본 것이다. 그래서 이 깨달음이 '최상의 깨달음이라고 말했던 것'이다. 이렇게 깨달음은 오염되어 잘못된 생각을 걷어낸 것이지, 깨달아 다른 어떤 세상으로 가는 것이 아니다. 따라서 마가 오염된 물이라면 부처는 깨끗해진 물이라고 말할 수 있는데, 중생의 소견으로 보면 더러운 물을 버리고 깨끗한 물을 받아야 한다고 생각할 것이다. 그러나 깨끗한 물 자체는 그 어디에도 없고 더러운 물이 정화되면 자연스레 깨끗한 물이 되는 것이다. 그래서 임제도 '부처와 마'를 '오염된 것과 깨끗한 것'이라고 한 것이다.

부처도 없고 중생도 없다.

約山僧見處 無佛無衆生 無古無今! 得者便得 不歷時節. 無修無證 無得無失. 一切時中 更無別法. 設有一法過此者 我說如夢如化. 山僧所說 皆是道流卽今 目前孤明 歷歷地聽者.

임제 산승山僧이 본 처處를 요약하면

부처도 없고 중생도 없고

옛날도 없고 지금도 없다!

얻는 사람은 곧바로 얻으니

세월 보낼 것도 없다.

닦을 것도 없고 증득證得할 것도 없으니

얻을 것도 없고 잃을 것도 없다.

어느 때라도 다른 법은 있을 수도 없다.

설사 이것을 '벗어난 것'이 한 법이라도 있다면

나는 꿈과 같고 요술과 같은 것이라고 말할 것이다.

산승山僧이 말한 것은 모두

수행자의 바로 지금으로

눈앞에서 홀로 알며

역력한 토대에서 듣는 자이다.

● 約山僧見處 無佛無衆生 無古無今!

산승山僧이 본 처處를 한마디로 요약하면 부처도 없고 중생도 없고 옛날도 없고 지금도 없다!

임제는 자신이 확인한 '처'를 '부처도 없고, 중생도 없으며, 옛날이나 지금은 없다!'라고 간략히 말했다. 과연 이것은 무슨 뜻일까? 엄연히 부처도 있고 중생도 있거늘 없다고 말하니 참으로 황당하기 그지없다. 부처님께서 역사적으로 존재存在했던 실존 인물이었다는 것을 부인하는 사람은 아무도 없을 것이다. 그리고 언제나 시간을 의지해 살아가고 있는데 어제도 없고 오늘도 없다니 이건 또 무슨 말인가?

우리는 부처라는 실체實體가 있고 중생이라는 실체가 있다고 생각한다. 그러나 부처에게서 아무리 부처를 찾아도 찾을 수 없으며, 중생에게서 중생을 아무리 찾아도 찾을 수 없다. 한마디로 말하자면 '무아無我'로 그런 자아는 없다는 말이다. '진달래 가지엔 진달래꽃이 없다.'라는 어느 선사의 말이 생각나는 대목이다.

부처는 본래부터 부처로 태어나서 부처로 살다가 부처로 죽는 것이 아니라 어리석은 중생이 법을 깨달아 어리석은 삶에서 벗어나 자유롭게 살아갈 때 그를 부처라고 부르는 것이다.

'옛날도 없고 지금이 없다.'라는 말은 우리의 인식 과정을 자세히 살펴야 제대로 이해할 수 있다. 우리가 세상을 이해할 때, 시간과 공간에 의지하기에 시간과 공간이 존재存在한다고 생각한다. 하지만 이 문제를 좀 더 근본적으로 생각해 보면 우리의 생각과 상당히 다르다는 것을 알 수 있다.

본래 세상에 존재存在하는 어떤 대상을 느끼려면 반드시 그것을 느낄 수 있는 감각 기능이 함께해야 가능하다. 감각 작용을 의지하지 않고는 아무것도 알 수 없다. 눈의 보는 기능이 없다면 볼 수 없고, 귀의 듣는 기능이 없다면 들을 수 없다. 이렇게 우리가 느낄 수 있는 감각 기능은 눈, 귀, 코, 입, 몸의 실제적인 다섯 가지 감각 기능과 다섯 가지를 통합하여 이해하는 의식의 기능 말고는 다른 감각 기능이 없다. 즉 이 말은 시간을 감지하는 감각 기능이 없으니 시간을 느낄 수 없다는 말이다.

객관적인 시간의 존재存在는 '감각 기관'이 없어 느낄 수 없는데도 계속해서 '시간이 있는 것'처럼 느끼게 된다.

만약 시간을 느낄 수 있는 '감각 기관'이 있어서 그 시간을 느낄 수 있다면 굳이 시계는 필요치 않을 것이다. 우리의 시각 기능은 정지된 그림의 조각들로 받아들이기 때문에 세상의 움직임을 이해할 수 없어야 맞다. 그런데 이상하게도 우리는 움직임을 느낀다. 그 이유는 조금 전의 장면을 기억하고 지금 들어온 장면과 비교하여 그 차이를 시간이란 개념을 통해서 계산하므로 움직임이 드러나는 것이다.

시간은 개념적으로 움직임을 이해하기 위해 도입된 것일 뿐 실재實在하는 것을 인식한 것은 아니다. 임제는 참선이라는 깊은 사유의 수행을 통해서 이런 사실을 체험적으로 알았을 것이다. 왜냐하면 이것은 '감각 기관'을 면밀히 관찰하고 깊게 사유하지 못하면 절대로 알 수 없는 내용이기 때문이다.

● 得者便得 不歷時節. 無修無證 無得無失.
얻는 사람은 바로 얻으니 '세월 보낼 것'도 없다. 닦을 것도 없고 증득證得할 것도 없으니 얻을 것도 없고 잃을 것도 없다.

부처는 오랜 세월을 수행해야 얻어지는 것이 아니다. 깨달음을 얻는 사람은 그 자리에서 바로 얻게 되는데, 그 이유는 '내 안에서 일어나는 처의 작용을 보는 것'이 바로 깨달음이기 때문이다. 그러므로 처를 보는 즉시 그 자리에서 일이 끝나는 것이다. 그런 이유로 오랜 세월 닦아 증득證得해야 할 필요가 없다. 이 '깨달음이란 것'은 '보고 아는 것'이지, '깨달음이란 실체實體를 얻는 것'이 아니기에 '잃어버릴 것'도 없다. 사실 이것은 너무 당연한 이야기지만 알지 못하기에 답답한 것이다.

사람을 컴퓨터에 비교해 생각해 보면 좀 더 이해하기 쉬울 것이다. 이 '처의 작용'이란 모니터에 그림을 뿌려주기 위해 계산하는 '연산 과정'이고, '법'은 모니터에 '나타난 화면'이라고 생각할 수 있다. 모니터에 뿌려진 화면들은 어떤 하나의 '독립적인 개체로 존재存在하는 것'이 아닌데도 그렇게 보인다. 모니터에 보이는 화면들은 그저 사람의 눈을 속이기 위해 그럴듯하게 그린 그림일 뿐이다. 그렇지만 우리는 그것을 실제처럼 느끼게 된다. 그래서 어린아이일수록 그것이 '가짜라는 것'을 모르기에 더욱 가지고 싶어 한다. 그러나 어른들은 그것이 거짓인 것을 알기에 모니터 속의 그림을 탐내지 않는다.

바로 이렇게 모니터에 뿌려진 그림이 바로 법이며, 그 '법은 실재實在하는 세상이 아니란 사실을 아는 것'이 바로 깨달음이며, 그렇기에 그것을 깨닫게 되면 소유하려는 탐심도, 진심도, 치심도 동시에 떨어져 나가게 되는 것이다. 이렇게 깨달았다고 해서 무엇을 얻어 소유하거나, 빼앗겨 잃을 것도 없다.

● 一切時中 更無別法 設有一法 過此者 我說如夢如化.
어느 때라도 다른 법은 있을 수도 없다. 설사 이것을 '벗어난 것'이 한 법이라도 있다고 하면 나는 꿈과 같고 요술과 같은 것이라고 말할 것이다.

세상의 그 어떤 것이라도 이 법 말고는 다른 법이 있을 수도 없다는 것이니 세상에서 가장 훌륭한 법이며, 유일하다고 말하는 것이다. 임제는 무슨 자신감으로 이렇게 확신에 찬 어조로 말을 했을까?

인간이 '육근六根'이라는 감각 기능에 의지해 처와 처에서 모든 것을 조작해 만들어내는 게 바로 '법'이라고 이미 여러 번 말했다. 그 법을 우리가 보는 것이며, 이것은 다른 방식으로는 만들어질 수 없기 때문이다. 이렇듯 법은 언제나 감각된 대상을 근거로 만들어지는 것인데, 그런 과정을 거치지도 않고 즉 그 무엇에도 의지하지 않고도 어떤 한 법이 나타났다면 그것은 꿈이거나 환상에 불과한 것이다.

꿈이나 환상은 직접적인 객관 대상을 근거로 삼아서 일어난 것이 아니라 스스로 만들어 낸 개념을 대상으로 취해서 만든 허상일 뿐이다. 이런 허망한 생각은 '사유해야 할 대상'에서 반드시 제외해야만 하는데, 그 이유는 그것이 진실을 알 수 없도록 만드는 방해 요소로 작용하기 때문이다.

● 山僧所說 皆是道流卽今 目前孤明 歷歷地聽者.

산승山僧이 말한 것은 모두 수행자의 바로 지금으로 눈앞에서 홀로 알며 역력한 토대에서 듣는 자이다.

임제가 설명한 모든 것이 지금 우리 '눈앞에 벌어지는 상황을 아는 것'에 대해 설명했다는 것이다. 여기서 '역력지청자歷歷地聽者'는 '보면 보는 그대로 드러나는 토대에서 지금 법문法門 듣는 자'를 지칭指稱 한다. 지금 눈앞에 나타나는 것들은 누구와 함께 볼 수 없는 것이다. 언제나 자신만이 홀로 바라보게 되므로 '목전고명目前孤明' 즉 '눈앞에서 홀로 밝은 것.'이라고 표현한 것이다.

만법일여萬法一如

此人處處不滯 通貫十方 三界自在 入一切境差別. 不能回換. 一剎那間 透入法界 逢佛說佛 逢祖說祖 逢羅漢說羅漢 逢餓鬼說餓鬼 向一切處 游履國土 敎化衆生 未曾離一念. 隨處淸淨 光透十方 萬法一如.

임 제 여기있는 사람들의

처處와 처處가 막히지 않았기에

모든 방향을 꿰뚫어 통하고

삼계에 자유자재하며,

모든 대상에 들어가 차별하는 것이다.

되돌아 바꿀 순 없는 한순간에

법계法界에 투입되니

부처를 만나면 부처라 말하고,

조사를 만나면 조사라 말하며,

아라한을 만나면 아라한이라 말하고,

아귀를 만나면 아귀라 말하는 것이다.

모든 곳을 향해가서 국토를 밟고 다니며

중생을 교화할지라도 일찍이

한 생각을 떠나지 못한 것이다.

따르는 처處가 깨끗해지면 빛이

모든 방향을 투과하니
만법은 하나와 같다.

● 此人 處處不滯 通貫十方 三界自在 入一切境差別.
임제: 여기있는 사람들의 처處와 처處가 막히지 않았기에 모든 방향을 꿰뚫어 통하고 삼계에 자유자재하며, 모든 대상에 들어가 차별하는 것이다.

지금 여기서 역력하게 듣고 있는 사람들의 처와 처를 설명하는 것인데, 여기서 '처처處處'라는 말은 흔히 생각하는 '곳곳'이란 뜻이 아니고 '내입처內入處'와 '외입처外入處'를 말하는 것으로 줄여서 '처처處處'라고 부른 것이다. 그러니까 내입처內入處의 주관과 외입처外入處의 객관이 막히지 않고 잘 통하므로 '욕계欲界, 색계色界, 무색계無色界'의 '삼계三界'가 자유자재하며 모든 것의 차이를 구분하는 것이다.

● 不能回換 一剎那間 透入法界 逢佛說佛 逢祖說祖 逢羅漢說羅漢 逢餓鬼說餓鬼. 向一切處 游履國土 教化衆生 未曾離一念.
되돌아 바꿀 순 없는 한순간에 법계法界에 투입되니 부처를 만나면 부처라 말하고, 조사를 만나면 조사라 말하며, 아라한을 만나면 아라한이라 말하고, 아귀를 만나면 아귀라 말하는 것이다. 모든 곳을 향해가서 국토를 밟고 다니며 중생을 교화할지라도 일찍이 한 생각을 떠나지 못한 것이다.

이 처의 작용이 되돌릴 수도 없는 순식간에 일어나서 법계法界에 바로 투입되므로 우리가 부처를 만나면 부처라 말하고, 조사를 만나면 조사라 고말하는 등의 구별되는 인식이 가능하다는 것이다. 또한 세상 어디를 가서 무슨 짓을 하더라도 결국 이 한 생각에 갇혀 있다는 것이다.

지금 내 눈 앞에 펼쳐진 모든 게 다 '감각 기관'을 통해서 들어온 신호를 해석해서 마음으로 창조해낸 결과물일 뿐이라는 말이다. 사실 우리가 보고 있는 모든 것은 해석된 세상이지 본래 그런 세상이 있는 게 아니다. 그것은 생명체가 어떤 '감각 기관'을 가지고 있느냐에 따라서 각각 다른 세상으로 드러나게 된다. 따라서 보이는 모든 것은 꿈과 같은 환상에 불과하다.

● 隨處淸淨 光透十方 萬法一如.
따르는 처處가 깨끗해지면 빛은 모든 방향을 투과하니 온갖 만법은 하나와 같다.

'수처隨處'는 '처의 작용을 따른다.'라는 의미인데 임제록에 자주 등장하는 단어이다. 처의 작용을 따르면 언제나 주관이 실제 대상을 바라본다는 시각을 갖게 되어 있다. 그것이 처의 작용이기 때문이다. 그런데 이것이 깨끗해지면 더는 그 처를 따르지 않게 되는데, 그것이 따르는 처가 청정해지는 것이다.

이렇게 따르는 처가 깨끗해지면 자아가 있어서 세상을 바라본다고 조작하는 생각이 사라지게 된다. 그러면 나와 남으로 나누어 생각하는 것이 얼마나 어리석은 생각인지가 자동으로 드러나게 된다. 이런 생각이 드러나는 것을 빛이 모든 방향을 투과했다고 하는 것이다. 이렇게 세상을 바라보면 모든 것이 똑같은 것인데 어리석게 차별을 일으켜 스스로 괴로워했다는 사실을 확실하게 알게 된다. 즉 깨달음은 '만법이 하나로 똑같다는 것'을 확실하게 알게 된다는 의미이다.

예를 들어 어린아이가 티비TV를 시청한다고 생각해 보자! 티비TV를 보는 어린아이는 그 티비TV에 나오는 장면을 가짜라고 전혀 인식하지 못한다. 그래서 그것 때문에 울고 웃게 된다. 그러나 그러한 사실을 이미 모두 이해하고 있는 사람이 그 장면을 본다면 그것에 대해 그것은 무엇이라고 구분은 하지만 그것이 실재實在한다고 생각하고 울고 웃진 않는다.

티비TV에 나오는 장면이 제아무리 다양할지라도 그것을 표현하는 모든 재료는 단 한 가지 전기 신호일 뿐이다. 이 전기 신호를 가지고 티비TV에 그림을 그려서 우리의 '눈을 속이는 것'과 같이 '처處'에서도 세상을 감지해낸 신호를 근거로 '조작해서 만든 법계法界'를 '진짜 세상인 것'처럼 우리를 속이고 있을 뿐이다. 그러므로 제아무리 많고 다양한 법이 존재存在한다고 하더라도 사실 알고 보면 모두 한 가지나 다름없는 것이다. 그것이 바로 '만법일여萬法一如'의 진정한 의미이다.

본래 일이 없다本來無事.

道流! 大丈夫兒 今日方知 本來無事. 秖爲爾信不及[1] 念念馳求 捨頭覓頭 自不能歇. 如圓頓菩薩[2] 入法界 現身 向淨土中厭凡忻聖. 如此之流取捨 未忘染淨心在 如禪宗見解. 又且不然 直是現今 更無時節. 山僧說處 皆是一期 藥病相治 總無實法. 若如是見得 是眞出家 日消 萬兩黃金.

임제 수행자여!

대장부 사내가

오늘 반드시 알아야 할 것은 본래 일이 없다는 것이다.

다만 네가 완전히 믿지 못하기에

끊임없이 구하려 내달리는 것이니

머리를 제외하고 머리를 찾는 격이라

스스로 그만두지 못했던 것이다.

선재동자는 입법계품에서 드러난 몸으로

정토를 향해가는 가운데

범부를 싫어하고 성인을 달가워 했으니

이런 종류의 취사取捨는 아직 잊지 못한

더럽고 깨끗하다는 마음이 있는 것인데,

선종의 견해와 같다고 한다.

더더욱 그럴 수 없는 것이

1 信不及: 완전히 믿을 수가 없다.
2 圓頓菩薩: 선재동자

곧바로 지금이지, 절대로 다른 시절은 없기 때문이다.

산승山僧이 말하는 처處는 모두 한순간으로

약과 병이 서로 치료하므로

예외 없이 실재實在하는 법은 없다.

만약 이와 같은 견해를 얻었다면

이것은 진정한 출가이니

하루에 만 냥의 황금을 덜어내는 것이다.

● 道流! 大丈夫兒 今日方知 本來無事. 秪爲爾信不及 念念馳求 捨頭覓頭 自不能歇.
수행자여! 대장부 사내가 오늘 반드시 알아야 할 것은 본래 일이 없다는 것이다. 다만 네가 완전히 믿지 못하기에 끊임없이 구하려 내달리는 것이니 머리를 제외하고 머리를 찾는 격이라 스스로 그만두지 못했던 것이다.

'본래本來'라는 말은 '처음부터 지금까지'라는 '완료의 의미'를 갖는 말이므로 '본래무사本來無事'는 애초부터 일이랄 것도 없었다는 뜻이 된다. 그런데 '일事'이라고 말하는 그 '일事'은 또 무슨 일을 말하는 것일까? 여기서 '일'이란 '대상을 탐닉하는 일'을 가리킨다.

기본적으로 우리에겐 보이는 대상이 너무나 생생하므로, 그 대상을 가지고 싶은 욕망이 끊임없이 일어나기에 소유하려고 그 대상을 좇는 일이 벌어지는 것이다. 그런데 만약 그 좇는 대상이 애초부터 그림 속의 대상이라는 사실을 안다면 좇을 일도 없을 것이다.

하지만 이 사실을 믿지 못하니 끊임없이 대상을 가지려는 생각만 하는 것이다. 그러니 '연야달다'처럼 머리가 어디로 사라진 것도 아닌데 그만 머리만 안 보이니, 머리가 사라졌다고 의심하며 믿지 못해 자신의 머리를 찾아야겠다고 돌아다니기에 스스로 멈출 수 없었던 것이다.

● 如圓頓菩薩 入法界 現身 向淨土中 厭凡忻聖 如此之流取捨 未忘

染淨心在 如禪宗見解.
선재동자는 입법계품에서 드러난 몸으로 정토를 향해가는 가운데 범부를 싫어하고 성인을 달가워 했으니 이런 종류의 취사取捨는 아직 잊지 못한 더럽고 깨끗하다는 마음이 있는 것인데, 선종의 견해와 같다고 한다.

이것은 당시 유행했던 화엄 교학의 어리석음을 임제가 날카롭게 지적한 것이다. 여기서 원돈은 화엄의 가르침을 의미하므로 '원돈 보살'은 화엄경의 '입법계품入法界品'에 등장하는 선재동자善財童子를 가리킨다.

선재동자는 입법계품에서 53 선지식善知識을 찾아 구법求法 여행을 떠나는데, 그 여행을 마친 뒤에 비로소 깨닫게 된다. 그런데 여행을 하면서 범부를 멀리하고 성인만을 찾으러 다녔다는 것은 아직도 더럽고 깨끗하다는 생각을 버리지 못했기 때문에 한 행동이라는 것이다.

사실 이것은 어리석음을 깨우쳐주려고 지어낸 이야기에 불과하다. 그러나 예전 사람들은 그것을 사실로 받아들인 경향이 있었다. 부처님 말씀이라고 하니 그 권위를 무시하지 못하고 받아들였던 것 같다. 지금도 그런 상황은 여기저기서 심각하게 벌어진다. 마치 별주부전의 토끼와 거북이를 사실이라고 믿는 것과 같다.

이것은 전달하고 싶은 말을 이야기의 형식을 빌려 쓴 글에 불과하다. 그러나 어리석은 사람은 그것을 실제로 생각한다. 사실 선재 동자의 이야기도 다 소설의 형식을 빌려 쓴 것에 불과하다. 이런 이야기를 삽입한 이유는 결국 밖으로 아무리 찾아다녀 봐야 깨달음을 얻을 수 없고 자신의 어리석음을 아는 게 바로 깨달음이라는 사실을 일깨워 주려고 한 이야기라는 것이다.

아무튼, 당시에는 화엄의 교학과 선종의 견해가 같다는 생각이 지배적이었던 것 같다. 그래서 이런 이야기도 삽입된 것 같다.

● 又且不然 直是現今 更無時節. 山僧說處 皆是一期 藥病相治 總無實法.
더더욱 그럴 수 없는 것이 곧바로 지금이지, 절대로 다른 시절이란 있을 수 없기 때문이다. 산승山僧이 말하는 처處에서는 모두 한순간에 약과 병이 서로 치료하므로 예외 없이 실재實在하는 법은 없다.

화엄의 견해는 십신十信 부터 등각等覺, 묘각妙覺, 구경각究竟覺에 이르기까지 단계를 거쳐야 부처가 될 수 있다면 선종의 견해는 바로 이 자리에서 얻는 것이지 다른 언제는 생각할 수도 없다는 말이다. 우리는 깨달음을 얻어 부처가 되기 위해서는 오랜 세월 수행을 해서 그 결과로 깨달음을 얻는다고 생각한다. 마치 씨앗을 심고 잘 가꾸어 '열매를 맺는 것'처럼 생각한다. 그러나 깨달음이란 그야말로 깨닫는 것이지 수확하는 것이 아니다.

깨달음은 몰랐던 것을 사유함으로써 그 원인을 찾아 알게 되는 것을 이르는 말이다. 그러므로 원인만 찾으면 그 자리에서 끝나는 일이니 또 다른 시간이 있을 수 없는 것이다. 따라서 임제의 말대로 처에서 일어나는 일은 진실하게 보이긴 하지만 실재實在하는 것은 아니기에 지금 밖에 없는 것이다.

사람들은 흔히 과거와 현재 미래라는 삼세를 벌여놓고 말한다. 그러나 과거도 사실 지금 내가 생각하고 있을 때만 드러나는 것처럼 보일 뿐, 그것도 지금이다. 미래도 또한 지금 내가 상상하는 것일 뿐 그 어디에도 없다. 그래서 임제는 모두 지금이지 다른 때는 없다고 한 것이다. 그것은 모두가 다 단 한번 뿐이며 약과 병이 동시에 치료되는 것이다. 본래 약은 병이 있을 때 필요한 것인데, 만약에 병이 처음부터 거짓이었다면 그것에 대한 치료 약은 아예 의미가 없어진다. 그래서 임제는 '약과 병이 서로 치료된다.'라고 말한 것이다.

● 若如是見得 是眞出家 日消萬兩黃金.
만약 이와 같은 견해를 얻었다면 이것은 진정한 출가이니 하루에 만 냥의 황금을 덜어내는 것이다.

계속해서 말하지만, 우리가 보는 세상은 마음에서 벌어지는 법계法界이지 외부에 존재存在하는 세계가 아니다. 그런데 우리가 보고 있는 법계를 세계로 착각하니 모두 진짜라고 여기는 것이다. 그러므로 법계法界를 이루는 법들은 예외 없이 모두 실답지 않은 것이다. 이렇게 볼 수 있는 능력이 출가자에게 생겼다면 그는 알아야 할 것을 모두 알았으니 출가의 목적이 성취된 것이다.

승려는 기본적으로 일하지 않고 시주자의 보시에 의지해서 살아가게 된다. 그래서 승려라면 시주자에게 예외 없이 빚을 지고 있다. 그러므로 언제든 시주의 은혜를 갚아야만 하는 의무가 있다. 그 의무를 가장 잘 실천하는 것은 깨달음을 성취하고 그 깨달음을 시주에게 되돌려 주는 것이다. 그런데 이렇게 '실實다운 법이 없다.'라는 사실을 깨닫게 되었다면 그는 하루에 황금 만 냥의 가치를 갚는 거와 같다고 말한 것이다.

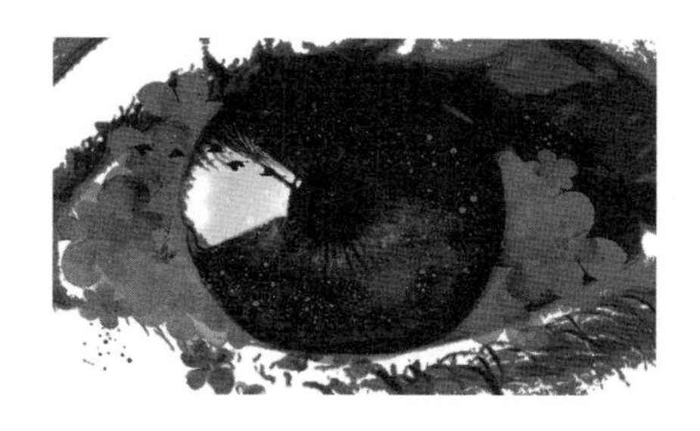

세상에서 잘못을 찾지 말라!

道流 莫取次[1]被諸方老師[2]印! 破面門道 我解禪解道 辯似懸河 皆是造地獄業. 若是眞正學道人 不求世間過 切急要求 眞正見解. 若達眞正見解 圓明方始[3]了畢[4].

임제 수행자여!

경솔하게 제방 노스승의 인가를 받지 말라!

면문面門의 도를 부수고

나는 선을 이해했고 도를 이해했다고 말하면서

말솜씨가 폭포수 같더라도

모두 지옥 갈 업을 짓는 것이다.

만약 이 사람이 진정으로 도를 배운 사람이라면

세상에서 허물을 구하지 않고

참되고 바른 견해를 간절히 원했을 것이다.

만약 참되고 바른 견해를 통달했다면

둥글고 밝아져야 비로소 마쳤다고 할 것이다

● 道流 莫取次! 被諸方老師印 破面門道 我解禪解道 辯似懸河 皆是造地獄業.

임제: 수행자여! 경솔하게 제방 노스승의 인가를 받지 말라! 면문面門의 도를 부수고 나는 선을 이해했고 도를 이해했다

1 取次: [조기백화] 경솔하게. 신중하지 못하게.
2 老師: 선승禪僧의 스승.
3 方始: 겨우, …이 되어서야, …에야 비로소
4 了畢: 종결하다, 마치다, 끝내다

고 말하면서 말솜씨가 폭포수 같더라도 모두 지옥 갈 업을 짓는 것이다.

여기서 '면문面門의 도道'라는 말의 의미를 잘 새겨야 한다. 왜냐하면, 임제가 가르치는 것이 바로 '면문面門의 도'이기 때문이다. 이 '면문面門'이란 단어는 이미 '시중示衆'에 '증거가 없는 것이 면문面門으로 출입出入한다.'라고 표현했었다.

'면문面門'은 '얼굴에 있는 통로'를 의미하는 것으로 얼굴에 난 구멍들이다. 얼굴에 난 구멍은 눈, 코, 입, 귀로 모두 '감각 기관'이다. 그러므로 '면문의 도를 부수고'라는 말은 ''감각 기관'과 관계있는 작용을 무시하고'라는 의미가 된다. 따라서 감각 작용과 관계된 것을 제외하고 선禪이나 도道를 말하는 것은 아무리 말재주가 뛰어나도 다 거짓이니 그런 사람들이 인정해 주는 인가印可는 인가印可도 아니라는 것이다.

● 若是眞正學道人 不求世間過 切急要求 眞正見解.
만약 이 사람이 진정으로 도를 공부한 사람이라면 세간에서 허물을 구하지 않고 참되고 바른 견해를 간절히 원했을 것이다.

우리는 보통 마음먹은 대로 이루어지지 않으면 나는 잘못이 없는데, 조건이 안 좋았다거나 세상이 잘못되었다고 생각하며 세상 탓을 한다. 그러나 정말 바르게 공부한 사람은 세상이나 조건을 탓하지 않고 참되고 바른 견해만을 하루빨리 얻으려 한다는 의미이다. 깨달음에 이르는 가장 빠른 길은 정견을 얻는 것이다. 견해가 바로 서지 않는다면 한 발자국도 나아갈 수 없기 때문이다.

● 若達眞正見解 圓明 方始了畢.
만약 참되고 바른 견해를 통달했다면 둥글고 밝아져야 비로소 마쳤다고 할 것이다.

바른 견해를 통달했다면 둥글고 밝아져야 한다고 했는데, 이것은 언어적 사유를 벗어난 것을 뜻한다. 언어적 사유를 벗어나게 되면 가장 먼저 양극단에 치우치는 사고가 사라지므로 다툼이 사라지게 된다. 그러면 세상을 모순 관계로 보지 않고 실제를 근거로 사유하다 보니 논쟁이 자연스레 사라지는 것이다. 대부분 싸움은 같은 대상에 대한 다른 의견 때문에 일어나게 되는데, 자세히 살펴보면 말만 다를 뿐 같은 대상을 가리키고 있다. 같은 사물을 다르게 설명해 놓고 각자가 옳다고 주장만 할 뿐, 다른 입장으로도 볼 수 있다는 사실을 인정하지 않을 뿐이다. 좀 더 자세히 들여다 보았다면 고개를 끄떡이고 말 일이다.

그러므로 진정한 견해를 통달하면 둥글어서 다툼이 사라지고, 밝게 아는 것이다. 이렇게 둥글고 밝아져야 비로소 깨달아 마쳤다고 말할 수 있는 것이다. 만약 깨달았다고 말하면서 모나고 어리석다면 그는 깨닫지 못했거나 자신이 얻었다는 그 깨달음이 여기서 말하는 둥글고 밝은 깨달음과 거리가 먼 것이다.

진정한 견해란?

問 如何是眞正見解? 師云 爾但一切! 入凡入聖 入染入淨 入諸佛國土 入彌勒樓閣 入毘盧遮那法界 處處皆現國土成住壞空 佛出于世 轉大法輪 却入涅槃. 不見有去來相貌 求其生死了不可得. 便入無生法界處處 游履國土 入華藏世界 盡見 諸法空相 皆無實法.

누군가 물었다.

질문 무엇이 참되고 바른 견해見解입니까?

임제가 말했다.

임제 네가 다만 모든 것이다!

범부에도 들어가고 성인에도 들어가며,

더러운 곳에도 들어가고 깨끗한 곳에도 들어가며,

모든 부처님의 국토에도 들어가고

미륵 부처님의 누각에도 들어가며

비로자나의 법계法界에 들어가는

처處와 처處가 국토의 성주괴공을 모두 드러내니

부처님도 세상에 출현하고 법륜도 크게 굴리며

열반에도 드시는 것이다.

볼 수 없는 어떤 오고 가는 모습으로

그 나고 죽음을 구하니 마칠 수 없는 것이다.
곧바로 들어가는 태어남이 없는 법계法界라는
처處와 처處에서 국토를 밟고 돌아다니고,
화장세계華藏世界에 들어가 남김없이 보아도
모든 법은 텅 빈 모습이며
실다운 법法이 아무것도 없다

●問 如何是眞正見解? 師云 爾但一切!
누군가 물었다./ 질문: 무엇이 참되고 바른 견해見解입니까?/ 임제가 말했다./ 임제: 네가 다만 모든 것이다!

'진정한 견해가 무엇이냐?'라는 물음에 임제는 조금의 망설임도 없이 '네가 다만 일체이다.'라고 말했다. 여기서 '일체一切'라는 말이 중요한데 '일체'를 '일절'로 읽으면 안 되는데 그 의미가 다르기 때문이다. 일체는 '모두'라는 의미이지만 '일절'은 '한 부분'이란 의미이다. 즉 너 자신이 바로 모든 것이라고 단언했다. 즉 내게 펼쳐진 모든 세상을 다 내가 창조해 냈고, 또 그것을 바라보고 있는 것이기 때문에 그것이 전부라고 하는 것이다.

●入凡入聖 入染入淨 入諸佛國土 入彌勒樓閣. 入毘盧遮那法界 處處 皆現國土 成住壞空 佛出于世 轉大法輪 却入涅槃
범부에도 들어가고 성인에도 들어가며, 더러운 곳에도 들어가고 깨끗한 곳에도 들어가며, 모든 부처님의 국토에도 들어가고 미륵 부처님의 누각에도 들어가며 비로자나의 법계法界에 들어가는 처處와 처處가 국토의 성주괴공을 모두 드러내니 부처님도 세상에 출현하고 법륜도 크게 굴리며 열반에도 드시는 것이다.

범부에도 들어가고, 성인에도 들어가며, 더러운 곳 등의 어디라로 들어갈 수 있는 내입처內入處와 외입처外入處가 국토 즉 세상의 성주괴공成住壞空이 드러난다는 것이다. 그렇기 때문에 부처님께서도 출현하시고, 법륜도 굴리시고, 열반에도 드신다는 것이다.

성주괴공成住壞空은 '처'에서 벌어지는 사건을 표현한 것으로 '이루어진 것은 잠시 유지하다가 무너져 사라진다.'라고 말한 것인데, 그것을 사람들은 '사람이 태어나서 어느 정도 유지하다가 늙어서 죽는 것'으로 생각한다. 이 생각이 꽤 그럴듯해 보이지만, 전혀 그런 뜻이 아니다.

여기서 만약 이 문장을 일반적인 성주괴공成住壞空으로 생각하면, 위의 글은 어색하기 짝이 없다. 부처님 국토는 상락아정常樂我淨을 특징으로 하는데 어찌 성주괴공成住壞空이 있겠는가? 이 처에서 일어나는 사건은 모니터에 동영상이 재생되는 것에 비교해 생각해 볼 수 있다. 만약 모니터에 동영상이 재생되고 있는데 앞에 있던 화면이 사라지지 않고 뒤의 화면에 그 영향을 미친다면 잔상 때문에 대상을 제대로 인식할 수 없다. 그래서 아무리 멋있거나 더럽더라도 이렇게 '성주괴공이 이루어져야 하는 것'이다. 이렇게 모든 것을 가능하게 하는 것이 바로 이 처처處處인 내입처內入處와 외입처外入處인 것이다.

● 不見有去來相貌 求其生死 了不可得 便入無生法界 處處游履國土 入華藏世界 盡見 諸法空相 皆無實法.
볼 수 없는 어떤 오고 가는 모습으로 그 나고 죽음을 구하니 마칠 수 없는 것이다. 곧바로 들어가는 태어남이 없는 법계法界라는 처處와 처處에서 국토를 밟고 돌아다니고, 화장세계華藏世界에 들어가 남김없이 보아도 모든 법은 텅 빈 모습이며 실다운 법法이 아무것도 없다

볼 수도 없는 오고 가는 모습에서 생사를 구하니 마칠 수 없다고 말했는데, 쉽게 이해되지 않는 대목이다. 우리는 태어나서 늙고 병들어 죽는다고 생각한다. 그러나 이것은 생각일 뿐 실제는 그렇지 않다. 그런 모습을 절대로 볼 수 없다. 다만 그렇게 계산된 모습만 우리에게 드러나므로 그렇게 보이는 것이다. 그것을 보지 못하니 번뇌가 생기는 것이다. 당연한 일을 당연하게 받아들이면 아무런 문제가 없다.

예를 들어 해가 동쪽에서 떠서 서쪽으로 지는 것을 시비하면 번뇌가 되고 시비하지 않고 늘 그렇다는 사실을 확인하면 아무런 시비가 생기지

않는 것과 같다. 깨달음의 본질은 번뇌를 여의기 위해서 당연한 사실을 스스로 확인하여 전혀 이상할 게 없도록 만드는 일이다. 그러려면 번뇌가 어떻게 자리 잡고 나를 힘들게 하는지 탐구해야 비로소 그 번뇌를 소멸할 수 있는 것이다. 만약 탐구하지 않는다면 아무리 오랜 시간을 투자하더라도 방법이 명확히 드러나지 않기에 도저히 벗어날 수 없는 것이다.

그래서 태어남이 없는 법계法界에 들어가서 국토를 밟고 다닌다고 말했는데, 이 법계는 마음이 만들어 낸 가상의 세계이므로 태어나거나 죽지 않고 순식간에 드러났다 사라지는 세상이다. 독자가 지금 눈만 깜빡여도 법계가 나타났다 사라지는 것을 금방 알 수 있다. 조금전에 본 것과 지금 본 것이 크게 달라 보이지 않으니 내가 그 세상을 바라보고 있다고 생각하는 것일 뿐, 실제로 그 세상을 보는 게 아니다. 지금 내가 보는 것은 법계이다. 이러한 사실을 수행자는 낱낱이 보아야만 한다고 말하는 것이다.

또 화장세계華莊世界에 들어간다고 말했는데, 화장華莊은 꽃으로 장식한다는 말인데, 마치 사람이 무엇을 꽃으로 장식하듯이 세상을 장식한다는 말이다. 장식된 것은 실제와 다르게 보인다. 그러기 위해 포장하고 장식하는 것이 아닌가? 사실 우리가 보고 있는 세상은 있는 그대로의 세상이 아니고 장식된 세상이다. 진실을 쉽게 알아볼 수 없도록 장식된 세상이란 말이다. 따라서 '제법공상諸法空相 개무실법皆無實法'이라는 것이다.

여기서 이 의미를 좀 더 깊이 새겨보자. '제법공상諸法空相'은 '모든 법이 공한 모양'이라는 것이니 주어는 '모든 법'이다. 이것은 대상을 근거로 '처에서 조작된 법'을 말하는 것인즉 모니터에 나타난 화상에 빗대어 생각하면 이해하기 쉽다. 이 모니터에 나타난 화상은 실체實體가 없는 텅 빈 모습일 뿐이다. 우리에게 나타나 보이는 법도 이렇게 모니터에 뿌리듯이 나타난 것들이지 어떤 실체가 있는 게 아니다. 그냥 눈에서 감각된 정보를 근거로 '처處'에서 조작해 나타난 것이 '법法'이므로 단순히 이미지를 잠시 만들었다가 지워버린 것에 불과하기에 '실實다운 법은 아무것도 없다'라고 한 것이다. 그런데 사람들이 이 '법'이란 것을 외부에 존재存在

하는 진짜 세계로 적용해서 생각하니 심각한 오류가 생기며, 그러다 보니 믿을 수 없기에 믿어야 한다고 믿음을 강조하는 것이다.

불교에서의 믿음은 '확인해서 생기는 당연함'을 말하는 것으로 믿을 수 없는 사실을 믿는 게 아니고 '확신'하는 것이다. 확인할 수 없는 믿음은 꿈같은 환상을 믿는 것이나 다름없다. 그런데도 요즘 절집에서 강조하는 믿음은 근거도 없고 믿을 수도 없는 사실을 믿으라고 강요하는 것이니, 타 종교에서 강조하는 믿음과 조금도 다르지 않다.

좀 더 솔직히 말하면 타 종교의 신神과 불교의 불보살佛菩薩을 이름만 바꾸어서 말하면 이것이 서로 다른 종교인지 구분하기도 어려울 정도로 똑같이 말하고 있다. 이것은 부처님께서 깨달은 이후 49년간의 고구정녕苦口丁寧한 가르침을 헛되게 하는 것이다. 이러한 믿음은 '미신迷信'이요 '맹신盲信'이니 반드시 버려야만 바른 법에 비로소 접근할 수 있는 것이다. 만약 그 어리석은 믿음을 버리지 않는다면 제아무리 죽을 힘을 다해 노력할지라도 그 어리석음에서 헤어나지 못한 채 일생을 마치게 될 것이다.

사람이 바로 부처님의 어머니

唯有聽法 無依道人 是諸佛之母 所以 佛從無依生若悟無依 佛亦無得. 若如是見得者 是眞正見解 學人不了爲執名句 被他凡聖名礙 所以障其道 眼不得分明.

임제 오로지

'의존함이 없는 도인이 바로 모든 부처님의 어머니이니
그런 까닭에 부처는 의존함이 없는 데서 생기는 것이다.'
라는 법문法門을 들어서
의존함 없다는 것을 깨달을 것 같으면
부처 역시 얻을 것도 없을 것이다.
만약 이렇게 보고 얻은 것이
바로 참되고 바른 견해見解라면
학인學人이 분명히 알지 못하고
이름과 문구에 집착하여
저 범부와 성인이라는
이름의 장애를 입었을 것이다.
그런 까닭에 그 말이 장애가 되어
안목을 얻지 못한 게 분명하다.

●唯有聽法 無依道人 是諸佛之母 所以 佛從無依生 若悟無依 佛亦無得.

임제: 오로지 '의존함이 없는 도인이 바로 모든 부처님의 어머니이니 그런 까닭에 부처는 의존함이 없는 데서 생기는 것이다.'라는 법문法門을 들어서 의존함 없다는 것을 깨달을 것 같으면 부처 역시 얻을 것도 없을 것이다.

임제는 오로지 무의도인이 바로 모든 부처님의 어머니라는 법문法門만 듣고 의존함이 없다는 것을 깨달으면 부처가 되려고 할 것도 없다고 말했다. 즉 의지함이 없다는 사실을 깨닫게 된다면 그 사람이 바로 부처라는 것이다. 그럼 우리 중생들은 무엇에 의존한다는 것인데, 과연 그것이 무엇일까? 그것은 대상을 실체實體로 바라보고 좇아 다니는 것을 말한다. 이렇게 대상에 의지해 살아가다 보니 번뇌에서 벗어나지 못하는 것이다.

● 若如是見得者 是眞正見解 學人不了 爲執名句 被他凡聖名礙. 所以障其道眼不得分明.
만약 이렇게 보고 얻은 것이 바로 참되고 바른 견해見解라면 학인學人이 분명히 알지 못하고 이름과 문구에 집착하여 저 범부와 성인이라는 이름의 장애를 입는 것일 것이다. 그런 이유로 그 말에 장애가 되어 안목을 얻지 못한 게 분명하다.

우리가 보고 듣는 그 모든 대상이 다 처와 처에서 만들어 낸 법계法界라는것이 진정한 견해인데, 학인學人들은 그것을 몰라 이름이나 문구에 집착하다 보니 마치 범부나 성인이란 존재存在가 따로 있는 것처럼 생각한다는 것이다. 이런 일들이 벌어지는 이유는 언어로 생각하기에 그 이름에 매여 분명하게 볼 수 있는 눈을 가리게 된다는 것이다. 사람은 무언가가 경험되면 그것에 대한 개념을 만들고 이 개념을 통해서 세상을 구별하여 판단하게 된다. '범부'도 '성인'도 이렇게 개념화된 이름이며, 이러한 이름이란 잣대를 통해서 대상을 비교하고 판단하니 그것이 '고정된 개체'로 이해되는 것이다. 이렇게 언어로 이해하면 대상을 언제나 고정해 버리므로, 한 번 무엇으로 인식된 대상은 고정된 이미지가 쉽게 바뀌지 않는다.

예를 들어 어떤 사람의 나쁜 행동을 본 사람은 그 사람을 나쁜 사람으로 머릿속에 고정해 버린다. 그래서 언제 보아도 그 사람은 나쁜 사람으로 인식한다. 사실 사람은 하루에 '나쁜 일'을 하는 순간도 있고, '좋은 일'을 하는 순간도 있다. 한순간도 쉬지 않고 변하고 있거늘 그것을 고정된 이미지로 만들어 판단하므로 오류가 발생하게 된다. 이러한 일들을 만드는 것이 바로 언어이다.

언어는 사람들이 편의를 위해 만들어 쓰지만 오래 쓰다 보니 언어의 사슬에 매여 스스로 힘들어하게 되는 것이다. 이 점은 부처님께서도 언제나 강조하신 말씀이다. '언어의 사유를 벗어나는 것'은 진리에 접근하는 첩경이며 시작이다.

부처님의 가르침의 골수는 연기법인데, 연기를 설명하는 가운데 '명색名色'에 의지해 '육입六入'이 발생한다고 말씀하셨다. 그럼 명색과 육입이 무엇일까? 명색은 원어로 'Namarupa'인데 '이름 붙여진 대상'이란 뜻이고, '육입六入'은 '육(내외)입처'를 말하는 것으로 '십이처十二處'를 말한다. 따라서 '명색名色에 의지해 '육입六入'이 발생한다.'라는 말은 '이름 붙여진 대상을 근거로 처處에서 조작한다.'라는 의미이다.

임제는 지금 12연기十二緣起의 이 지점을 설명하는 것이다. 임제가 계속해서 강조해 말하는 것처럼 조사와 부처는 깨달음에 있어서 조금의 차이가 없다. 다만 부처님은 그 길을 안내서도 없이 스스로 가셨고 조사는 부처님께서 마련한 친절한 안내서를 들고 찾아간 것이다. 그런데 어떻게 부처와 아라한이 간 그 장소가 다를 수 있겠는가? 만약 '부처님이 간 곳'과 '조사가 간 곳'이 서로 다르다면 그것은 같은 가르침이라고 볼 수 없고 조사가 '부처를 업고 사기를 친 것'이 될 것이다.

그럼에도 불구하고 부처님의 깨달음보다 조사의 깨달음이 더 뛰어나다고 말하는 사람이 있다. 이렇게 말하는 것 자체가 언어적 사유의 관점조차 벗어나지 못한 소견에 불과하다. 언어의 사유를 넘어서면 부처님께서 발견하신 '오직 한 길', 단 하나의 바로 그 길밖에 보이지 않기에 다른 소리를 낼 수 없고 그저 고개를 끄덕일 수밖에 없다.

이렇게 언어에 대한 충분한 이해와 그 의미를 이해하는 능력이 바로 깨달음과 매우 밀접한 관계를 갖는다. 법문法門을 분명하게 이해하지 못하게 되면 부모 형제를 버리고 절집에 들어와서 세속의 부모님과 절집의 스승 양쪽에 모두 빚만 지는 꼴이 된다. 그래서 임제는 말을 확실하게 이해해야만 한다고 강조한 것이다.

참고로 여기서 도안道眼이란 말을 살펴보자! '도를 보는 안목'이라고 생각할 수도 있지만, 문맥으로 보면 도道와 안眼은 앞뒤로 나누어 읽어야 한다. 즉 말에 장애가 되어 안목을 얻지 못했다는 의미로 읽어야 할 것이다.

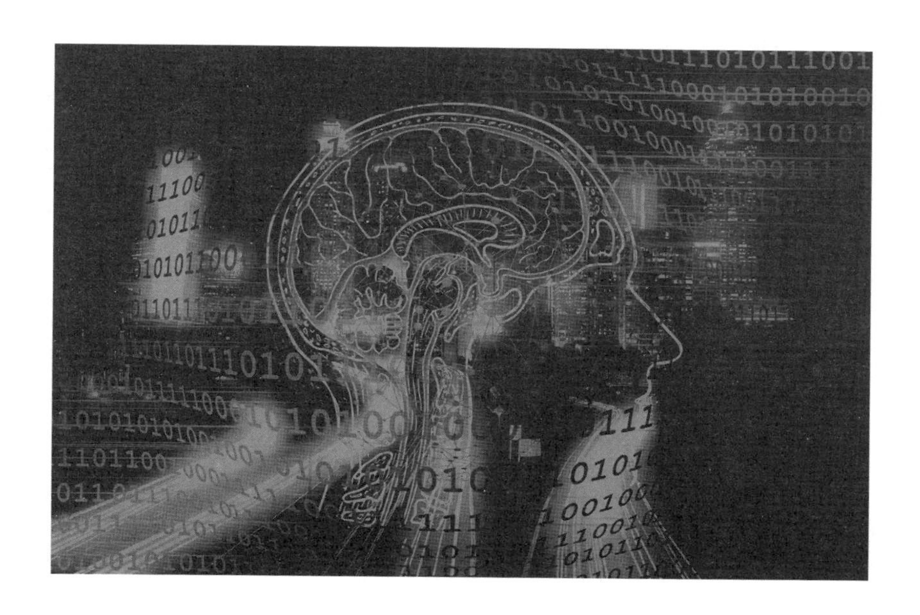

늘어놓고 쓰는 처處

秖如十二分敎 皆是表顯之說 學者不會 便向表顯名句上生解 皆是依倚 落在因果 未免三界生死 爾若[1]欲得生死 去住脫著自由. 卽今識取 聽法底人 無形 無相 無根 無本 無住處. 活撥撥地[2] 應是萬種施設用處. 秖是無處 所以 覓著轉遠 求之轉乖 號之爲祕密.

임제 예컨대 십이분교十二分敎는 모두 다 표현한 말씀인데

배우는 이가 알지 못해서 곧

표현된 이름과 문구로 향해가서

억지로 이해하고 모두 이렇게 의지하고 기대니

인과에 떨어져 삼계에서

태어나고 죽는다는 것을 면하지 못하기에

네가 이렇게 나고 죽고, 가고 머물며

떼었다 붙이는 것에 자유로와지고 싶어하는 것이다.

지금 여기는 인식이 취한 것이기에

법문法門을 듣는 그 사람은 형상도 없고,

근본도 없고, 머무는 곳도 없는데도

생기 있게 움직이는 토대에 이렇게

갖가지 종류에 대응해서 늘어놓고

---

1 若: '이렇게' 라는 의미로 쓰였다.

2 活鱍鱍地: 펄떡펄떡 튀어 오르는 모양. 생기가 넘쳐흐르는 모습. 발鱍은 발潑이라고도 쓴다. 부사어미 地를 붙인 것.

처處를 쓰는 것이다.

다만 이것은 장소가 없는 까닭에

찾으면 바뀌어 달아나고

구해도 바뀌어 어그러지니 그것을

신비하고 은밀하다고 부르는 것이다.

● 秖如十二分教 皆是表顯之說 學者不會 便向表顯名句上生解. 皆是依倚 落在因果 未免三界生死 爾若欲得生死去住 脫著自由.
임제: 예컨대 십이분교十二分教는 모두 다 표현한 말씀인데 배우는 이가 알지 못해서 곧 표현된 이름과 문구로 향해가서 억지로 이해하고 모두 이렇게 의지하고 기대니 인과에 떨어져 삼계에서 태어나고 죽는다는 것을 면하지 못하기에 네가 이렇게 나고 죽고, 가고 머물며 떼었다 붙이는 것에 자유로와지고 싶어하는 것이다.

일반적으로 십이분교十二分教는 부처님의 교설을 주제별로 12가지로 분류해 놓은 것을 말한다. 그러나 여기 임제록에서 십이분교十二分教는 처處와 처處 즉 십이처十二處와 불성을 밝히는 유식을 의미한다. 즉 안이비설신의眼耳鼻舌身意와 색성향미촉법色聲香味觸法이 실체實體로 있다는 말이 아니라 단지 의미를 표현하기 위한 말이라는 것이다. 그런데 그 말을 이해하지 못하니 문자에 얽매여서 억지로 해석하니 인과因果에 떨어지고 삼계에 윤회한다는 생각을 벗어나지 못한다는 것이다.

흔히 불교는 인과因果의 종교라고 알고 있다. 과거 전생의 업에 의해 현재가 있고, 현재의 업에 의해 내생이 있다고 말이다. 이런 인과因果가 한마디로 '엉터리라는 것'을 밝히는 게 부처님의 가르침이다. 이러한 세상을 인과因果로 이해하는 '인과론적因果論的인 관점'은 주관이 대상을 하나의 일정한 법칙으로 이해하려는 경향에서 비롯된 것인데, 이렇게 이해하고 살아도 생명을 유지하고 살아가는 데는 크게 문제는 없다. 다만 '사실에 근거하지 않은 것'이기에 끊임없이 번뇌를 생산하게 되는 것이다.

부처님께서는 그 사실을 깨닫고, 인과因果로 보이지만 사실은 연기緣起

하고 있다고 말씀하셨다. 좀 더 자세히 말하면, 인과因果는 원인에 의해 결과가 만들어지므로 언제나 일정한 과정이 진행된다. 그러다 보니 결과는 원인에 어떠한 영향도 줄 수 없다. 그러나 자세히 들여다보면 그런 인과因果는 그 어디에도 없다. 외부의 대상은 언제나 감각 작용을 의지하고 인식 작용이 서로 함께 할 때 지금 바라보는 대상으로 드러나게 되는 것이다.

이렇게 '대상'과 '감각 작용', '인식 작용'의 세 가지는 서로가 의지해 있어서 하나라도 사라지면 동시에 사라지고 만다. 이 세 가지는 처에서 주관과 객관이 나눠고 개념이 형성되며 이것들은 계속해서 쌓이게 된다. 이렇게 쌓인 개념들이 만들어 낸 것이 바로 인과因果이다. 이러한 인과因果는 세상을 이해하는 한 가지 수단일 뿐, 사실을 말하는 것은 아니다. 그래서 사람들은 인생을 생사로 이해하고, 삼계에서 윤회한다고 여기는 것이다. 그래서 임제가 인과因果로 이해하니 생사에 떨어진다고 말한 것이다.

이렇게 인과因果에 떨어졌다고 생각하니 벗어나고 싶어한다는 것이다. 만약 윤회하지 않는다면 벗어나고 싶어할 사람이 있을까? 또 천당이나 지옥이 허구라면 그곳에 가고 싶어하거나 안가려고 애쓸 사람이 있을까? 우리가 무엇을 무턱대고 믿을 게 아니라 먼저 그것이 사실인지 아닌지를 확인할 필요가 있다.

● 卽今識取 聽法底人 無形 無相 無根 無本 無住處 活撥撥地 應是萬種 施設用處.
지금 여기는 인식이 취한 것이기에 법문法門을 듣는 그 사람은 형상도 없고, 근본도 없고, 머무는 곳도 없는데도 생기 있게 움직이는 토대에 이렇게 갖가지 종류에 대응해서 늘어놓고 처處를 쓰는 것이다.

이것은 지금 여기 내눈에 보이고 들리는 그것은 인식 작용이 대상으로 취한 법계法界이므로 이 법문法門을 듣는 사람도 개념으로 취한 것이지 실체實體가 아니다. 그래서 형태도 모양도 근본도 없고 머무는 곳도 없다. 하지만 지금 생기 있게 존재存在하는 토대위에서 온갖 것들을 쭉 늘어 놓고 쓰는 것이 바로 이 '처'이다.

이 '처에 대한 것'을 임제가 집요하게 계속 설명하는 이유는 처를 이해해야만 비로소 연기를 이해할 수 있기 때문이다. 임제는 이 처에 대해 '생기 있게 움직이는 토대活撥撥地'에 설치하며 늘어놓고 쓴다고 말했는데, 무슨 의미일까?

우리가 바라보는 것은 너무나 생생하며 온갖 것들이 나열돼있다. 마치 티비TV의 화면 속에 여러 가지 물건들이 생생하게 보이듯이 우리의 처에서 만들어 낸 법계法界도 그렇게 나열돼있다. 이것은 어떤 일이 벌어지는 장소이긴 한데, 현실적으로 있는 장소는 아니다. 이것을 인터넷의 '사이버 공간'과 비슷하다고 생각하면 조금 더 이해하기 쉬울 것이다.

사이버 공간도 사실 실재實在의 공간은 아니지만, 공간과 같은 역할을 한다. 이러한 공간인 처를 찾으면 멀어지고, 그것을 얻으려면 무너져 버리니 비밀스럽다고 표현했다. 이러한 처를 '말로 하는 것'도 쉽지 않지만 '확인하는 것'은 더 어렵다. 이 일이 벌어지는 처는 너무나 생생하기에 의심 자체가 힘들고 자세히 보려면 달아나 버려 은밀하고 신기하기만 하다. 정말 깊은 사유에 도달하지 않고서는 알 수 없는 곳이니 끝까지 의심하고 의심하면 결국 여기까지 도달하게 된다. 그래서 옛 선사들이 의정을 가지라고 한 것이다. 결국, 이 처를 아는 것이 수행의 모든 것이라고 해도 과언이 아니다.

●秖是無處 所以 覓著轉遠 求之轉乖 號之爲祕密.

다만 이것은 장소가 없는 까닭에 찾으면 바뀌어 달아나고 구해도 바뀌어 어그러지니 그것을 신비하고 은밀하다고 부르는 것이다.

앞에서 설명한 사이버 공간과 같은 개념이 처處인데, 이것은 정말로 있는 것이 아니므로 찾으려고 하면 달아나고, 구하려고 해서 구한다고 할지라도 이미 내용은 바뀌어 드러나게 된다. 그래서 신비하고 은밀하다고 부른다는 것이다.

선지식善知識을 탐방하는 것이 중요하다.

道流! 爾莫認著[1] 箇夢幻伴子! 遲晩中間[2] 便歸無常 爾向此世界中覓箇 什麼物作? 解脫覓取[3] 一口飯喫 補毳過時 且要訪尋知識. 莫因循逐樂 光陰可惜! 念念無常! 麁則被地水火風 細則被生住異滅 四相所逼. 道流! 今時且要識取四種無相境 免被境擺撲[4].

임제 수행자여!

너희는 일개 꿈과 환상을 동반자로 용인하지 말라!

머지않아 곧 무상으로 돌아갈 것이다.

네가 향하는 이 세상에서 찾는 것이

어떤 물건으로 만들어졌겠는가?

해탈은 한입으로 밥 먹고 옷 꿰매갈 때 찾는 것이고,

더 중요한 것은 선지식善知識을 탐방하는 것이다.

즐거움을 좇으며 그럭저럭 보내지 말라!

시간이 가히 아깝고 순간순간이 무상하다.

대충 말하면 지수화풍地水火風으로 영향을 받고,

엄밀히 말하면 생주이멸生住異滅의

사상四相으로 핍박 받는다.

수행자여!

---

1 認著: 용인하다.
2 遲晩中間: 조만간, 언젠가는
3 覓取: 구하다, 찾다
4 擺撲: 擺는 흔들다. 撲은 멀리 던지다. 마음대로 조종하다.

지금 이 시간에 더욱 중요한 것은
인식 작용이 네 종류의 모양 없는 대상을 취해
대상에 조종당하는 것을 면하는 것이다.

● 道流! 爾莫認著箇夢幻伴子! 遲晩中間 便歸無常. 爾向此世界中覓箇 什麼物作[1]?
임제: 수행자여! 너희는 일개 꿈과 환상을 동반자로 용인하지 말라! 머지않아 곧 무상으로 돌아갈 것이다. 네가 향하는 이 세상에서 찾는 것이 어떤 물건으로 만들어졌겠는가?

일반적으로 사람들이 수행하려는 이유를 잘 살펴보면 번뇌의 소멸이 아닌 경우가 많다. 표면적으로는 그렇게 말하지만 내심으로는 특별한 꿈과 환상을 좇는 경우가 태반이다. 그러다 보니 수행을 통해서 남들이 얻지 못한 특별한 경험을 원하거나 특별한 신통력을 얻어 군림하려고 하는 것이다. 그들은 '부처의 대접을 받고 싶은 것'이지, '부처와 같은 삶을 살고 싶은 것'은 아니다.

그런 생각은 다분히 꿈이요 환상이라고 말할 수 있는데, 그 생각을 동반자로 삼아서 일평생을 꿈꾼다면 어리석은 사람인 것이다. 여기 이 문장에서 동반자를 자신의 몸으로 보아 언제든지 무너질 수 있다고 해석해 볼 수도 있다. 그러나 계속해서 임제가 말하던 것이 '처'에 관한 것이었으므로, 외부에 어떤 부처나 깨달음이 있다고 생각해서 '나 자신'만을 빼고 '다른 데서 찾는 어리석음'을 꿈과 환상으로 비유한 것으로 보인다. 그래서 '네가 향하는 이 세상에서 찾은 것이 어떤 물건으로 만들어졌겠는가?' 라고 물은 것이다.

지금 우리가 보고 있는 게 세상에 존재存在하는 것을 보았다고 생각하

---

1 <참고>: 한문으로 된 문장에서 특이하게 동사가 후치後置되는 경우는 피동의 의미로 해석해야 문장이 제대로 이해된다. 그래서 '집마물작什麽物作'도 동사에 해당하는 '짓는다.' 라는 뜻의 '작作'자가 뒤에 위치해 '짓는다.'가 아니라 '지어진다, 만들어진다.'라는 피동의 의미로 읽어야 한다. 물론 '피동'을 나타내는 글자도 있지만 간단하게 이렇게도 표현한다. 한문으로 된 문장을 읽을 때, 물론 그렇게 읽지 않아도 의미가 통하기도 하지만 때로는 정말 말이 안 되는 경우도 많다. 그럴 때 이 동사의 위치를 주의 깊게 보면 후치되어 있는데 이때 피동의 의미로 해석하면 매끄럽다.

지만, 사실은 우리의 마음 작용이 일어나는 처處에서 임의로 조작해서 만들어 낸 물건이라는 것이다.

● 解脫覓取 一口飯喫 補毳過時 且要訪尋知識.
해탈은 한입으로 밥 먹고 옷 꿰매갈 때 찾는 것이며, 더 중요한 것은 선지식善知識을 탐방하는 것이다.

해탈의 삶이 먼 곳에 있지 않으므로 밥 먹고 이불 꿰매는 가운데서 찾아야 하며 더욱 중요한 것은 선지식善知識을 찾아 참문參問하는 것이다. 밥 먹고 이불 꿰매는 일은 누구나 하지만 모두 해탈에 이르지는 못한다. 그 이유는 어떻게 해야 하는지를 정확히 모르고 있기 때문이다. 그래서 먼저 그 길을 간 스승에게 묻고 정확히 이해한 뒤에 실행해야 '효과적인 것'이다.

그러나 지금의 수좌들을 보면 '눈 어두운 스승' 밑에서 우왕좌왕하거나 스승도 없이 '깜깜한 선禪'을 하고 있으니, 오랫동안 선방에서 지낸 안거安居 수만 자랑하지 도대체 뭔 수행을 한 것인지 '마음 쓰는 것'을 보면 일개 속인만도 못한 경우가 태반이다. 정말 수행하기를 원한다면 임제의 이 말을 명심해야 할 것이다. 수행은 모르고도 할 수는 있다. 그러나 그것이 해탈을 보장하지 않는다. 무엇을 알아내는 데 있어서 가장 중요한 것은 깊은 관찰이며, 거기에 눈 밝은 스승의 한마디 조언은 그야말로 금과옥조나 다름없다.

● 莫因循逐樂! 光陰可惜 念念無常! 麁則被地水火風 細則被生住異滅 四相所逼. 道流! 今時 且要識取 四種無相境 免被境擺撲.
즐거움을 좇으며 그럭저럭 보내지 말라! 시간이 가히 아깝고 순간순간이 무상하다. 대충 말하면 지수화풍地水火風으로 영향을 받고, 엄밀히 말하면 생주이멸生住異滅의 사상四相으로 핍박 받는다. 수행자여! 지금 이 시간에 더욱 중요한 것은 인식 작용이 네 종류의 모양 없는 대상을 취해 대상에 조종당하는 것을 면하는 것이다.

인생이 긴 것 같아도 사실 잠자는 시간과 밥 먹는 시간, 일하는 시간 등등을 제외하면 실제로 내 맘대로 사는 시간은 얼마 되지 않는다. 그러니 시간을 아껴 빨리 깨달음을 성취하여 행복하게 사는 게 제일 중요하다. 깨달음을 성취하려는 이유도 번뇌를 여의어 행복하게 살기 위해서 수행하는 것이기 때문이다. 세상에서 영원히 산다면 무상한 게 문제가 되지 않을 것이다. 그러나 언젠가는 '나도 죽을 것'이라는 공포가 나를 집어삼키게 된다. 그럼 순간순간 무상하다고 느끼는 죽음의 공포는 어디에서 온 것일까? 그것은 대충 말하면 눈에 보이는 사대라는 대상들이고 엄밀하게 말하면 눈에 보이지 않는 생주이멸의 추상적인 개념들이다. 그러므로 물질의 구성 요소인 사대가 변하는 것은 눈으로 바로바로 확인할 수 있고, '나서 머물고 변화하여 사라지는 것'의 '생주이멸'은 시간이 흐를수록 드러나는 것이라 미세하여 잘 눈치채기 어렵다. 그렇지만 이 네 가지의 변하는 모습의 영향으로 우리는 끊임없이 힘들어한다. 그러니 수행자라면 반드시 '네 가지 모양 없는 대상四種無相境'을 알아야 벗어날 수 있는 것이다. 이 '네 종류의 모양 없는 대상'에 대한 설명은 바로 뒤이어 나온다.

네 가지 모양 없는 대상四種無相境

問 如何是四種無相境? 師云 爾一念心疑被地來礙 爾一念心愛 被水來溺 爾一念心嗔 被火來燒 爾一念心喜 被風來飄. 若能如是辨得 不被境轉 處處用境 東涌西沒 南涌北沒 中涌邊沒 邊涌中沒 履水如地 履地如水. 緣何如此? 爲達四大如夢如幻故. 道流! 爾秖今聽法者 不是爾四大 能用爾四大. 若能如是見得 便乃去住自由. 約山僧見處 勿嫌底法. 爾若愛聖 聖者聖之名.

누군가 물었다.

질문 무엇이 네 가지 모양 없는 대상입니까?

임제 너의 한 생각 마음의 의심은
땅의 영향으로 장애가 온 것이고,
너의 한 생각 마음의 사랑은
물의 영향으로 빠져서 온 것이며,
너의 한 생각 마음의 성냄은
불의 영향으로 불타서 온 것이고,
너의 한 생각 마음의 기쁨은
바람의 영향으로 회오리쳐서 온 것이다.
만약에 능히 이렇게 판단할 수 있다면
대상이 바뀌어도 영향을 받지 않기에
처와 처에서 대상을 쓰되

동쪽이 솟으면 서쪽을 가라앉히고,

남쪽이 솟으면 북쪽을 가라앉히며,

가운데가 솟으면 주변을 가라앉히고,

주변이 솟으면 가운데를 가라앉히며,

물 밟기를 땅같이 하고, 땅 밟기를 물같이 한다.

왜 그렇겠는가?

사대를 통달할 수 있는 것은 꿈 같고, 환상 같기 때문이다.

수행자여!

네가 다만 지금 법을 듣는 것은

너의 사대四大가 아니고

능히 너의 사대四大를 쓰는 것이다.

만약 능히 이렇게 알아챘다면

곧바로 가고 머무름에 자유로울 것이다.

산승山僧이 본 처處를 요약하면

바탕이 되는 법을 미워하지 말라는 것이다.

네가 만약 성스러움을 사랑한다면

성스러운 것은 성스러운 그 이름이다.

● 問 如何是四種無相境? 師云 爾一念心疑被地來礙 爾一念心愛 被水來溺 爾一念心嗔 被火來燒 爾一念心喜 被風來飄.
누군가 물었다./ 질문: 무엇이 네 가지 모양 없는 대상입니까?/ 임제: 너의 한 생각 마음의 의심은 땅의 영향으로 장애가 온 것이고,/ 너의 한 생각 마음의 사랑은 물의 영향으로 빠져서 온 것이며,/ 너의 한 생각 마음의 성냄은 불의 영향으로 불타서 온 것이고,/ 너의 한 생각 마음의 기쁨은 바람의 영향으로 회오리쳐서 온 것이다.

일반적으로 사대四大를 말하면 땅地, 물水, 불火, 바람風의 실질적인 대상으로 여기는데 임제는 그렇게 보지 않았다. 땅을 근본 물질이 아니고 세상을 분류하는 기준이 된다는 것이다. 즉, 땅은 뭔가 장애를 일으킬 때 그것을 땅으로 인식한다는 것이다. 이러한 분류 방식은 '지대地大'라는 물질로 보는 게 아니라 '지계地界'라는 분류의 영역으로 보는 관점과 같은 것이다. 따라서 의심을 장애로 여기는 이유는 '지계地界'라는 사유의 영역에 있기 때문이라는 것이다.

이렇게 사랑에 빠진다는 것은 물의 성질에서, 화나서 타는 것은 불의 성질에서, 기뻐서 회오리치는 것은 바람에서 유래됐다는 말이다. 부처님 당시에도 '지수화풍地水火風'인 '사대四大'를 이러한 세상을 이루는 근본 물질로 보았는데 부처님께서는 '지계地界, 수계水界, 화계火界, 풍계風界'의 사계四界로 말씀하시면서 세상을 근본 물질이 아닌 범주로 이해해야 한다고 말씀하셨다. 이러한 임제의 안목은 얼마나 법계法界를 철두철미하게 보았는지를 엿볼 수 있는 대목이다.

● 若能如是辨得 不被境轉 處處用境 東涌西沒 南涌北沒 中涌邊沒 邊涌中沒 履水如地 履地如水. 緣何如此 爲達四大? 如夢如幻故.
만약에 능히 이렇게 판단할 수 있다면 대상이 바뀌어도 영향을 받지 않기에 처와 처에서 대상을 쓰되 동쪽이 솟으면 서쪽을 가라앉히고, 남쪽이 솟으면 북쪽을 가라앉히며, 가운데가 솟으면 주변을 가라앉히고, 주변이 솟으면 가운데를 가라앉히며, 물 밟기를 땅같이 하고, 땅 밟기를 물같이 한다./ 왜 그렇겠는가? 사대를 통달할 수 있는 것은 꿈 같고, 환상 같기 때문이다.

위와 같이 지수화풍을 사대로 보지 않고 사계로 바라본다면 감정이 일 때마다 사계로 바라볼 것이다. 예를 들어 사랑의 감정이 일어나면 그 사랑에 빠져서 만나지 못해서 괴로울 것이다. 그러나 이것이 '물과 같은 성질 때문에 일어난 것'임을 안다면 그 감정에 휘달리지 않게 될 것이다. 이렇게 어느 한쪽이 솟으면 그 반대쪽을 가라앉혀 마음대로 감정을 조절할 수 있는 것이다. 이렇게 내입처內入處와 외입처外入處에서 일어나는 그 대상의 변화에도 휘달리지 않는 것이 바로 사대를 통달하는 것이다. 이렇게 사대를 통달할 수 있는 이유를 임제는 꿈과 환상 같기 때문이라고 말했다.

임제의 그 말은 진실로 옳다. 만약 꿈과 환상과 같지 않다면 어떻게 그것이 가능하겠는가? 마음속에 일어나는 감정들은 꿈이고 환상에 불과하다. 다만 '사계'로 익혀온 습관 때문에 절대 변하지 않는다는 선입견으로 바라보니 바꾸지 못하는 것뿐이다. 이것이 꿈이고 환상과 같이 나타난 것임을 바르게 이해하고 통달했다면, 이렇게 처와 처에서 일어나는 수많은 감정은 잘 조절될 것이고, 더 이상의 번뇌도 일어나지 않게 될 것은 너무나도 자명한 일이다.

● 道流! 爾秪今聽法者 不是爾四大 能用爾四大. 若能如是見得 便乃去住自由. 約山僧見處 勿嫌底法. 爾若愛聖 聖者聖之名.
수행자여! 네가 지금 법을 듣는 것은 너의 사대四大가 아니고 능히 너의 사대四大를 쓰는 것이다. 만약 능히 이렇게 알아챘다면 곧바로 가고 머무름에 자유로울 것이다. 산승山僧이 본 처處를 요약하면 바탕이 되는 법을 미워하지 말라는 것이다. 네가 만약 성스러움을 사랑한다면 성스러운 것은 성스러운 그 이름이다.

지금 설법을 듣는다는 것은 사대가 듣는 것이 아니라 능히 사대를 써서 듣는다는 말은 지수화풍으로 이루어진 내가 듣는 게 아니고, 처와 처에서 사대로 분류하는 작용이 이루어져 듣고 구분한다는 것이다. 만약 내가 사대로 이루어졌다고 생각하면 나는 사대의 노예로 살아가야만 한다. 그러나 내가 능히 사대를 쓰고 있다면 쓸 만큼만 쓰고 더는 욕심내지 않게 된다. 욕심내는 순간 수많은 짐을 지고 살아야 하기 때문이다.

사대는 어디에든 널려 있다. 다만 내가 대상을 구분하며 이것은 좋고 저것은 싫다는 마음을 일으켜서 벌어지는 괴로움일 뿐, 대상 자체에는 좋고 나쁨이 있지 않다. 그렇기에 '성스러움'을 사랑한다면 '성스러운 것'은 '성스럽다는 이름'일 뿐이라고 말한 것이다. 즉, 성스러움 속에는 성스러운 실체實體는 없고 텅 빈 이름만 있다는 것이다. 이 이름은 사람이 지수화풍의 사계로 분류하면서 만들어진 '언어의 개념'에 불과하다는 것이다.

이것은 공성空性에 대한 설명으로 매우 중요하니 수행자라면 꼭 깨달아야 한다. 잘 생각해 보라! 자동차 속에는 자동차가 없다. 자동차를 아무리 분해해도 그 속엔 자동차가 없다. 다만 그 개념으로 대상을 보고 있기에 '그렇게 보이는 것' 뿐이다. 이것을 깨달아야 '제법무아諸法無我'가 바르게 이해되는 것이다. 만약 이 말을 이해할 수 없다면 아직도 언어의 올가미를 벗어나지 못한 것이다.

임제는 자신이 확인한 처를 간단히 '물혐저법勿嫌底法'이라고 말했다. 과연 '물혐저법勿嫌底法'이 무슨 의미일까? 이것은 '저법底法을 미워하지 않는 것'으로 번역할 수 있다. '법'은 누누이 말했으니 따로 설명하지 않겠다. 이 '법을 이루는 근거가 되는 것'이 바로 '저법底法'이다. 지금 '눈에 보이는 것'은 진짜 외부에 있는 대상이 아니고 '처'에서 만들어 낸 '법'인데, 이 법을 만들기 위해 근거로 삼았던 '외부에 있다고 느끼지만, 정확히 알 수 없는 그것'이 바로 '저법底法'이다.

그러니 외부에 있다고 여겨지는 그것을 미워할 이유는 없다. 거기에는 아무런 허물이 없기 때문이다. 다만 우리가 필요에 따라 그것에 이름을 붙여놓고 '그 이름 붙여진 존재存在'로 여기기 때문에 그렇게 보이는 것들이기 때문이다. 이러한 관점이 분명하게 드러난다면 시시비비가 사라지고 번뇌도 동시에 사라지게 된다. 이것을 선사들은 한마디로 말하기를 '대상은 허물이 없는데 내가 대상에 허물을 만들어 씌웠다.'라고 표현하는 것이다.

사실을 확인하면 너무도 당연한데, 사실을 확인하지 않고 주위 사람들의 말에만 의존하니 내가 보는 것이 진짜 대상이라고 오해하여 감정이 따라붙게 되는 것이다. 만약 대상이 진짜가 아니고 '내가 만들어 낸 것'에 불과함을 철저히 깨닫게 되면 감정놀음 따윈 사라지고 마음은 고요한 평화만 유지되는데, 이것을 임제는 '평상심'이라고 말했고 그 바탕에 '물혐저법勿嫌底法'이 있는 것이다.

성스러움을 좋아한다는 말은 결국 '성스럽지 않은 것'은 싫어하는 것이다. 그런데 '성스러움과 성스럽지 않은 것'은 감정으로 느끼는 '호오好惡' 일뿐이지, 그것이 불변의 사실이 아니다. 살면서 누구나 싫은 사람과 좋은 사람이 구분되고, 좋은 사람은 가까이하려고 하고 싫은 사람은 멀리하려고 한다. 그리고 그 사람들은 볼 때마다 이 사람은 '좋은 사람', 저 사람은 '싫은 사람'으로 규정짓고 바라보게 된다. 그러나 정말 그 사람들이 좋은 사람인지, 나쁜 사람인지는 알 수 없다. 좋게 행동하면 좋은 사람이라고 불리고, 나쁘게 행동하면 나쁜 사람이라고 불릴 뿐이다. 다만 내가 그렇게 그 사람들을 '그런 사람'이라고 규정하고 생각할 뿐이지, 그 사람이 그런 모습으로 존재存在하지 않는다.

다르게 말하면 자기 자신이 그런 스타일을 좋아하거나 싫어할 뿐, 대상은 절대로 좋거나 나쁘지 않다는 것이다. 만약 그가 정말 나쁜 사람이라면 그 주위에는 아무도 없어야 옳다. 그러나 현실을 보면 전혀 그렇지 않다. 내가 나쁘다고 말하는 그 사람 주위를 자세히 보면 그를 좋아하는 사람도 늘 있게 마련이다. 그뿐만 아니라 내가 좋다고 말하는 사람도 다른 사람이 또 싫어하는 것을 쉽게 볼 수 있다. 그렇게 모든 것이 다 실체實體도 없이 허망하게 이름만 있는데도 불구하고 실체를 찾으려 하니 찾을 수 없는 것이다.

문수 보현과 관음삼매觀音三昧

有一般學人 向五臺山裏 求文殊 早錯了也. 五臺山無文殊. 爾欲識文殊麼? 秖爾目前用處. 始終不異處處 不疑此箇 是活文殊 爾一念心 無差別光 處處 總是眞普賢. 儞一念心 自能解縛 隨處解脫 此是 觀音三昧法. 互爲主伴 出則一時出 一卽三 三卽一. 如是解得 始好看敎.

임 제 보통 학인學人들은

오대산 안에 가서 문수를 구하는데,

벌써 틀려버린 것이다.

오대산엔 문수가 없느니라.

너희는 문수를 알고 싶은가?

다만 네 눈앞에서 쓰이는 처處이다.

처음부터 끝까지 다르지 않은 것이

처處와 처處라는 것을 의심하지 않는

이 사람이 바로 살아 있는 문수이고,

너의 한 생각 마음에

차별하는 빛이 없는 처處와 처處는

모두가 바로 참다운 보현普賢인 것이다.

너의 한 생각 마음은

스스로 능히 결박을 풀 어야

따르는 처處도 해탈하는 것이니,
이것이 바로 관음의 삼매법三昧法이다.
서로 주관과 짝이 되어 주기에
나올 때는 곧 한꺼번에 나오는 것이며,
하나가 곧 셋이요 셋이 곧 하나가 되는 것이다.
이렇게 이해해야 비로소
부처님의 가르침을 잘 본 것이다.

● 有一般學人 向五臺山裏 求文殊 早錯了也. 五臺山無文殊. 爾欲識文殊麽? 秖爾目前用處 始終不異 處處不疑 此箇 是活文殊 爾一念心 無差別光 處處 總是眞普賢.
임제: 보통 학인學人들은 오대산 안에 가서 문수를 구하는데, 벌써 틀려버린 것이다. 오대산엔 문수가 없느니라. 너희는 문수를 알고 싶은가? 다만 네 눈앞에서 쓰이는 처處이다. 처음부터 끝까지 다르지 않은 것이 처處와 처處라는 것을 의심하지 않는 이 사람이 바로 살아 있는 문수이고, 너의 한 생각 마음에 차별하는 빛이 없는 처處와 처處는 모두가 바로 참다운 보현普賢인 것이다.

보통은 문수를 친견하겠다고 문수의 상주처常住處로 알려진 오대산으로 향하게 된다. 우리나라도 중국의 영향으로 강원도에 오대산이 있고, 거기에 적멸보궁도 있다. 문수를 친견하려는 탐방객探訪客 또한 끊이지 않는다. 그러나 거기에선 문수를 만날 수도 없고 설사 만났다고 할지라도 그것은 다 꿈과 환상이며 자기만족일 뿐이다.

문수는 지혜를 상징하는 인물이다. 만약에 어떤 사람이 진정으로 문수를 만났다면 지혜가 드러나야 진정 만났다고 할 것이다. 그래서 임제는 눈앞에 쓰이고 있는 처가 처음부터 끝까지 내입처內入處와 외입처外入處라는 사실을 확실히 알아서 조금도 의심하지 않는 이 사람이 바로 문수라고 한 것이다.

의심이란 내가 기대하는 생각과 다를 때 일어나는 마음 작용이다. 즉 의심이 일어나 믿지 못하는 것은 내입처內入處와 외입처外入處의 작용 때문에 눈앞의 세상이 펼쳐진다는 사실을 이해하지 못하기 때문이다. 따라서 대상과 인식 작용과의 관계를 분명하게 알아야 의심이 사라져 문수가 드러나는 것이다.

문수가 지혜의 상징이라면 보현은 평등한 실천의 상징이다. 평등한 실천의 장애는 비교하여 차별하는 마음이다. 예를 들어 형색이 초라한 어린 아이를 만났다고 치자 일단 저 아이가 내 아이인지 아닌지에 따라 차별적인 행동이 자연스레 나오게 되어 있다. 내 아이라면 안타까운 마음에 위로하고 데려다가 깨끗하게 씻기고 부족함이 없는지 세심히 살필 것이다.

그러나 내 아이가 아니라면 잠깐 안타깝게 생각할 뿐 더러우니까 내 옆에 안 왔으면 좋겠다는 마음을 일으키고 자리를 피하게 된다. 이렇게 대상을 어떤 선입견으로 차별하고 있느냐에 따라 평등한 실천에 장애를 가져오게 되는 것이다. 따라서 진짜 보현을 만나려면 처와 처에서 차별 없이 비추는 안목을 얻어야 한다. 그래야만 비로소 보현을 친견했다고 할 것이다.

● 儞一念心 自能解縛 隨處解脫 此是觀音三昧法. 互爲主伴 出則一時出 一卽三 三卽一. 如是解得 始好看教.
너의 한 생각 마음은 스스로 능히 결박을 풀어야 따르는 처處도 해탈하는 것이니, 이것이 바로 관음의 삼매법三昧法이다. 서로 주관과 짝이 되어 주기에 나올 때는 곧 한꺼번에 나오는 것이며, 하나가 곧 셋이요 셋이 곧 하나가 되는 것이다. 이렇게 이해해야 비로소 부처님의 가르침을 잘 본 것이다.

임제는 한 생각 마음이 스스로 결박을 풀어야 따르는 처도 해탈하는 것이라고 했는데, 무슨 의미일까? 여기서 '수처隨處'라는 의미를 분명히 알아야 한다. 이 '수처'의 개념은 임제록에서 여러 번 등장하는데, 이것을 제대로 이해하지 못하면 임제록은 이상한 방향으로 흘러간다. 앞에서 이미 설명했지만 중요한 개념이니 다시 설명하려고 한다. '수처隨處'는 '따르는 처處'란 뜻인데, 처는 '십이처'로 '내입처內入處와 외입처外入處'를 말한다. 본래 내입처內入處와 외입처外入處를 의지해서 아는 작용이 일어나게 되는데 이때 '내입처內入處가 외입처外入處를 상대한다는 인식識'으로 전환된다. 이 생각은 곧 '나는 대상을 본다.'라는 기본 의식만 형성하고, 자신은 대상에 포함되지 않도록 '본다는 의식'만 남긴 채 삭제하게 된다. 따라서 대상만 보일 뿐 자신은 보이지 않지만 '내가 본다.'라는 의식은 있는 것이다. 이것이 처의 작용이니, '따르는 처를 따르는 것'은 언제나 주관이 서 있게 되므로 '자아가 있다.'라고 생각하게 만들고, 또한 '모든 것'을 실체實體로 바라보게 한다. 그렇기에 '처를 따르는 관점에서 벗어나는 것'이 '자신의 결박을 풀어버리는 것' 즉, 해탈하게 되는 것이다.

임제는 이렇게 보는 게 관음의 삼매법이라고 말하면서, 서로 주관과 짝이 되어 주니 '나올 때는 곧 한꺼번에 나오고 하나가 곧 셋이요 셋이 곧 하나가 된다.'라고 알 수 없는 말을 했다. 여기서 셋이란 '내입처內入處'와 '외입처外入處' 그리고 '앎識'을 말하는데 서로가 서로에게 의지해 있으므로 나올 때는 한꺼번에 나오는 것이다.

즉 내입처內入處가 작동했다는 말은 외입처外入處도 작동했고, 내외입처內外入處가 작동했기에 '인식 작용識'도 드러난 것이다. 이 세 가지는 서로에게 의지해 있으므로 하나와 같다. 그래서 나오면 동시에 나오고 나누면 셋으로 말할 수 있고 또 셋을 하나로 말할 수도 있는 것이다. 이런 것이 바로 '호위주반互爲主伴'의 '관음삼매법觀音三昧法'이며 이렇게 보아야 제대로 경전을 본 것이다. 만약 법화경法華經의 '관세음보살보문품觀世音菩薩普門品'을 읽고 관세음보살이 '우리의 소원을 낱낱이 들어준다.'라는 내용만 눈에 들어오고, '호위주반互爲主伴'의 내용을 읽고도 눈에 들어오지 않았다면 경을 보긴 했으나 잘못 본 것이라고 지적한 것이다.

밖을 향해 찾지 말라!

師示衆云 如今學道人 且要自信 莫向外覓! 總上他閑塵境[1] 都不辨邪正. 秖如 有祖有佛 皆是 敎迹中事. 有人拈起[2] 一句子語 或隱顯中出 便卽疑生 照天照地[3] 傍家尋問 也[4]大忙然 大丈夫兒 莫秖麽[5]論主論賊 論是論非 論色論財 論說[6]閑話過日.

임제가 대중에게 법문法門했다.

임제 만약 지금 도를 배우는 사람이라면

스스로를 믿는 게 매우 중요하니

밖을 향하여 찾지 말라!

모두가 다 저 번뇌가 드리운 대상을 받들기에

전부가 다 삿되고 바른 것도 가리지 못하는 것이다.

예컨대 조사가 있거나 부처가 있으면

모두 다 부처님 경전이라고 하는 것이다.

어떤 사람이 일구의 법문法門을 집어 들었거나

혹은 알쏭달쏭한 게 나와서 바로 의심이 생기게 되면

허둥지둥 갈팡질팡하며 주변을 찾아가

---

1 閑塵境:시시한 소리를 하는 것, 막혀있는 번뇌 대상
2 拈起: 손끝으로 들어 올리는 것
3 照天照地: 허둥지둥 갈팡질팡하다
4 也: 문어의 역亦과 같다.,수雖의 뜻.
5 秖麽: 다만 …뿐. 只沒이라고도 쓴다.
6 論說: 왈가왈부하다.

물어봐야 망연자실할 것이니,

대장부라면 다만 주인과 도둑, 옳음과 그름,

여자나 재물이나 논하며 왈가왈부하며

시간 보내지 말아야 한다.

● 師示衆云 如今學道人 且要自信 莫向外覓! 總上他閑塵境 都不辨邪正 秪如 有祖有佛 皆是教迹中事
임제가 대중에게 법문法門했다./ 임제: 만약 지금 도를 배우는 사람이라면 스스로를 믿는 게 매우 중요하니 밖을 향하여 찾지 말라! 모두가 다 저 번뇌가 드리운 대상을 받들기에 전부가 다 삿되고 바른 것도 가리지 못하는 것이다. 예컨대 조사가 있거나 부처가 있으면 모두 다 부처님 경전이라고 하는 것이다.

임제는 자기 자신을 믿어야지 밖을 향해서 찾지 말라고 했다. 여기서 자기 자신을 믿으라는 것은 결국 대상을 보는 것도 자신이고 그 대상도 모두 자신이 만든 대상이기 때문이다. 자신이 만들어 놓고 자신이 바라보고 있으니 밖에서 찾는다고 찾아질 리가 없기 때문이다. 그렇게 밖에서 찾아봐야 그것들은 정사邪正를 구분하지 못한다는 것이다. 왜냐하면, 밖에서 찾는 모든 것들은 언어에 의지해서 판단하므로 양극단에 치우쳐 있다.

예를 들어 세상에서는 어떤 것이든 반드시 있거나 없지, 있으면서 없거나, 없으면서 있을 수 없다. 그래서 있는 쪽에 붙던지 없는 쪽에 붙어서 생각하게 되고, 그것이 옳다고 주장하게 된다. 그런데 여기서 "'있다는 것'인 존재存在와 '없다는 것'인 비존재存在를 어떻게 나는 알지?"라는 과정을 밝히지 않고 존재存在와 비존재非存在를 논하는 것이기 때문에 '어느 쪽이 심정적으로 옳다.'고 말하는 것으로 '단순한 편들기'일 뿐이니 옳고 그름을 가리지 못하는 것이다. 결국, '외부에서 그 원인을 찾는 것'은 근본적인 원인을 절대로 확인할 수 없기에 서로 간의 '나는 옳고 너는 그르다.'라는 주장만 난무할 뿐, 시원한 결론은 끝내 없는 것이다. 이런 종류의 말들은 받들고 따라해 봤자 모두 번뇌가 포함된 대상이라 삿된 것과 바른 것도 구분하지 못한다는 것이다.

그래서 임제는 부처님이나 조사가 등장한다고 해서 부처님께서 가르치신 일이라고 생각해서는 안 된다고 했다. 우리가 부처님 법을 배우는 데 있어, 옳은 것이라면 반드시 따라야겠지만 옳지 않다면 그것이 아무리 부처님이 말했다고 하더라도 버려야 한다. 우리 주변에는 부처님 말씀을 도용한 잘못된 가르침이 부지기수로 많다. 공부하는 이는 무엇이 옳고 무엇이 그른지를 따질 수 있는 안목이 선행되어야만 한다. 만약 안목이 생기지 않았다면 아무것도 할 수 없는 것이다. 그래서 부처님께서도 바른 견해를 해탈에 이르는 으뜸 덕목으로 뽑은 것이다.

● 有人 拈起一句子語 或隱顯中出 便卽疑生 照天照地 傍家尋問 也大忙然 大丈夫兒 莫秖麽 論主論賊 論是論非 論色論財 論說閑話過日.

어떤 사람이 일구의 법문法門을 집어 들었거나 혹은 알쏭달쏭한 게 나와 바로 의심이 생기게 되면 허둥지둥 갈팡질팡하며 주변을 찾아가 물어봐야 망연자실할 것이니, 대장부라면 다만 주인과 도둑, 옳음과 그름, 여자나 재물이나 논하며 왈가왈부하며 시간 보내지 말아야 한다.

어떤 사람이 조사의 일구 법문法門을 집어 들거나 혹은 알쏭달쏭한 문제를 접하면 조급한 마음에 갑자기 의문이 생기면 답답해하며 하늘도 보고 땅도 보며 우왕좌왕하다가 도저히 이해할 수 없어 주위에 가서 물어보겠지만 그 역시 몰라서 망연자실 할 것이니 쓸데 없는 데 시간 보내지 말고 공부하라고 말했다.

아마 임제가 활동하던 당시에 승려들도 수행이 재미없었나 보다. 사람들은 흥미로운 일이 있으면 그것에 집중하게 된다. 승려가 수행에 집중할 수 없는 이유는 그것이 흥미롭거나 신기하지 않고 지루한 일상이 반복되기 때문이다. 그러니 이것은 내 것이니 내가 주인인데 네가 허락 없이 가져갔으니 도둑이라 하고, 나의 주장이 옳고 너의 주장은 틀렸다고 시비하며, 저 사람은 잘생겼고 재산이 얼마이고 하면서 쓸데없는 잡담을 한 것 같다. 이러한 문제는 시간과 공간을 뛰어넘어 지금도 크게 다르지 않다. 만약 이 글을 계속해서 잘 읽어 왔다면 '자신 또한 그렇게 하고 있는 것은 아닌지?' 찬찬히 되돌아 보아야 할 것이다.

대상이란 바탕에 올라탄 게 사람

山僧此間 不論僧俗. 但有來者 盡識得[1] 伊任伊向 甚處出來[2]. 但有[3]聲名文句 皆是夢幻却見 乘境底人 是諸佛之玄旨[4]. 佛境不能自稱 我是佛境 還是這箇 無依道人 乘境出來. 若有人出來 問我求佛 我卽應淸淨境出 有人問我菩薩 我卽應 慈悲境出 有人問我菩提 我卽應 淨妙境出 有人問我涅槃 我卽應寂靜境出. 境卽萬般差別 人卽不別所以 應物現形如水中月.

임제 산승山僧은 이곳에서 승속을 논하지 않는다.

다만 온 사람들은 그가 담당하고 그가 향하는 게

무슨 처處에서 나오는지 남김없이 알아야 한다.

모든 들리는 이름이나 문구는 모두

꿈과 환상으로 버려야 할 견해이지만

대상에 올라탄 게 사람이라는 이것은

모든 부처님의 심오한 뜻이다.

'부처라는 대상'은 내가 바로 '부처라는 대상'이라고

스스로 부를 수 없으니 도리어 이것은

의존함이 없는 도인이

대상에 올라타서 나온 것이다.

---

1 識得: 그 본질을 간파하다, 궁구하다.

2 出來: 안에서 밖으로 나오다, 출현하다, 얼굴을 내밀다, 생기다, 나오다

3 但有: 모든, 전부.「所有」「應有」「但是」「所是」와 같다. 반드시 명사 위에 놓이며 그 명사는 주어가 된다.

4 玄旨: 심오한 도리, 현지, 심오한 이치

만약 어떤 사람이 와서
나에게 부처 구하는 것을 묻는다면 나는 바로
깨끗한 대상이 나오는 것이라고 대답할 것이고,
어떤 사람이 나에게 보살을 묻는다면 나는 바로
자비스러운 대상이 나오는 것이라고 대답할 것이며,
어떤 사람이 나에게 깨달음을 묻는다면 나는 바로
깨끗하고 오묘한 대상이 나오는 것이라고 대답할 것이고,
어떤 사람이 나에게 열반을 묻는다면 나는 바로
고요한 대상이 나오는 것이라고 대답할 것이다.
대상은 가지가지로 차별되더라도
사람이 분별하지 않는 까닭에
사물에 나타나는 형태에 대한 반응도
물속의 달과 같은 것이다.

● 山僧此間 不論僧俗. 但有來者 盡識得 伊任伊向 甚處出來.
임제: 산승山僧은 이곳에서 승속을 논하지 않는다. 다만 온 사람들은 그가 담당하고 그가 향하는 게 무슨 처處에서 나오는지 남김없이 알아야 한다.

깨달음에는 승속이 따로 존재存在하지 않는다. 깨달음은 행복하게 살아가기 위해 반드시 얻어야 할 것이지 남을 지배하거나 남보다 뛰어나기 위해서 필요한 것이 아니다. 또한, 이 행복은 세속에 살아서 얻지 못하고 출가했다고 얻는 문제도 아니다. 세속에 산다고 할지라도 이 마음의 법칙을 확실하게 보고 깨달았다면 그는 이미 일을 끝낸 것이고, 출가해서 살아도 마음의 법칙을 알지 못했다면 눈뜬 장님일 뿐이다. 그래서 임제는 사람들이 담당하고 향하는 그것이 어느 곳에서 나오는지 남김없이 알아야 한다고 했다.

그런데 무엇을 담당하고 무엇에 향하며 또 어디에서 나온다는 것일까? 물론 이것이 끝까지 궁구해서 '알아야 하는 것'이다. 내입처內入處와 외입처外入處는 서로를 향하고 서로를 담당한다. 이미 앞의 '호위주반互爲主伴'이란 관음 삼매를 설명하면서 이미 설명했으니 잘 모르겠으면 그 부분을 다시 살펴보길 바란다. 그러므로 승속을 막론하고 알아야 할 곳은 바로 이 '내외의 입처入處'인 것이다.

● 但有聲名文句 皆是夢幻却見 乘境底人 是諸佛之玄旨.
모든 들리는 이름이나 문구는 모두 꿈과 환상으로 버려야 할 견해이지만 대상에 올라탄 게 사람이라는 이것은 모든 부처님의 심오한 뜻이다.

들리는 모든 이름이나 문구는 꿈과 환상이니 버려야 할 견해라고 말했는데 그 이유는 언어적으로 사유를 했기에 존재存在로 판단했다는 것이다. 즉 대상에 본래부터 그런 존재存在가 있어 그 성품을 드러낸다고 하는 잘못된 견해를 지적한 말이다.

예를 들어 여기에 컵이 있다고 하자! 그러면 사람들은 컵은 본래부터 있었고 그 컵의 성질은 물을 담는 성질을 가졌다고 생각한다. 그러나 사실 컵은 물을 담는 용도로 썼기 때문에, 컵이란 이름이 붙은 것뿐이다. 즉 컵 속엔 그 어떤 컵도 없다. 이렇게 쓰임과 용도라는 대상의 성질에 올라타서 그것의 존재存在가 드러날 뿐이다. 그래서 그것을 임제는 '승경저인乘境底人'이라고 했다. 이것은 '대상이란 바탕에 올라탄 사람'이라고 해석할 수 있는데, 대상이란 바탕에 올라탄다는 게 무슨 의미일까?

사람들은 보통 '부처'라고 말하면 '부처라는 실체實體'가 있다고 생각한다. 그런데 사실 알고 보면 부처는 '부처라는 대상'이 이미 마음에 개념화되었고, 그 개념을 비교하여 그것과 같다고 판단되면 그를 부처라고 생각하게 된다. 그러니 '실제 대상으로 여기는 그것'은 '대상이란 개념 즉 바탕 위에 올라타고 있는 것'이 되는 것이다. 이것이야말로 부처님께서 가르치신 심오한 뜻이라고 임제는 밝히고 있다. 이것이 바로 임제가 말하는 '불법의 대의大意'인 것이다.

● 佛境 不能自稱 我是佛境 還是這箇 無依道人 乘境出來.
'부처라는 대상'은 내가 바로 '부처라는 대상'이라고 스스로 부를 수 없으니 도리어 이것은 의존함이 없는 도인이 대상에 올라타서 나온 것이다.

부처는 스스로 내가 부처라고 할 수 없다. 만약 부처가 있어서 자신이 부처라고 하는 순간 그는 부처가 아니기 때문이다. 이러한 딜레마는 언어로 생각하기 때문에 생겨나는 문제이다. 마치 '지금 이 글은 가짜이다.'라는 명제와 같다. 만약 이 글이 가짜가 맞는다면 글의 내용은 참이 되지만 글 자체는 거짓이 된다. 또 이 글이 진짜라면 이 글 자체의 내용은 거짓이 되고 글은 참이 된다. 이렇게 언어로 생각하면 끊임없는 딜레마에 빠지게 된다. 따라서 언어의 사유를 벗어나야 그 진실을 마주할 수 있다.

부처는 '부처라는 실체實體'로 존재存在하는 것이 아니라 부처의 삶을 살아가면 그를 부처라고 부르는 것이다. 그래서 부처의 성질을 임제는 무의도인無依道人이라고 말했다. 의존함이 없는 도인이 바로 부처라는 것이다. 따라서 부처란 '언어에 의존하여 실체로 생각하지 않는 사람'이니 그 개념을 타고 나타난 게 바로 부처라고 한 것이다. '언어의 사유를 벗어나야 한다.'라고 다시 언어로 말하니 굉장한 모순처럼 비추어진다. 그래서 선사들이 언어보다 '방棒'이나 '할喝' 같은 몸짓을 먼저 쓴 것이다.

● 若有人出來 問我求佛 我卽應淸淨境出 有人問我菩薩 我卽應 慈悲境出 有人問我菩提 我卽應 淨妙境出 有人問我涅槃 我卽應 寂靜境出.
만약 어떤 사람이 와서 나에게 부처 구하는 것을 묻는다면 나는 바로 깨끗한 대상이 나오는 것이라고 대답할 것이고, 어떤 사람이 나에게 보살을 묻는다면 나는 바로 자비스러운 대상이 나오는 것이라고 대답할 것이며, 어떤 사람이 나에게 깨달음을 묻는다면 나는 바로 깨끗하고 오묘한 대상이 나오는 것이라고 대답할 것이고, 어떤 사람이 나에게 열반을 묻는다면 나는 바로 고요한 대상이 나오는 것이라고 대답할 것이다.

부처는 깨끗한 대상으로, 보살은 자비스러운 대상으로, 깨달음은 깨끗하고 오묘한 대상으로, 열반은 고요한 대상으로 드러나는 것이라고 한 것이다. 부처는 외부의 어떤 노력을 통해 부처를 구해 장착하거나 내면에 깊이 침잠해서 안락한 시간을 보내는 것으로서 얻어지는 게 아니란 말이다. 다만 처가 깨끗할 때 만물이 거울처럼 비추게 되고 그렇게 그대로 드러나는 것을 부처라고 부른다는 것이다.

● 境卽萬般差別 人卽不別所以 應物現形 如水中月.
대상은 가지가지로 차별되더라도 사람이 분별하지 않는 까닭에 사물에 나타나는 형태에 대한 반응도 물속의 달과 같은 것이다.

세상의 모든 사물은 차별을 통해서 구분하게 된다. 그러나 이 차별이 마음의 작용에서 느낌이라는 감정에 영향을 받으면 애착과 혐오가 일어나게 된다. 이렇게 애착과 혐오가 일어나면 얻으려는 마음과 버리려는 마음으로 갈라지고 결국 번뇌로 이어지는 것이 연기의 구조이다. 그러면 애착하는 것은 가지려고 하고 가지려는 온갖 업業을 짓게 된다. 그런데 이렇게 해서 얻는 '획득의 행복'은 영원하지 않고 시간이 지남에 따라 획득한 그것들은 결국 '그냥 다 버릴 수밖에 없는 쓰레기'로 변하게 된다.

그런데도 중생은 어리석어 '자기의 소유로 할 수 있는 게 아무것도 없다.'라는 사실을 깨닫지 못하고 평생 허황한 대상만을 좇다가 일생을 마감한다. 그렇다면 어떻게 해야 이것에서 벗어날 수 있을까? 대상이 아무리 천차만별이라도 '변함없이 무상하다는 것'을 인식하고, 대상을 소유의 개념으로 보지 않아야 한다. 마치 깨끗한 거울이 사물을 왜곡 없이 비추기만 하는 것처럼 나에게 드러나는 대상도 그와 같다고 이해한다면 거울 속의 대상을 두고 애착하지 않을 것이다.

세워진 처는 모두 진실하다立處皆眞.

道流! 爾若欲得如法 直須是大丈夫兒 始得[1]. 若萎萎隨隨地[2] 則不得也. 夫如𨋎嗄[3](上音西 下所嫁切)之器 不堪[4]貯醍醐 如大器者 直要不受人惑. 隨處作主 立處皆眞 但有來者 皆不得受.

임제 수행자여!

네가 만약 여법해지려면

결국 대장부가 되어야만 비로소 얻을 수 있다.

만약 유약하고 수동적이라면 곧 얻지 못할 것이다.

대저 깨진 소리 나는 그릇은

제호醍醐를 저장할 수 없으니

큰 그릇이라면 사람들의 어리석음을

곧장 받아 들이지 않을 것이다.

따르는 처處가 주관을 지었기에

세워진 처處는 모두 진실하니,

단지 존재로 오는 것은 모두

받아들이지 말아야 한다.

●道流! 爾若欲得如法 直須 是大丈夫兒 始得 若萎萎隨隨地 則不得

1 直須…始得: …가 아니면 안 된다. 須是…始得
2 萎萎隨隨地: 타인의 말에 휘둘려서 자신의 자리를 정하지 못하는 모양
3 𨋎嗄: 물건에 금이 가는 소리.
4 不堪: 견딜 수 없다,…할 수 없다, 심하다, 몹시 나쁘다

也.

임제: 수행자여! 네가 만약 여법해지려면 결국 대장부가 되어야만 비로소 얻을 수 있다. 만약 유약하고 수동적이라면 곧 얻지 못할 것이다.

수행자는 좋은 스승을 만나야 깨달음에 쉽게 접근할 수 있다. 경전에 의하면 여래는 길을 스스로 찾았고, 아라한은 여래의 안내에 따라서 찾았을 뿐, 그 깨달음의 크기는 조금의 차이도 없다고 한다. 만약 수행자가 상대방을 스승으로 삼으려면 반드시 스승의 자격을 검증해 보아야 할 것이다. 자신은 깨달음을 얻지 못하고도 마치 깨달은 것처럼 거짓 스승 행세하는 사람이 너무 많기 때문이다. 그래서 부처님께서는 '나의 법은 와서 보라고 할만한 법이고, 와서 들어보라고 할만한 법'이라고 말씀하신 것이다.

법을 들어보고 확인한 다음에 믿고 실천해야 하거늘 검증도 안 된 스승을 무작정 따라간다면, 소경이 다른 소경에게 길 안내를 부탁하는 격이니 어리석기 그지없는 것이다. 그렇기에 대장부라면 아무리 스승이 하는 말이라도 반드시 의심하고 왜 그런지를 궁구해야 비로소 깨달음에 접근하는 것이다. 만약 스승의 말이 무조건 옳다고 여겨 따라가는 태도는 수동적이고 유약해서 잘못될 가능성이 매우 크다. 그러려면 잘못된 것을 끝까지 밝혀내는 불굴의 의지를 보일 수 있는 사내대장부의 용감함이 필요한 것이다. 그래서 임제는 여법함을 얻으려면 사내대장부라야 얻을 수 있다고 말한 것이다.

●夫如甀嗄(上音西 下所嫁切)之器 不堪貯醍醐 如大器者 直要不受人惑.

대저 깨진 소리 나는 그릇은 제호醍醐를 저장할 수 없으니 큰 그릇이라면 사람들의 어리석음을 곧장 받아 들이지 않을 것이다.

'제호'는 염소의 젖을 농축시킨 것을 말하는 데 아주 귀한 음식을 말한다. 싯다르타 태자가 6년 만에 고행을 포기하고 '수자타'라는 여인에게 받아 드신 음식이 제호로 끓인 유미죽이다. 깨진 그릇에는 최상의 진리를 담을 수 없다. 다시 말해 진리를 추구하는데 어딘가 흠결이 있으면 진리를 담을 수 없기에 완전무결해야 한다고 말하는 것이다. 물론 깨진 그릇도 그릇이긴 하다. 그러나 그 그릇은 완전한 그릇이 아니므로 그릇의 역할을 온전히 할 수 없다.

진리는 완전해야 하므로 흠결이 있거나 문제가 있는 생각을 끼워 넣고 생각하면 안 된다. 예를 들어 지옥이나 천당, 윤회 같은 개념들이다. 이런 개념들은 반드시 증명이 필요한 개념이지만 아무도 증명한 적도 없고 증명할 수도 없다. 그래서 참으로 허탈하더라도 별수 없이 그냥 믿는 것이다. 그러나 대장부라면 그래서는 안된다는 것이다.

그래서 부처님께서 제일 먼저 가르치신 것도 증명할 필요가 없이 모든 것을 스스로 확인할 수 있고 남들도 똑같이 확인 가능한 다섯 가지인 오온五蘊으로 사유를 한정해야 한다는 것이다. 그래야 깨지지 않은 옹기가 되어 최고의 진리인 제호를 담을 수 있다는 것이다. 그래서 부처님께서 '오온五蘊이 모든 것一切'이라고 강조하여 말씀하신 것이다.

큰 그릇의 사람이라면 세상 사람들의 어리석은 생각을 받아들이지 말아야 한다. 깨달음으로 나아가는 여정의 시작은 바로 '바른 견해'로 부터 비롯되는 것이다. 만약 견해가 올바로 서지 않았다면 그 수행은 시작부터 어그러졌으므로 그 끝은 하늘과 땅만큼의 격차가 벌어질 것이다.

● 隨處作主 立處皆眞 但有來者 皆不得受.
따르는 처處가 주관을 지었기에 세워진 처處는 모두 진실하니, 단지 존재로 오는 것은 모두 받아들이지 말아야 한다.

그릇이 큰 사람이 받아들이지 말아야 할 그 어리석은 생각이 바로 '수처작주隨處作主 입처개진立處皆眞'이란 말이다. 이 말은 워낙에 유명한 말이라서 누구나 한 번쯤은 들어본 이야기일 것이다. 그러나 우리가 알고 있는 해석과는 너무나 다른 말이다. '따르는 처가 주관을 지으니 세워진 처는 모두 진실하다.'라는 게 제대로 된 해석이다.

내가 지금 대상을 보고 있다면 벌써 주관이 대상인 세상을 보고 있다고 인식하는 것이다. 그렇기에 세워진 처處에서는 온갖 사물이 다 열거하고 배치되어있기에 거짓이란 생각이 전혀 들지 않는다. 그래서 중생은 그 보이는 대상이 진실하니 소유하려 좇지만, 수행자라면 그렇게 나타난다고 해서 무조건 받아들여서는 안 된다는 것이다. 자세히 살펴보고 그것이 어떤 과정으로 내게 이렇게도 진실하게 다가오는지 반드시 의심하고 또 의심해야 한다.

이 '수처작주隨處作主 입처개진立處皆眞'의 의미를 명확히 알아야 비로소 임제록이 제대로 이해될 뿐만 아니라 부처님께서 말씀하신 '법'의 의미도 아울러 이해할 수 있다. 주관은 따르는 처 때문에 세워지는 것이다. 이렇게 세워진 처處에서는 모든 것이 마치 '진짜 세상을 보는 것'처럼 구현되기에 그 모습에 모두 속아 그것이 가짜라는 사실을 전혀 의심하지 못하는 것이다. 그래서 내게 드러나는 대상들이 어떻게 해서 드러나게 되는지를 궁구해야만 '처處의 작용'을 비로소 알아낼 수 있다.

이것은 대상에 대해 아무도 의심하지 않는 그 자리를 의심해서 얻어지는 것이다. 이렇게 해서 알고 나면 모든 생각이 뒤집히는데 그런 후에야 소유에 대한 집착이 떨어지기 시작하는 것이다. 그전에는 제아무리 별의별 짓을 다 할지라도 그 욕망을 잠시 미뤄 놓을 순 있을지라도 절대로 사라지지 않는다.

모든 대상이 그렇게 존재로 느껴지고 다가오는 이유도 다 이 처處의 작용 때문이다. 그렇기에 존재로 느껴지는 것은 그 무엇도 받아들여서는 안 되는 것이다.

사물이 오면 비추어 보라

爾一念疑 卽魔入心 如菩薩疑時 生死魔得 便但能息念 更莫外求 物來則照. 爾但信現今用底 一箇事也無. 爾一念心 生三界 隨緣被境 分爲六塵. 儞如今應用處 欠少什麽? 一剎那間 便入淨入穢 入彌勒樓閣 入三眼國土 處處遊履 唯見空名.

임제 너의 한 생각 의심은 곧

마魔가 마음에 들어간 것이고

만약 보살이 의심했을 때는

생사生死의 마魔를 방편으로 얻은 것이니

곧바로 다만 능히 생각을 멈추려 한다면

절대로 밖에서 구하지 말고

사물이 오면 바로 비춰보아야 한다.

너는 다만 지금 쓰이는 기반을 믿지만

하나의 독단적인 사건은 진실로 없다.

너의 한 생각 마음이 낳은 삼계는

인연 따라서 대상이 씌워졌으니

나누면 육진六塵이 된다.

너희들이 지금까지 대응해서 쓰는 처處가

무엇이 모자라던가?

한순간에 곧 깨끗한데 들어가고 더러운 데 들어가며,

미륵彌勒 부처님의 누각樓閣에 들어가고
삼안三眼국토에도 들어가지만,
처處와 처處를 밟고 돌아다녀도
오로지 공허한 명칭만 볼 수 있을 뿐이다.

●爾一念疑 卽魔入 心如菩薩疑時 生死魔得便 但能息念 更莫外求 物來則照.
임제 너의 한 생각 의심은 곧 마魔가 마음에 들어간 것이고 만약 보살이 의심했을 때는 생사生死의 마魔를 방편으로 얻은 것이니 곧바로 다만 능히 생각을 멈추려 한다면 절대로 밖에서 구하지 말고 사물이 오면 바로 비춰보아야 한다.

의심이라고 모두 같은 것은 아니다. 보통 중생이 의심하는 것은 남의 말을 믿지 못해 하는 의심이니 그것은 남을 믿지 못하는 불신을 낳는다. 그렇게 되면 세상은 그야말로 난장판이 되고 만다. 그래서 임제는 마가 들어갔다고 말한 것이다. 보살이란 부처가 되기 전의 삶을 보살이라고 부르는데, 이 보살이 의심할 때는 방편상 의심을 했다는 것이다. 그렇기에 마음을 쉬려면 절대 밖에서 구하지 말고 물건이 오면 바로 비춰보라고 한 것이다.

여기에서 '비추라'라는 말을 쉽게 생각하면 안 되는데, 비추라는 것은 어떻게 그 사건이 일어나게 되는지의 전 과정을 이해하라는 것이다. 따라서 무작정 의심하지 말고 사실관계를 확인하라는 말이다. 대상으로 다가오는 물건들이 있으면 단지 물건이 있다고 인식하고 끝내는 것이 아니라 이 물건이 나에게 분별해서 알아내는 전 과정을 빠짐없이 관찰해보라는 것이다.

사실관계를 확인하지 않고 추측과 의심으로 대상을 판단하면 엉뚱한 결과를 도출하게 된다. 이렇게 세심하게 관찰하지 않으면 언어로 사유하게 되어 어느 한쪽에 치우치게 되는 치명적인 오류를 일으키게 된다. 지금 역자가 하는 이 말을 이해하지 못하면 아직 언어적인 사유에서 벗어나지 못한 것이다. 그렇기에 반드시 생각을 내려놓고 관찰하여 비추어 보라는 것이고 또 그래야만 진리를 확인할 수 있기 때문이다.

● 爾但信現今用底 一箇事也無. 爾一念心 生三界 隨緣被境 分爲六塵.

너는 다만 지금 쓰이는 기반을 믿지만 하나의 독단적인 사건은 진실로 없다. 너의 한 생각 마음이 낳은 삼계는 인연 따라서 대상이 씌워졌으니 나누면 육진六塵이 된다.

지금 내 눈앞에 벌어지고 있는 '모든 것'이 밖에 존재存在하는 게 아니고, 사실은 내가 지어낸 것인데도 믿지 못하고 각각 따로따로 존재存在한다고 생각한다. 그래서 어떤 사건을 언제나 독단적으로 일어났다고 생각한다. 그러나 그런 사건이란 찾아볼 수 없다. 언제나 대상이 대상으로 존재存在하려면 감각 기능과 인식 작용이 함께해야만 사건이 벌어지기 때문이다. 그래서 이것을 연하여 일어난다고 해서 연기緣起라고 하는것이다.

사람들은 눈에 보이는 온갖 사물이 가득한 그 세상에 나도 태어나 살다가 죽어간다고 생각하는 것이다. 내가 그 대상들의 한 부분에 속해 있다고 생각하지만, 사실 눈에 역력하게 보이는 그 대상들이 다 내가 지어낸 사물들에 불과한 것이다. 다만 너무나 완벽하게 보여서 의심조차 일으키지 못하는 것이다. 이것을 임제는 위에서 '입처개진立處皆眞'이라고 한 것이다. 즉 삼계에 내가 태어나 사는 것이 아니라 내가 삼계를 만들어 놓고 그 삼계에 살고 있다고 생각하고 있을 뿐이다.

이렇게 만들어진 삼계는 '내가 경험된 것들에 근거해서 만들어진다.' 라는 것이다. 그래서 시간과 공간이 달라지면 생소하게 느껴지는 것이다. 외국 여행을 가보면 그 사람들은 아무렇지도 않은데 여행을 간 사람만 생소하게 느껴진다. 그것은 서로의 경험치가 다르기 때문이다. 이렇게 경험치가 그가 사는 세상을 그들 입맛에 맞게 만들게 된다. 그렇게 달라진 것들은 '안이비설신의眼耳鼻舌身意'라는 여섯 가지 '감각 기관'이 받아들인 정보를 근거해서 만들어 낸 세계임은 분명하다.

물론 아무런 근거 없이 만든 것은 아니지만 정보가 사실과 완벽하게 같다고 말할 수 없다. 왜냐하면, '감각 기관'의 반응 강도에 따라서도 달라지고 '감각 기관'이 무엇을 느끼는가에 따라 상이相異해지기 때문이다.

눈을 예로 들자면 적외선이나, 자외선, 전파 등도 빛이지만, 우리 인간의 눈이 가시광선만을 구별할 수 있는 것과 같다. 또 눈을 가지고 태어났더라도 색맹인 경우는 빛을 구분하는 한계도 다르다. 그렇게 '감각 기관'이 달라지면 대상도 달라지므로 진짜 대상이 정확하게 무엇인지는 알 수 없다. 다만 내가 보고 있는 모든 게 다 '감각 기관'이 감지한 신호를 바탕으로 '창조해낸 세상인 것'은 분명하다. 이것은 분명하게 하나의 물건이나 하나의 세상으로 보이지만 사실은 여섯 가지 '안이비설신의眼耳鼻舌身意'라는 감각의 작은 조각들을 바탕으로 만들어진 색성향미촉법色聲香味觸法이라서 나누면 육진六塵이라고 한 것이다.

● 儞如今應用處 欠少什麽? 一剎那間 便入淨入穢 入彌勒樓閣 入三眼國土 處處遊履 唯見空名.
너희들이 지금까지 대응해서 쓰는 처處가 무엇이 모자라던가? 한순간에 곧 깨끗한데 들어가고 더러운 데 들어가며, 미륵彌勒 부처님의 누각樓閣에 들어가고 삼안三眼국토에도 들어가지만, 처處와 처處를 밟고 돌아다녀도 오로지 공허한 명칭만 볼 수 있을 뿐이다.

이러한 일들을 벌이는 장소가 바로 '처處'인데 경전에서는 '육입六入'이라고 말했다. 이 '육입'은 '육입처六入處'라고도 부르며 좀 더 분류해서는 '육내입처六內入處'와 '육외입처六外入處'로 구분한다. 임제는 이것을 간단히 '처와 처處處'라고 불렀다. '처처處處'가 비록 '외부에 있는 모든 곳'을 가리키는 말이기는 하나, 여기 임제록에서의 '처처處處'는 마음을 지어내고 쓰는 '육입처六入處'를 말하는 것이다.

이 '육입처六入處'의 작용을 이해하지 못하면 아무런 소용이 없으므로 간단한 예를 들어 이해를 도우려 한다. 만약 자신이 어느 장소에 갔는데 그 장소가 반은 깨끗하고, 반은 더럽다고 생각해 보자! 더러운 곳을 보다가 고개를 돌려 깨끗한 장소를 보면 나에게 드러나 보이던 더러운 장소는 순식간에 눈앞에서 사라지고, 또 내 눈엔 깨끗한 장소가 순식간에 드러나게 됨을 볼 수 있는데, 이것을 임제는 '들어갔다.'라고 표현했다. 이렇게 순식간에 깨끗한 국토이든 더러운 국토이든 미륵이 사시는 누각이든 들어가게 되는 것이다. 다만 이렇게 들어가는 모든 국토는 명칭 즉 개념이 생겨나야 비로소 보이기 시작한다. 그렇기에 내 눈앞에 나열된 모든 게 있는 그대로 보이지 않고 해석된 이미지로만 보이게 된다.

달리 말하면 '보이는 모든 것들'은 나에게 '이미 경험되어 분별 된 이름과 개념'을 통해 걸러진 물건들이 나열된 것이다. 처와 처를 밟고 다녀봐야 오로지 공허한 명칭만 본다.'라는 말이 언뜻 이해가 가지 않을 것이다. 일반적으로 용도가 정해지게 되면 거기에 이름을 붙이게 된다. 즉 이름이 있다는 말은 용도가 이미 정해졌다는 말과 같다. 필요 없다면 굳이 구분하거나 이름을 붙이지 않는다. 그뿐만 아니라 심지어는 용도가 정해지지 않아도 '이름 없는 물건'이라던지 '그 외'라는 등의 말로 뭉뚱그려서 또 이름을 붙이게 된다.

예를 들어 산에 갔다고 치자. 산속엔 수많은 풀과 나무가 있지만 내가 아는 나무만 유독 잘 보인다. 그리고 많이 아는 사람은 여러 가지 나무나 풀을 구별해 낸다. 그러나 모르는 사람은 그냥 나무와 잡초일 뿐이다. 많이 아는 사람은 각각에 이름을 부여했을 뿐이고 모르는 사람은 뭉뚱그려서 나무나 잡초로 불렀을 뿐이다. 그러니 내게 보이는 것은 공허한 이름들 뿐이다. 이러한 것은 대상을 '감각 기관'이 감지해서 전달한 신호를 분석하고 '지어내는 일을 벌이는 곳'이 바로 처處인 것이다. 결국, 내가 어디를 돌아다닌다고 하더라도 다 처에서 벌어지는 일이니, 그 처에서 드러나는 것들이 실체實體가 없이 '공허한 이름만 드러나는 것'은 너무나 당연하다. 마치 티비TV에 보이는 물건들이 낱낱이 구별되나 실체 없이 공허한 것과 같다.

여기서 삼안국토라는 말이 등장하는데 그것은 무슨 뜻일까? 바로 다음에 그 의미가 나오지만, 간단히 말하면 부처님의 눈으로 보는 세상이다. 그 말은 부처님이 보는 세상도 우리가 보는 세상과 다르지 않다는 말이다. 다만 우리가 보는 세상은 오해하고 보는 세상이고 부처님이 보는 세상은 분명히 알고 보는 세상이라는 점이 다른 것이다.

삼안국토三眼國土

問 如何是三眼國土? 師云 我共儞 入淨妙 國土中 著淸淨衣 說法身佛 又入無差別 國土中 著無差別衣 說報身佛 又入解脫 國土中 著光明衣 說化身佛. 此三眼國土 皆是依變. 約經論家 取法身爲根本 報化二身爲用 山僧見處 法身卽不解說法. 所以 古人云 身依義立 土據體論. 法性身 法性土 明知! 是建立之法 依通國土. 空拳黃葉 用誑小兒 蒺藜菱刺 枯骨上覓什麽汁? 心外無法 內亦不可得 求什麽物?

질문 어째서 삼안국토三眼國土입니까?

임제 나와 함께 너희가

깨끗하고 미묘한淨妙 국토에 들어가 청정한 옷을 입으면

법신불法身佛이라 말하고,

또 차별差別 없는 국토에 들어가 차별없는 옷을 입으면

보신불報身佛이라 말하고,

또 해탈解脫 국토에 들어가 광명光明의 옷을 입으면

화신불化身佛이라고 말하는 것이다.

이 삼안국토는 모두 의존이 변한 것이다.

경론 전문가의 입장을 요약하면

법신을 근본根本으로 취하고

보신과 화신을 쓰임用으로 삼는데

산승山僧이 본 처處가 법신이니

곧 잘못 이해하고 법을 설한 것이다.
그래서 옛사람이
'몸身은 뜻에 의지해 세워지고
국토土는 몸體을 근거로 논한다.'라고 말한 것이다.
법성신法性身과 법성토法性土를 분명히 알라!
이것은 건립하는 법칙으로
'의지한 것'을 '국토國土'로 통용하는 것이다.
빈주먹의 누런 잎은 어린아이를 속이기 위해 쓴 것인데,
납가새蒺藜의 가시 무더기와 마른 뼈에서
무슨 물기를 찾겠는가?
마음의 밖엔 법法이 없고 안쪽 또한 얻을 수 없거늘
무슨 물건을 구하겠는가?

● 問 如何是三眼國土? 師云 我共儞 入淨妙國土中 著淸淨衣 說法身佛 又入無差別國土中 著無差別衣 說報身佛 又入解脫國土中 著光明衣 說化身佛 此三眼國土 皆是依變.

질문: 어째서 삼안국토三眼國土입니까?/ 임제: 나와 함께 너희가 깨끗하고 미묘한淨妙 국토에 들어가 청정한 옷을 입으면 법신불法身佛이라 말하고, 또 차별差別 없는 국토에 들어가 차별差別 없는 옷을 입으면 보신불報身佛이라 말하고, 또 해탈解脫 국토에 들어가 광명光明의 옷을 입으면 화신불化身佛이라고 말하는 것이다. 이 삼안국토는 모두 의존이 변한 것이다.

삼안국토三眼國土는 '세 가지 안목의 국토'라는 뜻인데, 임제는 세 가지 국토를 법신과 보신, 화신의 삼신에 배대配對하여 흥미롭게 설명했다. 일반적으로 교학에서는 삼신을 법신불, 보신불, 화신불의 개별적인 존재存在로 설명하는데, 임제는 법신을 미묘하고 깨끗한 국토에 들어가 깨끗한 옷을 입은 것이고, 보신은 차별 없는 국토에서 차별 없는 옷을 입은 것이

며, 화신은 해탈국토에서 광명의 옷을 입은 것이므로 이 세 가지 국토는 모두 무엇에 의지했느냐에 따라서 눈에 다르게 드러난다는 것이다.

이런 세 가지로 다르게 드러나는 국토의 원동력은 바로 의지함이라는 것이다. 즉 세상을 청정한 안목으로 바라보고 청정한 삶을 살아갈 때 그를 법신불이라고 하고, 세상을 차별 없이 바라보고 차별 없이 살아가면 그를 보신불이라고 하고, 모든 얽매임에서 벗어나 있는 그대로 바라보는 안목으로 살아가면 그를 화신불이라고 하는 것이다. 따라서 법신 보신 화신은 모두 무엇을 의지했느냐에 따라 다르게 드러난다는 것이다.

●約經論家 取法身爲根本 報化二身爲用 山僧見處 法身. 卽不解說法. 所以 古人云 身依義立 土據體論. 法性身 法性土 明知! 是建立之法 依通國土.
경론 전문가의 입장을 요약하면 법신을 근본根本으로 취하고 보신과 화신을 쓰임用으로 삼는데 산승山僧이 본 처處가 법신이니 곧 잘못 이해하고 법을 설한 것이다. 그래서 옛사람이 '몸身은 뜻에 의지해 세워지고 국토土는 몸體을 근거로 논한다.'라고 말한 것이다. 법성신法性身과 법성토法性土를 분명히 알라! 이것은 건립하는 법칙으로 '의지한 것'을 '국토國土'로 통용하는 것이다.

일반적으로 경론의 전문가들은 삼신불을 설명할 때 변치 않는 청정한 근본 부처님이 있고 그 부처님의 쓰임으로 보신과 화신으로 본다는 것이다. 예를 들어 여기에 책이 있다고 하자! 책이란 본질이 있고 그것의 쓰임으로 글자와 종이가 있다는 식으로 보는 것이다. 이것을 '체용론體用論'이라고 한다. 그러나 사실은 종이와 글자가 인연을 맺으므로 책이 드러날 뿐이다.

본질이 있어서 상황을 벌이는 게 아니고 조건 때문에 그 본질이 드러나는 것이다. 그래서 법신이 있어서 보신과 화신이 드러나는 게 아니고 무엇을 의지했는가에 따라 다르게 부르는 것이다. 그래서 법신을 잘못 이해하고 설법한 것이라고 꼬집어서 말한 것이다. 임제는 그 증거로 고인의 말을 인용했다. '국토'라는 것은 실재實在하는 세상의 국토를 말하는 게 아니라 의지한 내용을 가지고 국토라고 부른다는 것이다.

예를 들어 아미타불과 극락세계를 말하면 일반적으로 극락 국토에 아미타불이 살아간다고 생각하나, 아미타불이 있는 곳이 극락세계란 말이다. 곧 부처님의 특징을 국토로 빗대어 말한다는 것이다. 따라서 중생이 아미타불이 만들어 놓은 세상에 가서 태어나는 게 아니고, 어리석은 중생이 깨달아 아미타불의 삶을 살아갈 때 극락세계가 드러난다는 것이다.

● 空拳黃葉 用誑小兒 蒺藜菱刺 枯骨上 覓什麽汁? 心外無法 內亦不可得 求什麽物?
빈주먹의 누런 잎은 어린아이를 속이기 위해 쓴 것인데, 납가새蒺藜의 가시 무더기와 마른 뼈에서 무슨 물기를 찾겠는가? 마음의 밖엔 법法이 없고 안쪽 또한 얻을 수 없거늘 무슨 물건을 구하겠는가?

이 삼신불은 아이를 속이기 위해 내민 빈 주먹속에 감춘 노란 잎이라는 유인책이라서 그 실체實體가 없다. 따라서 그런 마른 가시덤불 같은 곳에서 무슨 물기를 얻겠다고 쥐어짜느냐고 그 어리석음을 꾸짖는 것이다.

마음밖엔 법이 없고 안쪽 역시 없다.'라는 말도 이상하게 들릴 것이다. 중생은 언어적인 사유를 하므로 밖에 없으면 안쪽에 있다고 생각하게 된다. 하지만 그전에 마음이 존재存在하는지를 먼저 살펴야 한다. 마음이 있고 난 다음에 안에 있든 밖에 있던 생각할 수 있을 것이다. 그러나 확인도 하기 전에 안인지 밖인지를 먼저 점검하려고 하는데 이것은 아주 많이 잘못된 접근 방법이다.

마음은 독립적인 개체로 존재存在하지 않는다. 자신을 잘 살펴보라! 마음이 언제나 있어서 무엇을 지시하고 명령하는지……. 자세히 살펴보면 그렇게 생각할 뿐 내 마음은 대상을 인식할 때 같이 드러나는 현상에 불과하다. 그래서 부처님께서는 눈과 색이 함께할 때 서로 의지하여 인식이 드러난다고 하셨다.

'인식이라는 것'이 따로 존재存在해 '감각 기관'을 통해서 대상을 인식하는 게 아니다. '보는 기능眼'과 '사물色'이 서로 의지할 때 드러나는 것이 바로 인식 작용이며 그러한 현상을 마음이라 부르는 것이다. 그러니 안이니, 밖이니 따지는 것이 어리석은 생각이다.

마음은 존재存在가 아니라 현상이다. 현상이므로 안과 밖이 따로 존재存在하지 않는다. 마음이 만들어 낸 것이 '법'이니, 법은 마음을 떠날 수 없고, 그렇다고 안과 밖이 따로 있는 것이 아니니 안에서도 구할 수 없는 건 당연하다. 그러나 이것을 언어로 사유하게 되면 모순이 생기므로 더욱 말도 안 되는 말이 되고 만다.

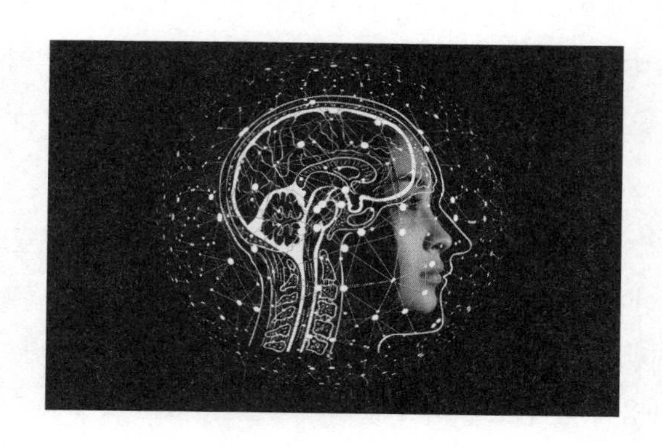

도道는 닦아서 얻는 게 아니다.

爾諸方言 道有修有證. 莫錯! 設有修得者 皆是生死業. 爾言六度萬行齊修 我見皆是造業. 求佛求法 卽是造地獄業 求菩薩亦是造業 看經看敎亦是造業. 佛與祖師 是無事人. 所以 有漏有爲 無漏無爲. 爲淸淨業 有一般瞎禿子 飽喫飯了 便坐禪觀行 把捉念漏. 不令放起 厭喧求靜 是外道法.

임제 너희는 제방에서 말하기를

도는 닦아서 증득證得하는 것이라고 한다.

착각하지 말라!

설령 닦아서 얻은 게 있을지라도 모두 다

나고 죽는 업業일 뿐이다.

너희들은 여섯 가지 바라밀波羅蜜을

균형 있게 닦으라고 말하지만

내가 보기엔 모두 '업業 짓는 것'이다.

'부처를 구하고 법을 구하는 것'은

곧 지옥의 업을 짓는 것이니,

'보살을 구하는 것' 또한 업을 짓는 것이요,

'경經을 보거나 교학을 보는 것' 또한 업을 짓는 것이다.

부처님과 조사는 바로 일이 없는 사람이니라.

그런 까닭에 번뇌漏가 있으면 조작되었다 하고,

번뇌漏가 없으면 조작된 게 없다고 하는 것이다.
업을 깨끗이 하려는 보통의 어리석은 중들은
배부르게 밥 먹고서 곧 좌선 관행觀行 한다며
번뇌만 떠올려 부여잡는다.
시키지도 않은 연기緣起는 내던지며
시끄러움을 싫어하고 고요함만 구하는데
이것이 바로 외도外道의 법法이다.

●爾諸方言 道有修有證. 莫錯! 設有修得者 皆是生死業.
너희는 제방에서 말하기를 도는 닦아서 증득證得하는 것이라고 한다. 착각하지 말라! 설령 닦아서 얻은 게 있을지라도 모두 다 나고 죽는 업業일 뿐이다.

지금도 도를 닦아서 부처가 된다는 사람들은 넘치게 많다. 그렇기에 도는 닦아서 얻는 것도 아닐뿐더러 오히려 업業을 짓는 일이라는 임제의 말은 좀처럼 이해되지 않는다. 그런데 이러한 말은 신기하게도 불전의 여기저기에서 수없이 등장한다. 그런데도 이 말이 이상하게 느껴지는 이유는 부처님의 가르침을 '경전을 읽고 익힌 것'이 아니고 다른 사람이 '정리해 가르친 불교'를 배웠기 때문이다.

다른 사람이 가르친 불교는 자신이 이해되는 대로 정리했기에 부처님의 생각과 다를 수 있다. 그래서 부처님의 말씀을 듣고 싶다면 경전을 직접 읽고 배우는 자세가 필요하다. 그래야 불교를 제대로 이해할 수 있다. 다른 사람의 입을 통해 들은 불교는 그저 참고 사항일 뿐이므로 전적으로 믿는 것은 곤란하다. 또한 부처님의 말씀은 들었으면 반드시 스스로 점검해서 그것을 확인하여 체득해야 한다. 그렇지 않으면 아무리 많은 말씀을 외울지라도 그것은 녹음기와 다르지 않기에 그에게 깨달음을 기대할 수 없다.

'깨닫는다.'라는 뜻은 모르는 것을 완전히 알았다는 의미이다. 따라서 깨달으려면 스스로 그 원인에서부터 결과까지 낱낱이 알아야만 하는 것이다. 부처님의 법을 '인과법因果法으로 이해하는 것'이 삿된 견해임에도 불구하고 아직도 '수행이 원인이 되어 그 결과로 해탈을 얻는다.'라고 끊임없이 생각한다. 그렇다면 부처님께서 연기법을 말할 필요도 없었다.

인과因果라는 것은 '어떤 것'이 원인이 되어 반드시 그것에 대한 어떤 결과가 나온다는 생각이다. 그래서 인과론因果論은 숙명론宿命論이나 운명론運命論과 다름이 없다. 운명이나 숙명은 개입의 여지가 없고 '반드시 이루어지는 결과'로 언제나 고정되어 있다. 이것은 세상에 대한 수많은 정보를 압축하여 저장하고 간단한 법칙으로 이해하려는 인식 작용 때문에 벌어진 일인 것이다. 이렇듯 인과因果는 인식 작용이 세상을 이해하는 방법일 뿐 '진실을 말하는 것'은 아니다.

깨달음조차도 인과因果로 이해해서 실천하는 수행은 결국 그것이 무엇이든지 다 한결같이 업業을 짓는 일에 불과한 것이다. 그 이유는 '업業을 짓는다.'라는 말 자체가 결국, 모든 것을 인과因果로 이해했다는 것이기 때문이다. 인과因果는 인간이 세상을 이해하는 방식일 뿐 사실과는 거리가 멀고, 실제로는 연기한 법들만 드러날 뿐이다. 즉 서로가 의지했기에 드러나고 아는 것이지, 알든 모르든 독단적으로 존재存在하는 것은 아무것도 없다. 다시 말해 '나我라는 존재存在'가 세상에 태어나 살다가 죽는 것이 아니고 살아가는 생명 현상 속에서 '나我라는 존재存在'와 '세상'이 드러나며 모든 일도 벌어지는 것이다.

●爾言 六度萬行齊修 我見皆是造業. 求佛求法 卽是造地獄業 求菩薩亦是造業 看經看教亦是造業.
너희들은 여섯 가지 바라밀波羅蜜을 균형 있게 닦으라고 말하지만 내가 보기엔 모두 '업業 짓는 것'이다. '부처를 구하고 법을 구하는 것'은 곧 지옥의 업을 짓는 것이니, '보살을 구하는 것' 또한 업을 짓는 것이요, '경經을 보거나 교학을 보는 것' 또한 업을 짓는 것이다.

보통 우리는 '수행修行한다.'라는 말을 그냥 아무 생각 없이 내뱉는다. 그래서 그 말의 의미를 이해하고 말하는 사람이 드물다. 수행修行한다고 말했을 때, 이 '행行'의 의미는 '행동 한다.'는 뜻이 아니고 빠알리어의 'Sankhara'의 번역어이다. 따라서 '행行'이란 '조작한다.'라는 뜻이다. 그럼 어디서 무엇을 어떻게 조작할까? 내입처內入處와 외입처外入處에서 대상을 감지한 신호를 차별하여 법으로 조작하는 것이다. 이렇게 법으로 조작하는 것을 '행行'이라고 부르는 것이다. 따라서 수행修行은 행위의 교정을 말하는 게 아니고 잘못된 시각을 바로 잡아 조작을 멈추는 것이다. 만약 '행위를 닦는 것'이 수행이라면 그 행위가 제아무리 훌륭하다고 하더라도 단지 업業을 닦는 것에 불과한 것이다.

업業은 인과因果로 이루어져 있기에 지난 업業에 의해 새로운 업業이 발생할 뿐, 결코 업業은 소멸消滅될 수 없다. 업은 마음이 쉬어야 비로소 사라지므로, 그러려면 반드시 그 어리석음을 깨달아야만 하는 것이다. 범부는 내 눈앞에 보이는 모든 것이 너무나 생생해서 가짜라고 생각할 수 없기에 소유에 대한 욕망을 쉴 수가 없다. 그래서 소유욕을 목마름에 비유하여 갈애渴愛라고 표현하는 것이다. 그런데 어떻게 멈추고 쉬겠는가?

깨닫지 않는 한, 죽을 때까지 소유하려고 뒤좇아 가기만 할 뿐 쉬지 못하는 것이다. 자신의 어리석음을 깨달아야 비로소 내려놓고 멈추게 된다. 그래서 임제는 '육바라밀행을 하는 것'도 업業을 짓는 것이고, '부처나 법을 얻으려고 구하는 것'도 지옥의 업業을 짓는 것이며, '보살을 구하는 것'도 업業을 짓는 것이고, '경이나 교학을 보는 것'도 '업業을 짓는 것'이라고 한 것이다.

이러한 모든 수행이라고 여기는 것들을 표면적인 행위로만 이해하는 한, 모든 것은 업業을 짓는 것에 불과하다. '처와 처'에서 조작하는 '상카라' 즉, '행'이란 것을 면밀히 관찰해서 남김없이 알아야 조작하는 그 상카라가 '무명행無明行'에서 '명행明行'으로 바뀌어 마음도 쉬고 번뇌도 쉬는 것이다.

● 佛與祖師 是無事人 所以 有漏有爲 無漏無爲. 爲清淨業 有一般瞎禿子 飽喫飯了 便坐禪觀行 把捉念漏. 不令放起 厭喧求靜 是外道法.

부처님과 조사는 바로 일이 없는 사람이니라. 그런 까닭에 번뇌漏가 있으면 조작되었다 하고, 번뇌漏가 없으면 조작된 게 없다고 하는 것이다. 업을 깨끗이 하려는 보통의 어리석은 중들은 배부르게 밥 먹고서 곧 좌선 관행觀行 한다며 번뇌만 떠올려 부여잡는다. 시키지도 않은 연기緣起는 내던지며 시끄러움을 싫어하고 고요함만 구하는데 이것이 바로 외도外道의 법法이다.

임제는 부처와 조사를 일이 없는 사람이라고 말하면서 그 이유를 번뇌가 있으면 조작이 있는 것이고 번뇌가 없으면 조작이 없는 것이라고 했다. 따라서 여기에서 임제가 말하는 '일'이 구체적으로 무엇을 가리키는 말인지 분명히 드러난다. 임제가 말하는 일이란 번뇌를 만드는 조작행위 즉 상카라의 작용을 말한다. 또 임제는 여기서 어리석은 좌선이 무엇인지도 분명히 제시한다. 그것은 업業을 깨끗이 하겠다고 하면서 밥이나 탐하고 앉아서는 번뇌에 시달리는 것이며, 또한 시키지도 않은 연기緣起는 내던지면서 조용한 것만 좋아하고 시끄러운 것을 멀리한다는 것이다. 여기서 불령방기不令放起라는 말이 중요한데, 시키지도 않은 연기를 내던진다는 말이다. 부처님의 깨달음은 연기에 대한 깨달음이고, 연기를 깨닫고 자신의 어리석음을 알고 모든 것을 일시에 버릴 수 있었다.

'선종禪宗'이든 '교종敎宗'이든 가릴 것 없이 부처님의 제자라면 연기를 바르게 이해해서 집착을 내려놓아야만 하는 것이다. 번뇌를 내려놓는 가장 좋은 방법은 번뇌를 바르게 이해해 그 번뇌의 근원을 제거하는 것이다. 그러기 위해 번뇌가 생성되는 과정을 설명한 연기를 이해해야만 그 원인을 제거할 수 있는 것이다. 따라서 모든 불교 수행의 초점은 연기의 이해에 그 핵심이 있다. 임제 또한 그것을 분명히 알기에 불령방기不令放起라는 말을 한 것이다.

사람들이 고요함을 추구하는 것은 좌선을 통해 깊은 삼매를 얻으려고 하기 때문이다. 그러나 좌선은 삼매가 목적이 아니다. 삼매는 관행觀行하기 위한 수단에 불과한 것이다. 관행觀行한다는 것은 곧 상카라를 관觀하는 것이다. 그것은 조작하는 장소인 처를 바라 볼 수 있어야 가능한 것이다.

모든 조작이 일어나는 장소가 바로 '내입처內入處와 외입처外入處'이기 때문이다. 우리가 살아가는 데 있어서 가장 큰 문제는 세상이 시끄러워서가 아니고 '처'에서 조작을 일으켜 계속해서 번뇌를 생산하고, 그렇게 생산된 번뇌가 쌓여서 견딜 수 없으므로 문제가 되는 것이다. 그렇기에 수행의 초점은 조용한 조건에서 편안한 삼매를 성취하는 게 아니라 번뇌가 일어나는 과정을 분명히 알아서 번뇌의 조건을 소멸시키고 살아가는 것에 초점을 맞추어야 한다.

좌선하면서 '기필코 삼매에 들겠다.'라는 번뇌를 부여잡고 씨름하는 것은 설사 삼매에 들었다고 하더라도 아무런 의미가 없다. 그래서 임제는 이렇게 삼매에 매달리는 것을 외도의 법이라고 말한 것이다. 이러한 삼매는 설령 애써서 얻었다고 하더라도 그것은 '조건에 의해서 나타난 것'이므로 조건이 사라지면 얻었던 삼매도 어디로 갔는지 온데간데 없고 이전의 번뇌로 자동 복귀 될 뿐이다.

부처님의 가르침을 따르는 수행자라면 번뇌를 움켜쥐고 고민하지 말고 그 번뇌가 나에게 어떻게 번뇌로 작용하는지 그 원인부터 먼저 분석해야 한다. 무조건 어떤 문제에 대한 해답을 구하려 하지 말고 그 문제가 과연 정당한 물음인가를 먼저 따져보아야만 한다. 즉 생겨난 번뇌를 어떻게 해결하지를 고민하지 말고 '이것이 왜 나에게 번뇌로 느껴질까?'를 먼저 고민해야 한다. 정말 그 번뇌가 나를 괴롭히고 있는지, 아니면 오히려 내가 그것을 놓아 버리지 못해 붙들고 힘들어하는 게 아닌지를 반드시 관찰해야만 하는 것이다.

모두 조작造作이다.

祖師云 爾若住心看靜 擧心外照 攝心內澄 凝心入定 如是之流 皆是造作. 是爾 如今與麼 聽法底人 作麼生擬 修他 證他 莊嚴他? 且不是修底物 不是莊嚴得底物. 若敎他莊嚴一切物 卽莊嚴得. 爾且莫錯! 道流! 爾取這一般老師 口裏語 爲是眞道 是善知識 不思議 我是凡夫心 不敢測度他老宿. 瞎屢生! 爾一生 秖作這箇見解 辜負這一雙眼. 冷噤噤地 如凍凌上驢駒 相似 我不敢毁 善知識 怕生口業.

임제 조사들은 '너희가 만약

마음에만 머물러 고요함을 바라보고,

마음을 일으켜서 밖으로 비춰보고,

마음으로 포섭해서 안에서 얻으려 하고,

마음을 뭉쳐 선정에 들려고 하는 이런 것들은

모두 조작이다.'라고 말씀하셨다.

이것이 너이고 지금 이렇게 법문法門을 듣는 사람인데,

무엇 때문에 다른 것을 닦고

다른 것을 증명하며 다른 것을 장엄하려는가?

또 닦아야 할 물건도 아니고,

장엄해서 얻을 물건도 아니다.

만약 다른 사람들에게 장엄하라고 가르쳤다면

모든 사물은 곧바로 장엄 되었을 것이다.

너희는 더더욱 착각하지 말라!

수행자여! 너희가 이런 보통의 노스님들이 한 말을

곧 진실로 받아들이고

'이 선지식善知識은 뜻을 헤아릴 수도 없는데

내가 범부의 마음이라 저 큰스님을

감히 예측하거나 헤아릴 수도 없다.'라고 말하는 것이다.

소경들아!

너희가 일생 이런 사람들의 견해만 지으니

이 한쌍의 눈을 저버리는 것이다.

내가 구업이 생길까 두려워 감히 선지식善知識을

비난하지 못한다고 하는 게

추워서 벌벌 떨며 얼음 언덕을 오르는

나귀와 비슷 하다.

● 祖師云 爾若住心看靜 擧心外照 攝心內澄 凝心入定 如是之流 皆是造作.

임제: 조사들은 '너희가 만약 마음에만 머물러 고요함을 바라보고, 마음을 일으켜서 밖으로 비춰보고, 마음으로 포섭해서 안에서 얻으려 하고, 마음을 뭉쳐 선정에 들려고 하는 이런 것들은 모두 조작이다.'라고 말씀하셨다.

임제는 조사들이 경계한 네 가지 수행의 예를 들었는데, 지금 나의 수행이 여기에 해당하지 않는지 점검해 보고 만약 그렇다면 다시 한번 깊이 반성해야 할 것이다.

1. 주심간정住心看靜: 고요함을 바라보는 데에 마음이 머무는 것으로 자기 마음이 고요해지려고 앉아있는 것이다. 이렇게 수행하면 고요해지는 조건만 사라지면 다시 마음이 일렁이기 시작한다.

2. 기심외조起心外照: 외부 대상에서 그 원인을 찾으려고 마음을 쓰는 것이다. 마음을 일으키는 순간 벌써 주관이 세워져서 단지 진실한 객관만 존재存在하게 된다.

3. 섭심내증攝心內證: 내부에서 원인을 찾으려고 마음을 끌어모으는 것이다. 본래 부처가 내 안에 있다고 하니 그 부처를 안에서 찾겠다는 생각이다. 부처를 실체實體로 생각해서 진짜 부처를 찾겠다는 것인데 어리석은 생각이다. 아마 지금 선방 수좌들의 가장 많이 하는 수행이다. '참 나眞我를 찾겠다고 헤매는 것'을 이른다.

4. 응심입정凝心入定: 선정에 들기 위해 마음을 하나로 뭉치는 것이다. 일체의 잡생각을 일으키지 않고 하나로 똘똘 뭉쳐 선정을 얻으려는 생각인데, 이것은 선정에 대한 잘못된 이해에서 생겨난 것이다. 선정이란 마음을 뭉쳐서 선정에 들어가는 게 아니고 해탈의 삶을 살아가는 것이다. 이상의 네 가지는 북종선北宗禪의 신수神秀가 주장했던 견해라고 한다. 이러한 수행은 시간만 낭비하는 어리석은 짓으로, 억지로 조작한 것이니 조작된 것만을 볼 뿐, 진실을 만날 수 없다. 따라서 이러한 행위는 새로운 업業을 짓는 것이니, 수행修行의 본래 목적인 '조작을 멈추는 것'이 아니고 계속해서 새로운 업業을 조작하는 것이다.

● 是爾 如今與麽聽法底人 作麽生擬 修他 證他 莊嚴他? 渠且不是修底物 不是莊嚴得底物. 若教他莊嚴一切 物卽莊嚴得.
이것이 너이고 지금 이렇게 법문法門을 듣는 사람인데, 무엇 때문에 다른 것을 닦고 다른 것을 증명하며 다른 것을 장엄하려는가? 또 닦아야 할 물건도 아니고, 장엄해서 얻을 물건도 아니다. 만약 다른 사람들에게 장엄하라고 가르쳤다면 모든 사물은 곧바로 장엄 되었을 것이다.

사람들은 참 나眞我를 찾겠다고 혈안인데, 사실 임제의 말대로 이렇게 법문法門을 듣고 있는 그가 내가 아니라면 어느 누가 '나'이겠는가? 그러니 다른 것을 닦으려고 할 것도 없고, 그를 증명할 필요도 없다. 더군다나 꾸밀 필요는 더더욱 없다. '나我' 자신을 잘 들여다보면, '나我라는 사람'은 닦으려 해도 닦아지는 물건도 아니고, 나를 굳이 이것이 나라고 증명할 일도 아니며, 내가 부처도 아닌데 부처처럼 장엄한다고 부처가 되지도 않는다.

만약에 부처님께서 다른 사람들에게 모든 것을 장엄하라고 가르쳤다면 당연히 내가 장엄하기도 전에 이미 다 장엄 되어있을 것이다. 그러니 장엄한다는 말은 세상을 장엄한다는 말이 아니고 자신의 어리석음을 깨닫게 되면 세상이 이미 장엄 되어 있음을 보는 것이다.

● 爾且莫錯 道流! 爾取這一般老師 口裏語 爲是眞道 是善知識 不思議 我是凡夫心 不敢測度他老宿 瞎屢生! 爾一生 秖作這箇見解 辜負這一雙眼 冷噤噤地 如凍凌上驢駒 相似 我不敢毁善知識 怕生口業.

너희는 더더욱 착각하지 말라! 수행자여! 너희가 이런 보통의 노스님들이 한 말을 곧 진실로 받아들이고 '이 선지식善知識은 뜻을 헤아릴 수도 없는데 내가 범부의 마음이라 저 큰스님을 감히 예측하거나 헤아릴 수도 없다.'라고 말하는 것이다. 소경들아!너희가 일생 이런 사람들의 견해만 지으니 이 한쌍의 눈을 저버리는 것이다. 내가 구업이 생길까 두려워 감히 선지식善知識을 비난하지 못한다고 하는 게 추워서 벌벌 떨며 얼음 언덕을 오르는 나귀와 비슷 하다.

길을 떠나는 나그네가 지도도 준비하지 않고 무작정 길을 떠나는 것이야말로 참으로 어리석은 짓이다. 목표 지점에 간다는 보장도 없고 도착한 곳이 그곳인지 확인조차 할 수 없다. 그렇기에 수행을 시작하는 사람은 충분한 예비 교육을 받아 이해하고 궁금한 점이 없을 때까지 공부하고 익혀야 한다. 그리고 그것이 정말 그런지 아닌지를 확인해야 한다. 그러나 지금의 수행자는 이런 과정이 생략된 채 무작정 수행의 길로 들어서고 한없이 헤매게 된다. 설사 준비 과정을 모두 마쳤다 하더라도 그것을 모두 버리고 출발하도록 권유를 받는다.

만약 그래야만 한다면 왜 그래야 하는지 스스로 이해할 수 있어야 한다. 이것은 수행자에게 매우 중요한데, 만약 이해할 수 없다면 아직 수행할 준비가 안 되어 있는 것이다. 혹자는 '해탈을 해봐야 알지 해보지도 않고 어떻게 아느냐?'고 말을 하면서 수행하다 보면 자연히 알게 되니 무조건 수행하라고 독려한다. 이것은 수행자에게 독약이나 다름없다. 무엇이 이루어지는 과정을 완전히 이해하면 그것의 소멸 과정도 완전히 이해되는 것이다. 즉, 소멸에 이르는 과정을 굳이 가르쳐 주지 않아도 그 과정이 스스로 드러나는 것이다. 번뇌도 마찬가지이다. 번뇌가 일어나는 과정을 자세히 이해해야 번뇌가 일어나지 않는 방법을 알게 되는 것이다. 일어난 번뇌만을 없애려 한다면 번뇌가 생산되는 근본이 사라지지 않아 끊임없는 번뇌에 시달리다 세월만 보내게 된다.

그래서 아무리 큰스님이 말했더라도 수행자라면 반드시 그 사실관계를 자신의 두 눈으로 철저하게 검증하고 확인해야만 한다. 수행자에게 진리란 믿는 게 아니고 확인하는 것이기 때문이다. 이러한 전통은 부처님께서도 제자들에게 누누이 강조하신 말씀이다. 아무리 여래가 말했다고 하더라도 반드시 의심하고 사실인지 아닌지 확인한 다음 옳다면 받아들이고 그렇지 않다면 버려도 좋다는 것이다. 금강경에도 '부처님 법도 버려야 하거늘 부처님 법이 아닌 것은 더 말할 것도 없다.'라고 말씀하지 않았던가?

업業의 성품性品을 구할 수 없다.

道流! 夫大善知識 始敢毁佛毁祖 是非天下 排斥三藏. 教罵辱諸小兒 向逆順中覓人 所以 我於十二年中求一箇業性如芥子 許不可得. 若似新婦子禪師 便卽 怕趁出院 不與飯喫 不安不樂. 自古先輩到處 人不信 被遞 出始知是貴. 若到處人盡肯 堪作什麼? 所以 師子一吼 野干腦裂.

임제 수행자여! 대저 대선지식大善知識이라야 비로소
용기 있게 부처를 헐뜯고 조사를 헐뜯으며,
천하를 시비하고 삼장三藏을 배척하는 것이다
모든 아이들을 때리고 욕보이며 가르치는 것은
반대로 향해가는 가운데 사람을 찾게 하는 것이니
그런 까닭에 나도 오랫동안 성품이 겨자씨 같아
얻을 수도 없는 한 사람의 '업業'을 구하도록 한 것이다.
만약 새색시 같은 선사라면 곧바로 절에서 나갈까봐
걱정하며 같이 밥도 먹지 못하고
불안하여 즐겁지 않았을 것이다.
예전부터 선배들이 도달했던 처處를
사람들이 믿지 않아 점점 줄어들다 보니
벗어난다는 게 귀한 것을 비로소 알게 되었다.
만약 처處에 도달한 사람이 모두 사라지면

긍정적으로 할 수 있을까?
이런 까닭에 스승의 포효 한 번에
들 여우의 머리통을 찢어야만 하는 것이다.

● 道流! 夫大善知識 始敢毁佛毁祖 是非天下 排斥三藏. 임제: 수행자여! 대저 대선지식大善知識이라야 비로소 용기 있게 부처를 헐뜯고 조사를 헐뜯으며, 천하를 시비하고 삼장三藏을 배척하는 것이다.

대선지식善知識이라야 조사와 부처를 헐뜯는다는 말은 일견一見 이상하게 들리는 말이다. 그러나 언어가 가지는 특성을 이해하면 자연스레 수긍할 것이다. 일반적으로 내가 한 말이 다른 사람에게 '100% 전달될 것'이라고 기대하지만, 각자 '경험한 것들'이 다르므로 같은 말을 듣더라도 다르게 생각하기 마련이다. 그래서 같은 단어를 사용하더라도 그 강도나 느낌이 사람마다 사뭇 다르므로 말의 의미도 상당히 다르게 느껴진다. 미묘한 차이도 허락할 수 없는 진리일 경우 이것은 심각한 부작용으로 나타난다. 사소한 의미의 차이가 시간이 지남에 따라 하늘과 땅만큼의 현격한 차이를 보이게 되는 것이다.

따라서 그것이 제아무리 부처님 말씀이라고 할지라도 그대로 전해진다는 보장을 할 수 없기에, 부처님께서 열반에 드신 뒤에 제자들은 불법을 그대로 전하기 위해 일정한 형식으로 다듬고 다 같이 외우는 합송合誦의 방식 선택한 것이다. 그렇게 그 제자들은 손상하지 않고 전하려고 부단히 애썼던 것이다. 지금도 그 전통이 내려와 우리도 법회의 시작 전에 늘 경전을 같이 외우는 것이다. 이러한 노력에도 불구하고, 다만 몇 세대만 흘러도 같은 나라의 말 일지라도 언어가 생물이라 의미가 바뀌어 점점 이해하기 어려워진다.

어느덧 세월이 흘러 부처님께서 입멸하시고 오백 년 정도 지나자 부처님의 원음에서 멀어져 그 말씀을 이해하지 못하는 지경에 이르게 되었다. 그러다 보니 자기가 아는 방식으로 부처님 법을 바라보고 해석하여 주석을 덧붙이게 된다. 그 주석을 통해 공부한 사람이 부처님께서 하신 말씀이라고 또 가르치니 그것들을 부처님 말씀처럼 여기게 되었다. 그러다 보니 부처님의 말씀이란 그 권위 때문에 제대로 이해할 수 없어도 감히 토를 달지 못하고 '내가 어리석어 모르는 것이다.'라고 여기게 된 것이다. 이렇게 무엇이 진실이고 무엇이 거짓인지도 분간할 수 없을 때 아무리 부처님 말씀이라고 하더라도 진실인지 아닌지 꼼꼼히 따지고 시비할 수 있어야 선지식善知識이라고 말할 수 있는 것이다.

● 教罵辱諸小兒 向逆順中覓人 所以 我於十二年中求一箇業 性如芥子 許不可得 若似新婦子禪師 便卽怕趁出院 不與飯喫 不安不樂.

모든 아이들을 때리고 욕보이며 가르치는 것은 반대로 향해 가는 가운데 사람을 찾게 하는 것이니 그런 까닭에 나도 오랫동안 성품이 겨자씨 같아 얻을 수도 없는 한 사람의 '업業'을 구하도록 한 것이다. 만약 새색시 같은 선사라면 곧바로 절에서 나갈까봐 걱정하며 같이 밥도 먹지 못하고 불안하여 즐겁지 않았을 것이다.

어린아이를 교육하듯이 때리기도 하며 정반대의 길로 가면서 쓸만한 사람을 찾듯이 임제도 찾을 수도 없는 업의 성품을 찾으라고 했다는 것이다. 선사들이 자아를 찾으라고 말하는 이유는 그 자아가 있어서가 아니라 없다는 사실을 알려주기 위함이다. 그런데 지금의 선사는 정말 그런 '참 나眞我'가 있다고 굳게 믿고 있는 것 같다. 참 한심한 일이다.

임제는 또 새색시 같은 선사라면 그렇게 말하면 수행승들이 절에서 나갈까 두려워 제대로 할 말도 하지 못하고 눈치를 볼 것이라고 했다. 지금도 그런 상황은 여전히 절집에서 벌어지고 있다. 신자나 제자들이 떠날까 두려워 그들의 눈치를 보면서 바른 법을 가르치지 않고 그들이 듣고 싶어 하는 달콤한 말만 하는 경우가 허다하다.

부모 형제도 버리고 진리를 찾아 출가한 이라면 정말 그러지 말아야 할 것이다. 독자들에겐 이 말 가운데 가장 이해 안 되는 것이 바로 '업業'일 것이다. 물론 부처님께서도 업業을 말씀하시면서 '나는 업론자業論者

다.'라고 하셨다. 그러나 우리가 아는 업은 부처님 당시의 외도들이 믿었던 인과론因果論에 기초한 '업설業說'이다. 이것은 원인이 결과에 영향을 미치는 일방적인 관계의 숙명론宿命論이다. 그런데 이러한 인과因果가 일반적으로 사람들의 머리에 박혀 있어서 세상은 인과因果로 이루어졌다고 믿는 것이다. 그러나 믿는 것이 언제나 사실일 수는 없다.

법계法界는 인과적인 관계가 아니라 서로가 의지해서 일어나는 상호 의존하는 연기적緣起的 관계이며 이러한 '연기적 관계의 업業'을 부처님께서는 설하셨다. 그래서 임제 스님은 그러한 외도의 업설에 해당하는 '업의 성품'을 찾아보라고 한 것이다. 이것은 그게 있으니 정말로 찾으라고 한 게 아니고 찾을 수 없음을 가리키기 위해 강조한 것이다.

여기서 언급한 12년은 12간지干支가 지난 세월을 말하는 것으로 '오랜 세월'을 의미하는 말이라서 '오랫동안'이라고 번역했다. 불교의 입문서에서는 마치 부처님께서 설하신 법이 인과법因果法이며 이 인과법을 믿지 않으면 불교인佛敎人도 아니라고 가르친다. 그래서 수행도 수행이 원인이 되고 해탈이 결과인 방식으로 인과因果를 이해하니 이생에 끝내지 못하면 내생에라도 한다는 생각을 떨치지 못하고, 그렇게 생각하는 수행자를 진정한 수행자로 여기는 풍조가 팽배해 있는 것도 주지의 사실이다. 혹시 지금도 그렇게 생각하고 있다면 깊게 사유하고 확인해 보기 바란다. 정말 그것이 사실인지, 아닌지….

● 自古先輩到處 人不信被遞出 始知是貴. 若到處人盡肯 堪作什麽? 所以師子一吼 野干腦裂.

예전부터 선배들이 도달했던 처處를 사람들이 믿지 않아 점점 줄어들다 보니 벗어난다는 게 귀한 것을 비로소 알게 되었다. 만약 처處에 도달한 사람이 모두 사라지면 긍정적으로 할 수 있을까? 이런 까닭에 스승의 포효 한 번으로 들 여우의 머리통을 찢어야만 하는 것이다.

옛날의 선지식善知識들은 그 '여섯 가지 입처六入處'에 도달한 사람이 많아 가는 방법을 물으면 즉시에서 교정할 수 있었다. 하지만 점점 사람들은 믿지 않고 처에 도달한 이가 없어지니 그때야 그것이 귀한 줄을 안다는 것이다. 그런데 만약 그렇게 벗어난 사람들이 모두 죽고 나서야 수긍한다면 벗어나려고 해도 벗어날 수 없게 되는 것이다. 그렇기에 스승이 사자와 같이 한 번 포효 할 때 들 여우 같은 간교한 생각을 박살 내 버려야 한다는 것이다. 즉 선지식善知識이 있을 때 어리석은 생각에서 벗어나 바르게 볼 수 있는 안목을 열어야 할 것이다. 만약 그런 사람을 만나지 못한다면 부처님 법과 옛 선사들의 말을 제대로 이해하는 안목을 스스로 길러야 할 것이다. 수행은 정사를 구분할 수 없으면 한 발자국도 앞으로 나아갈 수 없기 때문이다.

어디를 닦고 보충하려는가?

道流! 諸方說 有道可修 有法可證. 爾說! 證何法 修何道. 爾今用處欠少什麼物? 修補何處? 後生小阿師不會 便卽信這般野狐精魅[1] 許他說 事繫縛. 他人言 道理行相應 護惜三業 始得成佛 如此說者 如春細雨.

임제 수행자여!

제방에선 도가 있으니 가히 닦아야 하고,

법이 있으니 가히 얻어야 한다고 설한다.

너희는 말해보라!

무슨 법을 얻고 무슨 도를 닦는지.

네가 지금 쓰는 처處에 무슨 물건이 모자라던가?

어디를 닦고 보수하려는가?

후학인 젊은 승려는 알지 못하기에 곧바로

이런 보통의 들 여우 같은 생각에 홀려서

믿고 다른 사람의 말을 받아들이기에

일에 묶이는 것이다.

다른 사람들이 말하기를

'도는 이치와 실천이 서로 응하도록

삼업三業을 아끼고 보호해야만

비로소 부처를 이룬다.'라고 하는데,

1 野狐精魅: 여우귀신. 또는 여우에 홀린 자를 욕하는 말.

이렇게 말하는 사람들은
봄날의 가랑비처럼 많다.

●道流! 諸方說 有道可修 有法可證. 爾說! 證何法 修何道. 爾今用處 欠少什麽物? 修補何處?
임제: 수행자여! 제방에선 도가 있으니 가히 닦아야 하고, 법이 있으니 가히 얻어야 한다고 설한다. 너희가 말해보라! 무슨 법을 얻고 무슨 도를 닦는지. 네가 지금 쓰는 처處에 무슨 물건이 모자라던가? 어디를 닦고 보수하려는가?

이른바 우리는 수행이 원인이 되어 그 결과 깨달음을 얻는다고 생각하나, 수행한다고 반드시 '깨닫는 것'은 아니다. 그렇다면 수행은 인과因果를 따르는 게 아니란 말이 된다. 인과因果란 원인과 결과가 일방적으로 연결되어 있어 반드시 그 결과로 이어지는 것을 말하기 때문이다. 즉, 수행을 시작하면 무조건 깨달음으로 이어져야 이것을 인과因果로 볼 수 있는 것이다. 그런데 주위의 수행자들을 보라! 정말 그런지……. 대부분 그렇지 않다. 수행과 깨달음은 아무런 관계가 없는데도 사람들이 그렇다고 굳건히 믿을 뿐이다. 그래서 임제는 무슨 도를 닦고 무슨 법은 얻는지 말해보라고 종주먹을 댄 것이다.

임제의 '지금 쓰는 처에 도대체 무슨 물건이 모자라서 어디를 보충하고 닦겠다는 것인가?'라고 묻는 말이 무슨 말인지 몰라 매우 당혹스러울 것이다. 그러나 수행자라면 반드시 알아야 할 매우 중요한 내용이다. '지금 쓰는 처'는 내 눈에 보이고 들리는 등의 모든 인지의 작용을 말한다. 우리의 눈에 보이는 모든 것들은 모니터에서 동영상을 보듯이 실시간으로 보며 인지하게 된다. 이렇게 보이는 모든 게 완벽하여 모자란 게 없는데, 무엇을 닦을 것이며, 어디를 보충하겠느냐는 것이다. 즉 수행이란 닦아서 보충하는 게 아니고 '어리석어 잘못 이해된 것'을 '깨달아서 바로잡는 것'이라고 지적하는 것이다.

●後生小阿師不會 便卽信這般野狐精魅 許他說 事繫縛. 他人言 道理行相應 護惜三業 始得成佛 如此說者 如春細雨.

후학인 젊은 승려는 알지 못해 곧 이런 보통의 들 여우 같은 생각에 홀려서 믿고 다른 사람의 말을 받아들이기에 일에 묶이는 것이다. 다른 사람들이 말하기를 '도는 이치와 실천이 서로 응하도록 삼업三業을 아끼고 보호해야 비로소 부처를 이룬다.'라고 하는데, 이렇게 말하는 사람들은 봄날의 가랑비처럼 많다.

신참의 승려는 '도는 닦는 것이고 법은 얻는 것'이라는 여우와 같은 생각에 홀리기 때문에 수행한다면서 오히려 수행이라는 노예가 되어 묶인다는 것이다. 요즘의 수행자들도 이렇게 묶여 일평생 선방에서 지내며 그것을 '자랑스럽게 여기는 사람들이 많은 것'도 주지의 현실이다. 이것은 자랑할 일이 아니라 부끄러워서 쥐구멍이라도 있으면 들어가고 싶어야 정상이다. 이러한 수행에 대한 잘못된 생각을 진실로 받아들이니 스스로 홀린 줄도 모르고 평생 헛수고하며 살아가는 것이다. 수행자는 타인에게 어떤 질문을 받거나 스스로 어떤 질문을 할 때 그 질문이 정당한지를 먼저 따져봐야 하거늘, 따져보지도 않고 질문에 매몰되어 헤매게 된다.

그 이유는 언어로 사유하기 때문에 벌어지는 일이다. 언어로 사유하면 항상 선택이란 갈림길에 서게 된다. 그러니 자신이 뭔가를 선택해야 한다면 '언어로 사유하고 있다는 것'을 깨달아야 벗어날 수 있다. 우리는 절집에 들어오기도 전에 한국에 산다는 이유로 '도라는 것이 언행言行이 일치되고 신구의身口意 삼업三業을 잘 닦아야 부처가 된다.'라는 이야기를 수도 없이 들었다. 그런데 임제록에도 이런 표현이 있는 걸 보니, 이 당시에도 그런 말이 '많이 유행했던 것' 같다.

아무튼, 이런 말을 하는 사람들이 너무나 많다 보니 그 말을 있는 그대로 받아들여 진리로 생각하는 사람들이 많다. 물론 지금은 아니지만, 역자도 그 점에선 예외가 아니었다. 그렇기에 '업業'이란 인과因果에 매여 평생 시달리게 되는 것이다. 또 이렇게 말하는 사람들이 대부분이며 그 말이 잘못됐다고 인식하는 사람들도 거의 없는 것이 작금昨今의 현실이다. 그렇기에 깨달음은 점점 멀어지고 삿된 무리만 늘어가는 것이다.

길에서 통달한 도인을 만나거든

古人云 路逢達道人 第一莫向道. 所以言 若人修道道不行 萬般邪境競頭生 智劍出來無一物 明頭未顯暗頭明 所以 古人云 平常心是道.

임 제 옛사람이 말하기를

'길에서 통달한 도인을 만나면

가장 먼저 하지 말아야 할 것은

도를 향해가는 것이다.'라고 했다.

이런 까닭에

'만약 사람이 도를 닦으면서 도를 행하지 않아

갖가지 삿된 대상이 앞다투어 나타나네.

지혜의 칼을 뽑으니 한 물건이랄 것도 없고

밝음이 드러나지 않은 어둠까지도 밝아지네.'라고

말한 것이고,

이런 까닭에 옛사람이 말하기를

'평온한 일상의 마음이 바로 도이다.'라고 한 것이다

●古人云 路逢達道人 第一莫向道.

임제: 옛사람이 말하기를/ '길에서 통달한 도인을 만나면/ 가장 먼저 하지 말아야 할 것은 도를 향해가는 것이다.'라고 했다.

'노봉달도인路逢達道人 제일막향도第一莫向道'라는 구절은 매우 유명한 말이기도 하지만 무슨 말인지 모르는 것도 부인할 수 없는 사실이다. 길에서 도인을 만났다면 길을 가지 말라고 한 말은 훌륭한 선지식善知識을 만났다면 그를 의지해야지 무작정 도를 닦지 말아야 한다는 것이다. 사실 이것은 너무나 당연한 말이다. 훌륭한 스승이 옆에 있는데 그에게 길을 묻지 않고 무작정 떠난다면 실패할 확률이 매우 높을 것이다. 특히 진리를 탐구하는 수행자에게는 절대적이라고 볼 수 있다.

●所以言 若人修道道不行 萬般邪境競頭生 智劍出來無一物 明頭未顯暗頭明.

이런 까닭에/ '만약 사람이 도를 닦으면서 도에 나아가지 못해/ 갖가지 삿된 대상이 앞다투어 나타난다네./ 지혜의 칼을 뽑으니 한 물건이랄 것도 없고/ 밝음이 드러나지 않은 어둠까지도 밝아지네.'라고 말한 것이고,

만약 어떤 사람이 도를 닦는다고 하면서도 삿된 생각을 하는 것은 도로 나아가지 못했기 때문이다. 이런 사람이 예전에도 많았지만 지금도 여전하다. 사실 무엇인가 10년 정도를 집중해서 하면 대부분 그 분야의 전문가가 되는 법이다. 그러나 이 수행은 어떻게 된 일인지 10년을 했어도 마음 쓰는 것을 보면 '과연 이 사람이 수행자인가?' 하는 생각을 지울 수 없는 게 사실이다. 왜 그럴까? 잘못된 신념만 믿고 무작정 나아갔기 때문에 번뇌를 다스릴 수 없던 것이다. 그래서 선지식善知識의 도움이 절대로 필요한 것이 이 공부이다. 세속 사람들이 전문 기술을 습득할 때도 혼자하면 많은 시간을 허비해야 한다. 그러나 스승이 있으면 스승의 한마디로 저지를 많은 실수를 획기적으로 줄일 수 있다.

그럼 수많은 삿된 대상은 무엇일까? 그것은 대상을 실체實體로 바라보는 것이다. 우리가 보는 대상은 그 어느 것도 실체로 있는 것이 없다. 처處가 조작하고 작용하여 순간적으로 일어났다 사라질 뿐이다. 모두 다 여러 조건이 결합해 드러날 뿐이다. 그런데도 그것을 실체로 바라보니 갖고 싶다는 그 갈애渴愛가 사라지지 않는 것이다. 그런데 처의 작용과 그에 따라 함께 드러나는 계界와 식識을 이해하면 '실체'로 바라보던 것이 '현상現想'이로구나 하는 생각으로 전환되면서 갈애渴愛가 소멸하는 것이다.

따라서 '나我라는 자아가 있어서 세상을 살아간다.'라는 생각이 '이렇게 살아가는 생명 활동을 나라고 부르는구나.'라고 바라보게 되는 것이다.

이렇게 알아가는 것이 지혜의 검劍이 나왔다고 말하는 것이며, 그 지혜의 작용으로 '한 물건'이라는 '자아'나 '실체實體'에 대한 망상을 떨치게 되는 것이다. 그런 지혜의 작용이 일어나면 밝음이 드러나지 않은 어둠까지도 밝게 만들어 버리는 것이다. 그러니 보이지 않아 '괴롭고 힘들었던 것'이 환하게 드러나게 된다. 우리는 인과因果라는 잘못된 생각으로 번뇌를 만들고 스스로 힘들어한다. 그러나 자세히 들여다보면 인과因果가 아니라 연기緣起로 드러나는 것을 알 수 있다. 인과因果는 숙명론宿命論이나 결정론決定論과 전혀 다르지 않다. 조건에 따라 서로 다른 상황이 드러나지, 무엇으로 결정되어 있지 않다. 그래서 백장야호百丈野狐에서도 불매인과不昧因果라고 말한 것이다.

깨달음은 '너무나도 당연하다고 생각되고 조금도 의심하지 않는 인과因果라는 그 생각'에서 벗어나 연기로 바라보는 것이다. 이것을 반야심경에선 전도몽상顚倒夢想이라고 표현했는데, 완전히 뒤집힌 생각이 우리를 지배하니 '무명'이니, '어둠'이니 하는 표현을 하는 것이다. 따라서 어리석은 생각이 어둠이라면 그 어둠은 지혜의 빛과 칼이 드러나는 순간 사라져 버리는 것이다. 이 밝음은 드러나지 않은 어둠까지도 모두 밝혀버린다. 그래서 지혜의 검을 뽑으면 환하게 드러나니 고민이 없다. 사람은 보고 있을 땐 고민이 없지만, 보지 못하면 두려움에 휩싸이게 된다.

●所以 古人云 平常心是道.

이런 까닭에 옛사람이 말하기를 '평온한 일상의 마음이 바로 도이다.'라고 한 것이다.

여기서 평상심이란 대상에 끌려다니지 않고 이해하는 마음이다. 이해하며 살면 마음은 언제나 고요하지만 오해하면 파도처럼 마음이 출렁거린다. '깨닫는다.'라는 말은 모르는 것을 안다는 뜻이다. 따라서 깨달음은 '여태까지 모르던 것'을 분명히 알았다는 의미이다. 즉 '깨달은 자의 삶'은 '알고 사는 것'이고 '깨닫지 못한 자의 삶'은 '모르고 사는 것'이다. 사람들이 어리석은 생각을 하고 살아서 허둥대며 당황하고 괴로워하는 것인데, 그것이 어리석은 생각이었다는 것을 깨달으면 바로 그 자리에서 벗어나며 평온한 일상이 드러난다.

무슨 물건을 찾으려는가?

大德 覓什麼物? 現今目前聽法 無依道人 歷歷地分明 未曾欠少. 爾若欲得 與祖佛不別 但如是見 不用疑誤. 爾心心不異 名之活祖心. 若有異則 性相別心 不異故 卽性相不別.

임제 대덕들은 무슨 물건을 찾으려는가?

지금 눈앞에서 설법을 듣는 게

의지함이 없는 도인의 역력한 토대가 분명하며

아직 모자란 적도 없는 것이다.

네가 만약 조사와 더불어 부처와도

다르지 않기를 원한다면,

다만 이렇게 보아야 하고

의심이나 오해를 허용해선 안 된다.

너의 마음과 마음이 다르지 않기에

살아 있는 조사의 마음이라고 부르는 것이다.

만약 다름이 있다면 곧

마음을 성품과 모양으로 구별하겠지만,

다르지 않은 까닭에 곧바로

성품과 모양으로 구별하지 않는 것이다.

● 大德 覓什麼物? 現今目前聽法 無依道人 歷歷地分明 未曾欠少.
임제: 대덕들은 무슨 물건을 찾는가? 지금 눈앞에서 설법을

듣는 게 의지함이 없는 도인의 역력한 토대가 분명하며 이미 모자란 적도 없는 것이다.

임제는 자신이 하는 설법을 듣는다는 것 자체가 바로 의지함이 없는 도인의 역력한 토대가 분명하며 모자라지도 않다고 했다. 즉 무의도인이 세상을 만들어 내는 토대나 설법을 듣는 사람의 토대는 조금도 다르지 않다는 것이다. 그러니 양쪽 다 똑같이 부처가 될 가능성인 불성이 있다는 말이다.

여기서 무의도인無依道人에 대해 생각해 보자! 임제가 말하는 무의도인은 '어느 것에도 의지하지 않는 도인'이란 의미와 '아무것도 의지하지 않고 말하는 사람'이란 뜻이 동시에 있다. 사람은 무엇인가를 의지해서 말하면 있는 그대로 말할 수 없다. 의지한 입장에 서서 말하게 되기 때문이다. 예를 들어 불교 신자라면 불교에 대한 호감 때문에 불교에 관계된 것이라면 뭐든지 옳다고 말하게 된다. 그렇게 되면 진리를 추구하는 수행자에겐 치명적인 약점이 생기며 바름을 추구할 수도 없는 것이다. 그런 의미에서 임제는 무의도인이란 용어를 쓴 것으로 보인다.

지금 설법을 듣고 있다는 사실이 바로 내입처內入處와 외입처外入處가 동시에 작용하고 인식 작용을 일으켜 분명하게 알게하는데 조금의 부족함도 없다는 것이다. 만약 부족했다면 이 말 조차도 들을 수 없기 때문이다.

● 爾若欲得與祖佛不別 但如是見 不用疑誤.
네가 만약 조사와 더불어 부처와 다르지 않기를 원한다면, 다만 이렇게 보아야 하고 의심이나 오해를 허용해선 안 된다.

만약 조사와 부처처럼 되고 싶다면 바로 뒤에 말하는 것처럼 보고 추호秋毫의 의심이나 오해가 없도록 확실하게 알아야 한다는 것이다. 사람들은 나도 나쁜 것을 알아 안 했으면 좋겠는데 계속해서 하게 된다고 말하는 것을 종종 듣는다. 왜 그럴까? 사실 안다고 하지만 그것은 아는 게 아니고 남의 말에 대해 수긍하는 것에 불과하다. 수긍은 나도 그 의견에 동감한다는 뜻이지, 안다는 의미가 아니다. 안다면 그렇게 행동하지 않는다. 안다는 말은 확실해서 다른 선택지가 없는 것을 말한다. 그것을 부처님은 중도라고 하신 것이다. 중도는 선택지가 없다. 확실히 알지 못하기에 선택을 하는 것이며, 그것은 양극단을 근거로 사유하는 언어에 의지해서 발생하는 문제이다.

●爾心心不異 名之活祖心. 若有異則 性相別心 不異故 卽性相不別.
너의 마음과 마음이 다르지 않기에 살아 있는 조사의 마음이라고 부르는 것이다. 만약 다름이 있다면 곧 마음을 성품과 모양으로 구별하겠지만, 다르지 않은 까닭에 바로 성품과 모양으로 구별하지 않는 것이다.

성품과 모양에 대한 이해가 되어야 이곳의 문장도 이해가 될 것이다. 성품은 본래부터 가지고 있는 성질을 말하고 모양은 겉으로 드러나는 형체를 말한다. 예를 들어 컵이 있다면 물을 담는 것이 성품이 될 것이고 움푹 들어가서 무언가를 담는 형태가 모양이 될 것이다. 컵도 수많은 형태가 있으므로 그 무엇의 규정을 통해서 어떠한 사물을 이해하는 방식이다. 또 한 가지 다른 예로 여기에 '해파리'가 있다고 하자! 이것을 영미권 사람은 말랑말랑한 물고기로 인식해서 'jellyfish'라고 생각하고 우리는 '바다에 있는 파리'처럼 생각해서 '해파리'라고 부른다. 앞에서 예시했던 컵과 젤리를 우리는 성품性과 모양相으로 나누어 볼 수 있는데, 성품은 변하지 않는 성질이고 모양은 변하는 성질을 말한다. 즉 컵의 경우 그것이 제아무리 다양하다고 하더라도 변하지 않는 성질은 '담는다는 것'이다 이것을 성품이라고 하고 각기 다른 모습으로 존재存在하는 것을 '모양'이라고 한다.

그런데 사람들은 변하지 않는 본체가 있고 그것이 모양만 바꾸어 나타난다고 생각한다는 것이다. 그러다 보니 언제나 본체라는 존재存在가 있다고 생각한다. 그러나 아무리 찾아보아도 그런 본체는 그 어디에도 없다. 이것은 같은 사물을 보더라도 변하지 않는 본체로 보는가? 아니면 어떤 부류로 보는가? 에 따라 다르게 드러나게 된다. 이것을 본체로 보지 않고 부류로 본다면 이 해파리는 파리에 속하기도 하고 물고기에 속하기도 하는 것이다. 그래서 부처님께서는 '무아無我'라고 말씀하신 것이다.

다시 임제의 설명으로 돌아오면 너의 마음과 조사의 마음이 서로 다르지 않기에 살아 있는 조사의 마음이라고 한다는 것이다. 만약 다르다면 성품과 모양이 조사와 다르다고 구별하겠지만 다르지 않기에 구별하지 않는다고 말을 한 것이다. 여기서 '마음과 마음'이라고 말하니 '마음이 이 마음이 따로 있고, 저 마음이 또 따로 있는가?'라고 생각했다면 다시 언어의 덫에 걸려든 것이다. 마음은 어떤 실체實體가 있어서 마음을 쓰는 것이 아니다. 마음은 '내입처內入處'와 '외입처外入處' 그리고 '인식 작용'이 서로 의지해서 만들어 내는 그 '아는 것'을 이르는 말이다. 이것을 선가에서는 '역력하다.', '외로이 밝다.' 등등의 표현을 썼다. 즉 '무엇인가 아는 것'을 뭉뚱그려서 '마음'이라고 부르는 것이다.

모두 자성自性이 없다.

問 如何是心心不異處? 師云 爾擬問 早異了也. 性相各分 道流莫錯! 世出世諸法 皆無自性 亦無生性. 但有空名 名字亦空. 爾秖麼認 他閑名爲實 大錯了也. 設有皆是依變之境有箇. 菩提依 涅槃依 解脫依 三身依 境智依 菩薩依 佛依 爾向依變國土中覓什麼物 乃至三乘十二分敎 皆是拭不淨故紙 佛是幻化身 祖是老比丘 爾還是娘生已否?

누군가 물었다.

질문 무엇이 마음과 마음이 다르지 않은 곳입니까?

임제가 말했다.

임제 네가 헤아린 질문은 벌써 달라져 버린 것이다.

성품과 모양이 각각 나누어진 것이라고

수행자들은 착각하지 말라!

세간과 출세간의 모든 법法은 모두 자성이 없고,

또한 성품은 생겨나지도 않는 것이다.

단지 텅 빈 이름만 있고 이름이란 글자 역시 텅 비었다.

너희는 다만 저 쓸데없는 이름을

진짜라고 인식하니 대단히 큰 착각이다.

설사 있다고 하더라도 모두 다

의존이 변화한 대상이란 어떤 것이다

깨달음도 의지 되었고, 열반도 의지 되었고,

해탈도 의지 되었고, 삼신三身도 의지 되었고,

대상의 지혜도 의지 되었고, 보살도 의지 되었고,

부처도 의지 되었는데, 너희들은

의지가 변해서 된 국토로 향해가면서

무슨 물건을 찾으려는가?

게다가 삼승三乘의 십이분교十二分敎가

모두 똥이나 닦는 종이가 되면

부처는 환상으로 나타난 몸이 될 것이고,

조사祖師도 늙은 비구가 될 텐데

너희들은 여전히 어미가 낳은 대로 살다 갈 것인가?

● 問 如何是心心不異處? 師云 爾擬問 早異了也. 性相各分 道流莫錯!

누군가 물었다./ 질문: 무엇이 마음과 마음이 다르지 않은 곳입니까?/ 임제가 말했다./ 임제: 네가 헤아린 질문은 벌써 달라져 버린 것이다. 성품과 모양이 각각 나누어진 것이라고 수행자들은 착각하지 말라!

누군가가 임제에게 무엇이 마음과 마음이 다르지 않은 곳이냐고 물었다. 임제는 여기에 대해 네가 하려는 질문이 벌써 달라졌다고 말하며 '성품과 모양이 나누어졌다는 것'은 수행자들의 착각이라고 말했다. 앞의 대목과 크게 다르지 않은 내용이다.

마음이 따로 존재存在해야 있는 그 마음이 '있는 곳'도 있을 것이다. 그런데 자성과 모양은 결코 따로 존재하지 않는다. 다만 대상을 실체實體의 개념으로 보니 그렇게 보일 뿐이다. 내가 보는 대상은 객관적인 실체가 아니다. 감각 기능을 통해 감지한 외부의 정보를 근거로 세상을 판단하기 위해 지어낸 가상의 존재存在들일 뿐이다.

그런데 그것을 '진실한 대상'이라고 생각하기에 성품과 모양을 따로 생각해서 바라보는 것이다. 여기서 '성품'이란 요즘 표현으로는 어떤 대상이 가지는 '특성'을 말하며, 모양은 겉으로 드러나는 모습으로 생각하면 된다. 만약 누군가에게 무엇을 물어보려 한다면 반드시 언어로 사유하게 된다. 그런데 문제는 언어가 이미 개념화된 것이라 언제나 특성과 모양으로 범주를 정하고 구분하게 되어 있다는 것이다.

우리는 태어나서 언어를 습득하는 순간부터 언어로 사유하므로 특성과 모양이 규정되지 않았다면 대상 자체를 구분하거나 식별하지 못한다. 앞에서 비유한 '해파리'와 같이 그것을 어떤 특성과 모양의 범주에 넣느냐에 따라서 파리로 보이기도 하고 물고기로 보이기도 하는 것이다.

따라서 무엇인가 언어로 표현하는 순간 어떤 실체로 대상을 바라보게 되므로 그것은 거짓이 되어 버리고 이미 성품이란 특성이나 모양의 범주로 각각 나누어 바라보게 되는 것이다. 그래서 여기 질문자는 '마음과 마음이 다른 곳'이 여기의 '중생 세계'라고 생각했기에, 또 마음과 마음이 다르지 않은 또 다른 곳이 어디냐고 질문한 것이다. 그러니 임제가 질문자가 이미 나누어 놓고 질문했다고 말한 것이다. 그러면서 성품과 모양이 나누어진 것으로 생각하는 것은 수행자들의 착각이라고 대답한 것이다.

● 世出世諸法 皆無自性 亦無生性. 但有空名 名字亦空. 爾秖麽認他閑名爲實 大錯了也.
세간과 출세간의 모든 법法은 모두 자성이 없고, 또한 성품은 생겨나지도 않는 것이다. 단지 텅 빈 이름만 있고 이름이란 글자 역시 텅 비었다. 너희는 다만 저 쓸데없는 이름을 진짜라고 인식하니 대단히 큰 착각이다.

우리는 보통 어떤 대상을 이해할 때, 성품과 모양으로 나누고 각각 따로 존재存在하는 것처럼 착각한다. 성품이란 본래부터 주어진 특성이고, 모양은 겉으로 드러난 형태인데 이것들은 대상을 구분하기 위한 잣대일 뿐이라 그 실체實體가 없다. 결국, 모두가 이런 특성이나 모양들이 차곡차곡 쌓여서 만들어진 개념일 뿐이니 세간이나 출세간의 모든 법은 그 어떤 실체도 없고 그 특성을 가지고 태어나지도 않는다. 그래서 찾으려고 해도 찾을 수 없고 텅 비었다고 하는 것이다. 이렇게 말하는 것 역시 언어로 표현하니 실체가 없어 텅 비었다. 그러니 언어로 표현된 개념을 실체로 받아들여서 생긴 일이니 큰 착각이라는 것이다.

● 設有皆是依變之境 有箇. 菩提依 涅槃依 解脫依 三身依 境智依 菩薩依 佛依. 爾向依變國土中 覓什麽物?
설사 있다고 하더라도 모두 의존이 변화한 대상이란 어떤 것이다. 깨달음도 의지 되었고, 열반도 의지 되었고, 해탈도 의지 되었고, 삼신三身도 의지 되었고, 대상의 지혜도 의지 되었고, 보살도 의지 되었고, 부처도 의지되었는데 너희들이 의존이 변해서 된 국토로 향해가면서 무슨 물건을 찾으려는가?

설사 개체가 있다고 하더라도 그 개체라고 말하는 모든 것은 언어의 개념에 의지해 있는 것에 불과하다. 그것이 해탈이나 열반, 삼신, 대상의 지혜 등등의 '절대적인 것'으로 생각되는 것에 의지 되었을지라도 모두가 다 언어에 의지해서 생겨난 개념이 대상화되어 허상으로 나타난 것들이기에 그 어떤 실체實體도 찾을 수 없는 것이다. 달리 말하자면 언어는 현상을 이해하려고 도입된 개념일 뿐, 실체가 아니라는 것이다. 그래서 이렇게 언어를 기반으로 개념화된 세상 속으로 향해가면서 무슨 실체를 찾으려고 하느냐며 되묻는 것이다.

찾을 수 없는 곳에서, 찾겠다는 생각은 참으로 어리석다. 그러나 우리는 수행한다면서 이렇게 어리석은 짓을 서슴없이 하면서도 무슨 잘못을 했는지조차도 모른다는 것이다. 만약 누군가 '참 나를 찾아야 한다.'라고 말했다면 '참 나我라는 것'이 정말로 존재存在할 수 있는지를 먼저 고민해 보아야 한다. 그런데 그것은 확인도 하지 않고 무조건 찾기만 하니 언어의 함정에 빠져 허우적거리는 것이다.

●乃至三乘十二分教 皆是 拭不淨故紙 佛是幻化身 祖是老比丘 爾還是娘生已否?
게다가 삼승三乘의 십이분교十二分教가 모두 똥이나 닦는 종이가 되면 부처는 환상으로 나타난 몸이 될 것이고, 조사祖師도 늙은 비구가 될 텐데 너희들은 여전히 어미가 낳은 대로 살다 갈 것인가?

이 부분은 역자도 이해가 안 되어 번역에 굉장히 고심을 많이 한 부분이다. 삼승과 십이분교는 대승의 가르침이며 특히 법화法華의 일승一乘과 화엄華嚴의 법계연기法界緣起와 유식唯識 등의 가르침을 말하는 것이라고 이미 설명했다. 이러한 대승의 가르침이 제아무리 훌륭해도 알아보는 이가 없으면 경전은 그저 똥이나 닦는 화장실의 휴지가 될 것이고, 부처님은 그저 환상 속에나 있는 분이 될 것이고, 조사 스님들도 그저 '늙은 중'으로 밖에 여기지 않을 텐데, 아직도 제대로 공부하지 않고 어미가 낳아준 대로 그냥 살아갈 것이냐고 경책하는 문장으로 보는 게 앞뒤의 문맥상 더 타당하다고 생각된다. 그동안 우리는 '삼승 십이분교가 모두 똥이나 닦는 휴지다.'라는 식의 해석을 접해왔다. 그러다 보니 임제를 파격의 아이콘으로 받아들여 숭배하며 선사라면 이렇게 파격적으로 말해야 뭔가 얻은 훌륭한 선사처럼 생각하고 살았다. 그러나 이것은 문장을 바르게 볼 안목이 없어서 생긴 웃지 못할 아주 슬픈 수행자들의 현실이기도 하다.

나의 생사生死와 다르지 않다

爾若求佛 卽被佛魔攝 若求祖 卽被祖魔縛. 爾若有求皆苦 不如無事. 有一般禿比丘 向學人道 佛是究竟 於三大阿僧祇劫修行果滿 方始成道. 道流! 爾若道佛是究竟 緣什麽 八十年後 向拘尸羅城 雙林樹間 側臥而死去. 佛今何在? 明知! 與我生死不別.

임제 네가 만약 부처를 구한다면 곧

부처라는 마魔에 포섭당한 것이고,

만약 조사를 구한다면 곧

조사라는 마魔에 묶인 것이다.

네가 만약 무엇을 구하려 한다면 모두

괴로울 것이니 아니함만도 못할 것이다.

보통 대머리 비구들은 학인學人들에게

'부처라는 이 종착지는

삼대아승지겁三大阿僧祇劫을 수행해서

과위果位를 만족해야 겨우 도를 이룬다.'라고 말한다.

수행자여!

너희가 만약 부처를 종착지라고 말한다면

팔십 세가 된 뒤 구시라拘尸羅성의 한 쌍의

사라수 사이로 가서 옆으로 누워

돌아가신 것은 무슨 까닭인가?

부처님은 지금 어디에 계시는가?

분명히 알라!

나의 생사와 더불어 다르지 않다.

● 爾若求佛 卽被佛魔攝 若求祖 卽被祖魔縛. 爾若有求皆苦 不如無事.

임제: 네가 만약 부처를 구한다면 곧 부처라는 마魔에 포섭당한 것이고, 만약 조사를 구한다면 곧 조사라는 마魔에 묶인 것이다. 네가 만약 무엇을 구하려 한다면 모두 괴로울 것이니 아니함만도 못할 것이다.

보통 무엇을 구한다면, 그 '무엇'이란 실체實體가 있어야 구할 수 있다. 그렇다면 내가 부처를 구한다면 '어디엔가 부처라는 실체가 있을 것'이라고 막연하게 '생각하고 있는 것'이다. 그렇다면 그것은 언어로 규정한 부처라는 개념을 실체로 이해한 것이니 '부처라는 악마'에 놀아난 것이다.

부처란 구해서 얻어지는 게 아니다. 깊은 사유를 통해 잘못된 의식이 전환되어 세상을 바르게 바라볼 수 있는 안목이 생겼을 때 그를 깨달았다고 말하고 깨달은 자의 삶을 살아가면 그를 부처라고 부르는 것이다. 그래서 부처를 구한다거나 조사를 구하는 것은 부처와 조사를 고정불변의 외부 대상으로 보았기에 구하는 것인데, 그런 부처는 세상 어디에도 없으니 이미 얻을 수 없는 것이다. 그렇게 얻을 수 없는 부처를 얻으려고 애쓰다 보면 수행자는 좌절하고 더없이 괴로워지기 마련인데, 만약 그렇다면 차라리 수행을 시작하지 아니함만도 못한 것이다.

● 有一般秃比丘 向學人道 佛是究竟 於三大阿僧祇劫 修行果滿 方始成道. 道流! 爾若道佛是究竟 緣什麼 八十年後 向拘尸羅城 雙林樹間 側臥而死去. 佛今何在? 明知! 與我生死不別.

보통 대머리 비구들은 학인學人들에게 '부처라는 이 종착지는 삼대아승지겁三大阿僧祇劫을 수행해서 과위果位를 만족해야 겨우 도를 이룬다.'라고 말한다. 수행자여! 너희가 만약 부처를 종착지라고 말한다면 팔십 세가 된 뒤 구시라拘尸羅성의 한 쌍의 사라수 사이로 가서 옆으로 누워 돌아가신 것은 무슨 까닭인가? 부처님은 지금 어디에 계시는가? 분명히 알라! 나의 생사와 더불어 다르지 않다.

보통 승려들이 수행을 통해서 각각의 과위果位를 얻어서 도를 이룬다고 말하는 것에 대해 임제가 이미 그 잘못을 지적했는데, 지금의 승려들도 한결같이 말하고 있으니 예나 지금이나 크게 다르지 않은 모양이다. 하지만 실제로 이렇게 얻을 수 있는 과위라는 존재存在 자체가 없다.

물론 수다원, 사다함, 아나함, 아라한 등의 과위를 말씀하셨지만, 이것은 단계를 승진하듯 올라가는 과위가 아니고 의식의 성숙도를 설명하는 문구에 지나지 않는 것이다. 이것은 과위를 존재의 인과因果관계로 이해해서 생기는 문제이다.

부처님께서는 법이 인과로 이루어지지 않고 '연기하는 것'이라고 분명하게 밝혔음에도 중생은 부처님의 법을 인과로 이해한다. 심지어는 십이연기마저도 '삼세양중인과三世兩重因果'라는 인과의 프레임을 씌워 설명한다. 이러한 심각한 오류는 부처님 법을 이해할 수 없게 만들어 수행자를 공황 상태로 몰고 간다. 임제는 삼대아승지겁의 긴 세월을 닦아서 되었다던 부처가 겨우 팔십밖에 못 살고 죽었냐는 것이다.

우리는 보통 생사를 초월해서 부처가 되었다고 말하니, 부처만 되면 생리적인 생사를 뛰어넘어 영원한 불생불멸의 존재存在가 되리라고 생각한다. 그러나 여기서 '생사를 초월해 부처가 되었다는 것'은 물리적인 생멸을 뛰어넘었다는 것이 아니고, 허황한 '생멸이란 개념'으로 씌워진 굴레에서 벗어나 '해방된 것'을 의미한다.

따라서 부처님의 생사도 우리의 생사와 다를 것도 없다. 다만 생사에 구애받지 않고 자유롭게 사신 것이다. 즉 우리는 나고 죽음을 실체로 받아들여 괴롭지만, 그것이 '허망한 생각'에 불과하다는 것을 깨달은 부처님은 그것 때문에 괴로워하지 않고 일평생을 행복하게 살아가신 것이다.

32상相 80종호種好가 부처는 아니다.

爾言三十二相 八十種好 是佛 轉輪聖王 應是如來. 明知! 是幻化 古人云 如來擧身相 爲順世間情 恐人生斷見 權且[1]立虛名. 假言三十二 八十也空聲 有身非覺體 無相乃眞形. 爾道佛有六通 是不可思議 一切諸天神仙 阿修羅 大力鬼 亦有神通 應是佛否?

임제 너희들이 말하는

삼십이상三十二相 팔십종호八十種好가 바로 부처라면

전륜성왕도 당연히 여래일 것이다.

분명히 알라!

이것은 환상이 변화된 것이기에 옛사람이 말하기를

'여래를 신체의 모습으로 말한 것은

세간의 정서에 따르기 위함이네.

사람들에게 단견이 생길까 두려워

임시방편으로 잠시 허망한 이름을 세웠네.

삼십이상도 임시로 말한 것이고

팔십종호는 공허한 소리라네.

몸이 있다는 것은 본체를 깨달은 게 아니니

모양이 없어야 진정한 모습이네.'라고 한 것이다.

너희들은

1 權且: 시험 삼아, 임시방편으로.

'부처님에게 여섯 가지 신통이 있는데
이것은 생각으로 헤아릴 수도 없다.'라고 말하니
일체의 모든 하늘이나 신선, 아수라,
크게 영향력 있는 귀신도 신통이 있으니
당연히 이들도 부처이지 않겠는가?

●爾言三十二相 八十種好 是佛 轉輪聖王 應是如來. 明知! 是幻化
임제: 너희들이 말하는 삼십이상三十二相 팔십종호八十種好가 바로 부처라면 전륜성왕도 당연히 여래일 것이다. 분명히 알라! 이것은 환상이 변화된 것이기에

삼십이상三十二相과 팔십종호八十種好는 부처님을 상징하는 32가지의 뛰어난 모습과 80가지의 좋은 특징을 일컫는 것으로, 인도사람들이 생각하는 훌륭한 사람들이 가지는 신체적 특성을 말한다. 이러한 특성은 무력 없이 세상을 통일하는 전설 속의 왕인 전륜성왕轉輪聖王도 가지는데, 예를 들면 미간 사이에 있는 점, 소라 모양의 머릿결, 둥글고도 오뚝한 코, 긴 혀, 어깨에 닿을 듯한 긴 귀 등등의 것들이다.

이런 것들은 모두 인물의 위대함을 부각시키려고 그 성격과 특징을 형상화 하다보니 생겨난 것들이다. 이를테면 긴 혀는 언어를 자유자재로 사용함을 표현한 것이고, 미간의 점은 제삼의 눈인 지혜의 눈을 의미하는 식이다. 이렇게 부처님을 마치 신체에 드러나는 특징으로 이해하면 우리의 모습이 성형 수술을 하지 않는 한 외모가 바뀌지 않기에 이생에 그 누구도 부처가 될 수도 없다.

신체적 특성을 좌우하는 유전정보를 가지고 태어나지도 않았는데 깨닫는다고 유전자가 바뀔 게 만무하다. 그래서 임제는 이런 잘못된 생각을 바르게 잡아주려고 '환상이 변화해 나타난 것'이라고 말한 것이다. 세월이 흘러 고도의 문명을 발달시킨 현대 사회에 이르고 교육 수준이 높아 문맹이 거의 없음에도 불구하고, 지금도 이런 생각으로 부처님을 바라보고 있으니 참으로 개탄스러울 뿐이다.

● 古人云 如來擧身相 爲順世間情 恐人生斷見 權且立虛名. 假言三十二 八十也空聲. 有身非覺體 無相乃眞形.
옛사람이 말하기를/ '여래를 신체의 모습으로 말한 것은/ 세간의 정서에 따르기 위함이네./ 사람들에게 단견이 생길까 두려워/ 임시방편으로 잠시 허망한 이름을 세웠네./ 삼십이상도 임시로 말한 것이고/ 팔십종호는 공허한 소리라네./ 몸이 있다는 것은 본체를 깨달은 게 아니니/ 모양이 없어야 진정한 모습이네.'라고 한 것이다.

이 게송은 금강경金剛經 오가해五家解의 부대사가 읊은 것이다. 사람들은 세상을 바라보는 데 있어서 언어를 사유의 도구로 삼기 때문에 흑백의 논리로 세상을 파악한다. 그래서 세상이 존재存在하거나 존재하지 않는다는 식의 유有와 무無라는 개념으로 세상을 바라본다. 또 이렇게 '존재'라는 '유有'로 바라보면 실체를 이루는 존재는 사라질 수 없다는 '상견常見'이거나, 그와 반대로 그런 건 어디에도 없어 사라지면 그만이라는 '단견斷見'을 취하게 된다. 이러한 문제는 유사 이래 늘 제기되었던 문제이다. 즉 이 세상은 '영원한가?', '영원하지 않은가?'에 대한 물음이다. 또는 '나我라는 존재는 영원한가?' '영원하지 않은가?'라는 의문을 제기하게 된다. 이러한 물음에 대하여 부처님께서는 어느 편에 서지 않고 대답을 회피하셨다. 그러면서 언제나 중도와 연기를 말하고 질문이 잘못되었기에 대답할 수 없음을 피력하셨다.

잘못된 물음은 대답할 가치가 없다. 이런 단상의 문제가 질문의 대상이 되려면 먼저 우리는 그것을 왜 존재라고 하는지를 먼저 말했어야 한다. 존재 자체가 증명되지도 않았는데 어떻게 그 존재가 영원하거나 영원하지 않다고 말할 수 있겠는가? 이 문제는 언어의 사유를 벗어나야 비로소 보이는 것이라 말로 하기가 참 쉽지 않다. 그래서 부처님께서도 수행의 첫 단계인 초선에 이르러서야 언어가 적멸한다고 하신 것이다. 즉 언어적 사유를 벗어난 것이 초선이며 수행의 시작이라고 말할 것이다. 이 언어적 한계를 벗어나지도 못하고서 '수행한다는 것'은 제아무리 오래 수행할지라도 제자리걸음이 될 수밖에 없다.

여기서 '존재存在를 증명한다.'라는 말도 이상하고, '언어적 사유를 벗어난다는 것'도 이상하게 느껴질 것이다. 예를 들어 여기에 손이 하나 있다고 하자! 우리는 이 손을 '손바닥'과 '손등'이라는 반대되는 개념으로 손을 파악해 볼 수 있다. 이 손등이나 손바닥이란 말을 할 때 손등은 손바닥 없이도 말할 수 있고, 손등 역시 손바닥 없이 독립적으로 말하거나 사용해도 아무런 모순을 느끼지 못하는 독립된 개념이다. 그래서 '손바닥은 어떻다거나 손등은 어떻다.'라는 식의 독립적인 서술이 가능하다. 그러나 손바닥이나 손등의 실제의 상황을 관찰해 보면 '손바닥'과 '손등'은 절대 따로 분리할 수 없다. 손바닥을 가리키든 손등을 가리키든 같은 개체의 서로 다른 면을 가리키고 있으며 분리도 불가능함을 알게 된다. 이처럼 언어로 사용해서 사유하게 되면 끊임없는 모순에 부딪히게 된다. 이러한 모순된 사실을 근거로 사유를 하게 되면 아무리 훌륭한 이론을 정립해도 다 거짓이 되는 것이다. 그래서 부처님께서는 반드시 '증명이 필요 없고, 누구에게나 인정되는 것'부터 사유해야 한다고 말씀하신 것이다.

유有와 무無의 문제도 독립적인 개체가 아니고 '있다'라는 것은 '없다'라는 것을 의지해 나타내는 말이기에 절대적인 '유'나 절대적인 '무'란 존재할 수 없는 것이다. 그래서 부처님은 이 간단해 보이는 질문에 대해 대답하지 않고 중도와 연기를 설하신 것이다. 이 단견과 상견의 문제가 이해되지 않는다면 언어적인 사유를 벗어나지 못했음을 의미하는 것이니 더욱 깊이 사유해야 할 것이다.

● 爾道佛有六通 是不可思議 一切諸天神仙 阿修羅 大力鬼 亦有神通 應是佛否?

너희들은 '부처님이 여섯 가지 신통이 있는데 이것은 생각으로 헤아릴 수도 없다.'라고 말하니 일체의 모든 하늘이나 신선, 아수라, 크게 영향력 있는 귀신도 신통이 있으니 당연히 이들도 부처이지 않겠는가?

부처님의 형상은 삼십이상과 팔십종호로 표현하고, 그 특성을 여섯 가지 신통력으로 말하는데, 부처가 되면 이 여섯 가지 신통력을 자유자재로 쓴다고 말한다. 이런 사람들의 생각에 대해 임제는 이런 신통력은 천신이나 아수라, 힘 좀 쓰는 귀신도 있으니 그들도 부처라고 해야 하지 않겠냐고 한 것이다. 사실 신통력이란 아는 사람에겐 '당연한 것'이지만 모르는 사람은 '신통력'이라고 말한다. 비행기 타고 가는 것을 이해하는 현대인이 보면 당연한 일이지만, 이해하지 못하는 원시인이 이것을 보았다면 큰 새의 배에 들어갔다가 나왔다고 생각하며 신통하다고 생각할 수도 있다.

경전을 자세히 읽어보면 부처님도 사람들에게 신통력을 말할 때는 이런 취지로 말을 했다. 인도 당시의 수행자였던 바라문이나 사문들은 신통력을 내세워 사람들을 현혹했다. 이런 신통력이라는 것은 대부분이 사람들의 눈속임이거나 예리한 관찰력의 산물이다. 당시의 수행자들이 자랑으로 삼았던 신통은 다섯 가지의 신통력이었다. 부처님께도 이러한 신통력으로 도전하기 일쑤였기에 그들의 어리석음을 교화하기 위해 그런 신통보다 더 높은 단계의 고급 신통이 있는데 그것이 바로 '누진통漏盡通'이라고 말한 것이다.

여기서 '루漏 asrava'는 자이나교의 교주인 마하비라가 썼던 용어로 '부정한 것이 물새듯이 계속해서 흐른다.'라고 말한 것인데 부처님은 이것을 '번뇌가 흘러내린다.'라는 의미로 바꾸어 말씀하셨다. 결국, 부처님께서 여래의 신통을 말한 진짜 이유는 '여래가 여섯 가지 신통이 있다는 것'을 자랑하려는 게 아니고 신통 중에 가장 으뜸이 되는 신통은 모든 번뇌를 없애는 것이 가장 큰 신통이라고 말한 것이다. 따라서 제아무리 날고 기는 신통력이 있더라도 쉬지 않고 흘러내리는 번뇌로 괴롭긴 마찬가지이니 쓸데없는 신통력으로 인생을 허비하지 말라고 해주신 말씀이었다.

부처님을 신통과 관련해서 생각하는 것은 자신도 그런 부처님을 원하기 때문이다. 경전의 신통력에 관한 일화 중에 물위를 걷는 신통을 보인 수행자의 이야기가 나온다. 10년을 갈고 닦아 자신은 물 위를 걸을 수 있는 신통력이 있다고 말하자 부처님은 옆에 있던 뱃사공을 불러 배를 타고 강을 건넌 뒤에 '그대는 강을 건너기 위해 10년이 걸렸지만 나는 잠깐만에 건너왔다오. 그대가 생각하기에 어느 쪽이 더 훌륭한가?'라고 말했다.

사실 신통력은 크게 중요하지 않다. 내가 번뇌의 실체實體를 밝혀 번뇌에서 벗어나 행복하게 살 것인가? 아니면 나는 세상 사람들보다 특별한 능력이 있지만 괴롭게 살 것인가? 하는 이러한 선택은 개인의 자유이다. 부처님께선 '비록 백 년을 살지라도 괴롭게 살아간다면 비록 하루를 살지라도 행복하게 사느니만 못하다.'라고 말씀하셨으니, '번뇌의 소멸이야말로 최고의 신통력'이라고 생각하신 것이다.

토대가 행하는 신통地行神通

道流 莫錯! 秖如 阿修羅 與天帝釋戰 戰敗領八萬四千眷屬入藕絲孔中藏 莫是聖否[1]? 如山僧所擧 皆是業通依通. 夫如佛六通者 不然 入色界不被色惑 入聲界不被聲惑 入香界不被香惑 入味界不被味惑 入觸界不被觸惑 入法界不被法惑. 所以 達六種 色聲香味觸法 皆是空相 不能繫縛. 此無依道人 雖是五蘊漏質 便是地行神通.

임제 수행자들은 착각하지 말라!

예를 들어 아수라와 더불어 하늘의 제석이

전쟁을 벌이는데 싸움에서 지면 팔만사천 권속에게

연뿌리로 들어가 실 구멍 속에 숨으라고 명령하니

이들도 성인이라 해야 하지 않겠는가?

산승山僧이 '예시한 것'은 모두

업의 신통에 의지한 신통이다.

대저 부처님과 같은 여섯 가지 신통은 그렇지 않아서

색色의 세계에 들어가더라도 색에 유혹되지 않고,

소리의 세계에 들어가더라도 소리에 유혹되지 않고,

냄새의 세계에 들어가더라도 향기에 유혹되지 않고,

맛의 세계에 들어가더라도 맛에 유혹되지 않고,

촉감의 세계에 들어가더라도 촉감에 유혹되지 않고,

1 莫是…否 추측의 구법句法. …은 아닐까?

법의 세계에 들어가더라도 법에 유혹되지 않는 것이다.
이런 까닭에 여섯 종류를 통달하면
색깔, 소리, 냄새, 맛, 촉감, 법이 모두
공한 모양이라 얽어매지 못하게 되는 것이다.
여기 있는 의지함이 없는 도인이
비록 이렇게 오온五蘊이라 흐를지라도 곧
이 토대가 신통을 행하는 것이다.

● 道流 莫錯! 秪如阿修羅 與天帝釋戰 戰敗領八萬四千眷屬 入藕絲孔中藏 莫是聖否? 如山僧所擧 皆是業通依通.
임제: 수행자들은 착각하지 말라!/ 예를 들어 아수라와 더불어 하늘의 제석이 전쟁을 벌이는데 싸움에서 지면 팔만사천 권속에게 연뿌리로 들어가 실 구멍 속에 숨으라고 명령하니 이들도 성인이라 해야 하지 않겠는가? 산승山僧이 '예시한 것'은 모두 업의 신통에 의지한 신통이다.

깨달음을 통해서 얻어지는 지혜와 신통력을 삼명三明과 육통六通으로 말한다. 삼명三明은 천안명天眼明, 숙명명宿命明, 누진명漏盡明의 세 가지 지혜를 말하고 육통六通은 천안통天眼通, 천이통天耳通, 숙명통宿命通, 신족통神足通, 타심통他心通, 누진통漏盡通의 여섯 가지 신통력을 말하는데, 신통을 부린다고 해서 꼭 부처라는 말은 아니다. 앞에서 이미 밝혔듯이 알면 '당연한 것'이고 모르면 신통으로 '보이는 것'이다. 임제는 이것을 '업에 의해서 생긴 신통'이라고 말했는데, 타고난 기본 능력이 있어서 보이는 신통이란 뜻이다. 예를 들어 개미가 우리를 본다면 개미는 우리를 신통방통한 존재存在로 여기지 않을까? 사실 우리는 그냥 태어날 때부터 그냥 평범한 인간으로 신통방통하지 않으나 개미가 보았을 땐 몸집도 어마어마하고 힘도 세고, 밥도 많이 먹고, 싸기도 많이 싸니 뭐든지 다 신통할 것이다. 이런 것은 내가 획득한 신통이 아니고 '그냥 있는 능력' 같은 것이다. 그러니 그것을 특별히 '신통이라고 부를 만한 것'도 아니다.

● 夫如佛六通者 不然. 入色界不被色惑 入聲界不被聲惑 入香界不被香惑 入味界不被味惑 入觸界不被觸惑 入法界不被法惑. 所以達六種 色聲香味觸法 皆是空相 不能繫縛. 此無依道人 雖是五蘊漏質 便是地行神通.

대저 부처님과 같은 여섯 가지 신통은 그렇지 않아서 색깔色의 세계에 들어가더라도 색에 유혹되지 않고, 소리의 세계에 들어가더라도 소리에 유혹되지 않고, 냄새의 세계에 들어가더라도 향기에 유혹되지 않고, 맛의 세계에 들어가더라도 맛에 유혹되지 않고, 촉감의 세계에 들어가더라도 촉감에 유혹되지 않고, 법의 세계에 들어가더라도 법에 유혹되지 않는 것이다. 이런 까닭에 여섯 종류를 통달하면 색깔, 소리, 냄새, 맛, 촉감, 법이 모두 공한 모양이라 얽어매지 못하게 되는 것이다. 여기 있는 의지함이 없는 도인이 비록 이렇게 오온五蘊의 흐름지라도 곧 이 토대가 신통을 행하는 것이다.

임제는 전통적으로 신통으로 여겼던 것들은 버리고, 다른 시각으로 신통을 보았다. '안이비설신의眼耳鼻舌身意'의 육근六根이 '색성향미촉법色聲香味觸法'의 육진六塵에 '미혹되지 않는 것'이야말로 부처님의 진정한 신통이라고 본 것이다. 사실 이러한 내용은 초기 경전에서도 찾아볼 수 있다. 부처님의 설법은 외도外道에게 설한 내용과 부처님의 직계 제자에게 설하신 내용이 다른데, 외도에게 설할 때는 우리가 잘 알고 있는 '삼명육통三明六通'을 내세웠지만, 직계 제자에겐 육근인 '안이비설신의'를 잘 단속하여 육진이란 '색성향미촉법'에 물들지 말도록 가르치셨다. 이렇게 '감각기관'을 따라 감각되는 대상의 유혹으로부터 자유로워진다는 말은 결국 그것이 모두 '공'하다는 사실을 깨닫는 것이다. 우리가 '실체'라고 생각했던 것이 사실은 '실체'가 아니라 '마음이 조작해 낸 현상'이라 '실체가 없다는 사실을 깨닫는 것'이 바로 공을 깨닫게 되는 것이다. 이렇게 깨달으면 그러한 잘못된 생각에 매여 번뇌로 작용했던 것이 모두 사라지고 진정한 자유를 얻게 된다.

오온五蘊과 오취온五取蘊은 엄격히 다른데 범어를 한자로 번역할 때 오온과 오취온을 엄격히 구분하지 않았다. 그러다 보니 중국에선 오온과 오취온을 구분해서 정확히 구분해 쓰지 않는다. 그러나 이 두 가지 개념은 엄격히 다르다. 여기서는 오취온의 개념을 가지고 흐르는 성질이라고 말한 것이다. 본래 이 '유루有漏'와 '무루無漏'의 '샌다. 흐른다漏'라는 개념이 자이나교의 교리에서 쓰였던 단어인데, 부처님께선 이것을 번뇌나 무상함에 비유해서 썼다고 이미 말했다. 그런 이유로 여기서 말하는 오온은 '실체實體의 개념으로 세상을 받아들인 나 자신'을 가리키는 것이며, '흐른다.'라는 말은 '조금씩 늙어간다.'라고 이해하면 될 것이다. 이렇게 '언어의 개념에서 벗어난 사람'은 비록 '오온'이란 몸을 가지고 있어서 조금씩 늙어가더라도 이러한 '색성향미촉법色聲香味觸法'으로부터 자유로운 경지를 행하는 게 바로 신통이라고 말한 것이다.

참다운 부처는 형태가 없다.

道流! 眞佛無形 眞法無相 爾秖麼 幻化上頭 作模作樣 設求得者 皆是野狐精魅[1]. 並不[2]是眞佛 是外道見解. 夫如眞學道人 並不取佛 不取菩薩羅漢 不取三界殊勝 迥然獨脫 不與物拘.

임제 수행자여!

참다운 부처는 형태가 없고

참다운 법도 모양이 없는데

너희가 다만 환상을 나타낸 위에

무늬와 모양을 만든 것이니,

설사 구해 얻은 사람이 있다고 할지라도

이것은 모두 들 여우 같은 생각에 홀린 것이다.

아울러 이것은 진짜 부처도 아닐뿐더러

이것이야말로 외도의 견해이다.

무릇 참으로 도를 배우는 사람이라면

부처를 취하지 않을 뿐만 아니라

보살이나 아라한도 취하지 않으며,

삼계에서 뛰어 나는 것도 취하지 않고 저 멀리

홀로 벗어나 물건과 더불어 구속되지 않는다.

---

1 野狐精魅: 여우귀신. 또는 여우에 홀린 자를 욕하는 말.
2 並不… 並은 강세어. 更不, 曾不 과 같다.

● 道流! 眞佛無形 眞法無相 爾秖麽 幻化上頭 作模作樣 設求得者 皆是野狐精魅. 並不是眞佛 是外道見解.

임제: 수행자여!/ 참다운 부처는 형태가 없고 참다운 법도 모양이 없는데 너희가 다만 환상을 나타낸 위에 무늬와 모양을 만든 것이니, 설사 구해 얻은 사람이 있다고 할지라도 이것은 모두 들 여우 같은 생각에 홀린 것이다. 아울러 이것은 진짜 부처도 아닐뿐더러 이것이야말로 외도의 견해이다.

진짜 부처는 형태를 말하는 것이 아니다. 앞에서도 언급했지만, 부처란 겉의 외모를 가지고 부처를 말하는 것이 아니라 세상을 부처처럼 볼 때 부처라고 부르는 것이다. 따라서 반드시 세상에 대한 미혹된 관점을 알아차리고 그 미혹에서 벗어나 세상을 진리의 눈으로 바라보는 것이다. '진짜 법法도 모양이 없다.'라는 말의 '법'이란 글자는 정말 여러 가지 의미로 쓰인다. 때로는 '진리자체'를 의미하기도 하고 '의근意根'의 대상인 '법法'을 나타내기도 하며 '법의 세계'를 의미하는 등 다양하게 쓰인다. 문맥상 여기서는 '부처님의 가르침'을 의미하는 것으로 보인다. 그렇게 본다면 부처님의 가르침은 모양이 없다는 말이 된다.

우리는 불교를 말할 때 부처님의 주장이 있다고 생각한다. 그래서 불교는 이렇고 이렇다고 말하기 쉽다. 그러나 부처님의 법은 모양이 없다. 모양이 있다면 어떤 성격이 되는 성품을 부여받게 되어 '어떤 무엇'이라고 규정되어 버린다. 그러면 이미 그것은 부처님 법과 멀어진다. 그래서 금강경에서도 '무유정법無有定法' 즉 정해진 법이 없다고 말한 것이다. 사실 팔정도의 핵심은 정견正見인데, 이 정견에 관한 규정도 경전에 의하면 희론戱論이 사라진 것이라고 한다. 즉 잘못된 생각이 사라진 것이지 정견이란 새로운 주장을 하는 것이 아니라는 의미이다. 세상을 바라볼 때 소유에 대한 욕망이나 증오와 같은 감정이 사라져 순수하고 깨끗하게 있는 그대로 볼 때 그를 '부처'라고 부르는 것이지 부처 같은 거룩한 모습으로 나타나는 게 아니다.

법 또한, 어떤 일정한 모양이 있는 게 아니므로 이것이 바로 법이라고 말할 수 없다. 그래서 이 '부처'나 '법'은 얻을 수 있는 대상이 될 수가 없다. 그런데도 누군가가 부처나 법을 얻었다고 말한다면 어떤 신비한 체험을 했거나 무언가 이상한 것을 보고서 얻었다고 생각하는 것일 뿐이다. 그렇기에 들 여우 같은 생각에 홀린 것으로 모두 외도의 생각과 같은 것이다.

혹자는 이렇게 말할지도 모른다. 그들의 말이 옳고 임제의 주장이 틀렸을지도 모른다고 말이다. 그러나 이 법은 부처님도 '오로지 단 한 가지 이 길밖에 없다.'라고 말씀하셨고 역대 조사도 같게 말씀하셨다. 아마 깨달은 사람이라면 모두 동감할 것이다. '중도中道' 외에 다른 길이란 있을 수도 없다. 이것은 번뇌에서 벗어날 수 있는 가장 빠르고 유일한 길이며 번뇌에서 벗어나는 순간 스스로 벗어났음을 바로 알게 된다. 이른바 대상을 소유하려고 좇던 어리석은 삶은 사라지고 있으면 쓰고, 없으면 생각하지 않게 되는데 이것이 바로 '일생 일이 없는 사람無事人'으로 살아가는 것이다.

● 夫如眞學道人 並不取佛 不取菩薩羅漢 不取三界殊勝 逈然獨脫 不與物拘.

무릇 참으로 도를 배우는 사람이라면 부처를 취하지 않을 뿐만 아니라 보살이나 아라한도 취하지 않으며, 삼계에서 뛰어나는 것도 취하지 않고 저 멀리 홀로 벗어나 물건과 더불어 구속되지 않는다.

진정으로 도를 공부한다면 부처나 보살, 아라한 등등의 성인이 되려하지 않고 세상에서 뛰어나려고 하지도 않는다. 이런 생각을 가지고는 절대로 얻을 수 없기 때문이다. 이런 생각을 하는 순간 이미 개념을 존재화存在化 해버린 것이기 때문이다. 이렇게 대상을 실체적實體的 존재存在로 조작하는 일은 워낙에 전광석화와 같이 빠르게 진행되어 눈치채기 힘들다. 그래서 어떤 대상이란 물건이 누군가에게 주어지게 되면, 그는 그것을 실체로 파악해 좋거나 싫은 감정을 일으키게 되는 것이다. 이렇게 생겨난 감정은 그 감정에 따라 '좋아하는 것'은 소유하려 하고, '싫어하는 것'은 멀리하려 한다. 이렇게 소유하거나 멀리하려는 경향이 있다면 그는 감정에 휘둘리는 것이고, 이것을 주어진 물건에 구속되었다고 말하는 것이다.

그렇다면 이 주어진 물건에서 구속되지 않고 멀리 떨어져 벗어나는 방법이 무엇일까? 그냥 밀어내기만 하면 될까? 그것은 좋고 싫어하는 마음만 가중할 뿐이니, 더 벗어날 수 없도록 더욱 단단하게 묶어버리고 만다. 그래서 보고 느끼는 모든 감각 대상이 실체實體가 아닌데도 실체처럼 느껴지는 것은 모두 처의 작용 때문이다. 이 '처라는 것'은 감각된 대상에 대한 신호를 실체로 조작해 보여주어 인식하도록 만드는 가상의 장소를 의미한다. 이러한 처의 작용을 보아야만 대상이 거짓이란 확신이 생겨 비로소 대상을 좇는 마음이 쉬게 된다.

만약 처를 보지 못한다면 대상을 좇는 마음에서 영원히 벗어날 수 없다. 기존의 방법처럼 어떤 대상에 집중하면 그것을 하는 동안 잠시 내려놓을 수 있을지 몰라도 집중에서 벗어나는 순간, 원상 복귀되어 버리는 것이다. 그렇기에 선방에 있을 땐 아무 걱정 없이 편안하다가 해제하고 절집 문을 나서는 순간 원상태로 되돌아 가 버려 '내가 무슨 수행을 한 것인가?' 하는 자괴감마저 드는 것이다. 이러한 경험은 비단 출가자뿐만 아니라 수행을 시작한 사람이라면 누구나 경험하는 사실이니 나는 아니라고 굳이 부인하려고 하지 않을 것이다.

삼계三界는 마음이고 만법萬法은 인식이다.

乾坤倒覆 我更不疑 十方諸佛 現前 無一念心喜 三塗地獄頓現 無一念心怖. 緣何如此? 我見諸法空相 變卽有 不變卽無 三界唯心 萬法唯識. 所以 夢幻空花 何勞把捉?

임제 하늘과 땅이 뒤집힌 것을

나는 절대로 의심하지 않기에

시방十方의 모든 부처님이 나타나도 마음에

기쁨이 조금도 없고,

삼악도의 지옥三塗地獄이 갑자기 나타나도 마음에

조금의 무서움도 없다.

어째서 이러한가?

내가 모든 법의 공한 모양을 보니

'변화하는 것'은 곧 있는 것이고,

'변화하지 않는 것'은 곧 없었으니

삼계三界는 오로지 마음이고

'갖가지 법萬法'은 오로지 '인식識'일 뿐이다.

이런 까닭에

꿈속의 환상이요 허공의 꽃이거늘

어찌 애쓴다고 잡을 수 있겠는가?

오로지 있는 것은 수행자의 눈앞에 보이는 지금이다.

● 乾坤倒覆 我更不疑 十方諸佛 現前 無一念心喜 三塗地獄頓現 無一念心怖.

임제: 하늘과 땅이 뒤집힌 것을 나는 절대로 의심하지 않기에 시방十方의 모든 부처님이 나타나도 마음에 기쁨이 조금도 없고, 삼악도의 지옥三塗地獄이 갑자기 나타나도 마음에 조금의 무서움도 없다.

'삼도지옥三塗地獄'이란 화도火塗, 혈도血塗, 도도刀塗의 지옥을 말하는데 지옥 중에서도 잔인하고 극악한 지옥이다. 임제는 천지가 뒤집혔다는 것을 절대로 의심하지 않기에 부처나 지옥이 나타나더라도 조금도 기쁘거나 무서울 게 없다고 말했다. 이것은 반야심경에 나오는 전도몽상顚倒夢想과 같은 맥락의 말이다. 우리는 세상이 존재存在하고 그 세상에서 살아간다는 생각으로 살아가고 있다. 그러나 사실 알고 보면 처의 작용 때문에, 나와 세상이 동시에 드러나게 되는 것이다. 그래서 세상이 뒤집혔다는 표현을 쓴 것이다. 따라서 부처가 나타나도 내 마음 작용이요, 지옥이 나타나도 내 마음 작용이니 기뻐하거나 두려워해야 할 이유가 없는 것이다. 지금 이 이야기를 이해하지 못한다면 아직도 중생의 소견으로 여전히 괴롭게 살아가고 있다는 말이다.

● 緣何如此? 我見諸法空相 變卽有 不變卽無 三界唯心 萬法唯識 所以 夢幻空花. 何勞把捉?

어째서 이러한가? 내가 본 모든 법의 공한 모양은 '변화하는 것'은 곧 있는 것이고, '변화하지 않는 것'은 곧 없는 것이라 삼계三界는 오로지 마음이고 '갖가지 법萬法'은 오로지 '인식識'일 뿐이었다. 이런 까닭에 꿈속의 환상이요 허공의 꽃이거늘 어찌 애쓴다고 잡을 수 있겠는가?

임제는 앞서 생각이 뒤집혔다고 말한 이유를 설명한다. '모든 법의 공한 모습'은 어떻게 드러날까? 임제는 있는 것은 변화한 것이고, 없는 것은 변화하지 않는다고 말했다. 이 말을 듣고 대부분 번역이 잘못되었다고 생각할 수 있다. 그리고 또 적잖게 당황스러울 것이다. 그러나 당황할 필요는 전혀 없다. 법의 성질이 본래 그렇기 때문이다. 법은 누차 말했듯이 처處에서 조작되어 만들어진 개념이 형상화된 것이다. 따라서 처에서 뭔가를 조작하려면 감각 기능에서 전달된 신호가 있어야 하는데, 이 신호는 대상을 감지할 때 생기는 변화 값이다. 즉 변화가 있으면 뭔가가 존재存在한다고 생각하고 변화 값이 없으면 없다고 느끼는 것이다.

예를 들어 눈을 떴을 때는 눈앞의 사물이 움직이고 색감의 다양한 변화가 있어서 있다고 여기는 것이고, 눈을 감으면 대상에 대한 변화 값이 전달되지 않기에 순간적으로 사라지는 것이다. 이처럼 존재存在의 유무는 변화 값이 있는가 없는가가 결정하게 된다. 그러나 우리는 대상이 외부에 있어야 있고, 대상이 외부에 없으면 없다고 생각한다. 그래서 생각이 뒤집혔다고 말하는 것이다. 그러니 세상이 있어서 내가 아는 게 아니고 내가 세상을 그렇게 해석하고 창조해낸 것이다. 여기에 '삼계유심三界唯心 만법유식萬法唯識'의 이유가 있는 것이다. 어려운 부분이므로 다른 예를 들어 이해를 돕고자 한다. 예를 들어 눈앞에 컵이 하나 놓여 있다고 해보자. 그것을 컵으로 인식하기 위해서는 컵의 주변이 컵과 다른 색깔로 있을 때 비로소 컵을 인식할 수 있다. 만약에 컵과 100% 같은 색으로 이루어진 배경이라면 컵을 구분하지 못한다. 즉 존재存在 자체를 인식할 수 없다. 모든 '감각 기관'이 그렇다. 그렇기에 우리는 이 변화하는 값을 분석해서 대상의 존재를 인식하므로 이러한 특성을 매우 잘 이용한 게 현대문명에서 나타나는 다양한 기기들이다.

사실 이런 것들은 모두 우리의 감감 기관을 속이려고 만든 것들일 뿐이다. 티비TV 속에 나오는 모든 것들이 실제처럼 보이지만 사실 시신경에 전달되는 변화 값을 조작해 우리 '감각 기관'을 속인 것일 뿐이다. 이렇게 존재存在와 비존재存在가 '실재實在하는가', '실재하지 않는가'의 문제가 아니고 변화 값의 유무에 따라 다르게 인식될 뿐이다. 블랙홀 Black Hole의 예를 들어보면 이 블랙홀 Black Hole은 실재하는 별이지만 어마어마한 중력으로 인해 빛조차 빠져나올 수 없기에, 실재하는 별임에도 빛으로 인식하는 우리의 눈에는 보이지 않게 되는 것이다. 이렇게 우리가 대상을 '존재'나 '비존재'로 인식하는 것은 대상이 실제로 '있느냐', '없느냐'가 아니라 대상이 '변화하는가', '변화하지 않는가'로 판단하고 인식하게 되는 것이다.

삼계三界는 '욕망으로 이루어진 세계欲界', '형상으로만 존재存在하는 세계色界', '형상조차도 없는 세계無色界'를 말한다. 일반적으로 '욕계欲界'는 인간이 사는 영역으로 '색계色界'와 '무색계無色界'는 신들이 사는 천상의 영역이라고 생각한다. 그러나 이것은 물리적인 영역을 말하는 것이 아니다. 이러한 생각은 인도사람들의 신과 인간을 바라보는 관점일 뿐이다. 부처님께서는 같은 이름을 가지고 수행의 단계에 따라 드러나는 심리적인 영역으로 바꾸어서 말씀하셨다. 기존의 단어를 그대로 두고 단어의 의미를 새로 규정해서 쓰는 방법을 '환골탈태換骨奪胎'라고 하는데 부처님께서는 새로운 단어를 만들어 쓰기보단 익숙한 단어에 의미를 새로 규정해 가르치시곤 했다. 여기의 삼계도 그런 경우라 하겠다. 인도사람들은 고행이나 선정을 통해서 해탈하면 내생에 천상의 세계에 가서 태어난다고 생각했다. 그런데 부처님께서는 선禪 수행을 통해 바뀐 의식상태에 따라 드러나는 세계를 삼계에 배대配對해서 가르치셨다. 따라서 이러한 삼계는 오로지 마음에서 만들어 낸 세계이며 수행의 정도에 따라 달리 드러나는 인식의 세계임을 알아야 한다. 이것이 '삼계유심三界唯心'의 의미이다.

그럼 '만법유식萬法唯識'은 무슨 뜻일까? 누누이 말했지만, 법은 처에서 조작된 것으로 식이 인식하는 대상이 된다. 즉 식이 보고 있는 것들은 모두 이 '법法들'인 것이다. 즉 우리가 알고 있는 '모든 것'은 오로지 식의 대상인 법들뿐이다. 이러한 마음과 식의 관계를 정확하게 깨닫고 이해해야 보이는 모든 것이 비로소 꿈속의 환상으로 보이게 되어 욕망을 내려놓을 수 있다. 내가 보는 게 꿈이 아니고 '현실에 있는 것'이라고 생각하는데 어찌 그 욕망을 내려놓겠는가? 그래서 중생이 욕망을 내려놓지 못하는 것이다. 만약 이것을 깨달았다면 눈에 보인다고 잡아서 가지려고 노력할 이유가 없는 것이다. 마치 모니터 속의 물건을 진짜로 생각해 탐내고 있다가 그것이 가짜라는 사실을 알고 가지려는 마음을 그만두는 것과 같다. 지금 유일하게 '존재한다는 것'은 눈앞의 '지금 여기'일 뿐이다. 사람들은 세상을 삼차원의 공간에 시간이란 차원을 하나 덧대어 이해하고 살아간다. 그러나 이것은 이해의 방식일 뿐이다.

자기 자신을 잘 돌아보라. 내가 공간을 돌아다니고 있는 것인지? 사실 내게 경험되는 것은 늘 눈앞은 '여기'일 뿐이지 다른 곳도 동시에 경험되지 않는다. 또 시간은 과거에서 현재로, 현재에서 미래로 흘러간다고 생각한다. 그러나 잘 살펴보라! 정말로 그러한가? 과거는 어디에도 발견되지 않고 과거도 '지금' 내가 생각하는 기억이며 미래도 '지금' 내가 상상하는 시간일 뿐이다. 언제나 내겐 지금만 있을 뿐이다. 그래서 '지금 여기'에 집중하며 살아가야 한다. 언제나 내겐 '지금 여기'밖에 경험될 수 없기 때문이다. 그러나 어리석은 중생은 되돌아갈 수 없는 과거에 집착하며 '예전엔 이랬는데…….' 하면서 괴롭게 살아가거나 오지도 않는 미래를 계획하며 지금 할 일을 하지 않고 살아가는 사람이 많다.

바탕의 법을 싫어함이 없다無嫌底法.

唯有道流 目前現今 聽法底人 入火不燒 入水不溺 入三途地獄 如遊園觀 入餓鬼畜生 而不受報 緣何如此無嫌底法? 爾若愛聖憎凡 生死海裏沈浮. 煩惱由心故有 無心煩惱何拘? 不勞分別 取相自然 得道須臾. 爾擬傍家 波波地學得 於三祇劫中終歸生死 不如無事 向叢林中 床角頭交脚坐.

임제 오로지 있는 것은

수행자 눈앞에 보이는 지금이니

설법을 듣는 그 사람은

불에 들어가도 타지 않고 물에 들어가도 빠지지 않으며,

삼도 지옥에 들어가도 정원을 노닐 듯이 보고

아귀나 축생에 들어가도 과보果報를 받지 않는다.

어째서 그러한가?

바탕의 법을 싫어함이 없기 때문이다.

네가 만약 성인은 사랑하고 범부를 미워한다면

생사의 바다에서 오르내릴 것이다.

번뇌는 마음 때문에 '있는 것'이니

마음 없는 번뇌를 어떻게 잡겠는가?

분별하려고 애쓰지 않고

모양을 취取하는 게 자연스러우면

도를 얻는 것도 잠깐이다.

너희들이 주변을 바쁘게 다니며

삼아승지겁三阿僧祇劫 동안 배우더라도

결국 생사로 돌아가니

총림의 선방 구석으로 가서

다리 꼬고 앉아 일없는 것만 못하다.

● 唯有道流 目前現今 聽法底人 入火不燒 入水不溺 入三塗地獄 如遊園觀 入餓鬼畜生 而不受報. 緣何如此? 無嫌底法.
임제: 오로지 있는 것은 수행자의 눈앞에 보이는 지금이니 법문法門을 듣는 그 사람은 불에 들어가도 타지 않고, 물에 들어가도 빠지지 않고, 삼도 지옥에 들어가도 정원을 노닐듯이 보고, 아귀나 축생에 들어가도 과보果報를 받지 않는다. 어째서 그러한가? 바탕의 법을 싫어함이 없기 때문이다.

오로지 있는 것은 수행자의 눈앞에 보이는 지금이니 설법을 듣는 그 사람은 불에 들어가도 타지 않고, 물에 들어가도 빠지지 않고, 삼악도에 들어가도 정원에 노니는 듯하고, 아귀나 축생에 들어가도 과보를 받지 않는다고 했다. 그리고 그 이유를 물으니 임제는 '무혐저법無嫌底法' 즉, 바탕의 법을 미워함이 없기 때문이라고 했다. 참 당황스러운 말이다. 그래서 그런지 구구한 해석들이 난무한다. 여기서 분명히 알아야 할 것은 '저법底法'이다. 법法과 저법底法은 다르다. 법이 이미 만들어진 개념이라면 저법은 개념을 만들기 위해 분석하는 감지된 신호를 말한다. 즉 법을 만드는 재료가 되는 것이다. 그러므로 불은 불이라고 알아차리기 이전의 재료를 말하는 것이다. 사실 내가 본 것은 '불火'이 아니라 외부 대상을 감지한 신호를 불이라고 구분한 것에 불과하다. 대상으로 조작하기 전의 것을 미워하지 않고 평등하게 바라볼 수 있어야 감정의 굴레에서 벗어나 평온하게 살아갈 수 있는 것이다.

사실, 물이나 불, 지옥, 아귀, 축생 등은 인간이 어떤 모양을 취해서 그것을 실체화實體化한 개념에 불과하다. 세상에 그렇게 존재存在하는 실체實體란 없다. 어떤 모습이 정확한 불이며, 어떤 모습이 정확한 물, 지옥, 아귀, 축생이란 말인가? 다만 어떤 형태를 취해서 그렇다고 임의로 규정한 것뿐이다. 우리가 보는 것은 세상의 진짜 불을 보거나 진짜 물을 보는 게 아니고 언어로 개념화한 법을 보면서 진짜 그것이라고 착각하는 것이다.

예를 들어 모니터에 물이나 불, 지옥, 아귀, 축생이 보인다고 하자! 모니터가 어떤 장면을 비추든 그것은 그저 모니터에 나타난 화상일 뿐이니 미워해야 할 대상은 아니다. 그래서 눈에 보이는 것이 무엇이든 그것에 빠지거나 매이지 않을 수 있는 것이다. '눈에 보이는 것'이 '개념으로 만들어진 법'이 아니고 진짜라고 생각하는 순간 그 대상에 매몰되어 버려 죽을 때까지 끌려다니며 벗어나지 못해 괴롭게 살아가게 되는 것이다.

사실 그러한 대상들이 드러났다는 것은 무조건 저법을 미워하지 않고 남김없이 받아들였기에 처리된 결과라는 것이다.

● 爾若愛聖憎凡 生死海裏沈浮.
네가 만약 성인은 사랑하고 범부를 미워한다면 생사의 바다에서 오르내릴 것이다.

사람들은 일반적으로 성인을 좋아하고 범부를 싫어한다. 그런데 그것이 생사의 바다에서 부침하는 것이라니 참 당황스럽고 이해하기 힘든 말이다. 그러나 이것은 깊게 사유하지 않아서 모르는 것이다. 만약 어떤 대상이 사랑스럽다면 그것은 내가 그 대상을 사랑스럽게 보는 것이지 '대상자체'에 사랑스러운 실체實體가 들어있어서 사랑하는 게 아니다. 즉 자신에게 그런 것을 좋아하는 경향성이 있기에 그 대상에 애착하는 것일 뿐이다. 그래서 이러한 경향성을 불교에선 '업業'이라고 부르며, 이러한 이유로 '좋아하는 것'을 보면 기쁘고 '싫어하는 것'을 보면 미워하는 것이다. 즉, 대상에겐 아무런 잘못이나 허물이 없는데도 보는 자가 시비하기 때문에 문제도 되는 것이다.

본래 무상한 것이라 어떤 실체로 고정된 적이 없었는데도 굳이 '태어남'이니 '죽음'이니 하면서 고정된 시점을 만들어 놓고 태어남은 좋고, 죽음은 싫다고 말한다. 사실 태어남이나 죽음은 어떤 고정된 시점이 아니고 인생의 어떤 일부분만을 임의로 잘라내 떼어서 생각할 뿐이다. 이렇게 태어남이나 죽음은 따로 떨어져 있지 않고 서로 의존해 있는 개념일 뿐, 실체가 아님에도 불구하고 그 생각을 내려놓지 못해 스스로 힘들어하는 것이다. 그러다 보니 '태어남'과 '죽음'이란 생각 때문에 생사의 바다에 뜨고 가라앉는 것이다.

●煩惱由心故有 無心煩惱何拘?
번뇌는 마음 때문에 '있는 것'인데 마음 없는 번뇌를 어떻게 잡겠는가?

번뇌란 '마음이 힘든 것'이니 마음 때문에 번뇌가 있는 것이다. 그러니 마음을 떠난 번뇌는 찾으려고 해도 찾을 수 없는게 당연하다. 번뇌에서 벗어난 것이 해탈이니, 해탈하려면 우선 번뇌가 어떤 것이며 어떤 과정을 거쳐서 생성되는지 그 전 과정을 알아야만 번뇌에서 완전히 벗어날 수 있는 것이다. 번뇌가 생겨나는 과정을 이해하지 않고 생겨난 번뇌를 용케 없앤다고 하더라도 번뇌의 재생산은 막을 수 없어, 결국 번뇌에 휩싸이게 되는 것이다. 번뇌는 마음 때문에 생긴 것이니 번뇌를 알려면 우선 마음이 무엇인지 먼저 아는 것이 중요하다.

사실 '마음'이라는 말을 수도 없이 쓰지만, 그 마음의 실체實體는 정작 알지 못한다. 그러다 보니 '내 마음 나도 몰라!'와 같은 이상한 말도 자연스레 내뱉는 것이다. 마음은 내입처內入處와 외입처外入處, 인식 작용이 서로 의지해서 일어나는 작용이지, 마음이 먼저 있어서 주관과 객관으로 대상을 나누고 구분하는 게 아니다. 그렇기에 마음의 실체를 그 어디에서도 찾을 수 없는 것이다. 그래서 선사들은 역설적으로 '있지도 않은 마음'을 찾으라고 말한 것이다.

독립적으로 존재存在하지 않는 마음을 볼 수 있어야 비로소 언어의 사유를 벗어날 수 있기 때문이다. 언어는 편리하기도 하지만 사물을 실체적實體的 관점으로 바라보도록 만들기도 한다. 언어는 그물과 같아서 언어로 개념화되는 순간 언어의 그물에 잡히고 만다. 그러나 깨달은 자는 바람과 같아 언어를 마음대로 쓰지만, 언어라는 그물에 걸리지 않고 자유로운 것이다.

●不勞分別 取相自然 得道須臾.
분별하려고 애쓰지 않고 모양을 취取하는 게 자연스러우면 도를 얻는 것도 잠깐이다.

언어의 속성이 무엇이든 잡아서 '개념적으로 실체화實體化하는 것'이므로 '이것은 무엇이라서 좋고, 저것은 무엇이라서 싫다.'라는 식으로 대상을 분별하려고 애쓰지 않고, 대상에 시비만 걸지 않는다면 도를 얻는 것도 잠깐이란 것이다. 번뇌는 당연한 것을 당연하게 보지 못할 때 생기는 것이다.

본래 공하다는 사실을 있는 그대로 보게 되면 시비 걸 일이 자연히 사라지는 것이다. 공한 것을 공으로 보지 못하니 괴로움이 생기는 것이다. 이것을 오취온고五取蘊苦라고 말하는 것이다. 여기서 '오온五蘊'은 '확인 가능한 모든 것들'인데, 이것은 개념들이 쌓여서 만들어진 것이다. 그래서 '다섯 가지 쌓임'이라고 부른 것이다. 여기에 취取가 붙으면 개념이 실체화實體化된다. 이렇게 '다섯 가지 쌓임이 실체화된 것'이 '오취온五取蘊'이며, 이것 때문에 생긴 괴로움이 바로 '오취온고五取蘊苦' 인 것이다.

● 爾擬傍家 波波地學得 於三祇劫中 終歸生死 不如無事 向叢林中 床角頭交脚坐.
너희들이 주변을 바쁘게 다니며 삼아승지겁三阿僧祇劫 동안 배우더라도 결국 생사로 돌아가니 총림의 선방 구석으로 가서 다리 꼬고 앉아서 '일이 없는 것'만도 못한 것이다.

부처님께서는 깨달음의 길은 오로지 한 길뿐이라고 말씀하셨다. 임제스님도 이 입장엔 변함이 없어 보인다. 부처님 법 외에 어디를 가서 구해도 완전한 깨달음을 성취할 수 없다. 완전한 깨달음은 시비 득실이 사라져야 비로소 완전한 것인데 세상의 그 어떤 이론도 시비 득실에서 벗어날 수 없다. 어떤 주장을 하더라도 반대로 대립한 주장을 세울 수 있기 때문이다. 그러니 아무리 삼아승지겁의 엄청난 세월이 흐를지라도 태어나고 죽는다는 어리석은 소견을 벗어날 수 없는 것이다. 그러나 사람들은 이 태어남이나 죽음이 말장난이란 것을 조금도 의심하지 않고, 눈치채지도 못하는 것이다. 그래서 부처님께서는 이러한 주장들이 희론戲論 즉 '말장난'이라고 말씀하시며 연기로 이해해야 한다고 말씀하신 것이다. 이러한 말장난들은 알고 보면 언어적 유희일 뿐이며 사실을 보고 말하는 것도 아니므로 수행자는 사실에 입각해 있는 그대로 알고 말해야만 하는 것이다.

기초가 튼튼해야 건물이 바르고 굳건하게 설 수 있는 것처럼 수행도 그 기초를 단단하게 세워야 한다. 부실한 기초위에 세워진 건물에 멋진 장식품만 주렁주렁 매달아 놓는다고 해서 그 건물이 오랫동안 굳건히 유지될 수 없는 같은 것이다. 수행에 있어서 건물의 기초를 튼튼히 세우는 것은 깊은 사유를 통해서 존재存在의 실상을 낱낱이 꿰뚫어 보는 것이다. 사실에 근거한 튼튼한 기초위에 서 있을 때 세상에 대한 시비 득실이 사라져 일이 없게 되는 것이다. 세상에 대하여 시비하면 일만 많고, 시비하지 않으면 일은 없다. 따라서 그렇게 세상에 시비하는 외도의 것을 아무리 오랫동안 배우더라도 깨달을 수 없으니 선방에 가서 이 근본 문제를 참구參究하라는 것이다.

알았다는 것은 대상을 잡은 것.

道流! 如諸方有學人來 主客相見了 便有一句子語辨 前頭善知識被學人 拈出箇 機權語路[1] 向善知識 口角頭攛過. 看! 爾識不識? 爾若識得[2]是境 把得便抛向[3]坑子裏! 學人 便卽尋常[4]然後 便索善知識語 依前奪之 學人云 上智哉 是大善知識 卽云 爾大不識好惡!

임 제 수행자여! 예를 들어

제방에서 어떤 학인學人이 온다면

주와 객은 서로 인사를 마칠 것이다.

곧 일구의 법문法門이 있어야 말씀을 판단하니

앞의 선지식善知識은 상대 학인學人의 근기에 맞는

방편을 꺼낼 것이고 말씀의 흐름으로 향하는

선지식은 입 주위로 들이대며

'살펴봐라! 너는 아느냐, 모르느냐?

네가 만약 이 대상을 인식했다면 포착하자마자

바로 구덩이 속을 향해 던져버릴 것이다.'

학인學人이 곧바로 일상을 찾고 그런 뒤에 곧

선지식의 말씀을 찾아보고

1 機權語路: 상대방을 알아보려고 건드려 보는 방편의 말.
2 識得: 그 본질을 간파하다, 궁구하다.
3 抛向 : …을 목표로 던지다.
4 尋常: 8척을 심尋이라 하고, 심의 두 배를 상常이라 한다. 조그만 땅을 가지고 서로 공격하고 정벌한다는 것을 의미한다.

전에 의지했던 것을 벗어버리면,

학인學人은

'최상의 지혜로다!

이래서 대 선지식께서 곧바로

너는 아주 무식한 놈이라고 하셨구나!'라고

말하게 될 것이다.

●道流! 如諸方 有學人來 主客相見了. 便有一句子語辨

임제: 수행자여! 예를 들어 제방에서 어떤 학인學人이 오면 주와 객은 서로 인사를 마칠 것이다. 곧 일구의 법문法門이 있어야 말씀을 판단하니

이것은 임제의 사빈주四賓主라는 유명한 비유이다. 그러나 해석상의 문제로 인해 정확하게 그 의미를 이해하지 못해 놓친 게 많다. 이 사빈주四賓主의 '빈賓'은 법을 묻는 '수행승'을, '주主'는 수행자를 가르치는 '선지식善知識'을 가리킨다. 이렇게 묻고 답하는 경우의 수는 '호주악빈好主惡賓', '호주호빈好主好賓', '악주호빈惡主好賓', '악주악빈惡主惡賓'의 네 가지로 정리할 수 있는데 그 첫 번째가 호주악빈好主惡賓이다. 즉 스승은 훌륭한데 묻는 사람이 어리석은 경우이다.

이 문장에서 옛날 중국의 선원에서 선지식에게 법을 묻는 법거량의 분위기를 엿볼 수 있다. 수행자가 선지식을 찾아가면 먼저 만나면 간단히 인사를 나누고 한마디의 말로 수행자들이 수행 정도를 가늠했다는 것을 미루어 알 수 있다. 혹자는 이렇게 말하면 '무슨 선지식이라면서 상대방 학인學人이 어떤지를 몰라 가늠하느냐?'라고 말할지도 모르겠다. 그러나 아무리 친하고 오래 같이 살아도 지척에 있는 사람의 마음을 알 수는 없다. 물론 유추는 가능하겠지만…….

깨달음을 얻으면 자신이 변하고 그 변한 것을 맨 먼저 알아채는 사람이 바로 자신이므로 '해탈'하고 '해탈의 지견智見' 즉 해탈했다는 사실을 스스로 아는 것이다. 해탈이란 말은 '번뇌에서 벗어났다.'라는 말이니 해

탈했다면 스스로 묶여서 괴로워했던 문제가 사라지고 고민하지 않는 자신을 자연스레 발견하게 되는데 그렇다고 해서 해탈한 자의 모습이 하루아침에 완전히 싹 바뀌지도 않는다.

물론 그 후의 주변 사람들은 그의 말이나 행동, 편안해진 분위기로 그것을 유추해 볼 뿐이다. 이 깨달음의 길은 오로지 한 길밖에 없으므로, 만약 선지식善知識이 그 길을 지나왔다면 몇 군데 중요한 지점을 점검해 보고 그가 그곳을 정말로 통과했는지를 확인할 수가 있다. 만약 벗어났다고 말하는 자가 통과한 지점을 물어서 대답하지 못한다면 지나지 않은 것이 분명한 것이다. 물론 언어의 사유를 벗어나야 하는 것은 맞지만 언어를 쓰지 말라는 말도 아니다. 점검은 언어를 통해서 하는 것이다.

● 前頭善知識 被學人拈出箇機權 語路向 善知識 口角頭攛過 看! 爾識不識? 爾若識得是境 把得便拋向坑子裏.
앞의 선지식善知識은 상대 학인學人의 근기에 맞는 방편을 꺼낼 것이고 말씀의 흐름으로 향하는 선지식善知識은 입 주위로 들이대며 '살펴봐라! 너는 아느냐, 모르느냐? 네가 만약 이 대상을 인식했다면 포착하자마자 바로 구덩이 속을 향해서 던져버려야 할 것이다.'

앞에 있는 선지식善知識은 학인學人에게 근기에 따른 방편을 가지고 말할 것이다. 말씀이 진행되면 선지식은 '아는 것'과 '모르는 것'을 잘 살피라고 종주먹을 대며, 좀처럼 이해하기 힘든 말을 내뱉는다. 네가 대상을 안다는 사실은 잡은 것을 곧바로 구덩이 속으로 내던질 것이라고 했다. 이건 도대체 무슨 말일까? 우리가 대상을 무엇이라고 인식했다는 것은 이미 경험되었단 말이다. 이 경험들이 쌓이는 곳이 바로 구덩이 속이다. 이것을 유식에서는 저장한다고 해서 장식藏識 또는 아뢰야식阿賴耶識이라고 부른다.

경험이 없다면 대상이 아무리 나타나도 인식할 수 없다. 이런 경험들이 쌓여가면서 세상을 이해하는 폭도 넓어지며, 오해하는 폭도 역시 넓어진다. 그래서 번뇌가 끊임없이 쌓이는 것이다. 왜 선사들은 이렇게 사람을 몰아붙였을까? 선지식의 역할이란 결국 수행자의 논리가 막힐 때까지 몰아붙여서 그 어리석음을 깨닫도록 충격을 가하는 것이다. 그랬을 때 진정한 의심이 일어나는 것이며, 그것을 화두라고 부르는 것이다. 그렇게 수행자를 몰아붙이고 조롱하듯이 비웃으며 수행자에게 단서를 제공한다. 그래야만 분한 마음이 일어 더욱 밀어붙이는 힘이 생기게 되기 때문이다.

●學人 便卽尋常然後 便索善知識語 依前奪之 學人云 上智哉! 是大善知識 卽云 爾大不識好惡!

학인學人이 곧 일상을 찾고 난 뒤에 곧 선지식善知識의 말씀을 찾아보고 전에 의지했던 것을 벗어버리면 학인學人은 '최상의 지혜로다! 이래서 대 선지식이 곧바로 너는 아주 무식한 놈이라고 하셨구나!'라고 말하게 될 것이다.

이 학인學人이 처음엔 선지식善知識의 말을 이해하지 못하다가 선지식이 하신 말씀들을 찾아보아 스스로 확인하고 예전에 의지했던 것을 모두 벗어버렸다는 것인데, 그러고 나서야 비로소 선지식의 말씀을 이해하고 찬탄했다는 것이다. 그래서 이것을 옛 스승들은 훌륭한 주인과 어리석은 손님 즉 호주악빈好主惡賓이라고 칭했다.

훌륭한 선지식善知識과 훌륭한 학인學人

如善知識 把出箇境塊子 向學人面前弄 前人辨得 下下作主 不受境惑 善知識 便卽現半身 學人便喝 善知識 又入一切差別 語路中擺撲 學人云 不識好惡 老禿奴! 善知識 歎曰 眞正道流!

임제 또 선지식善知識이

어떤 대상 덩어리를 꺼내놓으며
학인學人의 보는 앞에서 희롱했더니
앞에 있는 사람을
'최하로 주관을 지었다.'라고 판단하고
대상에 미혹되지 않았다.
선지식이 곧 몸의 절반만 드러냈더니
학인은 바로 할喝을 했으며,
선지식이 또 모든 것의 차별에 들어가
말하는 도중에 흔들고 넘어졌더니
학인이
'무식한 늙은 중!'이라고 말했다면
이 선지식은 감탄하며
'진정한 수행자로다!'라고 말할 것이다.

● 如善知識 把出箇境塊子 向學人面前弄 前人辨得 下下作主 不受

境惑
임제: 또 선지식善知識이 어떤 대상 덩어리를 꺼내놓으며 학인學人의 보는 앞에서 희롱했더니 앞에 있는 사람을 최하로 주관을 지었다고 판단하고 대상에 미혹되지 않았다.

이것은 선지식善知識과 학인學人이 모두 훌륭한 호주호빈好主好賓에 해당한다고 하겠다. 선지식이 학인에게 대상을 덩어리를 들어서 놀려도 학인學人은 미혹되지 않는다. 여기서 '대상 덩어리'라는 표현을 쓴 것을 보면, 임제가 얼마나 오온五蘊에 대한 깊은 이해가 있었는지 가늠할 수 있는 부분이다. 본래 '온蘊'의 개념은 '쌓인다.', '적층 된다.'라는 개념인데 우리가 아는 모든 대상은 이렇게 '쌓인 덩어리'로 이해해야지 '독립된 개체'로 이해해서 안 된다는 것이다.

예를 들어 자동차가 있다고 하면, 자동차는 분명히 여러 가지 부품이 조립되었을 뿐 독립된 개체가 아님에도 불구하고 우리에겐 독립된 개체로 인식하게 된다. 그러나 자동차의 그 어디를 찾아봐도 거기엔 자동차가 없다. 그래서 텅 빈 '공空'이라고 말하는 것이다. 이 자동차는 쓰임에 이름을 정해놓은 것이지 대상을 지칭하는 말이 아니기 때문이다. 우리에게 독립적인 대상으로 다가오는 모든 것은 이렇게 공한 것이다.

아무튼 여기서 경괴자境塊子는 사람들을 유혹할 만큼의 가치가 있는 어떤 대상일 것이다. 그래서 학인에게 이렇게 좋은데 탐나지 않느냐고 눈앞에서 유혹하는 것이다. 그랬더니 학인은 최하의 주관을 지었다고 판단했고 대상에 미혹되지도 않았다. 여기서 하하下下는 '상, 중, 하'로 나누고 다시 '상, 중, 하'로 나눈 가운데 '하중의 하'를 말하는 것으로 '가장 안 좋다.'라는 말이다.

● 善知識 便卽現半身 學人便喝. 善知識 又入一切差別語路中擺撲 學人云 不識好惡 老禿奴! 善知識 歎曰 眞正道流!
선지식善知識이 곧 몸의 절반만 드러냈더니 학인學人은 바로 할喝을 했으며, 선지식이 또 모든 것의 차별에 들어가 말하는 도중에 흔들고 넘어졌더니, 학인이 '무식한 늙은 중!'이라고 말했다면 이 선지식은 감탄하며 '진정한 수행자로다!'라고 말할 것이다.

다시 선지식善知識이 이번엔 몸의 반만을 드러냈다는 것은 '대상은 텅 비었지만, 그것을 바라보는 나는 분명히 있다.'라는 식으로 말했다는 것이다. 그러자 학인學人은 잘못되었다고 할로 꾸짖고, 그러자 그 선지식은 갖가지를 다 차별하는 방법을 써서 말하다가 자신의 논리에 꼬이니 학인이 '늙은 무식한 중'이라고 말했다는 것이다. 이렇게 선지식이 온갖 방법으로 학인을 대해도 학인이 속지 않고 오히려 선지식을 꾸짖으니 선지식이 감탄하여 '진정한 수행자!'라고 말한 것이다. 누군가를 이해했다는 말은 같은 경험이 공유된다는 말과 같다. 즉 세상에는 '이해'와 '오해'만 있을 뿐이지 다른 것은 없다. '분명하게 이해한 사람'은 '이해와 오해'를 모두 알지만 '오해한 자'는 '오해'만이 있을 뿐이다. 그래서 선지식도 훌륭하고 학인도 훌륭한 것이다.

나쁜 선지식善知識과 훌륭한 학인學人

如諸方善知識 不辨邪正 學人來問 菩提涅槃 三身境智 瞎老師 便與他解說 被他學人罵著[1] 便把棒打他言 無禮度! 自是爾善知識 無眼不得嗔他.

임제 또 제방의 선지식善知識이
　'삿됨과 바름'도 판단하지 못한다면
　학인學人이 와서 깨달음과 열반,
　삼신三身 부처님과 대상에 대한 지혜境智를 물으면
　'눈멀고 늙은 중'은 곧 다르게 설명해주고서
　상대방 학인에게 매도당했다며
　곧 몽둥이를 들어 때리며 말하기를
　'예의 법도가 없구나!
　내가 바로 너의 선지식인데 안목이 없으니
　어쩔 수 없이 너에게 화를 내는 것이다.'라고 할 것이다.

● 如諸方善知識 不辨邪正 學人來問 菩提涅槃 三身境智 瞎老師 便與他解說
임제: 또 제방의 선지식善知識이 '삿됨과 바름'도 판단하지 못한다면 학인學人이 와서 깨달음과 열반, 삼신三身 부처님과 대상에 대한 지혜境智를 물으면 '눈멀고 늙은 중'은 곧 다르게 설명해주고서

이것은 학인學人은 훌륭한데 도리어 선지식善知識이 모자란 악주호빈惡

1 罵著: 매도하다

主好賓에 대한 설명이다. 여기서의 선지식은 진짜 선지식이 아니라 '자칭 선지식'인 것이다. 선지식은 이미 '목표한 그곳' 즉 깨달음을 통해 '해탈'에 나아간 사람을 선지식이라고 말할 수 있다. 그러니 최소한 '깨달음菩提', '열반涅槃', '법신, 보신, 화신의 삼신三身', 대상에 대한 지혜境智'를 물으면 바르게 대답해야 비로소 이가 지혜를 얻었는지 못 얻었는지 판가름할 수 있는 것이다.

● 被他學人罵著 便把棒打他言 無禮度! 自是爾 善知識 無眼 不得嗔他.

상대방 학인에게 매도당했다며 곧 몽둥이를 들어 때리며 말하기를 '예의 법도가 없구나! 내가 바로 너의 선지식인데 안목이 없으니 어쩔 수 없이 너에게 화를 내는 것이다.'라고 할 것이다.

그 늙은 승려의 잘못된 해설을 들은 그 승려가 '진리'도 제대로 알지 못한다고 매도한 것으로 보면, 그 승려는 진리를 보는 안목이 분명한 것이다. 다른 사람의 말이 바른지 삿된 것인지를 판단할 수 있는 눈이 있다면 이미 그는 벗어난 것이니 훌륭한 손님이라고 볼 수 있다. 만약 불법의 핵심을 물었는데 잘 알지도 못하면서 다르게 해설해 준다면, 이 사람은 선지식善知識도 아닐뿐더러 법을 모르면 침묵해야 하는 수행자로서의 기본도 갖추어지지 않은 것이다.

부처님께서 지키라고 했던 기본 오계五戒 가운데 '거짓말을 하지 말라.'고 하는 계율이 있다. 사실 우리는 단 하루도 거짓말을 하지 않고서는 살지 못한다. 그러면 사소한 거짓말을 했다고 승려의 자격을 박탈한다면 승단에 남아있을 사람이 아무도 없을 것이다. 부처님께서도 이것을 모르리 없었을 것이다. 여기에서 말하는 거짓말은 '진리에 대한 거짓말'을 지칭하는 것이다. 사소한 거짓말들은 상대방에게 참회나 사과를 하게 되면 대부분 해소되나, 진리에 관한 거짓말은 아주 심각한 문제를 불러 일으키기 때문에 매우 중요하다. 그래서 '구입갱화俱入坑火' 즉 불구덩이에 함께 들어간다고 말하는 것이며 아주 심각한 범죄인 '네 가지 바라이죄四波羅夷罪'에 해당하여 '승려 생활'을 못하도록 승가에서 축출하는 것이다.

이러한 관점에서 '나는 모른다.'라고 솔직하게 말하지 못하는 선지식이라면 '선지식'이라는 말 자체가 무색한 것이다.

나쁜 선지식과 나쁜 학인

有一般 不識好惡禿奴 卽指東劃西 好晴好雨 好燈籠露柱. 爾看眉毛有幾莖 這箇具機緣 學人不會 便卽心狂 如是之流 總是野狐精魅[1] 魍魎被他. 好學人 嗌嗌微笑言 瞎老禿奴 惑亂他天下人!

임제 보통 좋고 나쁨도 모르는 중들은 곧

어물어물 넘어가고指東劃西, 변덕도 심하며好晴好雨,

자기과시燈籠露柱를 좋아한다.

'네가 눈썹 털이 몇 가닥 있는 걸 보았으니

여기 이 사람은 깨닫게 할 인연을 갖췄는데,

학인學人들이 알지 못한다.'라고 하는 것은

곧 마음이 미친것이니

이런 부류의 사람들은 모두 들 여우에 정신이 홀렸고

도깨비에 씐 것이다.

훌륭한 학인學人은 억지로 웃으며

'눈먼 늙은이와 대머리 중놈이 세상 사람들을

어지러이 미혹迷惑하는구나!'라고 말할 것이다.

● 有一般 不識好惡禿奴 卽指東劃西 好晴好雨 好燈籠露柱.
보통 무식한 중들은 곧 어물어물 넘어가고指東劃西, 변덕도 심하며好晴好雨 자기과시燈籠露柱를 좋아한다.

---

1 野狐精魅: 여우귀신. 또는 여우에 홀린 자를 욕하는 말.

나쁜 선지식善知識과 나쁜 학인學人의 경우로 악주악빈惡主惡賓을 말한다. 이것은 선지식과 학인 모두 정신이 없는 최악의 상태로 먼저 선지식이 최악인 경우를 임제는 네 가지 예를 들어 말했다.

첫째: 질문에 대한 대답을 흐려버리거나 어물쩍하고 넘어가는 것이다. 좋은 스승은 배우는 사람의 눈높이에 맞추어 설명하려고 노력하게 되는데, 그 이유는 진리를 깨닫게 되는 순간 깨닫지 못한 사람에 대한 안타까운 마음이 자연스레 일어나기 때문이다. 그래서 그 자비심 때문에 자신이 할 수 있는 모든 노력을 기울이게 된다. 그렇기에 스승이 자세하지 못하다면 그는 그 길을 가지 않았기에 자세히 모르며 자비심도 없고, 또 그것을 가리기 위해 어물쩍하고 넘어가는 것이다.

둘째: 변덕이 심한 것이다. 만약 선지식善知識을 찾아갔는데 아침과 저녁에 서로 다른 말을 한다면 그는 법에 대한 확고한 신념이 없는 것이다. 주로 이런 사람은 정신이 약한 것으로 주변 사람들의 영향을 심하게 받아 휘달리며 심지어는 존재存在하지도 않는 귀신, 전생, 꿈 등의 이야기를 주로 말하며 그것이 마치 나만의 특권처럼 여기며 그렇게 떠벌인다. 이러한 사람들에게 속아서는 안 될 것이다. 부처님 법의 특징은 '보편하고 타당한 것'이므로, 만약 이것에서 벗어났다면 부처님 법이 아니라고 하겠다.

셋째: 과시욕이 많아 자기를 과시하는 사람이다. 그러다 보니 소유한 절의 크기나 권력 등을 판단의 척도로 삼으며, 그것이 '자신을 대변하는 것'으로 여긴다. 부처님 법은 '무상함'을 깨닫는 게 최우선인데, 무상을 깨닫기는커녕 허망한 욕심을 좇아가기 바쁜 무리이다. 이러한 사람들이 선지식善知識으로 있는 한 그 밑에서 배운 사람이 해탈하기란 참으로 어려운 일이다. 이것 또한 작금昨今의 현실이다. '무엇을 과시한다는 것'은 아직도 '대상이 객관에 독립된 존재存在로 있다.'라고 생각하는 것이다. 그렇기에 이런 짓도 서슴없이 벌일 수 있는 것이다. 이런 부류의 스승이라면 되돌아볼 가치도 없다.

● 爾看眉毛有幾莖 這箇具機緣 學人不會 便卽心狂 如是之流 總是

野狐精魅 魍魎被他
네가 눈썹 털이 몇 가닥 있는 걸 보았으니 여기 이 사람은 깨닫게 할 인연을 갖췄는데, 학인學人들이 알지 못한다고 하는 것은 곧 마음이 미친것이니 이런 부류의 사람들은 모두 들 여우에 정신이 홀렸고 도깨비에 씐 것이다.

임제 당시의 선가에서는 거짓을 말하면 그 과보로 눈썹의 털이 빠진다는 이야기가 널리 돌았다. 따라서 선지식善知識이라고 자처하는 자신의 눈썹이 있다는 게 남을 깨닫게 할 '기연이 있다는 것'을 증명한다는 것이다. 이러한 사람들은 마음이 미친것으로 들 여우에 홀렸거나 도깨비에 씌지 않고서는 도저히 할 수 없는 생각이라는 것이다.

● 好學人 嗌嗌微笑言 瞎老禿奴 惑亂他天下人!
훌륭한 학인學人은 억지로 웃으며 '눈먼 늙은이와 대머리 중놈이 세상 사람들을 어지러이 미혹迷惑하는구나!'라고 말할 것이다.

위에서 열거한 어리석은 선지식善知識과 학인學人들은 불교라는 울타리에 있더라도 도깨비나 여우 등에 홀려 엉뚱한 생각을 하는 것과 같다. 그렇기에 눈 밝은 학인이 이 상황을 본다면 쓴웃음을 짓는다는 것이다. 할노독노瞎老禿奴는 '안목도 없이 늙어 버린 머리 깎은 중'이란 뜻인데, 옛사람들의 말을 아무런 비판도 없이 무조건 복종하는 종과 같은 중들을 조롱해서 이렇게 표현한 것이다.

요즘 불교의 현실을 보면 이 말이 너무나 공감되어 마음이 아프다. 이유를 모르고 하는 행동은 그저 익혀진 습관일 뿐이니 행동에 아무런 가치가 없다. 행위에 가치가 있으려면 충분한 관찰을 통한 이해가 필요하다. 관찰을 통해서 얻은 그 지혜는 가치가 있지만, 그렇지 않고 그저 따라 한 것은 흉내 낸 것이니 비슷하긴 해도 진정한 가치와 향기를 느낄 수 없는 것이다. 이렇게 해서 사빈주四賓主의 비유에 대한 설명을 모두 마쳤다. 필자는 이 사빈주가 무슨 말인지 몰라 많은 시간을 헤맸다. 물론 사빈주가 무엇을 설명하려고 한 말인지는 알지만, 그 번역을 읽어보면 도대체 이해가 안 되었다. 문맥이 영 엉망이라서 '과연 임제가 이렇게 말했을까?', 아니면 '번역이 잘못된 것인가?'라는 생각을 지울 수 없었다. 물론 역자의 번역이 반드시 옳다고 말하는 것은 아니다. 다만 이렇게 보는 게 더 합리적이라고 생각할 뿐이며 적어도 역자 자신은 이렇게밖에 읽어지지 않는다.

출가자出家者라면 도를 배워라

道流! 出家兒 且要學道. 秖如山僧 往日 曾向毘尼中 留心 亦曾於經論. 尋討後方知 是濟世藥 表顯之說. 遂乃一時抛却 卽訪道參禪. 後遇大善知識 方乃[1] 道眼分明 始識得[2]. 天下老和尙 知其邪正 不是娘生下便會 還是[3]體究練磨 一朝[4]自省.

임제 수행자여!

출가한 사내는 도를 배우는 게 매우 중요하다.

예컨대 산승山僧은 지난날 일찍부터

비니毘尼 율장律藏을 향해 마음이 머물렀고

경론 역시 일찍이 그러했다.

깊이 검토한 뒤에 이것이

'세상을 구제하는 약을 표현한 말'임을 비소로 알았다.

결국, 한순간에 던져버리고 곧바로

참선에서 길을 찾았다.

그 뒤에 큰 선지식善知識을 만나고 비로소

도에 대한 안목이 분명해져 비로소 알게 되었다.

세상의 노화상老和尙들도 그

'삿되고 바른 것'을 안 것이

---

1 方乃: 방향으로 이어지다
2 識得: 그 본질을 간파하다, 궁구하다.
3 不…還是: ……이 아니라…이다. 강조의 어법
4 一朝: 하루아침, 일시, 한때, (앞으로의) 어느 날.

어머니가 낳을 때부터 바로 안 게 아니라

몸을 궁구窮究하며 갈고 닦다가

어느 날 자신을 성찰하게 된 것이다.

● 道流! 出家兒 且要學道. 秖如山僧 往日 曾向毘尼中 留心 亦曾於經論.

임제: 수행자여! 출가한 사내는 도를 배우는 게 매우 중요하다. 예컨대 산승山僧은 지난날 일찍부터 비니毘尼 율장律藏을 향해 마음이 머물렀고 경론 역시 일찍이그러했다.

부처님께서 입멸하신 후에 부처님께서 제정하신 율장과 그 가르친 말을 모아서 정리할 필요가 생겨 만들어 낸 결과물이 바로 율장律藏과 경장經藏이다. 위의 '비니毘尼'는 산스크리트어를 음사音寫한 것이고, '율장律藏'은 그 번역어이니, '비니毘尼'와 '율장律藏'은 같은 말이다. 따라서 '비니율장毘尼律藏에 머물렀다는 것'은 '계戒'와 '율律'에 대해 공부하고 지켰다는 말이다. 여기서 '계戒'는 개인적으로 지켜야 할 덕목이며 '율律'은 대중과 함께할 때 지켜야 할 공동규범을 말한다.

또 부처님의 말씀만을 모아서 같이 외운 것이 '경經'이고, '논論'은 그 경전에 대한 해설서이다. 부처님께서 입멸하고 아라한들도 입멸해서 여쭐 사람도 점점 없어지다 보니 부처님 법에 오해가 생기기 시작했다. 그래서 장로들을 모아 다시 부처님 법에 대한 주석을 달았다. 그 주석들만 따로 모은 것이 바로 '논장論藏'이다. 이렇게 부처님 법에 대한 기록이 '경, 율, 논'의 삼장三藏으로 전승되었다. 여기서 한가지 꼭 짚고 넘어가야 할 것이 있는데, 그것은 논장에 대한 견해이다. 부처님 제자들이 얼마나 부처님 법을 손상하지 않고 전하려고 했는지를 가늠할 수 있는 지점이 바로 이 부분이다.

부처님 제자들은 시대가 달라져 법에 대한 재해석이 필요하더라도 경장을 건드리지 않았다. 그것은 전통 방식 그대로 암송하고, 논장을 따로 덧붙여 전승했다. 이것은 매우 중요한 의미가 있는데 해석은 단지 해석자의 견해로 참고 사항일 뿐이다. 그러나 지금 우리는 불교를 공부하면서 부처님께서 하신 말씀인 경장은 거들떠보지도 않고 개론서부터 읽기 시작한다는 것이다. 그러면 개론서의 입장이 심어져 부처님 법을 이해하는데 장애가 되는 경우가 허다하다. 그러니 부처님 법을 바르게 이해하려면 우선 경장부터 열람해서 읽고 그 외의 책들은 그저 참고만 해야 한다. 임제는 경율론 삼장을 깊이 연구했다고 강조한다. 수행자가 수행을 시작하기 전에 경율론 삼장을 깊이 연구하지 않고 무작정 달려들면 얻을 것이 거의 없다. 왜냐하면, 같은 대상을 보더라도 '모르는 것'은 아예 보이지도 않고 다만 자기가 아는 만큼만 볼 수 있기 때문이다.

● 尋討後方知 是濟世藥 表顯之說 遂乃一時抛却 卽訪道參禪. 後遇大善知識 方乃道眼分明 始識得.
깊이 검토한 뒤에 이것이 '세상을 구제하는 약을 표현한 말'임을 비소로 알았다. 결국, 한순간에 던져버리고 곧바로 참선에서 길을 찾았다. 그 뒤에 큰 선지식을 만나고 비로소 도에 대한 안목이 분명해져 비로소 알게 되었다.

경율론 삼장을 깊이 검토한 뒤에 내린 결론이 부처님의 말씀이 모두 질병을 낫게 하는 약방문에 불과했다는 것이다. 약방문은 먹을 수 있는 게 아니고 단지 병을 낫게 하는 방법이다. 그래서 약을 지어 먹어야겠다고 생각해서 모두 버리고 참선에서 길을 찾았다는 것이다. 그래서 선지식을 찾고 참문參聞하여 비로소 약을 먹어 질병을 치료하고 해탈하게 되었다는 말이다.

●天下老和尙 知其邪正 不是娘生下便會 還是體究練磨 一朝自省.
세상의 노화상老和尙들도 그 '삿되고 바른 것'을 안 것이 어머니가 낳을 때부터 바로 안 게 아니라 몸을 궁구窮究하며 갈고 닦다가 어느 날 자신을 성찰하게 된 것이다.

태어나면서부터 '옳고 그름'을 아는 사람은 아무도 없다. 다만 이 '몸'에서 일어나는 이 일을 궁구하고 연마하던 중에 깨닫게 되는 것이다. 깨달음을 밖에 존재存在하는 대상을 연구하는 것이 아니고 그 대상이 내게 어떤 경로로 들어와서 그렇게 인식되는지, 또 그 과정을 명확히 밝히는 것이다. 그래야 그 '대상을 좇아갈 것인지', 아니면 '좇을 필요가 없는지'

를 판단 할 수 있기 때문이다. 좇을 필요가 없다면 쉴 것이고, 좇아야 한다면 계속 좇으면 될 것이다. 이 과정을 거치지 않고 좇을 수도 없는 대상을 마냥 좇기만 한다면 일생을 허비하게 되는 것이다.

출가는 도를 배우기 위해 하는 것이니, 출가자가 도를 배우지 않는다면 절집에 있을 이유가 없다. 먹고 사는 일은 출가하지 않아도 충분히 할 수 있으며, 스스로 돈을 벌어 먹고산다면 도를 배우지 않는다고 손가락질을 받지 않아도 되니 매우 떳떳할 것이다. 절집에서 살면 거기에서 소용되는 모든 재물을 모두 신자에게 의지할 수밖에 없다. 그러다 보니 절집에서 사용되는 모든 재화는 매우 부담스러운 것이다.

승려가 부유하게 산다는 것은 시주에게 어마어마한 빚을 지는 것이다. 승려가 그 시주에게 진 빚을 갚는 유일한 길은 오로지 도를 배우고 깨달아 그 깨달음을 신자에게 나누어 주는 것이다. 신자는 전문적으로 수행할 수 있는 여건이 되지 못하기에 승려에게 먹을 것을 공급해 깨닫도록 돕고, 또 그들에게 가르침을 받는 상보적 관계에 있다. 즉 서로에게 부족한 점을 채워주어 완벽한 화합을 통해 하나의 유기체처럼 움직이는 것이다. 그런데 만약 승려가 세속 사람과 같이 재물을 탐내서 경쟁한다면, 그것은 서로 경쟁하며 싸우고 속일 뿐 아무런 도움이 되지 않는다.

하지만 그런 승려일수록 주지 소임을 맡아 절집을 운영하려 한다는 게 문제이다. 솔직히 말해, 절집을 잘 운영해서 무엇에 쓸 것인가? 쓰레기 같은 건물만 너저분하게 지어놓을 뿐이다. 건물이 아무리 휘황찬란할지라도 그곳에 깨달음이 없는데 무엇을 찾아 마음을 쉬겠는가? 절집은 운영해야 하는 대상이 아니라 '수행하는 장소'에 불과하다. 수행자가 있어야 절집이라고 말할 수 있지, 수행자는 없고 운영자만 있다면 아무리 멋진 건물이 가득하더라도 그곳은 무늬만 절집이다.

애착을 만나면 바로 없애라

道流! 爾欲得 如法見解 但莫受人惑 向裏向外 逢著便殺! 逢佛殺佛 逢祖殺祖 逢羅漢殺羅漢 逢父母殺父母 逢親眷殺親眷 始得解脫 不與物拘 透脫自在. 如諸方學 道流 未有不依物出來底 山僧向此間從頭打. 手上出來手上打 口裏出來口裏打 眼裏出來眼裏打. 未有一箇 獨脫出來底 皆是 上他古人 閑機境[1].

임제 수행자여!

네가 여법한 견해를 얻으려면

다만 사람들의 미혹을 수용하지 말고

안으로 향하거나 밖으로 향하더라도

애착을 만나면 바로 없애버려라!

부처를 만나면 부처를 없애고,

조사祖師를 만나면 조사를 없애고,

아라한羅漢을 만나면 아라한을 없애고,

부모父母를 만나면 부모를 없애고,

육친 권속을 만나면 육친권속六親眷屬을 없애야만

비로소 해탈하는 것이니 물건과 함께 구속되지 않고

철저히 벗어나 자유로운 것이다.

만약 제방에서 배우듯이

---

1 機境수행자를 지도하는 방편, 수단

수행자에게 존재存在하지 않고

의존하지도 않은 물건이 나오는 게 있다면

산승山僧은 이곳을 향해가서

그 머리부터 칠 것이다.

'손手' 위에서 나오면 '손' 위를 치고,

'입口' 안에서 나오면 '입' 안을 치고,

'눈眼' 속에서 나오면 '눈' 속을 칠것이다.

아직 존재存在하지 않던 한 개체가

홀로 벗어나 나온다는 것은

모두 저 위의 옛사람들의 쓸데없는

'기연機緣이라는 대상' 때문이니라.

● 道流! 爾欲得 如法見解 但莫受人惑 向裏向外 逢著便殺!
수행자여! 네가 여법한 견해를 얻으려면 다만 사람들의 미혹을 수용하지 말고 안으로 향하거나 밖으로 향하더라도 애착을 만나면 바로 없애버려라!

'여법한 견해'는 '여래와 같은 올바른 견해'를 말하는데 이것을 얻기 위해 가장 중요한 것이 '사람들의 어리석은 생각'은 애착이 생기니 무조건 수용하지 말고 바로 없애라는 것이다. 일반적으로 사람들은 어떤 집단이 옳다고 말하면 무조건 따라서 동조하는 습성이 있다. 그러다 보니 주변 사람들의 생각을 그대로 수용해 놓고 그것이 '자기 생각'이라고 말한다. 이러한 인간의 습성 때문에 '가문의 전통' 같은 것들도 존재存在하는 것이다. 만약 이것이 유전적인 요인이라면 어린아이를 아무리 해외에 입양하더라도 본성이 바뀌지 않을 것이다.

그렇다면 실제로 그런지 살펴보자. 예를 들어 외국에 입양되어 자란 아이는 아무리 우리나라에서 태어나 한국인의 혈통을 이었다고 하더라도 입양국의 외국인일 뿐이다. 유전적인 형질만 한국 사람일 뿐 뼛속까지 '

입양국의 외국인'임을 알게 된다. 진리를 얻고자 한다면 반드시 사람들이 옳다고 믿고 있는 게 정당한 근거인지 분명히 살펴야 한다. 만약에 잘못된 근거라면 반드시 버려야 진리에 접근할 수 있다. 그러나 사람들은 자신이 받아들인 사상이나 개념을 철석같이 믿고 있어 그 신념에 대한 애착이 강하다. 그래서 자신이 믿는 그 신념에 대해 딴지를 걸면 사실관계를 뒤로 한 채 기분 나빠하고 힘들어하는 것이다. 이것을 불교에서 번뇌라고 부르며, 이렇듯 번뇌는 애착을 타고 스며드는 것이다. 그래서 임제는 애착을 만나면 없애버리라고 한 것이다.

● 逢佛殺佛 逢祖殺祖 逢羅漢殺羅漢 逢父母殺父母 逢親眷殺親眷 始得解脫 不與物拘 透脫自在.

부처를 만나면 부처를 없애고, 조사祖師를 만나면 조사를 없애고, 아라한羅漢을 만나면 아라한을 없애고, 부모父母를 만나면 부모를 없애고, 육친 권속을 만나면 육친권속六親眷屬을 없애야만 비로소 해탈하는 것이니 물건과 함께 구속되지 않아야 철저히 벗어나 자유로운 것이다.

세상과 나를 독립적인 실체實體로 있다고 착각하기 때문에, 판단의 오류가 생겨 점점 괴로워지는 것이다. 이러한 잘못된 믿음은 시간이 지날수록 굳건해져서 애착은 강해지며 잘못되었다는 생각조차 할 수 없게 되어버린다. 그래서 임제는 이렇게 '독립적인 실체라는 애착이 붙어버린 부처'가 오면 그 부처를 부수고, 조사가 오면 조사를 부수고, 나한, 부모, 육친 권속이 애착으로 다가온다면 나온 그 자리를 따라가서 그 시작점을 부수어야 한다고 말하는 것이다. 이것은 그들을 죽이거나 부수라는 게 아니고 '독립적으로 존재存在'한다고 견고하게 믿는 그 애착을 남김없이 부수라는 것이다. 그래야 그런 물건이란 개체와 함께 구속되지 않고 해탈해 자유로워지는 것이다.

● 如諸方學 道流 未有不依物出來底 山僧向此間從頭打. 手上出來手上打 口裏出來口裏打 眼裏出來眼裏打. 未有一箇 獨脫出來底 皆是 上他古人 閑機境.

만약 제방에서 배우듯이 수행자에게 존재存在하지 않고 의존하지도 않은 물건이 나오게 된다면 산승山僧은 이곳을 향해가서 그 머리부터 칠 것이다. '손手' 위에서 나오면 '손' 위를 치고, '입口' 안에서 나오면 '입' 안을 치고, '눈眼' 속에서 나오면 '눈' 속을 친다. 아직 존재存在하지 않던 한 개체가 홀로 벗어나 나오는 것은 모두 저 위의 옛사람들의 쓸데없는 '기연機緣이라는 대상' 때문이니라.

여기서 '존재存在하지 않고 의존하지도 않은 물건'이 나온다는 말은 조금 설명이 필요하다. 좌선 수행을 하다 보면 소위 온갖 '경계'라고 부르는 현상들이 나타나게 된다. 이것은 세상에서 겪어보지 못한 아주 특별한 경험을 하는 경우가 많다. 그러면 수행자는 '아주 굉장한 경험'을 한 듯이 기뻐 날뛰는데, 그것이 본래 어디에 존재存在하는 것이 아니고 다 '마음이 만들어 낸 환상이라는 것'을 알아야 한다. 그래서 만약 그러한 현상이 나타났다면 수행자는 그 출발점부터 잘 점검해서 그 싹을 잘라야 한다는 것이다. 그냥 두면 그것은 점점 실체화實體化 되고 강력한 애착으로 무장하게 된다.

우리들의 인식 작용은 '감각 기관'과 밀접한 관계가 있다. '감각 기관'을 거치지 않은 것은 다 환상이라고 보아도 무방하다. 그렇기에 좌선 중에 일어난 환상들은 '감각 기관'을 거치지 않은 것이므로 이것은 사실에 기초해 있지 않은 환상이 조작되어 나타났다는 말이다. 따라서 손에서 나오면 손을 확인하고 눈에서 나오면 눈을 확인하여 그 원인을 점검하라는 것이다. 만약 그것이 ''감각 기관'에서 비롯된 것'이 아니라면 무시하라는 것이다. 이러한 일들이 벌어지는 이유를 임제는 옛사람들의 잘못된 가르침으로 들었다.

예를 들어 깨달음에 대한 기연이 어떠니, 경계가 어떠니 하는 말이 빌미가 되어 마음이 조작해냈다는 말이다. 부처님께서는 늘 '감각 기관'을 통해서 들어온 신호에 근거해서 말해야 사실에 기초한 것이라고 말씀하셨다. 진리를 추구하면서 이 '보편하고 타당'한 생각을 의지하지 않고 진리를 추구한 것은 '상상 속의 것들'을 이리저리 꿰맞추어 그럴듯하게 논리를 전개한 것이니, 증명할 수 없는 것을 가지고 진리라고 여기는 것에 불과한 것이다. 제아무리 그럴듯한 논리거나, 누구도 경험하지 못한 환상을 보았더라도 실제로 확인할 수 없고 근거가 정당하지 않으면 모두 버려야 한다. 그래야만 진리에 접근할 수 있는 것이다. 누구에게나 증명되고 경험할 수 있을 때 그것이 보편타당한 진리가 되는 것이다.

하나의 법도 줄 수 없다.

山僧 無一法與人! 秖是治病解縛. 爾諸方道流 試不依物出來 我要共爾商量 十年五歲[1]並無一人. 皆是依草附葉[2] 竹木精靈 野狐精魅 向一切糞塊上亂咬. 瞎漢 枉[3]消[4] 他十方信施 道我 是出家兒. 作如是見解向爾道 無佛無法 無修無證. 秖與麼傍 家擬 求什麼物? 瞎漢 頭上安頭 是爾 欠少什麼?

임제 산승山僧은 사람들에게 줄 어떤 법一法도 없다!

단지 병을 치료하고 결박을 풀어 줄 뿐이다.

너희 제방의 수행자들은

'의존하지 않는 물건이 나오는 것'으로 시험하려 하나

내가 원했던 것은 너희와 함께

합리적으로 따져보는 것인데

나이 50이 되는 동안 한 사람도 아우르지 못했다.

모두 풀과 나뭇잎 나무들의 정령에 의지했거나

들 여우에 정신이 홀려 모두 똥 덩어리로 향해가서

어지럽게 물어뜯기만 했다.

소경같은 놈들이니

시방十方 신자들의 보시를 헛되이 쓰면서도

'내가 바로 출가자다.'라고 말 하는 것이다.

---

1 十年五歲: 10년이 다섯 번 지나간 것. 그냥 일생이란 의미이다.
2 依草附葉: 초목에 깃들여 사는 귀신
3 枉: 구어로는 헛되이, 덧없이. 문어의 억지로와는 다른 뜻이다.
4 消: 쓰다, 소비하다. 消用이라고도 한다.

이런 견해를 지었으니 너희들이 향해가는 길엔
'부처'도 없고 '법'도 없고 '닦을 것'도 없으며
'얻을 것'도 없는 것이다.
다만 그와 같이 주변으로만 헤아려서
무슨 물건을 구하겠는가?
소경같은 놈들이야 어리석은 짓을 한다지만
이런 네가 무엇이 모자라더냐?

● 山僧 無一法與人! 秖是治病解縛.
임제: 산승山僧은 사람들에게 줄 어떤 법一法도 없다! 단지 병을 치료하고 결박을 풀어 줄 뿐이다.

법이란 객관적인 실체實體가 아니므로 주거나 받을 수 있는 게 아니다. 다만 이 법을 통해서 묶인 번뇌에서 벗어나고 마음의 병을 고쳐 해탈하는 것이다. 병이 든 사람이 '나는 오늘부터 병들어야지!'하고 결심해서 병이 들고 또 '오늘부터 나아야지!'하고 낫는 사람은 없다. 병이 들고 낫는 경계는 언제나 모호하다. 만약 우리가 있는 곳이 어둡다면 그 어두움을 모조리 몰아내고 밝음을 들여와야 하는가? 밝은 만큼 어두움이 사라질 뿐 어두움과 밝음은 경계가 없다. 이처럼 깨달음도 주거나 받는 문제가 아니므로 대상에 대한 어두운 견해를 모두 몰아내고 '밝은 것'만을 심는 게 아니다. 단지 잘못된 생각을 깨닫고 바로 잡기만 하면 되는 것이다.

● 爾諸方道流 試不依物出來 我要共爾商量 十年五歲 並無一人. 皆是依草附葉 竹木精靈 野狐精魅 向一切糞塊上亂咬.
너희 제방의 수행자들은 '의존하지 않는 물건이 나오는 것'으로 시험하려 하나 내가 원했던 것은 너희와 함께 합리적으로 따져보는 것인데 나이 50이 되는 동안 한 사람도 아우르지 못했다. 모두 풀과 나뭇잎 나무들의 정령에 의지했거나 들 여우에 정신이 홀려 모두 똥 덩어리로 향해가서 어지럽게 물어뜯기만 했다.

'의존하지 않는 물건이 나오는 것'이란 좌선 중에 나타나는 '특별한 경험'을 말하는 것인데 지금 우리 선방에서는 이것을 '경계가 나타났다.' 라고 말한다. 마치 이것이 나타나면 큰 깨달음의 징조처럼 여기는 경우가 많다. 그래서 '누구는 뭔 경계를 보았다는데 내게는 왜 나타나지 않을까?'라며 노심초사하며 은근히 기다리기도 한다. 이것이 '수행을 시작하려는 이유'의 대부분을 차지한다. 즉, 남과 다른 뭔가 특별한 경험을 갖고 싶어 참선 수행을 시작한다는 것이다. 그러나 이렇게 나타난 것들은 앞에서도 언급했듯이 다 조건에 의해 나타난 망상에 불과하다.

'감각 기관'을 거치지 않고 나타난 것은 대상을 의지하지 않았기에 마음이 빚어낸 환상일 뿐이다. 이것이 아무리 훌륭하고 황홀할지라도 이것이 나타나면 망상으로 알고 무조건 버려야 한다. 마음이 만들어 낸 환상을 가지고 '수행의 척도로 삼는 것'은 지극히 어리석은 짓이다. 뇌를 연구한 뇌과학자들의 말을 빌리면 이렇게 나타나는 환상의 메커니즘은 마약을 투약했을 때 나타나는 환각 현상과 조금도 다르지 않다고 한다. 다른 점이 있다면 마약은 약물을 주입하는 것이고, '경계'라는 것은 고도로 집중할 때 발생하는 신경 전달 물질이 마약처럼 작용해 환각 상태에 이른다는 것이다. 요즈음 뇌신경과학은 괄목할만한 발전을 했다. 그래서 실제로 인간의 뇌파를 연구해서 뇌에 전기로 자극을 해서 삼매와 같은 경험도 조작해내는 단계까지 이르렀다. 그러면 이렇게 조작된 경험도 깨달음이라 하겠는가?

부처님의 깨달음은 조건에 의해 나타난 어떤 신비한 현상이 아니다. 조건이 있을 때 나타나고 조건이 사라지면 같이 사라지는 것은 깨달음이라고 할 수 없다. 깨달음은 어두운 어리석음의 상태에서 밝음이 드러나 세상이 환히 보이는 것이지 어떤 다른 환상을 보는 게 아니다. '어리석음'이란 요즈음 아이들의 표현으로 말하면 게임에 쓰는 '패치'와 같은 역할이라고 말할 수 있을 것이다. 즉 우리는 '한국인이라는 패치'를 붙이고 있어서 '한국 사람'으로 사는데 이 한국인 패치를 떼면 본래의 사람만 남는 것이다. 이처럼 자신에게 어떤 패치가 붙어있어 세상이 왜곡되었음을 알고 스스로 패치를 제거하는 게 바로 해탈이라 말할 수 있을 것이다. 패치가 붙어있는 한 무엇을 해도 왜곡될 수밖에 없는 것이다. 그런데 이러한 사실을 따지고 이해하려는 사람은 나이 50이 되도록 보지 못했고, 증명할 수도 없는 개인적인 신비체험이나, 귀신 따위에 홀린 이야기만 한다는 것이다. 그러니 똥 덩어리처럼 '말도 안 되는 말'만 늘어놓고 서로 네가 옳으니, 내가 옳으니 하면서 찢어발긴다는 것이다.

● **瞎漢 枉消他十方信施 道我是出家兒. 作如是見解 向爾道 無佛無法 無修無證 秖與麽傍家擬 求什麽物? 瞎漢 頭上安頭 是爾 欠少什麽?**

소경들이 시방十方 신자들의 보시를 헛되이 쓰면서도 '내가 바로 출가자다.'라고 말한다. 이런 견해를 짓고 향해가는 너희들의 길에는 '부처'도 없고 '법'도 없으며, '닦을 것'도 없고, '얻을 것'도 없다. 다만 그와 같이 주변으로 헤아린다고 무슨 물건을 구하겠는가? 소경같은 놈들이야 머리 위에 머리를 얹는 어리석은 짓을 한다지만 이런 네가 무엇이 모자라더냐?

신자가 자기가 쓰기도 아까운 재물을 흔쾌히 보시할 때는 수행자가 하루속히 깨달아 그 깨달음을 나누어 주기를 바라는 마음으로 보시했을 것이다. 그런데 수행자가 그 마음을 저버리고 엉뚱하게 환상만을 좇아 주변을 기웃거려서야 되겠는가? 그곳에는 부처나 법이 없으니 닦아서 얻을 것조차 없다. 소경이야 보이지 않아서 머리 위에 머리를 얹어야 보이겠다고 생각해서 머리를 구하러 다니겠지만, 이렇게 멀쩡하게 다 보이는 네가 무엇이 부족해서 다른 데로 구하러 다니느냐고 따져 묻는 것이다. 이렇게 살아 있고 정신적으로 문제가 없어 정상적으로 생각만 할 수 있다면 깨닫는데 아무런 문제가 없다.

일없는 것만 못하다.

道流！是爾目前用底 與祖佛不別 秖麽不信 便向外求. 莫錯！向外無法 內亦不可得. 爾取山僧口裏語 不如休歇[1]無事. 去已起者 莫續 未起者 不要放起 便勝爾十年行脚. 約山僧見處 無如許多般[2] 秖是平常 著衣喫飯 無事過時.

임제 수행자여!

바로 네 눈앞에서 쓰이는 것은

조사와 더불어 부처와도 다르지 않다.

다만 믿지 못하니 곧 밖을 향하여 구하려는 것이다.

착각하지 말라!

밖을 향해도 법이 없고 안쪽 또한 가히 얻을 수도 없다.

너희가 산승山僧이 입으로 내뱉는 말만 취하는 것은

멈추고 쉬어서 일없는 것만 못하다.

과거에 이미 일어난 것은 이어가지 말고,

일어나지 않은 것은 일어나도록

내버려 두지 않는 것은 곧 법을 구하려고

10년을 돌아다니는 것보다 훌륭한 것이다.

산승山僧이 '처處를 본다는 것'을 요약하면

복잡하게 늘어놓을 것도 없다.

---

1 休歇: 휴식하다, 편안히 지내다. 결말을 짓다.
2 如許多般: 이것저것, 말을 장황하게 늘어놓는 모양

단지 평온한 일상으로 옷 입고 밥 먹으며
일없이 시간 보내는 것이다.

● 道流! 是爾目前用底 與祖佛不別 秖麼不信 便向外求. 莫錯! 向外無法 內亦不可得.
임제: 수행자여! 바로 네 눈앞에서 쓰이는 것은 조사와 더불어 부처와도 다르지 않다. 다만 믿지 못하니 곧 밖을 향하여 구하려는 것이다. 착각하지 말라! 밖을 향해도 법이 없고 안쪽 또한 가히 얻을 수도 없다.

지금 눈앞의 것들이 '보고 느끼게끔 만들어 내는 것'은 나와 조사, 부처가 조금도 다르지 않다. 그러나 조사나 부처는 그게 다 마음에서 지어낸 환상이라는 사실을 알지만, 중생은 그것이 다 '진실한 것'이라고 생각하기에 소유하려고 하거나 치워버리려는 마음을 갖는 게 서로 다르다. 이렇게 아무리 말해도 사람들이 믿지 않으니 자꾸 외부에서 무언가를 구하려고 갈망하게 되는 것이다.

또 이렇게 말하면 '밖에 있는 것'이 아니니 '안에 있을 것'이라고 생각해서 안쪽을 뒤지기 시작한다. 이것은 결국 내외라는 양변에 치우쳐서 언어로 사유하는 것이다. 이 언어적 사유를 벗어나는 것이 중도中道이니, 이것은 내외의 개념을 떠나서 그 이면의 진실을 보는 것이다. 안과 밖이라는 공간적이며 언어적인 개념도 스스로 세상을 이해하는 수단으로 만들어 낸 환상일 뿐 실재實在하는 게 아니다. 그래서 안과 밖에서 아무리 찾거나 구해도 절대로 얻을 수 없는 것이다.

● 爾取山僧口裏語 不如休歇 無事. 去已起者 莫續 未起者 不要放起 便勝爾十年行脚.
너희가 산승山僧이 내뱉는 말만 취하는 것은 멈추고 쉬어서 일없는 것만 못하다. 과거에 이미 일어난 것은 이어가지 말고, 일어나지 않은 것은 일어나도록 내버려 두지 않는 것은 곧 법을 구하려고 10년을 돌아다니는 것보다 훌륭한 것이다.

임제는 자신이 하는 말속에서 멋있는 문구를 얻으려고 하지 말고 번뇌를 쉬어 대상을 좇는 일이 없이 살아가라고 한다. '수행修行'하는 근본적인 이유는 번뇌에서 벗어나 '행복한 삶'을 살아가기 위함이다. 가끔 절에 오는 신자들과 상담을 하다 보면, 부처님 덕에 집안도 잘되고 편안해서 자신은 행복하다고 말하는 사람들을 종종 보게 된다. 과연 이 사람이 느끼는 행복이 진정한 행복일까? 꼭 그렇다고 말하기 힘들다. 그것은 단지 자기 주변의 조건이 알맞아서 잠시 신경 쓰이는 일이 없을 뿐이지 번뇌가 사라진 것은 아니다. '번뇌가 사라졌다'라는 말은 '기대하는 마음이 없다'라는 말로 바꾸어 말할 수 있다. 번뇌는 내가 바라는 대로 되지 않아서 생기는 일이니, 일어날 일이 일어났음을 이해할 수만 있다면 무슨 일이 일어나더라도 다 수용할 수 있을 것이다.

사람이 살아가면서 '일이 없는 것'은 너무나 당연해서 일이 없는 것이다. 수행이라는 게 매우 거창하게 보일 수도 있으나 사실 알고 보면 매우 간단한 것이다. 자신이 하는 일을 자세히 되돌아보면 서로 얽혀있는 인연 관계가 자연히 드러나게 되어 있다. 나의 행동 때문에 이미 바람직하지 않은 일이 일어났는데도 똑같이 그 일을 반복한다면 그 결과는 언제나 바람직하지 않은 결과로 이어질 것이다. 그러니 이미 일어난 잘못된 일은 이어가지 말고, 그 일이 반복되도록 내버려 두지 말아야 한다. 이것만 잘해도 도 닦겠다고 10년을 쫓아다니는 것보다 더 훌륭한 것이다.

● 約山僧見處 無如許多般 秖是平常 著衣喫飯 無事過時.
산승山僧이 '처處를 본다는 것'을 요약하면 복잡하게 늘어놓을 것도 없다. 단지 평온한 일상으로 옷 입고 밥 먹으며 일없이 시간 보내는 것이다.

선방 주위에 있다 보면 '견처見處'가 어떻다고 하는 말을 쉽게 들을 수 있다. 그런데 이 '견처見處'라는 용어를 자주 쓰지만 그게 구체적으로 무엇을 가리키는지 대부분 모른다. 그냥 '수행해서 얻어지는 높은 경지' 정도로 이해한다. 물론 그 말이 아주 생뚱맞게 틀린 것도 아니지만 정확한 의미도 아니다. '견처見處'는 '육입처六入處를 보았다.'라는 말이다. '육입처六入處'는 부처님 경전에 무수히 등장하는 용어이다. 이 '육입六入' 또는 '육입처六入處'는 십이연기十二緣起의 핵심이 되는 내용이기도 하다. 이것은 마음의 생성과정과 쌓이는 과정, 세상이 만들어지는 과정, 번뇌로 작용하는 과정 등 눈앞에서 일어나는 모든 일을 총괄해서 설명하는 내용이다.

풀어서 말하면 너무나 방대해서 '팔만사천八萬四千 가지'이지만 한마디로 말하면 '마음의 작용'을 밝힌 것이다. 그래서 임제도 '경, 율, 논'의 삼장三藏을 깊이 연구하고 난 후에 그것이 진실인지 거짓인지를 확인하려고 참선을 한 것이다. 그런데 요즘의 수행자들을 보면 확인할 것도 없으면서 확인부터 하겠다고 하니 평생을 해도 확인할 수 없어 깨달음도 당연히 없는 것이다. 설령 있다고 해도 그것은 다 쓸데없는 망상이 만들어 낸 환상을 보고 뭔가를 얻은 것처럼 생각할 뿐이다. 곰곰이 한번 생각해 보자!

세상에 의학서적이 아닌 다음에 눈, 코, 입, 귀, 몸, 뜻의 '감각 기관'을 먼저 꺼내며 말을 시작하는 학문이나 종교가 있던가? 세상은 우리가 먹을 수 있는 음식만을 나열해도 죽기 전에 끝내지 못할 것이다. 그러니 이 세상의 모든 것의 진리를 알아낼 수 있을 만큼 우리의 삶이 길지 않다. 그래서 부처님의 제자가 이렇게 물었다. '부처님이시여! 우리의 인생이 길지 못합니다. 세상의 저 수많은 것들을 어떻게 모두 헤아려 진리를 얻겠습니까?' 부처님은 여기에 '성城'의 비유를 들으시며 성城 밖에 제아무리 많은 사람이 있더라도 성에 들어오려면 성문을 통과해야 한다고 말씀하시면서 성문만 지키면 모든 것을 헤아릴 수 있다고 하셨다. 그러면서 '안이비설신의眼耳鼻舌身意'가 성城의 문이니 이 성문城門만을 잘 단속하면 모두 다 잡아낼 수 있다고 말씀하셨다.

수행은 '감각 기관'의 단속으로부터 시작되는 것이다. 육근六根을 잘 단속하고 관찰하다 보면 외부의 대상을 근거로 만들어지는 법계法界와 마음의 관계가 자연히 드러나게 된다. 이 과정에서 마음에서 일어나는 번뇌의 생성과정을 보게 되는데, 번뇌의 생성을 보았다면 번뇌의 소멸 방법은 자연스레 드러나는 것이다. 이것이 바로 깨달음이며, 이 깨달음이 생기면 더 이상의 번뇌는 일어나지 않으므로 번뇌를 일으킬 일도 없고, 모든 일상은 있는 그대로 평온하게 유지되는 것이다.

삼계三界란?

爾諸方來者 皆是有心 求佛 求法 求解脫 求出離三界 癡人. 爾要[1]出三界 什麽處去? 佛祖是賞繫底名句. 爾欲識三界麽? 不離爾 今聽法底心地. 爾一念心貪是欲界 爾一念心瞋是色界 爾一念心癡是無色界 是爾屋裏家具子. 三界 不自道 我是三界 還是道流目前 靈靈地 照燭萬般 酌度世界底人 與三界安名.

임제 너희 제방에서 온 사람들은

모두 이 있다는 마음으로

부처를 구하고 법을 구하고 해탈을 구하며,

삼계에서 벗어나기를 구하니

어리석은 사람인 것이다.

너희가 만약 삼계를 벗어난다면 어디로 갈 것인가?

부처와 조사는 바로

'상으로 묶인 이름과 글귀'일 뿐이다.

너희는 삼계가 무엇인지 알고 싶은가?

너를 떠나지 않았으면서도

지금 설법을 듣는 사람의 마음 토대이다.

너의 한 생각 마음의 탐욕이 바로 욕계欲界이고,

너의 한 생각 마음의 분노가 바로 색계色界이며,

---

1 要: <접속사> 만약. 만일. …하면.

너의 한 생각 마음의 어리석음이 바로 무색계無色界이니
이것은 너라는 방 안의 살림살이다.
삼계三界 스스로
'내가 바로 삼계'라고 말한 것이 아니라
수행자의 눈앞의 신령하고 신령한 토대에서
촛불로 갖가지를 비추어
세상을 짐작하고 따지는 그 사람이
'삼계'라고 이름 붙여준 것이다.

● 爾諸方來者 皆是有心 求佛 求法 求解脫 求出離三界 癡人. 爾要出三界 什麽處去? 佛祖是賞繫底名句.
임제: 너희 제방에서 온 사람들은 모두 이 있다는 마음을 가지고 부처를 구하고 법을 구하며, 해탈을 구하고, 삼계에서 벗어나기를 구하니 어리석은 사람인 것이다. 너희가 만약 삼계를 벗어난다면 어디로 갈 것인가? 부처와 조사는 바로 '상으로 묶인 이름과 글귀'일 뿐이니라.

세상에서 도를 닦으려는 모든 사람은 기본적으로 무엇인가가 실체實體로 있다고 생각하기에 부처를 구하고, 법을 구하고, 해탈을 구해 삼계에서 벗어나려고 한다는 것이다. 사실, 어떻게 생각하면, 수행자들이 수행하는 목적이 여기에 열거한 이런 것 말고는 거의 없다고 해도 과언이 아닐 것이다. 그러나 이런 것들은 구해서 얻어지는 것들이 아니다. 왜냐하면 그것은 어떤 존재存在로 있지 않고 마음이 구별하기 위한 개념에 이름을 붙인 것일 뿐이기 때문이다.

일반적으로 삼계를 벗어나야 한다고 하니, 수행자들이 삼계를 벗어나 어떤 다른 세상에 가서 태어나거나 살아서 간다고 생각한다. 이러한 생각이 바로 '언어적 사고'를 하기에 생기는 어리석음이다. 부처나 조사가 되면 어디 다른 장소에 가서 태어나는 게 아니고, 뛰어날 때 주는 '상장의 제목'과 같다는 것이다. 즉 부처가 된다고 해서 어디 다른 부처의 세상으로 가지 않는다. 다만 부처와 같은 훌륭한 삶을 살아갈 때 그를 '부처'라 고 부르는 것일 뿐이다.

● 爾欲識三界麽? 不離爾 今聽法底心地. 爾一念心貪是欲界 爾一念心瞋是色界 爾一念心癡是無色界 是爾屋裏家具子.
너희는 삼계가 무엇인지 알고 싶은가? 너를 떠나지 않은 지금 설법을 듣는 사람의 마음 토대로 너의 한 생각 마음의 탐욕이 바로 욕계欲界이고, 너의 한 생각 마음의 분노가 바로 색계色界이며, 너의 한 생각 마음의 어리석음이 바로 무색계無色界이니 이것은 너라는 방 안의 살림살이다.

만약 삼계라는 게 공간이라면, 이 삼계를 벗어나는 순간 어떤 다른 곳으로 가야 하지 않을까? 이처럼 삼계를 '존재存在하는 어떤 공간의 개념'으로 이해한다면 그 대답은 언제나 모순으로 전개된다. 임제는 삼계라는 것이 지금 설법을 듣는 마음의 토대이며 나 자신을 떠나 있지도 않다고 말했다. 여기서 '마음의 토대'는 또 무엇일까? '토대'라는 것은 어떤 것을 이루는 기초와 같은 개념이다. 그러니까 '마음의 토대'라는 것은 '마음을 만들어 내는 근간'이 된다는 말이다. 다시 말하자면, 마음이 있어서 무엇을 아는 것이 아니고 이런 '욕계欲界, 색계色界, 무색계無色界' 같은 것들이 서로 인연을 맺어서 마음이란 현상을 만들어 내게 된다는 것이다.

임제는 이 삼계라는 것을 '탐, 진, 치'의 삼독심三毒心에 배대配對해서 설명했는데, 이것을 단순히 '흥미로운 시각'이라고 생각하면 안 된다. 이것을 부처님께서 수행의 단계로 제시하신 구차제정九次第定과 비교해보면 좀 더 확실하게 이해할 수 있는데, 이것만 보더라도 임제가 얼마나 뛰어난 인물인지 느끼게 될 것이다. 구차제정九次第定의 첫 단계인 초선에서는 '언어가 적멸'하는데, 이것을 '떠나서 느껴지는 즐거움' 즉 '이생희락離生喜樂'이라고 표현했다. 언어가 적멸한다는 뜻은 언어로 사유하는 이분법적인 사유가 떨어져 나간다는 뜻이다. 이 초선에 머물게 되면 옳고 그름을 따지는 논쟁이나 시비가 사라지게 된다. 더 나아가 제2선의 정생희락定生喜樂에 머물면 마음이 안정되어 대부분의 탐심이 가라앉고, 제3선의 사념락주捨念樂住에 머물면 감정의 어리석음을 깨달아 나쁜 것과 좋은 것을 모두 버리게 된다. 제4선의 정념일심淨念一心의 단계에 이르면 '성내는 마음'이 사라지게 되고, 제5선의 공무변처空無邊處, 제6 식무변처識無邊處, 제7 무소유처無所有處, 제8 비상비비상처정非想非非想處定에 이르면 시공간의 덧없음이 여실히 드러나서 '어리석음'이 완전히 떨어져 완전한 지혜인 제9선의 상수멸정想受滅定定에 머물게 된다. 이렇게 욕계欲界, 색계色界, 무색계無色界의 삼계三界는 마음에서 벌어지는 세계이며 세상을 바라보는 시각이라는 것이다.

다시 말해서 부처님의 세계인 '상수멸想受滅'이 있는 그대로의 세계라면 욕망의 색안경을 쓰니 탐심으로 세상을 보고, 감정이란 색안경을 쓰니 사랑과 분노로 세상을 보며, 어리석음이란 색안경을 쓰니 존재存在의 방식으로 세상을 본다는 말이다. 이렇게 삼계는 내 안에서 '탐진치貪嗔痴'의 삼독심三毒心 때문에 벌어지는 세상이지 외부에 실재實在하는 세상을 말하는 게 아님을 분명히 알아야 한다.

●三界 不自道 我是三界 還是道流目前 靈靈地 照燭萬般 酌度世界底人 與三界安名.
삼계三界 스스로 '내가 바로 삼계'라고 말한 것이 아니라 수행자의 눈앞의 신령하고 신령한 토대에서 촛불로 갖가지를 비추어 세상을 짐작하고 따지는 그 사람이 '삼계'라고 이름 붙여준 것이다.

'삼계'는 본래부터 스스로 존재存在하는 게 아니고 사람들이 세상을 세 가지 방식으로 재단하여 바라보는 것이다. 그러므로 밖으로 찾아도 찾을 수 없고 안으로 찾아도 찾을 수 없는 것이다. 이것은 내외의 문제로 말하는 것이 아니라 마음의 작동방식을 말하는 것이기 때문이다. 컴퓨터의 예를 들자면 하드웨어냐 소프트웨어냐의 문제가 아니라 소프트웨어와 하드웨어가 전기를 만나 작동하는 방식을 설명한다는 말과 같다. 하드웨어는 수많은 스위치의 나열이고 소프트웨어도 '0' 과 '1'이란 신호의 무수한 나열일 뿐이다. 그렇다고 해서 이것만으로 컴퓨터를 설명할 수 없다. 여기에 전원이 들어가서 하드웨어와 소프트웨어가 서로 의지하여 작동할 때 비로소 모니터에 유의미한 무언가가 나타나는 것이다. 그런데 사람들은 모니터에 드러나는 그것이 실제로 존재存在한다고 생각하기에 탐내거나 싫어하는 것이다. 그러나 모니터에 나타나는 것은 프로그래머가 만들어 낸 일종의 눈속임이다. 진실을 그대로 본다면 삼계는 모니터에 드러난 세상일 뿐이지 실재實在한 세상이 아니다. 그 모니터에 드러나는 세상은 실재하는 대상들을 짐작하고 따져서 비슷하게 그려낸 것일 뿐 실재하는 대상이 아니다. 그런데 정작 그것을 만들어 낸 프로그래머가 어리석게도 모니터에 화상으로 드러난 세상을 진짜 세상으로 믿고 산다는 것이다. 이것이 모두 마음이라는 프로그래머가 지어냈다는 것을 깨닫는다면 그것을 붙잡고 울고 웃지는 않고 그것을 이용하며 살아갈 것이다. 즉 깨달음은 지금 이 책을 읽고 있는 그 자신이 곧 모든 것들을 조작해 지어냈으면서도, 그것을 조금도 의심하지 않고 사실로 철저히 믿으며, 또 그것 때문에 울고 웃으며 살아간다는 것을 분명히 자각하는 것이다.

마음이 쉬어진 처處가 깨달음

大德! 四大色身是無常 乃至脾 胃 肝 膽 髮 毛 爪 齒 唯見 諸法空相 爾一念心歇得處 喚作菩提樹 爾一念心 不能歇得處喚作無明樹. 無明無住處 無明無始終. 爾若念念心歇不得 便上他無明樹 便入六道四生 披毛戴角. 爾若歇得 便是清淨身界 一念不生 便是上菩提樹 三界 神通變化 意生化身 法喜禪悅身光自照 思衣 羅綺千重 思食 百味具足 更無橫病[1]. 菩提無住處! 是故 無得者.

임제 대덕이여!

사대四大로 된 색신色身이 무상無常하고, 더 나아가

비장, 위장, 간, 담, 머리카락, 털, 손톱, 이빨까지도

오로지 모든 법의 텅 빈 모습으로만 보인다면

너의 한 생각 마음이 쉬어진 처處는

'깨달음이란 나무'를 만들었다고 부르겠지만,

너의 한 생각 마음이 쉬지 못하는 처處는

'무명無明이란 나무'를 만들었다고 부를 것이다.

무명無明은 머무는 곳도 없으니

무명無明이 시작과 끝이 없는 것이다.

네가 만약 생각에서 생각으로 마음이 쉴 수 없다면

바로 저 위의 무명이란 나무이니,

곧 사생四生과 육도六道에 들어가서

1 橫病: 불려不慮의 병

털을 뒤집어쓰고 뿔을 달게 될 것이다.
네가 만약 쉬게 된다면 이게 바로
깨끗한 법신 부처님 세계이고,
한 생각도 생겨나지 않으면 곧 이것이
'깨달음이란 나무'에 오른 것이며,
삼계三界가 신통神通하게 변화하면
생각으로 화신 부처님을 낳은 것이니,
법法의 기쁨과 참선禪의 기쁨으로
몸의 빛이 스스로 비추게 되면
옷만 생각해도 비단이 천 겹이요,
음식을 생각하면 백 가지 맛이 갖춰지니
절대로 몸져누울 일이 없다.
깨달음은 '머무는 곳'이 없다!
이런 까닭에 얻은 사람도 없는 것이다.

● 大德! 四大色身是無常 乃至脾 胃 肝 膽 髮 毛 爪 齒 唯見 諸法空相 爾一念心 歇得處 喚作菩提樹 爾一念心 不能歇得處 喚作無明樹.

임제: 대덕이여! 사대四大로 된 색신色身이 무상無常하고, 더 나아가 비장脾, 위장胃, 간肝, 담膽, 머리카락髮, 털毛, 손톱爪, 이빨齒까지도 오로지 모든 법의 텅 빈 모습으로만 보인다면 너의 한 생각 마음이 쉬어진 처處를 '깨달음이란 나무'를 만들었다고 부를 것이고, 너의 한 생각 마음이 쉬지 못하는 처處를 '무명無明이란 나무'를 만들었다고 부를 것이다.

'사대四大로 된 눈에 보이는 몸뚱이는 무상하다.'라는 말을 부정하는 사람은 아무도 없다. 부처님 이전의 사상이나 고대의 철학자들도 '만물은 유전한다.', '세상은 영원하지 않다.'라는 등의 무상에 관한 말들을 수도 없이 남겼다. 과연 부처님은 남들이 이미 말해 놓은 이 '무상無常하다.'는 말을 재탕하면서 자신만이 깨달은 것처럼 말했을까? 만약 그랬다면 그는 최상의 깨달음을 얻었다고 말하지 않았을 뿐만 아니라 그는 부처라고 말할 수도 없는 종교사기꾼일 것이다. 사람들은 대부분 '무상하다.'라는 말을 '시간이 영원하지 않다.' 즉 '유한有限하다.'로 대부분 이해한다. 그러나 부처님께서 말씀하신 무상은 '시간 속에 존재存在하지 않는다.'라는 의미이다.

실제로 불교에서 말하는 '무상'은 범어의 '아니띠야 Anitya'의 번역어가 무상인데, 이것은 '시간'을 부정하는 말이다. 일반적으로 우리는 존재存在를 시간과 공간의 두 가지 개념으로 규정하고 그것을 통해 세상을 이해하는데, 이것을 줄여서 '시공時空'이라고 한다. 만약 이 시공이 인간이 상상으로 만들어 낸 개념이며, 세상을 이해하는 방식에 불과하다면 과연 믿을 사람이 몇이나 될까? 아마 거의 없을 것이다. 우리는 존재存在라는 것을 이해할 때, 공간을 점유한 그 무엇이 어느 정도의 시간만큼 존속하는 것으로 생각한다. 그래야만 그것의 고유한 특성을 유지하고 또 규정할 수 있기 때문이다. 그러나 이렇게 특성을 유지하는 존재存在는 그 어디에도 발견할 수 없기에 실체적實體的인 대상이 있을 수 없어 '시간적이지 않다.' 즉, '무상'하다고 했고, 이것을 대승에서는 실체實體를 파악할 수 없으니 '텅 비었다.', '공空하다.'라고 강조한 것일 뿐, 전혀 다르지 않다.

몸으로 예를 들자면 우리 몸은 수많은 장기나 부속품들로 이루어졌다고 하지만 그 각각의 장기에 나라고 부를 그 어떤 것도 존재存在하지 않는다. 그리고 그 경계가 언제나 불분명하다. 이렇게 모여진 덩어리로 인식하고 있을 뿐 실체는 없는 것이다. 그러니 시간적인 존속도 무의미한 것이다. 따라서 무상은 시간상 영원하지 않기 때문에 무상한 것이라고 한 것이니 '실체적인 개체'로 이해해서는 안 되는 것이다. 이렇게 무상을 이해한다면 비장脾, 위胃, 간肝, 담膽, 머리털髮, 솜털毛, 손톱爪, 이빨齒까지도 개체로 이해하지 않고 연기된 것으로 이해하게 된다. 그러면 모든 존재存在가 다 텅 비었다고 바라보게 된다. 이렇게 바라보면 대상을 소유하려고 애쓰던 마음은 저절로 쉬어지게 되며 그렇게 되었을 때 깨달았다고 말하는 것이고, 마음이 쉬지 못해 여전히 갖고 싶거나 버리고 싶다면 여전히 무명의 삶을 살아가는 중생이라고 부르는 것이다. 따라서 모든 조작을 일으키는 처가 쉬지 못하면 번뇌는 언제나 그 자신과 함께 하는 것이다.

●無明無住處. 無明無始終. 爾若念念心歇不得 便上他無明樹 便入六道四生 披毛戴角.
무명無明은 머무는 곳도 없으니 무명無明이 시작과 끝이 없는 것이다. 네가 만약 생각에서 생각으로 마음이 쉴 수 없다면 바로 저 위의 무명이란 나무이니, 곧 사생四生과 육도六道에 들어가 털을 뒤집어쓰고 뿔을 달게 될 것이다.

무명이란 어리석어 밝지 못함을 비유한 말이므로 밝지 못하다는 상태를 가리키는 말이다. 따라서 무명은 '무명이란 존재存在'가 아니므로 '머물 곳'이 있을 수도 없고 처음과 끝 역시 있을 수 없다. 장소나 처음과 끝이 존재存在하려면 그것은 반드시 실체實體로 존재해야만 한다. 그런데 무명은 어떤 상태를 표현한 말이므로 맞지 않는 말이다. 임제는 '마음이 쉬지 못하는 것'이 무명이라면서, 사생육도에 들어가서 털 나고 뿔 달 것이라고 말했는데 좀처럼 이해되지 않을 것이다. 사생은 탯줄로 태어나는 태생胎生, 알로 태어나는 난생卵生, 축축한 기운에서 태어나는 습생濕生, 귀신처럼 무엇에 의지하지 않고 홀연히 태어나는 화생化生을 뜻한다. 또 육도六道는 지옥, 아귀, 축생, 인간, 수라, 천상이라는 여섯 가지 삶의 갈래를 가리킨다. 이것은 옛날 인도사람들의 생각일 뿐이며, 이 생각을 지금도 이렇다고 일반화하려는 것은 조금 무리가 있다.

백번을 양보해서 그렇다고 하더라도 '마음이 쉬는 것'과 이렇게 태어나는 것은 아무런 상관관계가 없어 보이는 게 사실이다. 제아무리 내 마음이 쉰다고 하더라도 윤회를 하고 있던 내가 다시 그렇게 사생으로 태어나지 않는다거나 육도로 윤회하지 않는 게 가능할까? 그러나 이러한 모든 것에는 기본 전제가 바탕에 깔려 있다. '사생四生'의 경우는 '태어난다.'라는 전제가 그 바탕에 깔려 있다. 그런데 잘 살펴보면 '태어난다.'라고 말은 하지만 낳았다고 하는 시점을 들여다보면 불분명하기 그지없다. 과연 어느 순간을 낳았다고 말해야 할지 참으로 애매하다. 어미의 배 속에 있는 아기는 아기가 아니던가? 그리고 그 아기는 어느 한순간도 그대로 있었던 적이 없다. 단순히 어미의 배 안에서 밖으로 나온 그 상황을 낳았다고 말하는 것일 뿐, 사실 아이는 한 번도 낳거나 죽은 적이 없다. 변화하는 생명 현상의 일부 과정을 떼어내서 살았다 죽었다고 규정하는 것일 뿐, 그렇게 존재存在하는 대상은 어디에도 없다. 육도라는 것도 같은 맥락에서 이해해야 한다.

육도로 윤회하려면 변하지 않는 '그 무엇인가'가 존재存在해야 하는데 사실 '있다.'라는 말도 사실 우리의 인식 속에서 벌어진 사건일 뿐, 실제로 그런지 안 그런지는 정확히 알 수 없다. 예를 들어 빛은 지금까지 알려진 바로는 가시광선과 적외선, 자외선, 전자파 등으로 분류된다. 그러나 우리에게 존재로 느껴지는 것은 가시광선뿐이다. 나머진 존재를 느낄 수 없다. 프리즘과 같은 어떤 도구를 이용해서 나타난 간접적인 증거를 통해서 그럴 것이라고 유추할 뿐, 그것을 인지할 수 있는 '감각 기관'이 존재하지 않으므로 그것의 존재 여부를 내가 확인할 수 없다. 그렇다고 해서 없다고도 말할 수도 없다. 왜냐하면, 우리는 그것들을 이용해 여러 가지 편리한 물건들을 만들어 쓰고 있기 때문이다.

무엇인가 있다는 말은 '감각 기관'에 감지된다는 말이다. 만약 '감각 기관'에 걸려들지 않으면 있다고 말할 수조차 없게 된다. 그래서 옛 선인들은 물고기 비유를 많이 했다. 물속을 헤엄치는 물고기는 물을 있다고 여기지 않을 것이다. 만약에 존재로 느낀다면 조금도 나아가지 못할 것이다. 우리와 '감각 기관'이 다르기에 세상도 다르게 보이는 것이다. 그러니 '감각 기관'을 무시하고 절대적인 객관을 내세우거나 존재한다고 전제하고 바라보니 태어나고 죽는다고 생각하는 것이다. 그래서 임제는 존재를 좇는 그 어리석은 생각이 쉬고 멈추면 사생육도로 태어난다거나 죽는다고 생각하지 않는다는 것이다. 사생과 육도는 내가 세상을 그렇게 이해하고 있는 것이지 확인된 사실이 아니다. 있는 그대로 보면 사생과 육도는 허구일 뿐이다. 있지도 않은 사생육도에서 살아간다고 생각하니 무명이요, 이것이 허망하다는 사실을 바르게 아는 게 바로 깨달음이다.

● 爾若歇得 便是清淨身界 一念不生 便是上菩提樹 三界神通 變化意生化身. 法喜禪悅 身光自照 思衣 羅綺千重 思食 百味具足 更無橫病. 菩提無住處! 是故 無得者.
네가 만약 쉬게 된다면 이게 바로 깨끗한 법신 부처님 세계이고, 한 생각도 생겨나지 않으면 곧 이것이 '깨달음이란 나무'에 오른 것이며, 삼계三界가 신통神通하게 변화하면 생각으로 화신 부처님을 낳은 것이니, 법法의 기쁨과 참선禪의 기쁨으로 몸의 빛이 스스로 비추게 되면 옷만 생각해도 비단이 천 겹이요, 음식을 생각하면 백 가지 맛이 갖춰지니 절대로 몸져누울 일이 없다. 깨달음은 '머무는 곳'이 없다! 이런 까닭에 얻은 사람도 없는 것이다.

마음이 쉬는 것은 어리석은 생각을 멈추는 것이다. 이렇게 어리석은 생각을 멈추면 온갖 모순으로 가득 찼던 세상은 어느덧 깨끗한 세상으로 바뀌어 보이게 된다. 그러면 세상에 존재存在하는 대상이 실체實體로 이해되는 것이 아니고 있는 그대로 보게 된다. 예를 들어 아주 진한 색안경을 끼고 생활하다 보면 그런대로 적응되어 왜곡되고 이상한 것을 전혀 느끼지 못하게 된다. 그러나 그 색안경을 벗는 순간 새로운 세상이 드러나듯 깨끗한 세상이 펼쳐지게 된다. 깨달음이란 바로 이런 것이니 잘못된 시각이 교정되어 제대로 보이게 되는 것이다. 그렇게 되면 여태껏 내가 그렇게 알고 보던 삼계가 신통하게 변화해서 생각만 하면 그 생각대로 대상이 모양을 갖추어 드러나게 된다. 우리 중생의 시각은 언제나 대상을 고정된 실체로 바라보므로 언제나 그것으로밖에 보이지 않는다. 그러나 생각이 전환되면 내 생각대로 대상이 드러나게 된다.

예를 들어 여기에 컵이 있다고 하자. 사람들은 이 컵을 보는 순간 어떤 액체를 담아서 마시는 용도로밖에 보이지 않게 된다. 그러나 이것은 단 한 번도 컵이었던 적이 없었다. 다만 우리가 그렇게 컵으로만 바라보고 그 용도를 한정시켰을 뿐이다. 만약 그것을 계량의 용도로 쓰면 그것은 계량컵이 되고, 그 단단함을 이용해서 도라지를 두드리면 그것은 작은 유리 망치가 되는 것이다. 이렇게 생각이 일어나면 일어나는 대로 대상이 바뀌어 드러나게 된다. 일종의 발상 전환이 이루어지는 것이다. 우리가 가끔 발상의 전환을 하긴 하지만 그것은 매우 한정적이다. 언어의 사슬에 매여 있어서 이 발상의 전환이 쉽게 이루어지지 않는다. 소소하게는 바뀌어 보이기도 하지만 전체적으로 바뀌어 삼계가 바뀔 정도로 인식의 대전환이 이루어지지는 않는다.

그런데 만약 인식의 대전환이 이루어지면 법을 바라볼 때 엄청난 희열이 느껴지는데 이것이 '법희法喜'이고 참선 중에 진리를 깨달았을 때 느끼는 '선열禪悅'인 것이다. 이런 모든 기쁨은 스스로 발산하는 지혜의 빛으로 비추어서 볼 때 드러나는 것이니, 옷을 보더라도 예쁘고 추한 구별이 사라져 걸치면 옷이라고 생각하니 천 겹의 비단을 두른 듯 만족하고, 먹으면 음식이라 생각하니 부드럽고 거친 구분이 없어 온갖 맛을 느끼고 만족하며, 이렇게 만족한 삶을 살아가다 보니 노심초사 걱정하는 병이 있을 수도 없는 것이다. 깨달음이란 어떤 존재存在나 실체實體가 아니므로 어디에 있을 수도 없다. 그러니 그 깨달음은 '얻어진다는 것'은 있을 수도 없는 것이다. 언어로 사유하니 자꾸 깨달음을 실체로 생각해 획득하려고 생각하지만, 사실 깨달음은 물리적으로 얻을 수 있는 게 아니다.

대장부가 의심하는 것

道流! 大丈夫漢 更疑箇什麼? 目前用處 更是[1] 阿誰 把得便用? 莫著名字! 號爲玄旨. 與麼見得 勿嫌底法. 古人云 心隨萬境轉 轉處實能幽 隨流認得性 無喜亦無憂.

임제 수행자여!

대장부라는 놈이 다시 의심하는 건 무엇인가?

눈앞에서 쓰는 처處라기 보다

누가 잡아서 바로 쓰냐는 것인가?

이름과 글자에 집착하지 말라!

부르려니 '현묘한 뜻玄旨'이라고 하는 것이다.

그런 견해를 얻는 것이

법의 기반을 미워하지 않는 것이다.

옛사람이 말하기를

'마음 따라 온갖 대상 구르고

굴리는 처處는 정말 잘 숨었네.

흐름을 따라 알면 성품 얻어 알면

기쁨도 없고 근심 또한 없네.'라고 한 것이다.

● 道流! 大丈夫漢 更疑箇什麼? 目前用處 更是阿誰 把得便用? 莫著名字! 號爲玄旨.

임제: 수행자여 대장부라는 놈이 다시 의심하는 건 무엇인

1 更是: 더욱, 보다

가? 눈앞에서 쓰는 처라기 보다 누가 잡아서 쓰냐는 것인 가? 이름과 글자에 집착하지 말라! 부르려니 '현묘한 뜻玄旨' 이라고 하는 것이다.

이 문장의 내용은 그리 어렵지 않은 데 해석이 좀 난해하다. 앞뒤의 문맥을 참고해서 보면 위와 같이 해석하는 게 가장 자연스럽다. 임제는 여태껏 눈앞에서 쓰이는 처의 작용에 대해서 말하고 있었다. 지금 이렇게 현실적으로 '쓰이는 모든 것'이 다 처의 작용이라고 말했더니, 어리석은 사람들은 또다시 주관을 세워서 그 처는 또 누가 쓰느냐고 묻는다는 것이다.

어리석음은 자아라는 주관과 대상인 객관이 실체實體로 있다는 데서 시작된다. 그렇게 존재存在한다고 생각하니 그 실체를 유지하기 위해서 끊임없이 대상을 좇을 수밖에 없는 것이다. 대상을 좇으면 그 번뇌는 끊임없이 만들어지니 쉴 수 없게 되는 것이다. 이렇게 대상과 나를 실체화實體化하는 주범이 바로 언어이다. 언어는 모든 것을 존재存在로 규정하는 특성이 있기 때문이다. 그래서 이름이란 글자에 집착하지 말라고 하는 것이다. 언어의 특성이 모든 대상을 존재存在로 규정하는 특징을 가지는 것을 알지만 그것을 알려주기 위해 부득이하게 언어를 쓰니 더욱 알기 어렵다는 것이다. 언어로 표현했는데 언어를 떠나서 생각해야 한다고 하니 '현묘한 뜻'이 될 수밖에 없는 것이다.

● 與麽見得 勿嫌底法. 古人云 心隨萬境轉 轉處實能幽 隨流認得性 無喜亦無憂.
그런 견해를 얻는 게 법의 기반을 미워하지 않는 것이다. 옛 사람이 말하기를/ '마음 따라 온갖 대상 구르고/ 굴리는 처處는 정말 잘 숨었네./ 흐름을 따라 알면 성품 얻어 알면/ 기쁨도 없고 근심 또한 없네.'라고 한 것이다.

위에서 말한 그런 생각으로 볼 때 법의 바탕을 싫어하지 않게 되는 것이다. 여기서 법은 우리가 '대상으로 여기는 모든 것'을 말한다. 이것은 외부의 것을 감지한 신호를 토대로 만든 것이든, 외부와 관계없이 상상한 것으로 만들어 낸 것이든 모두 법에 해당한다. 이 법에는 언제나 대상을 좋아하거나 싫어하는 감정을 수반하게 되는데 이 감정이 결국 번뇌를 만들어 내게 된다. 따라서 이 감정이 배제된 상태로 대상을 인식하는 것이 바로 '물혐저법勿嫌底法'인 것이다.

임제가 인용한 이 게송은 서천 제22조 마라나摩羅那 존자의 말씀이다. 이 게송의 의미를 살펴보면, 마음을 따라서 대상도 바뀌는데, 이렇게 변화를 일으키는 처는 너무 꼭꼭 숨겨져 있어 알기 어렵다. 변화하는 모습을 잘 살펴서 그 특성을 바르게 이해하면, 잡으려고 애쓰지 않게 되니 근심 걱정이 사라진다는 것이다.

예를 들어 여기에 컴퓨터가 있고 태어나자마자 그 컴퓨터의 모니터만을 보고 있던 사람이 있다고 하자! 그러면 모니터의 화면만 바라보던 사람은 그 모니터가 구현한 세상이 내 눈 앞에 펼쳐진 세상으로 착각하게 될 것이다. 모니터에 구현된 세상이 너무나 그럴싸할지라도 그것은 컴퓨터가 구현해 낸 화면일 뿐이다. 사실 그 사람에게 보이는 모니터의 그림들이 아무리 다양할지라도 사실 그것을 구현해 내는 원재료는 전기로 이루어진 '0'과 '1'이라는 원시 코드일 뿐이다. 만약 그 사람이 컴퓨터를 자세히 들여다보다가 어느 날 문득 이것이 가짜로 구현되었다는 사실을 알게 되었다면 더는 모니터에 나타난 화상을 진실한 세상으로 여기지 않을 것이다.

지금 우리에게 벌어지는 일도 그와 같아서 내 눈에 펼쳐진 세상은 처에서 조작해 만들어 낸 것이며, 또 그것을 내가 보면서 진짜 세상이라고 인식하고 믿는 것이다. 깨달음이란 수행이라는 깊은 사유를 통해서 이것을 '분명하게 알아내고 확인하는 작업'인 것이다. 이렇게 확인하고 나면 내 눈에 펼쳐졌던 세상을 가지려고 애쓰고 집착하던 그 마음도 온데간데없이 사라지게 되는 것이다. 번뇌는 없애려고 노력을 아무리 할지라도 그 번뇌를 없앨 수는 없다. 번뇌를 없애려고 노력하면 할수록 그 노력이 다시 번뇌가 되어 돌아오기 때문에 번뇌가 늘어날 뿐 줄어들지 않는 것이다. 번뇌라는 것이 단지 '있지도 않은 허망한 것'을 붙들고 집착해서 만들어진 것임을 깨달아야만 대상에 대한 집착도 사라져서 그에 따른 번뇌도 함께 사라지는 것이다.

객이 되어 주인을 살피다.

道流! 如禪宗見解 死活循然 參學之人 大須子細[1]. 如主客相見 便有言論往來. 或應物現形 或全體作用 或把機權[2] 喜怒 或現半身 或乘師子 或乘象王. 如有眞正學人 便喝 先拈出 一箇 膠盆子. 善知識 不辨是境 便上他境上 作模作樣 學人便喝 前人不肯放此 是膏肓之病 不堪醫 喚作客 看主. 或是[3] 善知識 不拈出物 隨學人問處卽奪 學人被奪 抵死不放此 是主看客.

임제 수행자여!

만약 선종 견해라면

죽이고 살리며 뒤쫓는 게 당연하니

참구하며 배우려는 사람은

매우 꼼꼼히 따져보아야 할 것이다.

예를 들어

주인과 객이 서로 인사를 하면

곧 말과 논쟁이 오고 갈 것이다

혹은 사물에 대응해 형태를 드러낼 것이고

혹은 전체로 작용할 것이며,

혹은 기연과 방편을 잡아 기쁘거나 분노하기도 할 것이고,

1 子細: 세심한 주위를 기울이다. 꼼꼼히 음미하다.

2 機權: 기機는 기근機根 · 기연機緣이라고도 하는데, 본래 자신의 심성心性에 있는 교법敎法을 격발시키게 하려는 마음의 낌새를 말한다. 권權은 진실眞實에 대가 되는 말로 방편의 별칭이다.

3 或是: …이거나 …이다,…아니면 …이다, 아마

혹은 몸의 반만 드러내기도 할 것이며,
혹은 사자를 올라타기도 하고,
혹은 코끼리 왕을 올라타기도 할 것이다.
만약 참되고 바른 학인學人이 있다면
바로 할喝을 하고
먼저 아교단지 하나를 꺼내 들것인데
선지식善知識은 이 대상을 판단하지도 않고
곧 그 대상 위에 올라가서 모양을 만들어서
학인學人은 바로 할을 했는데
상대방이 수긍하지 못하고 이것을 내친다면
의사도 감당할 수 없는 불치병이니
'객이 되어서 주인을 살폈다.'라고 부르는 것이다.
그렇지 않고 선지식善知識이 물건을 집어 들지 않고
학인學人은 물어본 곳에 가서 곧바로 빼앗으니
학인學人이 빼앗기고도 필사적으로 이것을 놓지 못한다면
이것은 '주인이 객을 살펴본 것'이다.

● 道流! 如禪宗見解 死活循然 參學之人 大須子細.
임제: 수행자여! 저 '선종의 견해라는 것'이 죽이고 살리며 뒤쫓는 게 당연하니 배우려는 사람은 매우 꼼꼼히 따져보아야 할 것이다.

선종의 견해는 일반적으로 의지하는 언어의 논리와 달라 사실에 기초하고 있어서 '죽이고 살리는 것'이 꼬리에 꼬리를 물고 돌아가니 매우 자세하고 신중하게 살펴야 그 의미를 이해할 수 있다는 것이다. 세속적인 언어의 논리로 보면 말도 안 되지만, 언어가 가지는 실체實體라는 개념을 떠나서 보는 능력이 생기게 되면 그 의미가 살아나기 때문이다.

● 如主客相見 便有言論往來 或應物現形 或全體作用 或把機權喜怒 或現半身 或乘師子 或乘象王.
예컨대 주인과 객이 서로 인사를 하면 곧 말과 논쟁이 오고 갈 것이다. 혹은 사물에 대응해 형태를 드러낼 것이고, 혹은 전체로 작용할 것이며, 혹은 기연과 방편을 잡아 기쁘거나 분노하기도 할 것이고, 혹은 몸의 반만 드러내기도 할 것이며, 혹은 사자를 올라타기도 하고, 혹은 코끼리 왕을 올라타기도 할 것이다.

주인과 객이 서로 인사하고 나누는 이야기는 사물의 형태로 논하기도 하고, 전체를 말하기도 하고, 감정을 건드려 보기도 하고, 진리의 반만 보여주기도 하고, 사자와 같은 권위로 말하기도 하고, 큰 코끼리를 탄 듯 위엄을 보여서 말하기도 한다는 것이다. 선지식善知識은 진리에 이르도록 가르치는 것이 단 하나의 방법만이 아니라 자신의 능력에 따라 최대한 상대방을 배려하며 다양하게 가르치게 되는데 이것은 깨닫게 되면 '중생에 대한 무한히 불쌍하게 여기는 마음', 즉 연민심憐愍心을 동반하게 된다.

만약 선지식이라고 자처하면서 연민심이 없다면 그는 깨닫지 못한 사람이 깨달은 척한 것이거나 최상의 깨달음이 아니고 '다른 어떤 것'에 대해 깨달은 것에 불과하다. 최상의 깨달음에 이르기 위해서는 반드시 중도를 볼 수 있어야만 하는데 중도를 보지 못하고 최상의 깨달음을 얻었다고 말한다면 그것은 필시 최상의 깨달음이 아닐 것이다. 최상의 깨달음을 얻게 되면 연민심은 부수적으로 자동 발생하게 된다. 그래서 선지식은 상대방을 깨닫게 하려고 갖가지 방법을 동원하는 것이다. 연민심이 없다면 나만 깨달았으면 그만이지, 굳이 남에게 알려주겠다고 주저리주저리 말할 이유가 있을까?

● 如有眞正學人 便喝 先拈出 一箇膠盆子 善知識 不辨是境 便上他境上 作模作樣 學人便喝 前人不肯放此 是膏肓之病 不堪醫 喚作客看主.
만약 참되고 바른 학인學人이 있다면 바로 할喝을 하고 먼저 아교단지 하나를 꺼내 들것이고 선지식善知識은 이 대상을 판단하지도 않고 곧 그 대상 위에 올라가서 모양을 만들어서 학인學人이 곧 할을 했는데 상대방이 인정하지도 않고 이것을 내친다면 의사도 감당할 수 없는 불치병이므로 '객이 되어서 주인을 살폈다.'라고 부르는 것이다.

여기서 말하는 주인主人과 객客의 개념이란, 주인은 '깨달은 자'이고 객은 '미혹한 범부'를 의미한다. 이것을 네 가지 경우로 나누어 생각해 볼 수 있다. 첫째 객이 선지식善知識이고 주인은 범부인 경우, 둘째 주인이 선지식이고 객은 범부인 경우, 셋째 주인과 객이 모두 선지식인 경우, 넷째 주인과 객이 모두 범부인 경우이다. 이 문장은 첫 번째 경우를 설명하는 것이다. 여기서 '훌륭한 학인學人'은 바로 선지식을 가리키는 것이고, '아교단지를 꺼내 들었다.'라는 것은 상대방을 시험하기 위해 '언어의 함정을 판 것'을 가리킨다.

예를 들면 '닭이 먼저입니까? 알이 먼저입니까?'라고 묻는 것과 같은 것이다. 이것은 상대를 함정에 밀어 넣기 위해 하는 질문이다. 이 질문을 받은 사람이 넙죽 받아서 무엇을 선택한다면 그는 아직 언어의 논리를 벗어나지 못한 것이나 다름없다. 만약 언어의 논리를 벗어난 사람이라면 그 질문을 잘못된 질문이라고 구덩이에 집어 던질 것이다. 왜냐하면, 그 질문엔 '확인하지 못한 기본 가정'이 숨겨져 있기 때문이다. 그 질문에는 그 닭과 그 알이 같은 개체인지 아닌지를 말하지 않고 선택하도록 강요하기 때문이다.

만약 닭과 알이 동일한 개체라면 물어보는 질문 자체가 잘못된 것이다. 하나의 개체가 닭이거나 알로 존재存在할 수 없으므로 선후가 존재存在할 수 없다. 그냥 닭의 일생을 맘대로 재단해 '알'이니 '닭'이니 하고 말했을 뿐이다. 또 닭과 알이 같지 않다면 물어보는 것 자체가 의미 없다. 이러한 질문이 아교단지라고 하는 것이다. 선가의 화두는 대부분 이런 아교단지에 해당한다. 일견 보면 그럴듯한 질문이지만 자세히 들여다보면 아교를 발라놓은 듯 착 붙어버려 헤어 나오기 어려워진다.

객을 가장한 선지식이 아교단지와 같은 질문을 던졌는데 선지식이라는 주인이 그 질문에 빠져 헤매게 된다면 그 훌륭한 학인學人은 다시 할을 할 것이다. 이렇게 할로 경책을 했음에도 주인이 그 잘못을 알지 못하고 계속 시름 한다면 의사도 고칠 수도 없는 심각한 불치병이라는 것이다. 이렇게 선지식이라는 사람이 객이 던진 아교단지 같은 질문에 빠진다면 선지식 흉내를 낸 것에 불과하니 이것을 '객이 되어 주인을 살폈다.'라고 한 것이다.

● 或是善知識 不拈出物隨 學人問處卽奪 學人被奪 抵死不放此 是主看客.

그렇지 않고, 선지식善知識이 물건을 집어 들지 않고 학인學人이 물어본 곳으로 가서 곧바로 빼앗으니 학인學人이 빼앗기고도 필사적으로 이것을 놓지 못한다면 이것은 '주인이 객을 살펴본 것'이다.

이것은 두 번째의 경우로 학인學人이 던진 아교단지 같은 질문에 빠지지 않는다면 학인이 물었던 질문 자체가 무용지물이 되어 버린다. 물어본 곳에 가서 바로 빼앗는다는 말은 질문이 과연 정당한가를 되묻는 것이다. 이런 대화의 방식을 소크라테스식의 대화법이라고 사람들은 말한다. 그러나 여기서 선사들이 이런 방식의 대화를 쓰는 것은 우매함을 깨우쳐주기 위함이지 상대방을 무시하거나 '다만 나는 알 수 없다.'라는 사실을 강조하기 위해 하는 게 아니다.

어차피 '나는 모른다.'라고 말하는 순간 '나는 모른다.'라는 사실을 알고 있다고 말하는 것과 같다. 이것은 심각한 자체 모순이며 부처님께서 신랄하게 비판했던 외도 '산자야'의 '불가지론'에 해당한다고 하겠다. 그런데 문제는 지금도 다만 알 수 없는 의심을 해야 한다고 주장하는 사람들이 있다는 것이다. 적어도 부처님께서 하신 외도의 비판을 제대로 읽었다면 그런 황당한 주장은 하지 않을 것이다. 이것은 추구해야 할 견해가 아니고 그 자리에서 바로 패대기쳐야 할 견해이다. 이러한 견해를 놓지 못하는 사람을 선지식善知識에게 질문 자체를 빼앗기고도 끝까지 말꼬리를 물고 늘어진다고 표현한 것이다. 이것이 바로 주인은 선지식인데 학인은 어리석은 두 번째의 경우로 '주인이 객을 살펴보는 것'이다.

주인이 되어 주인을 살핀다.

或有學人 應一箇淸淨境出善知識 前善知識 辨得是境 把得抛向坑裏. 學人言 大好! 善知識 卽云 咄哉 不識好惡! 學人便禮拜 此 喚作主看主. 或有學人 披枷帶鎖出善知識 前善知識 更與安一重枷鎖 學人歡喜 彼此不辨 呼爲客看客.

임제 혹은 어떤 학인學人이 선지식善知識에게

하나의 청정한 대상을 내어 대답하고,

앞의 선지식은 이 대상을 판단하고

집어서 구덩이 속을 향해서 던져버리니,

학인學人은 '매우 좋습니다!'라고 말하고

선지식은 곧 '쯧쯧, 좋고 나쁨도 모르는구나!'라고 말하니

학인學人이 곧바로 절을 했다면

이것은 '주인을 지어 주인을 살펴본 것'이라고 부르는 것이다.

혹은 어떤 학인學人이 칼은 채워지고

사슬에 묶인채 선지식에게 나타나니

앞의 선지식이 다시 칼과 쇠사슬을 한 번 더 얹어주었고

학인學人도 기뻐했다면 피차가 판단하지 못한 것이니

'객이 객을 살펴본 것'이라 부르는 것이다.

● 或有學人 應一箇淸淨境 出善知識 前善知識 辨得是境 把得抛向

坑裏 學人言 大好! 善知識 卽云 咄哉 不識好惡! 學人便禮拜. 此喚作主看主.

임제: 혹은 어떤 학인學人이 선지식善知識에게 하나의 청정한 대상을 내어 대답했고, 앞의 선지식은 이 대상을 판단하고 집어서 구덩이 속을 향해서 던져버렸더니 학인은 '매우 좋습니다!'라고 말했고, 선지식이 곧 '쯧쯧, 좋고 나쁨도 모르는구나!'라고 말했더니 학인이 곧바로 절을 했다면 이것은 '주인을 지어 주인을 살펴본 것'이라고 부를 것이다.

여기 이 문장은 세 번째의 예로 주인과 객이 모두 선지식善知識인 경우이다. '청정한 대상'이란 '언어의 논리를 벗어난 대상'이라는 것이다. 즉 학인學人이 언어의 사유를 벗어난 청정한 대상으로 대답을 하면, 선지식은 그 청정한 대상을 다시 판단한다. 그러나 그것이 아무리 청정한 대상이라고 말하더라도 결국 언어로 표현된 것이니 판단한 즉시 구덩이에 던져버리는 것이다. 선지식의 그런 행동을 알아차린 학인은 '매우 좋다!'라고 말하니 선지식은 다시 '쯧쯧, 좋고 나쁨도 모르는구나!'라고 하며, 학인이 다시 빠진 '좋다 나쁘다'라는 언어 논리를 꾸짖고 학인은 언어가 아닌 행동으로 감사의 절을 한 것이다. 이렇게 선지식이 던진 말을 학인이 찰떡같이 알아들으니 '주인이 주인을 살펴본 것' 즉, 선지식이 선지식을 알아본 것이다.

● 或有學人 披枷帶鎖 出善知識前 善知識 更與安一重枷鎖 學人歡喜 彼此不辨 呼爲客看客.

혹은 어떤 학인學人이 칼이 채워지고 사슬에 묶인채 선지식善知識에게 나오니 앞의 선지식은 다시 칼과 쇠사슬을 한 번 더 얹어주었고 학인도 기뻐했다면 피차가 판단하지 못한 것이니 '객이 객을 살펴본 것'이라 부르는 것이다.

이 문장은 네 번째의 경우로 학인學人과 선지식善知識이 모두 어리석은 경우이다. 칼이 채워지고 사슬에 묶였다는 것은 학인이 이미 언어적 사고에 묶여 꼼짝 못 하는 상태인데, 거기에 다시 칼과 사슬을 더해줬으니 이것은 선지식이라는 자가 같은 방식으로 어리석게 바라보고 있으니 잘했노라고 격려하는 것이다. 그러니 묻는 학인이나 대답하는 선지식이 모두 소경이다. 그래서 이것을 '객이 객을 살펴본 것'이라고 하는 것이다. 이상의 네 가지 예를 통해서 알 수 있듯이 이렇게 선종의 견해는 죽이고 살리는 것이 꼬리에 꼬리를 물게 되므로 잘 따져봐야만 하는 것이다. 이것을 부처님께서는 '정견正見'이라고 말했다.

정견은 '모든 희론戱論을 떠난 것'이 바로 정견이지 정견이란 견해가 따로 있는 게 아니다. 이 희론을 선가에서는 '말장난'이라고 부르는 것인데, 이것에 대한 의미를 바르게 알고 넘어가는 것이 중요하다. 말장난은 말로 장난치는 것이 아니고 언어적인 사유를 하는 것을 말한다. 이 언어적 사유는 언제나 반대의 주장을 할 수 있다. 그래서 언제나 논리적 모순관계에 빠져 결론이 나지 않게 된다. 그러나 부처님께서 말씀하신 '정견正見'이나 '선종의 견해'는 이 '말장난'을 떠난 것이기에 반박할 수 없다. 반대의 의견을 낼 수 있다는 것은 '정확하지 않다는 것'을 뜻한다. 이 언어적 사유에서 벗어나야 비로소 바르게 보이기 시작하는 것이다.

언어로 사유하는 순간 어느 한쪽으로 치우치게 되어 항상 논쟁으로 이어지고 서로 대립할 수밖에 없다. 지금의 '정치'나 '~주의', '이념' 등등이 모두 이런 언어적 사유의 결과물이다. 그러다 보니 항상 보수와 진보, 민주주의와 공산주의 등등의 대립과 갈등 속에서 살아가게 되는 것이다. 이런 것을 '번뇌'라고 부르는 것이며, 항상 '선택'의 문제를 일으킨다. 혹시 지금 '무엇을 선택해야 하지?'라고 생각한다면 그것은 '지금 나는 모른다.'라는 말과 같다. 만약 정말로 알고 있다면 선택하지 않고 아는 곳으로 주저하지 않고 향하게 된다. 따라서 선택의 문제가 내게 일어나고 있다면 '나는 언어로 사유하고 있고 모른다.'라고 반드시 생각하고 '과연 그 질문이 정당한가?'를 먼저 의심하고 꼼꼼히 따져보아야 한다.

짚신값을 갚을 날이 있을 것이다.

大德! 山僧 如是所學 皆是辨魔揀異 知其邪正. 道流! 寔情大難. 佛法幽玄 解得可可地[1] 山僧竟日 與他說破 學者總不在意 千遍萬遍 脚底踏過[2] 黑沒焌地. 無一箇形段 歷歷孤明 學人信不及[3] 便向名句上生解 年登半百 秖管[4]傍家 負死屍行. 檐却[5]檐子[6] 天下走 索草鞋錢有日在.

임제 대덕이여!

산승山僧이 이런 예를 든 것은

모두 마魔를 판단하고 다른 것을 가려내

그것의 삿되고 바름을 알라는 것이다.

수행자여!

진실한 뜻은 매우 난해한 것이다.

불법이 그윽하고 캄캄하다지만 제법 이해할 만하니

산승이 온종일 다른 사람들을 설득하는 것인데,

배우는 사람이 도무지 뜻이 없으니

천 번 만 번 짓밟아버리기에 사그라드는 것이다.

하나의 형태도 없지만 뚜렷이 홀로 밝은데도

배우는 사람들이 믿지 못하니

---

1 可可地: 상당히, 제법
2 踏過: 짓밟다
3 信不及: 완전히 믿을 수가 없다.
4 祇管: 只管과 같다. 오로지, 외곬로. 只는 秖, 祇로도 쓴다
5 檐却: 메다, 짊어지다.
6 檐子: 어깨에 메는 하물荷物이나 천칭봉天秤棒 따위

곧 '이름과 구절名句'로 향해가서 이해하려 하니
나이가 차서 반백이 되도록 다만 주변만 관계하니
죽을 송장만 메고 다니는 것이다.
짐을 들쳐메고 세상을 뛰어다녔으니
반드시 짚신값을 찾을 날이 있을 것이다.

● 大德! 山僧 如是所擧 皆是辨魔揀異 知其邪正.
임제: 대덕이여! 산승山僧이 이런 예를 든 것은 모두 마魔를 판단하고 다른 것을 가려내 그것의 삿되고 바름을 알라는 것이다.

수행자가 옳고 그름을 구분할 줄 모르면 수행 자체를 시작할 수도 없다. 그래서 부처님께서도 팔정도의 제일 첫 번째로 정견正見을 말씀하신 것이다.

● 道流! 寔情大難. 佛法幽玄 解得可可地 山僧竟日 與他說破 學者總不在意 千遍萬遍 脚底踏過 黑沒焌地.
수행자여! 진실한 뜻은 매우 난해한 것이다. 불법이 그윽하고 캄캄하다지만 제법 이해할 만하니 산승이 온종일 다른 사람들을 설득하는 것인데, 배우는 사람이 도무지 뜻이 없으니 천 번 만 번 짓밟아버리기에 사그라드는 것이다.

불법이 언어의 논리를 떠나 있기에 심오하여 알기 힘들지만 그렇다고 알 수 없는 것도 아니다. 그래서 임제 자신이 온종일 이것을 이해시키려 하지만 듣는 사람이 알고자 하는 마음이 없어 알지 못한다는 것이다. 수행자는 스승의 사소한 말이라도 귀를 기울여야 한다. 뭐든지 알고 보면 별것이 아니다. 그러나 그 사소한 차이를 알기 위해서는 반드시 보려는 노력이 필요하다. 만약 보려는 노력과 관심이 없다면 아무리 오랫동안 함께할지라도 그냥 일상 속에 묻혀버리므로 도저히 알 수 없는 것이다. 이러한 말씀은 부처님도 비슷하게 말씀하셨는데 부처님은 약방문의 예를 들었다. 훌륭한 의사가 환자에게 약방문을 처방했을지라도 환자가 그 약을 먹지 않는다면 그것은 의사의 책임은 아니라고 말씀하셨다. 즉 부처님이나 조사는 길을 안내하는 가이드일 뿐이므로 그 길을 '가고', '안 가고'를 강제할 수 없다는 것이다. 여기서 흑몰준지黑沒焌地는 모닥불을 지피면 새카만 숯의 양이 줄어들면서 불이 땅속으로 꺼지는 모양을 표현한 말이다.

● 無一箇形段 歷歷孤明 學人信不及 便向名句上生解 年登半百 秖管傍家 負死屍行. 檐却檐子 天下走 索草鞋錢有日在.
하나의 형태도 없지만 뚜렷이 홀로 밝은데도 배우는 사람들이 믿지 못하니 곧 '이름과 구절名句'로 향해가서 이해하려 하니 나이가 차서 반백이 되도록 다만 주변만 관계하니 죽을 송장만 메고 다니는 것이다. 짐을 들쳐메고 세상을 뛰어다녔으니 반드시 짚신값을 찾을 날이 있을 것이다.

'하나의 형태는 없지만 뚜렷이 홀로 밝다.'라는 말은 좀처럼 이해가 가지 않는 구절이다. 그러나 이것은 마음의 작용을 표현한 것인데, 마땅한 말이 없으니 이렇게밖에 말하지 못하는 것이다. 당연한 말이지만 마음은 그 어떤 형태도 없으면서 뚜렷하게 무엇인가를 알고 있다. 자신을 알고 싶다면 지금 이렇게 하나의 형체도 없으면서 뚜렷이 아는 그 작용에 초점을 맞추고 살펴야만 한다. 그런데 공부하는 사람이 이것을 제쳐두고 글자에 집착해서 부처를 찾으려고 하니 찾을 수 없는 것이다. 찾아야 할 곳은 믿지 못해서 내버려 두고 다른 데로만 찾아다니니 나이가 반백이 되도록 주변만 맴도니 죽을 송장만 메고 다니는 꼴이 되는 것이다. 사실 우리가 살았다고 말하지만, 알고 보면 결국 죽어버릴 송장을 지고 다니는 것과 다름이 없다. 그래서 임제는 이렇게 짐만 메고 주변만 맴돌며 헛고생했으니 언젠가는 '짚신이 다 닳도록 돌아다닌 것'을 반드시 후회할 것이라고 경고한 것이다.

잘못된 조사祖師의 관문

大德! 山僧說 向外無法 學人不會 便卽向裏作解 便卽倚壁坐舌拄上齶 湛然不動 取此爲是祖門 佛法也 大錯. 是爾若取不動 淸淨境爲是 爾卽認他無明爲郎主[1]. 古人云 湛湛黑暗深坑寔可怖畏 此之是也.

임제 대덕이여!

산승山僧이 밖을 향해도 법法이 없다고 말했건만

배우는 사람은 알지 못하니

곧 안으로 향하라는 것으로 이해하고

곧바로 벽을 기대고 앉아서

혀를 입천장에 대고 고요히 움직이지도 않는다.

이렇게 하는 것이 올바른 조사의 관문이고

불법이라고 한다. 그야말로 큰 착각이다.

이것은 너희가

'움직이지 않는 청정한 대상'을 취해서

옳다고 하는 것과 같아서

너희는 곧 남의 무명을

너를 소유한 주인으로 인정하는 것이다.

옛사람이 말하기를

'깊고 깊어 캄캄하고 깊은 구덩이는

1 郎主 노예에 대한 주인

진실로 무섭고도 두렵다.'라고 했으니
이것을 두고 한 말이다.

● 大德! 山僧說 向外無法 學人不會 便卽向裏作解 便卽倚壁坐 舌拄上齶 湛然不動. 取此爲是祖門 佛法也 大錯.
임제: 대덕이여! 산승山僧이 밖으로 향해가도 법法이 없다고 말했지만 배우는 사람이 알지 못하니 곧 안으로 향하라는 것으로 이해하고 곧바로 기대는 것은 벽처럼 앉아서 혀를 입천장에 대고 고요히 움직이지도 않는다. 이렇게 하는 것이 올바른 조사의 관문이고 불법이라 하니 그야말로 큰 착각이다.

밖에 법이 없다고 하면 언어적인 사유를 하는 사람들은 '바깥쪽'의 반대가 '안쪽'이니 '아! 그럼 안에 있는가 보다!'라고 생각하여 좌선한다고 다리를 꼬고 혀를 천장에 붙이며 턱을 당기고 허리를 곧추세우고 단정히 앉는다. 이것은 지금도 대부분의 선방에서 참선한답시고 취하는 행동이다. 그리고는 깊은 삼매에 들겠다고 움직이지도 않고 목석같이 있으면 아주 참선을 잘하는 것처럼 여긴다. 그리고 이것을 조사의 관문인 것처럼 여긴다. 심지어 '무문관' 수행을 한답시고 문을 걸어 잠그고 안 나가는 것을 자랑삼기도 한다. 최근엔 더 황당한 일이 있었는데 씻지도 않고 추운 천막에 지내면서 수행한다고 결사를 했다. 설사 수좌들이 어리석어 그렇게 한다고 할지라도 안목이 있는 지도자라면 어리석은 사람들이라고 경책했을 것이다. 각설하고, 부처님께서 좌선은 '각覺'과 '관觀'이 살아있어야 한다고 말씀하셨고, 또 그래야만 살아 있는 참선이라고 말할 수 있다. 각覺은 '분석해서 살피는 것尋'이고 관觀은 '관계의 사실 확인伺'에 해당한다. 참선을 통해서 알아야 할 것은 번뇌가 어떻게 생겨나고 어떻게 사라지는지를 알아야 한다. 그러려면 면밀하게 관찰하고 분석해서 그 사실관계를 확인해야만 한다. 따라서 각覺과 관觀이 사라진 참선은 참선이라고 말할 수 없다.

● 是爾 若取不動淸淨境爲是 爾卽認他無明爲郎主. 古人云 湛湛黑暗深坑 寔可怖畏 此之是也.
이런 네가 만약 '움직이지 않는 청정한 대상'을 취取해 옳다고 하면 너는 곧 남의 무명을 너를 소유한 주인으로 인정하는 것이다. 옛사람이 말하기를 '깊고 깊어 캄캄하고 깊은 구덩이는 진실로 무섭고도 두렵다.'라고 했으니 이것을 두고 한 말이다.

요즘 어떤 선방에선 용맹정진한답시고 잠 안 자고 정진한다며 자랑질을 한다. 참으로 한심한 일이다. 그런다고 욕망이란 번뇌가 사라진단 말인가? 그렇게 앉아서 집중하고 있을 때 다른 생각을 할 수 없으니 욕망이 줄어든 것처럼 보인다. 그러나 그 조건이 사라지는 순간 그 욕망은 순식간에 그 자리에 돌아와 있다. 그래서 이런 좌선은 시간 보내는 취미로 좋을 수 있으나 인생에 아무런 도움도 되지 못하는 시간 낭비일 뿐이다. 만약 그렇게 꼼짝도 하지 않고 가만히 앉아있는 것이 참선이라면 식물들은 하지 말라고 해도 그렇게 하고 있으니 이미 도통했을 것이다. 이런 어리석음으로 수행을 한다면 그는 다른 사람의 무명에 지배 당하는 어리석은 종같은 삶을 사는 것이다. 그래서 이렇게 어리석은 생각에 지배당해 수행하는 사람을 두고 옛사람들은 '깊고 깊어 깜깜하고 깊은 구덩이는 정말 무섭고 두렵다.'라고 한 것이다. 그래서 아무리 훌륭한 분이라고 말하더라도 그 사람의 말을 무조건 믿어서는 안 될 것이다.

만약 자신이 열반을 분명히 볼 수 없는데 수행을 하고 있다면 그는 자신의 위치가 어디인지조차 모르는 것이다. 열반은 자신이 번뇌에 어떻게 노출되어 있는지를 분명하게 알아야 비로소 볼 수 있기 때문이다. 그래서 부처님께서는 사성제四聖諦에서 고성제苦聖諦를 가장 먼저 말씀하신 것이다. 자신이 처해 있는 상태를 알지 못한다면, 그는 자신의 문제조차 파악하지 못했으니 벗어나려 해도 벗어나지 못하는 것이다.

움직임이란?

爾若認他動者是 一切草木皆解動 應可是道也. 所以 動者是風大 不動者是地大 動與不動 俱無自性. 爾若向動處 捉他 他向不動處立. 爾若向不動處 捉他 他向動處立. 譬如潛泉魚 鼓波而自躍. 大德! 動與不動 是二種境 還是無依道人 用動用不動.

임제 네가 만약

남이 움직였다는 것을 인식한 게 옳다면

일체의 초목이 모두 움직임을 이해해야만

마땅히 이것을 옳다고 할 것이다.

이런 까닭에 움직이는 것을 '풍대風大'라고 하고,

움직이지 않는 것을 '지대地大'라고 하는 것이니

'움직이는 것'과 '움직이지 않는 것'은

모두 자성이 없는 것이다.

네가 만약

'움직이는 처處'로 향해가서 그것을 잡으려 한다면

그것은 '움직이지 않는 처處'를 향해가서 세워질 것이다.

네가 만약

'움직이지 않는 처處'를 향해가서 그것을 잡으려 한다면

그것은 '움직이는 처處'를 향해가서 세워질 것이다.

비유하면 샘에서 자맥질하는 물고기가
물결을 일으켜서 스스로 도약跳躍하는 것과 같다.
대덕이여!
'움직임'과 '움직이지 않음'이란 두 종류의 대상은
도리어 이렇게 의지함이 없는 도인이라야
움직이는 것도 쓰고
움직이지 않는 것도 쓸 수 있는 것이다.

● 爾若認他動者是 一切草木 皆解動 應可是道也. 所以 動者是風大 不動者是地大 動與不動 俱無自性.
임제: 네가 만약 남이 움직였다는 것을 인식한 게 옳다면 일체의 초목이 모두 움직임을 이해해야만 마땅히 이것을 옳다고 할 것이다. 이런 까닭에 움직이는 것을 '풍대風大'라고 하고, 움직이지 않는 것을 '지대地大'라고 하는 것이니 '움직이는 것'과 '움직이지 않는 것'은 모두 자성이 없는 것이다.

이 문장은 해석하기가 참 난해하지만, 위와 같이 해석해야 앞뒤의 문맥이 비교적 부드럽다. 위의 문장을 보면 임제는 육조 혜능의 가풍을 그대로 따랐다. 육조가 세상에 알려지게 된 계기도 찰간刹竿에 달린 깃발의 펄럭임을 보고 바람이 움직여서 움직였느니, 깃발이 스스로 움직였느니 하며 논쟁을 벌이는데 혜능이 '마음이 움직여서 깃발이 움직인다.'라는 말을 하면서부터이다. 이 말은 움직임에 대한 경험이 이미 이루어져 있지 않다면 깃발이 움직여도 움직이는 것으로 인식할 수 없다는 말이다. 지금 이 문장도 바로 그 지점을 다시 설명하는 것이다. 여기서는 타동他動만 말했지만, 자동自動도 포함되는 말이다. 만약 여기에 '움직인 것'이 있는데 그것이 '다른 힘 때문에 움직인 것'으로 인식했다면 모든 초목도 그렇게 인식해야 그 말이 옳다고 할 수 있다는 것이다. 움직임이 정말 '움직임 자체'라면 과연 움직이는 것이 가능할까?

움직임이 정말로 움직임이 되려면 그 움직임을 감지하는 센서가 반응하고 그것을 분석해서 아는 작용이 함께해야 비로소 움직임이 드러나게 된다. 따라서 움직임은 그 자체로 존재存在할 수 없다. 즉 '움직임'이란 '자성'이 없다. 센서가 감지하지 못하면 아무리 움직여도 그것은 움직임이 아니다. 또 그것을 인식하는 인식 작용이 없어도 그 움직임은 움직임이 될 수 없다. 이렇게 움직임이란 '감각 기관'과 인식 작용이 함께할 때 비로소 드러나는 것이다. 즉 무엇인가의 움직임을 알아차렸다면 그것은 ''감각 기관'을 통해 들어온 신호를 해석한 이미지'이지 '대상 자체의 움직임'이라고 말할 수 없는 것이다. 그러니 식물은 움직임을 감지할 수 있는 '감각 기관'이 없기에 대상이 움직여도 움직임을 인식할 수 없다.

여기서 '움직임'은 '풍대風大'이고 '움직이지 않음'은 '지대地大'라는 말도 쉽게 이해할 수 없는 말이다. '풍대風大'는 인도의 전통 관념으로 단순히 '바람을 말하는 것'이 아니고 '움직임이라는 근본 성품'을 의미하는 말이다. '사람이 움직이는 것'도 호흡이라는 바람의 근본 성품 때문에 추동된다고 믿었다. 그런데 부처님은 이 '풍대風大'를 '풍계風界'로 바꾸어 불렀는데, 그것은 '절대적인 움직임의 성품'이 아니라 '움직임이란 인식의 영역'이란 의미이다. 그런데 중국어로 번역이 될 때 이 단어를 대부분 혼용해서 썼기에 문맥상 '사대四大'인지 '사계四界'인지 구분해서 읽어야 한다. 여기서도 임제가 '풍대風大'라는 용어는 썼지만 '풍계風界'라는 인식 작용에 대해 말하고 있다. 따라서 '풍대風大'는 '움직임을 인식하는 영역'으로 '지대地大'는 '움직이지 않는 견고함으로 인식되는 영역'으로 이해해야 한다.

그러므로 움직임 자체에 움직임이라는 자성이 있다고 말할 수 없다. 자성이 있다는 말은 언제나 그 성질이 발현될 때 그것을 자성이라고 한다. 세상 그 어디를 찾아보아도 자성 따윈 없다. 그것을 바로 '제법무아諸法無我'라고 하는 것이다.

● 爾若向動處 捉他 他向不動處立. 爾若向不動處 捉他 他向動處立. 譬如潛泉魚 鼓波而自躍.
네가 만약 '움직이는 처處'로 향해가서 그것을 잡으려 한다면 그것은 '움직이지 않는 처處'를 향해가서 세워질 것이다. 네가 만약 '움직이지 않는 처處'를 향해가서 그것을 잡으려 한다면 그것은 '움직이는 처處'를 향해가서 세워질 것이다. 비유하면 샘에서 자맥질하는 물고기가 물결을 일으켜서 스스로 도약跳躍하는 것과 같다.

'움직이는 처動處'는 '움직인다는 인식이 일어나는 작용'을 말하는데, '움직인다는 인식 작용'이 생기려면 고정되어 '움직이지 않은 배경'이 있어야 비로소 움직임이 표현되는 것이다. 그러므로 '움직임'은 '움직이지 않음'을 의지할 수밖에 없으며 그 반대도 마찬가지이다. 그래서 물고기가 물속에서 나아가려면 꼬리로 물결을 일으켜야 나간다고 말하는 것이다. 운동과 정지의 문제를 임제 스님이 얼마나 깊게 관찰하고 깨달았는지 여기서 엿보게 된다. 사실 우리가 보는 모든 것은 사실 자체를 보는 게 아니다. 경험된 것을 언어적 사유로 개념을 만들어 저장하고 그 저장된 개념을 꺼내어 현실의 대상과 비교하여 판단해서 본다고 인식하게 된다. 그래서 이런 개념의 시작은 언어이다. 그래서 언어가 바뀌면 사고방식과 사물을 바라보는 관점도 바뀌는 것이다.

● 大德! 動與不動 是二種境 還是無依道人 用動用不動.
대덕이여! '움직임'과 '움직이지 않음'이란 두 종류의 대상은 도리어 이렇게 의지함이 없는 도인이라야 움직이는 것도 쓰고 움직이지 않는 것도 쓸 수 있는 것이다.

'움직임'과 '움직이지 않음'이라는 두 가지 대상은 언어적인 사유를 벗어난 사람이라야 비로소 그 말에 매이지 않고 제대로 쓸 수 있다는 것이다. 우리는 언어를 쓰지만, 그 말에 매여 끊임없이 고민하게 된다. 일단 언어에 매이면 사물을 실체實體로 보기 때문에 사물을 소유하려는 그 욕망을 내려놓지 못하게 된다. 그래서 언제나 좋은 것만 보면 갖고 싶고 싫은 것을 보면 버리고 싶은 것이다. 이러한 생각으로 살아가기에 언제나 번뇌와 다툼에서 헤어나지 못해 일생 '투쟁과 쟁취'의 삶으로 점철하게 되는 것이다.

근기根器

如諸方學人來 山僧此間 作三種根器斷. 如中下根器來 我便奪其境 而不除其法. 或中上根器來 我便境法俱奪. 如上上根器來 我便境法人俱不奪. 如有出格見解人來 山僧此間 便全體作用 不歷根器.

임제 만약 제방諸方에서 학인學人이 온다면
산승山僧은 여기서 세 종류의 근기根器로 끊을 것이다.
만약 보통 이하인 근기가 온다면
나는 곧 그 대상을 빼앗더라도
그 법은 제외하지 않을 것이다.
만약 보통 이상인 근기가 온다면
곧 대상과 법칙을 함께 빼앗을 것이다.
만약 최상의 근기가 온다면
나는 곧 대상과 법칙과 사람을 모두 빼앗지 않을 것이다.
만약 격格에서 벗어난 견해의 사람이 온다면
산승山僧은 여기에서 곧 전체를 지어서 써야 하므로
근기의 순서를 거치지 않을 것이다.

● 如諸方學人來 山僧此間 作三種根器斷.
임제: 만약 제방諸方에서 학인學人이 온다면 산승山僧은 여기서 세 종류의 근기根器로 끊을 것이다.

여기서 '근기根器'라는 말이 무엇을 의미하는지 자세히 살펴볼 필요가 있다. '근根'이란 본래 '인드리아 indria因陀羅網'의 번역어이다. 산스크리트어의 뿌리는 '물라mula'라는 단어가 따로 있다. 다시 말해 이것은 뿌리를 의미하는 말이 아니다. 인드라망은 인도 신화에 나오는 '제석천이 던지는 그물'을 가리키는 말이다. 그런데 그 그물코가 하도 촘촘해서 어떤 것도 빠져나갈 수 없다고 한다. 이것은 인도의 신화적인 표현으로 제석천의 손아귀에서 벗어나지 못함을 은유적으로 표현한 것이다. 그런데 부처님께서는 이 '인드라'라는 단어를 눈 인드라, 귀 인드라, 코 인드라…….와 같은 방식으로 여섯 가지 '감각 기관'에 붙여서 사용하셨다.

눈은 보이는 대상을 놓치지 않고 모두 잡아내므로, 그 기능성을 강조하기 위해 '눈 인드라'라고 부른 것이다. 그렇기에 '눈'이 의미하는 것은 단순한 육체적인 눈을 의미하는 것이 아니라 '보는 기능'을 말한다. 이 인드라를 중국어로 번역하면서 마땅한 번역어가 없어서 '흙을 잡는 기능'이 있는 '뿌리根'를 번역어로 채택하면서 '안근眼根'이라고 부르게 된 것이다. 따라서 '근기'라 하면 잡아내는 기능을 그릇의 크기에 비유해서 하는 말이니 근기가 높을수록 알아듣는 능력이 훨씬 뛰어나서 구구한 설명이 필요 없어진다.

● 如中下根器來 我便奪其境 而不除其法. 或中上根器來 我便境法俱奪. 如上上根器來 我便境法人俱不奪. 如有出格見解人來 山僧此間 便全體作用 不歷根器.

만약 보통 이하인 근기가 온다면 나는 곧 그 대상을 빼앗더라도 그 법은 제외하지 않을 것이다. 만약 보통 이상인 근기가 온다면 곧 대상과 법칙을 함께 빼앗을 것이다. 만약 최상의 근기가 온다면 나는 곧 대상과 법칙과 사람을 모두 빼앗지 않을 것이다. 만약 격格에서 벗어난 견해의 사람이 온다면 산승山僧은 여기에서 곧 전체를 지어서 써야 하니 근기의 순서를 거치지 않을 것이다.

임제는 사람들을 중하근기, 중상근기, 상근기, 격외의 네 가지로 나누어 가르침의 차이를 두었다. '보통 이하의 근기'는 알아듣기는 하지만 미숙해 대상에 더 많이 의지해 있으니 보이는 대상의 무상함을 먼저 가르치고 법은 건드리지도 않는 것이다.'보통 이상의 근기'는 보이는 대상의 무상함은 물론 그 대상을 근거로 만들어진 법도 무상함을 동시에 가르치는 것이다. '상근기'는 굳이 말하지 않아도 알아채므로 대상과 법과 사람이 서로 의지해 있어 드러난다는 사실을 이미 알고 있으므로 그 무상함을 따로 가르치지 않는 것이다. 이러한 세 부류에 해당하지 않는 사람은 총체적인 난국이라서 처음부터 일일이 가르쳐야 하므로 전체를 써서 가르쳐야 하므로 근기의 순서를 따르지 않는다고 말한 것이다.

힘써야 할 처處

大德! 到這裏學人 著力處 不通風 石火電光 卽過了也. 學人若眼定動 卽沒交涉 擬心卽差 動念卽乖. 有人解者 不離目前. 大德! 爾檐鉢囊 屎檐子[1] 傍家走 求佛求法 卽今與麽馳求底! 爾還識渠麽? 活撥撥地. 秖是勿根株 擁不聚 撥不散 求著[2] 卽轉遠 不求還在目前. 靈音屬耳 若人不信 徒勞百年.

임제 대덕이여!

여기에 와있는 학인學人이 힘써야 할 '처處'는

바람이 통하진 않지만

전광석화電光石火처럼 곧바로 지나가 버린다.

학인學人이 만약 눈을 살짝 움직인다면

곧바로 교섭된 것은 사라져서

헤아린 마음이 곧 차이가 생겨

생각이 움직여 곧 무너지는 것이다.

어떤 사람이 이해했다는 것은

눈앞을 떠나지 않은 것이다.

대덕이여!

너희들은 바랑鉢囊과 똥주머니를 메고 주변을 달리며

부처를 구하고 법을 구하며

지금도 그와 같이 구하려고 내달리는구나!

1 屎檐子: 분뇨통糞尿桶. 신체의 비유
2 求著: 추구하다. 著은 접미어.

너희가 도리어 그 사람을 알고 싶은가?

생기 있게 툭툭 튀어나오는 토대이다.

다만 이것은 뿌리내릴 수 없고

끌어모아도 모이지도 않으며,

뽑아서 흩을 수도 없고,

구하면 곧 멀어지지만

구하지 않으면 도리어 눈앞에 있느니라.

훌륭한 소리를 귀로 듣고도

만약 사람들이 믿지 않는다면

백년百年을 헛되이 보내게 될 것이다.

● 大德! 到這裏學人 著力處 不通風 石火電光 卽過了也. 學人 若眼定動 卽沒交涉 擬心卽差 動念卽乖. 有人解者 不離目前.
임제: 대덕이여! 여기에 와있는 학인學人이 힘써야 할 '처處'는 바람이 통하진 않지만 전광석화電光石火처럼 곧바로 지나가 버린다. 학인學人이 만약 눈을 살짝 움직인다면 곧바로 교섭된 것은 사라져서 헤아린 마음이 곧 차이가 생겨 생각이 움직여 곧 무너지는 것이다. 어떤 사람이 이해했다는 것은 눈앞을 떠나지 않은 것이다.

이 문장은 '처處'에 대한 임제의 상세한 설명이다. 이 처라는 것은 외부에 있는 어떤 장소가 아니고 마음의 작용을 일으키는 가상의 장소이므로 바람이 통하지 않고 순식간에 설치했다가 순식간에 사라져 버리니 전광석화와 같다고 하는 것이다. 즉 이것은 객관 대상으로의 외부적인 공간을 말하는 게 아니다. 앞 장의 이어진 설명으로, '감각 기관'에 의해 감지된 신호를 조작하는 가상의 장소인 '육입처六入處'를 말하는 것이다. 이렇게 '감각 기관'을 통해 변환된 정보를 가공하는 '처'를 가리키는 것이므로 바람도 통하지 않고, 번개같이 사라지는 것이다.

앞에서도 언급했지만, 이것이 컴퓨터의 모니터에서 뿌려지는 화면이라고 생각하면 조금 이해하기 쉬울 것이다. 모니터에 바람 부는 광경이 있을지라도 모니터에는 한 점의 바람도 불지 않을뿐더러 있던 그림도 순식간에 다른 그림으로 전환되고 만다. 그래서 눈을 약간만 움직일지라도 조금 전에 보고 있던 그 장면은 사라지고, 새로운 장면이 생성되어 내 눈앞에 드러나게 된다. 눈을 통해 들어온 빛은 정보화되어 '처'에 전달이 되면 내입처內入處와 외입처外入處로 갈라져 인식 작용을 일으키게 된다. 그것을 나我라는 자아가 있어서 눈을 통해 대상을 보았다고 생각하게 된다. 그러나 사실은 처에 들어온 신호를 안과 밖으로 구분하고 아는 작용이 서로 의지하여 생겨난 것이다. 이렇게 처에서 임시로 만들어서 보여주고 사라지니 그것을 생각으로 헤아리는 순간 다른 이미지가 만들어지므로 그것을 잡아내기가 어려운 것이다. 따라서 이러한 사실을 이해했다는 것은 눈앞에 벌어지는 이 처의 작용을 계속해서 관찰했다는 말과 같으므로 눈앞을 떠나지 않았다고 표현한 것이다.

● 大德! 爾檐鉢囊 屎檐子 傍家走 求佛求法 即今與麽馳求底! 爾還識渠麽? 活撥撥地 秖是勿根株 擁不聚 撥不散 求著卽轉遠 不求還在目前. 靈音屬耳 若人不信 徒勞百年.

대덕이여! 너희들은 바랑鉢囊과 똥주머니를 메고 주변을 달리며 부처를 구하고 법을 구하며 지금도 그와 같이 구하려고 내달리는구나! 너희가 도리어 그 사람을 알고 싶은가? 생기 있게 톡톡 튀어나오는 토대이다. 다만 이것은 뿌리내릴 수 없고 끌어모아도 모이지도 않으며, 뽑아서 흩을 수도 없고, 구하면 곧 멀어지지만 구하지 않으면 도리어 눈앞에 있느니라. 훌륭한 소리를 귀로 듣고도 만약 사람들이 믿지 않는다면 백년百年을 헛되이 보내게 될 것이다.

멜대의 양쪽 끝에 한쪽은 바랑을 메고, 다른 한쪽은 똥주머니를 메고 다닌다고 비유해 말하는 것인데, 이 똥주머니는 자신의 몸을 말하는 것이다. 사실 우리의 몸을 보면 똥이 가득한 자루와 같다. 이러한 사람이 계속 외부에 있다고 착각하여 본체는 놓아두고 주변만 쫓아다니니 알 수가 없는 것이다. 우리가 연구해야 할 대상은 바로 이 똥자루이다. 이러한 똥자루가 어떻게 세상을 알게 되는지를 연구해야 한다. 그런데 이 똥자루에서 벌어지는 일을 내버려 두고 그 주변만을 연구하니 문제가 해결되지 않는 것이다. 사실 '똥자루에서 벌어지는 이 일을 이해하는 것' 그 자체는 그리 어렵지 않으나 엉뚱한 대상을 바라보면서 왜 그런지 모르겠다고 하니 일평생을 찾아도 찾을 수 없는 것이다.

지금 구하고 있는 부처와 법은 밖에서 찾는 것이 아니고 자기 자신에게 일어나는 일이다. 이러한 일을 벌이는 가상의 장소가 바로 '처處'인데, 이것은 모든 것을 생기 있게 툭툭 튀어나오게 하는 땅과 같다. 하지만 진짜 땅이 아니므로 나무가 뿌리를 내릴 수 없으며, 흩어져 있는 것을 끌어서 모을 수도 없고, 흩어 놓을 수도 없는 것이다. 마치 모니터의 그림을 물리적인 힘으로 흩거나 모을 수 없는 것과 같다. 그래서 가지려고 해도 가질 수 없게 멀리 있는 듯하고 내버려 두면 언제나 바로 앞에 나타난다.

예컨대 처에서 벌어지는 소리를 예로 들어 보자! 어떤 소리가 분명히 들려서 그 소리를 잡으려 하나 잡을 수도 없지만 잡으려 애쓰지 않고 내버려 두면 바로 들리는 것과 같다. 이렇게 처處에서는 빛과 소리, 냄새, 맛, 촉감, 법 등이 이처럼 작용하는 것이다. 지금 이렇게 훌륭한 말을 들었으면서도 믿지 못한다면 오랜 세월을 수행해도 헛수고만 할 뿐 깨닫지 못한다는 것이다. 여기서 활발발지活撥撥地를 '생기 있게 툭툭 튀어나오는 땅'으로 번역했는데 그 이유는 '발발撥撥'이 '이리저리 툭툭 튀어나오는 것'을 의미이기 때문이다. 보통 이것을 '활발발 하다','물고기가 팔팔하게 뛰는 모양'으로 번역했는데, 사실 '활발발하다'라는 말이 무엇을 의미하는지도 정확히 역자는 모른다. 그래서 앞뒤의 문맥으로 유추해 번역해 보았다. 이것을 보통 '활발活潑하다.' 쯤으로 이해하고 번역하지만, 문맥으로 보면 그렇게 쓰인 말이 아닌 것 같다. 지금 이 문장에서 쓰인 단어의 뜻은 '처'에서 벌어지는 상황을 표현한 것이다. 정확히는 알 수 없지만, 이것은 자신에게 보이는 대상들이 대지에서 툭툭 튀어나오듯이 드러나는 모양을 표현한 것으로 보인다.

텅 빈 이름

道流! 一刹那間 便入華藏世界 入毘盧遮那國土 入解脫國土 入神通國土 入淸淨國土 入法界 入穢入淨 入凡入聖 入餓鬼畜生處處討覓尋 皆不見 有生有死. 唯有空名幻化空花 不勞把捉 得失是非 一時放却.

임제 수행자여!

한순간에 바로 화장세계華藏世界에 들어가고
비로자나국토毘盧遮那國土에 들어가며,
해탈국토解脫國土에 들어가고
신통국토神通國土에 들어가며,
청정국토淸淨國土에 들어가고 법계法界에 들어가며,
더러움에 들어가고, 깨끗함에 들어가며,
범부에 들어가고, 성인에 들어가며,
아귀 축생에 들어가는 처處와 처處는
검토하고 찾아보아도
어떤 태어남이나 죽음도 볼 수 없느니라.
오로지 '텅 빈 이름과 허깨비로 나타난
허공의 꽃空名幻化空花'만 있을 뿐이니
잡으려 애쓰지 않는다면 득실得失과
시비是非도 한순간에 내쳐버릴 것이다.

● 道流! 一剎那間 便入華藏世界 入毘盧遮那國土 入解脫國土 入神通國土 入淸淨國土 入法界 入穢入淨 入凡入聖 入餓鬼畜生處處討覓尋 皆不見 有生有死.
수행자여! 한순간에 바로 화장세계華藏世界에 들어가고 비로자나국토毘盧遮那國土에 들어가며, 해탈국토解脫國土에 들어가고 신통국토神通國土에 들어가며, 청정국토淸淨國土에 들어가고 법계法界에 들어가며, 더러움에 들어가고, 깨끗함에 들어가며, 범부에 들어가고, 성인에 들어가며, 아귀 축생에 들어가는 처處와 처處는 검토하고 찾아보아도 어떤 태어남이나 죽음도 볼 수 없느니라.

이것 역시 처에 대한 설명이다. 설명하는 대상을 정확히 이해해야 이 문장에서 말하고자 하는 내용을 제대로 이해할 수 있다. 여기 이 문장을 잘못 이해하면 여기에 나열된 여러 가지 국토에 자기 마음대로 들어갈 수 없으니, 이것은 깨달은 사람만이 가는 국토이며 그들이 부리는 신통 변화로 생각한다. 그러나 이것은 처와 처에서 일어나는 일에 대한 설명임을 분명히 밝히고 있다. 그러나 '처'에 대한 생각 자체가 없으니 그렇게 오해하는 것이다. 이것은 뜬구름 잡는 이야기를 하는 게 아니라 지금 눈앞에서 벌어지는 사건을 서술하는 것이다.

'꽃으로 장엄된 세계華藏世界', '비로자나 부처님의 땅毘盧遮那國土', '해탈의 땅解脫國土', '신통한 땅神通國土', '깨끗한 땅淸淨國土', '더러움과 깨끗함穢淨', '범부', '성인', '아귀', '축생' 등등 그 어디라도 '내입처內入處'와 '외입처外入處'에서 조작해낸 장소일 뿐이다. 그래서 순식간에 이러한 세상에 마음대로 들어갈 수 있는 것이다. 따라서 이렇게 조작된 장소인 이 처를 제아무리 찾아보고 검토해도 태어남이나 죽음 따윈 볼 수조차 없는 것이다. 태어남이나 죽음도 결국 처에서 조작한 것에 불과하기 때문이다. 내가 보고 느끼는 모든 것은 이 처를 떠나서는 그 어느 것도 있을 수 없다. 그런데 이 처에서 작용을 일으켜 대상을 벌여 놓으려면 반드시 먼저 '취取'가 일어나야 하는데 이것은 '경험을 존재存在로 인식시키는 것'이다.

대상에 대한 경험이 생기면 그 대상에 대한 존재 인식이 심어지는데, 그것은 마음에 일종의 새로운 '패턴 Pattern'으로 새겨지게 된다. 그래야만 그 경험된 패턴을 통해서 비교하여 비슷한 것을 꺼내어 바로 그 존재存在라고 여기게 되며, 그때 비로소 대상을 조작해 처에다 그리게 되고 인식하는 작용이 일어난다. 이것은 선후가 있는 것이 아니고 서로에게 의지해 바로 일어난다. 즉 '내입처內入處'와 '외입처外入處' 그리고 '인식識'이 서로 의지해 동시에 일어나는 것인데 가르쳐주려고 나누고 구분해서 말한 것에 불과한 것이다. 이렇게 지금 처에서 벌어지는 일은 이렇게 순식간에 전환될 뿐이니 태어나고 죽는 모습은 없다. 태어남이나 죽음도 결국 개념으로 만들어진 이름에 불과하다. 인간은 언어를 기반으로 사유하므로 언어의 이름이 붙여지기 전에는 존재를 인식하지 않는다. 이렇게 존재의 개념이 생기고 이름이 붙으면 그때부터는 그것을 존재로 인식하게 되며, 그 대상에 대한 감정도 따라붙게 된다. 그래서 좋으면 가지려고 하고 나쁘면 버리려고 한다. 이 과정에서 '취取에 의한 번뇌'도 생기는데 이것을 '오취온고五取蘊苦'라고 한다.

● 唯有空名 幻化空花 不勞把捉 得失是非 一時放却!
오로지 '텅 빈 이름과 허깨비로 나타난 허공의 꽃空名幻化空花' 만 있을 뿐이니 잡으려 애쓰지 않는다면 득실得失과 시비是非도 한순간에 내쳐버릴 것이다.

이렇게 단지 개념을 잡아서 시설한 물건들로 꽉 차 있는 것이 바로 우리가 바라보는 세계이다. 이 세계는 진짜 세계가 아니고 '감각 기관'을 통해 들어온 신호를 기초해서 조작해 만들어 낸 가짜세계인 것이다. 그러면 혹자는 밖의 세상이 이렇게 분명하게 있는데 '왜 자꾸 환상이라고 말하느냐?'라고 말하며 허무맹랑한 말만 한다고 반박할지도 모른다. 하지만 지금 이 말은 외부에 존재存在한다고 생각하는 절대 객관의 그 세상을 부정하는 말이 아니다. 다만 우리가 보고 있으면서 밖의 세상이라고 여기는 그 세계는 '감각 기관'에서 감지한 신호를 가지고 조작해낸 세상이기에, '세상이 그렇게 생겼을 것'이라고 이해할 뿐이지 그것이 반드시 그렇게 존재한다고는 말할 수 없다.

우리가 보는 세상이 조작된 것이지 실제가 아니라는 사실을 아는 순간 '좋다', '나쁘다'라는 감정이 무의미해진다. 따라서 대상을 소유하거나 버리려는 생각도, 옳다 그르다는 판단도 한순간에 내쳐버리게 되는 것이다. 사람들은 보통 번뇌를 없애려고 노력한다. 이렇게 노력한다고 번뇌가 없어질까? 궁금하면 직접 해보라! 정말 그렇게 하면 사라지는지 말이다. 그 번뇌를 버리려고 하면 할수록 그것은 더 강력하게 다가오게 된다. 번뇌는 애쓴다고 해서 없앨 수 있는 게 아니다. 다만 자신이 어리석어 번뇌를 일으켰다는 사실을 철저히 깨달아야만 없애려고 하지 않아도 한순간에 저절로 사라지게 되는 것이다. 그래서 부처님과 임제는 한목소리로 '자신의 어리석음을 깨달아야 한다.'라고 끊임없이 말하는 것이다.

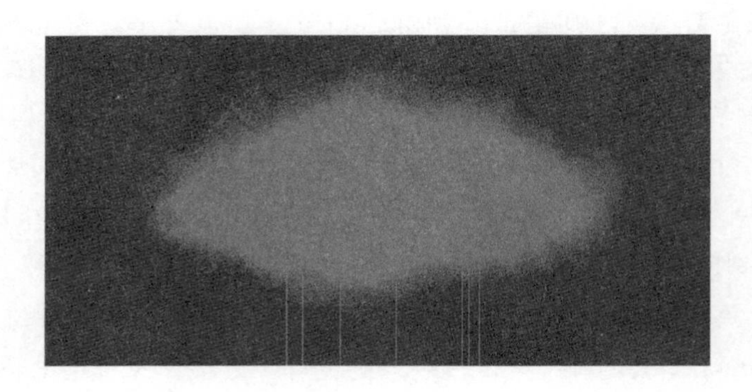

정통 불법

道流! 山僧佛法 的的[1] 相承. 從麻谷和尙 丹霞和尙 道一和尙 廬山與石鞏和尙 一路行 遍天下 無人信得 盡皆起謗. 如道一和尙用處 純一無雜 學人 三百五百 盡皆 不見他意. 如廬山和尙 自在眞正 順逆用處 學人 不測涯際 悉皆忙然. 如丹霞和尙 翫珠隱顯 學人來者 皆悉被罵. 如麻谷用處 苦如黃蘗 近皆不得. 如石鞏用處 向箭頭上覓人 來者皆懼.

임제 수행자여!

산승山僧의 불법은 정통으로 이어받은 것이다.

'마곡麻谷 화상'을 비롯해서

'단하丹霞 화상', '도일道一 화상',

'여산廬山'과 '석공石鞏 화상' 등이

'한 길'로 세상을 두루 다녔으나

전부 비방만 일었을 뿐 믿으려는 사람이 없었다.

예컨대 도일道一 화상이 쓴 처處는

잡스런 것이 섞이지 않고 순수했지만

학인學人이 삼백에서 오백일지라도 죽을 때까지

모두가 그 사람의 의도를 보지 못했다.

여산廬山 화상은 진정으로 자유자재하여

순과 역順逆으로 처處를 썼기에

1 的的: 바로 정통의, 가장 요긴한 곳의, 분명히. 틀림없이. 과녁에서 과녁으로 적중되어나 간다는 의미로 쓰인 말이다.

학인學人들은 죽을 때까지 예측할 수 없어

모두 다 망연하였다.

단하丹霞 화상은 '구슬 가지고 노는 노래'로

은근히 드러내서 학인學人으로 온 사람들은

모두가 욕을 먹었다.

마곡麻谷이 썼던 처處는 소태나무처럼

쓰고 괴로워 모두 가까이할 수 없었다.

석공石鞏이 썼던 처處는 화살을 겨눈 상태에서

사람을 찾았으니 온 사람들이 모두 두려워했다.

● 道流! 山僧佛法 的的相承. 從麻谷和尙 丹霞和尙 道一和尙 廬山與石鞏和尙 一路行 遍天下 無人信得 盡皆起謗.
임제: 수행자여! 산승山僧의 불법은 정통으로 이어받은 것이다. '마곡麻谷 화상'을 비롯해서 '단하丹霞 화상', '도일道一 화상', '여산廬山'과 '석공石鞏 화상' 등이 '하나의 길'로 세상을 두루 다녔으나 전부 비방만 일었을 뿐 믿으려는 사람이 없었다.

임제는 자신이 부처님과 조사의 바른 불법을 계승했으니 믿고 수행하라고 말하며 그런 수행 가풍을 이은 스님들을 나열하였다. 마곡보철麻谷寶徹, 단하천연丹霞天然, 마조도일馬祖道一, 여산혜원廬山慧遠, 석공혜장石鞏慧藏은 당시의 유명한 선승들이다. 그 각각의 행적을 여기서 언급할 필요는 없고 다만 이런 선승들은 모두 한결같이 부처님의 '오직 한 길一路'의 삶을 살았다는 것이다.

깨달음은 여러 가지 길이 있지 않다. 양극단을 사유를 벗어나 진실을 보는 중도中道 외엔 다른 길이 있을 수도 없다. 그래야 실체實體가 아닌데 스스로 허상을 만들어 놓고 그것을 바라보며 혼자 울고 웃는다는 사실을 발견할 수 있기 때문이다. 만약 다른 길이 있다고 한다면 그 사람은 아직 양극단을 떠난 곳에 있는 제3의 다른 길을 알지도 보지도 못한 것이다. 이런 중도의 길을 걸으며 부처님 법을 이었던 그 훌륭한 조사들을 사람들이 어리석어 믿지 못하고 그들을 외면했다는 말이다. 아무리 바른 불법이라고 할지라도 그것을 알아볼 눈이 없다면 그 법은 무용지물이 되고 말 것이다.

● 如道一和尙用處 純一無雜 學人 三百五百 盡皆 不見他意.
예컨대 도일道一 화상이 쓴 처處는 잡스런 것이 섞이지 않고 순수했지만 학인學人이 삼백에서 오백일지라도 죽을 때까지 모두가 그 사람의 의도를 보지 못했다.

여기서 '처를 쓴다用處'라는 의미를 잘 이해해야 한다. '처處'는 누누이 말했지만, 우리의 마음 작용을 일으키는 가상의 장소이다. 이 처에서 일으키는 마음 상태에 따라서 드러나는 세상이 달라진다. 대상을 욕망으로 지어내면 그에게는 욕계欲界가 벌어지며, '걸리는 것'으로 지어내면 색계色界, '걸리는 게 없는 것'으로 지어내면 무색계無色界가 된다. 무명으로 지어내면 중생계가 벌어지고 깨달음의 밝은 지혜로 지어내면 부처의 세계가 벌어지게 된다. 이렇게 처를 어떻게 사용하느냐에 따라 드러나는 세계가 달라지는 것이다. 여기서 도일화상이 썼던 처는 방편과 비유로 말하지 않고 보이는 대로 순수하게 말했으므로 많은 제자가 있더라도 그것을 알아볼 눈이 없어 그 의도를 제대로 읽어내지 못한 것이다.

● 如廬山和尙 自在眞正 順逆用處 學人 不測涯際 悉皆忙然.
여산廬山 화상은 진정으로 자유자재하여 순과 역順逆으로 처處를 썼기에 학인學人들은 죽을 때까지 예측할 수 없어 모두 다 망연하였다.

여산 혜원은 처에 대해 걸림 없이 말을 해서 학인學人들은 그 진정한 의미를 알지 못해 무슨 말을 하는지조차 이해하지 못했다는 것이다.

● 如丹霞和尙 翫珠隱顯 學人來者 皆悉被罵.
단하丹霞 화상은 '구슬 가지고 노는 노래'로 은근히 드러내서 학인學人으로 온 사람들은 모두가 욕을 먹었다.

단하 천연은 처에 대해 구슬의 비유로 마음에서 벌어지는 작용을 가르쳤는데 사람들이 알지 못해서 욕을 먹었다는 것이다. 단하 화상의 '완주음玩珠吟'은 마음이 세상을 그대로 그려낸다는 것을 구슬에 낱낱이 그려지는 세상으로 비유하여 노래한 시이다.

● 如麻谷用處 苦如黄蘗 近皆不得. 如石鞏用處 向箭頭上覓人 來者皆懼.
마곡麻谷이 썼던 처處는 소태나무처럼 쓰고 괴로워 모두 가까이할 수 없었다. 또 석공石鞏이 썼던 처處는 화살을 겨눈 상태에서 사람을 찾았으니 온 사람들이 모두 두려워했다.

마곡 보철의 처에 대한 가르침은 너무 어려워 쉽게 접근하기 힘들었고, 석공 혜장은 처에 대해 온 사람들에게 화살을 겨누고 가르쳤으므로 모두 두려워했다는 것이다. 이상과 같은 스님들은 처를 대한 보고 각각 자신의 방법대로 처에서 일어나는 마음 작용을 설명하고 가르쳤으나 사람들이 믿지 못해 의심했다는 것이다. 지금까지 모두 일관되게 말하고 있는 것이 모두 '처'에 대한 설명임을 잊어서는 안 된다.

이 모든 설명은 '처'에서 일어나는 마음 작용을 말하는 것인데, 사람들이 '장소'라는 의미의 '처處'라는 용어를 쓰니 이것을 '외부에 있는 어떤 장소'로 생각해 끊임없이 오해를 일으킨 것이다. 다시 말하지만, 이것은 '감각 기관'을 통해 들어온 신호를 조작해서 '대상'과 '나'로 나누고 그렇게 바라보는 인식 작용에 관한 이야기이며, 이것을 '마음'이라고 하는 것이다. 이렇게 '마음이란 어떤 실체實體'가 있어서 그 작용을 일으키는 게 아니고 이러한 처의 작용 때문에 마음이라고 불리는 현상이 드러나는 것이다. 마음이 언제나 현상으로 드러날 뿐 실체를 확인할 수도 없으므로 '실체가 텅 비었다.'라는 의미로 '공空'라고 하는 것이다.

임제가 쓰는 처處

如山僧 今日用處 眞正成壞. 翫弄神變 入一切境 隨處無事 境不能換. 但有來求者 我卽便出看渠[1] 渠不識我. 我便著數般[2]衣 學人生解 一向 入我言句 苦哉[3]! 瞎禿子 無眼人 把我著底衣 認 靑 黃 赤 白 我脫却 入淸淨境中 學人一見 便生忻欲. 我又脫却 學人失心 忙然狂走 言我無衣. 我卽向渠道 爾識我著衣底人否? 忽爾回頭認我了也.

임제 산승山僧이 오늘에 쓰는 처處는

진정으로 만들고 부수는 것이다.

신통변화神變를 가지고 논다는 것은

모든 대상에 들어가 따르는 처處에

일이 없는 것이나 대상을 바꿀 수는 없다.

다만 와서 구하는 사람이 있다면 나는 곧

그에게 볼 수 있도록 내보이지만,

그는 내 말을 이해하지도 못한다.

나는 곧 보통의 옷이란 꾀를 내어

학인學人들을 이해시키려 하지만

하나같이 나의 말이나 글귀로 들어오니 괴롭구나!

소경 같은 중들은 안목도 없는 사람인지라

1 渠: 삼인칭대명사. 그. 선록禪錄에서는 주로 주인공을 가리키는데 쓰인다
2 數般: 수 종류의, 몇 개의.
3 苦哉: 난처하다, 참을 수 없다.

입은 그 옷의 청색, 황색, 적색, 백색을

인식해서 나라고 파악하기에

내가 벗어 버리고 깨끗한 대상에 들어가면

학인學人은 한번 보고 곧 기뻐서 하고 싶어 한다.

내가 다시 벗어 버리면 학인學人은 마음을 잃고

옷을 입지 않았다고 말하며 미친듯이 달아나버린다.

나는 곧 그를 향해

'너는 나를 옷 입은 그 사람으로 인식하는가?

문득 네가 인식한 나로 머리를 돌려야 마친다.'라고

말한다.

● 如山僧 今日用處 眞正成壞. 翫弄神變 入一切境 隨處無事 境不能換.

임제: 산승山僧이 오늘에 쓰는 처處는 진정으로 만들고 부수는 것이다. 신통변화神變를 가지고 논다는 것은 모든 대상에 들어가 따르는 처處에 일이 없는 것이나 대상을 바꿀 수는 없다.

이 대목은 쉽사리 이해가 가지 않는 문장이라 구구한 설명이 필요해 보인다. 여기는 임제가 처를 가르치는 것에 대해 말하는 대목이다. 진정으로 만들고 부순다는 말이 참 알쏭달쏭한 말이다. 언제 우리가 사는 세상에 만들고 부서지는 사건이 없었던가? 그런데 자세히 들여다보면 아무리 부수어 없애려고 해도 완전히 없어지지 않고 늘 잔해가 남기 마련이다. 또 무언가를 새로 만들었다고 하더라도 그것은 또 다른 그 무엇인가에 의지해서 만들어진 것일 뿐이다. 재료의 형태가 변하며 드러날 뿐 근본적으로 생기거나 없어진 것 따윈 없다. 그러나 우리의 마음을 조작해내는 처에서 일어나는 사건들을 보면 아무것도 없는 데서 무언가가 생겨났다가 흔적도 없이 사라져 버린다. 마치 허공에 그림을 그리듯이 순식간에 그려냈다가 흔적도 없이 사라져 버린다. 이 말이 이해가 안 된다면 눈을 잠시 감았다가 떠보라! 세상이 순식간에 흔적도 없이 사라졌다가 다시 짠~! 하고 나타나게 되는 것이 보일 것이다. 이것이야말로 진정으로 만들고 부수는 신통 변화가 아니고 무엇이겠는가?

이러한 처의 작용으로 모든 대상에 마음대로 들어가지만, 처를 따르다 보면 언제나 '나我라는 주체가 있어서 객관인 대상을 바라본다.'라는 생각을 떠날 수 없게 된다. 그래서 언제나 대상과 내가 대립적인 실체實體로 느껴지게 된다. 그런 이유로 대상에 매여 번뇌에 시달리게 되는 것이다. 그러나 임제가 가르치는 처를 이해한다면 다만 처를 따라서 주관과 객관을 실체로 여기지 않게 되므로 소유하고자 하는 마음이 사라지므로 일이 없게 되는 것이다. 다시 말해 '일이 없다는 것'은 대상을 소유하려고 좇는 마음 자체가 아예 일어나지 않는 것이다. 어리석음이 사라지고 밝음이 드러나니 탐욕이나 분노도 자연스레 사라지는 것이다. 이것이 바로 어리석은 중생의 삶에서 벗어나 지혜로운 부처나 조사로 살아가는 것이다.

부처나 조사가 아무리 깨달았다고 하더라도 내 눈에 보이는 대상을 순식간에 사라지게 하거나 다른 어떤 것으로 바꿀 수는 없다. 다만 내가 어리석어 대상을 실체로 바라보았기에 언제나 번뇌에 매여 살았다는 사실을 깨달아 그 묶임에서 벗어나는 것이다. 예를 들어 여기에 똥을 파먹고 있는 파리들이 있다고 하자! 그 파리들은 그 똥이 얼마나 탐이 나기에 쫓고 또 쫓아도 끝내 돌아와 그 똥을 파먹는 것일까? 만약 똥이 냄새나고 더러운 것이라고 인식했다면 그것에 정신이 팔리겠는가? 파리에겐 그것이 단지 맛있는 음식으로 느껴졌기에 달려들었을 것이다. 그렇다면 파리만 그렇게 느낄까? 자세히 살펴보면 우리의 삶이라고 크게 다르지 않다. 우리는 고기를 맛있는 최고의 음식으로 여기기에 힘들게 번 돈이지만 아깝다는 생각도 없이 사 먹는 것이다.

그뿐만 아니라 그 고기를 정신없이 파먹으면서 행복해한다. 그러나 그것은 사실 알고 보면 어느 동물이 죽어서 남긴 시체일 뿐이다. 그런데도 우리는 그 시체를 뜯어먹으며 흡족하게 생각한다. 사실 그것은 고기도 아니고 시체도 아니다. 다만 내가 대상을 무엇으로 보았는가에 따라 다르게 보였을 뿐이다. 이렇게 공空으로 바라볼 수 있어야 대상에 대한 집착과 구속에서 벗어날 수 있는 것이다. 모든 것을 이렇게 공으로 바라볼 수 있는 안목이 생기면 깨달음이 성취되었다고 말하는 것이며, 이렇게 있는 그대로 볼 수 있는 능력이 생기면 '있으면 쓰고, 없으면 생각하지 않는 삶'을 살아가게 된다. 생명을 이어가는데 필요한 만큼만 취할 뿐, 그 이상은 생각하지 않게 되는데 이러한 삶이 바로 '일이 없는 것'이다.

인류가 멸망으로 가는 지름길은 끝없는 욕망의 추구이다. 이 욕망의 추구는 인류를 파멸의 길로 이끌 뿐, 결코 득이 되지 않는다. 그러나 이 욕망의 추구는 쉽게 멈출 수 없다. 그것은 누구나 공감하는 사실일 것이다. 그래서 수행이 필요하고 깨달음이 필요한 것이다. 감각적 욕망의 노예가 되면 자신과 세상의 멸망을 초래할 뿐이며 감각적 욕망을 잘 다스리게 되면 행복한 삶으로 이어지는 것이다.

● 但有來求者 我卽便出看渠 渠不識我. 我便著數般衣 學人生解 一向 入我言句 苦哉!
다만 와서 구하는 사람이 있다면 나는 곧 그에게 볼 수 있도록 내보이지만, 그는 내 말을 이해하지도 못한다. 나는 곧 보통의 옷이란 꾀를 내어 학인學人들을 이해시키려 하지만 하나같이 나의 말이나 글귀로 들어오니 괴롭구나!

부처나 조사는 어리석음을 깨달았을 때 성취되는 것이라고 말해도 부처나 조사가 되겠다고 덤벼드는 게 바로 어리석음이다. 그런데도 부처나 조사를 구하겠다고 덤벼드는 사람이 있다면, 임제는 그에게 그 욕망을 일으키는 처의 작용을 내보여주는데도 자신의 말을 이해하지 못한다는 것이다. 그래서 한가지 꾀를 내어 세속 사람들이 사용하는 언어라는 보통 옷을 입혀서 이해시키려 하지만, 다시 그 언어에 집착해서 엉뚱한 생각만을 일으키니 난감하다는 것이다.

사람들의 이해력은 자신의 경험과 사유의 깊이에 따라 다르게 나타난다. 단 한 번도 깊이 생각해보지 않은 문제는 바로 눈앞에 일어나도 대수롭지 않게 느껴진다. 그래서 깨달음이 바로 눈앞에 있어도 쉽게 깨닫지 못하는 것이다. 멍청하게 앉아있다고 해서 깨달음이 몰록[1] 생겨나지 않는다. 치열한 사유를 통해서 얻어지는 게 바로 진정한 깨달음이라고 할 수 있다.

● **瞎禿子無眼人 把我著底衣 認 青 黃 赤 白 我脫却 入清淨境中 學人一見 便生忻欲. 我又脫却 學人失心 忙然狂走 言我無衣. 我卽向渠道 爾識我著衣底人否? 忽爾回頭認我了也.**
소경 같은 중들은 안목도 없는 사람인지라 입은 그 옷의 청색, 황색, 적색, 백색을 인식하고 나라고 파악하기에 내가 벗어 버리고 깨끗한 대상에 들어가면 학인學人은 한번 보고 곧 기뻐서 하고 싶어 한다. 내가 다시 벗어 버리면 학인學人은 마음을 잃고 옷을 입지 않았다고 말하며 미친듯이 달아나버린다. 나는 곧 그를 향해 '너는 나를 옷 입은 그 사람으로 인식했는가? 문득 네가 인식한 나로 머리을 돌려야 마친다.'라고 말한다.

어리석은 사람들은 보이는 모습으로 그 대상을 인식하므로 실제 들어있는 물건은 보지도 않고 포장지에 현혹되어 기뻐하고 실망하게 된다. 그래서 소경 같은 중들이라고 힐난하는 것이다. 소경처럼 안목이 없으면 아무리 눈앞에 있어도 볼 수 없는 것이다. 그 이유는 바로 언어로 생각하기 때문이다. 계속해서 말했지만, 언어로 사유하게 되면 대상을 실체實體로 고정해서 생각하게 된다. 그래서 임제가 청황적백青黃赤白의 갖가지 비유로 부처나 조사에 대해 말해주면 좋아서 기뻐하다가 그것도 다 공空한 것이라고 말하면 말도 안 되는 얘기만 한다면서 도망가 버린다는 것이다.

임제가 그 사람들에 사람을 언어라는 옷으로 판단하지 말고 '인식하는 나'로 생각을 돌이켜야 정말 끝낼 수 있다는 것이다. 대상이 드러나려면 인식하는 내가 함께할 때만 가능하다. 지금까지 임제는 계속해서 처의 작용과 그 조작의 주범에 해당하는 언어에 대해 말하고 있었으므로 지금 여기서도 그것으로 이해해야 한다. 다만 여기서는 '언어의 조작'을 겉에 걸치는 '각양각색의 옷'에 비유하고 있을 뿐이다.

---

1 '갑자기, 불현듯, 한 꺼번에, 한방에' 라는 의미가 함축된 단어로 절집에서 주로 쓴다.

헤아렸기에 기억해낼 수 있다.

大德! 爾莫認衣! 衣不能動 人能著衣 有箇淸淨衣 有箇無生衣 菩提衣 涅槃衣 有祖衣 有佛衣. 大德! 但有聲名文句 皆悉是衣變 從臍輪[1]氣海[2] 中鼓激 牙齒敲磕 成其句義. 明知! 是幻化. 大德! 外發聲語業 內表心所法 以思有念 皆悉是衣. 爾秖麽認他著底衣 爲寔解[3] 縱經塵劫 秖是衣通 三界循還 輪回生死 不如無事.

임제 대덕이여!

너희는 옷으로 인식하지 말라!

옷은 움직이지 못해도 사람이 옷을 입을 수 있으니

청정한 옷도 있고,

'태어남이 없는 옷'이라는

깨달음의 옷이나 열반의 옷도 있으며,

조사의 옷도 있고 부처의 옷도 있는 것이다.

대덕이여!

모든 소리 나는 이름과 문구文句는

모두 다 이런 옷이 변한 것으로

배꼽 아래 단전에서 북을 두드려

어금니와 이를 부딪쳐서

1 臍輪: 배꼽
2 氣海: 기해혈 단전하복부下腹部. 소위 단전
3 寔解: 실제로는 없는 것을 있다고 하는 상념

그 구절의 의미가 이루어진 것이다.

분명히 알라!

이것은 허깨비 같은 것이다.

대덕이여!

밖으로 소리 내어 말하는 업業과

안으로 표현되는 마음이란 장소의 법心所法은

헤아렸기에 기억해낼 수 있는 것으로

모든 게 다 이런 옷이다.

너희가 다만 남이 입은 옷을 아로새겨

진실이라고 이해한다면

헤아릴 수 없는 세월을 지날지라도

다만 이것은 옷만을 통달한 것이니

삼계를 순환循還하며 생사를 윤회할 뿐이니

일이 없는 것만 못하다.

● 大德! 爾莫認衣! 衣不能動 人能著衣 有箇淸淨衣 有箇無生衣 菩提衣 涅槃衣 有祖衣 有佛衣.

임제: 대덕이여! 너희는 옷으로 인식하지 말라! 옷은 움직이지 못해도 사람이 옷을 입을 수 있으니 청정한 옷도 있고, 태어남이 없는 옷이라는 깨달음의 옷이나 열반의 옷도 있으며, 조사의 옷도 있고 부처의 옷도 있는 것이다.

임제는 언어의 표현을 옷에 비유해서 설명하고 있다. 그래서 옷으로 인식하지 말라는 뜻은 언어로 사유하지 말라는 뜻과 같은 것이다. 옷은 스스로 움직일 수 없듯이 언어 자체는 스스로 아무것도 할 수 없다. 다만 움직일 수 없는 언어도 사람이 옷 입듯이 사용하면 그것이 마치 생물인 듯 자유롭게 움직이게 된다. 그래서 언어에는 '깨달음', '열반', '조사', '

부처'와 같은 언어적 표현인 옷이 존재存在하는 것이다. 따라서 언어로 표현된 것은 실제로 그런 게 아니고 인간이 그렇게 쓰고 있는 것이라는 점을 이해해야만 그 언어의 굴레에서 벗어날 수 있다.

● 大德! 但有聲名文句 皆悉是衣變 從臍輪氣海中鼓激 牙齒敲磕 成其句義. 明知! 是幻化.
대덕이여! 모든 소리 나는 이름과 문구文句는 모두 다 이런 옷이 변한 것으로 배꼽 아래 단전에서 북을 두드려 어금니와 이를 부딪쳐서 그 구절의 의미가 이루어진 것이다. 분명히 알라! 이것은 허깨비 같은 것이다.

우리가 일상적으로 대상에 붙여진 이름도 다 이와 같은 옷이라는 것이다. 이 옷은 결국 배를 움직여 호흡할 때 어금니가 부딪쳐서 발성해서 언어의 어떤 의미를 만들어 낸 것에 불과한 것이다. 이것이야말로 실체實體가 없는 환상으로 만들어진 대상일 뿐이다. 즉 대상을 있는 그대로 보지 못하고 일정한 개념이라는 옷을 만들어 쓰면서 그것을 '진실한 것'으로 여기는 것이다. 그래서 언제나 그 옷만 걷어내면 쉽게 공空이 드러나는 것이다. 일반적으로 '무언가가 존재存在한다.'라고 말들 하지만, 사실 그 존재存在를 자세히 보면 그 속에는 그 '존재存在라고 할 만한 것'은 아무것도 없고, 다만 있다는 것도 허망한 이름일 뿐이다. 이렇게 이름이 붙여지면 개념이 마음에 생긴 것이며 그것을 '취取'가 생겼다고 말하는 것이다. 이런 취取 때문에 '오온五蘊'이 '오취온五取蘊'이 되며 이 '오취온五取蘊'은 바로 모든 괴로움이다. 또 이렇게 생긴 오취온은 다시 '명색名色'이 되므로 명색의 양은 점점 더 늘어나게 되는 것이다. 그렇게 되면 결국 내가 분별하는 것이 늘어나는데, 그것을 지식이 늘어났다고 표현하는 것이다.

● 大德! 外發聲語業 內表心所法 以思有念 皆悉是衣.
대덕이여! 밖으로 소리 내어 말하는 업業과 안으로 표현되는 마음이란 장소의 법心所法은 헤아렸기에 기억해낼 수 있는 것으로 모든 게 다 이런 옷이다.

밖으로 소리 내는 것은 말로 하는 '업業'이고 그 말을 내면에 그려낸 것이 바로 '마음이란 장소의 법' 즉 '심소법心所法'이라고 하는 것이다. 이러한 업과 심소법은 모두 이미 생각이란 과정을 거쳤기에 '기억과 관련된 생각憶念'이 있는 것이다. 이렇게 새겨진 생각을 옷으로 비유해 말하는 것이다.

● **爾秖麽認他著底衣 爲寔解 縱經塵劫 秖是衣通 三界循還 輪回生死 不如無事,**
너희가 다만 남이 입은 옷을 아로새겨 진실이라고 이해한다면 헤아릴 수 없는 세월을 지날지라도 다만 이것은 옷만을 통달한 것이니 삼계를 순환循還하며 생사를 윤회할 뿐이니 일이 없는 것만 못하다.

말이란 본래 허깨비 같은 것이거늘 진실한 것으로 생각하니 문제가 되는 것이다. 실제로 자신이 생각하는 그 '생각'을 잘 들여다보면, 결국 자신이 자신에게 말하는 '독백'임을 알게 될 것이다. 그렇기에 '생각한다는 것'은 언어라는 것을 통하여 진행되는 논리에 불과한 것이다. 사실 언어로 사유할지라도 아무런 문제가 없다면 굳이 언어로 사유하지 말라고 할 필요도 없다. 그러나 언어를 통해 사유하면 그 언어의 논리가 흑백을 근간으로 하다 보니 환상을 만들어 내어 실체화實體化하므로 진실에 대한 왜곡으로 번뇌가 따라다니게 된다. 그래서 옷과 같은 존재存在이니 이 언어라는 개념의 옷을 벗어버려야 진실을 볼 수 있다고 말하는 것이다. 또 언어를 통한 사유를 계속하다 보면 개념으로 세상을 이해하게 되므로 언제나 '인과율'에서 벗어날 수 없다. 이 인과율을 얼핏 보면 진리처럼 보인다. 그러나 이 인과율로 세상을 이해한다면 언제나 숙명론宿命論으로 결론이 나게 되는데, 제아무리 멋있고 그럴듯한 미사여구美辭麗句로 꾸며서 아닌 것처럼 말해도 결국 숙명론이 되고 만다.

인과因果란 원인이 있으면 그 결과는 반드시 그렇게 될 수밖에 없게 되기 때문이다. 이렇게 인과율로 세상을 이해하면 자유의지란 존재存在할 수 없어 모든 것은 숙명이 되고 만다. 따라서 반드시 인과因果가 아닌 연기로 이해해야만 하는 것이다. 그런데 문제는 이 연기법을 다시 인과율로 이해하여 '삼세양중인과三世兩重因果'로 해석하고 이해했다는 점이다. 이것이야말로 연기에 대한 가장 끔찍한 이해이다. 부처님 경전을 뒤져보라!

어디에 '삼세양중인과三世兩重因果'로 연기를 말한 곳이 있는지……. 연기로 보아야 하거늘 다시 언어적 개념이라는 옷으로 세상을 이해한다면 제아무리 통달한다고 하더라도 그것은 옷을 통달한 것이니 삼계와 육도를 윤회한다고 생각할 수밖에 없고, 그 생각에서 끝내 벗어나지 못하게 되는 것이다. 이것은 따르는 처에 일이 없는 것만 못한 것이다.

여기서 말이 나온 김에 삼세양중인과三世兩重因果에 대해 좀 더 알아보자! 12연기緣起를 과거, 현재, 미래의 삼세로 나누고, 전생의 원인으로 현재의 결과가 있고 또 현재가 원인이 되어 미래가 결과로 나타난다는 생각이다. 그래서 삼세와 두 번의 인과因果로 이해한다고 해서 삼세양중인과三世兩重因果라고 하는 것이다. 연기緣起는 연기緣起일 뿐이거늘 연기를 '인과因果로 이해하는 것'은 참으로 어리석은 짓이다. 인과因果는 본래 '숙명宿命의 논리'로 원인이 정해지면 결과도 정해져 있는 것이다. 따라서 이것은 절대로 다른 일이 일어날 수 없다. 만약 일어난다면 인과因果라고 말할 수 없는데, 그것은 그 결과가 언제나 정해져 있기 때문이다. 따라서 자유의지라는 말 자체가 성립할 수 없다. 그 말 대로라면 지금 여기서 '자유의지'라고 말하는 것도 결국의 이전의 원인에 의해 결정된 결과일 뿐이다. 수행자는 반드시 이 '인과因果'의 논리가 언어로 생각하는 데서 생기는 모순임을 알아채지 못한다면 언어로 생각하는 것에서 벗어나지 못해 늘 시달리게 된다. 그래서 부처님뿐만 아니라 역대의 조사들이 '언어도단言語道斷'을 외쳤던 이유이기도 하다. 수행의 진정한 시작은 바로 언어적 사유의 모순을 이해하여 언어적 사유를 벗어나는 것이다. 그래서 부처님께서도 초선初禪에서 '언어가 적멸寂滅한다.'라고 말씀하신 것이다.

똥 덩어리를 뱉어 전하다.

相逢不相識 共語不知名 今時學人不得 蓋爲認名字爲解. 大策子上抄 死老漢語 三重五重複子[1]裹 不敎人見道 是玄旨以爲保重 大錯. 瞎屢生! 爾向枯骨上 覓什麼汁? 有一般不識好惡 向敎中 取意度[2]商量 成於句義 如把屎塊子 向口裏含了吐過與別人. 猶如俗人 打傳口令[3] 相似 一生虛過 也道我出家 被他問著佛法 便卽 杜口無詞 眼似漆突. 口如楄檐. 如此之類 逢彌勒出世 移置他方世界 寄地獄受苦.

임제 서로 만나고도 알지 못하고

함께 말을 했어도 이름도 모르는 것은

지금의 학인學人들이 대체로

이름과 글자로 인식하여 이해하려고 했기에

얻지 못한 것이다.

큰 공책 위에 죽어버린 늙은이들의 말을 베껴서

이중보자기로 여러 번 싸놓고

사람들에게 가르치지도 않고 보여주며 말하기를

'이것은 심오한 이치이니 소중히 보호하는 것이다.'

라고 하니 크게 어긋나는 것이다.

소경들아!

너희들은 마른 뼈 위로 향해가서

1 複子: 두 장 겹쳐진 보자기. 袱子라고도 쓴다.
2 意度: 이것저것 마음속으로 그리다.
3 傳口令: 하나의 말을 차례차례로 전달하는 유희遊戲

무슨 물기를 찾으려는가?

일반적으로 무식하면 교학으로 향해가서

'따지고 헤아린 것'을 취해 말의 의미를 완성하니

똥 덩어리를 집어서 목구멍으로 삼켰다가

토해 다른 사람에게 주는 것과 같은 것이다.

마치 세속 사람들의

'툭 쳐서 구령口令을 전하는 놀이'처럼

한평생을 허망하게 보내는 것이니

내가 출가했다고 말하지만

다른 사람에게 불법에 대해 질문을 받게 되면

곧바로 눈은 눈동자가 튀어나온 것 같고,

입은 멜대와 같아 입이 있어도 말하지 못한다.

이와 같은 무리는

미륵 부처님이 세상에 출현할지라도

다른 세상에 옮겨지거나

지옥에 보내서라도 괴로움을 받게 될 것이다.

● 相逢不相識 共語不知名 今時學人不得 蓋爲認名字爲解.
임제: 서로 만나고도 알지 못하고 함께 말을 했어도 이름도 모르는 것은 지금의 학인學人들이 대체로 이름과 글자로 인식하여 이해하려고 했기에 얻지 못한 것이다.

정말 우리는 만나고도 알지 못하고 같이 말하고도 상대방의 이름도 모르는 것과 같은 상태이다. 부처님 법을 만나서 이렇게 절에 다니면서도 부처님 뜻을 몰라 헤매고, 훌륭한 스승과 서로 대화를 했으면서도 그가 얼마나 훌륭한 분이었는지도 모른다. 깨달음을 얻지 못하는 이유는 바로 언어로 만들어진 글자를 인식하고 그 개념으로 이해하려고 하니 알 수 없는 것이다. 즉 '언어로 사유하는 것' 때문에 이런 일들이 벌어지는 것이다. 사람들이 쉽게 깨달을 수 없는 것은 바로 '언어의 개념을 통해서 세상을 바라보는 것' 때문이다. 그런데 더 심각한 문제는 정작 이 글을 읽고 있는 독자도 그렇게 언어로 사유하고 있음에도 눈치채지 못한다는 것이다. 만약 이것을 알았다면 더 읽어야 할 이유가 즉시에 사라질 것이다.

● 大策子上抄 死老漢語 三重五重複子裹 不教人見道 是玄旨以爲保重 大錯.
큰 공책 위에 죽어버린 늙은이들의 말을 베껴서 이중보자기로 여러 번 싸놓고 사람들에게 가르치지도 않고 보여주며 말하기를 '이것은 심오한 이치이니 소중히 보호하는 것이다.' 라고 하니 크게 어긋나는 것이다.

보통 선지식善知識이라고 하는 사람들이 하는 짓을 보면 돌아가신 노스님들의 선어록을 베껴서 꽁꽁 싸매놓고 가르치지도 않으며, 사람들에게 그것을 보여주며 매우 중요한 무엇인가를 오로지 자신만 알고 있다는 듯이 말을 한다. 이것은 요즘의 큰스님들도 크게 다르지 않다. 이것은 '깨닫지 못했다.'라는 반증이기도 하다. 깨달음이 생기면 제일 먼저 깨닫지 못해 불행하게 살아가는 사람들이 너무나 불쌍하게 여겨진다. 그러다 보니 어떻게 해서든 구해내고 싶은 마음이 용솟음치게 된다. 이렇게 용솟음치는 마음을 대자대비라고 하는 것이다.

그래서 부처님께서도 깨닫고 나서 49년을 쉬지 않고 유행遊行[1]하시면서 전법을 하신 것이다. 그런 자비심이 일어나지 않았다면 깨달음을 성취하고 난 이후에 입멸하실 때까지 병환도 아랑곳하지 않고 깨닫게 하려고 유행遊行하지도 않았을 것이다. 이렇게 깨달음은 중생을 가엽게 여길 수밖에 없게 되므로 '내가 저 불쌍한 중생을 위해 무엇을 해줄까?'를 고민할 수밖에 없다. 그러니 이해할 수 없는 어려운 말로 가르치겠는가?

당연히 이해시켜 벗어나게 하는 것이 최대의 목적이니 상대방의 수준에서 이해할 수 있는 가장 쉬운 언어를 구사할 수밖에 없으며 또 그러려고 매우 노력할 것이다. 그런데 지금 큰스님들이 하는 법문法門의 행태를

1 각지를 돌아다니면서 설법, 교화, 포교하는 것

보면 이것은 법을 이해시키려고 하는 말이라고 볼 수 없다. 길을 이미 지나온 사람이라면 그 길로 오려는 사람에게 세심하게 배려하여 잘 올 수 있도록 지도할 것이다.

● **瞎屢生! 爾向枯骨上 覓什麽汁? 有一般不識好惡 向教中 取意度商量 成於句義 如把屎塊子 向口裏含了 吐過與別人. 猶如俗人 打傳口令相似 一生虛過 也道我出家 被他問著佛法 便卽 杜口無詞 眼似漆突 口如楄檐.**

소경들아! 너희들은 마른 뼈 위로 향해가서 무슨 물기를 찾으려는가? 일반적으로 무식하면 교학으로 향해가서 '따지고 헤아린 것'을 취해 말의 의미를 완성하니 똥 덩어리를 집어서 목구멍으로 삼켰다가 토해 다른 사람에게 주는 것과 같은 것이다. 마치 세속 사람들의 '툭 쳐서 구령口令을 전하는 놀이'처럼 한평생을 허망하게 보내는 것이니 내가 출가했다고 말하지만 다른 사람에게 불법에 대해 질문을 받게 되면 곧바로 눈은 눈동자가 튀어나온 것 같고, 입은 멜대와 같아 입을 두고도 말하지 못한다.

이렇게 문자에 얽매여서 생각하면 잘못된 것인 마치 마른 뼈 무더기를 짜서 즙을 내는 것처럼 성과도 없는 일이다. 또 교학에서 말하는 개념을 통해서 이리저리 뜻을 헤아리는 것은 다른 사람이 똥 덩어리를 삼켰다가 뱉어 준 것에 불과하니 관심도 두지 말라는 것이다. 이것은 마치 '입에서 입으로 말을 받아서 전하는 놀이'와 같아 의미가 없이 말만 전하는 것이므로 번뇌를 다스리지 못하는 것이다. 사실, '깨달음이란 말'이 전해지는 것은 아무런 의미가 없다. 깨달음이 전해져야 비로소 전달된 사람의 번뇌도 사라지는 것이다. 그런데 깨달음이 전해지지 않고 그 말만 전해지는 곳에 살다 보면 비록 출가자라고 할지라도 다른 사람의 질문을 받으면 눈이 튀어나오면서 아무 대답도 하지 못하는 것은 너무나 자명한 것이다.

세속의 모든 학문은 근본적으로 언어에 매여 세상을 바라보고 측량한 것이므로 근본적인 모순을 내포하고 있다. 그래서 그 주장에 대해서 언제나 반론을 제기할 수 있다. 그러나 진리는 반박이 불가할 때 그것이 진리라고 부처님은 언제나 말씀하셨다. 그것을 구체적으로 '정견'이라고 말하는 것이다. 사실 자신이 생각하고 있는 그 생각이 정말 순수한 자신만의 생각인지, 또 자신만의 생각은 얼마나 되는지 한번 관찰해보라.

● 如此之類 逢彌勒出世 移置他方世界 寄地獄受苦.
이와 같은 무리는 미륵 부처님이 세상에 출현하실지라도 다른 세상에 옮겨지거나 지옥에 보내서라도 괴로움을 받게 될 것이다.

혹시나 누군가 불법에 대해 꼬치꼬치 캐물으면 눈이 커지고 당황하여 입을 꾹 다물고 알지도 못하면서 아는 척하는 것을 말한다. 이 깨달음의 문제는 아는 척해서 될 일이 아니다. 왜냐하면, 잘못 말하면 자신뿐만 아니라 다른 사람의 인생도 통째로 망칠 수 있기 때문이다. 그렇기에 참다운 수행자라면 법에 대해서 거짓으로 말하지 말아야 한다. 그래서 자신이 알고 있는 만큼만 말하고 모르는 것은 모른다고 솔직하게 말하는 태도가 중요하다. 그래서 부처님께서는 이것을 '대망어大妄語'라고 하시며 네 가지 '바라이죄波羅夷罪'에 포함해서 아주 엄격히 금禁한 것이다. 그래서 임제도 이런 사람들은 설사 미륵 부처님께서 세상에 출현해 용화세계가 펼쳐질지라도 복이 없어 미륵 부처님을 뵙기는커녕 다른 곳에 옮겨지거나 지옥에 맡겨서라도 괴로움을 받을 것이라고 한 것이다. 오죽 안타까우면 스승이라는 사람이 이렇게까지 악담을 퍼붓겠는가? 깊이 새기고 또 새겨들어야 할 것이다.

하나도 아니고 분리된 것도 아니다.

大德! 爾波波地往諸方 覓什麼物 踏爾脚板闊 無佛可求 無道可成 無法可得? 外求有相佛 與汝不相似 欲識汝本心 非合亦非離. 道流! 眞佛無形 眞道無體 眞法無相. 三法混融 和合一處 辨旣不得 喚作忙忙業識衆生.

임제 대덕이여!

너희들은 제방을 바쁘게 다녔으니
밟고 다니는 네 발바닥이 넓어져서
없는 '부처佛'도 구할 수 있고,
없는 '도道'도 이룰 수 있으며,
없는 '법法'도 얻을 수 있거늘
무슨 물건을 찾으려는가?
밖에서 구한 형상 있는 부처
너와 비슷하지도 않네.
네 본마음을 알고 싶은가?
뭉쳐진 것도 아니고 흩어진 것도 아니라네.
수행자여!
참다운 부처는 형체가 없고,
참다운 도는 실체實體가 없으며
참다운 법은 모양이 없다.

세 가지 법法이 섞이고 녹아
'하나의 처處로 화합했다는 것'은
'이미 가려낼 수 없는 것'이니
매우 바삐 업業을 지어놓고 인식하니
중생衆生이라 부르는 것이다.

● 大德! 爾波波地往諸方 覓什麽物 踏爾脚板闊 無佛可求 無道可成 無法可得?
대덕이여! 너희들은 제방을 바쁘게 다녔으니 밟고 다니는 네 발바닥이 넓어져서 없는 '부처佛'도 구할 수 있고, 없는 '도道'도 이룰 수 있으며, 없는 '법法'도 얻을 수 있거늘 무슨 물건을 찾으려는가?

임제는 여기서 '대덕들은 선방을 이리저리 다녀서, 발바닥이 넓어 없는 부처도 구하고, 없는 도도 이루고, 없는 법도 얻을수 있을 텐데 굳이 여기까지 와서 뭘 찾으려고 하느냐?'라고 조롱한다. 이것은 지금 선방에서 수행하는 수좌들도 크게 다르지 않다. 요즘의 선방 수좌들은 몇 '안거安居'를 지냈는지를 가지고 몇 안거를 성만成滿[1] 했다고 자랑삼아 이야기한다. 자신의 안거安居 수가 깨달음의 깊이를 대변하는 것처럼 자랑하기에 여념이 없는데 이것은 안거 수가 많을수록 자랑할 일이 아니고 부끄러워할 일인 것이다. 그렇게 안거가 누적되었는데도 불구하고 얻지 못했다는 것은 '나는 헛짓거리를 하고 다녔다.'라는 말밖에 되지 않기 때문이다. 깨달음은 세수하다 코 만지기보다 쉬운 것이라고 말하면서 몇십 년씩 찾아다닐 이유가 있을까? 이것은 자신의 수행이 뭐가 잘못되었는지조차 몰라 벌어진 황당한 일이다. 그렇다면 자신이 무엇을 잘못했는지를 먼저 점검하고 돌아보아야 할 것이다.

● 外求有相佛 與汝不相似 欲識汝本心 非合亦非離.
밖에서 구한 형상 있는 부처 /너와 비슷하지도 않네. /네 본마음을 알고 싶은가? /뭉쳐진 것도 아니고 흩어진 것도 아니

1 부처님 당시 부터 승려는 전통적으로 우기에 출입을 금하고 수행에 매진 했는데, 이것을 안거라고 부르며 이 안거를 끝까지 마친 것을 성만成滿이라고 한다.

라네.

법당에 앉아있는 부처는 나와 조금도 모습이 비슷하지도 않은데 그런 부처 되겠다는 그 자체가 난센스 nonsense이다. 깨닫는다고 해서 부처의 모습으로 변하는 게 아니기 때문에 외부로 보이는 모습으로써 부처를 판단하지 말아야 한다. 그렇다면 부처란 무엇일까? 만약 자신의 '마음이란 것'을 깨달은 이가 부처라면 마음이 무엇인지 아는 게 중요할 것이다. 그런데 이 마음이란 게 몸과 하나로 뭉쳐진 것도 틀렸고, 따로 떨어져 나간 것도 틀렸다고 말하니 참으로 난감하다. 몸과 마음이 하나던지, 아니면 따로 떨어졌던지 해야 할 텐데 이것도 저것도 모두 틀렸다고 하니 어쩌란 말인가? 만약 이렇게 생각했다면 이것이 바로 언어의 사유에서 벗어나지 못한 것이다.

몸과 마음은 분리해서 말할 수도 없고 그렇다고 하나라고 말할 수 없다. 이것이 사실이다. 이러한 사실을 두고 어느 측면에서 보았느냐에 따라 마음과 몸이 하나라고 말할 수도 떨어져 있다고도 말할 수 있기 때문이다. 양극단으로 바라보고 있다는 것은 곧 대상을 '어떤 성품을 가진 실체實體'로 규정하고 그 관점으로 바라보기 때문에 생기는 어리석은 생각에 불과하다. 이러한 작용을 일으키는 주범이 바로 언어이므로 언어적인 사유를 벗어나야 마음과 몸이 서로 의지해서 일어나는 연기적인 관계임이 드러나는 것이다.

● 道流! 眞佛無形 眞道無體 眞法無相.
수행자여! 참다운 부처는 형체가 없고, 참다운 도는 실체實體가 없으며 참다운 법은 모양이 없다.

'부처'는 법당에 모셔진 부처와 같은 형태로 있는 게 아니다. 깨달으면 부처요, 깨닫지 못하면 중생이라고 부르는 것이다. '도'는 눈에 보이는 어떤 실체實體가 있어서 얻을 수 있는 게 아니다. 도라는 것은 세상을 바라보는 관점을 이르는 것으로, '도를 얻었다는 것'은 세상을 바라보는 잘못된 시각이 바르게 바뀌었다는 것이다. 법은 '마음이 대상으로 여기는 것'이므로 어떤 일정한 모양으로 정해져 있는 게 아니다. 이 '부처佛'와 '

법法'과 '도道'는 뒷부분에 자세히 나오므로 여기서는 생략한다.

●三法混融和合一處 辨旣不得 喚作忙忙業識衆生.
세 가지 법法이 섞고 녹아 '하나의 처處로 화합했다는 것'은 '이미 가려낼 수 없는 것'이니 매우 바삐 업業을 지어놓고 인식하니 중생衆生이라 부르는 것이다.

세 가지 법은 육근六根과 육경六境 그리고 육식六識을 말하는데, 이 셋이 서로 의지해서 육입처六入處를 만든다. 그 세 가지 법이 서로 의지해 화합하면 '내입처內入處'와 '외입처外入處'로 구분되는 인식이 드러나므로, 이미 '처'가 형성되었다면 '외입처外入處로 드러난 그 대상'은 원래 이전의 대상인 '경境'으로는 보이지 않는다는 뜻이다. 예를 들어 한 번 사과가 사과라고 보이기 시작하면 사과 이전의 '빛'이나 '소리', '냄새', '맛', '촉감' 등의 요소로 되돌아갈 수 없다는 말이다. 즉 부처가 되어도 사과는 사과이지 부처가 되었다고 보이던 사과가 없어지는 일은 없다. 다만 어떻게 해서 사과가 나에게 인식되고 여기에 어떻게 번뇌가 달라붙는지를 정확히 알아서 그것에 시달리지 않는 것이다. 그래서 그것을 '매우 바쁘게 만든 업으로 인식하는 중생'이라고 부른다는 것이다.

위에서 말한 근경식根境識이 화합해서 일으킨 작용이 매우 신속하게 만들어지고 순식간에 사라지므로 '바쁘게 만든 업業'이라고 말하는 것이다. 이렇게 바쁘게 만들어 낸 업으로 세상을 인식하고 그 업에 시달리게 되므로 중생이라고 불리는 것이다. 만약 그 업業을 바르게 알아 시달리지 않고 자유로워질 때 그를 부처라고 부르는 것이다. 중생은 세상 속에 내가 살아가다 죽는다고 생각하니 그 세상에 뛰어들어 죽기 전까지 대상만 따라다니면서 아등바등 살아가는 것이고, 부처는 마음이 모든 대상을 짓고 다시 그 대상을 바라본다는 사실을 분명히 알기에 환상으로 만들어진 대상을 따르지 않는 것이다. 그러다 보니 일이 없어 번뇌는 사라지고 평온한 일상이 되어 살아가게 되는 것이다. 가지려고 애써봐야 아무런 소용이 없다는 사실을 모르고 죽을 때까지 소유하려는 사람과 가지려는 생각이 어리석다고 알아 일을 벌이지 않는 사람 가운데 과연 누가 더 현명하고 행복할까?

부처佛와 법法과 도道

問 如何是眞佛 眞法 眞道? 乞垂開示. 師云 佛者心淸淨 是法者心光明 是道者處處無礙淨光. 是三卽一 皆是空名 而無寔有. 如眞正學道人 念念心不間斷.

질문 무엇이 참다운 부처佛이고,
참다운 법法이고,
참다운 도道입니까?
열어 보이시길 간절히 바라옵니다.

임제 부처라는 것이 '마음의 청정한 것'이라면
이 법이라는 것은 '마음이 밝은 것'이고,
이 도라는 것은
'처處와 처處에서 걸림 없는 깨끗한 빛'이니라.
이 셋은 곧 하나이며 모두 공허한 이름이기에
진실로 존재存在하는 게 아니다.
만약 참되고 바르게 도를 배운 사람이라면
생각 생각하는 마음이 끊이지 않을 것이다.

● 問 如何是眞佛 眞法 眞道? 乞垂開示.
여쭈오니 무엇이 참다운 부처佛이고, 참다운 법法이고, 참다운 도道입니까? 열어 보이소서.

이 질문은 임제 사상의 핵심을 곧바로 묻는 것이다. 그동안 경전이나 선어록에서 부처와 법과 도에 대해서 말했다. 그러나 그 의미를 이해하기는 매우 힘들다. 그래서 임제가 생각하는 부처와 법 그리고 도는 무엇이냐고 묻는 것이다.

●師云 佛者心清淨 是法者心光明 是道者處處無礙淨光.
부처라는 것이 '마음이 청정한 것'이라면, 이 법이라는 것은 '마음이 밝은 것'이며, 이 도라는 것은 '처處와 처處에서 걸림 없는 깨끗한 빛'이니라.

임제는 '부처'와 '법' 그리고 '도'가 서로 의지해서 마음이 작용한다고 보았다. 마음은 실체實體가 아니라 현상이기에 독자적으로 일어나지 못하고 내입처內入處와 외입처外入處를 의지해서 발생하는데 이 처와 처는 대상을 조작해서 보여주는 가상의 공간이다. 그 공간에서 있는 그대로 맑고 깨끗하게 알아보는 작용이 바로 '진짜 부처'의 작용이고, 대상을 볼 수 있도록 밝게 비추는 것이 '진짜 법'이며, 처와 처에서 걸림 없는 깨끗한 빛이 '진짜 도'라고 말했다. 즉 부처란 마음이 깨끗해서 대상을 왜곡시켜 보지 않을 때 그를 부처라고 부르는 것이다. 대상의 왜곡이란 대상을 실체화해서 좋고 나쁘다는 감정을 실어서 생각하는 것이다. 이렇게 대상을 인식하게 되면 반드시 번뇌는 따르기 마련이다. 그래서 마음이 깨끗해야 부처라고 말하는 것이다.

법이란 인식의 대상이 법인데 대상은 반드시 빛에 의지해서 드러난다. 즉 대상을 알려고 하면 그것을 비추는 광원이 있어야 비출 수 있다. 그러니 우리가 '보고 있는 것'은 실재實在의 대상을 보는 게 아니라 사실은 비춘 불빛에 반사된 빛을 볼 뿐이다. 이것이 진짜 법의 실체인 것이다. '도'는 다른 말로 '진리'라고 표현할 수 있는데 이 진리는 '마음의 작용'을 일으키는 '처와 처'에서 왜곡되지 않아 서로가 서로에게 장애가 되지 않아야 한다. 즉 '언어적 사유를 떠나서 어떤 모순이나 서로 다른 주장의 대립에 걸림 없이 그대로 드러나는 것'을 말하는 것이다. 이렇게 아무런 걸림 없이 그대로 드러나는 것이 '진리'라는 '진짜 법'이라고 말할 수 있을 것이다. 따라서 우리가 보고 있는 진리라는 것은 진짜 진리를 보는 것이 아니고 왜곡된 진리를 보는 것이다.

● 是三卽一 皆是空名 而無寔有. 如眞正學道人 念念心不間斷.
이 셋은 곧 하나이며 모두 공허한 이름이기에 진실로 존재存在하는 게 아니다. 만약 참되고 바르게 도를 배운 사람이라면 생각 생각하는 마음이 끊이지 않을 것이다.

임제는 이 부처와 법과 도는 곧 하나라고 말했다. 즉 참다운 부처가 되면 참다운 법과 참다운 도는 한 몸처럼 동시에 작동한다. 가짜 부처인 중생이 되면 법과 도도 또한 가짜로 작동한다. 이것은 설명하기 위해 이름 붙인 개념이지 실제로 이런 실체實體로 존재存在하는 것이 아니다. 그런데, 정말로 중요한 것은 이러한 이 이야기를 듣고 이해했다고 해서 끝난 게 결코 아니라는 것이다. 이것은 다른 사람이 한 말을 그저 수긍한 것일 뿐이므로 이 말을 완벽히 이해해 자기 것으로 만든 게 아니므로 '얻었다'라는 표현을 쓸 수 없다. 그 이유는 이해했다고 해서 자신의 번뇌가 완전히 사라지지 않기 때문이다.

자신이 들어서 수긍했던 그 말이 정말 그런지, 안 그런지 분명하게 사실 여부를 철저히 확인해야만 한다. 그래서 진정으로 공부하는 사람이라면 잠시라도 이 확인 작업을 멈추어 선 안된다. 확인의 방법은 의외로 간단하다. '염념심念念心 불간단不間斷'하면 된다. 생각을 나타내는 글자는 여러 가지가 있다. 각각의 글자마다 그 쓰임새가 다른데 우리는 형용사나 부사의 변화로 대상을 표현하므로 그냥 '생각'이란 한 단어로 뭉뚱그려서 모두 표현한다. 그래서 염념심念念心을 정확하게 표현하기 어렵다. '념念이란 생각'은 대상을 보았을 때 지금 무엇이라고 떠오르는 생각에 해당한다. 즉 '과거의 기억에 바탕을 둔 현재 생각'이라고 보면 된다. 그런 생각들은 끊임없이 떠오르기 때문에 대상을 판단할 수 있는 것이다.

이 대상 판단의 근거가 되는 이 생각을 끊임없이 놓치지 않고 바라보며 확인하는 것이다. 그렇게 계속해서 확인하고 사유하다 보면 '모든 것'이 공허한 이름뿐이라는 사실을 깨닫게 된다. 이것을 공空이란 성품을 확인했다고 하는 것이다. 이 공성空性을 확실하게 확인하는 순간 모든 집착은 일시에 무너져 버린다.

예를 들어 티비TV에 나오는 황금을 가지고 싶어서 탐내는 사람이 있다고 하자. 만약 그 사람이 가지고 싶어서 안달했던 그 금이 화면에 비춘 그림이라는 사실을 알았다면 그 사람은 언제 그랬냐는 듯이 그 황금에 대한 절절했던 욕망이 일시에 사라지고 말 것이다. 이렇듯 내 눈앞에 벌어지는 모든 것이 가짜라는 사실을 이해하는 순간 나를 괴롭혔던 모든 번뇌는 사라지게 되는 것이다. 만약 어떤 사람이 깨달았다고 말하면서 여전히 소유하려고 하고, 성내며 어리석다면 그가 얻은 깨달음은 최상의 깨달음과는 거리가 멀다. 최상의 깨달음은 깨닫는 즉시 번뇌가 사라지게 되어 있다.

달마達磨가 서쪽에서 온 이유

自達磨大師 從西土來 秖是覓箇 不受人惑底人. 後遇二祖 一言便了 始知 從前虛用功夫[1]. 山僧 今日見處 與祖佛不別. 若第一句中得 與祖佛爲師 若第二句中得 與人天爲師 若第三句中得 自救不了.

임제 달마대사께서 몸소

서역에서부터 오게 된 것은 다만

'사람들의 미혹'을 받지 않는

그 사람을 찾기 위함이었다.

뒤에 만난 이조二祖는 말 한마디에 바로 마치고

'종전의 공부가 허망하게 애썼다는 것'을 비로소 알았다.

산승山僧이 오늘에 처處를 본 것도

조사와 더불어 부처와도 다르지 않다.

만약 제 일구一句에서 얻게 된다면

조사와 더불어 부처도 스승으로 삼을 것이며

혹은 제 이구二句에서 얻게 된다면

사람과 더불어 하늘도 스승으로 삼을 것이며

혹은 제 삼구三句에서 얻게 된다면

자신의 구제도 마치지 못할 것이다.

1 功夫: 工夫와 같다. 노력, 수고.

● 自達磨大師 從西土來 秖是覓箇 不受人惑底人.
달마대사께서 몸소 서역에서부터 오게 된 것은 다만 '사람들의 미혹'을 받지 않는 그 사람을 찾기 위함이었다.

달마대사가 서쪽에서 온 까닭은 사람들의 어리석은 생각에 빠지지 않을 사람을 찾기 위함이다. 즉 어리석은 중생의 삶을 벗어나기 위해서는 반드시 '세상 사람들이 진리로 여기는 것'을 철저히 의심할 수 있어야 하기 때문이다. 그래야만 깨달을 수 있으며, 번뇌의 묶임에서 벗어나 자유롭게 살 수 있는 것이다. 달마대사도 부처님처럼 서역의 왕자 신분이었고 그냥 그대로 살아도 아무런 문제가 없었다. 그런데도 죽음을 불사하고 중국까지 건너온 이유가 무엇이겠는가? 중국을 지배하려고 왔겠는가? 만약 그렇다면 군사를 데리고 왔을 것이다. 그럼 탁발의 문화도 없는 중국에 탁발해서 살려고 왔을까? 어리석게 살아가는 중생들을 생각하니 가슴아프기에 부처님 법을 전해서 미혹에서 벗어나게 해주고 싶은 자비심이었을 것이다.

앞에서도 말했지만 깨닫고 나면 가장 먼저 생각나는 것은 주변의 깨닫지 못한 사람들의 어리석음이 가슴 아프게 된다. 즉 자비심은 깨달음에서 오는 마음이다. 지금 우리가 봉사활동을 하면서 자비심을 실천한다고 하지만 그것은 자비심이라기보다 동정심에 더 가깝다. 이러한 동정심은 자기 형편에 따라 드러나는 '조건 지어진 마음'이다. 그래서 그 조건이 사라지게 된다면 그 마음도 동시에 사라지게 된다. 그러나 자비심은 자신의 조건과 아무런 상관없이 일어나는 마음이라 조건에 구애받지 않는다.

● 後遇二祖 一言便了 始知 從前虛用功夫.
뒤에 만난 이조二祖는 말 한마디에 바로 마치고 '종전의 공부가 허망하게 애썼다는 것'을 비로소 알았다.

여기서 '이조二祖'는 '혜가慧可'로 달마대사의 법을 이었다. '혜가'는 달마를 만나기 전에 이미 불법을 만났건만 여전히 번뇌에 시달리며 마음이 매우 불편했다. 그 이유는 사람들의 어리석음에 미혹되어 언어적 사유를 했기에 괴로움의 실체實體에 대해 알지 못해 괴로운 나날을 보냈다. 그러나 달마의 그 괴로움을 내놓으라는 한마디에 '본래 찾을 수도 없는 허망한 것'을 집착한 자신의 어리석음을 깨달은 것이다. 공부는 얼마나 오랫동안 지속하는가는 그리 중요치 않다. 핵심을 찾아서 바로 들어가기만 한다면 그 자리에서 바로 끝나버리기 때문이다. 혜가는 이렇게 달마의 핵심을 찌르는 한마디에 자신이 그렇게 애썼던 공부가 얼마나 헛된 공부였는지를 비로소 알게 된 것이다. 혜가가 달마에게 법을 구한 일화는 너무 잘 알려져 있고 내용의 중심에서 벗어나 있어 여기서는 생략하니 모르는 사람은 찾아보기를 바란다.

● 山僧 今日見處 與祖佛不別. 若 第一句中得 與祖佛爲師 若第二句中得 與人天爲師 若第三句中得 自救不了.
산승山僧이 오늘에 처處를 본 것도 조사와 더불어 부처와도 다르지 않다. 만약 제 일구一句에서 얻게 된다면 조사와 더불어 부처도 스승으로 삼을 것이며 /혹은 제 이구二句에서 얻게 된다면 사람과 더불어 하늘도 스승으로 삼을 것이며 /혹은 제 삼구三句에서 얻게 된다면 자신의 구제도 마치지 못할 것이다.

임제는 자신이 확인한 이 '처'가 달마가 전한 부처님의 그 법과 조금도 다르지 않다고 확실하게 말했다. 이 일구一句, 이구二句, 삼구三句에 관한 것은 '상당上堂'의 '삼요三要'라는 부분에 나오는 말이다. 임제의 세 가지 구句는 사유의 깊이에 따라 세 단계로 표현한 것인데 '제일구第一句'는 도장으로 비유한 것으로 18계가 벌어지며 나타나고 인식되는 과정을 설명한 것인데 이것을 안다면 궁극의 진리를 안다고 볼 수 있다. '제이구第二句'는 언어적인 사유를 벗어난 단계를 말한다. '제삼구第三句'는 대상을 개체로 바라보아 욕망에 사로잡혀 사는 삶을 말한다. 마치 꼭두각시가 줄에 매달려 조종되듯이 '주인인 마음이 육체를 조종한다.'라고 바라보는 것으로 세상 사람들의 일반적인 생각이다. 그렇기에 '제삼구'에서 알게 된다면 자신도 구제하지 못한다고 말한 것이다. 세상을 본체와 현상의 이원적인 관점에서 바라보게 되므로 늘 '변하지 않는 존재存在'에 대한 갈망이 마음을 쉴 수 없게 된다.

마음이 쉬지 못하는 이유

問 如何是西來意? 師云 若有意 自救不了. 云 旣無意 云何二祖得法? 師云 得者 是不得. 云 旣若不得 云何是不得底意? 師云 爲爾向一切 處馳求 心不能歇. 所以 祖師言 咄哉 丈夫！將頭覓頭. 儞言下 便自回光返照 更不別求 知身心與祖佛不別 當下無事 方名得法.

질문 서쪽에서 가져온 뜻은 무엇입니까?

임제 만약 '뜻'이 있다면 스스로 구원할 수 없을 것이다.

질문 이미 '뜻'이 없었는데

어떻게 이조二祖는 법을 얻었습니까?

임제 얻었다는 것도 얻은 것은 아니다.

질문 이미 얻을 수 없다면 어찌 이렇게

'얻을 수도 없는 것'에 뜻을 두라고 하십니까?

임제 네가 모든 것으로 향해가려는 것은

처處에서 구하려고 내달리니

마음이 쉬지 못하는 것이니라.

이런 까닭에 조사께서

'안타깝다 장부여!

머리를 가지고 있으면서 머리를 찾는구나.'라고

말씀하신 것이다.

너희가 말이 끝나자마자 곧

스스로 빛을 돌려 반대로 비춰보아

또다시 분별해 구하지 않아

'몸과 마음이

조사와 더불어 부처와도 다르지 않다는 것'을 알면

그 자리에서 일이 없어지니

'법을 얻었다.'라고 부르는 것이다.

● 問 如何是西來意? 師云 若有意 自救不了.
질문: 서쪽에서 가져온 뜻은 무엇입니까?/임제: 만약 '뜻'이 있다면 스스로 구원할 수 없을 것이다.

조사가 서쪽에서 온 의도에 대해서는 전 장에서 다루었다. 여기에선 그 말을 이해하지 못하니 또 달마가 전하려 했던 '숨겨진 비급秘笈[1]'이 있지 않냐고 묻는 것이다. 즉 중생이 얻어서 한방에 조사로 만들어줄 그 '존재存在로서의 법'을 찾는 것이다. '만약에 뜻이 있었다면 자신도 구제하지 못했다.'라는 말의 의미가 쉽게 이해되지 않는 대목이니 깊은 사유가 필요하다. 본래 깨달음이란 '이름일 뿐'이며 '공'하다는 사실을 자각해서 존재存在라는 묶임에서 벗어나는 것인데 '뜻'을 다시 '존재存在'로 여긴다면 깨달음의 의미가 사라지고 만다. 의도는 존재存在가 아니므로 얻을 수 없다.

● 云 旣無意 云何二祖得法? 師云 得者 是不得.
질문: 이미 '뜻'이 없었는데 어떻게 이조二祖는 법을 얻었습니까? /임제: 얻었다는 것도 얻은 게 아니다.

'얻는다.'라는 말은 본래 '소유한다.'라는 의미이다. 소유하려면 그것이 존재存在해야만 비로소 소유가 가능해진다. 그러나 여기의 달마대사의 '뜻'은 깨달음을 전해주는 것인데 이 깨달음이란 게 물건이 아니므로 상대에게 주어서 획득시킨다거나 소유하게 만들 수도 없다. 그것은 잘못된

1 가장 소중히 보존되는 책

것을 스스로 깨닫는 수밖에 없다. 스승이 대신해서 깨달아 줄 수 없고 깨닫는 방법을 지도해 줄 수 있을 뿐이다. 따라서 얻었다고 말은 하지만 실제로 얻을 수 없는 것이다. 그러므로 얻었다는 것도 무엇을 얻어서 가지거나 소유한 게 아니고 단지 생각만 바뀌었을 뿐이다. 그러니 무엇을 얻었다고 말할 수 없는 것이다.

● 云 旣若不得 云何是不 得底意? 師云 爲爾向一切處馳求 心不能歇. 所以 祖師言 咄哉 丈夫！將頭覓頭.
이미 얻을 수 없다면 어찌 이렇게 '얻을 수도 없는 것'에 뜻을 두라고 하십니까?/ 임제: 네가 모든 것으로 향해가려는 것은 처處에서 구하려고 내달리니 마음이 쉬지 못하는 것이니라. 이런 까닭에 조사께서 '안타깝다 장부여! 머리를 가지고 있으면서 머리를 찾는구나.'라고 말씀하신 것이다.

위의 문장은 얻은 사람에게는 실질적으로 얻은 게 없다고 하니, 이미 '얻을 수도 없는 것'이었다면 얻을 수도 없는 것을 굳이 왜 얻으라고 하느냐는 게 질문의 요지이다. 그러나 기존에 번역된 것들을 읽어보면 앞뒤의 문맥이 너무 맞지 않아 그 의미를 파악하기 힘들다. 한문의 문장은 단일한 그 문장만을 가지고 파악해서는 제대로 파악되지 않는 경우가 많다. 그래서 앞뒤 문맥을 세심히 살펴야 한다. 아무튼, 그 질문에 대한 임제의 대답은 너희들은 언제나 자신을 위해서 모든 대상으로 향하는데, 그것은 내외입처內外入處의 작용으로 자아가 형성되어 외부의 대상으로 향하려는 마음 때문에 쉴 수 없다는 것이다.

우리의 사유는 언제나 '대상'과 '나'라는 두 가지 객체가 따로 존재存在한다고 생각하기에 계속해서 대상을 소유하려고 한다. 그래서 마음은 언제나 대상을 좇아가기에 쉬지 못하고 언제나 두리번거리며 바쁘다. 하지만 사실은 보이는 대상들이 모두 내가 지어낸 허상임을 깨닫는다면 좇아갈 이유가 사라지게 되어 마음은 일이 없이 쉬게 되는 것이다. 마치 머리를 달고 있으면서 자신의 몸에서 머리만 보이지 않는다고 그 머리를 찾아 세상을 헤매는 격이다. 만약 그 사람이 머리가 본래부터 그 자리에 있었다는 사실을 깨닫기만 한다면 더 찾을 일이 없으니 그대로 끝나버리게 된다. 그래서 사실 얻은 자가 얻은 게 분명하지만 '얻은 것'이 없는 것이다.

● 儞言下 便自回光返照 更不別求 知身心與祖佛不別 當下無事 方名得法.
 너희가 말이 끝나자마자 곧 스스로 빛을 돌려 반대로 비춰 보아 또다시 분별해 구하지 않고 '몸과 마음이 조사와 더불어 부처와도 다르지 않다는 것'을 알면 그 자리에서 일이 없으니 바야흐로 '법을 얻었다.'라고 부르는 것이다.

머리를 찾겠다고 세상을 돌아다닐 게 아니라 임제의 말을 듣고 그 자리에서 '자신과 대상이 병립竝立한다는 생각'을 버리고 반대로 돌이켜서 '서로 의지해서 병립竝立한다는 생각을 일으킨다'고 보면 그 자리에서 끝나는 것이다. 그래서 부처는 '본래 갖추어져 있다. 본자구족本自具足'라고 말하는 것이다. 이미 모든 것이 다 내 안에서 일어나는 일이므로 그 물건을 찾아서 어디로 돌아다닐 필요도 없다. 오로지 자신이 어떻게 대상을 알게 되었는지에 대한 그 과정을 되돌이켜 살펴보기만 한다면 모든 것이 자연스레 드러나게 되는 것이다. '조사와 더불어 부처와 조금도 다르지 않다.'라는 말은 조사나 부처가 세상을 인식하는 '인식의 구조'나 중생이 세상을 인식하는 인식구조가 똑같다는 말이다. 하지만 인식의 구조는 같더라도 그 작동방식을 아느냐 모르느냐에 따라 부처와 조사가 되기도 하고, 범부가 되기도 하는 것이다.

작동방식을 알지 못하면, 잘못된 방식으로 인식이 일어나서 괴로움이 따르게 되고, 바르게 알면 잘못된 작동방식이 멈춰 번뇌 또한 자연스레 사라지게 된다. 이것은 인위적으로 무엇을 조작해서 얻는 문제가 아니라 조작하는 마음이 어떻게 해서 일어나고 작동하는지를 잘 파악해서 '잘못 조작되는 것'을 바로잡는 것이다. 이렇게 해서 바로잡는 이것을 '얻었다.'라고 표현하는 것이다. 따라서 깨달음을 얻기 위해서는 자신을 면밀하게 관찰하는 것이 가장 중요하다. 물론, 자신을 바라보라고 하니 참 막막할 것이다. 의학적인 접근을 하라는 것인지?, 아니면 철학적인 사유를 하라는 것인지……. 그래서 또 헤매게 된다.

사실 이문제에 대해서는 수많은 경전이 오직 한 곳, 즉 감각 작용 가리키고 있다. 육근六根인 '눈, 귀, 코, 혀, 몸, 뜻'이란 여섯 가지 지각에서 일어나는 모든 작용을 잘 관찰하면 하나도 빠짐없이 자연스럽게 드러나게 된다. 그래서 많은 경전에 육근六根과 육진六塵, 육식六識이 자주 등장하는 것이다. 조계종의 소의경전所依經典[1]인 금강경 또한 수행의 첫 과위果位인 수다원須陀洹을 '색성향미촉법에 들지 않는 것'이라고 규정하고 있다. 수행은 육근의 면밀한 관찰에서부터 시작되어야 수행의 첫 단추를 제대로 끼우는 것이다. 자신과 늘 함께하는 감각하고 아는 작동방식에 주의를 기울여야 번뇌의 작동방식도 볼 수 있게 된다. 수행자는 반드시 이것을 보아야 번뇌를 처리할 수 있다. 그렇지 못하면 매번 번뇌가 먼저 생겨나고 난 이후에 사후처리를 하게 되는데 처리가 제대로 되지도 않을뿐더러 늘 선택의 장애에 빠져 고민하고 후회할 뿐만 아니라 동반한 탐욕과 성냄과 어리석음으로 인해 쉬지 못하고 헐떡거릴 수밖에 없다.

---

1 所依經典: 특정 종파에서 신행信行과 교의敎義를 근본으로 삼는 경전.

쓸 때 쓰고 쓰지 않으면 그만두다.

大德! 山僧 今時 事不獲已 話度說出 許多不才淨 爾且莫錯 據我見處寔無. 許多般道理 要用便用 不用便休 秖如諸方說 六度萬行 以爲佛法 我道 是莊嚴門佛事門 非是佛法 乃至持齋持戒.

임제 대덕이여!

산승山僧이 지금, 일도 하지 못하고 말을 했건만

제대로 표현하지 못한 게 많다고

'내가 본 처處를 이야기한 것이 사실은 없는 것.'이라고

너희는 또 착각하지 말라.

보통 허다하게 말하는 이치는

써야 한다면 바로 쓰더라도

쓸데없으면 그만두어야 한다.

예컨대 제방에서는

육바라밀을 채우는 수행을

부처가 되는 방법으로 설하나,

나는 이것이 장엄문莊嚴門과

불사문佛事門이며 불법도 아니라고 말하며

더 나아가 지재持齋나 지계持戒도 아니라고 한다.

● 大德! 山僧 今時 事不獲已 話度說出 許多不才淨 爾且莫錯 據我

見處寔無.
임제: 대덕이여! 산승山僧은 지금 일도 하지 못하고 말을 했건만 제대로 표현하지 못한 게 많다고 '내가 본 처處를 이야기한 것이 사실은 없는 것'이라고 너희는 또 착각하지 말라.

임제는 자신의 설법이 해야 할 일도 마다하고 설해줄 만큼 중요하다고 강조하면서, 자신이 설한 처處에 대한 그 말을 제대로 이해하지 못해 '처를 본다는 것'을 얘기해 주어도 정말로 얻을 게 아무것도 없는 것처럼 여기지 말라고 경고하는 것이다. 사실 '처를 본다는 것'은 매우 어렵고도 쉽다. 우리의 눈에 보이는 모든 대상이 다 이 처에서 벌어지는 일이므로 처를 언제나 함께하고 있다. 그러나 이것은 너무나 진실해서 나我라는 존재存在가 대상을 보고 있다고 생각될 뿐이지 내가 만들어 낸 세상을 보고 있다고 알긴 매우 어렵다.

사람들은 몸과 마음을 이원적으로 따로 존재存在한다고 생각하기에 몸과 마음이 실제로 존재存在하지 않고 허상으로만 존재存在한다는 사실을 알지 못하는 것이다. 이러한 것은 예나 지금이나 조금도 다름이 없다. 그래서 임제의 일구一句, 이구二句, 삼구三句의 차별이 있는 것이다. 그 사람의 정신적인 수준에 따라서 세상을 바라보는 안목이 달라지고 번뇌의 정도도 차별이 일어나게 된다. 이것을 사람들이 이해하기 좋도록 말한 것이 바로 수행의 계위階位일 뿐이지 실제로 존재存在하는 계위가 절대 아니다.

● 許多般道理 要用便用 不用便休 秖如諸方說 六度萬行 以爲佛法 我道 是莊嚴門佛事門 非是佛法 乃至持齋持戒.
보통 허다하게 말하는 이치는 써야 한다면 바로 쓰더라도 쓸데없으면 그만두어야 한다. 예컨대 제방에서는 육바라밀을 채우는 수행을 부처가 되는 방법으로 설하나, 나는 이것이 장엄문莊嚴門과 불사문佛事門이며 불법도 아니라고 말하며 더 나아가 지재持齋나 지계持戒도 아니라고 한다.

여기서 허다히 많은 도리가 무엇일까? 세상을 이해하는 여러 가지 이치들을 말한다. 예를 들어 세상은 '음양오행陰陽五行'으로 되어있다던가, 현대과학이 공리로 내세우는 '물리법칙', '인과因果', '숙명' 등등의 수많은 이론을 말한다. 이것은 사실을 증명한 게 아니고 그냥 이론일 뿐이다. 사실이라면 어떤 이론도 필요 없다. 사실 자체로 만족하고 의심할 수 없기 때문이다. 자연과학이 말하는 법칙이 증명된 진리라고 여기는 사람들이 많은데 여기에 큰 함정이 있다.

다만 세상을 그런 잣대를 들이대서 그렇게 세상을 이해했을 뿐이므로 그 반대되는 수많은 이론도 동시에 존재存在할 수밖에 없는 것이다. 그 대표적인 생각이 세상은 '결정되어 있는가?', '결정되어 있지 않은가?' 하는 문제이다. 결정되었다고 보는 쪽은 모든 것을 인과因果로 보기에 결국은 숙명적인 태도를 보일 수밖에 없다. 결과에 언제나 원인이 포함되어 있기 때문이다. 그 결과는 새로운 원인이 되어 다시 결과를 만들어 내므로 무슨 일이든 언제나 이미 결정된 것에 불과한 것이 되어 버린다. 또 무인론인 인과因果가 없다고 생각한다면 엄연히 일어나는 많은 예측 가능한 일들을 설명할 수 없게 된다. 이렇게 상호 모순적인 입장이 서로를 겨누고 있어 언제든 반론이 가능하니 증명되지 못한 것이다. 그러나 이 처에서 일어나는 일들을 보면 한순간에 모두 이해되어 시비가 사라지기에 옳고 그름에 끌려다니지 않고 다만 있으면 쓰고 없으면 생각하지 않게 되는 것이다.

물론 불교에도 이러한 인과적인 관점이 숨어있는 교리가 다분히 존재存在한다. 그것이 바로 육바라밀을 완성해야 비로소 부처가 된다는 생각이다. '육바라밀을 완성해서 부처를 이룬다.'라는 생각이 바로 허다히 많은 일반적인 생각 중의 하나이다.

육바라밀六波羅密은 대승이 내세우는 수행강령이다. 즉 보시, 지계, 인욕, 정진, 선정, 지혜가 그것인데 임제는 이 '육바라밀'을 단지 '장엄'하기 위한 수단이나 '불사'를 하기 위한 수단으로 보았다. 본래 육바라밀은 보살의 수행덕목이다. 보살은 깨달아서 부처가 되기 이전의 삶을 보살이라고 부른 데서 유래된 말인데 대승으로 넘어오면서 누구나 깨달음을 향해간다면 언젠가는 깨닫게 될 것이니 완전한 보살은 아닐지라도 가능성이 갖추어져 있으니 '대승보살'로 부르게 되었다. 그렇다 보니 보살의 수행덕목인 '육바라밀'이 '팔정도'보다 더 강조되기 시작했다. 그러나 내용상으로 보면 팔정도와 그 구성이 조금도 다르지 않다. 다만 다른 것은 팔정도는 '정견'이 맨 앞에 와 있다면 육바라밀은 실천이 강조되는 바람에 '반야'가 맨 뒤에 있다. 반야와 정견은 이름만 다를 뿐 같은 내용이다. 육바라밀에 있어서의 완성은 지혜의 완성에 있다.

보시바라밀이 완성되려면 지혜가 완성되어야 비로소 보시도 완성이 된다. 지혜롭지 못한 보시는 자원 낭비일 뿐 제대로 된 보시가 이루어지지 않기 때문이다. 그래서 보시를 말할 때 언제나 지혜를 내세워야 하지만 여기에 사찰의 경영 논리와 맞물리면 보시만을 강조하게 된다. 그러니 이것이 깨달음엔 관심 없고 사찰 짓기와 꾸미기로 전락하게 되는 것이다. 따라서 육바라밀을 인과因果의 법칙으로 잘못 이해하게 되면 이렇게 도량을 장엄하거나 불사를 일으켜 큰 절을 짓는 쪽으로 빠지게 되는 것이므로 불법이 아니라고 말한 것이다.

또 임제는 지재持齋와 지계持戒도 아니라고 말했는데, 여기서 지재持齋는 스님들께 공양 올리는 것이고 지계持戒는 계율을 지키는 것이다. 임제가 이 지재와 지계도 불법이 아니라고 말한 이유는 불법승의 삼보께 공양만 올리면 무조건 모든 복이 굴러들어오고, 계율만 잘 지키면 큰스님으로 생각해왔기에 이런 풍조도 불법이 아니라고 한 것이다. 공양을 올리는 것은 승가와 재가가 서로 의지하여 서로에게 고마워할 때 가치가 있다. 그런데 일방적으로 받기만 하고 돌려주는 것이 없다면 그 관계는 갑과 을의 관계일 뿐 서로에게 의지해 있는 관계라고 보기 어렵다. 부처님께서는 서로 의지하면 부족한 부분을 채우게 하려고 승속을 갈랐지 깨달음을 얻는데 차등이 있어서가 아니었다.

여기서 공양을 올리거나 계율을 지키는 행위가 잘못되었다는 게 아니라 바른 의미가 사라지게 된 것을 지적한 것이다. 깨달음은 본질에서 말하면 보시를 많이 한다고 얻어지는 것도 아니고 계율을 잘 지킨다고 얻어지는 것도 아니다. 보시를 많이 해서 깨닫는다면 자원봉사자들은 다 깨달음을 얻을 것이고 계율을 잘 지키는 사람이 깨닫는다면 채식주의자는 모두 깨달음을 얻어야 마땅하다. 여기서 한가지 중국과 한국에서 계율을 잘 지키는 것의 주요쟁점은 육식肉食이다. 육식하지 않아야 계율을 잘 지키는 율사로 여겼다. 이러한 생각이야말로 어리석기 짝이 없는 생각이다. 부처님과 그 제자들은 일평생 탁발로 연명했으니 주는 대로 먹어야 했으므로 일생 육식을 피할 수조차 없었다. 그렇다면 교주나 그 제자부터 계율을 어겼으므로 깨닫지 못했어야 옳다. 만약 이 문제를 조금이라도 생각해본다면 그 생각의 어리석을 금방 알 수 있을 것이다.

종적도 없는 처處

擎油不潤[1] 道眼不明 盡須抵債 索飯錢有日在! 何故如此? 入道不通理 復身還信施 長者八十一 其樹不生耳. 乃至 孤峯獨宿 一食卯齋 長坐不臥 六時行道? 皆是造業底人. 乃至頭目髓腦 國城妻子 象馬七珍 盡皆捨施 如是等見? 皆是苦身心故 還招苦果 不如無事. 純一無雜 乃至 十地滿心菩薩 皆求此道流蹤跡 了不可得. 所以 諸天歡喜 地神捧足 十方諸佛 無不稱歎. 緣何如此? 爲今聽法道人用處無蹤跡.

임제 기름을 출렁이지 않고 나를지라도

도道를 보는 안목이 밝지 않다면

죽어서 반드시 빚을 노역으로 가려야 하니

밥값을 찾아야 할 날이 있을 것이다!

어째서 그러한가?

출가하고도 이치를 통하지 못했으므로

몸을 회복해 시주은혜 갚는데

장자가 여든 한 살이 되어서야

그 나무도 버섯을 내지 않았기 때문이다.

더 나아가서 높은 봉우리에 혼자 지내며

---

1 擎油不潤: <기름을 들어 엎지르지 않다> 정신을 집중해서 방심하지 않음.
譬如世間有諸大衆滿二十五里 王勅一臣持一油鉢 經由中過 莫令傾覆 若棄一渧 當斷汝命 復遣一人 拔刀在後 隨而怖之 臣受王敎 盡心堅持 經歷爾所大衆之中 雖見可意五邪欲等 心常念言 我若放逸 著彼邪欲 當棄所持 命不全濟 是人以是怖因緣故 乃至不棄一渧之油 菩薩摩訶薩 亦復如是 於生死中 不失念慧 以不失故 雖見五欲 心不貪著 入道不通理 復身還信施 長者八十一 其樹不生耳

채식으로 한 끼 먹고 오래 앉고 눕지 않으며

온종일 도를 닦는 등의 이런 견해는 어떠한가?

모두 업業을 짓는 사람이다.

더 나아가 머리, 눈, 골수, 뇌, 나라, 처자, 코끼리, 말등의

일곱 가지 보배를 모두 줘버리는 것은 어떠한가?

모두 몸과 마음을 괴롭히는 까닭에

도리어 괴로운 결과만 불러올 뿐이니

일이 없는 것만 못한 것이다.

섞이지 않아 순수하고

더 나아가 십지十地를 성취한 보살들도

모두 여기 수행자와 같은

자취를 구했으나 마치지 못했다.

그런 까닭에 모든 천신이 기뻐하는 것이고

지신地神이 발을 떠받드는 것이며

시방十方의 모든 부처님도 칭찬하지 않는 것이다.

어째서 이러한가?

지금 설법을 들으려 하는 것이

사람이 쓰는 처의 종적 없음을

말하고 있기 때문이다.

●擎油不潤 道眼不明 盡須抵債 索飯錢有日在. 何故如此 入道不通理 復身還信施 長者八十一 其樹不生耳.

임제: 기름을 출렁이지 않고 나를지라도 도道를 보는 안목이 밝지 않다면 죽어서 반드시 빚을 노역으로 가려야 하니 밥값을 찾아야 할 날이 있을 것이라는데 어째서 그러한가? 출가

하고도 이치를 통하지 못했으므로 몸을 회복해 시주은혜 갚는데 장자가 여든 한 살이 되어서야 그 나무도 버섯을 내지 않았기 때문이다.

'기름을 출렁이지 않는다는 것'은 열반경 제22권에 나오는 비유로 '정신을 집중하는 것'에 대한 이야기이다. 제아무리 정신집중을 잘할지라도 도를 바르게 알지 못한다면 번뇌로부터 절대로 벗어나지 못하는 것이다. 그러다 보면 깨닫지도 못하고 죽게 되어 결국에는 시주 밥을 얻어먹은 대가를 죽어서라도 반드시 치르게 될 것이라고 경고하는 것이다. 이 구절은 지금의 선방 수행자들이 반드시 새겨야 하는데, 정신집중을 잘해서 몇 날 며칠을 꼼짝도 하지 않고 깨어 있을지라도 수행에 대한 분명한 안목이 생기지 않았다면 깨달을 수 없을 것이다. 수행자라면 '확인하고 알아야 할 것'을 반드시 확인해야만 하는데, 만약 확인하지 않고 정신집중에만 몰두한다면 그저 '정신집중을 잘하는 기술자'일 뿐이니 결코 번뇌의 그물에서 벗어나지 못할 것이다.

'입도불통리入道不通理 부신환신시復身還信施 장자팔십일長者八十一 기수불생이其樹不生耳'라는 게송은 서천 제 15조 가나제급 존자의 오도송悟道頌[1]으로 그 의미는 시주의 은혜를 갚는 유일한 길은 오로지 깨달음을 성취하는 것뿐이라는 것이다. 불교에서는 깨달음을 성취한 사람을 '아라한阿羅漢'이라고 부르는데 다른 말로 '응공應供'이라 한다. '응공應供'이란 '시주의 밥을 먹을 자격이 있다.'라는 뜻이다. 따라서 승려가 깨닫지 못한다면 제아무리 큰 절을 짓고 큰 스님 소리를 듣는다고 할지라도 밥 먹을 자격조차 없는 것이다.

● 乃至 孤峯獨宿 一食卯齋 長坐不臥 六時行道? 皆是造業底人.
더 나아가서 높은 봉우리에 혼자 지내며 채식으로 한 끼 먹고 오래 앉고 눕지 않고 온종일 도를 닦는 등의 이런 견해는 어떠한가? 모두 업業을 짓는 사람이다.

문장이 복잡한데 앞의 질문에 이어서 하는 질문이다. 일식묘재一食卯齋에서 일식一食이 하루에 한 끼만을 먹는 것을 의미하는 것은 분명하다. 다

1 悟道頌: 깨달았을 때 깨달음의 내용을 시로 남긴 것.

만 묘재卯齋에 대해 고찰을 해보아야 한다. '묘'는 '12시' 중에 '묘시'를 의미하기도 하고 '토끼'를 의미하기도 한다. 그런데 '일종식一種食'은 언제나 '사시巳時'에 먹는 것만을 의미한다. 그러니 묘시에 '일종식一種食'을 한다는 말은 아무리 생각해도 이상하다. 본래 승려의 공양은 반드시 일종식이 기본이고 거기에 사정에 따라 조식朝食과 약석藥石(저녁)이 추가되는 법이다.

그래서 승려의 공식적인 식사는 사시에 하는 식사가 유일하며 그 식사를 '재齋'라고 부르는 것이다. 그렇기에 묘재가 묘시에 먹는 식사로 보기에는 무리가 있다. 중국 승려들은 탁발의 문화가 없었으므로 대신에 경작해서 먹어야 했다. 그러다 보니 자비를 강조하고 실천하던 승려들은 자연스레 채식으로 옮겨갔고 또 그것이 승려가 '계율을 엄격히 지키는 것'으로 여기게 되었다. 따라서 '묘재卯齋'는 채식을 말하는 것으로 보는 것이 타당하게 보인다. 아무튼, 깊은 산속에서 채식으로 하루 한 끼만 먹고 눕지도 않고 수행한다면 그런 사람이야말로 살아 있는 수행자의 표본이라고 할 것이다. 가장 근래에 혹독한 수행으로 이름을 떨쳤던 청화스님이나 성철스님 혜암스님 같은 분들이 이에 해당할 것이다. 그런데 임제는 매일같이 하루 내내 쉬지도 않고 그 짓을 할지라도 단지 업業을 짓는 사람일 뿐이라고 꼬집었다.

● 乃至頭目髓腦 國城妻子 象馬七珍 盡皆捨施? 如是等見 皆是苦身心故 還招苦果 不如無事.
더 나아가 머리, 눈, 골수, 뇌, 나라, 처자, 코끼리, 말, 일곱 가지 보배를 모두 줘버리는 것은 어떠한가? 모두 몸과 마음을 괴롭히는 까닭에 도리어 괴로운 결과만 불러올 뿐이니 일이 없는 것만 못한 것이다.

그렇다면 내가 줄 수 있는 '모든 것'을 보시한다면 어떻겠느냐고 묻는 것인데, 이 질문은 양나라 무제가 자신이 수많은 사찰을 짓고 국가가 재정이 휘청거릴 정도로 보시를 했는데 그 공덕이 얼마나 되느냐고 '달마에게 물었던 것'과 그 맥락을 같이 한다. 임제도 달마와 같이 괴로운 결과만 초래할 뿐이니 아니함만 못한다고 말하고 있다.

●純一無雜 乃至 十地滿心菩薩 皆求此道 流蹤跡了 不可得 所以 諸天歡喜 地神捧足 十方諸佛 無不稱歎. 緣何如此? 爲今聽法道人用處無蹤跡.

섞이지 않아 순수하고 더 나아가 십지十地를 성취한 보살들도 모두 여기 수행자와 같은 자취를 구했으나 마치지 못했다. 그런 까닭에 모든 천신이 기뻐하는 것이고 지신地神이 발을 떠받드는 것이며 시방十方의 모든 부처님도 칭찬하지 않는 것이다. 어째서 이러한가? 지금 설법을 들으려 하는 것이 사람이 쓰는 처의 종적 없음을 말하고 있기 때문이다.

이 문장도 해석하기 까다로운 문장이다. 논리적으로 앞뒤의 문맥을 고려해서 해석해야 그 의미가 드러난다. 아무리 잡되지 않고 순수하다는 말은 어린아이처럼 순진무구한 것을 말한다. 우리는 흔히 어린 아이처럼 순수한 동심을 성인의 기준으로 삼는 경우가 많다. 만약 그렇다면 우리의 삶은 '성인으로 태어나 범부로 죽는 것'과 다르지 않다.

만약 그렇다면 어렸을 때 죽는 게 가장 훌륭한 일이니 어려서 죽었다고 슬퍼할 일도 없을 것이다. 그러니 아무리 순수한 사람이거나 십지를 성취한 사람 모두가 수행자의 자취를 얻으려고 했지만 얻을 수 없었기에 천신도 기뻐하고 지신도 받들며 부처님들도 칭찬을 아끼지 않는다는 것이다. 그러면 그 '수행자의 자취'라는 것은 무엇일까? 바로 설법하는 사람과 듣는 사람이 일으키는 처의 작용을 말하는 것이다. 처가 작동하므로 설법을 하기도 하고 듣기도 하는 것인데, 그 '처라는 것'이 물리적 '공간이나 시간 속에 존재存在하는 것'이 아니므로 그 자취가 없어 쉽게 찾지 못하는 것이다. 그런데 임제는 사람들이 쓰는 처의 작용에 대해 설법하고 있기에 모든 부처님께서 입이 마르도록 칭찬한다는 것이다.

대통지승불大通智勝佛

問 大通智勝佛 十劫坐道場 佛法不現前 不得成佛道 未審此意. 如何乞師指示. 師云 大通者是自己 於處處 達其萬法 無性無相 名爲大通. 智勝者 於一切處 不疑 不得一法 名爲智勝. 佛者 心淸淨光明 透徹法界 得名爲佛. 十劫坐道場者 十波羅密是 佛法不現前者 佛本不生 法本不滅 云何更有現前? 不得成佛道者 佛不應更作佛 古人云 佛常在世間 而不染世間法.

질문 '대통지승불大通智勝佛이

십겁十劫 동안 도량道場에 앉아있어도

부처님 법이 드러나지 않아

부처 되는 방법을 얻지 못했다.'라고 했는데,

이 의미가 미심쩍습니다.

어째서 그런지 스승님께서 가르쳐주소서.

임제가 말했다.

임제 '대통大通'이라는 것은

바로 자신의 '처處와 처處'에서

온갖 법이 성품도 없고 모양도 없다는 것을 통달하면

'대통大通'이라고 부르는 것이다.'

지승智勝'이라는 것은

모든 처處에서 단 하나의 법도 얻을 수 없음을

의심하지 않는 것을 '지승智勝'이라 부르는 것이다.
'부처佛'라는 것은 마음이 깨끗하게 빛나서
법계法界를 철저히 꿰뚫을 때 '부처佛'라는 이름을
얻는 것이다.
'십겁十劫동안 도량道場에 앉았다.'라는 것은
십바라밀十波羅密이 이것이다.
'부처님 법이
눈앞에 드러나지 않았다佛法不現前.'라는 것은
'부처란 본래 태어나지 않는 것'이고,
법法이란 '본래 없어지지도 않는 것'이거늘
어찌 또다시 드러날 수 있겠는가?
'부처 되는 방법을 얻지 못했다不得成佛道.'라는 것은
부처는 마땅히 다시 부처가 되려고 하지 않기에
옛사람이
'부처는 언제나 세간에 있지만,
세간의 법에는 물들지 않는다.'라고 말한 것이다.

● 問 大通智勝佛 十劫坐道場 佛法不現前 不得成佛道 未審此意 如何乞師指示.
질문: '대통지승불大通智勝佛이 십겁十劫 동안 도량道場에 앉아 있어도 부처님 법이 드러나지 않아 부처 되는 방법을 얻지 못했다.'라고 했는데, 이 의미가 미심쩍으니 어째서 그런지 스승님께서 가르쳐주소서.

대통지승불大通智勝佛은 법화경의 화성유품에 나오는 부처님이다. 이 부처님에 대한 임제의 해설은 참 흥미롭다. 초기 경전에서는 쓰이는 각각의 용어가 치밀하게 연결되어있어 각 단어에 대한 깊은 이해가 중심이 된다.

이에 비해 대승 경전은 문장 전체의 이야기가 중심이 되므로 용어 자체보다는 전체적인 맥락으로 이해해야 한다. 즉 이 대통지승불의 의미도 상징적으로 이해해야지 하나하나 따져서 이해하면 온통 커다란 모순덩어리가 되어 버린다. 따라서 대통지승불을 이해할 때도 이렇게 전체의 이야기에서 그 요점을 이해해야지 이런 부처님이 정말로 있다고 생각하면 심각한 오류가 발생해 엉뚱한 쪽으로 나아가다 보면 점점 깨달음과 멀어지게 되므로 매우 주의해야 한다.

● 師云 大通者是自己於處處 達其萬法 無性無相 名爲大通.
임제가 말했다. '대통大通'이라는 것은 자신의 '처處와 처處'에서 온갖 법이 성품도 없고 모양도 없다는 것을 통달하면 '대통大通'이라고 부르는 것이다.

대통大通이란 직역하면 '크게 통한다.'라는 말인데, 무엇을 크게 통한다는 것일까? 이것에 대해 임제는 자신의 외입처外入處와 내입처內入處에서 일어나는 '모든 법이 모양도 성품도 없다는 사실을 통달하여 아는 것'이라고 말했다. 만약 여러분이 세상에 존재存在하는 물건들이 다 재활용되고 있을 뿐 새로 만들어지거나 사라지는 일은 절대로 없다고 생각하고, 또 버려서 없어졌다고 하는 것들도 알고 보면 쓰레기장에 모여있으니 장소만 옮겨져 있을 뿐이라고 생각한다면 그것은 존재存在의 관점에서 바라본 것이다.

그러나 지금 여기서 임제가 말하는 것은 그런 존재存在에 대한 말이 아니다. 처의 작용으로 드러나는 모든 '법法'들에 관해 말하는 것이다. 그런데 이것을 세상에 존재存在하는 객관적인 대상으로 생각한다면 부처나 조사의 말이 일부는 타당해 보이기도 하지만, 사실 너무나 상호 모순적이어서 이해가 제대로 되지도 않기에 내가 모를 뿐이라고 얼버무리게 된다. 따라서 여기서 말하는 '만법'은 세상의 모든 사물을 말하는 것이 아니라 내입처內入處와 외입처外入處의 작용으로 드러난 법들을 지칭한다는 사실을 잊지 말아야 한다.

지금 직접 보고 느끼는 모든 것은 자신의 내입처內入處와 외입처外入處

의 작용 때문에 연기緣起한 법들이다. 이러한 법들은 마음이 조작하고 지어내고 그것을 보고 있는 것이기 때문에 그 법들은 순식간에 드러났다가 사라지게 되는 것이다. 만약 순식간에 나타났다가 사라지지 않는다면 마음에는 수없이 많은 잔상이 남아서 대상을 올바르게 판단할 수 없게 될 것이다. 모든 법은 언제나 순식간에 일어났다 사라지기에 허공에 화공이 그림을 그리는 것과 같다고 표현한 것이다. 허공에 그린 그림은 실체實體도 없으면서 나타났다 순식간에 사라지게 되므로 그렇게 표현한 것이다. 그래서 만법이 성품도 없고 모양도 없다고 말한 것이다. '이러한 사실을 확실히 알아 통달한다는 것'은 모든 것을 완벽히 통달해서 아는 것이니 보통으로 통달한 게 아니고 아주 크게 통달한 것이라고 한 것이다.

● 智勝者 於一切處 不疑不得一法 名爲智勝.
'지승智勝'이라는 것은 모든 처處에서 단 하나의 법도 얻을 수 없음을 의심하지 않는 것을 '지승智勝'이라 부르는 것이다.

모든 것을 조작한 처에서는 모든 게 진실해 보이므로 의심하지 않고 얻을 수 있는 법이란 하나도 없다는 게 '지혜의 승리'라는 것이다. 의심하는 것이야말로 지혜의 승리라는 것이다. 여기의 이 말을 잘 생각해 새겨볼 필요가 있다. 선방의 주변에 있으면 화두를 '의심'이라고 말하면서 그 의심이 '한 덩어리로 뭉쳐야 한다.'라는 말을 자주 듣게 된다. 여기서 의심의 주제가 무엇인지를 아는 것이 중요하다. 화두의 주제는 바로 이 처에서 일어나는 일이다. 그래서 깨달음을 표현할 때 '견처見處가 있다.'라는 식으로 말하는데, 그 이유는 '처의 작용을 보는 것'이 바로 깨닫는 것이기 때문이다. 이 처를 이해하지 않고 어떻게 깨달음을 논하며 어떻게 번뇌를 여읠 수 있단 말인가?

깨달음은 번뇌를 제거하지 못한다면 제아무리 멋있는 것을 깨달을지라도 그것은 최상이 깨달음이 될 수 없다. 우리 주변에 선사를 자부하는 사람들이 많지만 대부분 삼독심三毒心에서 허덕이면서도 깨달았다고 말한다. 그들이 말하는 깨달음이 조사와 부처님이 말하는 최상의 깨달음과 같은지 매우 의심스러울 수밖에 없는 이유이다. 최상의 깨달음이란 더 이상의 깨달음이란 있을 수도 없다는 의미이다. 그런 깨달음이란 우리의 사유가 완전히 뒤바뀌어 바르게 드러날 때 할 수 있는 말이다. 따라서 최상의 깨달음은 여러 번 나누어서 반복적으로 깨닫는 문제가 아니다. 만약 여러 번에 걸쳐 나누어 깨달아진다면 그것은 최상의 깨달음이라고 할 수 없는 그저 모르던 그 무엇을 안 것일 뿐이다.

또한, 그 깨달음이 탐진치貪嗔痴를 무력화시킬 수 없다면 그 깨달음은 깨달으나 마나인 깨달음이다. 그래서 내가 깨달아야 할 게 무엇인지를 명확하게 아는 것이 중요하며, 그 중심에 처의 작용이 있다. 이 처의 작용을 의심하지 않고서는 한 법도 알 수 없는 것이다. 이 처의 작용을 보는 것이 바로 '지혜의 승리'인 것이다.

● 佛者 心淸淨光明 透徹法界 得名爲佛.
'부처佛'라는 것은 마음이 깨끗하게 빛나서 법계法界를 철저히 꿰뚫을 때 '부처佛'라는 이름을 얻는 것이다.

부처란 어떤 '훌륭한 실체實體'라는 대상이 아니라 마음에서 일어나는 '법계를 환하게 비추어 분명하게 알게 된 것'이 바로 부처라고 임제는 말한다. 즉 의식의 전환이 이루어져 세상 모든 것에 대하여 '애착이나 싫음'이 망상임을 깨닫고 대상의 속박에서 벗어난 상태가 되었을 때 사람들이 그를 부처라고 부른다는 것이다.

● 十劫坐道場者 十波羅密是. 佛法不現前者 佛本不生 法本不滅 云何更有現前?
'십겁十劫동안 도량道場에 앉았다.'라는 것은 십바라밀十波羅密이 이것이다. '부처님 법이 눈앞에 드러나지 않았다佛法不現前.'라는 것은 '부처란 본래 태어나지 않는 것'이고, 법法이란 '본래 없어지지도 않는 것'이거늘 어찌 또다시 드러날 수 있겠는가?

십겁동안 도량에 앉아있다고 말하지만, 십겁은 헤아릴 수도 없는 시간을 말한다. 이렇게 기나긴 시간 동안 앉아있다는 것을 말로는 표현할 수 있지만, 현실적으로 가능하지 않다. 따라서 이것을 임제는 십바라밀을 닦는 것으로 해석했다. 임제는 부처는 '본래 태어나지 않는 것'이라고 말했는데, 사실 이것은 너무나 당연하다. 하지만 우리는 그렇게 생각하지 않는다. 예를 들어 지금의 우리도 초파일을 '부처님 오신 날'이라고 부르는데, 이것이 바로 그러한 발상에서 나온 것이다. 물론 이렇게 부르는 이유가 부처님의 위대함을 강조하기 위해 오랜 세월 그 어려운 수행도 마다하지 않았다고 말하기 위함일 것이다. 하지만 그것을 곧이곧대로 믿는 사람이 있다는 게 문제다.

부처란 부처로 태어나는 게 아니고 범부가 수행이라는 깊은 사유를 통해 '어리석은 중생의 생각'을 벗어나는 것이다. 또한, '법이란 것'도 본래부터 그 자리에 있었던 것을 싯다르타 태자가 깨달아서 부처가 된 것뿐이니 누가 '만들어 내거나 없앨 수 있는 것'도 아니다. 따라서 본래부터 부처님께서 말씀하신 그 법이 그대로 그렇게 있었건만, 제대로 이해하지 못해 '법을 보지 못한 것' 뿐이니, 부처님의 법이 나타나고 말고 할 것도 없다는 것이다.

● 不得成佛道者 佛不應更作佛 古人云 佛常在世間 而不染世間法.
'부처 되는 방법을 얻지 못했다.'라는 것은 부처는 마땅히 다시 부처가 되려고 하지 않기에 옛사람이 '부처는 언제나 세간에 있지만, 세간의 법에는 물들지 않는다.'라고 말한 것이다.

'대통지승불大通智勝佛'이란 '크게 통달한 지혜로 승리한 부처'를 말하는데, 그 이름에서 알 수 있듯이 이미 그 자체가 부처이다. 이미 '대통지승불大通智勝佛'이란 부처인데, 무엇 때문에 부처가 되려고 하겠는가? 본래 '부처라는 것'은 깨닫고 난 뒤에 살아서든 죽어서든 어디 다른 불국정토나 열반이란 세상에 가서 사는 게 아니고 이 사바세계에서 중생과 함께 '열반의 삶'을 살아가는 것이다. 단지 중생은 어리석게 살아서 괴롭고, 부처는 어리석음에서 벗어나 밝게 비추니 분명히 알고 살기에 번뇌 없이 행복하게 살아갈 뿐이다. 부처는 오염된 생각에서 벗어난 것이지 어디 열반의 세상에 태어나거나 옮겨가서 사는 문제가 아니라는 것을 분명히 알아야 한다.

갖가지 물건을 좇지 말라

道流! 爾欲得作佛 莫隨萬物! 心生種種法生 心滅種種法滅 一心不生 萬法無咎. 世與出世 無佛 無法 亦不現前 亦不曾失 設有者 皆是名言章句 接引小兒 施設藥病. 表顯名句 且名句 不自名句 還是[1] 爾目前昭昭靈靈[2] 鑒覺聞知 照燭底 安一切 名句.

임제 수행자여!

네가 부처가 되고 싶다면

세상의 만물을 따라가지 말라!

마음이 생겨나니 갖가지 법도 생겨나고

마음이 사라지니 갖가지 법도 사라지는 것이니

한마음이 생겨나지 않는다면

만법도 허물이 없느니라.

세간과 더불어 출세간에는 부처도 없고 법도 없으니

앞에 '나타날 것'도 없고, 또한 일찌감치

'잃을 것'도 없는 것이다.

설사 있더라도 모두

이름으로 된 말이거나 문장으로 된 글귀로

아이를 데려와 약으로 병을 치료하기 위해

베풀어지는 것이다.

1 不…還是…: …이 아니라…이다. 강조의 어법.
2 昭昭靈靈: 생생하고 역력함. 본래 주인공의 약동하는 모습.

표현된 '이름과 문구' 또한 '이름과 문구'가 스스로
'이름과 문구'라고 한 게 아니고
네 눈앞에서 분명히 아는 것이 촛불로 비추어
거울처럼 느끼고 알아들어서
이름과 문구로 안치한 것이다.

● 道流! 爾欲得作佛 莫隨萬物!
수행자여! 네가 부처가 되고 싶다면 세상의 만물을 따라가지 말라!

'부처가 되려면 세상의 만물을 따라가지 말라는 것'은 '육근六根을 수호하라는 부처님의 말씀'과 일맥상통一脈相通한다. 만물을 따라간다는 것은 결국, 만물이 실체적實體的 존재存在라고 생각하기에 그 대상에 좋고 싫어하는 감정이 달라붙게 되는 것이다. 그러다 보면 그 물건을 '소유'하거나 '버려야겠다'라고 생각하게 된다. 그러므로 대상을 따라가는 행위는 탐심에서 비롯된다. 또한, 이러한 탐심은 소유가 불만족스러울 때 분노로 이어지고 어리석은 행동까지 일어나게 된다. 이러한 어리석음의 모든 원인은 제대로 알지 못하는 무명無明에 근거하고 있다. 따라서 만물을 따라가지 않을 수 있어야 번뇌를 여의고 부처가 되는 것이다.

● 心生種種法生 心滅種種法滅 一心不生 萬法無咎.
마음이 생겨나니 갖가지 법도 생겨나고 마음이 사라지니 갖가지 법도 사라지는 것이니 한마음이 생겨나지 않는다면 만법도 근심이 없느니라.

우리는 근본적으로 '마음', '영혼' 등이 본래부터 존재存在한다고 생각한다. 그런데 여기서는 미음이 생겨나니 갖가지 법이 생겨나고 마음이 사라지지 갖가지 법도 사라진다고 말하고 있다. 언 듯 이해가 가지 않는 대목이다. 마음이 생겨나야 마음의 대상인 법이 생기고 마음이 사라지면 법도 사라진다니……. 그러나 이것은 '법'이란 용어에 대한 이해가 부족해서 생기는 일이다.

지금 여기서 말하는 법은 실재實在하는 객관 대상이 아니다. 실재實在한다고 여기는 그 객관 대상을 '감각 기관'이 감지해서 들어온 신호를 다시 형상화하는 과정에서 마음과 대상이 동시에 드러나게 된다. 그래서 이때, 마음이 대상을 본다는 인식도 함께 생겨나는 것이다. 그러므로 마음이란 대상 없이 독단적으로 발생하지 못하기 때문에 마음이 생겨나야 갖가지 법도 따라서 생겨나고, 마음이 사라지면 갖가지 법도 사라지는 것이다. 그래서 마음을 본래 가지고 태어나는 것이 아니라 대상으로 삼는 법과 함께 마음이 드러나는 것이다.

즉 마음은 실체實體가 아니라 작용하는 것이다. 마음이 작용할 때 대상으로 삼는 법도 함께 드러나는 것이다. 따라서 마음이 생겨나 작용하지 않는다면 법도 드러나지 않기에, 한마음이 생겨나지 않으면 만법에 좋다 나쁘다는 근심도 생기지 않는 것이다.

● 世與出世 無佛 無法 亦不現前 亦不曾失 設有者 皆是名言章句 接引小兒 施設藥病.
세간과 더불어 출세간에는 부처도 없고 법도 없으니 앞에 '나타날 것'도 없고, 또한 일찌감치 '잃을 것'도 없는 것이다. 설사 있더라도 모두 이름으로 된 말이거나 문장으로 된 글귀로 아이를 데려와 약으로 병을 치료하기 위해 베풀어지는 것이다.

세간世間과 법계法界는 서로 다른데, 세간世間은 객관적인 세상을 말하고 법계는 그 세간世間을 감각 기능이 감지한 것으로 재창조한 조작된 세상을 말한다. 따라서 세상 사람들이 세상이라고 믿는 세간世間과 그것을 벗어난 깨달음의 세상인 출세간出世間에는 부처나 법이 있을 리가 만무하다. 부처나 법은 처에서 벌어지는 대상에 대한 언어로 된 개념일 뿐이니 실재實在한다고 믿는 생각 자체가 어리석기 때문이다. 이러한 '부처'라든가 '법法'이라는 말은 번뇌에 시달리는 중생을 데려다가 약으로 병을 치료하려고 해준 말일 뿐이다.

● 表題名句 且名句不自名句 還是爾目前昭昭靈靈 鑒覺聞知 照燭底 安一切名句.

표현된 '이름과 문구' 또한 '이름과 문구'가 스스로 '이름과 문구'라고 한 게 아니고 네 눈앞에서 분명히 아는 것이 촛불로 비추어 거울처럼 느끼고 알아들어서 이름과 문구로 안치한 것이다.

밖으로 드러나 있는 언어로 규정된 개념인 이름이나 문구는 모두 그 대상 자체가 자기의 이름을 가르쳐 준 것이 아니다. 만약 대상이 자기의 이름을 가르쳐 주었다면 대상이 어느 곳에 있든 같은 이름을 가질 것이다. 그러나 지역만 달라져도 대상에 대한 이름이 달라진다. 예를 들어 여기에 사과가 있다고 하자. 우리나라 사람들은 사과로 부르지만, 영미권 사람들은 'An apple'이라고 부른다. 그래서 '이름'은 대상을 거울처럼 복사해 느끼며 분명히 인식될 때 붙여지는 것이며, 만약 아직 대상에 이름이 붙여지지 않았다면 그 대상은 인식조차 할 수 없다.

따라서 본래 그 대상에는 이름으로 차별되지도 않았고 좋고 싫음의 감정도 붙어있지 않았다. 다만 그 대상을 바라보는 사람들이 구분 지어 이름을 붙여놓고 '좋다'거나 '싫다'라고 말하면서 스스로 즐거워하거나 괴로워할 뿐이다. 이러한 사실을 깊은 사유를 통해서 스스로 결론을 내려야 대상을 좇으려는 마음이 저절로 사라지게 되는 것이다.

혹자는 이렇게 말할지도 모른다. '그런 무상한 도리는 나도 아는데 왜 나는 사라지지 않느냐?'고 말이다. 이것은 남의 이야기를 듣고 심정적으로 수긍을 했을 뿐, 스스로 그 결론에 도달하지 못했기 때문이다. 본인이 확인할 수 있는 '모든 것'을 하나하나 사유하여 직접 확인해보고, 스스로 그 결론에 도달해야 또다시 의심하지 않게 되며, 그럴 때 비로소 대상을 따라가지 않게 되며 번뇌도 사라지게 되는 것이다.

다섯 가지 무간업無間業

大德! 造五無間業 方得解脫. 問 如何是五無間業? 師云 殺父害母 出佛身血 破和合僧 焚燒經像等 此是五無間業. 云 如何是父? 師云 無明是父. 爾 一念心 求起滅處不得 如響應空隨處無事 名爲殺父. 云 如何是母? 師云 貪愛爲母. 爾一念心入欲界中 求其貪愛 唯見諸法空相 處處無著 名爲害母. 云 如何是出佛身血? 師云 爾向清淨法界中 無一念心生解 便處處黑暗 是出佛身血. 云 如何是破和合僧? 師云 爾一念心 正達煩惱 結使如空無所依 是破和合僧. 云 如何是焚燒經像? 師云 見因緣空 心空法空 一念決定斷 迥然無事 便是焚燒經像.

임제 대덕이여! 다섯 가지 무간업五無間業을 지어야
바로 해탈할 수 있느니라.

질문 무엇이 다섯 가지 무간업五無間業입니까?

임제 아버지를 죽이고 어머니를 해치며,
부처님의 몸에서 피를 내고,
화합승을 깨뜨리며, 경과 불상을 태워버리는 등의
여기 있는 이것이 다섯 가지 무간업無間業이다.

질문 무엇이 아버지입니까?

임제 무명無明이 바로 아버지이니라.
너의 한 생각 마음이 일어나고 사라지는 곳을
구해도 얻지 못하는 것은
허공에 반응하는 메아리와 같기 때문이니

따르는 처處가 일이 없어야
'아버지를 죽였다.'라고 부르는 것이다.

질문 무엇이 어머니입니까?

임제 사랑을 탐착하는 게 어머니이니라.
너의 한 생각 마음이 욕계欲界에 들어가서
그 사랑을 탐착해서 구했는데
오로지 제법의 공한 모습만 보아
처處와 처處에 애착이 없어야
'어머니를 해쳤다.'라고 부르는 것이다.

질문 무엇이 부처님의 몸에 피를 내는 것입니까?

임제 네가 청정한 법계法界로 향해가면서
한 생각 마음으로 이해하는 게 없다는 것은
곧 처處와 처處가 캄캄한 것이니
이것을 부처님 몸에서 피를 낸다고 하는 것이다.

질문 무엇이 화합한 승가를 깨뜨리는 것입니까?

임제 너의 한 생각 마음이 번뇌를 바르게 통달해서
묶인 번뇌가 의지한 바가 없어 허공과 같으면
화합한 승가를 깨뜨린 것이다.

질문 무엇이 경과 불상을 불사르는 것입니까?

임제 인연의 비었음을 보아 마음도 법도 비워지면
한 생각의 결정決定도 끊어지고
자연스레 멀어져 일이 없게 되는데,
이것이 바로 경과 불상을 불사르는 것이다.

● 大德! 造五無間業 方得解脫. 問 如何是五無間業? 師云 殺父害母 出佛身血 破和合僧 焚燒經像等 此是五無間業.
대덕이여! 다섯 가지 무간업五無間業을 지어야 바로 해탈할 수 있느니라. /질문: 무엇이 다섯 가지 무간업五無間業입니까? /임제: 아버지를 죽이고 어머니를 해치며, 부처님의 몸에서 피를 내고, 화합승을 깨뜨리며, 경과 불상을 태워버리는 등으로 이것이 바로 다섯 가지 무간업無間業이다.

본래 지옥 중에서도 극악한 지옥을 무간지옥이라고 한다. 즉 잠시도 쉬지 않고 괴로움을 받기에 '무간'이라고 하는 것이다. 하지만 여기서 말하는 '조오무간造五無間'은 무간지옥에 간다는 게 아니고 '간단없이 지속해야 한다.'라는 뜻이다. 즉 다섯 가지를 잠시도 쉬지 않고 지속해야 해탈할 수 있다는 의미이다. 해탈할 수 없게 만드는 다섯 가지 요소를 오역죄五逆罪에 배대配對해서 예시하는 것도 참 흥미롭다. 이런 역설적 해석은 임제 스님의 기지와 뛰어난 안목을 바로 보여주는 예이다. 여기서 아버지를 죽이고 어머니를 해치며, 부처님의 몸에서 피를 내고, 화합승을 깨뜨리며, 경과 불상을 태워버리는 것 등이 오역죄인데, 이 다섯 가지를 끊임없이 반대로 해야 해탈하게 된다고 말하는 것이다.

● 云 如何是父? 師云 無明是父. 爾 一念心 求起滅處 不得 如響應空 隨處無事 名爲殺父.
질문: 무엇이 아버지입니까?/ 임제: 무명無明이 바로 아버지이니라. 너의 한 생각 마음이 일어나고 사라지는 곳을 구해도 얻지 못하는 것은 허공에 반응하는 메아리와 같기 때문이니 따르는 처處가 일이 없어야 '아버지를 죽였다.'라고 부르는 것이다.

오역죄의 첫 번째는 아버지를 죽이는 행위이다. 그런데 여기서 말하는 아버지는 실제의 아버지가 아니고 무명을 아버지로 부른 것이다. 아버지는 밭에 뿌리는 씨로 종종 비유되기 때문에 여기서는 근원적인 원인을 비유적으로 말한 것이다. 무명이란 '어리석은 생각 때문에 모르는 것'인데 어리석은 생각이란 '처를 따르는 것'이다. 내가 보고 느끼는 모든 것이 '처의 작용으로 드러나는 것'임을 모르니 '외부에 실제로 존재存在하는 것'

이라고 철저히 믿고 있으니 그 대상을 따라가는 것이다.

하지만 이 모든 것을 조작해내는 곳이 실제로 있는 어떤 장소가 아니고 허공에 울리는 메아리처럼 대상이 있을 때만 잠시 드러났다 사라질 뿐 그 어떤 실체實體도 없기에 얻을 수 없는 것이다. 그런데 만약 이렇게 처를 따라다니다가 그 일을 할 필요성을 느끼지 못한다면 어리석음이 사라진 것이니 무명이란 아버지를 제거한 것이다. 여기서 한 가지 더 덧붙이자면, 수처무사隨處無事라는 말이다. 임제록에서 '일이 없다無事.'라는 단어가 자주 등장하는데, '일이 없다.'라는 말이 단순하게 '일을 하지 않는다.'라는 의미로 쓰인 게 아니고 '따르는 처가 일이 없다隨處無事.'라는 말을 줄여서 한 말이다. 다른 말로 한다면 '자아라는 주관을 지어서 객관을 탐하거나 미워하지 않는다.'라는 의미를 갖는 것이다.

● 云 如何是母? 師云 貪愛爲母. 爾一念心 入欲界中 求其貪愛 唯見諸法空相 處處無著 名爲害母.
질문: 무엇이 어머니입니까?/ 사랑을 탐착하는 게 어머니이니라. 너의 한 생각 마음이 욕계欲界에 들어가서 그 사랑을 탐착해서 구했는데 오로지 제법의 공한 모습만 보아 처處와 처處에 애착이 없어야 '어머니를 해쳤다.'라고 부르는 것이다.

오역죄의 두 번째는 어머니를 해치는 것인데, 사랑에 탐착하는 마음을 어머니에 비유했다. 어머니는 자식에 대한 끝없는 사랑 때문에 그 자식을 위해서라면 자신의 목숨도 아끼지 않는다. 우리가 범부인 이유는 어머니가 자식을 탐착하듯 대상을 탐착하기 때문이다. 그런데 오로지 모든 법이 공한 모습으로 보여서 내입처內入處인 나와 외입처外入處인 객관 또한 공하다는 사실을 철저히 알면 탐착하는 마음이 저절로 떨어져 나가게 되는데, 이것을 탐애하는 어머니를 죽였다고 하는 것이다.

● 云 如何是出佛身血? 師云 爾向淸淨法界中 無一念心生解 便處處黑暗 是出佛身血.
질문: 무엇이 부처님의 몸에 피를 내는 것입니까?/ 임제: 네가 청정한 법계法界로 향해가면서 한 생각 마음으로 이해하

는 게 없다는 것은 곧 처處와 처處가 캄캄한 것이니 이것을 부처님 몸에서 피를 낸다고 하는 것이다.

오역죄의 세 번째는 부처님 몸에서 피를 내는 것인데, 부처님의 전기를 보면 부처님의 사촌 형이었던 데바닷다가 영축산에서 바위를 굴려 부처님 발에 피를 낸 사건이 있었다. 그래서 부처님의 몸에서 피를 내는 것은 오역죄 가운데 하나에 속하게 되었다. 그런데 임제는 마음이 오염되지 않은 법계法界를 향해가면서 그 법계를 지어낸 한 생각에 대한 이해도 없어 처와 처에 대해서 알지도 못하다면 부처님의 말씀을 제대로 알지 못하는 것이다. 이렇게 부처님 법을 잘못 이해하는 것이야말로 부처님의 몸에 흠집을 내는 것이나 다름없다. 불교의 핵심은 이 내입처內入處와 외입처外入處가 서로 의지해서 드러나는 인식 작용을 이해해야 불법의 골수를 이해했다고 할 것이다. 그런데 이 내외입처內外入處에 대해 깜깜하면서 어찌 불법을 이해할 수 있겠는가?

● 云 如何是破和合僧? 師云 爾一念心 正達煩惱 結使如空 無所依是破和合僧.
질문: 무엇이 화합한 승가를 깨뜨리는 것입니까?/ 임제: 너의 한 생각 마음이 번뇌를 바르게 통달해서 묶인 번뇌가 의지한 바가 없어 허공과 같으면 화합한 승가를 깨뜨린 것이다.

오역죄의 네 번째는 화합한 승가를 깨뜨리는 것인데, 여기서는 승가의 화합을 번뇌에 묶이는 것에 견주어 말했다. 번뇌는 결사라고 하는데 이것은 서로 묶여있다는 의미이다. 중생은 보이지 않는 번뇌라는 밧줄에 스스로 묶여서는 헤어 나오지 못하고 힘들어한다. 이렇게 묶여있는 모습이 서로 다른 부모에게 태어난 사람들이 형제들처럼 묶여 떨어지지 않고 같이 살아가는 모습과 '번뇌라는 것'이 서로 상관도 없으면서 여러 가지가 함께 모여 번뇌를 만드는 게 서로 닮아있어 이렇게 비유한 것으로 보인다. 이 '결사結使'라는 번뇌에서 벗어난다는 것은 대상과 함께 묶여있는 좋다 나쁘다는 감정이란 번뇌를 풀어버리는 것이 바로 해탈이다.

● 云 如何是焚燒經像? 師云 見因緣空 心空法空 一念決定斷 迥然

無事 便是焚燒經像.

질문: 무엇이 경과 불상을 불사르는 것입니까?/ 임제: 인연의 비었음을 보아 마음도 법도 비워지면 한 생각의 결정決定도 끊어지고 자연스레 멀어져 일이 없게 되는데, 이것이 바로 경과 불상을 불사르는 것이다.

오역죄의 다섯 번째는 경과 불상을 불사르는 것이다. 이것에 대한 비유는 금강경의 '뗏목의 비유筏喩'에서 말하는 것과 같은 맥락이다. 모든 것이 공허한 이름만 붙여져 있고 그 실체實體가 없다는 것을 깨닫게 되면 의지했던 그 법마저도 버리게 된다. 그래야 진정하게 모든 묶임에서 벗어난 완벽한 해탈이 되는 것이다. 불법이란 뗏목 의지해 강을 건넜다면 설령 그 뗏목이 고마울지라도 지고 갈 이유가 없는 것이다. 강을 이미 건너간 이에게는 가장 필요 없는 것이 바로 뗏목이다.

인연因緣이란 인연생기因緣生起의 준말로 '내적 원인과 외적인 반연이 서로 의지해서 일어나 생겨난다.'라는 의미이다. 여기서 인은 내입처內入處를 연은 외입처外入處를 말하는데, 사람들은 내입처內入處인 내가 외입처外入處인 대상을 본다고 생각한다. 그러나 이것은 망상이며 사실은 내입처內入處와 외입처外入處가 서로 의지할 때 '내가 대상을 본다.'라는 의식이 함께 드러날 뿐이다. 따라서 '인연이 공한 것을 본다는 것'은 나라고 여기는 마음도 공하고, 그 대상으로 여기는 법도 공함을 안다는 것이다. 그래야만 한 생각이 대상을 '어떤 것'이라고 단정해 버리는 마음을 잘라낼 수가 있다.

대상을 무엇이라고 단정하는 순간 대상은 불변한다는 속성이 덧씌워지게 되며 동시에 번뇌가 뒤따르게 된다. 그래서 단정하는 마음이 사라져야 번뇌도 사라지는 것이다. 이러한 앎이 드러날 때 부처님의 법을 바로 이해한 것이니 더는 의지해야 할 경도 불상도 필요 없게 되는 것이다. 따라서 이렇게 인연이 텅 비었음을 알아야 진정 경과 불상을 불태우는 것이다. 이렇게 다섯 가지를 바르게 이해하고 끊임없이 실천해야 번뇌의 밧줄을 끊고 해탈할 수 있는 것이다. 어찌 보면 오역죄에다 억지로 끌어다 붙인 듯한 감도 있지만, 일반 사람들이 알고 있는 내용과 다르게 설명함으로써 시선을 집중시켜 깨닫게 하는 능력은 높이 살 만하다. 일반적으로 사람들은 많이 들어온 이야기는 설렁설렁 넘기는 경향이 있다. 같은 말이라도 새롭게 접근하면 '무슨 말을 하는가?'하고 귀를 쫑긋하게 된다. 이러한 사람들의 심리를 십분 이용해서 하는 설법은 임제 스님의 뛰어난 안목이라 하겠다.

자기 집안의 물건을 믿지 못하다.

大德! 若如是達得 免被他凡聖名礙. 爾一念心 秖向空拳 指上生寔解. 根境法中虛捏怪 自輕而退屈言 我是凡夫 他是聖人. 禿屢生! 有甚死急[1] 披他 師子皮却 作野干鳴? 大丈夫漢不作丈夫氣息 自家屋裏物 不肯信. 秖麽向外 覓上他古人名句 倚陰博陽[2] 不能特達 逢境便緣 逢塵便執 觸處惑起 自無准定.

임제 대덕이여!

만약 이렇게 통달하게 된다면

저 '범부'나 '성인'이라는

이름의 장애에서 벗어나게 될 것이다.

너의 한 생각 마음은 다만

빈주먹을 향해가서 손가락 위에서

진실하게 이해했다고 하는 것이다.

감각 기능根과 대상境과 법法 가운데서

허망하고 괴상하게 날조하고

나는 안된다며 뒤로 물러서면서 말하기를

'나는 범부凡夫고 그는 성인聖人이다.'라고 하는 것이다.

어리석은 중들아!

무엇이 그리도 급해서

1 死急: 화급火急, 정색하고 대드는 것

2 倚陰博陽: 음양에 의지하다, 음양의 점술에 의하다.

사자 가죽을 벗어 버리고
들 여우가 되어 짖어대는가?
대장부 사내가 장부의 숨을 쉬지 않기에
자기 집안의 물건도 믿지 못하는 것이다.
단지 밖으로만 향해가서
저 위 옛사람들의 이름난 문구를 찾으니
음陰에 기대어 양陽을 넓힐 뿐이니,
대상 만나는 게
바로 연기라는 특별한 통달이 불가능해
육진六塵을 만나 바로 집착하고
접촉한 처處에서 미혹이 일어나는데도
스스로 기준을 정할 수 없는 것이다.

● 大德! 若如是達得 免被他凡聖名礙.
대덕이여! 만약 이렇게 통달하게 된다면 저 '범부'나 '성인'이라는 이름의 장애에서 벗어나게 될 것이다.

앞에서 말한 오무간업五無間業을 통달하면 성인이니 '범부'니 하는 규정된 이름에서 오는 장애는 사라지게 되는데, 본래 성인이나 범부가 따로 있는 게 아니기 때문이다. 즉 속박에서 벗어난 해탈의 삶을 살면 성인이라고 부르고 대상에 미혹되어 따라다니며 괴롭게 살면 '범부'라 불리는 것이다.

● 爾一念心 秖向空拳 指上生寔解. 根境法中虛捏怪 自輕而退屈言我是凡夫 他是聖人.
너의 한 생각 마음은 다만 빈주먹을 향해가서 손가락 위에서 진실하게 이해했다고 하는 것이다. 감각 기능根과 대상境과 법法 가운데서 허망하고 괴상하게 날조하고 나는 안된다며 뒤로 물러서면서 말하기를 '나는 범부凡夫고 그는 성인聖人이다.'라고 하는 것이다.

'빈 주먹'이란 빈주먹이라는 실체實體가 있는 게 아닌데 사람들은 손가락 만을 보고 빈주먹의 실체라고 생각한다. 그와 같이 감각 기능인 근根과 대상인 경境 그리고 연기된 법法을 따로따로 떼어놓고 각각을 이해하려는 것과 같다. 빈 주먹은 손가락 다섯 개와 손바닥 손등 등으로 이루어졌지만 그것을 모아 놓는다고 해서 빈주먹이 되지도 않는다. 빈주먹은 각각의 요소가 작용할 때 드러나는 어떤 현상이지 그 실체가 아니다. 이렇게 '감각 기관'과 대상 그리고 법을 말씀하신 것은 각각의 존재存在를 증명하기 위함이 아니라 그 작용에 따라 드러나는 마음 작용을 알게 하기 위함인 것이다.

사람들은 근경법根境法이 서로 의지해 일어나는 작용을 보지 않고, 각각의 요소만 나열하며 허망하게 날조해놓고 잘 이해했다고 생각한다. 그러나 그것을 따라가 보면 언제나 이해할 수 없는 것들만이 가득 차 있다. 그러다 보면 이상해서 도저히 믿을 수도 없지만, 부처님께서 말씀하셨다고 하니 나는 중생이라서 이해하지 못하는 것이고 저분은 훌륭한 분이니 이해한 것이라고 자기 자신을 경시하게 된다. 일반적으로 대상으로 여기는 사물에 대해서 말할 때 '본래부터 그렇게 존재存在하는 물건'이라는 개념이 그 속에 있다. 그렇게 본래부터 존재存在하는 곳에 나도 태어나서 살아가다가 죽는다고 생각한다.

물론 우리에게 그렇게 보이는 것은 누구나 피할 수 없다. 그런데 간과한 사실은 대상만을 가지고 말할 뿐 '나는 그 대상을 어떻게 알게 되었는지'에 대한 근원적인 질문조차 하지 않는다는 것이다. 정말 내가 보고 있는 대상이 정말 그렇게 있는 것일까? 이러한 생각을 하지 않는다면 보이는 대상은 언제나 그렇게 있다고 여기기에 '좋은 느낌'이면 가지려고 하고 '나쁜 느낌'이면 싫어해 버리려고 하는 것이다. 그런데 이러한 느낌 때문에 대상에 대한 날조가 이루어지는 것이다.

본래 대상 자체에는 좋고 나쁨이 내재해 있지 않다. 다만 우리의 '감각 작용인 근根'과 그 '실제 대상인 경境'과 '연기해서 드러나는 법法'이라는 세 가지의 관계성 속에서 벌어지는 사건임을 알아채야 비로소 묶임에서 벗어나 해탈할 수 있는 것이다. 지금 자신이 보고 있는 모든 것은 하나도 빠짐없이 다 스스로 지어냈고 또 그것을 바라보는 것들이다. 그렇기에 부처도 중생도 모두 자신이 지은 것이다. 이 사실을 이해하지 못하니 나는 중생이라 부처가 되어야 한다고 생각하는 것이다. 부처는 '되는 것'이 아니라 나에게 어떻게 세상이 그대로 드러나는지를 자각해서 괴상하게 날조된 것들을 제거하는 것이다. 이 날조된 생각을 제거해 있는 그대로 드러나는 삶을 살아가면 그를 부처라고 부르는 것이다.

● 禿屢生! 有甚死急 披他師子皮却 作野干鳴?
어리석은 중들아! 무엇이 그리도 급해서 사자 가죽을 벗어버리고 들 여우가 되어서 짖어대는가?

불법에 속해 있는 것이 사자 가죽을 쓴 것이고 '여우의 울음'은 다른 외도의 주장을 하면서도 그것이 부처님의 법인 줄 알고 살아가는 어리석음을 비유한 것이다. 가장 훌륭한 가르침인 부처님 법 속에서 살아가면서 그것이 얼마나 소중한 줄도 모르고 살아간다고 꾸짖는 것이다. 부처님의 사자후는 법이 관계를 맺어서 서로 의지해 일어난다는 사실, 즉 연기를 깨달아 가르쳤거늘 어찌 대상을 실체實體로 보는 사람들의 어리석음에 편승해 여우처럼 울부짖으며 부처님 법을 폄훼하느냐고 꾸짖으며 한탄하는 것이다.

● 大丈夫漢 不作丈夫氣息 自家屋裏物 不肯信. 秪麽向外 覓上他古人名句 倚陰博陽 不能特達 逢境便緣 逢塵便執 觸處惑起 自無准定.
대장부 사내가 장부의 숨을 쉬지 않기에 자기 집안의 물건도 믿지 못하는 것이다. 단지 밖으로만 향해가서 저 위 옛사람들의 이름난 문구를 찾으니 음陰에 기대어 양陽을 넓힐 뿐이니, 대상 만나는 게 바로 연기라는 특별한 통달이 불가능해 육진六塵을 만나 바로 집착하고 접촉한 처處에서 미혹이 일어나는데도 스스로 기준을 정할 수 없는 것이다.

본래부터 스스로가 대장부인데 자신이 대장부라는 사실을 믿지 못한다면 주눅 들어 살아갈 수밖에 없다. 여기서 '자가옥리물自家屋裏物'은 자기 자신을 의미하는 말이다. 그러다 보니 외부로 향해서 옛사람들의 유명한 말에 의지해 찾는데 기껏 찾았다고 하더라도 음양오행일 뿐 '특별한 깨달음' 즉 부처님의 깨달음은 얻지 못한다는 것이다. 부처님의 법은 '외부의 사건'을 말하는 것이 아니라 자기 자신에게 일어나는 사건을 말하는 것이다. 그러므로 부처님의 법을 외부에 적용하면 모두가 모순덩어리라서 멀쩡한 걸 찾는 게 더 힘들다. 깨달음에는 여러 가지가 있을 수 있다. 누군가가 무엇을 깨닫게 되면 그 분야에 통달하여 그를 전문가라고 부른다. 그러나 이러한 깨달음은 일반적인 깨달음일 뿐 특별한 깨달음이라고 부르지 않는다. 여기서 특별한 깨달음이란 이런 일반적인 깨달음과 차별되기 때문에 특별한 통달이라고 부르는 것이다.

대부분의 깨달음은 시간과 공간의 제약을 받게 되어 있다. 시대가 달라지거나 공간이 바뀌면 조건이 달라지므로 진리로 여겼던 것도 그 의미가 사라져 버린다. 그러나 특별한 깨달음은 시간과 공간의 제약을 받지 않는다. 삼천년 전에 깨달은 깨달음이나 지금의 깨달음은 조금도 다를 수 없기 때문이다. 만약 다르다면 그것은 '특별한 통달'이 될 수 없다. 그래서 최상의 깨달음, 즉 '아뇩다라삼막삼보리阿耨多羅三藐三菩提'라고 하는 것이다.

여기서 한가지 기음박양倚陰博陽에 대해 조금더 살펴보자! 이 말은 두 가지로 해석할 수 있다. 하나는 글자 그대로 '음에 의지해 양을 넓혔다.'라는 말로 이해할 수 있고, 또 다른 하나는 '점을 친다.'라는 의미로 해석할 수 있다. 즉 기껏 해봐야 '음양오행설'이란 말이거나 '점이나 쳐준다.'라는 의미로 해석될 수 있다. 어떤 의미이든 쓸데없는 일이라는 의미로 쓰인 말이다. 그런데 재미있는 것은 지금의 상황도 크게 다르지 않다는 것이다. 현재 많은 절집에서 이것을 '방편'이라며 그럴듯하게 포장하고 점이나 쳐주는 일이 비일비재하다. 그렇지 않으면 세속의 과학적 입장에 의지해서 불법을 이해하려고 한다.

과학적 입장이란 것이 절대적으로 인과론因果論에 근거하고 있다. 인과

因果는 철저히 숙명론宿命論이다. 원인이 제공되면 반드시 결과를 낳기 때문이다. 그렇다면 결과는 새로운 원인일 뿐이니 또 다른 결과가 항상 예정될 수밖에 없다. 그렇다면 다른 무엇이 개입될 여지는 전혀 없어 숙명론宿命論과 전혀 다르지 않다. 이러한 방식으로 부처님 법을 이해하는 것이 현실이니 임제의 '기음박양'이라는 말은 시대를 뛰어넘어 지금도 여전히 유효하다.

위의 본문에서 '육진六塵을 만났다는 것'은 '인연이 된 것[1]'인데, 이 대상을 만나는 처에서 '미혹이 일어난다는 것'을 알지 못해 자신에게 판단할 수 있는 어떤 기준이 없다는 것이다. 여기서 '인연因緣'이란 '인연생기因緣生起'를 줄여서 부르는 말로 '연기緣起'를 의미한다. 이 연기緣起를 이해하지 못한다면 집착이 일어나는 과정을 모르는 것이므로 집착을 버려 자유로워지는 방법도 당연히 알 수 없다. 무엇인가를 '안다.'라는 사실은 그 생성과 소멸의 모든 과정을 이해하는 것이다.

이렇게 생성의 과정이 이해되어야 소멸도 가능해지는 것이다. 그래서 부처님께서 연기법을 '순관順觀'과 '역관逆觀' 또 '유전流轉'와 '환멸還滅'로 관찰하신 것이다. 수행자라면 '접촉하는 처觸處에 미혹이 일어난다.'라는 대목에 특히 주의를 기울여 관찰해야 한다. 여기에 수행의 포인트 point가 숨어있기 때문이다. 접촉이 일어나는 곳은 감각되는 장소이다. 이 감각되는 신호에 대해 '좋음'과 '싫음'이 그 대상의 '취사取捨'를 결정하기 때문이다. 그리고 그렇게 만들어진 취사取捨는 다시 마음에 저장되어 언제나 그 대상을 볼 때마다 같이 떠오르게 된다. 이러한 과정을 통해 번뇌가 형성되므로 부처님께서 감각 기능을 단속하라고 하신 것이다. 수행의 시작은 감각 기능의 단속으로부터 시작됨을 절대로 잊지 말아야 할 것이다.

1 인연이 됐다는 것은 외인外因과 내연內緣이 만나므로 법계法界와 인식 작용이 함께 일어나고 있음을 말한다.

산승山僧이 말한 처處를 취하지 말라.

道流! 莫取 山僧說處! 何故說? 無憑據 一期間圖畫虛空. 如彩畫像等喻. 道流! 莫將佛爲究竟! 我見猶如廁孔[1]. 菩薩羅漢盡是枷鎖 縛人底物所以 文殊仗劍 殺於瞿曇 鴦掘持刀 害於釋氏. 道流! 無佛可得乃至三乘五性. 圓頓敎迹 皆是一期藥病相治 並無實法. 設有皆是相似 表顯路布[2] 文字差排[3]. 且如是說 道流 有一般禿子 便向裏 許著功[4] 擬求出世之法 錯了也.

임제 수행자여!

산승山僧이 말하는 처處도 취하지 말라!

무슨 이유로 그렇게 말하겠는가?

마치 그림에 색칠하는 비유처럼

한순간에 허공에 그림을 그리기에

증빙할 근거가 없기 때문이다.

수행자여!

부처를 장차 궁극의 실체實體로 여기지 말라!

나는 '똥 장군'처럼 본다.

보살이나 아라한도 모두 칼과 족쇄로

사람을 묶는 물건이기에 문수文殊는 검을 들어

1 廁孔 : 구식변소에서 대소변을 받아 두는 항아리.
2 路布: 露布와 같다. 긴급한 고시告示를 천에 써서 대중에게 알리는 것. 판에 쓴 것은 露板이라고 한다
3 差排: 적당히 응대하다, 배열하다.
4 著功: 노력하다, 정성을 쏟다.

구담瞿曇을 죽이려 했고

앙굴鴦掘도 칼을 들어 석가를 해하려 한 것이다.

수행자들이여!

가히 얻을 부처도 없고

더 나아가 삼승三乘과 오성五性도 얻을 수 없다.

화엄의 가르침은 모두

약으로 잠시 병을 다스리라는 것일 뿐이니

아울러 참다운 법은 없다.

설사 있더라도

문자로 차이를 나열해 표현한

거리의 간판과 같은 것이다.

또 수행자에게 이렇게 말하면,

어떤 무식한 중은 곧 안으로 향해

정성을 들이면서 세상을 벗어나는

방법을 구하려고 하는데, 잘못된 것이다.

●道流! 莫取山僧說處! 何故說? 無憑據一期間圖畫虛空 如彩畫像等喻.

임제: 수행자여! 산승山僧이 말하는 처處도 취하지 말라! 무슨 이유로 그렇게 말하겠는가? 마치 그림에 색칠하는 비유처럼 한순간에 허공에 그림을 그리기에 증빙할 근거가 없기 때문이다.

임제는 자신이 여태껏 설명했던 '처를 취하려 하지 말라'고 한다. 왜냐하면, 그 '처라는 것'이 고정된 실체實體가 아니기 때문이다. 즉 이 처를 실체로 생각해서 가지려고 하지 말라는 것이다. 그래서 이 처에서 벌어지는 일이 허공에 그린 그림과 같아서 증거를 찾을 수 없기 때문이라고 표현한 것이다. 그림은 본래 종이에 그리게 되는데, 이렇게 종이에 그린 그림은 한 번 그려놓으면 그린 상태로 보존된다. 그러나 이렇게 그리는 바탕이 종이가 아니고 허공이라면 그리자마자 흔적도 없이 사라지게 될 것이다. 이것이 우리가 사물을 보고 인식하는 그대로를 설명한 것이다.

즉 우리가 보고 있는 모든 대상은 이처럼 순간적으로 허공에 그린 그림과 같아서 나타났다가 순식간에 자취도 없이 사라진다. 이것은 절대로 실재實在하는 객관적인 사물이 사라졌다고 말하는 게 아니다. '작동하는 마음'으로 조작되는 처에서 객관적인 사물을 근거로 그려낸 그림을 가리키는 것이다. 이것이 능엄경이나 화엄경에 나오는 '채화상彩畫像'의 비유 즉 '화공이 그림 그리는 비유'인 것이다. 이렇게 부처님이나 조사는 마음이 작동하며 대상을 만들어 내는 '내외입처內外入處의 작용'을 말하고 있는데 설법을 듣는 사람은 이것을 실재하는 외부의 대상으로 생각하고 그렇게 적용해서 이해하려고 하니 문제가 생기는 것이다.

● 道流! 莫將佛爲究竟! 我見猶如厠孔.
수행자여! 부처를 장차 궁극의 실체實體로 여기지 말라! 나는 '똥 장군'처럼 본다.

임제는 부처님을 궁극의 실체實體로 여기지 말라고 한다. 그러면서 자신은 마치 변소의 똥을 모아 놓는 '똥장군'처럼 본다는 것이다. 사실 눈앞에 있는 사람을 부처라고 인식하는 과정이나 똥 담는 큰 항아리를 '똥장군'으로 인식하는 과정은 전혀 다르지 않다. 제아무리 뛰어난 성인이 눈앞에 나타날지라도 다 내 마음이 조작해서 지어낸 것일 뿐이다. 그래서 처의 작용을 확인하고 나서 대상을 보면 부처도 똥장군과 조금도 다르지 않게 인식되고 있다는 사실을 보게 되는 것이다.

● 菩薩羅漢 盡是枷鎖 縛人底物所以 文殊仗劍 殺於瞿曇 鴦掘持刀 害於釋氏.
보살이나 아라한도 모두 칼과 족쇄로 사람을 묶는 물건이기에 문수文殊는 검을 들어 구담瞿曇을 죽이려 했고 앙굴鴦掘도 칼을 들어 석가를 해하려 한 것이다.

'구담瞿曇'은 석가모니 부처님의 이름인 '고오타마'를 음사한 것이고, '

앙굴鴦掘'은 '앙구리마라'를 음사한 것이다. 깨달음을 얻기 위해 문수나 앙굴리말라는 모두 부처를 해하려 하였다. 문수가 검을 들어 부처를 죽이려 했다는 것의 유래를 보면 다음과 같다. 부처님 당시에 오백 대중은 모두 숙명의 지혜를 얻었는데 유일하게 문수만 얻지 못했다고 한다. 그 이유는 다겁생多劫生에 저지른 중죄 때문이었는데, 숙명의 지혜가 없으므로 '태어남이 없다는 사실'을 몰랐다. 그래서 자신만 깨닫지 못한 것에 앙심을 품고 칼을 들어 부처를 죽여야겠다고 생각했는데, 부처님께서 그것을 알아차리고 부처를 죽이는 것보다 자아에 대한 망상을 죽이는 게 더 중요하다고 한데서 나온 말이다.

앙굴이 칼을 들어 부처를 죽이려고 했다는 것의 유래는 다음과 같다. 앙굴은 처음에 아라한이 되겠다고 외도의 밑에서 수행을 했는데, 앙굴이 너무 잘생긴 청년이라 그 외도의 부인이 앙굴을 흠모해 통정하려고 했다. 그런데 앙굴이 받아주지 않자 그 부인은 남편인 외도에게 앙굴이 자신을 범하려고 했다고 거짓으로 고하게 된다. 이 말을 들은 외도는 앙굴에게 100명을 죽이면 아라한이 될 수 있다고 거짓말을 하게 된다. 외도의 말을 철저히 신봉했던 앙굴은 그 후로 사람을 마구잡이로 죽였다. 마침내 99명을 죽이고 마지막에 부처를 만나게 되는데, 그때 앙굴은 부처님을 죽여 아라한이 되려고 했지만, 오히려 부처님께 교화되어 그 자리에서 귀의하고 비구가 된다. 이러한 문수와 앙굴은 깨달음이나 아라한이 되겠다고 욕심내어 어리석은 생각을 일으켰다.

사실 깨달음이란 그런 욕심이 완전히 소멸한 것을 말한다. 그러니 보살이나 아라한이 오히려 새로운 욕심을 만든 꼴이 되어 어리석게 칼을 드는 것도 불사하는 것이다. 그러한 생각은 부처를 궁극적인 실체實體로 보기 때문에 벌어지는 현상이다. 절대로 부처는 될 수도 얻을 수도 없다. 다만 모든 것이 내 마음이 지어냈다는 것을 확실하게 깨달아 그것을 가지려고 하지 않기에 번뇌 없이 당연하게 받아들이며 살아가게 되는 것이다. 괴로움이란 당연한 것을 당연하게 받아들일 수 없을 때 생기는 것이다. 당연하게 받아들일 수 없는 것은 내가 알지 못하기 때문에 받아들이지 못하는 것이다. 그래서 부처님께서 모든 번뇌의 근원이 '모르는 것' 즉 '무명'이라고 말씀하신 것이다.

요즘 인터넷을 보면 가짜 도인들이 많다. 그 가르침의 내용을 보면 '불멸의 자아'를 말하거나 '다만 알고 있는 이것'만이 진짜라고 말한다. 이런 것들을 남에게 가르치기 전에 먼저 부처님께서 하신 외도의 비판을 보았다면 절대로 그런 어리석음은 범하지 않았을 것이다. 자신이 옳다고 주장하는 그 가르침이 어떤 모순과 어떤 가정을 기본으로 깔고 있는지조차 모르고 지껄이는 것이다.

●道流! 無佛可得乃至三乘五性. 圓頓教迹 皆是一期藥病相治 並無實法. 設有皆是相似 表顯路布 文字差排.
수행자들이여! 가히 얻을 부처도 없고 더 나아가 삼승三乘과 오성五性도 얻을 수 없다. 화엄의 가르침은 모두 약으로 잠시 병을 다스리라는 것일 뿐이니 함께 아울러도 참다운 법은 없다. 설사 있더라도 문자로 차이를 나열해 표현한 거리의 간판과 같은 것이다.

삼승三乘은 보살승菩薩乘 · 성문승聲聞乘 · 연각승緣覺乘으로서 가르친 근기에 맞게 따르는 수행자를 분류한 것이고, 오성五性은 선성善性 · 악성惡性 · 정성定性 · 부정성不定性 · 천제성闡提性으로서 중생들의 성품을 분류한 것이다. 위에서 설명했듯이 궁극적인 실체實體로서의 부처란 없다. 삼승과 오성도 실체적實體的인 존재存在로 있을 수도 없다. 부처도 없는데, 삼승이 있을 리도 만무하거니와 오성이 있다는 것은 더더욱 말도 안 된다. 그런데 이러한 가르침은 대승의 경전에 자주 등장하는데, 그것은 병을 잠시 완화하기 위해 쓴 약일 뿐, 근본적으로 치료하는 게 아니라는 것이다. 그래서 그런 설명들이 구구하게 많아도 다 세상 사람들에게 상점에서 무엇을 파는지 알려주는 간판과 같다는 것이다.

사실 상점의 간판을 보면 그 상점에서 무엇을 파는지 알 수 있듯이 경전을 통해서 대충 부처님과 부처님의 가르침을 가늠할 수 있는 것과 같다. 아무리 어리석은 사람이라고 할지라도 그 간판을 보고 상점의 물건이라 생각하는 사람은 없을 것이다. 부처님의 법도 그와 같아 경전의 내용을 있는 그대로의 실체實體라고 생각해서는 안 될 것이다.

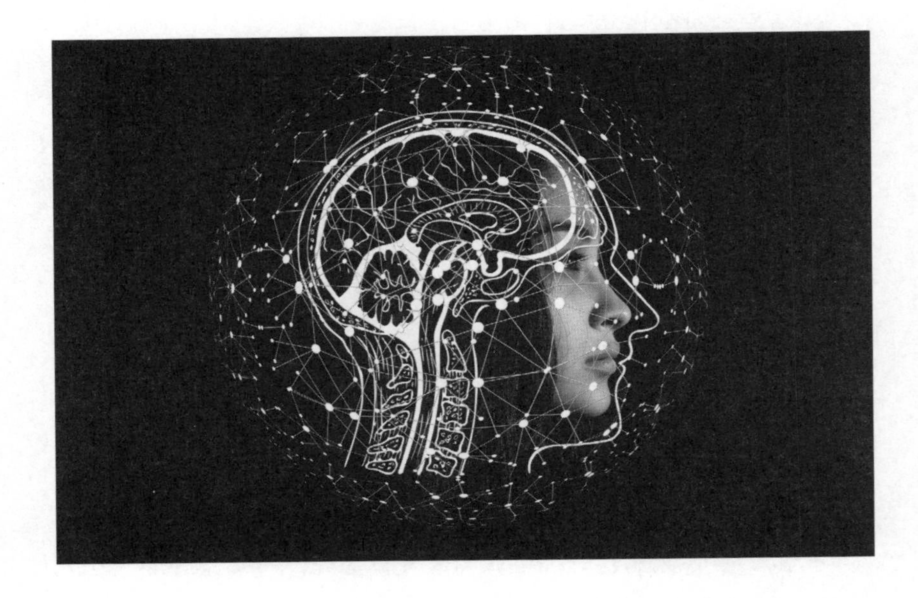

참되고 바른 견해만 바란다.

若人求佛 是人失佛 若人求道 是人失道 若人求祖 是人失祖. 大德 莫錯! 我且不取 爾解經論. 我亦不取 爾國王大臣 我亦不取 爾辯似懸河 我亦不取 爾聰明智慧 唯要爾眞正見解.

임제 만약 어떤 사람이 부처를 구하면 그 사람은 부처를 잃고,
어떤 사람이 도를 구하면 그 사람은 도를 잃고,
어떤 사람이 조사를 구하면
그 사람은 조사를 잃을 것이다.
대덕들은 착각하지 말라!
나는 더욱이 네가 경론을 이해하기를 바라지 않는다.
나는 또한 네가 국왕 대신이 되는 것도 원하지 않고,
나는 또한 너의 언변이 폭포수 같기도 바라지 않으며,
나는 또한 네가 총명해서 지혜롭기를 바라지도 않는다.
오로지 너의 참되고 바른 견해만을 바랄 뿐이다.

● 若人求佛 是人失佛 若人求道 是人失道 若人求祖 是人失祖.
임제: 만약 어떤 사람이 부처를 구하면 그 사람은 부처를 잃고, 어떤 사람이 도를 구하면 그 사람은 도를 잃고, 어떤 사람이 조사를 구하면 그 사람은 조사를 잃을 것이다.

부처가 있다고 생각해서 부처를 찾으려고 한다면 그런 부처는 없다. 이렇게 무엇인가를 구하려는 것은 대상을 실체實體로 보기에 벌어지는 일

이다. 이렇게 대상을 실체로 바라보게 만드는 첫 번째 주범은 언어이다. 언어는 대상을 어떤 실체로 규정하고 이름을 붙이기 때문이다. 사실 우리가 쓰는 언어는 형용사가 월등하게 많은 편이라서 명사 중심의 다른 언어를 쓰는 사람들보다 대상을 실체로 보는 경향이 심하진 않다. 그렇다고 하더라도 명사를 사용하는 빈도수만 적을 뿐 규정하고 이름 붙이는 속성은 같기에 대상을 실체로 생각하게 된다.

두 번째 주범은 공간이요 세 번째는 시간이다. 우리는 이렇게 언어와 공간, 시간의 개념으로 대상을 실체화實體化하여 세상을 이해하게 된다. 이러한 작동방식을 부처님은 십이연기로 말씀하셨고 그 중심에 십이처가 자리하고 있다. 임제는 이 점을 깨달았기에 처를 끊임없이 설명하는 것이다. 수행자들은 밖에서 이러한 대상을 구하려고 해도 구할 수 없으니 이내 내면으로 향해가서 부처나 조사를 구하려고 한다. 이렇게 어리석은 방법으로 부처를 찾으며 수행이랍시고 하다 보니 아무리 해도 얻을 수 없는 것이다. 밖이든 안이든 간에 대상을 실체로 파악하고 찾는다면 세세생생 태어난다고 하더라도 찾을 수 없다. 이것은 실체가 아니고 작용이기 때문이다. 사람들은 기본적으로 체상용體相用으로 생각한다. 즉, 본체가 있고 그에 해당하는 모양이 있으며 그 쓰임이 있다고……. 그러나 사실은 모양과 쓰임새 때문에 본체도 있다고 생각할 뿐이다. 이것이 '자아가 없다.'라는 '무아無我'에 대한 바른 이해이다.

● 大德 莫錯! 我且不取 爾解經論. 我亦不取 爾國王大臣 我亦不取 爾辯似懸河 我亦不取 爾聰明智慧 唯要爾眞正見解.
대덕이여! 착각하지 말라! 나는 더욱이 네가 경론을 이해하기를 바라지 않는다. 나는 또한 네가 국왕 대신이 되는 것도 원하지 않고, 나는 또한 너의 언변이 폭포수 같기도 바라지 않으며, 나는 또한 네가 총명해서 지혜롭기를 바라지도 않는다. 오로지 너의 참되고 바른 견해만을 바랄 뿐이다.

임제가 수행자에게 원하는 것은 학력이 높거나, 지위가 높거나, 말을 잘하거나, 지혜가 총명해지는 게 아니라 바른 견해라는 것이다. 세속에 살아가는 사람들이 바라는 기준과는 사뭇 다르다. 세상 사람들은 그 사람이 얼마나 좋은 가문에서 태어났는지 그가 무슨 학교를 졸업했는지에 더 관심이 많다. 그러나 깨달은 자의 관점에서 바라본다면 그런 것은 아무 소용이 없다. 그런 것을 제아무리 성취했을지라도 대상을 실체實體로 파악해서 구하는 한 그 대상에 꽁꽁 묶일 뿐 벗어날 수 없기 때문이다. 수행의 진정한 목적은 번뇌에서 벗어나는 '해탈'이므로 임제는 그 제자들에게 '진정한 견해'를 얻어야 한다고 힘주어 권고하는 것이다.

그렇다면 진정한 견해란 무엇일까? 우선 언어가 가지는 속성을 빨리 파악해 실체가 없음을 이해하는 것이다. 이것을 부처님은 제삼第三의 길인 중도中道라고 했다. 중도中道는 중용中庸과 다르다. 이쪽과 저쪽의 중간쯤이 아니라 이쪽과 저쪽이 서로 의지해 있을 뿐 독립적으로 존재存在할 수 없다는 사실을 깨닫는 것이다. 그러면 제삼의 길인 중도가 보인다. 중도를 보는 사람은 언어로 사유하지 않는다. 언어로 사유하면 그 끝은 언제나 말도 안 되는 모순에 봉착해 무엇인가를 선택해야만 하기 때문이다. 언어적 사유의 결론은 언제나 이것이 아니면 저것이 된다. 어느 누가 이것과 저것 중에 어느 하나를 선택해야 한다면, 그 사람은 그 문제를 모르고 있는 것이다. 안다면 선택은 없다. 오로지 '그 길' 뿐이기 때문이다. 따라서 중도는 '그 길'이 드러나는 것이다. 무명인 어리석음으로부터 벗어난 그 길이 바로 '중도'이며 '진정한 견해'인 것이다. 자세한 내용은 계속해서 부연 설명하고 있으므로 본문을 따라가면서 깊이 사유하여 '그 길'을 찾아내길 바란다.

문자에서 구하지 말라!

道流! 設解得百本經論 不如一箇無事底阿師. 爾解得卽輕蔑他人 勝負修羅 人我無明 長地獄業. 如善星比丘 解十二分教生身陷地獄 大地不容 不如無事. 休歇[1]去 飢來喫飯 睡來合眼 愚人笑我 智乃知焉. 道流! 莫向文字中求! 心動疲勞 吸冷氣無益 不如一念緣起無生 超出三乘權學菩薩.

임제 수행자여!

설사 백 권의 경론經論을 이해했을지라도

한 갓 일이 없는 보통 스님만도 못하느니라.

너희들은 이해만 하면 곧 다른 사람을 경멸輕蔑하고

아수라처럼 싸워 이기려고 하니

나와 남의 무명으로 지옥의 업業만 늘어나는 것이다.

예를 들어 선성善星 비구는

십이분교十二分教를 이해하고도 대지가 용납하지 않아

산채로 지옥에 빠졌으니 안 한 것만 못하느니라.

쉰 채로 살아간다는 것은 배고프면 밥 먹고,

졸리면 눈 붙이는 것이라 하니

어리석은 이는 나를 비웃을 것이고

지혜로운 이는 이것을 알 것이다.

수행자여!

---

1 休歇 휴식하다, 편안히 지내다. 결말을 짓다.

문자를 향해가서 구하지 말라!
마음이 움직여 피로해지면
찬 공기를 들이마셔 보아도 도움이 안 되니
태어남이 없는 연기緣起를 한 번 생각해서
삼승三乘의 권학보살權學菩薩을
뛰어넘느니만 못하느니라.

●道流! 設解得百本經論 不如一箇無事底阿師.
임제: 수행자여! 설사 백 권의 경론經論을 이해했을지라도 한 갓 일이 없는 보통 스님만도 못하느니라.

책을 제아무리 많이 읽어서 그 박식함을 늘어놓을지라도 마음이 쉬지 못한다면 아는 만큼 번뇌의 양도 늘어난다. 따라서 배우지 못해 별 볼 일 없어 보이는 승려일지라도 마음이 쉬었다면 그가 더 훌륭하다는 것이다. 이 말의 본질은 이 공부의 진정한 목적은 깨달음을 얻어 마음을 쉬는 데 있지, 공부를 많이 해서 학식을 뽐내는 데 있지 않다는 것이다. 불교의 시작과 끝은 괴로움을 떠나 행복한 삶을 살아가는 것이다. 만약 불교를 공부하고 있다면 자신의 행복이 제대로 잘 작동하고 유지되는지를 살펴볼 일이다. 만약 그렇지 않다면 불교를 전혀 모르는 것이다. 불교를 배웠다면 마음이 쉬어야 배웠다고 할 수 있는 것이다.

● 爾解得卽輕蔑他人 勝負修羅 人我無明 長地獄業.
너희들은 이해만 하면 곧 다른 사람을 경멸輕蔑하고 아수라처럼 싸워 이기려고 하니 나와 남의 무명으로 지옥의 업業만 늘어나는 것이다.

일반적으로 사람들은 기본적으로 뭐 좀 공부했다 싶으면 자신만의 특권인 양, 남을 깔보고 업신여기기 일쑤이다. 만약 수행했는데도 그렇다면 잘못된 수행을 한 것이다. 깨닫게 되면 무명이 제거되므로 모든 법의 생성과 소멸을 보고 있기에 그 이해의 폭이 한없이 넓다. 그런 까닭에 부처님께서는 자신을 해하려 했던 사람들에게조차 이상하리만큼 너그러우셨다. 사실 우리에게 일어나는 일들은 그 어떤 것일지라도 모두 일어날 수 있는 일들이다. 다만 그 사실을 이해한 사람이라면 미리미리 대비책을 마련하며 살아가겠지만, 그렇지 못한 사람은 내 맘대로 안된다며 남을 탓하면서 원망하며 살아가기 바쁘다. 원망하는 마음은 곧 원한을 낳아 결국 서로의 불행만 늘어날 뿐 악업의 고리는 끊어지지 않는다.

● 如善星比丘 解十二分敎 生身陷地獄 大地不容 不如無事.
예를 들어 선성善星 비구는 십이분교十二分敎를 이해하고도 대지가 용납하지 않아 산채로 지옥에 빠졌으니 안 한 것만 못하느니라.

선성비구의 이야기는 대반열반경 37권에 나온다. 부처님 당시에도 모든 사람이 '부처님'이라고 부르면서 존경하지 않았다. 중생은 어리석어 바르게 보지 못하므로 무엇이 소중하고 무엇이 가벼운 것인지 알지 못하므로 모두가 존경하거나 미워하는 일은 절대로 있을 수도 없다. 즉 지고선至高善이나 지고악至高惡은 있을 수도 없다. 선성善星 비구는 부처님을 가까이에서 모셨으나 결국 부처님을 배신하고 '니건'의 제자가 되어 죽기 전까지 부처님을 비방하며 살았다. 아마도 그래서 대승 경전에서 이 선성 비구를 '살아서 지옥에 떨어졌다.'라고 표현했을 것이다. 경전에 살아서 지옥에 떨어졌다고 표현되어 있다고 해서 곧이곧대로 믿는 어리석음을 범해서는 안 될 것이다.

대승 경전의 표현은 사실의 기술이라기보다는 극적인 이야기를 들려주어 독자에게 깊은 울림을 주기 위한 목적으로 서술되었다. 그래서 전체적인 이야기 안에서 깨달음의 길로 자연스레 인도하는 것이다. 물론 초기 경전도 수많은 비유가 등장하지만, 논리적으로 이해할 수 있는 사람들에겐 각각의 개념에 대한 체계적인 설명을 통해 진리로 인도하셨다. 따라서 초기 경전을 읽을 때 각각의 개념에 대한 확실한 이해가 선행되지 않는다면 제대로 이해되지 않는 경우가 많다. 우리는 가끔 '다음 생에는 일찍 출가하여 순수하게 수행하여 깨닫고 싶다.'라고 말씀하시는 큰스님들의 말씀을 듣는다. 물론, 이 말의 의미는 깨닫기에 좋은 조건이면 좀 더 쉽게 깨달을 것이라는 생각에서 하는 말일 게다. 그러나 이 선성 비구의 예에서도 알 수 있듯이 그 훌륭한 조건과 깨달음이 별개임을 쉽게 알 수 있다.

● 休歇去 飢來喫飯 睡來合眼 愚人笑我 智乃知焉.
쉰 채로 살아가는 것을 배고프면 밥 먹고, 졸리면 눈 붙이는 것이라 하니 어리석은 이는 나를 비웃을 것이고 지혜로운 이는 이것을 알 것이다.

부처님의 법은 이해한 것만으로는 결코 번뇌가 사라지지 않는다. 법문法門을 듣는 순간은 고개를 끄덕이나 그 순간만 지나면 원상으로 복귀되어 다시 대상을 좇게 되어 결국 쉬지 못하게 되는 것이다. 그래서 들었던 그 법을 스스로 확인하여 똑같은 결론에 도달해야만 하는 것이다. 이러한 과정을 반드시 거쳐야만 번뇌에서 벗어나 비로소 쉴 수가 있는 것이다. 깨달은 사람의 삶은 번뇌를 쉬고 살아가는 것이지 다른 사람의 위에서 군림하는 일이 아니다. 그래서 고민하지 않고 졸리면 자고 배고프면 먹고 피곤하면 눕는 것이다. 이러한 모습을 보면 특출한 삶이 아니니 일반인은 비웃고 지혜로운 이는 머리를 끄덕이게 되는 것이다.

● 道流! 莫向文字中求! 心動疲勞 吸冷氣無益 不如一念緣起無生 超出三乘權學菩薩.
수행자여! 문자를 향해가서 구하지 말라! 마음이 움직여 피로해지면 찬 공기를 들이마셔 보아도 도움이 안 되니 태어남이 없는 연기緣起를 한 번 생각해서 삼승三乘의 권학보살權學菩薩을 뛰어넘는 것만 못하느니라.

문자를 향해서 구하지 말라는 것은 책을 보지 말라는 말이 아니다. 언어적인 논리를 벗어나라는 말이다. 책은 지도와 같은 것이다. 모르는 길을 가는 사람이 지도도 없이 출발하는 것은 참으로 어리석은 일이다. 만약 어떤 사람이 지도에 표시된 지점이 바로 '그 장소'인 줄 알고 지도에서 그곳을 찾으려고 한다면 그는 참으로 어리석은 사람인 것이다. 이처럼 비록 언어라는 수단을 통해서 말하긴 했지만, 언어라는 말속에 진리가 있지 않다. 언어는 수단이지 진리가 아니다. 그런데 그렇게 표현된 지도와 같은 언어에 집착해 진리로 여기는 것을 지적한 것이다.

성문聲聞, 연각緣覺, 보살菩薩이 '삼승三乘'인데, 여기서는 대승大乘을 말한다. 따라서 삼승三乘 권학보살權學菩薩은 보살승菩薩乘이 최고이니 이것을 배우라고 권하는 그 보살을 말한다. 보살승을 배워보라고 권하는 보살이면 이미 보살승을 이해한 보살이란 말이다. 그런데 그 보살보다 '태어남이 없는 연기'를 한번 생각해보는 게 더 뛰어나다고 말했으니, 임제의 법도 부처님과 같이 연기를 관찰하는 것을 그 종지宗旨로 삼는 것이다.

태어남이 없는 연기란 또 무슨 말일까? 우리는 어미로부터 태어났다고 생각한다. 그러나 어미가 날 낳은 게 아니라 내가 어머니와 관계를 맺게 되므로 어머니와 나라고 규정된 것이다. 이렇게 대상을 어떤 속성으로 규정하기 때문에 내 마음에서는 태어났다고 생각하는 것이다. 이러한 규정을 만들고 조작하는 곳이 바로 내외입처內外入處이다. 바로 이 처에서 일어나는 생각은 태어나지 않고 대상을 따라서 일어났다 사라지게 되므로 '무생無生'이라고 부르는 것이고, 대상과 함께 서로 의지해서 일어나므로 '연기緣起'라고 부르는 것이다. 결국, 연기법은 '일념' 즉 한 생각에서 태어남이 없이 일어났다 사라지는 법칙을 말한다. 이것이 바로 '자신에게 드러나게 되는 세상' 즉 '법계法界'인데, 그러한 사실을 알지 못해 진실한 대상으로 착각하며 따라다니기에 마음이 쉬지 못하는 것이다. 그래서 임제는 태어남이 없는 이 연기를 한 번만이라도 생각해서 그런 어리석음에서 벗어나 보라고 이야기하는 것이다.

그럭저럭 하루를 보내지 말라!

大德! 莫因循過日! 山僧往日 未有見處時 黑漫漫地 光陰 不可空過 腹熱心忙 奔波[1] 訪道. 後還得力 始到今日 共道流 如是話度. 勸諸道流 莫爲衣食看! 世界易過 善知識難遇 如優曇花時一現耳.

임제 대덕이여!

그럭저럭 지내며 하루를 보내지 말라!

산승山僧도 지난날

처處를 미처 보지 못했을 때는 캄캄하고 아득했고

세월을 헛되이 보낼 수 없어서 속도 타고 마음이 바빠

도를 물으러 허둥지둥 뛰어다녔다.

뒤에 돌아와 힘을 얻고 오늘에 이르러

수행자들과 함께 이렇게 말하는 것이다.

모든 수행자에게 권하노니

의복과 음식을 보려 하지 말라!

세상이 쉽게 지나가서 선지식善知識 만나는 것이

우담바라 꽃이 한 번 피는 만큼 어렵다.

● 大德! 莫因循過日! 山僧往日 未有見處時 黑漫漫地 光陰 不可空過 腹熱心忙 奔波訪道. 後還得力 始到今日 共道流 如是話度.
임제: 대덕이여! 그럭저럭 지내며 하루를 보내지 말라! 산승

1 奔波 허둥지둥 뛰어다니다

山僧도 지난날 처處를 미처 보지 못했을 때는 캄캄하고 아득했고 세월을 헛되이 보낼 수 없어서 속도 타고 마음이 바빠 도를 물으러 허둥지둥 뛰어다녔다. 뒤에 돌아와 힘을 얻고 오늘에 이르러 수행자들과 함께 이렇게 말하는 것이다.

임제도 처를 확인하고 보기 전에는 캄캄하고 아득했다고 고백한다. 아마 깨닫지 못한 수행자가 느끼는 좌절감은 거의 비슷하리라. 그렇다고 손 놓고 있어서는 안 되고 모른다면 부지런히 선지식善知識을 찾아서 물어야 할 것이다. 만약 자신이 무엇을 해야만 하는지가 분명하게 드러나지 않는다면 그땐 수행을 바르게 시작할 수도 없을 뿐만 아니라 수행을 해도 안 될 것이다. 그럴 때는 길이 보일 때 가지 눈 밝은 선지식을 찾아가 의심이 없도록 묻고 또 물어야 한다. 물어서 들은 대답에 자신이 수긍된다고 해서 끝난 것은 아니다. 이것은 깨달음이 성취된 것이 아니고, 상대방의 말에 자신이 설득되고 수긍되었을 뿐이다. 이 상태에서는 자신의 번뇌가 절대 사라지지 않기에 그것이 사실인지 아닌지에 대한 철저한 확인작업을 통해 자신도 그 결론에 이르러야 비로소 끝나는 것이다.

● 勸諸道流 莫爲衣食 看世界易過! 善知識難遇 如優曇花時一現耳.
모든 수행자에게 권하노니 의복과 음식을 보려 하지 말라! 세상이 쉽게 지나가서 선지식善知識 만나는 것이 우담바라 꽃이 한 번 피는 만큼 어렵다.

수행자에게 의복과 음식은 가사와 발우이다. 이 가사와 발우만 있다면 행복할 수 있는 완벽한 조건은 갖춰졌다는 게 부처님의 근본 입장이다. 그래서 부처님은 일생 한 벌의 가사와 발우만으로 행복할 수 있음을 몸소 실천해 보이셨다. 수행의 목적은 그 어떤 어려움을 당할지라도 나무에 걸리지 않는 바람처럼 얽매이지 않고 행복한 삶을 영위하기 위해서 하는 것이다. 그런데 출가하여 이미 가사와 발우를 지니고도 무엇이 모자라서 '필요한 것'만을 쫓아다니니 제대로 된 수행은 해보지도 못하고 일생을 마치게 되는 것이다. 세월은 그 누구도 기다려 주지 않는다. 그래서 임제스님도 세월이 빠르게 지나가니 선지식善知識을 찾아 부지런히 물으라고 말하는 것이다. 수행자에게 가장 큰 축복은 선지식을 만나는 것이다.

선지식善知識을 만나지 못한 수행자는 캄캄한 밤길에 안내자도 없이 길을 떠나는 것과 같다. 만약 선지식을 만날 수 없다면 부처님의 법에 의지해 무소의 뿔처럼 혼자서 가야만 한다. 사람이 일생을 살면서 선지식을 만난다는 게 결코 쉬운 일이 아니다. 그래서 우담바라 꽃의 비유를 든 것이다. 우담바라 꽃은 삼천 년에 단 한 번 핀다는 전설 속의 꽃이다. 이렇게 선지식을 만나기가 어려운 것이다. 지금 여기서 임제는 자신이 선지식이라는 것을 은연중에 밝히고 있는데, 기왕 이렇게 선지식을 만났으니 허송세월하지 말고 열심히 물어보라고 당부하는 것이다.

큰 코끼리가 발로 차다.

儞諸方聞道 有箇臨濟老漢出來 便擬問難教語. 不得被山僧全體作用 學人空開得 眼口總動 不得 懵然不知 以何答我? 我向伊道 龍象蹴踏 非驢所堪. 爾諸處 秖指胸點肋[1] 道我解禪解 道三箇兩箇到 這裏 不奈何咄哉! 爾將這箇身心 到處簸兩片皮[2] 誑諕閭閻 喫鐵棒有日在 非出家兒 盡向阿修羅界攝.

임제 너희들은 제방에서

임제라는 늙은이가 나왔다는 말을 듣고 곧

난해한 교학의 말씀을 물어보려고 하니,

어쩔 수 없이 질문받은 산승山僧은

학인學人에게 전체를 작용해서

공空을 알게 하려고 눈과 입을 총동원해도

안 되는 것은 어리석어서 그런 것인데,

무엇으로 내가 대답하겠는가?

내가 향해가는 그 도道는

코끼리 왕이 차고 밟는 것이라

당나귀가 감당할 바가 아니다.

너희는 모든 곳에서 단지 자신을 가리키며

'나를 아는 것이 선禪을 아는 것'이라고 말하면서

1 指胸點肋: 자부自負 자신自信을 보이는 형용

2 兩片皮: 윗입술과 아랫입술. 양피.

세 개의 두 개가 여기에 도달한다고 말해도

어쩌지 못하니 안타깝구나!

너희가 장차 여기 이놈은 몸과 마음이라고

곳곳에서 두 입술을 까부르며

여염閭閻을 속이고 기만한다면

쇠몽둥이로 맞을 날이 있을 것이며 출가자도 아니니

남김없이 아수라 세계로 가서 붙잡힐 것이다.

● 儞諸方聞道 有箇臨濟老漢出來 便擬問難教語 不得被山僧 全體作用 學人空開得 眼口總動不得 懵然不知 以何答我?
임제: 너희들은 제방에서 임제라는 늙은이가 나왔다는 말을 듣고 곧 난해한 교학의 말씀을 물어보려고 하니, 어쩔 수 없이 질문받은 산승山僧은 학인學人에게 전체를 작용해서 공空을 알게 하려고 눈과 입을 총동원해도 안 되는 것은 어리석어 그런 것인데, 무엇으로 내가 대답하겠는가?

임제라는 선사가 세상에 나왔다고 하니, 제방에 있는 학인學人들이 찾아와서 이해하기 힘든 부처님의 어려운 말씀을 물어본다는 것이다. 그래서 임제는 자신이 할 수 있는 모든 수단을 동원해서 공을 이해시키려 해도 멍청해서 이해하지 못하니 임제 자신도 어쩔 수 없다는 것이다.

● 我向伊道 龍象蹴踏 非驢所堪.
내가 향해가는 그 도道는 코끼리 왕이 차고 밟는 것이라 당나귀가 감당할 바가 아니다.

용상龍象은 용과 코끼리는 말이 아니고 '으뜸가는 코끼리'로 부처님을 은유적으로 가리키는 단어이다. 즉 임제가 가르치는 법은 석가여래의 가르침이라 '큰 코끼리가 짓밟는 것' 같다는 것이다. 큰 코끼리가 짓밟고 지나간 발자국은 다른 어떤 동물의 발자국보다 커서 당나귀의 발자국 정도는 비교도 안 된다는 것이다. 즉 이러한 부처님의 가르침은 모든 것을 다 포함하고 있기에 최상의 가르침이라고 하는 것이다.

● 爾諸處 秪指胸點肋 道我解禪解道 三箇兩箇 到這裏不奈何咄哉!
너희는 모든 곳에서 단지 자신을 가리키며 '나를 아는 것이 선禪을 아는 것'이라고 말하면서 세 개의 두 개가 여기에 도달한다고 말해도 어쩌지 못하니 안타깝구나!

삼개양개三箇兩箇를 보통 세 사람, 두 사람으로 이해하는데 잘못된 해석으로 보인다. 아무리 보아도 문맥상 맞지 않는다. 이것은 세 개의 두 개 곧 '3 곱하기 2'로 읽어야 한다. 즉 육진六塵인 번뇌煩惱를 의미하는 것이다. '나를 이해하는 것이 선을 이해한다.'라는 것은 참 나眞我를 찾아야 참선을 하는 것이라는 말과 같은 것이다. 선은 참 나眞我가 허상임을 깨닫는 것이지 참 나眞我를 찾는게 아니다. 임제의 말대로 못 찾을 것을 염두하고 말했으면 모를까, 그렇지 않고 진실로 그렇게 말했다면 보통 잘못된 게 아니다. 깨달았다면 당연히 이 여섯 가지 번뇌를 다스려야만 되고 그렇게 될 수밖에 없다. 그런데 깨달았다고 말하면서 '번뇌를 어쩌지 못한다는 것'은 부처님께서 말씀하신 완전한 그 깨달음과 다른 깨달음이다. 번뇌를 '육진六塵이라고 부르는 것'은 이 번뇌가 내외입처內外入處의 상호작용에 따라 여섯 가지로 만들어지기 때문이다. 따라서 번뇌를 없애고 싶다면 번뇌가 어떻게 만들어지는지를 바르게 이해해야 비로소 번뇌를 완전히 소멸할 수 있는 것이다. 그래서 수행은 이 번뇌가 조작되는 장소인 처를 이해하는 것부터 시작되어야 한다.

● 爾將這箇身心 到處 簸兩片皮 誑謼閭閻 喫鐵棒有日在. 非出家兒 盡向阿修羅界攝.
너희가 장차 여기 이놈은 몸과 마음이라고 곳곳에서 두 입술을 까부르며 여염閭閻을 속이고 기만한다면 쇠몽둥이로 맞을 날이 있을 것이다. 출가자도 아니니 남김없이 아수라 세계로 가서 붙잡힐 것이다.

여기서 '자개신심這箇身心'이란 말의 의미를 잘 살펴야 한다. 본래 '개箇'라는 글자는 수량을 나타내는 글자이다. 그런데 여기 임제록에서는 유독 이 글자를 의도적으로 많이 쓰고 있다. 우리가 무엇인가를 센다는 것은 어떤 일정한 특징을 가진 개별적인 개체임을 의미한다. 개별적이지 않다면 셀 수가 없다. 따라서 몸과 '마음'을 '공空'으로 보지 않고 독립적이며 실존적인 개체로 본다는 말이다. 이렇게 공으로 보지 못하면서 몸과 마음의 성품이 본래부터 착하다느니 악하다느니 하면서 가는 곳마다 떠벌리고 다닌다면 언젠가는 눈 밝은 사람에게 몽둥이찜질을 당할 것이라고 경고한다. 임제의 이 충고는 지금의 승려들 역시 반드시 귀담아들어야 할 것이다. 이 상황은 지금도 여전히 적용되기 때문이다.

몸과 마음은 따로 있거나 함께 있지도 않다. '몸'과 '마음'은 작용을 가리키는 말이지 실체實體를 말하는 것이 아니기 때문이다. '몸'은 '지수화풍'이라는 성질이 '모여진 것'이므로 각각 분리할 수 있다. 이렇게 분리된 사대를 몸이라고 부르는 사람은 없다. 몸이 몸의 역할을 할 때 비로소 '몸'이라고 불리게 된다. 그러므로 몸이란 말은 '작용하는 것'에 대해 붙여진 이름에 불과하다. 마음도 마찬가지이다. 그런데도 사람들은 허망한 몸과 마음을 붙잡고 '진실한 것'이라고 굳게 믿고 있으니 '허망한 집착일 뿐'이라고 말하는 것이다. 이렇게 보이는 대상에 그 실체가 없다는 것을 '공空하다.'라고 하는 것이다.

승려가 되고도 공을 이해하지 못하고 이렇게 개별적인 실체로 여기며 말한다면 그 사람은 '출가자도 아니며 아수라 세상에 가서 붙잡힌 것'이라며 맹비난을 했다. 아수라는 언제나 싸움 속에서 살아가는 천신으로 싸움의 대명사이다. 그러니 아수라에게 붙잡힌다는 말은 평생 싸움만 하고 지낸다는 말이 된다. '몸'과 '마음'을 이원적인 실체로 바라보니 쟁론이 끊이지 않는다. 실체라는 대립적 개념으로 세상을 보면 언제나 '자신의 견해가 옳고 다른 사람의 견해는 틀리다.'라는 생각에 사로잡혀 싸움이 멈추지 않는다. 따라서 수행자라면 이렇게 언쟁이 일어날 때 옳고 그름의 판단을 할 게 아니라, '내가 실상을 보지 못하고 언어로 사유해서 싸움이 벌어지고 있구나!'하고 알아차릴 수 있어야 이수라의 세상에서 벗어날 수 있는 것이다.

송장이 머물 수 없는 큰 바다

夫如至理之道 非諍論而求激揚 鏗鏘以摧外道 至於佛祖相承 更無別意. 設有言教 落在化儀 三乘五性 人天因果 如圓頓之教 又且不然 童子善財 皆不求過. 大德 莫錯! 用心如大海不停死屍[1]. 秖麼擔却 擬天下走 自起見障以礙於心. 日上無雲 麗天普照 眼中無翳 空裏無花

임제 대체로, 지극한 이치의 말씀은

논쟁을 벌이지 않고도 격렬히 드날려지게 되므로

시끄럽게 다투어 외도를 꺾는 것은

부처와 조사가 서로 전승하는 동안에도

아예 달리 뜻을 두지 않았다.

설령 삼승三乘과 오성五性으로 인천人天의 인과因果라는

교화의 형식에 떨어져 있는

말씀과 가르침이 있더라도

원돈의 가르침은 절대 그렇지 않기에

선재善財 동자가 '모든 것'을

구하지도 않고 지나간 것이다.

대덕들은 착각하지 말라!

쓰는 마음이 큰 바다 같아야

1 大海不停死屍: 대해는 사시死屍를 막지 않는다. 대해大海가 지니는 열 가지 덕, 또는 팔부사의八不思議의 하나로 더러워진 사체死體는 바다 속에 머물게 하지 않고 해안으로 밀어내는 것. 중아함경 제8에 대해는 청정해서 사체死體를 받아들이지 않는다. 화엄경, 열반경등에도 있다.

죽은 송장이 머물지 않는 것이다.

그저 짊어지고 천하를 달리려 하니

견해에 막혀서 마음에 장애가

저절로 일어나는 것이다.

구름 없이 해가 떠오르니

아름다운 하늘이 널리 비추고

눈 가운데 티끌 없으니

허공 속에 꽃도 없다네.

● 夫如至理之道 非諍論而求激揚 鏗鏘以摧外道 至於佛祖相承 更無別意.
임제: 대체로, 지극한 이치의 말씀은 논쟁을 벌이지 않고도 격렬히 드날려지게 되므로 시끄럽게 다투어 외도를 꺾는 것은 부처와 조사가 서로 전승하는 동안에도 아예 달리 뜻을 두지 않았다.

여기서 지극至極한 이치의 말씀이란 '너무나 당연해 누구나 수긍하는 것' 즉 보편타당한 진리를 말한다. 이러한 보편타당한 진리는 애써서 밝히려고 하지 않아도 자연히 드러나는 것이다. 물론, 많은 사람이 어리석어 쉽게 드러나지 않을 수는 있으나 눈만 밝으면 언제든지 드러나게 되는 것이다. 그래서 부처님과 조사로 이어지도록 외도들과 시끄럽게 이게 옳으니 저게 틀렸느니 하고 시비 논쟁을 벌이지 않았으며 별 관심도 없다는 것이다. 결국 시비로 논쟁을 벌이는 것은 언어의 사유를 벗어나지 못한 것이다. 만약 수행자가 중도를 보고 있다면 시비 논쟁을 벌이지 않게 된다.

● 設有言教 落在化儀 三乘五性 人天因果 如圓頓之教 又且不然 童子善財 皆不求過.
설령 삼승三乘과 오성五性으로 인천人天의 인과因果라는 교화의 형식에 떨어져 있는 말씀과 가르침이 있더라도 원돈의 가르침은 절대 그렇지 않기에 선재善財 동자가 '모든 것'을 구하지도 않고 지나간 것이다.

사람들은 선한 공덕을 많이 지어서 그 결과로 현세에 잘 살거나 내생에 좋은 곳에 태어나 행복하기를 바라면 종교를 믿는다. 이러한 생각은 인과因果를 기초로 하는 숙명론宿命論과 다름이 없다. 그런데도 이런 가르침들이 부처님 경전의 곳곳에 나타난다. 그 이유는 '중도'를 깨닫고 이해하지 못할 바에야 이렇게라도 생각하고 살아간다면 나쁜 업業을 덜 지어서 그나마 세상이 조금이라도 나아지기 때문이다. 즉 이것은 차선책에 해당한다고 말할 수 있을 것이다.

부처님의 설법을 대기설법對機說法이라고 부르는 이유는 대상에 따라 법문法門의 수준을 달리했기 때문이다. 임제는 부처님 설법 중에 '삼승'과 '오성'이라는 인천의 인과因果를 가르치는 가르침은 어리석은 사람들에게 나쁜 업業을 지어 지옥에 가지 말고, 착한 업業을 지어 천상에 태어나라고 하는 의례적인 가르침을 편 것이다. 그러나 화엄의 가르침은 그렇지 않다고 말했다. 그 이유는 선재 동자가 53선지식善知識을 만났지만, 아무것도 구하지 않고 그냥 지나쳤기 때문이라는 것이다. 따라서 불법의 진정한 목적은 복을 지어 좋은데 태어나는 데 있지 않고, 깨달아서 번뇌에서 벗어나야 한다는 것이다.

● 大德 莫錯! 用心如大海 不停死屍. 秖麽擔却 擬天下走 自起見障以礙於心.
대덕들은 착각하지 말라! 쓰는 마음이 큰 바다와 같아야 죽은 송장이 머물지 않는 것이다. 그저 짊어지고 천하를 달리려 하니 견해에 막혀서 마음에 장애가 저절로 일어나는 것이다.

바닷가에 가보면 '온갖 쓰레기가 밀려와 있는 것'을 종종 보게 된다. 우리도 마음을 쓸 때 이렇게 큰 바다 같아야 마음의 쓰레기인 죽은 송장이 머물지 않는다는 것이다. 대상을 무엇이라고 고정하는 순간 그것은 죽은 송장이 되고 만다. 이것이 마음의 번뇌로 쓰레기 같은 송장이다. 이것이 머물지 못하도록 언제나 관리해야 깨끗한 마음을 유지하는 것이다. 본래 마음은 자유로워 그 무엇에도 얽매임이 없었다. 그런데 사람들이 언어로 사유를 하다 보니 모든 것을 실체實體처럼 여기니 대상에 얽매이게 되었다. 언어를 사용하는 순간 자기도 모르게 실체라는 짐을 짊어지고 살아가게 된다. 그것이 바로 견해의 장애가 되는 것이다. 이것이 바로 넘어야 할 첫 번째 수행의 관문인 언어적 사유를 뛰어넘는 것이다.

● 日上無雲 麗天普照 眼中無翳 空裏無花
구름 없이 해가 떠오르니/ 아름다운 하늘이 널리 비추고/ 눈 가운데 티끌 없으니/ 허공 속에 꽃도 없다네.

임제는 이 말끝에 이렇게 첫 번째 언어의 관문을 뛰어넘으면 구름 걷힌 하늘에 해가 떠서 온 세상이 널리 비춰 아름다움이 드러나는 것이며, 눈에 있던 티끌이 사라지면 세상이 맑고 깨끗하게 보이는 것과 같다고 노래했다.

설사 한 물건이라 해도 맞지 않는다

道流! 爾欲得如法 但莫生疑 展則 彌綸法界 收則 絲髮不立! 歷歷孤明 未曾欠少 眼不見 耳不聞 喚作什麼物? 古人云 說似一物 則不中. 爾但自家看! 更有什麼? 說亦無盡 各自著力 珍重!

임제 수행자여!

너희들이 만약 '법과 같음如法'을 얻고 싶다면

펼치면 법계法界도 두루 엮지만

거둬들이면 실낱같은 머리카락도 세울 수 없다는 것을

절대로 의심하지 말라!

역력하게 홀로 알며 이미 모자란 적이 없는 것이

눈으로도 볼 수 없고 귀로도 들을 수도 없는데

무슨 물건이라고 이름 붙여야겠는가?

고인은 말하기를

"설사 '한 물건'이라고 해도 곧

맞지 않습니다."라고 했느니라.

너희는 다만 자기 자신을 살펴보라!

또다시 뭐가 있겠는가?

말로는 다 설명할 수 없으니 각자 정진하고

보배처럼 소중히 여기라!

● 道流! 爾欲得如法 但莫生疑 展則 彌綸法界 收則 絲髮不立!
임제: 수행자여! 너희들이 만약 '법과 같음如法'을 얻고 싶다면 펼치면 법계法界도 두루 엮지만 거둬들이면 실낱같은 머리카락도 세울 수 없다는 것을 절대로 의심하지 말라!

절집 주변에 살다 보면 '여법如法'이라는 말을 참 많이 듣게 된다. 그러나 여법如法이 무엇을 의미하는지를 아는 사람은 별로 없는 것 같다. '법法'은 원래 다르마 dharma의 번역어로 경전에서 '진리', '의근意根의 대상', '질서' 등등의 다양한 의미로 쓰인다. 그러나 여기서 가장 중요한 의미는 '의근意根'의 대상으로서의 '법法'이다. '부처님의 가르침'을 '법法'이라고 부르는 이유도 부처님께서 중점적으로 밝힌 것이 바로 이 '법'에 관한 이야기이기 때문이다. 그래서 법을 단순히 '부처님의 말씀'쯤으로 이해해서는 안 된다.

우리가 인식하는 대상은 실재實在하는 대상을 인식하는 게 아니라 이미 '가공된 정보'인 '법'을 인식하게 된다. 그러니 우리가 알고 보는 모든 게 다 '법'일 뿐이다. 이 법은 처에서 벌어지는 사건이기에 펼치면 법계法界도 두루 묶지만 거두어들이면 실낱같은 머리카락도 세울 수 없는 것이다. 즉, 마음에서 벌어지는 세상이 '법계'이므로 펼치면 욕계欲界, 색계色界, 무색계無色界로 두루 엮어내기도 하지만, 생각하지 않는다면 터럭 하나도 세워 놓을 곳도 없다. 이런 일들이 가능한 이유는 가공된 법이 처處에서 벌여 놓은 일이기 때문이다. 따라서 이러한 사실을 의심하지 말아야 부처님이 말씀하신 법과 같아지는 것이며, 또 의식의 대상인 법을 '실재實在하는 것'으로 조작하는 게 사라지므로 대상에 대한 욕망도, 성냄도, 어리석음도 동시에 떨어지게 되는 것이다. 그러면 법은 욕망의 대상이 아니라 단지 마음의 대상인 법으로만 볼 수 있게 되는데, 이것이 바로 여법함을 얻는 것이다.

● 歷歷孤明 未曾欠少 眼不見 耳不聞 喚作什麼物? 古人云 說似一物 則不中.
역력하게 홀로 알며 이미 모자란 적이 없는 것이 눈으로도 볼 수 없고 귀로도 들을 수도 없는데 무슨 물건이라고 이름 붙여야겠는가? 고인은 말하기를 "설사 '한 물건'이라고 해도 곧 맞지 않습니다."라고 했느니라.

이렇게 나의 처에서 조작된 '법'을 내가 분명하게 보고 듣지만, 이것을 다른 사람과 함께 보진 못한다. 내 마음에서 벌어진 법계法界는 나에게만 나타나는 법계이기 때문이다. 이러한 법계는 사람들 모두 저마다 각기 다르게 펼쳐진다. 이렇게 사람마다 각기 법계가 달리 펼쳐지기 때문에 화엄에서 '중중무진법계重重無盡法界' 즉 셀 수도 없이 법계가 첩첩이 쌓여있다고 한 것이다. 어쨌든 이렇게 자기 자신에게 벌어지는 법계는 누구와도 실시간으로 공유되지 않고 자신에게 벌어지므로 '역력히 홀로 밝다.'라고 한 것이다.

홀로 밝다는 것은 어디가 모자라서 안보이거나 사라진 여백도 없이 완벽하게 내 눈앞에 그려져 있다는 의미이다. 그래서 일찍이 모자란 적도 없다고 한 것이다. 이렇게 분명하게 알고 모자란 적도 없이 나타나는 것은 명확한데, 그 작용을 일으키는 그곳은 눈이 있어도 볼 수 없고, 귀가 있어도 들을 수 없다. 그 물건을 무엇이라고 부르면 좋겠느냐고 묻고 옛사람이 '설사 한 물건이라도 맞지 않는다.'라는 말을 인용했다. 이것은 처의 작용이며, 이 처는 독립적으로 있는 어떤 물건이 아니다. 아는 작용과 대상이 서로 의지할 때 드러나는 가상의 장소이기 때문이다. 이 처의 작용을 누누이 임제도 설명했고 역자도 주를 달았으므로 어느 정도는 이해했을 것이다, 만약 이해하지 못했다면 읽고 또 읽어 이해될 때까지 깊이 사유하길 바란다.

●爾但自家看! 更有什麽? 說亦無盡 各自著力珍重!
너희는 다만 자기 자신을 살펴보라! 또다시 뭐가 있겠는가? 말로는 다 설명할 수 없으니 각자 정진하고 보배처럼 소중히 여기라!

임제는 마지막으로 자기 자신에게서 벌어지는 게 법계이니 이 법계를 알려고 한다면 자기 자신을 살펴보아야지 또 뭐가 있겠느냐고 반문한다. 지극히 당연한 이치이다. 사건이 벌어졌다면 그 사건이 벌어진 곳을 살펴봐야지, '벌어지지 않은 다른 곳'을 살핀다면 어떻게 진실을 규명하겠는가? 이 '처에서 벌어지는 일'을 말로다 설명할 수 없으니 각자가 임제 자신의 말을 금과옥조와 같이 여기고 힘써보라고 말하며 법문法門을 마쳤다. 여기서 '진중珍重'이란 말은 '잘 가시오.'라는 의미의 인사로도 쓰이지만, 이 문장에서는 금과옥조金科玉條로 여기고 잊지 말라는 의미로 쓰였다고 보는 게 더 타당해 보인다.

여기까지 시중의 부분이 끝났는데 모두다 '처'에 대한 설명임을 잊어서는 안 된다. 밖에 있는 '대상'이라거나 속 안에 있는 내 '마음'의 실체實體를 밝힌 글로 읽어서는 죽을 때까지 알 수도 찾을 수도 없다. 왜 깨달음을 '견처見處'라고 부르는지를 이해해야 한다. '견처'란 '처를 본다.'라는 말이니, 처를 보는 게 곧 '깨달음'이다. 그렇게 처의 작용을 알아야 모든 대상이 꿈이나 물거품처럼 허망하게 볼 수 있는 것이다. 우리가 집착을 내려 놓지 못하는 것은 대상이 허망하다고 생각되지 않기 때문이다. 그러니 처의 작용을 보아 대상이 허망함을 깨닫는다면 모든 것을 순식간에다 내려놓을 수 있다. 이렇게 내려놓게 된다면 그의 삶은 애착하며 번민하던 삶에서 모든 것을 놓아 버린 '일없는 삶'으로 그 자리에서 바로 전환되는 것이다.

제3장 감변勘辨

상대를 검증하다

호랑이 수염을 잡아당기다.

黃蘗 因入廚次 問 飯頭作什麽? 飯頭云 揀衆僧米. 黃蘗云 一日喫多少? 飯頭云 二石五. 黃蘗云 莫太多麽? 飯頭云 猶恐少在. 黃蘗便打. 飯頭却 擧似師 師云 我爲汝 勘這老漢. 纔[1] 到侍立次 黃蘗擧前話 師云 飯頭不會 請和尙 代一轉語. 師便問莫太多麽? 黃蘗云 何不道 來日更喫 一頓? 師云 說什麽來日? 卽今便喫道了便掌. 黃蘗云 這風顚漢 又來這裏 捋虎鬚. 師便喝出去. 後潙山問仰山 此二尊宿意 作麽生? 仰山云 和尙 作麽生? 潙山云 養子 方知父慈. 仰山云 不然. 潙山云 子又作麽生? 仰山云 大似[2] 勾[3]賊破家.

황벽이 공양간에 들어간 게 원인이었다.

황벽 반두飯頭는 도대체 무엇 하는가?

반두 대중 스님들의 쌀을 가립니다.

황벽 하루에 얼마나 먹는가?

반두 두 섬이 다섯입니다.

황벽 매우 많다고 하지 말라는 건가?

반두 되려 모자랄까 걱정입니다.

황벽이 곧 때렸다. 반두가 물러나 임제에게 가서 아뢰었다.

임제 내가 너를 위하여 이 늙은이를 검증해 보리라!

---

1 纔: …하자마자, …하는 찰나. 才라고도 쓴다. 옛날에는 裁, 財라고도 썼다.
2 大似: … 아주…하다. 「大」는 육조六朝이래 널리 쓰인 강조어.
3 勾: 句자를 손으로 쓸 때 같이 통용되는 글자이다. 아마 필사할 때에 생긴 오류나 손글씨를 이해하지 못해 오기한 듯하다.

(임제가) 모시려고 도착하자마자 황벽이 앞의 이야기를 꺼냈다.

임제 반두가 알아듣지 못했으니
화상께 대신 한 말씀 가르쳐 주시기를 청합니다.

임제가 바로 물었다.

임제 매우 많다고 하지 말라고 하신 겁니까?
황벽 '내일 한 번 더 먹을 수 있다.'라고 왜 말하지 못해?
임제 도대체 무슨 내일까지 말씀하십니까?
오늘 바로 먹고 '도道'를 마치라고 한 대 때리시지요.
황벽 이 미치광이가 또 여기 와서
호랑이 수염을 잡아당기는구나!

임제가 곧 할喝을 하고 밖으로 나갔다. 뒤에 위산이 앙산에게 물었다.

위산 이 두 존숙尊宿의 생각을 어떻게 생각하는가?
앙산 화상께서는 어떻게 생각하십니까?
위산 자식을 길러보니 바로 아비의 사랑을 안 것이다.
앙산 그렇지 않습니다.
위산 그대는 또 어떻게 생각하는가?
앙산 '언구言句 도둑이 가문을 부순 것'과 매우 비슷합니다.

●黃蘗 因入廚次 問 飯頭作什麽? 飯頭云 揀衆僧米. 黃蘗云 一日喫多少? 飯頭云 二石五. 黃蘗云 莫太多麽? 飯頭云 猶恐少在. 黃蘗便打. 飯頭却 擧似師 師云 我爲汝 勘這老漢.
황벽이 공양간에 들어간 게 원인이었다./ 황벽: 반두飯頭는 도대체 무엇 하는가?/ 반두: 대중 스님들의 쌀을 가립니다./

황벽: 하루에 얼마나 먹는가?/ 반두: 두 섬이 다섯입니다./ 황벽: 매우 많다고 하지 말라는 건가?/ 반두: 되려 모자랄까 걱정입니다. /황벽이 곧 때렸다. 반두가 물러나 임제에게 가서 아뢰었다./ 임제: 내가 너를 위하여 이 늙은이를 검증해 보리라!

이 임제록의 문체가 전통적인 한문의 해석방법으로 이해를 하면 도무지 이해가 가지 않는 부분이 많다. 한자가 본래 중국 사람들의 글자가 아니다 보니 자신들의 말하는 습관과 일치되지 않아 말하는 방식 그대로 받아적어 표기를 시작했고 거기에 지방의 사투리까지 더해지는 바람에 그 뜻을 명확히 알 수 없는 경우가 많다. 따라서 기존에 나와 있는 여러 해석본을 보아도 도무지 무슨 말인지 이해되지 않는다. 그래서 역자도 전체적인 글의 흐름을 따라 자의적으로 해석한 부분이 꽤 많다. 독자들도 이 점을 고려해서 읽기를 바라며, 눈 밝은 이가 잘못된 해석을 발견했다면 주저 말고 지적해 주길 바란다. 그래야 서로가 탁마琢磨되어 진리에 좀 더 다가갈 수 있기 때문이다.

'반두飯頭'는 밥하는 소임자로, 지금은 '공양주供養主'이다. 공양간에서 공양주가 쌀을 고르는 중에 임제 스님의 스승인 황벽이 들이닥쳤다. 그리고 대뜸 '무엇을 하느냐?'고 물으니 공양주는 쌀을 고른다고 했다. 이에 황벽은 쌀의 하루 소비량이 어느 정도인지를 물었고 공양주는 두 섬의 다섯 즉 열섬이라고 말했다. 다시 황벽이 '매우 많다고 하지 말라는 것인가?'하고 물었다. 그러자 공양주가 '되려 모자랄까 걱정'이라고 말하니, 황벽이 한 대 때렸다. 이것이 이 이야기의 발단인데, 공양주로서는 '재고량이 부족할까 걱정'이라는 것이 해야 할 당연한 걱정이거늘 그 말을 했다고 황벽에게 '한 대 맞은 것'이 억울해 임제에게 가서 일러바쳤고, 임제는 반드시 이유가 있으리라 하고 스승에게 따지러 가는 장면이다.

● 纔到侍立次 黃蘗擧前話 師云 飯頭不會 請和尚 代一轉語. 師便問 莫太多麼? 黃蘗云 何不道 來日更喫 一頓? 師云 說什麼來日? 卽今便喫道了便掌. 黃蘗云 這風顚漢 又來這裏 捋虎鬚. 師便喝出去.
(임제가) 모시려고 도착하자마자 황벽이 앞의 이야기를 꺼냈

다./ 임제: 반두가 알아듣지 못했으니 화상께 대신 한 말씀 가르쳐 주시기를 청합니다./ 임제가 곧바로 물었다./ 임제: 매우 많다고 하지 말라고 하신 겁니까?/ 황벽: '내일 한 번 더 먹을 수 있다.'라고 왜 말하지 못해?/ 임제: 도대체 무슨 내일까지 말씀하십니까? 오늘 바로 먹고 '도道'를 마치라고 한 대 때리시지요./ 황벽: 이 미치광이가 또 여기 와서 호랑이 수염을 잡아당기는구나./ 임제가 곧 할喝을 하고 밖으로 나갔다.

임제가 황벽에게 '매우 많다고 하지 말라.'라는 뜻으로 말씀하신 거냐고 되물으니, 재고량이 부족할 것을 걱정할 게 아니라 내일 한 번 더 먹을 수 있음에 감사해야 한다고 말했다. 이 말의 요지를 요즘 말로 바꾸면 '긍정적 사고를 할 것인가?, 아니면 부정적 사고를 할 것인가?'에 대한 이야기이다. 지금 황벽은 같은 상황에 대해 왜 부정적 사고를 하느냐고 꾸짖는 것이다. 여기에 임제는 어차피 절집에서 밥 먹는 행위는 깨닫기 위해서니, 내일까지 들먹일 것도 없이 '오늘 먹고 당장 깨달아 마치라면서 한 대 때려주지 그러셨냐?'하고 한술 더 떠서 말한 것이다. 그래서 황벽이 '호랑이 수염을 잡아당긴다.'라고 한 것이다.

사람들은 흔히 '부정적 사고'가 아닌 '긍정적 사고'를 해야 한다고 말한다. 예를 들어 가득 담긴 컵의 물을 엎질러 물이 반 잔 남았다고 하자. 여기에 긍정적 사고는 '물이 반이나 남았네!'하고 생각하는 것이고 부정적 사고는 '물이 반 잔밖에 없네.'하고 생각하는 것이다. 과연 어느 것이 더 훌륭한 생각일까? 사실 긍정적 사고는 자신을 위로하는 행위일 뿐 더 훌륭한 무엇도 아니다. 실제 상황은 긍정적 사고를 하든 부정적 사고를 하든 똑같다. 사실상 여기서 해야 할 생각은 처음의 상태로 어떻게 복구할 것인가를 생각해야 한다. 즉 최초의 '물 한잔'으로 되돌아가야 할 것이다. 내가 물 한잔이 필요했다면 반 잔을 어떻게 채울 것인가를 생각하고 반 잔으로 충분하다면 더 생각할 이유가 없다. 반 잔만 남았던 반 잔밖에 없던 결국 같은 말이니 따질 일도 아니다. 지금 여기서 지금 생각해야 할 것은 미래에 대한 부정적 사고나 긍정적 사고가 아니라 눈앞에 벌어지는 것을 직시해 지금 이 자리에서 깨닫는 게 더 훌륭하지 않으냐고 말하는 것이다.

이것은 황벽의 사고에서 한 발자국 더 나아간 것이다. 그래서 황벽도 호랑이 수염을 뽑는다고 말하며 임제를 인정한 것이다. 이 부분을 다른 해석본에서는 임제가 황벽에게 '따귀를 한 대 때린 것'으로 해석했는데 임제의 성정으로 보아도 스승을 때릴 수 없으며, 스승을 존중하는 부처님의 가르침과도 전혀 어울리지 않는 대목이다. 그것을 마치 도인이 가지는 파격적인 행보로 이해하는 데 이것은 옳지 않다. 깨닫기 전에는 자기중심의 이기적인 사고를 하지만, 깨닫고 나면 이타적 사고를 하는 게 매우 당연하다. 또 그렇게 되어야 한다. 만약 그렇게 되지 않는다면 굳이 이런 이상한 수행을 해야 할 이유가 있을까? 이 부분은 '임제록' 자체의 문제라기보다 해석자의 오류로 보인다.

● 後潙山問仰山 此二尊宿意 作麽生? 仰山云 和尚 作麽生? 潙山云 養子 方知父慈. 仰山云 不然. 潙山云 子 又作麽生? 仰山云 大似勾賊破家.

뒤에 위산이 앙산에게 물었다./ 위산: 이 두 존숙尊宿의 생각을 어떻게 생각하는가?/ 앙산: 화상께서는 어떻게 생각하십니까?/ 위산: 자식을 길러보니 바로 아비의 사랑을 안 것이다./ 앙산: 그렇지 않습니다./ 위산: 그대는 또 어떻게 생각하는가?/ 앙산: '언구言句 도둑이 가문을 부순 것'과 매우 비슷합니다.

임제록에 위앙종의 시조인 위산과 앙산의 대화가 삽입된 것은 당시에 맹위를 떨쳤던 위산과 앙산의 권위를 빌어 임제를 빛나게 보이려고 하는 의도가 숨어있는데, 당시의 어록이 대부분 이런 형식을 취한다. 아무튼, 위산과 앙산의 대화도 흥미롭다. 위산은 반두가 임제에게 일렀으니 반두를 임제의 제자처럼 생각해서 임제도 자식이 생겼으니 아버지의 심정으로 황벽에게 따졌다고 본 것이다. 이에 대해 앙산은 '언구 도둑이 가문을 부쉈다.'라고 말했다.

선어록에서 도둑의 의미는 눈에 보이지도 않는 깊은 뜻을 훔쳤다는 뜻으로 쓰인다. 따라서 황벽의 가르침(언구)의 의미를 귀신같이 훔쳐서 알아차렸으므로 도둑이라 했고, 그 도둑이 황벽의 법을 뛰어넘어 우뚝 섰으므로 가문을 부쉈다고 한 것이다. 즉, 임제가 스승 황벽의 지혜를 훌쩍 뛰어넘었음을 은유적으로 표현한 것이다.

할한 승려와 절한 승려

師問僧 什麽處來? 僧便喝. 師便揖坐 僧擬議. 師便打. 師見僧來 便竪起拂子 僧禮拜 師便打. 又見僧來 亦竪起拂子 僧不顧 師亦打.

임제가 승려에게 어느 처소에서 왔느냐고 물었다.

승려가 곧 할喝을 했다.

임제가 곧 읍揖을 하고 앉으니 승려가 머뭇거렸다.

임제가 바로 때렸다.

임제가 승려가 오는 것을 보고 곧 불자를 곧추세웠다.

승려가 절을 했다.

임제가 바로 때렸다.

승려가 오는 것을 또 보고 역시 불자를 곧추세웠다.

승려가 돌아보지 않았다.

임제가 역시 때렸다.

●師問僧 什麽處來? 僧便喝. 師便揖坐 僧擬議 師便打.
임제가 승려에게 어느 처소에서 왔느냐고 물었다./ 승려가 곧 할喝을 했다./ 임제가 곧 읍揖을 하고 앉으니 승려가 머뭇거렸다. 임제가 바로 때렸다.

임제가 먼저 승려에게 온 곳을 물으니 승려가 대뜸 할을 했다. 할喝이란 본래 상대방의 어리석음을 꾸짖어 바로 잡기 위한 수단이다. 그러니 지금 이 상황은 순식간에 승려가 임제의 어리석음을 가르치는 분위기가 되어버렸다. 임제는 당연히 가르침을 받겠다고 정중히 읍을 했다. 얼핏 잘못 생각하면 종장인 임제가 누구에게 무슨 가르침을 받겠냐고 생각할 수도 있다. 그러나 그것은 진리를 추구하고 존중하는 종장을 잘못 생각한 것이다.

부처님께서도 자신은 진리를 추구하는 사람이기에 누군가가 자신보다 더 훌륭한 진리를 말한다면 자신은 언제든지 받아들일 준비가 되어 있다고 하셨다. 따라서 깨달은 사람일수록 다른 사람의 말을 듣는데 신중한 것이다. 따라서 임제도 그 승려가 할을 했으니 읍揖으로 화답하고 앉았을 것이다. 읍揖은 본래 군왕 등에게 신하로서 두 팔을 앞으로 뻗어 공손히 손을 모으는 것으로, 존경을 표현하는 자세이다. 그런데 앉았던 승려가 그다음의 행동도 없이 아무런 말도 못 하고 머뭇거리니 그 승려의 할이 흉내 낸 할이란 것을 감지하고 정신 차리라고 한 대 때린 것이다. 이 '임제록'에는 4가지 할의 쓰임새에 대해 말하고 있다. 그 부분을 참고하라.

●師見僧來 便竪起拂子 僧禮拜 師便打.
임제가 승려가 오는 것을 보고 곧 불자를 곧추세웠다./ 승려가 절을 했다./ 임제가 바로 때렸다.

임제는 승려가 오는 것을 보고 불자를 들어 올렸다. 본래 불자는 말의 갈기로 만든 일종의 총채인데 벌레들이 달려드는 것을 좇기 위한 용도를 쓰는 것이다. '불자를 세운다는 것'은 네가 공부한 바를 내보이라고 하는 무언의 대화이다. 그랬더니 승려는 내보이기는커녕 절을 했습니다. 가르친 적도 없는데 '깨닫게 해줘서 감사하다.'라고 절을 하니 이 승려도 흉내만 낸 맹탕이니 또한 맞은 것이라 볼 수 있다.

●又見僧來 亦竪起拂子 僧不顧 師亦打.
승려가 오는 것을 또 보고 역시 불자를 곧추세웠다./ 승려가 돌아보지 않았다./ 임제가 역시 때렸다.

다시 임제가 불자를 세워서 공부한 바를 내놓으라고 말하는데 돌아보지도 않았다. 이 승려는 앞의 승려가 절을 해서 맞은 줄 알고 쳐다보지도 않았다고 볼 수 있다. 이 승려 역시 제대로 알지도 못하면서 흉내만 낸 것이니 또 임제에게 얻어맞았을 것이다. 이상의 세 승려의 예에서 알 수 있듯이 당시에도 그저 도인 흉내만 내는 승려들이 꽤 존재存在한 듯합니다. 이것은 얼마 전 선방의 풍경과 크게 다르지 않습니다. 그래서 큰스님 흉내나 내면서 온갖 패악질을 일삼으며 그것이 마치 깨달음을 구하는 사람들의 특권인 것처럼 여기는 승려도 많았습니다.

시대가 바뀌다 보니 그런 객기를 부리던 승려들은 많이 줄어들긴 했지만, 지금은 선지식善知識이 없다 보니 선방마다 앉아있는 시간으로 법을 대신하려는 경향이 있다. 그러다 보니 도대체 자신이 무슨 수행을 정확히 어떻게 하는지도 모르는 채 그저 '열심히 하다 보면 언젠가 깨닫겠지…….'라며 막연히 생각하는 수좌들이 비일비재하다. 바른 안목이 갖추어지지 않아 아무것도 보이지 않는다면 제아무리 오래 참선을 한다 해도 깨달음에 이를 수 없다. 길을 떠나는 사람이 가야 할 곳도 모른다면 그 길을 어떻게 출발하며, 설사 출발한다고 할지라도 가야 할 곳에 도착한다는 보장이 없는 것이다.

보화普化와 극부克符를 만나다

師見普化 乃云 我在南方 馳書到潙山時 知儞 先在此住待我來. 乃我來 得汝佐贊 我今欲建立黃檗宗旨 汝切須爲我成褫! 普化珍重下去. 克符後至 師亦如是道 符亦珍重下去. 三日後 普化却上問訊云 和尚前日 道甚麼? 師拈棒便打下. 又三日 克符亦上 問訊 乃問 和尙前日 打普作什麼? 師亦拈棒打下.

임제가 보화를 보고 이렇게 말했다.

임제 내가 남쪽에 있으면서 급한 서신 때문에
위산에 갔을 때, 네가 여기에 먼저 살고 있으면서
내가 오기를 기다린다는 것을 알았다.
이렇게 내가 왔으니 네 도움을 받아
내가 지금 황벽의 종지를 세우려 하니
너는 반드시 나를 위해 웃통을 벗어라!

보화가 소중히 여기고 내려갔다. 극부는 뒤에 도착했는데 임제가 또 그렇게 말하니 극부도 역시 소중히 여기고 내려갔다. 삼 일 후에 보화가 위의 말은 잊고 올라가 인사하며 물었다.

보화 화상이 전날에 무슨 말을 했소?

임제가 몽둥이를 들고 바로 때리니 내려갔다. 다시 삼 일이 지나자 극부 또한 올라가 인사하며 물었다.

극부 화상이 전날 보화를 때려서 무엇을 했습니까?

임제가 역시 몽둥이를 들고 때려서 내려보냈다.

● 師見普化 乃云 我在南方 馳書到潙山時 知儞 先在此住待我來. 乃我來 得汝佐贊 我今欲建立黃檗宗旨 汝切須爲我成褫! 普化珍重下去.
임제가 보화를 보고 이렇게 말했다. 내가 남쪽에 있으면서 급한 서신 때문에 위산에 갔을 때, 너는 여기에 먼저 살고 있으면서 내가 오기를 기다린다는 것을 알았다. 이렇게 내가 왔으니 네 도움을 받아 내가 지금 황벽의 종지를 세우려 하니 너는 반드시 나를 위해 웃통을 벗어라! 보화가 소중히 여기고 내려갔다.

이 대목은 임제 스님이 보화와 극부와 처음으로 만나는 대목인데 고승의 전기에 기록된 곳도 있고 빠진 곳도 있다. 글의 전체적인 분위기로 보면 뒤에 각색되어 추가로 편집된 것으로 보인다. 사람의 손가락에 지문이 서로 다른 것처럼, 글도 역시 지문처럼 독특한 성격을 갖는다. 이 대목은 분위기가 이전의 글과는 확연히 다르다. 그래도 있으니 살펴보기로 한다.

이 글을 얼핏 보면 조금 이상해 보이지만, 고승전의 특성상 이야기의 주제가 되는 승려를 띄우기 위해 약간의 무리수를 두는 것도 부인할 수 없는 사실이다. 실제로 그랬었는지는 정확히 확인할 방법이 없다. 다만 임제를 도와 보화와 극부가 큰 역할을 한 것만은 틀림없다. 임제가 오기 전에 이미 보화와 극부는 사찰 운영의 책임자였으며 주변에 상당한 영향력이 있었기에 임제가 보화에게 '황벽의 종지를 세우는데 웃통을 벗고 힘쓰라!'라고 말했을 것이라고 유추해 볼 수 있다. 임제가 황벽의 처소에서 황벽의 명으로 급한 서신을 들고 위산에 올라 앙산을 만났을 때, 이미 임제는 이곳에 오기 전부터 보화가 기다리고 있을 것이라는 예언을 들어 알고 있었다.

● 克符後至 師亦如是道 符亦珍重下去. 三日後 普化却上問訊云 和尚前日 道甚麽? 師拈棒便打下. 又三日 克符亦上 問訊 乃問 和尚

前日 打普作什麼? 師亦拈棒打下.
극부는 뒤에 도착했는데 임제가 또 그렇게 말하니 극부도 역시 소중히 여기고 내려갔다. 삼 일 후에 보화가 위의 말은 잊고 올라가 인사하며 물었다./ 보화: 화상이 전날에 무슨 말을 했소?/ 임제가 몽둥이를 들고 바로 때리니 내려갔다. 다시 삼 일이 지나자 극부 또한 올라가 인사하며 물었다./극부: 화상이 전날 보화를 때려서 무엇을 했습니까? 임제가 역시 몽둥이를 들고 때려서 내려보냈다.

여기서 재미있는 사실은 보화와 극부가 순순히 말을 듣고 내려갔다가 삼 일 후에 보화는 앞에서 임제가 당부한 말을 모두 잊고 다시 올라와서 재차 물었는데, 그때 보화는 임제의 몽둥이를 맞고 큰 깨달음을 얻었던 것 같다. 그러니 극부가 보화를 삼 일간 지켜보고 보화가 달라졌으므로 '보화에게 무슨 짓을 했느냐?'고 따져 물었다고 볼 수 있다. 그 말에 임제는 극부도 때려서 '깨달음을 얻도록 한 것'이라고 볼 수 있다. 여기서 때린다는 의미는 실제로 구타하는 행위라기보다 '사고思考가 막혀있던 것'을 툭 터준다는 의미가 강하다.

사람들은 특성상, 생각하는 것이 한 번 얽히게 되면 그 생각에서 벗어나기가 매우 어렵다. 이때가 바로 스승의 한 방이 필요한 것이다. 깨달음은 막혀있던 물꼬에 물길만 살짝 내주어도 알아서 '물꼬를 트고 나가는 것'과 같다. 스승의 역할이란 바로 이 물꼬를 터주는 것이라 할지라도 만약에 아직 물이 차지 않았다면 물꼬를 터주어도 아무런 의미가 없다. 그래서 스승은 아무리 안타까워도 물이 차고 막힐 때까지 기다려 줄 수 있어야 한다. 그런 의미에서 보화와 극부는 이미 물을 다 채웠고 임제는 몽둥이로 살짝 물꼬를 터 준 것이다.

상식적으로 생각해 보아도 이미 내가 장악하고 있는 영역을 쉽게 내어주기는 힘든 일이다. 우리 주변 스님들의 상황을 보아도 그렇다. 나는 이 절에서 몇십 년을 불사하면서 살았기 때문에 절대로 내어 줄 수 없다고 말하며 세속의 법적 대응까지도 불사不辭하며 '버티는 것'을 자주 보게 된다. 출가할 때 이미 버린 세속적인 탐욕을 들어와서도 '버리지 못하는 것'이 현실이 아니던가? 그럼 이 당시라고 그렇지 않았을까? 정도의 차이는 있을지언정 다르지 않을 것이다. 그것은 율장의 여러 조항만 보더라도 쉬운 일이 아니었기에 명문화시켰을 것이다. 보화와 극부가 임제의 가르침으로 인해 깨달은 바가 있으니 자신들의 권익도 내려놓고 황벽의 종지를 세우고 임제가 법을 펴는 데 앞장섰다고 볼 수 있을 것이다.

보화에게 혀를 내밀다.

師一日同普化 赴施主家 齋次 師問毛呑巨海 芥納須彌 爲是神通妙用本體如然? 普化踏倒飯床. 師云 太麁生! 普化云 這裏 是什麽所在說麁說細? 師來日 又同普化赴齋 問今日供養何似昨日? 普化 依前踏倒飯床. 師云 得卽得太麁生! 普化云 瞎漢! 佛法說什麽麁細? 師乃吐舌[1].

임제가 하루는 보화와 함께 시주의 집에 가서 공양하는데 임제가 물었다.

임제 털구멍으로 큰 바다도 삼키고
겨자씨만 한 데로 수미산도 받아들인다고 하는데
이렇게 하는 신통하고 오묘한 쓰임은
본체本體라서 그런 것인가?

보화가 밥상을 밟아서 넘어뜨렸다.

임제 매우 거칠군!

보화 여기 어디에 거칠다는 말과 미세하다는 말이 있다는가?

임제가 다음날 또 보화와 함께 공양에 참석하였다.

임제 오늘도 공양하는데 어제와 뭐가 비슷한가?

보화는 이전처럼 밥상을 밟아서 넘어뜨렸다.

1 吐舌: 혀를 내밀다. 깊이 감동했을 때, 송구스러웠을 때의 표정.

임제 얻긴 했는데 매우 거친 놈만 얻었군.

보화 무식한 놈아!

부처님 법을 설하는데 뭐가 거칠고 미세해?

임제가 이에 혀를 내밀었다.

● 師一日同普化 赴施主家 齋次 師問毛呑巨海 芥納須彌 爲是神通妙用 本體如然? 普化踏倒飯床. 師云 太麄生! 普化云 這裏 是什麼所在 說麄說細?

임제가 하루는 보화와 함께 시주의 집에 가서 공양하는데 임제가 물었다./ 임제: 털구멍으로 큰 바다도 삼키고 겨자씨만 한 데로 수미산도 받아들인다고 하는데 이렇게 하는 신통하고 오묘한 쓰임은 본체本體라서 그런 것인가? 보화가 밥상을 밟아서 넘어뜨렸다./ 임제: 매우 거칠군!/ 보화: 여기 어디에 거칠다는 말과 미세하다는 말이 있다는가?

이 문답은 짧은 대화이지만 번역이 얼마나 어려운 일인지를 실감하는 문장이다. 대충 헤아리고 넘어갈 수도 있다. 그러나 만약 그렇게 한다면 그 의미는 명확히 드러나지 않아 얻을 수도 없다. 일반적인 해석으로 생각하면 굳이 이 내용을 어록에 남길 이유도 없어 보인다. 기록으로 남겼을 때는 분명히 후세에 전하고 싶은 메시지가 있었을 것이다. 그리고 그 시대에 이 글을 읽었다면 쉽게 이해했을지도 모르겠으나 시간도 지나고 지역도 다르며 게다가 언어까지 다른 우리로서는 쉽게 이해할 수 없는 것이 너무도 당연하다 하겠다. 나름대로 합리적 해석을 붙였으니 참작해서 읽기 바란다.

'털 구멍이 큰 바다를 삼키고 겨자씨가 수미산도 받아들인다.'라는 말은 유마경에 나오는 아주 유명한 구절이다. 여기서 털구멍은 우리의 감각 기능을 말하는 것으로, 감각 기능은 대상이 제아무리 클지라도 다 받아들인다는 것이다. 즉 바다를 알기 위해 혓바닥에 대기만 해도 '바닷물이라는 것'이 드러나는 것과 같다. 또 겨자씨도 감각 기능을 말하는데 '안이비설신眼耳鼻舌身'이라는 다섯 가지 감각 기능은 수미산의 대상에 비하면 겨자씨와 같이 매우 작다. 그러나 이 감각 기능은 수미산이나 하늘이라 할지라도 눈이라는 작은 구멍 속에서 일어나는 보는 기능에 다 들어오게 된다. 이렇게 이것은 우리가 알고 있는 모든 것은 감각 기관에서 대상을 감지해 신호로 바꾸고 그 신호를 처에 전달하면 처는 그것을 조작하게 되고, 그런 조작 때문에 '세상이라는 대상'과 '내가 대상을 본다'는 의식이 함께 드러나는 것이다. 지금이야 사람들이 고등교육을 받았기에 이렇게 겨자씨나 털구멍이라는 식의 표현을 하지 않아도 되지만, 삼천 년 전의 사람들이라면 이렇게 말할 수밖에 없고 또 듣는 사람도 제대로 알아듣지 못하니 답답한 마음에 이렇게라도 표현했을 것이다.

지금 이렇게 신통하고 오묘하게 작용하는 것이 근본이 되는 실체實體가 있어서 그런 것이냐고 임제가 물었더니 그것에 대해 말로 대답하지 않고 보화는 밥상을 엎어 버렸다. 그러니 임제는 행동이 거칠다고 말을 한 것이다. 그래서 보화는 밥상을 엎은 게 질문에 대한 대답이며, 그것에 대해 설명하려고 여기 어떤 것에 거칠다는 말과 미세하다는 말이 있느냐고 반문한 것이다. 이때 임제는 보화가 말 한 그 뜻을 분명히 알아차렸을 것이다. 그러니 임제도 더 말하지 않았을 것이다. 이장의 제목이 감변인 점을 상기하면 임제가 상대를 평가하는 대목이므로 더욱 그렇다. 감변을 한다는 말은 내가 이미 알고 있고 남이 알고 있는지 모르는지를 테스트하는 것이니, 여기에서 주인공도 임제이므로 이미 알고 있는 것이 전제된 것이다.

● 師來日 又同普化赴齋 問今日供養 何似昨日? 普化 依前踏倒飯床. 師云 得卽得太麁生! 普化云 瞎漢! 佛法說什麽麁細? 師乃吐舌.
임제가 다음날 또 보화와 함께 공양에 참석하였다./ 임제: 오늘 공양은 어제와 뭐가 비슷할까? /보화는 이전처럼 밥상을 밟아서 넘어뜨렸다./ 임제: 얻긴 했는데 매우 거친 놈안 얻었네./ 보화: 무식한 놈아! 불법을 설하는데 뭐가거칠고 미세해? 임제가 이에 혀를 내밀었다.

다음날도 전날처럼 임제는 보화와 함께 공양에 참석했다. 그러자 임제는 어떻게 해야 어제 밥 먹을 때와 비슷하겠냐고 물어보았다. 보화는 이 말에 주저하지 않고 밥상을 밟아 엎어 버린다. 그러니 임제는 그 상황을 보고 분명히 보화가 깨달음을 얻긴 얻었는데 거칠게 이해했다고 말했다. 그랬더니 보화는 '무식한 놈!'이라고 말하면서 부처님의 가르침을 설하는데 뭐가 거칠고 미세하냐고 반문한다. 이 말은 거칠다거나 추하다는 생각도 결국, 언어적 관점에서 본체가 있는 어떤 실체實體로 바라보는 것이다.

부처님께서는 이렇게 거칠거나 미세하다는 것이 '실체로써 존재存在하는 것'이 아니고 '현상으로 드러나는 것'이라고 누누이 말씀하셨다. 그러므로 거칠고 미세하다는 것은 실체가 없는데 중생이 어리석어 있다고 생각하는 것이므로 버려야 할 견해인데 이러쿵저러쿵 말을 한다고 핀잔을 주는 것이다. 그러니 보화의 언변과 지혜에 임제도 혀를 내밀며 깜짝 놀라는 것이다. 이로써 보화가 범상한 인물이 아님을 알 수 있다. 사람들은 깨닫게 되면 상대방이 깨달았는지 아닌지 알 것으로 생각한다. 물론 이 말이 아주 많이 틀린 말도 아니지만, 깨달았다고 해서 점검하지 않고 상대방의 깨달음을 명확히 알 수 없다. 다만 여러 가지를 점검해 종합적으로 판단할 수 있는 것이다. 그래서 임제도 보화가 어느 정도의 수준에 올라왔는지 이렇게 점검한 것이다. 이 대화를 보면 적어도 보화가 실체가 있어 현상을 드러낸 게 아니라는 사실을 제대로 이해했다고 판단해 볼 수 있다.

도둑이니 도둑을 알지!

師一日與河陽 木塔長老 同在僧堂 地爐內坐. 因說 普化每日在街市 掣風掣顚[1] 知他[2]是凡是[3]聖. 言猶未了 普化入來 師便問 汝是凡是聖? 普化云 汝且道! 我是凡是聖? 師便喝 普化以手指云 河陽新婦子 木塔老婆禪 臨濟小厮兒[4] 却具一隻眼! 師云 這賊[5]! 普化云 賊賊! 便出去.

임제가 하루는 하양河陽과 더불어 목탑木塔 장노長老가 함께 승당僧堂의 구덩이 화로 안쪽에 앉아있었다. 이야기의 발단은 보화가 매일 거리의 시장에서 미친 행동을 하니 그가 범부인지, 성인인지 누가 아느냐는 것이었다. 말이 채 끝나기도 전에 보화가 들어오니 임제가 바로 물었다.

임제 그대가 바로 범부인가 성인인가?

보화 그대가 다시 말해 보게! 내가 범부인가 성인인가?

임제가 바로 할喝을 했다. 보화가 손으로 가리키며 말했다.

보화 하양이란 신부가 자식을 낳으니

목탑이란 할매는 이어받았고,

임제라는 어린 심부름꾼만 갖추었던 외눈(좁은 소견)을 버렸군!

1 掣風掣顚 : 미친 것 같은 행동을 저지르다.
2 知他: …를 누가 알아
3 是…是…'나 '是…還是…'의 형태로 선택식 의문문을 구성한다.
4 小厮兒: 애송이, 젊은이를 얕잡아 하는 말.
5 是賊識賊: 도적은 도적을 안다.

임제 이런 도둑놈!

보화 도둑이니 도둑을 알지!

곧 나가버렸다.

● 師一日與河陽 木塔長老 同在僧堂 地爐內坐. 因說 普化每日 在街市 掣風掣顚 知他是凡是聖.
임제가 하루는 하양河陽과 더불어 목탑木塔 장노長老가 함께 승당僧堂의 구덩이 화로 안쪽에 앉아있었다. 이야기의 발단은 보화가 매일 거리의 시장에서 미친 행동을 하니 그가 범부인지 성인인지 누가 아느냐는 것이었다.

하양과 목탑 장로의 대화는 매우 유명해서 우리나라 선사들의 결제, 해제의 단골 법문法門이기도 하다. 그러나 바르게 이해하고 말했는지 의심스럽기까지 하다. 이 대화가 그리 어려운 내용도 아닌데 잘못된 번역을 그대로 수용하여 그대로 인용해서 말을 한다. 그러다 보니 마치 납자衲子들이 어리석어 이해 못 해서 깨닫지 못하는 것처럼 납자들을 몰아붙인다. 이것은 설법하는 선사가 어리석어 생기는 우스꽝스러운 웃음거리에 불과한 것이다. 먼저 이야기의 발단은 보화가 시장에서 사람들에게 보통의 스님들이 하지 않는 행동을 거침없이 하고 다니므로 사람들이 그가 성인인지 범부인지 알 수가 없다는 데서 시작된다. 이 대화가 끝나기도 전에 보화가 들어오니 임제가 그것이 사실인지를 묻는 대목이다.

● 言猶未了 普化入來 師便問 *汝*是凡是聖? 普化云 *汝*且道! 我是凡是聖. 師便喝
말이 채 끝나기도 전에 보화가 들어오니 임제가 바로 물었다./ 임제: 그대가 바로 범부인가 성인인가?/ 보화: 그대가 다시 말해 보게! 내가 범부인가 성인인가?/ 임제가 바로 할喝을 했다.

임제는 보화가 나타나자 그에게 직접 성인인지 범부인지를 물었다. 그랬더니 보화는 다시 임제에게 물었고 임제는 할을 했다. 그럼, 여기서 보화는 임제에게 왜 되물었으며 임제가 받아친 할의 의미는 무엇일까? 보화가 임제에게 '되물었던 것'은 너도 그 사람들처럼 범부나 성인이라는 성품이 있는 개체로 보고 있느냐는 것이다. 그러자 임제는 할로 답을 했는데, 그것은 질문 자체가 잘못되었다고 일축한 것이다. 성인이나 범부는 그런 본성으로 존재存在하는 것이 아니고 '범부의 삶'을 살면 '범부'라고 이름이 붙여지고, '부처의 삶'을 살면 '부처'라고 부르는 이름에 불과하기 때문이다.

●普化以手指云 河陽新婦子 木塔老婆禪 臨濟小厮兒 却具一隻眼!
보화가 손으로 가리키며 말했다./ 보화: 하양이란 신부가 자식을 낳으니 목탑이란 할매가 이어받았고 임제라는 어린 심부름꾼만 갖추었던 외눈(좁은 소견)을 버렸군!

임제의 할을 듣고 보화가 이 상황을 한마디로 정리해 버린다. '하양이라는 신부가 아이를 낳았다.'라는 말은 하양이 처음으로 수줍게 말을 꺼냈기 때문이다. 즉 신부는 결혼을 막 한 여인을 말하니 신부가 아이를 낳은 것은 초산이다. 즉 이 말의 발단은 하양이라는 말이다. 또 목탑이란 노파가 이어받았다고 하는 말은 나이가 들면 입만 살아서 남의 일을 까부르기를 좋아한다. 그런 의미에서 노파로 비유를 한 것이다. 목탑이 하양이 꺼낸 말을 가지고 이어서 까부르고 있었음을 비유한 것이다. 여기에 임제를 어린 사환에 비유했는데 하양과 목탑의 두 사람 말을 듣고서 같이 까부르지 않고 대신해서 사실을 확인시켜주었으니 어린 심부름꾼이라고 말한 것이다. 그리고 하양과 목탑의 말에 현혹되지 않고 직접 확인하므로 외 눈, 즉 언어로 사유하는 편협한 소견을 멀리했다고 표현한 것이다.

●師云 這賊! 普化云 賊賊! 便出去.
임제: 이런 도둑놈!/ 보화: 도둑이니 도둑을 알지!/ 곧 나가버렸다.

위와 같이 보화가 단박에 모든 상황을 꿰뚫어 보자 임제는 보화에게 도적이라고 표현했다. 선어록에서 도적이란 표현은 즉 남의 마음을 훔쳤다는 것인데, 남의 마음을 꿰뚫어 보았다는 의미이다. 임제의 도적이란 말에 그 보화는 자신을 또 꿰뚫어 보았으니 도둑의 마음을 다시 훔쳤으므로 적적賊賊이라고 말하고 나가버린 것이다. 깨달은 사람들의 대화는 말이 필요 없다. 그래서 이심전심以心傳心이라고 말하는 것이다. 여기서 '적적賊賊'이란 말을 조금더 살펴보자! 이 적적賊賊은 시적식적是賊識賊을 줄여서 한 말로, 도적이니 도적을 안다는 말이다. 도둑을 잡으려면 도둑처럼 생각해야 한다. 그래서 요즘엔 경찰서에서도 도둑을 잡기 위해 도둑처럼 생각하는 '프로파일러 profiler'를 쓰는 것이다. 아마도 이런 관점에서 '도둑'이란 선가에서 어울리지도 않을 법한 표현도 과감히 썼을 것이다.

상추 먹는 보화

一日普化在 僧堂前 喫生菜 師見云 大似[1] 一頭驢! 普化便作驢鳴. 師云 這賊! 普化云 賊賊! 便出去.

하루는 보화가 승당 앞에서 생채소를 먹으니 임제가 보고서 말했다.

임제 아주 한 마리 당나귀 같네!

보화는 바로 나귀 울음소리를 내었다.

임제 이런 도둑놈!

보화 도둑이니 도둑을 알지!

보화가 바로 나가버렸다.

● 一日普化在 僧堂前 喫生菜 師見云 大似一頭驢! 普化便作驢鳴.
하루는 보화가 승당 앞에서 생채소를 먹으니 임제가 보고서 말했다./ 임제: 아주 한 마리 당나귀 같네!/ 보화는 바로 나귀 울음소리를 내었다.

이번에는 보화와 임제가 찰떡궁합으로 힘을 합쳐 대중을 깨우친다. 하루는 보화가 승당 앞에서 생채소를 먹으니 임제는 한 마리 나귀 같다고 했고 보화는 다시 나귀 울음소리를 냈다. 보화는 왜 공양간도 아닌 승당 앞에서 생채소를 먹었을까? 이 상황을 잘 생각해 보면 승려들이 계율을 지킨답시고 생채소만 먹고 앉아만 있으면 언젠가 깨달을 거라는 '막연한 믿음'을 꼬집으려고 한 것이다. 그것을 임제가 알아채고 한 마리 나귀 같

1 大似: … 아주…하다. 大는 육조六朝이래 널리 쓰인 강조어.

다고 말했고 보화는 아예 당나귀 울음소리를 낸 것이다. 즉 수행의 본질을 이해하지 못하고 겉으로 계율을 지킨답시고 생채소를 먹어봐야 나귀말고 될 수 있는 게 뭐가 있느냐는 것이다.

●師云 這賊! 普化云 賊賊! 便出去.
임제: 이런 도둑놈!/ 보화: 도둑이니 도둑을 알지!/ 바로 나가버렸다.

이렇게 서로서로 마음을 알아본 것이다. 임제는 자신이 하고 싶었던 말을 보화가 행동으로 보였으니 임제의 마음을 훔친 도둑놈이라고 했고, 임제 또한 보화의 마음을 훔쳐서 알아봤으니 도둑이니 도둑을 알아봤다고 말하고 나가버린 것이다. 이것을 단순한 말장난으로 생각할 수도 있겠으나 '굳이 이런 내용을 선어록에 남길 이유가 있을까?'를 생각해 보아야 한다. 선어록에 기록으로 남길 때는 반드시 후세에게 알릴 메시지가 있었을 것이다. 후학은 이 글을 읽을 때 맥락을 이해하고 쓸데없는 오해를 갖지 않는 안목도 매우 중요하다. 만약 상황을 이해하지 않고 대화로만 이해한다면 엉뚱한 오해를 가져올 수 있다. 진리를 처음 접하는 사람에겐 이것이 아무것도 아닐 수도 있지만, 시간이 지나면 지날수록 오해는 더 커져서 진리에서 완전히 멀어져 버리고 마는 것이다. 그래서 '털끝만 한 차이가 하늘과 땅만큼 사이를 벌린다毫釐有差 天地懸隔.'라고 말한 것이다.

보화에 대한 의심이 풀리다.

因普化 常於街市 搖鈴云 明頭來明頭打 暗頭來暗頭打 四方八面來旋風打 虛空來連架打[1]. 師令侍者去 纔見如是道 便把住云 總不與麼來時如何? 普化托開[2] 云 來日大悲院裏有齋. 侍者回擧似師 師云 我從來疑著[3] 這漢!

보화가 항상 거리의 시장에서 종을 흔들며 다음과 같이 말한 게 원인이었다.

보화 밝음이 오면 밝음을 치고, 어둠이 오면 어둠을 치고,
사방에서 팔면으로 오면 회오리바람으로 치고,
허공이 오면 도리깨로 칠 것이다.

임제는 시자를 보내 그렇게 말하는 것을 보자마자 곧 꼭 붙잡고서 다음과 같이 말하라고 시켰다.

시자 전체가 다 그렇게 오지 않을 때는 어떻게 하시겠습니까?

보화가 떼어버리며 말했다.

보화 내일 대비원에서 밥 먹겠지.

시자가 돌아와 임제에게 아뢰었다.

임제 내가 여태까지도 이런 사람을 의심했다니!

1 連架打: 도리깨로 치다, 연타하다.
2 托開: 나가떨어지게 하다, 떼어 버리다.
3 疑著: 무언가가 있는 것은 아닐까? 또는 어딘가 이상하다며 의심하다. 著은 접미어.→~著

● 因普化 常於街市 搖鈴云 明頭來明頭打 暗頭來暗頭打 四方八面來旋風打 虛空來 連架打.
보화가 항상 거리의 시장에서 종을 흔들며 다음과 같이 말한 게 원인이었다./ 보화: 밝음이 오면 밝음을 치고, 어둠이 오면 어둠을 치고, 사방팔발 오면 회오리바람으로 치고, 허공이 오면 도리깨로 칠 것이다.

임제의 보화에 대한 감변勘辨은 다른 사람에 비해 수록된 양이 많다. 그것은 임제를 말하면서 보화를 빼놓고 말할 수 없는 관계이기 때문일 것이다. 사실 위의 보화가 말한 '밝음이 오면 밝음을 치고, 어둠이 오면 어둠을 치고, 사방에서 팔면으로 오면 회오리바람으로 치고, 허공이 오면 도리깨로 칠 것이다.'라는 말은 수행자가 반드시 알아야 하는 금과옥조와 같은 말이다.

어떤 문제가 발생했을 때 그 시작된 근본 원인을 밝혀 부수어야 비로소 그 일이 발생하지 않기 때문이다. 만약 최초의 발생지를 없애지 못하고 뒤에 따르는 지엽枝葉들만 제거한다면 발생이 멈추지 않으므로 끝내 제거하지 못하게 된다. 마치 잡초가 날 때 그 뿌리를 제거하지 않고 잎과 줄기만 자른다면 끝내 잡초를 제거할 수 없는 것과 같다. 이것은 부처님께서 고집멸도의 사성제를 말씀하신 것과 같은 이유이다. 원인을 파악해서 그 원인을 제거하는 것이 바로 문제를 해결하는 가장 훌륭한 방법이기 때문이다. 보화 역시 그러한 사실을 너무나 통감했기에 이렇게 소리높여 떠들고 다닌 것이다.

● 師令侍者去 纔見如是道 便把住云 總不與麽來時如何? 普化托開云 來日大悲院裏有齋. 侍者回擧似師 師云 我從來疑著這漢!
임제는 시자를 보내 그렇게 말하는 것을 보자마자 곧 꼭 붙잡고서 다음과 같이 말하라고 시켰다./ 시자: 전체가 다 그렇게 오지 않을 때는 어떻게 하시겠습니까?/ 보화가 떼어버리며 말했다./ 보화: 내일 대비원에서 밥 먹겠지. /시자가 돌아와 임제에게 아뢰었다./ 임제: 내가 여태까지도 이런 사람을 의심했다니!

임제는 보화가 정말로 알고서 떠드는 것인지 아니면 흉내만 내는 것인지를 테스트하려고 시자를 시켜서 '이렇게든 저렇게든 아무것도 오지 않는다면 어떻게 하겠느냐?'고 묻게 한 것이다. 시자의 물음에 보화는 '내일 대비원에서 밥 먹겠지!'라고 말했다. 보화가 그렇게 말한 이유는 의외로 간단하다. 아무것도 오지 않는다는 것은 그 문제의 발생지점이 모두 소멸한 것을 의미한다. 즉 무명이 사라져 더는 번뇌가 없다면 문제에서 벗어난 해탈의 삶은 평온한 일상일 수밖에 없기 때문이다. 그뿐만 아니라 진정으로 벗어났다면 중생을 가엾이 여기는 마음이 자연스레 발생하니 그의 마음은 대비심으로 가득 찰 것이다. 그렇다면 해탈한 자의 삶은 '대비심이 가득한 집'인 '대비원'에서 밥 먹는 게 너무 당연한 일일 것이다. 보화의 이러한 대답에 임제는 그 자리에서 보화의 뜻을 알아차리고 공연히 의심의 눈초리로 보화를 보았노라고 자평한 것이다.

절하지 않던 노숙

有一老宿參師 未曾人事 便問 禮拜卽是 不禮拜卽是? 師便喝 老宿便禮拜. 師云 好箇草賊! 老宿云 賊賊! 便出去. 師云 莫道無事好!

어떤 한 노숙께서 임제를 보러와서 인사는 하지도 않고 바로 물었다.

노 숙 절하는 게 옳습니까? 절하지 않는 게 옳습니까?

임제가 곧 할喝을 하니 노숙이 바로 절을 했다.

임 제 틀은 좋은데 좀도둑이십니다!

노 숙 도둑이니 도둑을 알지!

노숙이 곧바로 나가버리니 임제가 말했다.

임 제 섬기지 않는 것을 좋아한다고 말하진 마십시오!

●有一老宿參師 未曾人事 便問 禮拜卽是 不禮拜卽是? 師便喝 老宿便禮拜.
어떤 한 노숙께서 임제를 보러와서 인사는 하지도 않고 바로 물었다./ 노숙: 절하는 게 옳습니까? 절하지 않는 게 옳습니까?/ 임제가 곧 할喝을 하니 노숙이 바로 절을 했다.

노숙老宿은 수행을 오래 한 노스님을 가리키는 말이다. 본래 노숙은 인사를 받는 위치이지 인사를 하는 경우는 드물다. 아마도 이 노숙도 인사를 받기만 하다가 인사를 하려니 선 듯 내키지 않았던 모양이다. 그래서 인사를 '해야 할까?', '하지 말아야 할까?' 고민하다가 '인사를 해야 옳은지?', '안 해야 옳은지?'를 물은 것이다. 이에 임제는 할로 꾸짖었고 노숙은 절을 했다.

세속의 상하 구분의 전통은 연장자순이지만 절집은 부처님 당시부터 깨달음의 유무에 있었다. 아무리 나이가 어려도 깨달음이 있으면 존경을 받고 나이가 아무리 많아도 깨달음이 없으면 아랫사람이다. 그 외에는 절집에 들어온 순서로 좌차座次 즉 자리의 순서를 정하는 것이 전통이다. 여기서도 임제가 비록 노숙보단 나이가 어리지만 깨달음의 문제로 노숙이 먼저 절해야 옳은 것이다. 그래서 임제 스님의 할에 노숙이 절을 한 것이다.

● 師云 好箇草賊! 老宿云 賊賊! 便出去. 師云 莫道無事好!
임제: 틀은 좋은데 좀도둑이십니다!/ 노숙: 도둑이니 도둑을 알지!/ 노숙이 곧바로 나가버리니 임제가 말했다./ 임제: 섬기지 않는 것을 좋아한다고 말하진 마십시오!

노숙이 기품있게 생겼던 모양이다. 그러니 틀은 좋은데 좀도둑이라 했을 것이며, 노숙은 자신의 수행 정도를 들켜버려 '도둑이니 도둑을 안다!'라고 말하며 무안한 나머지 얼른 자리를 떠났을 것이다. 만약 계속해서 대화를 진행했다면 그 노숙은 자신의 살림살이가 탈탈 털렸을 것이다. 자존심이 무너질 대로 무너진 노숙은 '도둑이니 도둑을 안다.'라고 말해 자신도 깨달았다는 것을 어떻게든 드러내려고 했던 것 같다.

그런데 여기에 '무사호無事好'를 '일이 없어 좋다.'라고 해석하면 전후의 문맥상 이상하다. 노숙이 처음부터 연장자인 자신이 '나이 어린 임제에게 절하는 것'을 탐탁하게 생각하지 않았으므로 여기서는 '섬기지 않는 것을 좋아한다.'라고 보는 것이 타당해 보인다. 뒤에 따라 나오는 용례를 보더라도 그렇다. 그러니 노숙에게 '한 방 먹인 것'이 예의가 없어서 그런 게 아니라 상대를 깨우치기 위해 한 것이니 오해하지 말라는 것이다.

훌륭한 말이 밟아버리다.

首座侍立次 師云 還有過也無? 首座云 有. 師云 賓家有過 主家有過? 首座云 二俱有過. 師云 過在什麽處? 首座便出去. 師云 莫道無事好! 後有僧擧似南泉[1]云 官馬相踏.

수좌가 모시고 있을 때 임제가 말했다.

임제 허물의 존재存在는 도리어 없는 게 아닐까요?

수좌 있다.

임제 손님 쪽에 허물이 있습니까? 주인 쪽에 허물이 있습니까?

수좌 둘 다 허물이 있다.

임제 어째서 처處에 허물이 있다고 하십니까?

수좌가 바로 나가버리니 임제가 말했다.

임제 섬기지 않는 것을 좋아한다고 말하진 마십시오!

후에 어떤 승려가 남전南泉에게 아뢰니 다음과 같이 말했다.

남전 훌륭한 말이 밟아버리셨군!

● 首座侍立次 師云 還有過也無? 首座云 有.
수좌가 모시고 있을 때 임제가 말했다./ 임제: 허물의 존재存在는 도리어 없는 게 아닐까요?/ 수좌: 있다.

1 南泉: '남천'이지만 전통적으로 '남전'으로 읽는다. 지주池州 남전산南泉山에 살았던 보원普願선사(748~834)로 마조馬祖의 법사이다.

'수좌가 모시고 서 있을 때'라고 말하는 것으로 보아 이 수좌는 임제를 아껴 황벽에게 보내 참문參問하도록 시켰던 그 수좌인 목주(睦州:780-877)일 것이다. 임제는 그 수좌에게 과연 '허물'이 존재存在하는지를 물었다. '허물'로 번역된 말은 '과過'인데 '쓸데없이 덧붙여진'이란 의미가 있게 된다. 다른 말로는 '괴로움', '번뇌' 등으로 해석될 수 있는 말이다. 이 질문의 의미는 번뇌가 외부의 '대상에 붙어있는가?', 아니면 '마음에 붙어있는가?' 하고 물은 것이다. 그랬더니 수좌는 있다고 말했는데, 그것은 대상에 허물이 붙어있다고 생각했기 때문이다. 이 대목은 앞의 노숙과의 대화와 별개의 사건이다. 다만 앞의 사건과 이 사건이 연장자에게 마지막에 덧붙인 말이 같아 한곳에 붙어있을 뿐이다.

● 師云 賓家有過 主家有過? 首座云 二俱有過. 師云 過在什麽處? 首座便出去.
임제: 손님 쪽에 허물이 있습니까? 주인 쪽에 허물이 있습니까?/ 수좌: 둘 다 허물이 있다./ 임제: 어째서 처處에 허물이 있다고 하십니까?/ 수좌가 바로 나가버리니 임제가 말했다./ 임제: 섬기지 않는 것을 좋아한다고 말하진 마십시오!

임제는 허물이 있다면 어느 쪽에 있냐고 물었다. 즉 '주관에 붙었는가? 아니면 객관에 번뇌가 붙어있는가?' 하고 물은 것이다. 그랬더니 목주는 양쪽에 모두 있다고 말했다. 그래서 임제는 따지듯이 처에 무슨 허물이 있느냐며 본질을 물었다. 사실 허물은 처를 따라서 주관이 객관을 본다는 어리석은 생각 때문에 드러난 번뇌이지, 번뇌 자체가 주관이나 객관에 붙어있지 않은 것이다. 이렇게 임제가 폐부肺腑를 찔러 물으니 수좌는 대답하지 못하고 은근슬쩍 나가버린 것이다. 이러한 임제의 말이 자신을 깨달을 수 있도록 결정적인 역할을 한 목주에 대한 예의 없는 행동으로 비춰질 수 있기에 '섬기지 않는 것'을 좋아한다고 말하지 말라고 한 것이다.

번뇌란 이렇게 대상도 마음도 실체實體가 아닌 공이기에 그 어디에도 있지 않다. 다만 어리석은 생각 때문에, 집착하는 마음을 내려놓지 못해 있다고 여기며 괴로워하는 것이다. 아마 이러한 사실을 수좌가 이해했다면 주관과 객관에 모두 존재存在한다고 말하진 않았을 것이다. 이 글을 읽는 독자들도 각자 번뇌를 찾아보라! 그 번뇌가 안에 있는지 밖에 있는지 찾아보라! 안이든 밖이든 공간적으로 아무리 접근해 찾아보아도 번뇌란 그 어디에도 없다. 다만 그것을 내려놓지 못하고 집착하는 마음 때문에 괴로울 뿐이다. 존재存在하지도, 존재存在할 수도 없는 것에 묶여 스스로 괴로워하고 있을 뿐이다.

● 後有僧擧似南泉. 南泉云 官馬相踏.
후에 어떤 승려가 남전南泉에게 아뢰니 다음과 같이 말했다.
/남전: 훌륭한 말이 밟아버리셨군!

이 이야기를 남전 보원선사에게 전했더니 '관마상답官馬相踏'이라고 평했다. 여기서 '상相'이란 글자는 일반적으로 '서로'라고 해석되지만, 다른 용도는 높임말의 어투로 일방적으로 저지르는 상황에도 쓰인다. 여기서 '관마'는 관청의 말로 '우수한 말'을 뜻하고, '상답'은 '밟으셨네.' 정도의 의미가 된다. 위의 대화를 보면 일방적으로 임제에게 당한 상황이지 서로에게 영향을 미친 상황이 아니기 때문이다. 그렇기에 관마를 임제로 본다면 '훌륭한 말이 밟아버리셨군.' 정도의 뜻으로 보는 게 타당하다. 즉 '뛰어난 임제가 수좌를 밟아버린 것'과 같다고 남전 선사가 평했다고 보아야 할 것이다. 평이란 '앞의 내용'과 그 '평의 내용'이 서로 상이함이 없어야 하거늘, 번역본 대부분이 내용과 평이 서로 다른 경우가 허다하다. 이러한 해석상의 오류는 원문을 볼 수 없는 독자에겐 크나큰 난관이 아닐 수 없다. 그러다 보니 시간이 지나면 지날수록 진리로부터 점차 멀어질 수밖에 없는 것이다.

범부인가 성인인가?

師因入軍營赴齋. 門首見員僚 師指露柱 問 是凡是聖? 員僚無語 師打露柱 云 直饒道得也秖是箇木橛! 便入去.

임제가 군영에 공양 참석하러 들어간 것이 원인이었다. 문 앞에서 원료員僚를 보자 임제가 노주露柱를 가리키며 말했다.

임제 이게 범부인가? 성인인가?

원료가 말이 없자 임제가 노주露柱를 치며 말했다.

임제 곧고 넉넉하니 얻었다고 말할 수 있을 것이다.
다만 이게 한낱 통나무일 뿐이로구나!

곧 들어가 버렸다.

● 師因入軍營赴齋. 門首見員僚 師指露柱 問 是凡是聖?
임제가 군영에 공양 참석하러 들어간 것이 원인이었다. 문 앞에서 원료員僚를 보자 임제가 노주露柱를 가리키며 말했다./ 임제: 이게 범부인가? 성인인가?

임제가 활동할 당시는 전쟁 중인 상황이라 군영에서 공양을 청했으므로 종종 군영에 가서 공양에 참석했던 것 같다. 이날도 공양 참석차 군영에 가다가 노출된 나무 기둥을 보고 문 앞에서 원료에게 뜬금없이 기둥이 성인인지 범부인지를 물었다. 여기서 '원료員僚'는 군영을 지휘하는 책임자이고 '노주露柱'는 밖으로 노출된 기둥이다. 그러니 이 상황은 원료에게 뭔가 가르쳐 주려고 일을 만들어 드러난 기둥이 성인인지, 아니면 범부인지를 물어본 것이다. 사실 기둥은 사람이 아니기에 성인도 범부도 될 수 없다.

●員僚無語 師打露柱 云 直饒道得也 秖是箇木橛! 便入去.
원료가 말이 없자 임제가 노주露柱를 치며 말했다./ 임제: 곧고도 넉넉하니 얻었다고 말할 수 있을 것이다. 다만 이게 한낱 통나무일 뿐이로구나!/ 곧 들어가 버렸다.

임제에게 느닷없는 질문에 원료는 도무지 무슨 말을 해야 할지 그저 답답했을 것이다. 글을 읽는 독자가 그 상황에 놓였는데, 그렇게 느닷없이 질문받았다면 어떻게 대답하겠는가?

임제는 이렇게 질문을 하고 대답이 없자 의미심장한 말을 남기고 군영으로 들어가 버린다. 곧고 넉넉해서 얻었다고 말할 수 있을 것이다. 다만 이것은 한낱 통나무일 뿐이라고 말을 했다. 여기서 '직요直饒'를 '가령'으로 볼 수도 있지만 그러면 문맥이 이상해진다. 그래서 '곧고도 넉넉하니'로 번역했다. 사실 앞에서 말했지만, 기둥이 범부나 성인이 될 수도 없다. 다만 기둥이란 곧아야 하고, 다른 서까래나 들보에 걸린 무게를 다 감당해야 하므로 넉넉하다고 말할 수 있다. 단순히 곧고 넉넉함만 본다면 성인과 다르지 않지만, 이것은 그저 나무일 뿐이다.

깨달음은 '감각 기관'을 통해서 들어온 신호가 내입처內入處와 외입처外入處의 작용 때문에 인식이 생겨나서 그로 인해서 법계法界가 벌어졌고, 그 '법계'를 보고 '진실한 세계라고 착각하며 살아가고 있다는 것'을 깨닫는 것이다. 그런데 이러한 근경식根境識의 작용이 없는 죽은 나무 기둥에 법계가 벌어질 리가 만무하다. 그러므로 깨달음은 살아 있는 이 생명 활동 속에서만 찾을 수 있다. 생명 활동이 사라지게 된다면 법계도 동시에 사라지니 의미 없는 일이 되고 만다. 그래서 원료에게 살아 있을 때 얼른 깨달으라고 임제 스님이 진심으로 말을 했다고 볼 수도 있다. 하지만 원료가 알아들을 만큼 근기가 성숙하지 못해 무슨 말인지도 몰랐을 것이다. 만약 눈이 밝았다면 곧바로 알아차리고 임제를 따라갔을 것이다.

원주와 전좌 모두 때리다.

師問 院主 什麽處來? 主云 州中糶黃米去來[1]. 師云 糶得盡麽? 主云 糶得盡. 師以杖面前 畫一畫云 還糶得這箇麽? 主便喝 師便打. 典座至師擧前語. 典座云 院主不會 和尙意. 師云 爾作麽生? 座便禮拜 師亦打.

임제가 원주에게 물었다.

임제 도대체 어디에서 오는가?

원주 마을에 좁쌀을 내다 팔고 있었습니다.

임제 내다 파는 건 끝났는가?

원주 내다 파는 건 끝났습니다.

임제가 지팡이로써 얼굴 앞에다 한 획을 옆으로 긋고 말했다.

임제 내다 팔고 돌아온 게 이놈이더냐?

원주가 곧 할喝을 하니 임제가 바로 때렸다. 전좌가 임제에게 다가오니 앞의 말을 해주니 전좌가 말했다.

전좌 원주가 화상의 의도를 몰랐을 겁니다.

임제 너라면 어떻게 하겠는가?

전좌가 곧 절을 하니 임제가 역시 때렸다.

●師問 院主 什麽處來? 主云 州中糶黃米去來. 師云 糶得盡麽? 主云

1 去來: [조기백화] …하고 있었다. [구미句尾에 붙어서 과거 행동의 지속持續을 나타냄]

糶得盡.
임제가 원주에게 물었다./ 임제: 도대체 어디에서 오는가?/ 원주: 마을에 좁쌀을 내다 팔고 있었습니다./ 임제: 내다 파는 건 끝났는가?/ 원주: 내다 파는 건 끝났습니다.

중국은 인도와 달리 본래 탁발의 문화가 없어서 승려들은 자급자족해야 했는데 생산한 곡물을 대중에게 필요한 것으로 바꾸어 사용해야 했다. 그러한 대중들의 살림을 도맡아 하는 소임이 원주인데, 그 원주가 좁쌀을 마을에 가져다 팔고 오다 임제와 만나서 하는 대화이다.

● 師以杖面前 畫一畫云 還糶得這箇麽? 主便喝 師便打.
임제가 지팡이로써 얼굴 앞에다 한 획을 옆으로 긋고 말했다./ 임제: 내다 팔고 돌아온 게 이놈이더냐?/ 원주가 곧 할喝을 하니 임제가 바로 때렸다.

원주의 소임이 대중의 살림살이인 것은 틀림없지만 그보다 먼저 승려이다. 승려의 본분은 자신의 어리석음을 깨달아 해탈하는 것이 최우선이다. 그런데 원주가 소임에 열중하다 보니 공부에는 소홀했던 것 같다. 그래서 임제 스님은 원주의 어리석음을 깨우쳐주려 얼굴에 대고 한 획을 쭉 긋고 팔고 돌아온 놈이 이놈이더냐고 물은 것이다. 그러자 원주는 할로 대답을 했다. 임제는 원주의 본체를 물었는데, 원주는 할喝을 하는 것만 듣다 보니 할喝이 그 대답인 줄 알고 할喝을 한 것이다. 할喝은 상대방의 어리석음을 깨우쳐 주기 위한 수단이지 그 대답이 아니다. 어리석은 원주가 할喝로 그저 흉내만 냈으니, 그것은 질문에 대한 바른 답이 될 수 없다. 따라서 임제는 할喝 대신 방망이로 다스린 것이다.

● 典座至師擧前語. 典座云 院主不會 和尚意. 師云 爾作麽生? 座便禮拜 師亦打.
전좌가 임제에게 다가오니 앞의 말을 해주니 전좌가 말했다./ 전좌: 원주가 화상의 의도를 몰랐을 겁니다./ 임제: 너라면 어떻게 하겠는가?/ 전좌가 곧 절을 하니 임제가 역시 때렸다.

전좌典座도 일종의 소임으로 별좌別座라고도 한다. 후원의 살림을 총괄하는 소임으로 원주보다 위 단계의 소임이다. 전좌가 왔을 때 그 이야기를 하니 '원주가 어리석어서 임제의 뜻을 몰랐을 것'이라고 말했다. 이에 임제는 다시 전좌가 그 상황이라면 어찌하겠느냐고 되물었다. 그랬더니 전좌는 또 생뚱맞게 절을 했다. 절은 가르침을 받아 깨달았을 때 그 고마움의 발로가 바로 절하는 것이다. 그런데 전좌가 대뜸 절을 하니 이 사람 역시 깨달음은 없고 흉내만 내는 수좌가 분명하니 임제에게 또 한 대 맞은 것이다.

사람들은 대부분 드러나는 겉모습을 가지고 그 성품으로 삼는다. 누군가는 가르치기 위해 '할'을 쓰거나 '방棒'을 쓰며 또 '절'로 화답하기도 한다. 이러한 모습을 보고 법거량은 이렇게 하는 것으로 여기고 흉내만 내는 경우가 있다. 오늘날의 수좌들도 크게 다르지 않다. 이렇게 흉내만 내는 할喝이나 방棒, 예배禮拜 등의 행위는 어른을 흉내 내며 노는 아이들의 소꿉장난과 같아서 그곳에 진정한 깨달음이 있을 리가 없다.

낙보의 할

有座主來相看次 師問座主 講何經說 主云 某甲荒虛[1] 粗習百法論. 師云 有一人於三乘十二分敎明得 有一人於三乘十二分敎明不得 是同是別? 主云 明得卽同 明不得卽別. 樂普爲侍者 在師後立云 座主 這裏是什麼所在說同說別? 師回首 問侍者 汝又作麼生? 侍者便喝. 師送座主 回來遂問 侍者! 適來是汝喝老僧? 侍者云是 師便打.

어떤 좌주座主가 와서 서로 만났을 때 임제가 좌주에게 물었다.

임제 어떤 경의 말씀을 강의하십니까?

좌주 제가 거칠게 백법론百法論을 익혀 천박합니다.

임제 어떤 한 사람은 삼승 십이분교를 분명히 알았고, 어떤 한 사람은 삼승 십이분교를 분명히 알지 못했다면 여기서 같은 것은 무엇이고 다른 것은 무엇입니까?

좌주 분명히 알면 같고 분명히 모른다면 다릅니다.

낙보가 시자 소임을 살았는데 임제 뒤에 서서 말했다.

낙보 좌주께서는 여기에 뭔가가 있어야 같음을 말하고, 다름을 말할 게 아닙니까?

임제가 고개를 돌려 시자에게 물었다.

임제 너는 또 무엇이라고 생각했느냐?

1 荒虛 천박. 조잡.

시자가 바로 할喝을 했다. 임제가 좌주를 전송하고 돌아와서 마침내 물었다.

임제 시자야! 방금 네가 노승에게 한 할喝이 옳은 것이냐?

낙보 옳습니다.

임제가 곧 때렸다.

● 有座主來相看次 師問座主 講何經說 主云 某甲荒虛 粗習百法論. 師云 有一人於三乘十二分教明得 有一人於三乘十二分教明不得 是同是別? 主云 明得卽同 明不得卽別.
어떤 좌주座主가 와서 서로 만났을 때 임제가 좌주에게 물었다./ 임제: 어떤 경의 말씀을 강의하십니까?/ 좌주: 제가 거칠게 백법론百法論을 익혀 천박합니다./ 임제: 어떤 한 사람은 삼승 십이분교를 분명히 알았고, 어떤 한 사람은 삼승 십이분교를 분명히 알지 못했다면 여기서 같은 것은 무엇이고 다른 것은 무엇입니까?/ 좌주: 분명히 알면 같고 분명히 모른다면 다릅니다.

좌주座主는 지금의 강주講主이다. 경을 가르치는 강사스님과 참선하는 선사와의 만났을 때 무슨 대화가 오갈지 궁금해지는 대목이다. 무엇을 가르치냐는 임제 스님의 물음에 강사는 백법론을 가르친다고 했다. 여기서 백법론은 인도에서 불교 승려와 외도들이 대담을 통해서 상대방의 모순을 드러내 삿된 것을 물리치는 내용이 담긴 논서이다. 이 백법론을 가르친다는 것은 굉장히 학식이 높은 승려임을 암시하고 있다. 임제가 강주에게 삼승 십이분교(불법)를 분명히 안 사람과 모르는 사람이 있을 때 같은 점과 다른 점이 무엇이냐고 물었다. 그러자 강주는 확실히 알았다면 같고 분명히 모르면 다르다고 말했다.

본래 사람에게 같고 다름이 있는 것이 아니기에 불법을 분명히 알면 모두가 마음이 빚어낸 것이라 모두 같다. 예를 들어 컴퓨터 모니터에 갖가지 귀한 보석이 표현되거나, 별 볼 일事 없는 게 표현되더라도 모두 같은 재료로 다르게 그린 그림일 뿐인 것과 같다. 그러나 그것이 모니터인 것을 모르는 사람은 보석은 훌륭하고 귀한 것으로 여기지만 '별 볼 일 없는 것'은 버려야 된다고 생각하게 되는 것이다. 이렇게 모두가 조작임을 알거나 모르는 것에 따라 '같음'과 '다름'의 차별이 벌어지는 것이다. 비록 강주가 간단한 말로 표현했을지라도 깊게 이해하고 있음을 알 수 있는 것이다.

● 樂普爲侍者 在師後立云 座主 這裏是什麽所在說同說別? 師回首問侍者 汝又作麽生? 侍者便喝. 師送座主 回來遂問 侍者! 適來是汝喝老僧? 侍者云是 師便打.
낙보가 시자소임을 살았는데 임제 뒤에 서서 말했다./ 낙보: 좌주께서는 여기에 뭐가 있어야 같다고 말하거나 다르다고 말할 게 아닙니까?/ 임제가 고개를 돌려 시자에게 물었다./ 임제: 너는 또 뭐라고 생각하느냐?/ 시자가 바로 할喝을 했다. 임제가 좌주를 전송하고 돌아와서 마침내 물었다./ 임제: 시자야! 방금 네가 노승에게 한 할喝이 맞느냐?/ 낙보: 맞습니다./ 임제가 곧 때렸다.

시자 소임을 살던 낙보가 느닷없이 대화에 끼어들어 여기에 뭐가 있어야 같다고 말하거나 다르다고 말할 수 있지 않겠느냐고 따져 물었다. 그러자 임제는 낙보의 생각을 물었고 낙보는 그 대답으로 할을 했다. 아마도 낙보는 임제가 좌주에게 한 질문에 대한 바른 대답이 '할'이라고 생각했던 것 같다. 임제가 강주를 배웅하고 돌아온 것으로 보아 그 강주의 깊이를 가늠할 수 있는 대목이기도 하다. 정확히는 알 수 없으나, 임제가 평소에 할을 자주 썼기에 낙보도 할로 대답하는 것이 옳다고 생각했던 것 같다. 그래서 임제가 낙보의 생각을 물었을 때 할을 한 것으로 보인다. 그렇기에 임제가 강주를 배웅하고 돌아와 낙보에게 조금 전의 그 할이 '과연 옳은 것이냐'고 다시 물었을 것이다.

낙보는 임제의 그 물음에 자신의 어리석음을 알지 못했기에 옳다고 대답했을 것이다. 그래서 임제가 낙보의 그 어리석음을 일깨워 주려고 한 대 때렸을 것으로 판단된다. 이것은 비단 낙보만의 문제가 아니다. 요즘의 수좌들도 비슷한 병에 걸린 사람이 많다. 참선만 하면 모든 것이 해결되고, 참선만이 최고라고 말하며 전혀 남의 말에 귀 기울이려고 하지 않는다. 본래 참선이란 깊은 사유를 통해 진리를 밝혀서 어리석음의 산물인 번뇌를 물리치는 것이다. 즉 참선을 잘하기 위해서는 고도의 집중이 필요한데, 이 집중의 수단이 바로 삼매이다. 삼매라는 집중이 확보되어야 사유를 바르고 깊게 이어갈 수 있기 때문이다. 수단이란 본래 도구와 같은 것이니 그것을 목표로 여기면 안 된다.

예를 들어 목수가 집을 지으려고 할 때 집을 짓기 전에 먼저 연장을 날카롭게 갈고 난 후에 나무를 다듬어 집을 짓는다. 그런데 만약 목수가 연장만 갈고 나무를 다듬지 않는다면 그 집은 완성될 수가 없다. 어리석은 목수가 연장만 갈듯이 요즘의 수좌들도 참선으로 삼매만 얻으려고 한다. 그래서 앉아서 집중만 할 뿐, 도무지 사유하려고 하지 않는다. 만약 사유하지 않는다면 아무것도 알아낼 수도 없으니 깨달을 수도 없는 것이다. 목수의 연장이 집이 아닌 것처럼, 삼매도 깨달음이 아니다. 연장을 이용해 훌륭한 집을 짓듯 삼매로 집중력을 키워 바르게 사유해야 비로소 깨달음에 이를 수 있는 것이다.

덕산의 삼십 방망이

師聞 第二代 德山垂示 云 道得也 三十棒 道不得也三十棒. 師令樂普去 問 道得爲什麽也三十棒? 待伊打汝接住[1] 棒 送一送[2] 看他作麽生. 普到彼如敎而問 德山便打. 普接住送一送 德山便歸方丈. 普回擧似師 師云 我從來疑著這漢! 雖然如是 汝還見德山麽? 普擬議 師便打.

제2대 덕산은 대중에게 '도는 얻는다고 해도 서른 방망이고,
얻을 수 없다고 해도 서른 방망이다.'라고 법문法門을 했다.
임제가 이 말을 듣고서 낙보를 보내서
'도를 얻는데 어째서 서른 방망이라고 합니까?'라고 묻고
그가 때리기를 기다렸다가 네가 방망이를 잡아서 되밀치고서
그가 무엇을 하는지 살펴보라고 시켰다.
낙보가 그곳에 가서 일러준 대로 물으니 덕산이 곧 때렸다.
낙보가 잡아서 되밀치니 덕산은 곧 방장실로 돌아갔다.
낙보가 돌아와 임제에게 그대로 아뢰었더니 임제가 말했다.

임제 내가 여태까지 이런 사람을 의심해왔다니! 그건 그렇고,
너는 되려 덕산을 보기는 했는가?

낙보가 머뭇거리니 임제가 곧 때렸다.

● 師聞 第二代 德山垂示 云 道得也三十棒 道不得也三十棒. 師令樂普去 問 道得爲什麽也三十棒? 待伊打汝接住棒 送一送 看他作麽

1 接住: 받아내다, 막아내다.
2 送一送: 되 밀치다.

生.
제2대 덕산은 대중에게 '도는 얻는다고 해도 서른 방망이고, 얻을 수 없다고 해도 서른 방망이다.'라고 법문法門을 했다. 임제가 이 말을 듣고서 낙보를 보내서 '도를 얻는데 어째서 서른 방망이라고 합니까?'라고 묻고 그가 때리기를 기다렸다가 네가 방망이를 잡아서 되밀치고서 그가 무엇을 하는지 살펴보라고 시켰다.

덕산은 임제와 함께 선가에서 '덕산의 방망이'와 '임제의 할'로 매우 유명하다. 덕산은 납자들을 몽둥이로 때려서 가르쳤고, 임제스님은 호통(할)을 쳐서 가르쳤기에 붙은 별명이다. 덕산과 임제가 만났는지는 확실하게 알 수는 없으나, 여기서는 시자인 낙보를 보내서 덕산을 시험하는 대목이 기록되어 있다. 사실인가 아닌가가 중요한 것이 아니고, 과연 질문의 요지가 무엇이며 그에 대한 대답을 어떻게 했는지가 공부하는 사람에겐 더욱 중요할 것이다. 임제가 낙보를 시켜 물었던 질문의 요지는 '도를 얻으려면 꼭 서른 방망이를 맞아야만 하는가?'라는 것이다. 그럼 왜 임제는 이런 질문을 했을까? 만약 덕산이 그렇다고 한다면, 깨달음이 오로지 방망이로만 가능하다는 말이 된다. 그것은 곧, 임제의 할은 깨달음으로 인도하지 못한다는 말이 된다.

● 普到彼如教而問 德山便打. 普接住送一送 德山便歸方丈. 普回擧似師 師云 我從來疑著這漢! 雖然如是 汝還見德山麽? 普擬議 師便打.
낙보가 그곳에 가서 일러준 대로 물으니 덕산이 곧 때렸다. 낙보가 잡아서 되밀치니 덕산은 곧 방장실로 돌아갔다. 낙보가 돌아와 임제에게 그대로 아뢰었더니 임제가 말했다./ 임제: 내가 여태까지 이런 사람을 의심해왔다니! 그건 그렇고, 너는 되려 덕산을 보기는 했는가?/ 낙보가 머뭇거리니 임제가 곧 때렸다.

임제는 덕산이 방망이를 휘두른 이유가 깨달음을 얻게 하기 위한 수단으로 썼다는 것을 낙보가 전하는 말로 알아챘다. 낙보의 물음에 가타부타 말하지 않고 방장실로 가버린 것은 물어보나 마나 한 이야기이기 때문이다. 임제도 상당편에 '무슨 마른 똥 막대기 같은 소리냐!'고 핀잔을 주며 방장실로 돌아간 것과 같은 맥락으로 이해하면 된다. 임제가 덕산을 만나고 온 낙보에게 '덕산을 보지 못했느냐?'라고 물은 것은 단순히 앵무새처럼 말만 반복하고 왔느냐고 물은 것이다. 덕산이란 선지식善知識을 만났으면 법문法門을 알아듣고 깨달아야 하거늘 아무런 변화 없이 갔다 왔음을 꾸짖으며 한 대 때린 것이다.

선지식善知識은 선지식善知識을 알아보는 법이다. 안목이 올라가면 올라간 만큼이 보이는 게 사실이다. 이것을 부처님은 '식이 증장增長'한다고 말씀하셨다. 사람은 아는 만큼만 보인다. 아직 안목이 생겨나지 않은 사람은 아무리 설명해도 제대로 알지 못한다. 그렇기에 스승이라면 알아듣지도 못하는데 억지로 설명할 게 아니라 시간을 주고 기다리는 지혜도 필요하다. 경험이 생기기 전에는 대상이 인식되지 않는다. 비슷한 경험이 생겨날 때 비로소 드러나는 것이다. 우리가 쉽게 깨닫지 못하는 이유는 바로 이 경험 때문이다. 선사들은 흔히 '세수하다 코 만지기보다 쉬운 것'이 깨달음이라고 말한다. 그러나 실제로는 어디 그렇던가? 쉽지 않은 이유는 깊은 사유의 경험이 쌓이지 않아서 표면적으로만 이해하고 그것만을 바라보기 때문이다. 이면에서 벌어지는 것도 볼 수 있는 안목을 길러야 한다. 이러한 안목을 기르는 것이 참선이다. 그래서 참선에서 가장 중요한 점은 깨어 있되 고요해야만 하는 것이다. 이것을 부처님은 각覺과 관觀이 함께 해야 한다고 했고, 선사들은 성성적적惺惺寂寂해야 한다고 했다. 이런 종류의 이야기는 표현만 다르지 모두 같은 말이다. 깨어 있으면서 근경식根境識의 관계성을 면밀히 살피는 지혜가 있어야 비로소 처가 드러나게 되는 것이다. 만약 "마음이 있어서 '감각 기관'을 통해서 대상을 보고 인식한다."라고 생각하고 있다면 아직 처를 보지도, 이해하지도 못한 것이다. 이것을 임제는 '제 삼구'로 표현했다.

속인으로 여기겠네!

王常侍一日訪師 同師於僧堂 前看乃問 這一堂僧 還看經麼? 師云 不看經. 侍云 還學禪麼? 師云 不學禪. 侍云 經又不看 禪又不學 畢竟作箇什麼? 師云 總教伊成佛作祖去. 侍云 金屑雖貴 落眼成翳 又作麼生? 師云 將爲爾是箇俗漢!

왕상시가 어느 날 임제를 방문해서 임제와 함께 승당에서 앞을 보다가 곧이어 물었다.

상시 여기 한 승당의 승려는 계속해서 경經을 봅니까?

임제 경은 보지 않는다네.

상시 계속해서 선을 배웁니까?

임제 선도 배우지 않는다네.

상시 경經도 보지 않고 선禪 또한 배우지 않았다면 결국 어떤 사람이 되겠습니까?

임제 그들이 부처를 이루고 조사를 만들어 살아가도록 예외 없이 가르친다네.

상시 금가루가 비록 귀하다지만 눈에 떨어져 눈병이 된 것이라면 또 어떻게 하시겠습니까?

임제 앞으로 자네를 한낱 속인으로 여기겠네!

● 王常侍一日訪師 同師於僧堂 前看乃問 這一堂僧 還看經麼? 師云 不看經. 侍云 還學禪麼? 師云 不學禪. 侍云 經又不看 禪又不學 畢

竟作箇什麽?
왕상시가 어느 날 임제를 방문해서 임제와 함께 승당에서 앞을 보다가 곧이어 물었다./ 상시: 여기 한 승당의 승려는 계속해서 경經을 봅니까?/ 임제: 경은 보지 않는다네./ 상시: 계속해서 선을 배웁니까?/ 임제: 선도 배우지 않는다네./ 상시: 경經도 보지 않고 선禪 또한 배우지 않았다면 결국 어떤 사람이 되겠습니까?

임제를 적극적으로 후원했던 왕상시가 임제원에 방문해서 나눈 대화이다. 독자는 여기의 이 대목이 '감변이라는 것'을 잊어서는 안 된다. 이 대목도 많은 번역서를 읽어보면 맥락을 이해할 수 없이 전개되고 마무리된다. 즉 무슨 대화가 맥락도 없이 진행된다. 그럼 서로에게 '질문과 답변'을 할 이유가 없다. 각자 자기 맘대로 생각하면 되지 굳이 서로 말할 필요가 없고 더욱이 여기에 기록할 이유도 없는 것이다. 왕상시는 승당에 있는 승려들이 계속해서 경을 읽는지 물으니 임제는 경을 읽지 않는다고 말했고, 이에 왕상시는 다시 그럼 선은 계속 배우느냐고 물었다. 이에 임제는 선도 배우지 않는다고 말했다. 그러자 왕상시가 말하기를 '경전도 보지 않고 선도 배우지 않는다면 결국 어떤 사람이 되겠느냐?'고 되물었다. 이러한 생각은 보통 사람들이 상식적으로 생각하는 불교이다. 불교를 공부하는데 경전을 읽고 참선을 배워야 한다고 생각하기 때문이다.

● 師云 總教伊成佛作祖去. 侍云 金屑雖貴 落眼成翳 又作麽生? 師云 將爲爾是箇俗漢!
임제: 그들이 부처를 이루고 조사를 만들어 살아가도록 예외없이 가르친다네./ 상시: 금가루가 비록 귀하다지만 눈에 떨어져 눈병이 된 것이라면 또 어떻게 하시겠습니까?/ 임제: 앞으로 자네를 한낱 속인으로 여기겠네!

임제는 경을 보거나 참선을 배우는 것으로 깨달음을 얻을 수 없다는 듯이 '부처가 되고 조사로 살아가는 것'을 전부 가르친다고 단호히 말했다. 그렇다 수행은 경을 읽어 지식을 늘리거나 참선의 형식을 배워서 그림 같은 자세를 취한다고 깨닫는 게 아니다. '바르게 바라보지 못하고 살았다는 사실'을 깨달아 바르게 되돌리고 번뇌 없이 살아가는 것이 바로 이 수행의 요지이기 때문이다. 그러자 왕상시는 '금가루가 귀하지만 눈에 들어가 눈병이 됐다.'라고 말하면 어떻게 하겠냐고 물었다. 이 문장은 당시의 관리들이 절집을 시찰하면서 불교를 비꼬기 위해 한 말이다. 이 말의 속뜻은 '부처가 된다느니 조사가 된다느니 하면서 그럴듯한 말을 늘어놓더라도 결국 그렇게 된 사람은 없고 그걸 좇는 병자들만 있다.'라는 것이다.

당시에 불교를 업신여기는 관리들이 이런 식으로 불교를 자주 비꼬았던 것 같다. 같은 문장이 '조당집' 등에 등장하는 것을 보면 미루어 짐작할 수 있다. 임제는 이 말을 듣고 만약 왕상시가 그렇게 생각한다면 그저 눈먼 속인으로만 여기겠다고 말한 것이다. 사실 깨달아서 부처나 조사가 되었다고 해서 표면적으로는 아무것도 바뀌지 않는다. 그런데 사람들이 상상해서 부처나 조사가 되면 뭐가 획기적으로 바뀐다고 생각해서 아무것도 안 바뀌었는데 그런 수행을 무엇 때문에 힘들여서 하느냐고 생각하는 것이다. 겉모습은 바뀐 게 없으나 깨닫고 나면 천지가 뒤집혀 보인다. 그 어떤 것에도 만족하지 못해 늘 괴롭던 게 사라지고 그야말로 불국토가 벌어지기 때문이다.

세상과 나에 대한 잘못된 생각이 바르게 드러난다는 것은 캄캄한 어둠에 불을 밝힌 것과 같다. 어둠 속에선 앞을 분간할 수 없어 두렵더라도 불을 밝히자마자 그 두려움은 온데간데없이 사라지는 거와 같다. 깨닫겠다고 몸으로 힘들게 수행하는 사람은 미련한 사람이다. 수행이란 그냥 잘못된 생각을 바로잡는 것이다. 그러니 그 자리에서 단박에 끝낼 수도 있는 것이다. 그래서 언하言下에 대오大悟가 가능한 이유이기도 하다. 참고로 수행修行이란 말의 행行은 행위를 말하는 것이 아니고 색色, 수受, 상想, 행行, 식識 오온五蘊 가운데 하나인 '조작을 담당하는 정신작용'인 행行을 가리키는 말이다. 따라서 이 수행이란 말은 '행동을 닦은 것'이 아니라 '나에게 세상이 드러나도록 조작하는 마음 작용인 행을 닦아 바로잡는 것'이다. 그러므로 그 오류를 바로잡기 위해 심사와 숙고가 필요한데 이것이 바로 참선參禪으로 '선을 참구한다.'라고 말하는 것이다. 그래서 보조스님은 수심결修心訣 즉 '마음을 닦는 비결'이란 이름을 지어 부른 것이다. 수행은 결국 잘못된 마음의 작용을 바로 잡아 되돌리는 것이다.

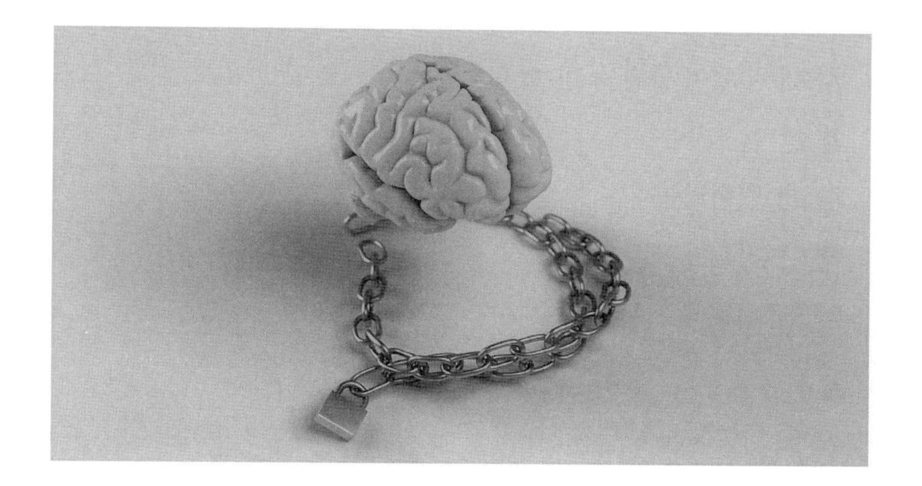

들판의 흰소

師問杏山 如何是露地白牛? 山云 吽吽! 師云 啞那? 山云 長老 作麼生? 師云 這畜生[1]!

임제가 행산에게 물었다.

임제 무엇이 들판의 흰 소인가?

행산 훔~훔~.

임제 벙어리인가?

행산 장로께서는 왜 그러십니까?

임제 이런 미친놈!

● 師問杏山 如何是露地白牛? 山云 吽吽! 師云 啞那?
임제가 행산에게 물었다./ 임제: 무엇이 들판의 흰 소인가?/ 행산: 훔~훔~./ 임제: 벙어리인가?

임제가 행산을 찾아가서 '노지백우露地白牛'에 대해 물었던 일화이다. 여기서 노지백우는 들판의 흰 소를 말하는데 여기서 들판이란 자유로운 것을 뜻하고, 백우는 일불승一佛乘 즉 여래를 의미한다. 따라서 노지백우露地白牛를 묻는다는 것은 '자유롭게 살아가는 여래'가 어떤 것이냐고 묻는 것이다. 이에 대해 행산은 '훔훔吽吽'이라고 대답했는데 이것을 과연 무엇으로 볼 것인가가 글 해석의 관건이 될 것이다. 가장 일반적인 해석은 '우우~'하고 소 울음소리를 내었다고 보는 것이 일반적이다. 그러나 여기서 '훔훔吽吽'을 만약 온 우주를 포함한다고 여기는 만트라의 '훔吽~'

1 畜生: 사람을 욕할 때 하는 말. 무지無知하며 예의를 모를 때 우마牛馬나 짐승과 같다고 하는 것이다.

이라고 길게 발음했을 수도 있다.

그래서 벙어리 같이 웅얼거리는 행산을 보고 깨닫는 이유가 고작 벙어리나 되겠다는 것이냐며 행산의 어리석음을 일깨워 주려 한 것으로 보인다. 선가에서의 대화는 서로 간의 공부를 점검해 보고, 만약 미처 보지 못한 부분이 있다면 탁마해 주는 매우 중요한 과정이다. 따라서 대화가 아무런 근거도 없이 서로 모르는 말을 하게 된다면 대화를 해야 할 이유가 사라지는 것이다. 그것이 만약 선이라면 자기만의 세상에 갇혀버린 정신질환자는 위대한 선지식善知識이 될 것이다.

백번을 양보한다고 하더라도 행산이 노지백우라는 의미를 몰라서 윗사람을 놀리듯이 '음매~음매~'하며 대답했겠는가? 행산이 임제를 '장로'라고 부른 것만 보아도 그는 충분한 예의를 갖추고 대화한다는 것을 알 수 있다. 따라서 행산은 임제의 물음에 매우 진지하게 대답했을 것이다. 어쨌든 행산이 무언가 어리석은 짓을 했기에 임제는 그 잘못을 지적해 깨달음의 단초를 마련해 줬을 것이다.

● 山云 長老 作麽生? 師云 這畜生!
행산: 장로께서는 왜 그러십니까?/ 임제: 이런 미친놈!

행산이 장로께서는 왜 그러냐고 물었더니 임제가 '자축생這畜生'이라고 말했는데 이것의 해석도 참 애매하다. '축생'이라는 말은 남을 비하하는 말로도 볼 수 있고, 행산이 소울음 소리를 내서 축생이라고 말했을 수도 있기 때문이다. 그러나 비슷한 내용의 다른 기록이 여러 군데에 있어서 그것을 참고해 보면 행산은 임제와의 이 대화 후에 깨달음이 있었던 것 같다. 그래서 '자축생這畜生'을 '이 미친놈!'으로 번역했다. 글이 짧고 고대의 글이라 명확한 내용을 파악할 수 없어 여러 가지 정황을 참고해서 이렇게 번역했다. 이것이 임제의 어록에 있는 감변이라는 것을 생각하면, 이 글의 목적은 임제의 위대함을 알리기 위해 쓴 것이다. 따라서 읽을 때 어느 정도는 이 점을 생각하고 읽어야 할 것이다.

어느 쪽이 친근한가?

師問樂普云 從上來 一人行棒 一人行喝 阿那箇[1] 親? 普云 總不親. 師云 親處 作麼生? 普便喝 師乃打.

임제가 낙보에게 물었다.

임제 처음부터 한 사람은 방망이질했고, 한 사람은 할喝을 했는데 어느 쪽을 친견했는가?

낙보 모두 친견하지 못했습니다.

임제 '처處'를 친견해 보는 건 어떤가?

낙보가 곧 할喝을 하니 임제가 덧붙여 때렸다.

●師問樂普云 從上來 一人行棒 一人行喝 阿那箇親? 普云 總不親. 임제가 낙보에게 물었다./ 임제: 처음부터 한 사람은 방망이질했고, 한 사람은 할喝을 했는데 어느 쪽을 친견했는가?/ 낙보: 모두 친견하지 못했습니다.

임제와 그의 시자 낙보의 대화이다. 임제가 낙보에게 물었던 것은 '덕산의 방'도 경험했고, '임제의 할'도 경험했는데 과연 어느 쪽의 진리를 마주했는가 하는 것이다. 아마도 이 대목은 임제가 낙보를 보내 덕산을 점검한 후에, 어느 쪽의 가르침이 낙보에게 더 와 닿았는지를 물어본 것이다. 두 큰 스승의 가르침을 마주했어도 낙보는 볼 수 있는 안목이 없어 몰랐던 것 같다.

●師云 親處 作麼生? 普便喝 師乃打.

---

1 阿那箇: 선택의문사. 어느 것, 어느.

임제: '처處'를 친견해 보는 건 어떤가?/ 낙보가 곧 할喝을 하니 임제가 덧붙여 때렸다.

임제는 낙보에게 공부의 대안으로 '처處'를 가까이 해 보는 게 어떠냐고 물었더니 낙보는 느닷없이 '할喝'을 했다. 본래 할喝은 목소리 높여 '악~!'하고 '소리 지르는 것'이지 '할!'이라고 말하는 게 아니다. 낙보는 몽둥이로 맞는 것도 큰소리로 꾸중을 듣는 것도 싫었던 모양이다. 그리고 그것보다 더 싫었던 것은 아마 처에 대한 설명이었나 보다. 그러니 조금 전에 자신은 방망이도 할도 친견하지 못했다고 말했으면서 스스로 또 그 '할'을 하고 있으니 말이다. 낙보가 한 할은 임제를 깨우치려고 한 할이라고 볼 수 없고, 짜증이 나서 소리를 지른 것이다. 하긴 임제가 말하는 그 처를 쉽게 알아들을 수 없으니 들을 때마다 머리가 지끈지끈했을지도 모르겠다.

임제는 제아무리 짜증이 날지라도 반드시 낙보가 넘어야 할 산이기에 할 대신 때려서 경책했을 것이다. 수행의 목적은 두말할 것 없이 최대한 빨리 깨달아서 번뇌 없이 나머지 생을 살아가는 것이다. 그렇지 않다면 부모 형제를 버리고 불효를 저지르면서까지 출가한단 말인가? 제아무리 수행해도 행복할 수 없다면 그런 수행은 시간 낭비일 뿐이다. 그렇다면 가장 먼저 해야 할 일이 무엇일까? 우선 행복하지 않은 이유를 명확하게 알아야 한다. 그 이유의 중심에 모든 것을 조작하고 만들어내는 '처處'의 작용이 자리 잡고 있다. 그래서 이 처의 작용을 반드시 알아야만 수행을 마무리할 수 있다. 임제가 낙보에게 가르치고 싶었던 것도, 바로 이 처의 작용이었기에 '처處를 친견해 보는 게 어떠냐?'하고 했을 것이다.

양팔을 펼치다.

師見僧來 展開兩手 僧無語. 師云 會麼? 云不會. 師云 渾崙擘不開 與爾兩文錢.

임제가 승려가 오는 것을 보고 양팔을 펼쳤는데 승려가 말이 없었다. 임제가 말했다.

임제 알겠는가?

승려 알지 못했습니다.

임제 흐리멍덩하니 찢어도 열리지 않으니 너는 양문전兩文錢과 함께 하는구나!

● 師見僧來 展開兩手 僧無語. 師云 會麼? 云不會.
임제가 승려가 오는 것을 보고 양팔을 펼쳤는데 승려가 말이 없었다./ 임제가 말했다./ 임제: 알겠는가?/ 승려: 알지 못했습니다.

임제가 한 승려가 오는 것을 보고 두 팔을 벌렸다. 그 의미를 알 수 없었던 승려는 아무 말도 할 수 없었다. 이런 상황이라면 대부분 그럴 것이다. 그러나 상근기의 수행자라면 단박에 알아챌 수도 있는 위대한 법문法門이다. 좌우의 팔을 벌리는 행위는 생사나 유무로 벌어지는 양극단을 의미한다. 그러나 그것은 극단이 아니고 몸에서 드러나는 동작을 구분해서 생각해서 벌어진 일이기 때문이다. 단지 몸의 작용일 뿐 그 어떤 팔의 존재存在나 실체實體가 있는 게 아니다.

● 師云 渾崙擘不開 與爾兩文錢.
임제: 흐리멍덩하니 찢어도 열리지 않으니 너는 양문전兩文錢

과 함께 하는구나! :

'혼륜渾崙'은 '흐리멍덩하다'라는 말이고 '벽불개擘不開'는 '찢어도 열 수 없다'라는 말이다. 즉 임제가 양팔을 벌린 것은 흐리멍덩하게 섞여 있는 대립적인 개념을 벗어나라고 온몸으로 법문法門을 한 것이다. 이렇게 양극단을 떠나야 '새로운 제3의 길'인 '중도'가 드러나기 때문이다. '여이양문전與爾兩文錢'이란 말도 잘 생각해 볼 문장이다. '여與'자는 '준다' 또는 '함께 하다'로 해석할 수 있는 글자이다. 또 양문전兩文錢은 실제로 당나라 때 쓰이던 화폐의 이름이기도 하지만 언어의 유희를 즐겼던 임제의 성향으로 볼 때 단순히 돈만을 의미하지 않아 보인다. 전체적인 문맥으로 보아 양문兩文은 언어의 양극단을 의미하고 전錢은 가치를 의미한다고 볼 수 있다. 즉 '언어의 양극단에 가치를 두고 세상을 바라보니 멍청해서 쪼개어 주려고 해도 열리지 않는다.'라는 말의 의미로 보는 것이 합당해 보인다.

기존의 해석을 보면 '멍청해서 알지 못하니 너에게 두 냥을 주마!'라는 식으로 해석했다. 이렇게 보면 임제 스님이 두 팔을 벌려서 승려를 맞은 것과 앞뒤의 문맥이 서로 맞지도 맞지 않는다. 갑자기 임제가 아무런 이유도 없이 2냥의 돈을 왜 주겠는가? 이 글은 감변이라는 상대방이 어떤지를 판단하는 대목이니 불쌍해서 돈이나 두 냥 던져 준다는 식의 해석은 억지스럽다. 물론 내가 그 옛날 중국 사람이 아니므로 정확한 해석을 했다고 말할 수는 없다. 그러나 전체적인 문맥을 보면 어느 정도 유추는 가능하다. 그리고 임제 스님과 선종이 부처님의 법맥을 바르게 이었다고 자부하려면 부처님의 사상과 그에 따르는 행위도 따라가야 한다. 행위와 사상은 서로 의지해 있기 때문이다.

임제가 조사를 자처하면서 이렇게 저속하게 수좌에게 두 냥의 돈이나 쥐어 주면서 무시하는 태도를 보였을까? 만약 그랬다면 그는 부처와 다름없는 조사라고 말할 수도 없을 것이다. 그래서 '흐리멍덩해서 찢어도 열리지 않으니 너는 양문전과 함께하는구나!'라고 번역을 했다. 사실, 이 대화는 매우 간단하다. 그러나 기존의 해석본을 따르면 도무지 무슨 말인지 알 수가 없는데 그것은 의미를 따라 해석하기보다 글자를 따라서 해석하다 보니 생긴 문제이다. 한문은 단순히 하나의 문장만으로 완벽한 의미를 알 수 없는 특징이 있다. 그래서 문맥을 읽어낼 수 있는 안목이 선행되어야 문장의 해석을 제대로 할 수 있다.

살피지 못했습니다.

大覺到參 師擧起拂子 大覺敷坐具. 師擲下拂子 大覺收坐具入僧堂. 衆僧云 這僧莫是[1] 和尙親故 不禮拜 又不喫棒? 師聞令喚覺. 覺出 師云 大衆道汝未參長老. 覺云 不審! 便自歸衆.

대각이 인사하러 도착했는데 임제가 불자拂子를 들어 올리니 대각은 좌구를 깔았다. 임제가 불자를 아래로 던지니 대각이 좌구를 거두어 승당에 들어갔다. 대중 스님들이 말했다.

대중 여기 이 승려가 혹시 화상과 친하다는 이유로 절도하지 않고 또 몽둥이로 맞지 않은 게 아닐까?

임제가 듣고 대각을 큰 소리로 불러오도록 명령했다. 대각이 나오니 임제가 말했다.

임제 자네가 아직 장로에게 인사하지 않았다고 대중大衆이 말한다네!

대각 살피지 못했습니다!(인사드립니다.)

이렇게 말하고 곧 스스로 대중에게 돌아갔다.

●大覺到參 師擧起拂子 大覺敷坐具. 師擲下拂子 大覺收坐具入僧堂. 衆僧云 這僧莫是 和尙親故 不禮拜 又不喫棒?
대각이 인사하러 도착했는데 임제가 불자拂子를 들어 올리니

1 莫是…: …은 아닐까? 是를 생략하는 경우도 있다. 원대元代 이후는莫不是라고 한다

대각은 좌구를 깔았다. 임제가 불자를 아래로 던지니 대각이 좌구를 거두어 승당에 들어갔다./ 대중 스님들이 말했다./ 대중: 여기 이 승려가 혹시 화상과 친하다는 이유로 절도하지 않고 또 몽둥이로 맞지 않은 게 아닐까?

이심전심以心傳心이란 말이 있다. 선가에서 내려오는 말로 굳이 말하지 않아도 아는 것으로 부처님과 가섭이 법을 말이 아닌 마음으로 전했다는 데서 유래된 말이다. 여기 임제와 대각의 만남도 그렇다. 임제가 대각을 보고 불자들 든 것은 '무슨 일로 왔는가?'라는 의미이다. 대각은 그 뜻을 바로 알아차리고 바로 좌구를 폈는데, 이것은 '선방에 방부를 들이러 왔습니다.'로 보면 된다. 다시 임제가 불자를 던진 것은 '그렇게 해도 좋다.'라는 뜻이며 대각은 알아듣고서 말없이 선방으로 간 것이다. 임제와 대각은 서로 한마디도 하지 않고 서로 마음을 주고받았다. 그러나 대중들은 그 사실을 이해하지 못했기에 임제와 친하니까 법거량도 하지 않고 통과시켰다거나 인사도 제대로 하지 않았다고 수군거린 것이다.

●師聞 令喚覺. 覺出 師云 大衆道汝未參長老. 覺云 不審! 便自歸衆.
임제가 듣고 대각을 큰 소리로 불러오도록 명령했다. 대각이 나오니 임제가 말했다./ 임제: '자네가 아직 장로에게 인사하지 않았다.'라고 대중大衆이 말한다네!/ 대각: 살피지 못했습니다!(인사드립니다.)/ 이렇게 말하고 곧 스스로 대중에게 돌아갔다.

임제가 대각을 두고 수군거린다는 소식을 듣자 바로 대각을 불러 인사치레라도 하라고 말하니 '불심不審'이라고 말했다. 이 불심에는 두 가지 의미가 있다. 첫째는 '자신을 살피지 못했다!'라는 의미로 당시의 승려들이 주로 하는 인사말을 건넸다. 지금 이것은 '안녕하십니까?', '인사드립니다.', '성불하세요!' 같은 의미로 생각하면 된다. 둘째로 정말 좀 더 대중의 심기를 살피지 못했다는 자기반성의 의미로 생각해 볼 수도 있다. 가장 완벽한 인격체라는 부처님조차 타인의 비방에서 벗어나지 못했다. 다만 이런 비방을 받았을 때 그것을 대처하는 방안이 더욱 문제로 드러난다. 즉 비방을 받았을 때 어떻게 대처하는지에 따라 결과는 매우 달라진다. 만약 임제 스님이 대중 앞에 대각을 불러 상황을 정리하도록 하지 않았다면 어떻게 되었을까? 이야기는 더없이 일파만파로 퍼졌을 것이다. 문제가 생겼을 때 가장 좋은 해결책은 시작된 그 시점으로 돌아가서 재검토하는 것이다. 대중이 의심을 일으켰기에 임제는 대중이 의심을 일으킨 그 시점으로 되돌아가서 논란을 잠재운 것이다. 이것만 보더라도 임제의 대중을 다루는 솜씨가 일품이다.

조주를 만나다.

趙州行脚時 參師 遇師洗脚次. 州便問 如何是祖師西來意? 師云 恰値[1] 老僧洗脚. 州近前作聽勢 師云 更要第二杓! 惡水潑在州 便下去.

조주趙州가 행각 할 때 임제가 다리를 씻던 중에 임제에게 인사드리며 바로 물었다.

조주 무엇이 조사께서 서쪽에서 온 뜻입니까?

임제 노승이 발을 닦아주는 거와 같다네!

조주가 다가가서 들으려고 했더니 임제가 말했다.

임제 두 번째 바가지가 다시 필요한 게로군!

더러운 물을 조주가 있는 곳으로 뿌리니 곧 아래로 내려갔다.

●趙州行脚時 參師 遇師洗脚次. 州便問 如何是祖師西來意? 師云 恰値老僧洗脚.
조주趙州가 행각 할 때 임제가 다리를 씻던 중에 임제에게 인사드리며 바로 물었다./ 조주: 무엇이 조사께서 서쪽에서 온 뜻입니까?/ 임제: 노승이 발을 닦아주는 거와 같다네!

조주는 '무無'자 화두로 선종사에서 빼놓을 수 없는 인물이다. 조주도 임제에게 참문을 했던 모양이다. 이것이 사실인지, 아니면 임제록을 돋보이게 하려고 넣은 구절인지 확실하진 않으나 아무튼 이 대목을 집어넣었을 땐 뭔가 전달할 게 있어서 일 것이다. 임제와 조주가 만난 시점은 임

1 恰値 1. 마침 …에 즈음하여 2. 바로 …의 때를 당하여

제가 발을 닦을 때이다. 발 닦고 있는 임제에게 조주는 대뜸 무엇이 조사가 서쪽에서 온 뜻이냐 물었다. 임제의 대답은 '노승이 발을 닦아주는 것'과 흡사하다는 것이다.

왜 임제가 이렇게 말했는지 선뜻 이해되지 않는 대목이다. 하지만 그 의미를 곰곰이 생각해 보면 조사가 서쪽에서 온 이유는 임제가 발이 더러워 씻어주는 것처럼 달마도 중생이 번뇌라는 더러움으로 힘들어할 때 깨끗하게 해주기 위해서 왔다는 것으로 생각할 수 있다.

● 州近前作聽勢 師云 更要第二杓! 惡水潑在州 便下去.
조주가 다가가서 들으려고 했더니 임제가 말했다./ 임제: 두 번째 바가지가 다시 필요한 게로군!/ 더러운 물을 조주가 있는 곳으로 뿌리니 곧 아래로 내려갔다.

조주는 단번에 알아차리지 못하고 '도대체 무슨 말인가?'하고 귀를 기울이니 임제는 '두 번째 바가지(법문法門)가 필요한가?'라면서 발 씻을 물을 던진다. 발 씻은 물을 조주를 향해서 더러운 물을 뿌린 것은 두말하면 입만 더러워진다는 의미와 함께 더러움을 몸소 경험하라는 의미일 것이다. 그래야만 왜 씻어야 하는지를 체험적으로 알 수 있기 때문이다. 조주는 임제의 이 말에 더 묻지 않고 내려가 버린다. 이 사건이 조주에게 큰 깨달음을 안겨주었는지 정확하게 알 수 없으나 임제가 큰 깨달음의 실마리를 제공해 준 것만은 분명하다.

유정상좌의 깨달음

有定上座到參問 如何是佛法大意? 師下繩床[1] 擒住與一掌[2] 便托開 定佇立. 傍僧云 定上座何不禮拜? 定方禮拜 忽然大悟.

유정 상좌上座가 도착해서 뵙고 물었다.

유 정 무엇이 불법의 큰 뜻입니까?

임제가 그물 의자에서 내려와서 움켜쥐고 따귀 한 대를 올려붙이고는 곧 밀어버리니 유정 상좌上座가 오랫동안 서 있었다. 곁에 있던 승려가 말했다.

승 려 유정 상좌上座는 어찌 절하지 않는가?

유정 상좌上座가 비로소 절하다가 홀연히 크게 깨달았다.

● 有定上座到參問 如何是佛法大意? 師下繩床 擒住與一掌 便托開 定佇立.
유정 상좌上座가 도착해서 뵙고 물었다./ 유정: 무엇이 불법의 큰 뜻입니까?/ 임제가 그물 의자에서 내려와서 움켜쥐고 따귀 한 대를 올려붙이고는 곧 밀어버리니 유정 상좌上座가 오랫동안 서 있었다.

유정 상좌가 임제가 있는 곳에 도착해서 불법의 큰 뜻을 물었다. 여기서 큰 뜻이란 요즘의 표현으로 '큰 그림 big picture'이나 '요지', '핵심'

1 繩床: 호상胡床 또는 교상交床이라고도 하는 의자의 일종으로, 간편하게 접을 수 있도록 윗부분을 노끈으로 얽어 만들었는데, 보통 관원들이 하인에게 갖고 다니게 하거나 사찰에서 승려들이 사용하였다.
2 一掌: 손바닥으로 뺨을 한 번 침. 주먹으로 한 대 때리는 것은 일괵一摑

으로 이해하면 된다. 임제는 유정상좌의 이 물음에 대답 대신 따귀를 한 대 때리고 밀쳐버렸다. 여기서 따귀를 때린 행위는 어리석은 무명에서 벗어나라고 경책하는 것이다. 따귀를 한 대 맞으면 정신이 번쩍 드는 것처럼 정신을 차리라고 법문法門하는 것이다. 또 밀쳐서 넘어뜨린 것은 여태까지의 삶이 애착에 묶여서 살아가는 전도된 그 생각을 깨달아 차안此岸에서 피안彼岸으로 건너가라는 의미로 해석될 수 있다.

선어록을 처음 접하는 사람들은 선사들의 이러한 난해한 행동을 이해하기 힘들 것이다. 또한 '말로 해도 충분한 것'을 굳이 이렇게 과격한 행동을 굳이 하느냐고 생각할 수도 있다. 선사들의 이러한 행위를 하는 것은 언어로 설명을 하거나 가르치게 되면, 언어의 특성상 대상을 언제나 실체實體로 규정하고 상대적인 개념으로 만들어 버리기 때문에 대상을 제대로 이해할 수 없는 언어의 장벽만 높여 놓는다는 사실을 누구보다 잘 알고 있었기 때문이다. 언어로 무엇을 표현하게 되면, 표현하는 동시에 표현한 만큼의 새로운 개념을 만들게 된다. 그렇게 되면 번뇌도 동시에 늘어나기 때문에, 언어적 사유를 배제하게 하려고 말 대신 행동으로 보여주려는 것이다.

● *傍僧云 定上座何不禮拜? 定方禮拜 忽然大悟.*
곁에 있던 승려가 말했다./ 승려: 유정 상좌上座는 어찌 절하지 않는가?/ 유정 상좌上座가 비로소 절하다가 홀연히 크게 깨달았다.

유정 상좌는 임제의 몸으로 한 설법을 이해하지 못하고 멍청하게 서 있다가 큰 가르침을 받았으면 절하라는 옆 승려의 말에 자신도 모르게 절을 한 것이다. 그렇게 절을 하다가 임제 스님의 고구정녕苦口丁寧한 가르침의 참 의미를 비로소 깨달았다고 볼 수 있다. 사람의 마음도 업의 영향을 받으므로 하던 생각만 계속해서 하게 된다. 업은 행동, 말, 생각에 모두 영향을 미친다. 자신을 잘 되돌아보면 행동도 하던 행동만 하며, 말도 하던 말만 하게 되고, 생각도 하던 생각만 한다. 이것을 업이라고 말하며 요즘 심리학의 용어로 보면 '경로 의존성經路依存性 Path dependency'과 비슷한 개념이다. 업이란 하던 짓만 계속하게 되는 것이며 이것을 유식唯識에서는 훈습薰習이라는 말로 표현한다.

아무튼, 사람은 이 업의 영향에서 쉽게 벗어나지 못하므로 언어로 사유하는 습관도 벗어나기가 매우 힘든 것이다. 이럴 때 주의를 환기하기 위한 따귀를 때리는 등의 행동이 깨달음에 큰 도움이 되기도 한다. 깨달음은 멀리 있지 않다. 언제나 우리의 곁에 함께 하고 있으나 무명에 눈이 가려 바르게 볼 수 없을 뿐이다. 이러한 콩깍지를 벗어내기 위해서는 틈새를 잘 공략해야 한다. 예를 들어 선글라스를 쓰고 있다고 생각해 보자! 색안경을 쓰면 사물의 색이 제대로 보이지 않는데 색안경을 쓴 자신은 그것을 잘 느낄 수 없다. 만약 이것이 색안경을 낀 상황인지 아닌지를 알려면 안경 옆으로 보이는 틈새를 바라보면 쉽게 색안경 낀 자신을 발견할 수 있다. 이처럼 깨달음은 색안경을 벗어버리는 행위와 같다. 색안경을 벗으려면 자신이 색안경을 쓰고 있다는 사실을 먼저 자각해야만 하는 것이다.

12면 관음의 정면은?

麻谷到參 敷坐具問 十二面觀音 阿那[1]面正? 師下繩床 一手收坐具 一手搊麻谷 云 十二面觀音向什麽處去也? 麻谷轉身擬坐繩床 師拈拄杖打 麻谷接却相捉 入方丈.

마곡麻谷이 인사하러 와서 좌구를 깔고 물었다.

마곡: 열두 얼굴의 관음은 진짜 어느 얼굴이 정면인가?

임제가 승상에서 내려와 한 손으로 좌구를 거두고, 한 손으로 마곡을 추켜세우고 말했다.

임제 십이면 관음이 도대체 어디를 향해서 가버렸는가?

마곡이 몸을 돌려 승상에 앉으려 하니 임제가 주장자를 들어 때리니 마곡이 잡아서 내던지고 서로 껴안은 채 방장실로 들어갔다.

● 麻谷到參 敷坐具問 十二面觀音 阿那面正? 師下繩床 一手收坐具 一手搊麻谷 云 十二面觀音向什麽處去也?
마곡麻谷이 인사하러 와서 좌구를 깔고 물었다./ 마곡: 열두 얼굴의 관음은 진짜 어느 얼굴이 정면인가?/ 임제가 승상에서 내려와 한 손으로 좌구를 거두고, 한 손으로 마곡을 추켜세우고 말했다./ 임제: 십이면 관음이 도대체 어디를 향해서 가버렸는가?

마곡이 임제에게 12면 관세음보살의 정면이 어디냐고 물었다. 여기서

---

1 阿那 선택의문사. 어느 것. 어느. 아래에箇를 동반하는 경우도 있다.

보통 11면 관세음보살로 말하는데 왜 12면이냐고 생각하는 사람도 있을 것이다. 본래 본존의 얼굴을 제외한 얼굴이 11면이기에 본존의 얼굴을 합하면 12면이 된다. 그래서 관세음보살의 얼굴이 12면인 것이다. 그런데 이 질문 자체가 흥미롭다. 관세음보살은 얼굴이 많은데 과연 어디가 진짜 정면이냐고 묻는 것이다. 이런 종류의 질문이 바로 사람들이 가장 어려워하는 질문이다. 이런 질문은 언제나 선택 장애를 일으키는데, '알이 먼저냐, 닭이 먼저냐?', '세상은 스스로 존재存在하는가?, 누가 만들었나?' 등등의 질문과 같은 것이다. 만약 어떤 사람이 이 질문을 받고 선택의 장애가 생겼다면 그는 이미 언어로만 생각해서 잘못된 질문에 매몰되어 버린 것이다.

이때 점검해야 할 점은 과연 '이 질문이 정당한가?'이다. 얼굴이 정면이 되려면 반드시 어디를 향해서 갔어야만 한다. 만약 그렇지 않다면 정면은 무의미한 개념이기 때문이다. 그래서 임제가 관세음보살이 어디를 향해서 가버렸는가? 하고 물은 것이다. '향십마처거야向什麽處去也'에서 '야也'는 종결형 어미로 사건의 완료를 뜻하는 글자이다. 그렇기에 어디를 향해서 갔는지를 밝혀야 비로소 정면이 드러나는 것이다. 이러한 사실을 이해할 수 있어야 바른 참선이며 방석 위에서 허송세월하지 않은 것이다.

●麻谷轉身 擬坐繩床 師拈拄杖打 麻谷接却相捉 入方丈.
마곡이 몸을 돌려 승상에 앉으려 하니 임제가 주장자를 들어 때리니 마곡이 잡아서 내던지고 서로 껴안은 채 방장실로 들어갔다.

마곡이 '선택의 질문'을 한 의도를 모를리 없는 임제는 질문의 요지를 바로 짚었고, 또 마곡이 돌아서 의자에 앉으려는 의도도 간파하고 주장자를 들어 때리려 했다. 이에 마곡도 그것을 간파하고 주장자를 잡아 던졌다. 결국, 두 사람 모두 상대방의 마음을 꿰뚫어 확인하게 된다. 이것도 이심전심인데 이것이 이루어지려면 서로 같은 수준의 정신세계일 때만 가능하다. 이렇게 서로를 확인했으니 서로 부여잡고 방장실로 나란히 걸어갔던 것이다.

할의 4가지 용도

師問僧 有時一喝 如金剛王寶劍 有時一喝 如踞地金毛師子[1] 有時一喝 如探竿影草[2] 有時一喝 不作一喝用. 汝作麼生會? 僧擬議 師便喝.

임제가 승려에게 물었다.

임제 어느 때의 할은 금강왕의 보검과 같고, 어느 때의 할은 웅크리고 먹이를 노리는 금털 사자와 같으며, 어느 때의 할은 그늘진 수초에서 탐색하는 낚싯대와 같고, 어느 때의 할은 할喝을 못 하게 하려고 하는 것이다. 너는 어떻게 아는가?

승려가 머뭇거리니 임제가 곧 할喝을 했다.

● 師問僧 有時一喝 如金剛王寶劍
임제가 승려에게 물었다./ 임제: 어느 때의 할은 금강왕의 보검과 같고,

임제가 할을 쓰는 네 가지 이유에 대해서 열거하고 있다. 어느 때의 할은 금강왕金剛王의 보검과 같다고 말했는데 여기서 '금강왕金剛王'은 '나찰羅刹'을 가리킨다. 나찰은 부처님 법을 수호하기 위해 애쓰는 천신으로 거짓을 말하는 사람의 머리 위에서 '금강의 보검'으로 머리를 쪼개기 위

1 金毛獅子: 오등회五燈會에 '오색 구름 속에 문수보살文殊菩薩이 금모 사자를 타고 왕래하는 것만을 볼 뿐이다.'라고 하였다. 금모사자金毛師子 금빛 털은 부처의 양미간에 있는 털로 부처를 상징한다. 사자師子는 사자獅子와 같은 말로 불가에서 부처를 비유하는 말이다. 두려움이 없고 법력이 끝이 없는 존재存在를 뜻한다.

2 探竿影草: 탐간探竿이나 영초影草 모두 물고기를 유인하기 위한 어구漁具라고 한다.

해 대기한다고 한다. 실제로 아함경의 기록을 보면 이렇게 거짓말을 늘어 놓으려는 범지梵志에게 그의 머리를 노리는 나찰을 신통력으로 보여준다. 그래서 그 범지는 두려움에 벌벌 떨며 거짓을 말하지 못하게 된다. 이렇게 첫 번째 할의 역할은 진실을 드러내게 하는 용도로써 호통을 치는 것이다.

● 有時一喝 如踞地金毛師子
어느 때의 할은 웅크리고 먹이를 노리는 금털 사자와 같으며,

어느 때의 할은 먹이를 노리는 금 털 사자와 같다고 말했다. 모든 동물의 왕의 사자인데, 그 사자 중의 사자가 바로 '금 털 사자'이다. 즉 가장 높은 먹이사슬에 있으므로 작은 사자들이 제아무리 잘난 척을 한다고 해도 '모두 물리칠 수 있다는 것'을 비유한 것이다. 세상에는 스승을 자처하며 남을 가르치는 사람들이 여기저기 많이 있다. 그러나 그중의 가장 훌륭한 가르침은 모든 말장난을 일시에 잠재워 버린다. 마치 금 털 사자가 노리고 있으면 그 누구도 꼼짝할 수 없는 것과 같다. 이렇게 두 번째 할의 용도는 삿된 견해를 한 번에 물리치는 것이다.

● 有時一喝 如探竿影草
어느 때의 할은 그늘진 수초에서 탐색하는 낚싯대와 같고,

어느 때의 할은 늘어진 수초를 탐색하는 낚싯대와 같다고 했다. 물고기는 그늘진 수초 사이에서 살아간다. 즉 자신을 엄폐하는 곳에서 숨어 지낸다. 사람도 자신과 사상을 같이하는 무리 속에서 물고기처럼 숨어 지낸다. 낚시꾼은 물고기의 이런 습성을 이용해 물고기를 낚는 것이다. 조사도 그렇게 수행자들이 어떤 논리에 숨어지내는지를 꿰뚫어 낚아버린다. 이렇게 조사의 언구에 제대로 낚이면 한방에 어리석은 삶을 벗어나게 되는 것이다. 중생을 낚는 수단이 바로 세 번째 할의 용도이다.

● 有時一喝 不作一喝用.
어느 때의 할은 할喝을 못 하게 하려고 하는 것이다.

할에 대한 잘못된 이해로 단지 소리만 지르면 깨달음을 얻었다고 생

각하는 사람들이 있다. 이런 어리석음을 물리치기 위해 또 할을 한다. 즉 깨닫지 못한 사람이 쓰는 할은 멋져 보이려고 흉내 내거나 못마땅한 것에 대한 신경질적인 반응에 해당한다고 하겠다. 이런 폐단을 막기 위해 네 번째 할을 쓰는 것이다.

● 汝作麽生會? 僧擬議 師便喝.
너는 어떻게 아는가?/ 승려가 머뭇거리니 임제가 곧 할喝을 했다.

임제는 승려에게 할의 네 가지 용도를 설명하고 승려가 알고 있는 할은 어떤 것이냐고 물었다. 임제의 이러한 설명에도 주저하고 머뭇거리니 임제가 깨우쳐주려고 다시 할을 한 것이다. 주저한다는 말은 잘 모른다는 말과 같다. 확실히 아는 내용은 주저함이 없다. 임제는 이러한 틈새를 여지없이 잡아내고 다시 할을 한 것이다. 그렇게 어려운 내용이 아니지만, 대화가 너무 짧아서 문장의 명백한 의미를 알기 어렵다. 현대어도 아니고 고어이고 거기다 지방 사투리이며, 문어체가 아닌 구어체를 그대로 적었으므로 더욱 의미를 파악하기 어렵다. 그래서인지 여러 임제록의 번역서들을 읽어보면 도대체 무슨 말을 하는지 모르겠다. 온통 맥락 없는 설명과 번역이 난무한다. 물론 이 번역도 완벽하다고 보장할 수는 없지만 내가 이해한 대로 맥락을 중요하게 여기며 번역을 했다.

비구니의 할

師問一尼 善來惡來? 尼便喝 師拈棒云 更道 更道! 尼又喝 師便打.

임제가 한 비구니에게 물었다.

임 제 선래善來인가? 악래惡來인가?

비구니가 바로 할喝을 하니 임제가 몽둥이를 집어 들고 말했다.

임 제 다시 말해봐라 말해봐!

비구니가 또 할喝을하니 임제가 바로 때렸다.

● 師問一尼 善來惡來!
임제가 한 비구니에게 물었다./ 임제: 선래善來인가 악래惡來인가?

근본설일체유뷰비나야根本說一切有部毘奈耶 42권에 보면 장자의 집에 태어난 여자아이를 잘 왔다는 의미로 '선래善來'라고 불렀다가 얼마 후 부모가 다 죽고 망해서 구걸하며 살게 되었다. 그래서 사람들은 그 여인을 '악래惡來'라고 바꾸어 불렀는데 뒤에 부처님을 만나 출가해 비구니가 되어 제도 되었다는 기록이 있다. 임제가 젊은 시절 율장을 연구했다는 기록을 보면 이 기록을 읽었을 가능성이 매우 크다. 그래서 비구니가 왔을 때 '선래善來인가? 악래惡來인가?'하고 물었던지, 아니면 '잘 왔다. 악래惡來여!'로 해석할 수도 있다. 대부분 이것을 '잘 왔느냐, 잘못 왔느냐?'로 해석하지만, 그렇게 보면 대화가 좀 자연스럽지 않고 억지로 해석한 느낌이 든다.

● 尼便喝 師拈棒云 更道! 更道 尼又喝 師便打.
비구니가 바로 할喝을 하니 임제가 몽둥이를 집어 들고 말했다./ 임제: 다시 말해봐라 말해봐!/ 비구니가 또 할喝을 하니 임제가 바로 때렸다.

임제의 그 말에 비구니는 할을 했다. 그러니 임제는 비구니가 잘 못 들어서 그랬나 싶어서 재차 진실을 확인하려고 몽둥이를 들고 다시 말해 보라고 종주먹을 댔을 것이다. 그런데도 비구니는 여전히 그 생각을 굽히지 않고 또 '할喝'을 했다. 이것을 본 임제는 비구니가 의도적으로 '할'을 했다는 사실을 알자마자 바로 때렸을 것이다. 이 비구니가 할로 대답한 것은 임제가 위에서 말한 네 가지 할의 범주에 들지도 않는 엉뚱한 대답에 불과하기 때문이다. 아마도 그 비구니는 할을 하는 것이 법을 바로 이해하는 것으로 생각했던 것 같다. 그래서 임제가 한 대 때렸을 것이다.

선승들의 질문과 대답이 서로 개연성이 없고 생뚱맞아 보이지만, 깊은 사유를 한 사람만이 할 수 있는 매우 의미심장한 질문이다. 그래서 그들은 대답만 들어보아도 대답하는 사람이 어느 정도의 사유 단계에 올라와 있는지 단박에 알 수 있는 것이다. 예를 들어 어떤 사람이 길을 지나 목표에 도달했는데, 다른 사람이 자신과 같은 목표를 향해서 가고 있다면 도착한 사람은 오는 사람이 지금 어느 지점에 있는지를 말한다면 그의 상태를 바로 알 수 있는 것과 같다.

조사가 없는 뜻이 중요하다.

龍牙問 如何是祖師西來意? 師云 與我 過禪板來! 牙便過禪板與師 師接得 便打. 牙云 打卽任打 要且無祖師意. 牙後到翠微問 如何是祖師西來意? 微云 與我過蒲團 來! 牙便過蒲團與翠微 翠微接得 便打. 牙云 打卽任打 要且無祖師意. 牙住院 後有僧入室 請益[1] 云 和尙行脚時 參二尊宿因緣 還肯他 也無? 牙云 肯卽深肯 要且無祖師意!

용아가 물었다.

용아 무엇이 조사께서 서쪽에서 온 뜻입니까?

임제 나에게 묻기보단 선판을 넘어야 오네!

용아가 곧 선판을 넘고 임제에게 주니 임제가 잡아당겨서 바로 때렸다. 용아가 말했다.

용아 '때렸다는 것'은 곧 '맞아준 것'이니 요점 또한 조사가 없다는 뜻이군요.

용아가 후에 취미에게 도착해서 물었다.

용아 무엇이 조사께서 서쪽에서 온 뜻입니까?

취미 나에게 묻기보단 포단을 넘어야 오네!

용아가 곧 포단을 넘고 취미에게 주니 취미가 잡아당겨서 바로

1 請益 일단 가르침을 받은 후 다시 명확하지 않은 점에 관해서 다시 가르침을 청하는 것을 말한다.

때렸다. 용아가 말했다.

용 아 때렸다는 것은 곧 맞아준 것이니 요점 또한 조사 없다는 뜻이군요.

용아가 선원에 머무는데 후에 어떤 승려가 입실해서 거듭 청하여 물었다.

승 려 화상께서는 행각 할 때 두 존숙을 참문한 인연이 있는데 아직도 그들에게 수긍하지 못하십니까?

용 아 '수긍한다는 것'은 곧 깊이 수긍하는 거라네. 요점은 또한 조사가 없다는 뜻이네!

● 龍牙問 如何是祖師西來意? 師云 與我過禪板 來! 牙便過禪板與師 師接得 便打. 牙云 打卽任打 要且無祖師意.
용아가 물었다./ 용아: 무엇이 조사께서 서쪽에서 온 뜻입니까?/ 임제: 나에게 묻기보단 선판을 넘어야 오네!/ 용아가 곧 선판을 넘고 임제에게 주니 임제가 잡아당겨서 바로 때렸다. 용아가 말했다./ 용아: '때렸다는 것'은 곧 '맞아준 것'이니 요점 또한 조사가 없다는 뜻이군요.

용아가 임제에게 조사가 서쪽에서 온 뜻을 물었다. 임제는 '여아과선판래與我過禪板來'라고 대답했는데 이 문장을 어떻게 번역할 것인가가 관건이다. 보통은 '여與'자를 '주다'나 '함께'로 해석하는데 그러다 보니 '선판을 내게 가져다주게!'로 번역한다. 그러나 그렇게 본다면 문맥이 이상하게 흐르고 무슨 말인지 알 수 없다. 그러나 여與에는 '~보다'라는 의미도 함께 있다. 그렇게 본다면 나에게 조사의 뜻을 묻기보다는 선판을 깔고 앉아서 그 장벽을 넘어가면 뜻을 알게 된다는 말로 이해할 수 있다. 그런 취지로 임제가 말하자 용아는 곧바로 선판을 넘고 임제에게 주니 임제가 확 잡아당겨서 때린 것이다. 그러자 용아는 때렸다는 것은 곧 맞아준 것이라는 깨달음이 생긴 것이다. 즉 '때리는 것'과 '맞는 것'이 상반된 게 아니고 같은 사건의 다른 표현이라는 사실 깨닫고, 조사의 뜻이 있는가, 없는가가 중요한 게 아니고 '조사가 없다는 뜻'이 더 중요하다는 사실을 깨달은 것이다. 즉, '조사가 있다.'라고 가정하고 생각하니 조사의 뜻이 뭐냐고 물었는데, 그 물음이 성립하려면 먼저 조사의 존재存在에 대한 유무가 먼저 확인되어야 한다는 것이다. 조사의 존재가 확인되지 않는다면 조사의 뜻이 무엇이냐는 질문은 아예 의미조차 없기 때문이다.

● 牙後到翠微問 如何是祖師西來意? 微云 與我過蒲團 來! 牙便過蒲團與翠微 翠微接得 便打. 牙云 打卽任打 要且無祖師意.
용아가 후에 취미에게 도착해서 물었다./ 용아: 무엇이 조사께서 서쪽에서 온 뜻입니까?/ 취미: 나에게 묻기보단 포단을 넘어야 오네!/ 용아가 곧 포단을 넘고 취미에게 주니 취미가 잡아당겨서 바로 때렸다. 용아가 말했다./ 용아: 때렸다는 것은 곧 맞아준 것이니 요점 또한 조사 없다는 뜻이군요.

내용은 임제와 했던 대화와 똑같은데 단지 선판과 포단만 다르다. 임제는 참선할 때 깔고 앉는 넓은 널빤지인 선판을 말했고, 취미는 깔고 앉는 방석인 포단을 말했다. 선판이나 포단은 참선할 때 바닥에 까는 도구이다. 아마 기후의 영향으로 남쪽의 더운 지방은 선판을, 추운 북쪽 지방은 포단을 쓴 것 같다. 어쨌든 용아는 두 사람의 훌륭한 선지식善知識을 만나 그 의미를 분명하게 안 것으로 보인다.

● 牙住院 後有僧入室 請益云 和尚行脚時 參二尊宿因緣 還肯他也無? 牙云 肯卽深肯 要且無祖師意!
용아가 선원에 머무는데 후에 어떤 승려가 입실해서 거듭 청하여 물었다./ 승려: 화상께서는 행각 할 때 두 존숙을 참문한 인연이 있는데 아직도 그들에게 수긍하지 못하십니까?/ 용아: '수긍한다는 것'은 곧 깊이 수긍하는 거라네. 요점은 또한 조사가 없다는 뜻이네!

뒤에 후배들이 두 큰스님의 그것을 수긍하는지 아닌지를 물었다. 그러자 수긍하는 즉시에 수긍에 점점 깊어 진다고 말했다. 즉 긍정은 긍정의 논리로 점점 빠져들어 부정의 논리를 배격하게 된다. 즉 긍정이나 부정의 극단에 의지해서 사유하게 된다. 그러므로 요점은 역시 '조사가 없다는 뜻'이라고 말한 것이다. 즉 언어로 사유하여 양쪽 극단에 빠지면 언제나 선택의 문제에 봉착한다. 만약 이 글을 읽는 독자도 이렇게 선택의 문제에 봉착해 헤매고 있다면, 이것이 옳은가 그른가를 고민하지 말고 그 질문이 과연 타당한가를 먼저 따져야 한다. 예를 들어 '신이 이 세상을 창조했는가?'라고 묻는다면 신이 창조했다는 측과 신이 창조하지 않았다는 측의 사람들로 갈리게 될 것이다. 이것이 중생들의 언어로 생각하기에 벌이는 어리석음인 것이다. 현명한 사람은 이 질문이 과연 정당한지를 먼저 따져볼 것이다. 신이란 존재存在가 아예 증명된 적도, 증명될 수도 없는데 어떻게 신이 만들었는지 아닌지를 따진단 말인가? 그런데도 우리는 끊임없이 언어로 사유하는 방법으로 일생을 살았고 그렇게 교육받고 생각했기에 그 사유의 범주를 쉽게 버리지 못하는 것이다. 이것이 대상을 바르게 볼 수 없도록 만드는 첫 번째 어리석음이다. 그래서 언어로 사유하지 말라고 말하는 것이다. 이것을 선가禪家에서는 언어도단言語道斷이라고 하는 것이다. 이 '언어적 사유를 떠나는 것'만으로는 부족하나 첫 관문인지라 이것을 뚫기가 가장 어려워 선사들은 이것이 모두인 것처럼 매우 강조하고 있으나 이것은 초선初禪에 겨우 들어선 것이다.

경산의 오백대중

徑山有五百衆 少人參請. 黃蘗 令師到徑山[1] 乃謂師曰 汝到彼作麼生? 師云 某甲到 彼自有方便. 師到徑山 裝腰上法堂見徑山. 徑山方擧頭 師便喝. 徑山擬開口 師拂袖便行. 尋有僧問徑山 這僧適來 有什麼言句 便喝和尙? 徑山云 這僧從黃蘗會裏來. 爾要知麼? 且問取他. 徑山五百衆太半分散.

경산徑山에는 오백 명의 대중이 있었는데 법을 묻는 이가 적었다. 황벽은 임제에게 명하여 경산에 가도록 하고 덧붙여 임제에게 일러주며 말했다.

황벽 네가 도착하면 그쪽이 어찌하겠는가?

임제 제가 도착하면 그쪽은 스스로 방편이 있을 겁니다.

임제가 경산에 이르러 여장을 허리에 두른 채 법당에 올라 경산을 보았다. 경산이 바로 머리를 들자 임제가 곧 할喝을 했다. 경산이 말하려는데 임제가 옷소매를 뿌리치고 바로 가버렸다. 잠시 후 어떤 승려가 경산에게 물었다.

승려 이 승려는 방금 무슨 법문法門을 했다고 바로 화상에게 할喝을 합니까?

경산 저 승려는 황벽의 회하會下에서 왔다. 너는 정말 알고 싶으냐? 장차 그에게 물어라.

1 徑山五百衆。每日行道念觀音。無一人參請。山作書與蘗。具言其事。蘗令師去。師到徑山。裝腰直上法堂。山纔擧頭。師便喝。山擬開口。師拂袖便行。尋有僧問山。適來者僧有甚言句便喝和尙。<臨濟宗-臨濟-오가정종찬>

경산의 오백 대중은 대부분이 흩어졌다.

● 徑山有五百衆 少人參請. 黃蘗 令師到徑山 乃謂師曰 汝到彼作麽生? 師云 某甲到 彼自有方便.
경산徑山에는 오백 명의 대중이 있었다. 황벽은 임제에게 명하여 경산에 가도록 하고 덧붙여 임제에게 일러주며 말했다./ 황벽: 네가 도착하면 그쪽이 어찌하겠는가?/ 임제: 제가 도착하면 그쪽은 스스로 방편이 있을 겁니다.

이 부분의 문장만으로는 정확히 무슨 내용인지 정확히 알 수 없으나 오가정종찬五家正宗贊의 임제종 부분을 참고하면 내용이 분명히 드러난다. '자세한 것'은 각주를 참고하면 된다. 오가정종찬에 의하면 경산이 거느리던 오백명의 대중이 대부분 관세음보살만 염송할 뿐 참선은 하지 않기에 경산에게 법을 묻는 사람이 거의 없었던 모양이다. 그래서 황벽에게 도움의 편지를 보낸 것으로 되어 있다. 이에 황벽이 임제를 대신 보내면서 생긴 일화가 되겠다. 내용으로는 그다지 어려운 내용은 아니다. 하지만 한문은 특성상 띄어쓰기가 되어 있지 않기에 어떻게 띄어서 읽느냐에 따라 내용이 달라진다. 그래서 앞뒤의 문맥을 참고하여 가장 알맞은 내용으로 유추해 읽는 게 최선이다. 그래서 여기서도 '피彼'자를 앞에 놓고 번역할 것인지 뒤에 붙일 것인지에 따라 그들이 한 일이 될 것인지 임제가 한 일인지가 달라진다. 여기서 황벽이 궁금한 것은 임제가 어떻게 행동할 것인가가 아니라 그들이 어떻게 할 것인가가 더 궁금할 것이다. 왜냐하면 황벽이 자신을 대신해 임제를 보낼 때는 임제에 대한 깊은 신뢰가 있기 때문이다. 그러므로 여기서 방편은 임제 쪽이 방편을 찾는 게 아니고 경산 쪽이 어떤 식으로 움직일까에 대한 궁금증이다.

● 師到徑山 裝腰上法堂 見徑山. 徑山方擧頭 師便喝. 徑山擬開口 師拂袖便行. 尋有僧問徑山 這僧適來 有什麽言句 便喝和尚? 徑山云 這僧從黃蘗會裏來. 爾要知麽? 且問取他. 徑山五百衆太半分散.
임제가 경산에 이르러 여장을 허리에 두른 채 법당에 올라 경산을 보았다. 경산이 바로 머리를 들자 임제가 곧 할喝을 했다. 경산이 말하려는데 임제가 옷소매를 뿌리치고 바로 가버렸다. 잠시 후 어떤 승려가 경산에게 물었다./ 승려: 이 승려는 방금 무슨 법문法門을 했다고 바로 화상에게 할喝을 합니까?/ 경산: 저 승려는 황벽의 회하會下에서 왔다. 너는 정말 알고 싶으냐? 장차 그에게 물어라./ 경산의 오백 대중은 대부분이 흩어졌다.

여기서 임제가 경산에 가서 보여준 행동이 황벽의 지시로 한 것인지 임제 스스로 한 것인지 확실하진 않지만, 정황상 미리 계획된 것 같다. 여기의 대화를 보면 경산과 임제가 서로 미리 말을 맞추고 장단 맞추며 상황을 연출한 느낌을 준다. 승려가 무슨 법문法門을 했다고 화상에게 할을 하느냐고 물었을 때 경산의 태도를 보면 궁금하면 그에게 물어보라고 말하고 있기 때문이다. 이 상황을 보면 경산도 범상한 인물이 아님을 미루어 알 수 있다. 자신의 이익을 앞세우는 승려라면 대중이 흩어질까 두려워서 적어도 그렇게 말하지 않았을 것이다. 경산 역시 대중들의 '어리석은 믿음을 지속하는 것'에 대한 안타까움이 있었기에 황벽에게 요청도 하고 궁금하면 직접 가서 물으라고 말한 것이라고 볼 수 있다.

보화의 장삼

普化一日於街市中 就人 乞直裰 人皆與之 普化俱不要. 師令院主 買棺一具. 普化歸來 師云 我與汝 做得箇直裰了也. 普化便自擔去 繞街市叫云 臨濟與我做直裰了也. 我往東門 遷化去. 市人競隨看之 普化云 我今日未 來日往南門遷化去. 如是三日 人皆不信 至第四日 無人隨看 獨出城外 自入棺內 倩路行人釘之. 卽時傳布 市人競往 開棺 乃見全身脫去. 秖聞空中鈴響 隱隱而去.

보화가 하루는 거리시장에서 사람들에게 다가가서 장삼을 구걸해서 사람들이 그것을 모두 주었으나 보화는 있으니 필요 없다고 하였다. 임제는 원주에게 관棺 하나를 사 오게 하였다. 보화가 돌아오니 임제가 말했다.

임제 내가 그대에게 주려고 그 장삼을 장만해 놓았다네.

보화는 곧 스스로 짊어지고 가서 상가를 돌며 외쳤다.

보화 임제가 나에게 장삼을 마련해줬다. 나는 동쪽 문으로 가서 죽으리라.

시장 사람들은 그것을 보려고 다투어 따라가니 보화가 말했다.

보화 내가 오늘은 안 되고 내일 남쪽 문으로 가서 죽으리라.

이처럼 사흘을 하니 사람들 모두 믿지 않았고, 네 번째 날에 이르자 따라가 보려는 사람도 없자 홀로 성 밖으로 나가서 관으로 스스로 들어가 길 가는 사람에게 부탁해서 그곳에 못질하였다. 곧 바로 소문은 퍼졌고 시장 사람들이 앞다투어 달려가 관을 열었더니 몸 전체가 사라졌다. 다만 공중에서 은은하게 멀어지는 방울 소리만 들었다.

● 普化一日於街市中 就人 乞直裰 人皆與之 普化俱不要. 師令院主買棺一具. 普化歸來 師云 我與汝 做得箇直裰了也. 普化便自擔去繞街市叫云 臨濟與我做直裰了也.
보화가 하루는 거리시장에서 사람들에게 다가가서 장삼을 구걸해서 사람들이 그것을 모두 주었으나 보화는 있으니 필요 없다고 하였다. 임제는 원주에게 관棺 하나를 사 오게 하였다. 보화가 돌아오니 임제가 말했다./ 임제: 내가 그대에게 주려고 그 장삼을 장만해 놓았다네./ 보화는 곧 스스로 짊어지고 가서 상가를 돌며 외쳤다. /보화: 임제가 나에게 장삼을 마련해줬다.

보화는 임제를 도와서 법을 펴는 데 있어서 매우 중요한 역할을 한 인물임에는 이견이 없을 것이다. 다만 이 임제록을 통해서 보더라도 보화의 연속적인 기행은 그가 범상치 않은 괴각승乖角僧이라는 것을 말해주고 있다. 하지만 보화가 단지 괴각승이었다면 임제가 법을 펴는 데 있어서 전혀 도움이 되지 못했을 것이다. 그러나 그의 괴각에는 타당한 이유가 존재存在하며 그것이 결국 사람들의 마음을 움직였을 것이다. 여기 임제록을 쓴 저자도 이러한 점에 고민이 있었을 것이다. 그래서 감변의 마지막에 '보화의 죽음을 전신탈거全身脫去라는 사건으로 미화한 건 아닐까?' 하고 생각했다. 보화가 그냥 미친 괴각이 아닌 성승聖僧이라는 것을 밝히려 한 게 아닌가 싶다. 그래서 이 감변의 맨 앞 보화와 관련된 곳에 내용을 배치하지 않고 마지막에 넣은 것으로 생각된다. 아무튼, 보화는 장삼을 마련해 달라고 말했지만, 사실은 그것이 사후 다른 세상에서 입을 옷인 관이었다. 이러한 사실을 세상 사람들에게 떠들고 다녀도 아무도 알지 못했는데 오로지 임제만이 알아챈 것이다. 즉 깨달은 사람들의 이심전심을 또 한 번 보여준다.

● 我往東門 遷化去. 市人競隨看之 普化云 我今日未 來日往南門遷化去. 如是三日 人皆不信 至第四日 無人隨看 獨出城外 自入棺內 倩路行人釘之. 卽時傳布 市人競往 開棺 乃見全身脫去. 秪聞空中鈴響 隱隱而去.

나는 동쪽 문으로 가서 죽으리라. /시장 사람들은 그것을 보려고 다투어 따라가니 보화가 말했다./ 보화: 내가 오늘은 안 되고 내일 남쪽 문으로 가서 죽으리라./ 이처럼 사흘을 하니 사람들 모두 믿지 않았고, 네 번째 날에 이르자 따라가 보려는 사람도 없자 홀로 성 밖으로 나가서 관으로 스스로 들어가 길 가는 사람에게 부탁해서 그곳에 못질하였다. 곧바로 소문은 퍼졌고 시장 사람들이 앞다투어 달려가 관을 열었더니 몸 전체가 사라졌다. 다만 공중에서 은은하게 멀어지는 방울 소리만 들었다.

전신탈거는 입었던 옷은 그대로 두고 몸만 사라지는 현상이다. 티베트 불교에선 이런 사건을 해탈이나 왕생정토의 증거로 굳게 믿고 있다. 즉 서방정토나 불국토에 산채로 그곳에 간다는 개념이다. 그런데 재미있는 것은 입었던 옷은 그대로 두고 사라진다는 것이다. 물론 신앙으로 굳게 믿는 것을 뭐라고 할 수는 없지만, 부처님께서도 행하지 않았던 신통을 마치 '부처님 법'을 수행해서 얻었다는 식으로 말하는 것은 좀 억지스럽다. 하지만 이것이 임제의 전기 형식을 띤 어록이란 사실을 참작해서 읽어야 할 것이다. 대부분 이적異蹟이나 신통이라고 하는 일들은 내가 알지 못하는 일이 벌어졌을 때를 지칭하는 말이다.

예컨대 우리의 소리는 멀리 가지 못하기에 먼 거리에 떨어져 있는 사람과의 대화가 불가능하다. 그래서 멀리 있는 사람이 내게 이렇게 말했다고 말하면 믿지 못한다. 그러나 지금은 휴대폰을 누구나 가지고 있어서 아무리 멀리 있을지라도 언제든지 대화할 수 있다. 만약 옛날 사람이 지금 시대에 와서 산다면 이것을 천이통天耳通이라 말했을 것이다. 이렇듯 신통이란 내가 지금 '이해하지 못하는 일'이 일어났다는 의미에 불과하다. 이렇듯 아는 사람에겐 당연한 일이지만, 모르는 사람에겐 신비한 일이 되어 버린다. 보화에게 무슨 일이 일어났는지 분명히 알 순 없지만, 분명한 것은 일어날 수 있는 일이 일어났다는 것이다. 다만 이것을 신통으로 보느냐, 아니냐 하는 것은 내가 이해할 수 없는 일인가, 이해할 수 있는 일인가의 문제일 뿐이다.

아무튼 보화의 전신탈거가 사실인가, 아닌가가 중요한 관점은 아니다. 다만, 보화가 '언제 죽겠다.'라고 예언한 말을 믿지 못했던 사람들이 보화를 단순한 미치광이쯤으로 여겼다가 훌륭한 스님이라는 사실이 밝혀지자 보화가 했던 말들이 방울 소리처럼 각자의 가슴에 여운으로 남게 되었음을 극적으로 표현했다고도 볼 수 있을 것이다.

제4장 행록行錄

행적을 기록하다

수줍었던 임제

師初在黃蘗會下 行業純一 首座乃歎曰 雖是後生 與衆有異! 遂問 上座 在此多少時? 師云 三年. 首座云 曾參問也無? 師云 不曾 參問 不知問箇什麼. 首座云 汝何不去 問堂頭和尙 如何是佛法的的大意? 師便去問聲未絶 黃蘗便打.

임제가 처음에는 황벽의 회하會下에 있었는데 수행修行이 순일하니 수좌가 감탄해서 덧붙여 말했다.

수좌 비록 젊은이지만 대중과 함께 있어도 다르구나!

수좌가 참다못해 물었다.

수좌 상좌는 여기에 얼마나 있었는가?

임제 3년입니다.

수좌 일찍이 뵙고 물어본 적이 없는가?

임제 무엇을 물어야 할지 몰라 일찍이 뵙고 여쭙지 못했습니다.

수좌 그대는 어째서 당두堂頭 화상에게 부처님 법의 분명한 큰 뜻이 무엇인지 물어보러 가지 않는가?

임제가 바로 가서 물었으나 말이 끝나지도 전에 황벽이 바로 때렸다.

● 師初在黃蘗會下 行業純一 首座乃歎曰 雖是後生 與衆有異! 遂問上座 在此多少時? 師云 三年. 首座云 曾參問也無?
임제가 처음에는 황벽의 회하會下에 있었는데 수행이 순일하니 수좌가 감탄해서 덧붙여 말했다./ 수좌: 비록 젊은이지만 대중과 함께 있어도 다르구나!/ 수좌가 참다못해 물었다./ 수좌: 상좌는 여기에 얼마나 있었는가?/ 임제: 삼년입니다./ 수좌: 일찍이 뵙고 물어본 적이 없는가?:

임제 스님이 황벽의 회상에 있을 때 그의 남다른 풍모를 알아본 이가 바로 당시 수좌였던 목주睦州다. 그는 젊은 임제가 단순하게 황벽에게 법을 물었는지, 안 물었는지가 궁금해서 한 질문이 아니다. 수행을 제대로 하고 있는지 떠본 것이다. 수행이란 혼자서 열심히 한다고 해서 반드시 완성된다는 보장이 없기 때문이다. 왜냐하면, 갈 방향도 제대로 정해지지 않은 사람이 열심히 가기만 한다면 오히려 아니 감만 못한 경우가 대부분이기 때문이다. 따라서 수행자는 목표를 분명하게 직시하고 있어야 그곳을 향해 나아갈 수 있는 것이다. 그래서 목주는 임제에게 '황벽을 참문한 적이 있느냐?'고 물은 것이다.

● 師云 不曾參問 不知問箇什麽. 首座云 汝何不去 問堂頭和尚 如何是佛法的的大意? 師便去問聲未絶 黃蘗便打.
임제: 무엇을 물어야 할지 몰라 일찍이 뵙고 여쭙지 못했습니다./ 수좌: 그대는 어째서 당두堂頭 화상에게 부처님 법의 분명한 큰 뜻이 무엇인지 물어보러 가지 않는가?/ 임제가 바로 가서 물었으나 말이 끝나지도 전에 황벽이 바로 때렸다.

여기서 당두堂頭 화상은 지금의 조실스님을 뜻한다. 임제는 수좌가 참문한 적이 있었냐는 질문을 하기 전까지도 왜 물어야만 하는지조차 몰랐던 것 같다. 그러니 황벽에게 가서 일러준 대로 물으려 했을 것이다. 그런데 여기서 가장 큰 문제는 묻고 있는 질문이 임제가 궁금한 문제가 아니라는 것이다. 그러니 그 질문을 하는데도 우물쭈물했을 것이다. 누군가 질문을 하는데 정말 궁금한 궁금증이 걸린 질문은 눈빛이 반짝반짝하기 마련이다. 그래서 상대방의 말 한마디라도 놓치지 않으려고 매우 집중하게 된다. 아마 임제가 질문을 했을 때 우물쭈물하고 어리벙벙했으니 황벽이 그의 어리석음을 눈치채고 말이 끝나기도 전에 몽둥이로 다스렸을 것이다.

만약 그렇게 어리벙벙한 태도가 아니었다면 부처님 법의 분명한 대의는 부처가 불변의 존재存在가 아니라는 사실을 알 때 만이 진정한 부처님 법의 대의가 드러남을 일깨워 주려고 때렸을 것이다. 즉 질문 자체가 문제라는 사실을 깨우쳐주기 위해 때렸을 것이다.

묻는다고 해서 다 질문이 되는 것도 아니고 대답한다고 해서 전부 다 알아듣고 대답하는 것도 아니다. 질문과 대답은 그 이해도의 시기가 적절해야 소통이 되는 법이다. 상대에게 자신이 궁금함이 간절하여 물을 때 비로소 스승의 한 마디가 큰 가르침으로 다가오는 법이다. 궁금하지 않은 이야기를 아무리 광장설廣長舌로 쏟아낸다고 하더라도 상대방에겐 그냥 스쳐 지나가는 의미 없는 말로만 들리게 되어 있다. 그래서 스승은 적절한 때를 기다릴 줄도 알아야 한다. 부처님께서도 비구들에게 이렇게 당부했다. '비구는 상대방이 법을 들을 준비가 돼 있지 않다면 언제나 침묵해야 한다.'라고…….

임제의 좌절

師下來首座云 問話作麼生? 師云 某甲問聲未絶 和尙便打 某甲不會. 首座云 但更去問! 師又去問 黃蘗又打. 如是三度發問 三度被打 師來白首座云 幸蒙慈悲 令某甲 問訊和尙 三度發問 三度被打 自恨障緣 不領深旨 今且辭去. 首座云 汝若去時 須辭和尙去! 師禮拜退.

임제가 내려오니 수좌가 말했다.

수좌 여쭤본 것은 어땠는가?

임제 제가 묻는 말이 끝나기도 전에 화상이 바로 때려서 제가 알지 못하겠습니다.

수좌 그렇더라도 다시 가서 묻게!

임제가 또 가서 물었는데 황벽이 또 때렸다. 이렇게 세 번을 묻고 세 번을 맞으니 임제가 와서 수좌에게 고백하며 말했다.

임제 자비심을 입어 제가 화상께 물을 수 있던 것은 다행이오나 세 번을 여쭈어 세 번을 맞고도 깊은 뜻을 받지 못해 장애의 인연이 스스로 한스럽습니다. 이제는 물러나 갈까 합니다.

수좌 네가 만약 가야 할 때라면 모름지기 화상께 인사드리고 가라!

임제가 절하고 물러났다.

● 師下來首座云 問話作麼生? 師云 某甲問聲未絶 和尚便打 某甲不會. 首座云 但更去問! 師又去問 黃蘗又打. 如是三度發問 三度被打 師來白首座云
임제가 내려오니 수좌가 말했다. /수좌: 여쭤본 것은 어땠는가?/ 임제: 제가 묻는 말이 끝나기도 전에 화상이 바로 때려서 제가 알지 못하겠습니다./ 수좌: 그렇더라도 다시 가서 묻게!/ 임제가 또 가서 물었는데 황벽이 또 때렸다. 이렇게 세 번을 묻고 세 번을 맞으니 임제가 와서 수좌에게 고백하며 말했다.

임제 스님은 황벽의 법문法門을 이해하지 못하고 물러나려고 한다. 그러니 수좌였던 목주가 그를 안타깝게 여겨 황벽에게 하직 인사라도 드리고서 떠나라고 권고하는 내용이다. 얼핏 생각하면 이것은 스승에 대한 배신으로 비추어질 수도 있다. 예로부터 중국 문화권에서는 스승과 제자가 한번 사제관계를 맺으면 죽을 때까지 '변하지 않는 것'을 근본으로 삼았다. 그러나 부처님은 예외적인 상황을 인정했다.

예를 들어 스승이 문제가 있어 잘못된 가르침을 가르친다거나, 또는 스승은 문제가 없으나 제자의 능력이 미치지 못해 스승이 다른 스승을 지정해주는 경우는 스승을 바꾸어도 문제가 없다. 스승인 황벽의 가르침은 문제가 없으나 임제는 자신의 능력이 부족해서 가르침을 받지 못하니 그만두고 떠나려 했던 것 같다.

이것과 비슷한 예는 경전에도 등장하는데 부처님의 으뜸가는 제자였던 사리불에게 지도를 받던 승려가 사리불의 여러 가지 지도에도 불구하고 여름 안거가 지나도록 깨달음을 얻지 못했다. 그래서 부처님께 보내게 되는데 부처님은 그 승려의 오랜 인연을 관찰하고 수행주제를 달리 바꾸어 일주일 만에 깨달음을 얻게 했다. 이렇게 온갖 노력에도 깨달음을 얻을 수 없다면 스승을 바꾸어도 괜찮은 것이다. 수행의 목적은 깨달음에 있지 사제지간師弟之間의 정에 있지 않기 때문이다. 만약 사제 간의 정만을 생각해서 무조건 스승을 버릴 수 없다고 고집한다면 매우 어리석은 생각이다.

제자가 기존의 스승으로 포기하고 인연 있는 스승을 만나 먼저 깨달음을 성취한다면 이전의 스승도 제도할 수 있기 때문이다.

● 幸蒙慈悲 令某甲 問訊和尚 三度發問 三度被打 自恨障緣 不領深旨 今且辭去. 首座云 汝若去時 須辭和尚去! 師禮拜退.
임제: 자비심을 입어 제가 화상께 물을 수 있던 것은 다행이오나 세 번을 여쭈어 세 번을 맞고도 깊은 뜻을 받지 못해 장애의 인연이 스스로 한스럽습니다. 이제는 물러나 갈까 합니다./ 수좌: 네가 만약 가야 할 때라면 모름지기 화상께 인사드리고 가라!/ 임제가 절하고 물러났다.

임제는 황벽의 설법을 받아들이지 못하고 세 번이나 얻어맞은 것을 자책했다. 그러한 임제의 인물됨을 알고 안타까워했던 목주는 임제에게 다시 한번 기회를 주기 위해 황벽에게 반드시 인사드리고 가라고 당부한다. 절집에 출가하면 계사, 은사, 법사의 세 스승을 두게 된다. 계사는 출가해서 승단의 일원이 될 수 있도록 도와주는 스승이며, 은사는 수행에 어려움이 없도록 도와주는 역할을 하고, 법사는 법을 깨닫도록 도와주는 실질적인 스승이라고 할 수 있다. 이러한 세 스승은 승려 생활 및 깨달음에 중요한 임무를 수행하므로 잘 따져보고 정해야 한다. 스승이 제 역할을 할 수 없다면 바꾸어도 된다. 결국, 스승의 역할이 친절한 안내자임을 잊어서는 안 될 것이다.

앙굴리말라가 연쇄살인을 한 이유는 스승의 잘못된 가르침 때문이었을 뿐 앙굴리말라의 성품이 악해서가 아니다. 연쇄살인마였던 앙굴리말라가 부처님께 교화되고 '깨달음을 얻은 것'도 바로 이러한 이유이다. 스승을 바꾸는 일이 정당하다면 수행자는 그것을 주저해서는 안 된다. 이런 점에서 임제의 결단은 매우 의미 있는 일로 현재의 수행자들도 깊이 고려해 보아야 한다. 황벽의 세 번에 이르는 고구정녕苦口丁寧한 가르침에도 깨닫지 못했기에 자기 눈높이에 맞는 스승을 찾는 것도 시간을 아끼는 현명한 일이다. 시간은 자신을 조금도 기다려 주지 않는다.

깨닫기 위한 목적은 한마디로 '깨달음을 얻어 행복하게 살기 위해서'이다. 그런데 수행으로 많은 시간만 허비하고 늙어 죽도록 깨닫지 못한다면 그것이야말로 무의미한 인생이 되고 만다. 차라리 그냥 하고 싶은 것이나 실컷 하며 살다가 가는 것만도 못한 꼴이 되고 만다. 요즘의 수행자들을 만나다 보면 가끔 이런 말을 듣곤 한다. 이번 생은 '수행자로 방석 위에서 인생을 마감하는 것'이 꿈이라고 말이다. 일견 보면 꽤 그럴듯해 보인다. 그러나 이처럼 무책임하고 어리석은 발언이 또 그 어디에 있을까? 이것은 수행이라는 이름 뒤에 숨어서 시주의 은혜를 저버리는 것이다. 절집에 살아온 사람들은 잘살았던, 잘 못살았든 간에 모두 시주의 은혜로 살아온 것이다. 스승의 여러 번 가르침이 있음에도 불구하고 깨닫지 못한다면 과감하게 다른 스승을 찾는 용기가 필요하다. 아무리 스승을 찾아도 참다운 스승을 찾을 수 없다면 부처님 경전을 스스로 죽기 살기로 공부해서 그 길을 스스로 찾을 수밖에 없을 것이다.

임제를 대우大愚에게 보내다

首座先到和尚處 云 問話底後生 甚是如法. 若來辭時 方便接他. 向後穿鑿 成一株大樹 與天下人 作廕涼去在[1]. 師去辭黃蘗 蘗云 不得往別處去 汝向高安灘頭 大愚處去! 必爲汝說!

수좌가 먼저 화상이 계신 곳에 가서 말했다.

수좌 물으러 왔던 그 젊은이는 매우 법답습니다. 만약 와서 하직 인사를 한다면 방편으로 다른 사람에게 이끌어 주십시오. 앞으로 깊이 살펴서 한 그루의 거목이 되어 온 세상 사람들에게 그늘이 되어 줄 것입니다.

임제가 황벽에게 하직하러 갔더니 황벽이 말했다.

황벽 다른 처소를 향해가지 말고 너는 고안高安 모래사장에 있는 대우大愚의 처소로 가거라! 반드시 너를 위해 법을 설하여 줄 것이다!

●首座先到和尚處 云 問話底後生 甚是如法. 若來辭時 方便接他. 向後穿鑿 成一株大樹 與天下人 作廕涼去在.
수좌가 먼저 화상이 계신 곳에 가서 말했다./ 수좌: 물으러 왔던 그 젊은이는 매우 법답습니다. 만약 와서 하직 인사를 한다면 방편으로 다른 사람에게 이끌어 주십시오. 앞으로 깊이 살펴서 한 그루의 거목이 되어 온 세상 사람들에게 그늘이 되어 줄 것입니다.

1 말구의 「在」는 당대의 속어로, 강한 단정의 어기(語氣)를 나타낸다. 「있다」는 뜻은 아니다.

여기서 수좌는 황벽에게 미리 일어날 일을 예견하듯 말했다. 수좌는 황벽의 가르침에도 임제가 깨닫지 못해 좌절하니 매우 안타까워서 다른 스승이라도 선정해 주라고 황벽에게 요청을 한 것이다.

●師去辭黃蘗 蘗云 不得往別處去 汝向高安灘頭 大愚處去! 必爲汝說!
임제가 황벽에게 하직하러 갔더니 황벽이 말했다./ 황벽: 다른 처소를 향해가지 말고 너는 고안高安 모래사장에 있는 대우大愚의 처소로 가거라! 반드시 너를 위해 법을 설하여 줄 것이다!

황벽은 임제가 떠나겠다는 말에 전혀 동요하지 않고 미련 없이 대우에게 보냈다. 이것은 스승이라면 마땅히 갖추어야 할 덕목이라고 볼 수 있다. 일반적으로 제자를 가리키는 스승에겐 눈 밝고 총명한 제자를 보면 탐이 나는 게 인지상정이다. 그러나 훌륭한 선사라면 포기할 줄도 알아야 한다. 포기하지 않는다면 자신의 이익을 따르는 것이니 이기심의 발로일 것이다. 자신이 상대를 다루어 제련할 수 없다면 그가 향상할 수 있는 곳으로 보내주는 아량이 필요한 것이다. 그것이야말로 제자를 사랑하는 진정한 스승의 마음일 것이다. 앞에서도 임제의 뛰어남을 여러 번 언급했으므로 모였던 대중 가운데 당연히 황벽의 눈에도 띄었을 것이다. 그러나 황벽은 그런 사사로운 감정에 얽매이지 않았는데 이렇게 할 수 있다는 것은 이미 그가 선지식善知識임을 반증해 주고 있다.

스승의 사사로운 욕심으로 인해 일생을 망치는 수행자를 주위에서 종종 보곤 한다. 특히 요즘 절집의 풍토를 보면 더욱 절감하게 된다. 처음 출가했을 때 깨달음에 대한 열정과 신심이 훌륭했던 사람이 어느 순간 모두 그 열정은 사라지고 호구지책만을 좇는 사람을 자주 보게 된다. 거기에는 제자를 훌륭한 수행자로 키워 조사로 만들려는 의지가 없고 단지 자신의 이익을 위해 은사와 상좌라는 명목으로 옭아매어 수행을 좌절시킨다. 그리고 그를 현실의 동조자로 만들어 버린다. 설사 동조자가 되지 않더라도 수행이 도대체 무엇인지를 모르고 단순히 열심히 하다 보면 언젠가 깨달을 것이라는 '막연한 인과因果'만 믿고 살아간다. 그러다 보면 자신이 어디에 있는지조차 알지 못하고 평소와 다른 조그만 경험이 생겨도 마치 자신이 깨달은 것처럼 착각하며 호들갑을 떤다.

분명히 말하지만, 해탈하면 스스로 해탈했다는 사실을 자연히 알게 되는데, 그것은 문제가 되었던 게 전혀 문제가 되지 않기 때문이다. 그렇다고 해도 그것이 완전한 해탈이라고 말할 수 없다. 대부분은 개별적인 사건에서부터 자유로울 뿐, 모든 존재存在로부터 자유롭지 않다. 따라서 진정한 해탈이란 존재存在라는 모든 번뇌에서 벗어나는 것이다. 그래야만 비로소 완전한 해탈이라고 할 수 있기 때문이다. 그러려면 해탈이라는 목표에는 도달하지 못했을지라도 그 해탈을 보고 있어야만 한다. 그래야만 그 목표 지점에 바르게 도달할 수 있고, 또 자신이 그 지점에 도달했다는 사실을 알 수 있기 때문이다. 따라서 번뇌를 보는 자가 번뇌에서 벗어나는 길도 보는 것이다. 그래서 번뇌가 곧 깨달음이라고 말하는 것이다.

훌륭한 장인匠人은 자신이 만들고자 하는 물건을 어떻게 해야 잘 만들지 아는 사람이다. 그러려면 그 재료에 대한 성질을 잘 파악하는 것이 선행되어야 한다. 재료의 성질을 파악하지 못한 사람은 아무리 좋은 기술을 가지고 있더라도 장인이 되지는 못한다. 또 훌륭한 장인이 되었다고 해서 훌륭한 스승이라는 법도 없다. 이것은 조금 다른 문제이기 때문이다. 내가 가르칠 수 없다면 미련 없이 좋은 스승을 선정해서 보내주어야 훌륭한 스승이라 할 것이다. 이것만으로도 황벽은 분명히 훌륭한 스승이다.

임제의 깨달음

師到大愚 大愚問 什麼處來? 師云 黃蘗處來. 大愚云 黃蘗有何言句? 師云 某甲三度問佛法的的大意 三度被打. 不知某甲有過無過! 大愚云 黃蘗與麼 老婆爲汝得徹困 更來這裏 問有過無過? 師於言下大悟 云 元來黃蘗佛法無多子!

임제가 대우에게 이르니 대우가 물었다.

대 우 어디에 살다 왔는가?

임 제 황벽의 처소에서 왔습니다.

대 우 황벽에게 무슨 언구가 있다고…?

임 제 저는 부처님 법의 분명한 큰 뜻을 세 번 물었다가 세 번 맞았습니다. 제가 무슨 잘못을 했는지, 안 했는지도 모르겠습니다.

대 우 황벽이 그렇게 한 것은 네가 괴로움을 철저히 알게 하려고 노파심老婆心으로 한 것인데 또 여기 와서 잘못이 있니 없니 하고 묻는 게냐?

임제는 그 말이 나오자마자 크게 깨닫고 말했다.

임 제 처음부터 황벽이 말한 불법은 많은 자식을 만들지 말라는 것이었어!

● 師到大愚 大愚問 什麼處來? 師云 黃蘗處來. 大愚云 黃蘗有何言

句?
임제가 대우에게 이르니 대우가 물었다./ 대우: 어디에서 왔는가?/ 임제: 황벽의 처소에서 왔습니다./ 대우: 황벽에게 무슨 한마디 언구가 있다고…?

'십마처래什麽處來?'는 '어디서 왔는가?'라는 질문이 아니고 지금까지 어디서 살다가 오는가? 하고 그 이력을 묻는 말이다. 즉 '래來'자가 '온다'라는 의미라기보다 현재완료의 '해왔다.'라는 의미를 갖기 때문이다. 그에 대한 대답이 '황벽에게 있다가 왔습니다.'라고 보아야 옳을 것이다.

'언구言句'란 '간단한 말'이란 뜻인데, 불법을 한마디로 축약한 법문法門으로 화두로 참구해야 할 가르침이라고 보면 적당하다. 따라서 '황벽에게 무슨 언구가 있다고?'라는 말은 황벽에게 뭘 배울 게 있어서 거기에 있다고 왔냐는 식으로 비꼬듯이 묻는 것이다. 아마 이렇게 말한 것으로 보아 두 사람의 친분이 깊음을 알 수 있다.

● 師云 某甲三度問佛法的的大意 三度被打. 不知某甲 有過無過!
임제: 저는 부처님 법의 분명한 큰 뜻을 세 번 물었다가 세 번 맞았습니다. 제가 무슨 잘못을 했는지, 안 했는지도 모르겠습니다.

임제는 불법의 분명한 큰 뜻에 대해 세 번 물었다고 말했다. 불법의 분명한 큰 뜻은 부처님께서 깨달으신 그것이 과연 무엇인가? 하는 물음이다. 이 질문을 했는데 아무런 설명도 없이 황벽에게 임제는 세 번이나 흠씬 두들겨 맞았다. 스승이 때릴 때는 자신이 무엇인가를 잘못했기에 때렸을 텐데, 정작 임제 자신은 뭘 잘못했기에 맞았는지 도저히 알지 못했다.

● 大愚云 黃蘗與麽 老婆爲汝得徹困 更來這裏 問有過無過? 師於言下大悟 云 元來黃蘗佛法無多子!
대우: 황벽이 그렇게 한 것은 네가 괴로움을 철저히 알게 하려고 노파심老婆心으로 한 것인데 또 여기 와서 잘못이 있니 없니 하고 묻는 게냐?/ 임제는 그 말이 나오자마자 크게 깨닫고 말했다./ 임제: 처음서부터 황벽이 말한 불법은 많은 자식을 만들지 말라는 거였어!

임제는 대우의 말에 단박에 깨달았는데, 대우가 한 말의 정체는 무엇이며 임제는 과연 무엇을 깨달았을까? 우선 대우의 말을 살펴보자! 여기서 가장 중요한 단어는 '철곤徹困'이란 단어이다. 황벽은 임제에게 철곤徹困을 알려주기 위해 노파심老婆心으로 때렸다는 것이다. 여기서 '곤困'자는 곤란하다는 뜻이지만 글자의 모양을 보면 나무가 사방에 갇혀 있는 모양이다. 따라서 이것은 번뇌에 싸여 있다는 것을 곤困자 하나로 표현한 것이다. 또 철徹자의 본래 의미는 제사를 다 지내고 설거지하기 위해 그릇을 다시 가져가는 데서 유래된 한자이다. 그래서 확실히 끝낸다는 의미를 내포하고 있다. 따라서 철곤徹困은 번뇌를 완전히 '종식한다.', '관철한다.'라는 의미이다. 따라서 황벽은 임제에게 불법의 대의가 몽둥이로 사람을 때려서 쓰러뜨리는 것처럼 번뇌를 완전히 제거하는 것이라고 말 대신 몸으로 표현한 것이다. 그럼 '그 이야기를 왜 말로 하지 않았을까?' 하는 의문이 들것이다.

본래 앎이 확실하게 자신의 것이 되려면 충분한 고민과 사유가 뒤따라야 한다. 고민하지 않은 문제는 아무리 확실한 답을 얻어도 그것의 소중함을 알지 못한다. 황벽이 임제를 대우에게 보냈을 때, 걸어가면서 그 생각을 멈추지 못했을 것이다. 그런 고민이 있었기에 대우의 한마디에 바로 그 자리에서 깨닫게 된 것이고, 그 깨달음은 진정한 자신의 깨달음으로 자리 잡게 되는 것이다. 우리는 수없이 많은 진리와 마주하지만, 그 진리가 모두 자신에게 피부로 다가오지 못한다. 그래서 그 소중하고 귀중한 것들을 다 놓쳐버리고 엉뚱한 것만을 좇아다니다 일생을 마치게 된다.

그럼 임제가 깨달은 것은 과연 무엇일까? 임제는 '원래황벽불법무다자元來黃蘗無多子!'라고 말했는데, '무다자無多子'가 과연 무슨 뜻일까? 여기서 '다자'란 그냥 '자식이 많다'라는 말이다. 이것을 '별 게 아니다.'로 해석하지만, 이것은 문맥상 옳지 않다. '다자多子' 즉, 자식이 많아진다는 것은 자신이 있는데도 계속해서 자신과 비슷한 사람이 늘어나는 것이다. 임제가 이렇게 '자식이 많다.'라고 표현한 이유는 번뇌도 자식처럼 계속해서 늘어나기 때문이다. '불법무다자佛法無多子'란 결국, 많은 자식을 만들지 않는 것처럼 번뇌도 늘어나지 않게 하는 것이 바로 불법이 되는 것이다. 이렇게 해서 임제는 불법의 큰 뜻에 대한 해답으로 황벽이 자신을 때렸다는 사실을 비로소 깨닫게 된 것이다. 이렇게 황벽의 세 번에 걸친 '몽둥이찜질'과 대우의 '철곤徹困' 그리고 임제의 '무다자無多子'는 결국 '불법의 대의'에 대한 서로 다른 표현이 되는 것이다.

불법의 대의가 특별한 것이 아니다. 누구에게나 있는 그 번뇌가 모두 자신이 자식을 계속해서 낳듯, 지어서 만들어 낸 허상이라는 사실을 깨닫게 되면 번뇌는 자연히 사라지고 일없이 살아가게 된다. 그러나 중생의 시각으로 보면 우리가 느끼고 보는 세상은 너무나 진실하게 보여 그것이 허상이라는 사실을 전혀 느낄 수 없다. 이러한 작용이 일어나는 곳이 바로 '내외입처內外入處'인데 이것을 보는 것이 바로 '견처見處'이다. 그래서 임제록 대부분이 이 처에 대한 설명으로 일관된다. 그러나 이 처에 대한 인식이 없이 단순하게 글을 읽어가다 보면 '처處'를 단순히 '장소'쯤으로 이해하거나 생략해서 읽어버린다. 이 관점이 교정되지 않으면 결코 처를 볼 수 없으며 중도도 이해할 수 없다.

중도를 단순히 이쪽과 저쪽의 중간쯤으로 보는 경향이 있는데, 이것은 이쪽과 저쪽이 서로 의지해 있음을 이해할 때 비로써 보이는 '제3의 길'이다. '처處' 또한 대상과 감각 기능, 인식이 서로 의지할 때 법계法界가 벌어진다는 사실을 볼 수 있을 때만 비로소 보이는 게 바로 '처處'이다. 그래서 '삼계유심三界唯心' 즉, '삼계가 오로지 마음'이라고 하는 것이다. 눈앞에 보이는 삼계가 다 이 '처'에서 벌인 '마음 작용'에 불과한 것이다.

너의 스승은 황벽이다

大愚搊住云 這尿床鬼子! 適來道有過無過 如今却道 黃蘗佛法無多子! 爾見 箇什麽道理? 速道 速道! 師於大愚脅下 築三拳 大愚托開 云 汝師黃蘗 非干我事. 師辭大愚 却回黃蘗.

대우가 멱살을 잡고 말했다.

대우 이 오줌싸는 철부지야!
좀 전에는 '과실이 있네, 과실이 없네.' 하더니 지금은
말을 끊고 황벽의 불법이 많은 자식이 없는 거라고!
네가 본 것은 누구의 도리를 말하는 게냐?
얼른 일러보거라!

임제가 대우의 위협 아래에서도 세 번을 조아리며 사정하니 대우가 떼어버리며 말했다.

대우 너의 스승이 황벽이니 나를 섬기라고 요구하지 않겠다.

임제가 대우에 하직하고 황벽에게 돌아갔다.

●大愚搊住云 這尿床鬼子! 適來道有過無過 如今却道 黃蘗佛法無多子! 爾見 箇什麽道理? 速道 速道!
대우가 멱살을 잡고 말했다./ 대우: 이 오줌싸는 철부지야! 좀 전에는 '과실이 있네, 과실이 없네.' 하더니 지금은 말을 끊고 황벽의 불법이 많은 자식이 없는 거라고! 네가 본 것은 누구의 도리를 말하는 게냐? 얼른 일러보거라!

임제가 대우의 한 마디에 깨달음을 얻자 대우는 임제에게 따지듯이 묻는다. 과연 너의 깨달음이 황벽에서 비롯된 것이냐? 대우에게 비롯된 것이냐? 하고 물었다. 누구를 스승으로 모시느냐가 곧 누구의 법맥을 잇는 것인가가 결정되므로 대우는 임제를 몰아세우며 다그친 것이다.

● 師於大愚脅下 築三拳 大愚托開 云 汝師黃蘗 非干我事. 師辭大愚却回黃蘗.
임제가 대우의 위협 아래에서도 세 번을 조아리며 사정하니 대우가 떼어버리며 말했다./ 대우: 너의 스승이 황벽이니 나를 섬기라고 요구하지 않겠다./ 임제가 대우에 하직하고 황벽에게 돌아갔다.

이 대목은 여러 가지로 해석상의 쟁점이 있는데 그것은 '대우협하 축삼권大愚脅下 築三拳'이라는 말이다. 보통은 '대우의 옆구리를 주먹으로 세 번 때렸다.'라고 해석하고 있다. 그러나 이것은 잘못된 해석으로 보인다. '협'은 '옆구리'라기 보다 '위협하다'로 보는 게 옳다. 즉 대우가 임제에게 가한 위협으로 보아야 한다. 왜냐하면, 황벽이 세 번이나 가르쳤는데도 깨닫지 못해 대우에게 보내져서 대우의 힌트에 크게 깨닫게 된다. 그래서 대우가 임제에게 너의 깨달음이 황벽의 가르침 때문이냐? 아니면 대우의 가르침 때문이냐? 하고 위협하며 다그쳐 묻는 것이기 때문이다. 즉 이것은 임제의 깨달음에 중요한 쟁점이 생기게 된 것이다. 그런 이유로 대우는 임제에게 누구의 법을 이을 것인지를 위협했다고 볼 수 있다.

또 '축삼권築三拳'에 대한 해석의 문제이다. '축'은 '쌓는다'라는 의미이고, '권拳'은 '권卷'자와 통용되어 쓰는 글자로 '주먹', '구부린다.' 등의 의미가 있다. 상황적으로 볼 때 자신을 깨닫게 한 스승에게 주먹질할 수행자가 과연 있을까? 그것을 만약 임제의 파격이라며 높이 치는 사람들도 있다. 그것은 잘못된 해석을 미화하기 위한 수단일 뿐이다. 만약 그런 깨달음이라면 차라리 '얻지 않는 것'만도 못한 것이다. 이 '축삼권築三拳'이란 말은 세 번을 거듭해 자신을 놓아주기를 정중하게 구부리며 애원한 것을 이렇게 표현한 것이다. 그랬기 때문에 대우가 쥐고 있던 멱살을 놓아 버리며 너의 스승은 황벽이니 나를 섬기라고 말하지 않겠다고 말한 것이다. 여기서 '사事'자도 '일'이란 뜻도 되지만 '섬긴다.'라는 말로도 쓰인다. 즉 '내가 간여할 일이 아니다.'이라기 보다 '나를 스승으로 섬기라고 강요하지 않겠다.'라는 의미가 더 강하다. 그래서 임제는 대우를 떠나 원래 스승이었던 황벽에게 돌아간 것이다. 즉 임제가 황벽의 '법을 이었다는 것'을 확실히 해두기 위한 어록 편찬자의 포석인 듯싶다. 그래서 이 문장이 임제의 수행을 기록한 행록의 맨 처음 도입부에 등장하는 것이리라.

호랑이에 올라타고 꼬리도 잡고

黃蘗見來便問 這漢! 來來去去 有什麽了期? 師云 秖爲老婆心切. 便人事了侍立 黃蘗問 什麽處去來[1]? 師云 昨奉慈旨令參大愚 去來. 黃蘗云 大愚有何言句? 師遂擧前話 黃蘗云 作麽生得這漢來待痛與一頓? 師云 說什麽待來? 卽今便喫 隨後便掌! 黃蘗云 這風顚漢却來 這裏捋虎鬚. 師便喝 黃蘗云 侍者! 引這風顚漢 參堂去! 後潙山擧此話問仰山 臨濟當時[2] 得大愚力 得黃蘗力? 仰山云 非但騎虎頭 亦解把虎尾.

황벽이 오는 것을 보고 바로 물었다.

황벽 이놈아! 왔다 갔다 하니 도대체 (깨달아) 마칠 무슨 기약이라도 있더냐?

임제 다만 노파심老婆心만 애절하셨습니다.

곧 인사를 마치고 모시고 서 있으니 황벽이 물었다.

황벽 도대체 어느 처소에 가 있었는가?

임제 엊그제의 자비로운 지령을 받들어 대우 스님에게 가 있다 왔습니다.

황벽 대우가 무슨 언구가 있다고...?

임제가 그리하여 앞의 이야기를 전했더니 황벽이 말했다.

황벽 이놈이 오길 기다렸다가 호되게 한 방 먹이면 어떨까?

1 去來: …하고 있었다. 구미句尾에 붙어서 과거 행동의 지속持續을 나타냄
2 當時: 그 때의 뜻과 곧장의 뜻이 있다.

임제 뭐하러 오길 기다린다고 말씀하셨습니까? 지금 먹었으면 좇아가서 바로 귀싸대기 올리셔야죠.

황벽 이런 미친놈이 안 올 듯이 가더니, 이제 와선 호랑이 수염을 잡아당기는구나!

임제가 곧 할喝을 하니 황벽이 말했다.

황벽 시자야! 이 미치광이를 끌고 상당 설법에 참여시키라!

뒤에 위산이 이 이야기를 들먹이며 앙산에게 물었다.

위산 임제의 그때 깨달음은 대우의 힘을 얻었는가? 아니면 황벽의 힘을 얻었는가?

앙산 비단 호랑이에 올라탔을 뿐만 아니라 호랑이 꼬리도 잡을 줄 안 것이지요.

● 黃檗見來便問 這漢! 來來去去 有什麼了期? 師云 秖爲老婆心切. 便人事了侍立 黃檗問 什麼處去來? 師云 昨奉慈旨令參大愚 去來.
황벽이 오는 것을 보고 바로 물었다./ 황벽: 이놈아! 왔다 갔다 하니 도대체 (깨달아) 마칠 무슨 기약이라도 있더냐?/ 임제: 다만 노파심老婆心만 애절하셨습니다./ 곧 인사를 마치고 모시고 서 있으니 황벽이 물었다./ 황벽: 도대체 어느 처소에 가 있었는가?/ 임제: 엊그제의 자비로운 지령을 받들어 대우 스님에게 가 있다 왔습니다.

임제가 대우에게 가서 깨닫고 황벽에게 돌아와 나누는 대화이다. 황벽이 왔다 갔다 했던 것이 못마땅한 듯 걸망만 짊어지고 다닌다고 저절로 깨달아지더냐고 물었다. 그 말에 대해 그런 세 번의 몽둥이질이 임제 자신을 깨닫게 하기 위한 황벽의 눈물겨운 노파심老婆心이었음을 비로소 알았다고 대답하고, 감사 인사를 드린 뒤 그간의 일을 소상히 전한다.

● 黃檗云 大愚有何言句? 師遂擧前話 黃檗云 作麼生得這漢來待痛

與一頓? 師云 說什麽待來? 卽今便喫 隨後便掌!
황벽: 대우가 무슨 언구가 있다고...?/ 임제가 그리하여 앞의 이야기를 전했더니 황벽이 말했다./ 황벽: 이놈이 오길 기다렸다가 호되게 한 방 먹여주면 어떨까?/ 임제: 뭐하러 오길 기다린다고 말씀하셨습니까? 지금 먹었으면 좇아가서 바로 귀싸대기 올리셔야죠.

황벽도 대우와 같이 약간 비아냥거리듯 '대우가 뭘 안다고?' 하는 투의 말로 표현했다. 이것만 보아도 둘의 관계가 매우 막역했음을 알 수 있다. 황벽은 임제가 대우와 자신 가운데 누구를 스승으로 삼을 것인지를 가지고 실랑이를 벌인 일을 듣고서 대우에게 한 방 먹었으니 다음에 대우가 오면 한 방 먹여야겠다고 재치 있게 말했다. 이렇게 말할 수 있는 것은 두 사람의 관계가 매우 친밀하기 때문이다. 황벽이 그렇게 말하자 임제는 한술 더 떠서 나중에 먹일 게 뭐 있냐면서 지금 좇아가서 한 방 먹이면 될 것이라고 말했다.

대부분의 해석서에서는 이 부분을 임제가 황벽에게 '따귀를 올려붙인 것'으로 해석하고 있는데 이것은 매우 잘못된 해석으로 보인다. 만약 그렇다면 임제의 깨달음에도 치명적인 문제가 발생 된다. 아마 죽을 때까지 수미산을 업고 다녀도 시원치 않을 텐데 깨달음으로 이끈 스승에게 다짜고짜 따귀를 선사하는 그런 제자가 있을까? 설사 깨닫기 전에는 어리석어서 그럴 수도 있을 것이다. 그러나 깨닫고 나면 절대로 저지를 수 없는 행동이 된다. 이 부분은 반드시 바로 잡아야 현재 선종을 표방하는 조계종의 잘못된 풍토를 바로 잡을 수 있을 것이다.

● 黃蘗云 這風顚漢却來 這裏捋虎鬚. 師便喝 黃蘗云 侍者! 引這風顚漢 參堂去!
황벽: 이런 미친놈이 안 올 듯이 가더니, 이제 와선 호랑이 수염을 잡아당기는구나!/ 임제가 곧 할喝을 하니 황벽이 말했다./ 황벽: 시자야! 이 미치광이를 끌고 상당 설법에 참여시키라!

임제가 예전에는 어리석어 몽둥이를 맞고도 모르더니 이제는 호랑이 수염도 잡아당길 만큼 뛰어남을 황벽이 인정하는 순간이다. 그래서 '참당

參堂'하라고 한 것이다. 절집의 전통은 누군가 깨닫게 된다면 그 깨달음을 같이 공유하기 위해 설법을 하도록 한다. 이것을 바로 참당參堂이라고 말한다. 황벽을 그 스승으로 삼았던 임제가 드디어 법을 이어받게 된 것이다.

● 後潙山擧此話問仰山 臨濟當時得大愚力 得黃蘗力? 仰山云 非但騎虎頭 亦解把虎尾.

뒤에 위산이 이 이야기를 들먹이며 앙산에게 물었다./ 위산: 임제의 그때 깨달음은 대우의 힘을 얻었는가? 아니면 황벽의 힘을 얻었는가?/ 앙산: 비단 호랑이에 올라탔을 뿐만 아니라 호랑이 꼬리도 잡을 줄 안 것이지요.

위산과 '앙산'이 붙인 평評을 보면 이 대화의 의미가 더욱 확실하게 드러난다. 과연 임제의 깨달음이 황벽의 가르침인지 대우의 가르침 때문인지를 묻기 때문이다. 이렇게 두 스승이 깨달음에 관계하며 그 경계도 모호한 경우는 참 특이한 경우라 하겠다. 그래서 임제가 과연 황벽의 법을 이었는지 대우의 법을 이었는지가 논쟁거리가 된 것이라 하겠다. 물론 임제 자신은 황벽의 법을 이었음을 분명히 밝히고 있다. 여기에 앙산의 평이 참 재미있다. 앙산은 호랑이를 탔을 뿐만 아니라 호랑이의 꼬리도 잡았다고 했다. 이 말뜻은 임제가 황벽의 법을 이었을 뿐만 아니라 황벽보다 더 뛰어났음을 말한 것이다.

그대는 나의 삼십 방을 맞았다

師栽松次 黃蘗問 深山裏栽許多 作什麼? 師云 一與山門作境致[1] 二與後人作標榜道了. 將钁頭打地三下. 黃蘗云 雖然如是子已喫 吾三十棒了也. 師又以钁頭打地三下 作噓噓聲 黃蘗云 吾宗到汝 大興於世! 後潙山 擧此語 問仰山 黃蘗當時 秖囑臨濟一人 更有人在. 仰山云 有. 秖是年代深遠 不欲擧似和尙. 潙山云 雖然如是[2] 吾亦要知 汝但擧看! 仰山云 一人指南吳越令行 遇大風卽止 (讖風穴和尙也).

임제가 소나무를 심는데 황벽이 물었다.

황벽 깊은 산속이라 심어진 나무가 이렇게 많은데
뭐 하는 짓인가?

임제 첫째는 산문에 흥을 돕는 풍경을 만들어주고,
둘째는 뒷사람들에게 깨달아 마쳤음을 표방해 주려고 합니다.

임제가 괭이를 가지고 땅을 세 번 내리쳤다.

황벽 아무리 그래도 그대는 이미 나의 삼십 방棒을 맞고 마친 것이다.

임제가 또 괭이로 땅을 세 번 내리치니 조용히 하라며 황벽이 말했다.

---

1 境致: 흥을 돕는 풍경風景.
2 雖然如是: 그렇지만 雖然 두 자字로 「…라 해도」 의 뜻

황벽 나의 종지가 네게 이르러서야 세상에서 크게 흥하겠구나!

뒤에 위산이 이 이야기를 들추며 앙산에게 물었다.

위산 황벽이 당시에는 오직 임제 한 사람에게 부촉付囑 했을지라도 또 다른 사람도 있을 것이다.

앙산 있습니다. 다만 이 시기가 매우 멀어서 화상을 향해서 아뢰고 싶지 않습니다.

위산 아무리 그렇더라도 나 또한 알고 싶으니 그대는 다만 본대로만 말하게!

앙산 한 사람의 선지가 남쪽으로 향하니 오월吳越처럼 서로 싸우다가 큰바람을 만나니 바로 멈추게 됩니다.

(풍혈風穴 화상을 예언한 것이다.)

● 師栽松次 黃蘗問 深山裏栽許多 作什麽? 師云 一與山門作境致 二與後人作標榜道了. 將钁頭打地三下.
임제가 소나무를 심는데 황벽이 물었다./ 황벽: 깊은 산속이라 심어진 나무가 이렇게 많은데 뭐 하는 짓인가?/ 임제: 첫째는 산문에 흥을 돕는 풍경을 만들어주고, 둘째는 뒷사람들에게 깨달아 마쳤음을 표방해 주려고 합니다./ 임제가 괭이를 가지고 땅을 세 번 내리쳤다.

보통은 이 대목을 '임제가 나무를 심다.'라고 하는 제목을 달지만, 역자는 조금 관점을 바꾸었다. 임제가 나무를 심는 것은 단지 이벤트의 성격이 강하고 실제로 말하고 싶은 말은 황벽의 삼십방을 맞았다는 것이다. 곧 황벽의 법을 이은 이가 바로 임제라는 것을 말하기 위해 쓴 글이다. 황벽이 임제에게 '깊은 산속이라 심어진 나무도 많은데 뭣 하러 또 나무를 심는가?'하고 물으니 임제는 두 가지 이유를 든다. 첫째는 산문의 운치를 더해주기 위함이며, 둘째는 '깨달았다는 것'을 증명하는 기념수紀念樹 라며 주장자를 치듯이 세 번 때리는 시늉을 했다. 이런 선사들의 바닥을 세 번 치는 행위는 자신의 깨달음을 드러내는 동시에 끝났음을 알리는 신호이다. 즉, 이것은 임제가 '깨달았다는 사실을 증명한다.'라고 말하는 것이다.

● 黃蘗云 雖然如是 子已喫 吾三十棒了也. 師又以钁頭打地三下 作噓噓聲 黃蘗云 吾宗到汝 大興於世!
황벽: 아무리 그래도 그대는 이미 나의 삼십 방棒을 맞고 마친 것이다./ 임제가 또 괭이로 땅을 세 번 내리치니 조용히 하라며 황벽이 말했다. /황벽: 나의 종지가 네게 이르러서야 세상에서 크게 흥하겠구나!

임제의 말에 황벽은 그 깨달음이 자신의 가르침 즉 삼십방三十棒에 의한 것임을 다시금 상기시키며 누가 들어 혹시 임제에게 해를 입힐까 저어하여 조용히 말한다. 여기서 '작허허성作噓噓聲'을 어떻게 번역해야 할 것인가가 문제인데 다른 이들은 '허허'하고 웃었다고 말하는데 이 '허성噓聲'라는 말은 실제로 중국어에서 '쉿!' 또는 '제지하는 소리.' 등에 해당하는 말이다. 즉, 조용히 말하라고 제지하는 표현이다. 그럼 왜 이런 표현을 넣었을까? 그것은 아마도 남종선南宗禪의 시조始祖인 육조六祖 혜능慧能이 법을 이었다는 증표로 오조에게 가사와 발우를 받아 남쪽으로 '몸을 피했던 것'을 오마주 hommage한 것이며, 임제의 깨달음을 황벽이 인가했다는 사실을 드러낸다고 말할 수 있다. 그래서 황벽도 '나의 종지가 너에게 이르러서야 세상에서 크게 흥하겠구나!'라고 말한 것이다.

● 後潙山 擧此語 問仰山 黃蘗當時 秖囑臨濟一人 更有人在. 仰山云 有. 秖是年代深遠 不欲擧似和尚. 潙山云 雖然如是 吾亦要知 汝但擧看! 仰山云 一人指南 吳越令行 遇大風卽止 (讖風穴和尚也).
뒤에 위산이 이 이야기를 들추며 앙산에게 물었다./ 위산:황벽이 당시에는 오직 임제 한 사람에게 부촉付囑 했을지라도 또 다른 사람도 있을 것이다./ 앙산: 있습니다. 다만 이 시기가 매우 멀어서 화상을 향해서 아뢰고 싶지 않습니다./ 위산: 아무리 그렇더라도 나 또한 알고 싶으니 그대는 다만 본대로만 말하게!/ 앙산: 한 사람의 선지가 남쪽으로 향하니 오월吳越처럼 서로 싸우다가 큰바람을 만나니 바로 멈추게 됩니다. (풍혈風穴 화상을 예언한 것이다)

위산과 앙산의 대화만 보아도 '법의 부촉付屬'이라는 문제가 이 대화의 주제임이 여실히 드러난다. 그래서 위산이 앙산에게 황벽의 법이 임제에게만 전해졌는지 아니면 또 다른 사람에게도 전해졌는지를 묻는 것이다. 이에 대해 앙산은 '한 사람이 선지가 남쪽으로 향하니 오월吳越처럼 싸우다가 큰바람을 만나 바로 멈추게 됩니다.'라고 말했다. '일인지남一人指南'에서 '일인一人'은 육조 혜능을 가리키고, '오월령행吳越令行'은 오吳나라와 월越나라는 치열한 전쟁을 벌인 것으로 유명하므로 남종과 북종의 싸움이 이어졌다는 의미이다. '우대풍즉지遇大風卽止'는 이렇게 남북의 선종이 싸우며 전해지다가 풍혈화상에 이르러 선종의 전쟁이 마무리되었다는 것을 암시하는 글이라고 볼 수 있다. 이것을 반대로 말하면 이 글은 풍혈화상 당시에 쓰였거나 그 후에 그 제자에 의해 첨가되었음을 간접적으로 드러냈다고 볼 수도 있겠다.

덕산德山과 번뇌

師侍立德山次 山云 今日困[1]! 師云 這老漢寐語作什麽? 山便打 師掀倒繩床 山便休.

임제가 덕산을 모시고 서 있을 때 덕산이 말했다.

덕산 오늘은 괴롭구나!

임제 이 늙은이의 잠꼬대 같은 헛소리를 왜 하십니까?

덕산이 곧 때리자 임제가 손으로 감아올려 승상을 뒤집으니 덕산도 바로 멈추었다.

● 師侍立德山次 山云 今日困!
임제가 덕산을 모시고 서 있을 때 덕산이 말했다./ 덕산: 오늘은 괴롭구나!

여기 이 문장에서 '곤困'을 무엇으로 해석할 것인지에 따라 내용이 확연히 달라진다. 한문에서는 한 글자가 여러 가지 의미가 있어서 무엇으로 해석할지는 문맥으로 해석할 수밖에 없다. 이 '곤困'자를 대부분은 '피곤하다'로 보고 있으나 그러면 대화가 좀 어색하다. 덕산과 임제가 실제로 만났는지는 확인할 수 없으나 분명한 것은 이 어록이 임제의 어록이라는 점이다. 그중에도 행록은 임제의 행적을 기록하는 부분이다. 그리고 중국 선종사에 '덕산의 방'과 '임제의 할'은 빼놓고 거론할 수조차 없을 만큼 중요하다. 그러므로 임제의 행록을 쓰는 제자들로서는 어떻게든 덕산 보다 훨씬 더 뛰어나든지, 아니면 똑같은 깨달음을 얻었다는 점을 강조하고 싶었을 것이다. 그러다 보니 좀 과하게 표현된 부분도 있어 보인다.

1 困苦 1. 어려움 2. 고통 3. 빈고

만약 덕산이 피곤하다고 말했다면 이 이야기는 절대로 더 전개되지 않아야 정상이다. 덕산이 그냥 자면 되기 때문이다. 그게 조사가 사는 무사인無事人의 삶이 아니던가? 따라서 여기서 '곤困'은 '괴롭다.', '번뇌'라는 의미로 보아야 한다. 임제의 깨달음은 황벽이 가르침이 괴로움을 뚫으라는 '철곤徹困'이었음을 알고 깨닫게 된 점을 상기할 필요가 있다.

● 師云 這老漢寐語作什麽? 山便打 師掀倒繩床 山便休.
임제: 이 늙은이의 잠꼬대 같은 헛소리를 왜 하십니까?/ 덕산이 곧 때리자 임제가 손으로 감아올려 승상을 뒤집으니 덕산도 바로 멈추었다.

임제가 어떤 반응으로 보이는지 떠보기 위해 덕산이 '오늘은 괴롭다.'라고 말하자 임제는 무슨 노인네 잠꼬대 같은 헛소리 하냐고 핀잔을 주었다. 그러자 덕산은 네까짓 놈이 뭘 아느냐며 한 대 때리니, 임제는 승상을 뒤집어 버렸다. 임제가 승상을 뒤집어 버린 것은 번뇌는 '뒤집힌 생각轉倒夢想'에서 나온다고 대답한 것이다. 번뇌와 깨달음은 서로 다르지 않은 것이라, 번뇌를 버리고 깨달음으로 가는 것이 아니다. 알지 못하고 보면 번뇌요, 알고 보면 깨달음이라고 말하는 것이다. 덕산은 임제의 그 승상을 뒤집는 행동을 보고 임제의 정도를 바로 가늠하고 그만둔 것이다. 덕산이 그만둔 이유는 더 시험해야 할 이유가 없기 때문이다.

본래 바닷물의 맛을 알겠다고 바닷물을 볼 필요가 없다. 단지 한 모금만 마셔도 그 맛을 가늠할 수 있기 때문이다. 조사의 경우도 다르지 않아서 상대방을 쿡 찔러서 나오는 반응을 보면 바로 알아챌 수 있기 때문이다. 참고로 '승상繩床'은 밧줄로 얽기 설기 짜놓은 '그물 의자' 같은 것으로 지금의 해먹과 비슷한 종류이다. 이동하기 쉽고 설치가 쉬워도 자주 이용했던 것으로 보인다. 또 '휴休'는 '쉰다', '멈춘다'라는 의미로 쓰이는데 여기서는 '쉰다'라기보다 '멈춘다'라고 보아야 할 것이다. 여기서 한가지 꼭 살피고 넘어가야 할 것은 깨달음이 과연 무엇인가 하는 것이다.

사실 깨달음이란 곤란한 문제에 대해 '조금의 오류도 없는 명쾌한 해답'을 얻었다는 말이다. 깨닫기 위해서는 반드시 그 문제점이 무엇인지를 먼저 살펴야 한다. 문제를 해결하려는 사람이 그 문제를 저버리고 해결하려 한다면 매우 어리석은 짓이다. 그래서 부처님께서도 문제 해결의 방법으로 사성제四聖諦를 제시하신 것이다. 사성제四聖諦를 흔히 '고집멸도苦集滅道'로 알고 있는데, 아주 많이 틀린 것은 아니지만 좀 더 구체적으로 살필 필요가 있다.

1. '고성제苦聖蹄'는 단순히 괴로움이 아니고 괴로움이라는 것 자체를 '문제로 인식'해야 한다는 말이다. 문제점을 인식하지 못하면 해결의 노력이 없다.

2. '고집성제苦集聖蹄'는 괴로움이 모여서 일어남을 살피는 것이다. 즉 괴로움의 생성과정을 이해하는 것이다.

3. '고멸성제苦滅聖蹄'는 괴로움의 소멸의 과정을 살피는 것이다. 달리 말하면 조립은 분해의 역순이라는 말이다.

4. '고멸도성제苦滅道聖蹄'는 괴로움의 생성과 소멸을 완전히 이해했다면 그 소멸을 실천하여 괴로움에서 벗어난 삶을 살아가는 것을 말하는 것이다. 이렇게 문제의 해결 방법은 그 '원인을 밝히는 것'에서 비롯된다. 따라서 비록 임제가 덕산 보다 연하年下이지만 버릇없이 승상繩床을 뒤집은 것은 '깔고 앉은 번뇌를 철저히 뒤집어버려야 벗어날 수 있다.'라고 행동으로 답한 것이다. 따라서 이 문장은 이러한 임제의 행동을 보고 덕산도 인정하고 그만두었다고 말하려는 의도로 역자는 읽었다.

산채로 묻네!

師普請鋤地次 見黃蘗來 拄钁而立 黃蘗云 這漢困那? 師云 钁也未擧. 困箇什麽? 黃蘗便打 師接住棒一送. 送倒[1] 黃蘗喚維那. 維那! 扶起我! 維那近前扶 云 和尙 爭容得 這風顚漢 無禮! 黃蘗纔起 便打維那 師钁地 云 諸方火葬我 這裏一時活埋. 後潙山問仰山 黃蘗打維那意作麽生[2]? 仰山云 正賊走却 邏蹤人喫棒.

임제가 울력으로 밭 갈고 있을 때 황벽이 다가오는 것을 보고 쟁기를 기대어 놓고 섰더니 황벽이 말했다.

황벽 이놈아! 괴롭냐?

임제 쟁기는 아직 들지도 않았습니다. 괴로운 놈이 누구겠습니까?

황벽이 곧 때리니 임제가 방망이를 잡아서 확 밀쳤다. 밀어서 황벽이 넘어지자 유나를 불렀다.

황벽 유나야! 유나는 나를 도와 일으키라.

유나가 가까이 가서 부축하며 말했다.

유나 화상께서 말을 받아주시니 저 미치광이가 예의가 없습니다.

---

1 送倒: 막아낸 방망이를 그대로 되 밀쳐서 상대를 쓰러뜨리다.
2 意作麽生: 그 마음은 어떠한지요.

황벽이 일어나자마자 바로 유나를 때렸고 임제는 괭이질하며 말했다.

임제 제방에선 나를 불태워 죽이고 여기는 같은 때 산 채로 묻네!

후에 위산이 앙산에게 말했다.

위산 황벽이 유나를 때린 이유를 뭐라고 생각하는가?

앙산 진짜 도둑이 달아나는데 순라군이 그 사람을 쫓으니 몽둥이를 맞은 겁니다.

● 師普請鋤地次 見黃蘗來 拄钁而立 黃蘗云 這漢! 困那?
임제가 울력으로 밭 갈고 있을 때 황벽이 다가오는 것을 보고 괭기를 기대어 놓고 섰더니 황벽이 말했다./ 황벽: 이놈아! 힘들더냐?

여기에서도 황벽과 임제의 법거량은 계속되는데, 임제가 괭기를 한쪽에 기대 놓고 서 있으니 황벽이 '이놈아! 괴롭냐?'하고 물었다. 여기서 곤困을 단순히 피곤한 것으로 볼 수도 있지만 여기서는 피곤과 동시에 번뇌를 나타낸다. 즉 하기 싫은 것을 해서 괴롭냐는 의미로 물어보았다.

● 師云 钁也未擧. 困箇什麼? 黃蘗便打 師接住棒一送. 送倒黃蘗 喚維那. 維那! 扶起我!
임제: 괭기란 놈을 들지도 않았습니다. 힘든 놈이 누구겠습니까?/ 황벽이 곧 때리니 임제가 방망이를 잡아서 확 밀쳤다. 밀어서 황벽이 넘어지자 유나를 불렀다./ 황벽: 유나야! 유나는 나를 도와 일으키라.

임제는 황벽의 물음에 괭기라는 놈을 들지도 않았는데 힘드냐고 들추어냈으니 누가 피곤하냐고 되물었다. 그 말은 불편한 시각으로 바라보는 황벽에게 번뇌가 있음을 꼬집은 것이다. 즉, 황벽이 임제에게 쏜 화살이 자신에게 되돌아 가버린 것이다. 그래서 황벽이 버릇없이 어른에게 말장난한다고 한 대 때렸는데 임제는 그것도 알아채고 잡아서 던져버렸다. 그러다 보니 황벽이 넘어지며 유나를 부른 것이다. 황벽은 임제의 생각을 다시 한번 확인하려고 몽둥이로 경책을 했는데, 이미 처處를 확인하여 '큰 일大事'을 마친 임제로서는 더이상 맞아야 할 일이 없으므로 다 끝났다고 밀쳐버린 것이다. 임제의 이러한 스승을 밀치는 행위는 보통의 관점으로는 이해할 수 없는데, 그 이유는 매우 버릇없는 행동이기 때문이다. 이것은 금강경의 '벌유筏喩' 즉 '뗏목의 비유'를 빗대어 생각하면 좋다. 만약 나그네가 강을 건너기 위해 뗏목에 의지해 강을 건넜다면 그에게는 뗏목은 고마워서 가지고 갈 물건이 아니다. 그 뗏목은 다만 자신을 괴롭히는 짐이 될 뿐이다.

● 維那近前扶 云 和尚 爭容得 這風顚漢 無禮! 黃檗纔起 便打維那 師钁地 云 諸方火葬我 這裏一時活埋.
유나가 가까이 가서 부축하며 말했다./ 유나: 화상께서 말을 받아주시니 저 미치광이가 예의가 없습니다./ 황벽이 일어나자마자 바로 유나를 때렸고 임제는 괭이질하며 말했다./ 임제: 제방에선 나를 불태워 죽이고 여기는 같은 때 산 채로 묻네!

임제와 황벽은 법거량이 이미 끝났거늘, 그것을 알 리 없는 유나는 버릇없는 행동이 눈에 거슬려 임제라는 미치광이가 예의가 없다고 말했을 것이다. 이 말을 들은 황벽은 유나가 제대로 알지도 못하면서 임제를 힐난하니 일어나자마자 유나를 때린 것이다. 그다음의 '제방화장아자리일시활매諸方火葬我這裏一時活埋'라는 문장을 '제방에서는 화장火葬하지만, 나는 여기에 한꺼번에 산 채로 묻는다.'라고 해석한다. 그런데, 그렇게 해석하면 무엇을 화장하며 무엇을 묻는지 알 수 없고, 문맥도 이상하게 전개되어 도대체 무슨 말을 하는지 알 수 없게 되어 버린다. 이것을 '제방화장아諸方火葬我 자리일시활매這裏一時活埋.'라고 읽는다면 '제방에선 나를 불태워 죽이고 여기는 동시에 산 채로 묻네!'라고 해석할 수 있다. 즉 세상 사람들이 나(임제)를 불태워 죽인다는 말은 '임제의 깨달음을 인정하지 않는다.'라는 말이다. 아마도 그 당시엔 임제가 선가에서 크게 인정을 받지 못해서 이런 말을 했을 것이다. 또 황벽의 회하會下에서도 제대로 인정받지 못해 '산 채로 묻는다.'라고 말한 것으로 보인다. 이 글의 분위기로 보면 그 당시에 임제 자신은 이미 깨달아 일을 마쳤으나 외부나 내부에서 제대로 인정받지 못한 듯하다.

● 後潙山問仰山 黃蘗打維那意作麽生? 仰山云 正賊走却 邏蹤人喫棒.

후에 위산이 앙산에게 말했다./ 위산: 황벽이 유나維那를 때린 이유를 뭐라고 생각하는가?/ 앙산: 진짜 도둑이 달아나는데 순라군이 그 사람을 쫓으니 몽둥이를 맞은 겁니다.

위산이 앙산에게 황벽이 왜 유나維那를 때렸느냐고 물으니, 앙산은 참 도둑이 달아나는데 그 사람을 쫓으니 순라巡邏군이 맞았다고 말했다. 여기서 참 도둑은 황벽의 마음을 바르게 훔쳤으니 임제이고, 사람을 쫓는 순라군은 유나이다. 유나의 소임은 선객들을 지도하고 감시하는 역할이다. 즉 '순라군인 유나가 임제를 쫓아내려고 하다가 오히려 황벽에게 혼났다.'라고 해석할 수 있다.

깨달을 줄 알았다.

師一日在僧堂前坐 見黃蘗來便閉却目. 黃蘗乃作怖勢 便歸方丈. 師隨至方丈 禮謝首座在黃蘗處侍立. 黃蘗云 此僧雖是後生却知有此事. 首座云 老和尙脚跟不點地却 證據箇後生. 黃蘗自於口上打一摑 首座云 知卽得.

임제가 하루는 승당 앞에 앉아있는데 황벽이 와서 바로
눈감는 것을 보았다.
황벽은 게다가 두려운 자세를 취하고 바로 방장실로 돌아갔다.
임제는 방장실까지 따라가서 황벽의 처소에서 모시고 서 있는
수좌에게 감사의 인사를 했다.
황벽이 말했다.

황벽 이 승려가 비록 젊은 승려지만 물러가더니 존재存在라는 이곳의 일을 안다네.

수좌 노 화상께선 발꿈치도 닿지 않았다고 물리치고서 일개 젊은 승려를 증명해주십니다.

황벽 스스로 입을 한 대 치니 수좌가 말했다.

수좌 곧바로 깨달을 줄 알았습니다.

●師一日在僧堂前坐 見黃蘗來 便閉却目. 黃蘗乃作怖勢 便歸方丈 師隨至方丈 禮謝首座在黃蘗處侍立.
임제가 하루는 승당 앞에 앉아있는데 황벽이 와서 바로 눈감는 것을 보았다. 황벽은 게다가 두려운 자세를 취하고 바로

방장실로 돌아갔다. 임제는 방장실까지 따라가서 황벽의 처소에서 모시고 서 있는 수좌에게 감사의 인사를 했다.

임제가 승당의 앞에 앉아있는데 황벽이 다가와 눈을 감았다. 또 두려운 자세를 취하고 방장실로 갔다. 그런데 대부분 이것을 황벽이 오는 것을 보고 '임제가 눈을 감은 것'으로 본다. 그러나 이것은 황벽이 와서 눈을 깜빡이며 눈짓을 한 것이다. 그 이유는 뒤에 나오는 '내乃'자 때문인데, 이것은 부가적으로 무엇을 한다는 뜻을 내포하고 있기 때문이다. 따라서 지금의 이 상황은 황벽이 임제에게 날 따라오라고 눈짓을 한 것이고, 그 이유는 지금 누가 화가 나 있다고 말하는 것이다. 이런 황벽의 마음을 임제가 단박에 알아챘으므로 방장실까지 따라가서 수좌에게 자신이 깨달을 수 있도록 적극적으로 힘써준 수좌에게 감사 인사를 드린 것이다. 만약 수좌가 임제에게 적극적으로 조언하지 않았다면 임제는 끝내 깨닫지 못했을 것이다. 여기의 내용을 보면 수좌가 황벽에게 임제가 깨닫고도 '자신을 찾지 않은 것'에 대한 그 서운함을 은연중에 표현한 것 같다. 그러니 황벽이 임제를 찾아와 눈짓하고 직접 데리고 가서 수좌에게 인사를 시킨 것으로 보인다.

● 黃蘗云 此僧雖是後生 却知有此事. 首座云 老和尚脚跟不點地 却證據箇後生.
황벽이 말했다. /황벽: 이 승려가 비록 젊은 승려지만 물러나더니 존재存在라는 이곳의 일을 안다네. /수좌: 노 화상께선 발꿈치도 닿지 않았다고 물리치고서 일개 젊은 승려를 증명해주십니다.

황벽은 임제가 비록 젊은 승려지만 '존재存在'라는 '여기 일此事'을 안다고 말했다. 여기서 '여기 일此事'은 승려로서 반드시 마쳐야만 하는 수행자 만의 일을 말한다. 이것을 '일이라고 표현한 것'은 부처님 때부터 그렇게 말했는데, 부처님께서는 비구가 홀로 조용한 곳에서 부처님께서 말씀하신 그 진리를 확인하지 못하면 아무리 명석한 승려라도 '이 승려는 자기의 일을 마치지 못했다.'라고 핀잔을 주기 일쑤였다.

황벽이 임제가 깨달았다고 은근히 말하자 수좌는 황벽에게 '아무리 가르쳐 줘도 깨닫지 못하는 멍청이라고 물리쳐 놓고 이제와서 그 젊은이의 깨달음을 증명해 주십니다.'라고 지난 일을 상기시켰다.

●黃蘗自於口上打一摑 首座云 知卽得.
황벽 스스로 입을 한 대 치니 수좌가 말했다./ 수좌: 곧바로 깨달을 줄 알았습니다.

수좌가 상기시킨 그 말을 들은 황벽은 자신이 잘못 판단했다는 듯이 자신의 입을 스스로 쥐어박았다. 그러자 수좌는 저는 이미 그가 깨달을 줄 알았다고 말한다. 임제의 인물됨을 맨 처음 알아본 이도 황벽회하의 수좌首座였던 목주였고, 그를 그냥 보내지 말고 다른 스승을 천거해 주라고 권한 이도 목주이다. 임제에겐 더없이 고마운 깨달음의 조력자인 것이다. 이 대목은 역자도 무슨 말인지 기존의 해석을 읽어보고 아무리 점검해도 쉽게 그 의미를 알 수 없었다. 내용이 어렵지 않더라도 잘못된 해석에 한 번 노출되면 그 생각에서 벗어나기가 좀처럼 쉽지 않다. 그래서 바른 번역이 얼마나 중요한가를 실감하게 했다. 물론 역자의 번역이 전부 옳다고는 할 수 없다. 어느 쪽의 번역을 받아들일지는 온전히 독자의 몫이다.

두 가지 색깔을 하나로 겨루다.

師在堂中睡 黃蘗下來見 以拄杖打板頭一下. 師擧頭見是黃蘗却睡. 黃蘗又打板頭一下 却往上間 見首座坐禪 乃云 下間後生却坐禪 汝這裏妄想作什麽? 首座云 這老漢作什麽? 黃蘗打板頭一下 便出去. 後潙山問仰山 黃蘗入僧堂意作麽生? 仰山云 兩彩一賽.

임제가 선당禪堂에서 졸고 있는데 황벽이 보고 내려와서
주장자로 선판을 한 번 내리쳤다.
임제가 머리를 들어서 본 게 바로 황벽이었는데도 도리어
졸았다.
황벽이 다시 선판을 한번 내리치고 물러나서 윗간(상판)으로
가서 수좌가 좌선하는 것을 보고 덧붙여 말했다.

황벽 아랫간의 젊은이는 도리어 좌선을 하는데 너는 여기에서 도대체 왜 망상을 짓는가?

수좌 이 늙은이가 뭘 짓는다는 겁니까?

황벽이 선판을 한번 내리치고 곧바로 나가버렸다.

후에 위산이 앙산에게 물었다.

위산 황벽이 승당에 들어간 뜻을 어떻게 생각하는가?

앙산 두 가지 색깔을 하나로 겨룬 것입니다.

●師在堂中睡 黃蘗下來見 以拄杖打板頭一下. 師擧頭見是黃蘗却睡.

임제가 선당禪堂에서 졸고 있는데 황벽이 보고 내려와서 주장자로 선판을 한 번 내리쳤다. 임제가 머리를 들어서 본 게 바로 황벽이었는데도 도리어 졸았다.

이 장章에서는 일반적인 수행자들이 가지는 졸음에 대한 잘못된 편견을 여실하게 드러낸다. 보통 선방에 있다 보면 '수마睡魔'를 물리쳐야 한다면서 잠을 무척이나 죄악시한다. 이것은 참으로 잘못된 것이다. 임제록에서 누누이 말했던 것도 피곤하면 눕는 것이다. 사실 부처님도 오개五蓋 가운데 '수면睡眠'을 말씀하셨지만, 이것은 '잠자는 것'이 아니고 '생각이 깨어 있지 못하고 잠자고 있는 것'을 말한다. 여기서도 그 점을 황벽이 지적하는 것이다.

● 黃蘗又打板頭一下 却往上間 見首座坐禪 乃云 下間後生却坐禪 汝這裏妄想作什麽? 首座云 這老漢作什麽? 黃蘗打板頭一下 便出去.

황벽이 다시 선판을 한번 내리치고 물러나서 윗간(상판)으로 가서 수좌가 좌선하는 것을 보고 덧붙여 말했다. /황벽: 아랫간의 젊은이는 도리어 좌선을 하는데 너는 여기에서 도대체 왜 망상을 짓는가?/ 수좌: 이 늙은이가 뭘 짓는다는 겁니까?/ 황벽이 선판을 한번 내리치고 곧바로 나가버렸다.

분명히 임제는 졸고 있었고 수좌는 깨어 있었다. 그런데 임제에겐 크게 꾸지람을 내리지 않고 수좌에게 망상을 떨고 있다고 말했다. 달리 말하면 임제는 할 일을 마쳐 번뇌가 없기에 고민 없이 잤고, 수좌는 번뇌를 여의지 못해 피곤해도 망상을 떠느라 잠도 제대로 자지 못했을 것이다. 잠을 자느냐 자지 않느냐가 중요한 것이 아니라 망상을 떨고 있는가 아닌가가 더 중요한 것이다. '잠자지 않는 것'을 결코 수행의 목표로 삼지 말아야 한다. 그런데 요즘 선방의 풍토를 보면 얼마나 가행정진이나 용맹정진을 하는가에 따라 수행을 잘하느니 못하느니 평가를 하고 있으니 참으로 한심스럽다.

수행은 생각해야 할 것을 생각하고, 생각하지 말아야 할 것을 생각하지 않는 것이다. 이것을 구별할 능력도 없으면서 수행을 하고 있다면 단순한 따라 하기일 뿐 수행이라고 말할 수 없다. 여기서 '자노한這老漢'은 '이 늙은이'라는 말인데, 이것은 수좌가 자신을 겸양하게 표현한 말이지 황벽에게 이 늙은이라고 한 말이 아님을 알아야 한다. 이러한 사소한 실수가 선사들을 아주 무식하다거나, 격외의 도리를 공부하는 사람이라 파격을 행했다고 미화한다. 그런 선어록만 읽다 보니 그런 특이한 행동을 해야 진정한 수행자인 것처럼 생각하는 경향이 있다. 그러나 이것은 잘못된 번역을 읽어서 생긴 오류이다.

상식적으로 생각해도 이것은 옳지 않다. 앙굴리말라처럼 흉폭한 이도 부처님 말씀 한마디에 조복되어 순한 양처럼 되었거늘, 얌전했던 사람이 참선하고 나서 거칠어졌다면 그것은 두말할 것도 없이 잘못된 것이다. 부처님 경전의 어느 곳을 읽을지라도 그렇게 된 예를 찾을 수 없다. 그런데 부처님의 법을 이었다는 사람들이 그런 짓을 서슴없이 하고 아무렇지도 않다면 설사 부처님을 전면에 내 세우더라도 불제자라고 할 수 없다. 선사들은 언어로 사유하는 것의 어리석음을 비판하고 몸으로 깨닫게 했을 뿐, 그들의 말이나 행동은 무례하지 않았다. 진리를 보는 눈이 있다면 절대로 무례할 수 없다. 만약 어떤 수행자가 무례하다면, 그는 진리를 보지 못했기 때문이다.

● 後潙山問仰山 黃蘗入僧堂意作麽生? 仰山云 兩彩一賽.
후에 위산이 앙산에게 물었다./ 위산: 황벽이 승당에 들어간 뜻을 어떻게 생각하는가?/ 앙산: 두 가지 색깔을 하나로 겨룬 것입니다.

위산이 앙산에게 위 상황을 물으니 앙산은 '양채일새兩彩一賽'라고 말했다. 그런데 이 '양채일새兩彩一賽' 대한 해석도 여기저기 분분하다. 하지만 위의 내용을 자세히 들여다보면 황벽이 '수면'이라는 하나의 관점을 가지고 서로 다른 색깔의 임제와 수좌를 겨루어 본 것임을 알 수 있다. 그래서 양채兩彩는 서로 다른 수행 관점을 가진 임제와 수좌를 말하고, '일새一賽'는 '하나로 겨룬다.'라는 말일 뿐이다. 본문에 대한 한 줄 평을 할 때는 그 내용과 부합되는 말을 하는 것이 상식이다. 그런데 기존의 해석을 보면 본문과 평이 서로 다르게 해석되는 것을 종종 본다. 그 말은 한마디로 이해하지 못하고 번역했다고 보아야 한다.

울력도 거래하다.

一日普請次 師在後行 黃蘗回頭 見師空手. 乃問 钁頭在什麼處? 師云 有一人將去了也. 黃蘗云 近前來! 共汝商量箇事. 師便近前 黃蘗竪起钁頭云 秖這箇天下人拈掇不起. 師就手掣得[1] 竪起 云 爲什麼却在某甲手裏? 黃蘗云 今日 大有人 普請! 便歸院. 後潙山問仰山 钁頭在黃蘗手裏 爲什麼却 被臨濟奪却[2]? 仰山云 賊是小人 智過君子.

어느 날 울력할 때 임제가 뒤에서 가는데 황벽이 고개를 돌렸다가 임제가 빈손인 것을 보고 덧붙여 물었다.

황벽 곡괭이는 어디에 있느냐?

임제 어떤 한 사람만 있으면 마칠 텐데요.

황벽 가까이 오라! 너와 이 일을 거래해봐야겠다.

임제가 곧 앞에 가까이 가자 황벽이 곡괭이를 세로로 세우며 말했다.

황벽 다만 이 물건은 세상 사람들이라도 잡아서 일으킬 수 없을 것이다.

임제는 손으로 잡아채서 세로로 세우며 말했다.

임제 무엇하려고 물러나셔서 제 손에 있게 하십니까?

1 掣得: 잡아채다. 낚아채다.
2 奪却: 탈취해 버리다.

황벽 오늘은 대단한 놈이 울력하라는 게지!

곧 선원으로 돌아갔다.

후에 위산이 앙산에게 물었다.

위산 괭이가 황벽의 손안에 있었는데 무엇하려고 물러났고, 임제는 탈취하게 되었는가?

앙산 도둑질한 것은 소인이지만 지혜는 군자를 뛰어넘습니다.

● 一日普請次 師在後行 黃蘗回頭 見師空手. 乃問 钁頭在什麽處? 師云 有一人將去了也.
어느 날 울력할 때 임제가 뒤에서 가는데 황벽이 고개를 돌렸다가 임제가 빈손인 것을 보고 덧붙여 물었다./ 황벽: 곡괭이는 어디에 있느냐?/ 임제: 어떤 한 사람만 있으면 마칠 텐데요.

어느 날 울력할 때 임제가 뒤에서 빈손으로 걸어가는 것을 본 황벽이 곡괭이가 왜 없냐고 물으니 임제는 한 사람만 가져가면 끝날 일이라고 말했다. 그런데 대부분 이것을 어떤 사람이 가져가 버렸다고 해석하는데, 그렇게 해석하면 어딘가 어색하다. 한 사람만 곡괭이를 가져가면 될 일이라고 해야 뒤에 나오는 황벽의 행동이 이해가 간다.

● 黃蘗云 近前來! 共汝商量箇事. 師便近前 黃蘗竪起钁頭云 秪這箇天下人拈掇不起. 師就手掣得竪起 云 爲什麽却在某甲手裏? 黃蘗云 今日 大有人 普請! 便歸院.
황벽: 가까이 오라! 너와 이 일을 거래해봐야겠다./ 임제가 곧 앞에 가까이 가자 황벽이 곡괭이를 세로로 세우며 말했다./ 황벽: 다만 이 물건은 세상 사람들이라도 잡아서 일으킬 수 없을 것이다./ 임제는 손으로 잡아채서 세로로 세우고 말했다./ 임제: 무엇하려고 물러나셔서 제 손에 있게 하십니까?/ 황벽: 오늘은 대단한 놈이 울력하라는 게지!/ 곧 선원으로 돌아갔다.

곡괭이를 한 사람만 가져가면 끝난다는 임제의 말에, 황벽은 임제를 불러 홍정을 제안했다. 황벽은 든 곡괭이를 땅에다 꽂으며 이 괭이는 세상의 그 누구도 집어 들어 세울 수도 없을 것이라고 단언한다. 이 말은 황벽이 깨달은 법을 아무도 알 수 없다는 것을 괭이로 빗대어 말하는 것이다. 그것을 눈치챈 임제는 얼른 괭이를 뽑아서 쥐고 어째서 내 손에 있느냐고 되묻는다. 즉 황벽의 법이 이미 임제에게 전해졌음을 상징적으로 표현한 동시에 괭이의 거래도 이루어진 것이다. 황벽은 임제에게 곡괭이를 넘겼으니 자신이 곡괭이를 들고 할 울력도 넘기고, 또한 자신의 법을 임제라는 큰 인물이 이어받아 펼치게 될 것임을 상징적으로 드러내고 선원으로 유유히 퇴장한다. 이렇게 해서 즉 기존의 여왕벌이 새로 탄생한 여왕벌에게 인수인계引受引繼 했음을 은유적으로 표현했다고 볼 수 있다.

● 後潙山問仰山 钁頭在黃蘗手裏 爲什麽却 被臨濟奪却[1]? 仰山云 賊是小人 智過君子.
후에 위산이 앙산에게 물었다./ 위산: 괭이가 황벽의 손안에 있었는데 무엇하려고 물러났고, 임제는 탈취하게 되었는가?/ 앙산: 도둑질한 것은 소인이지만 지혜는 군자를 뛰어넘습니다.

위산과 앙산의 평을 보면 이 대화의 의미가 잘 드러나 있다. 얼핏 보면 괭이를 가지고 황벽과 임제가 장난친 것처럼 보인다. 그러나 뺏고 뺏기는 그 쟁탈전을 소인들의 장난으로 여기겠지만 알고 보면 그 속에 엄청난 깨달음의 거래가 있음을 '지혜는 군자를 뛰어넘는다.'라고 앙산은 한마디로 일축했다.

1 奪却: 탈취해 버리다

황벽의 수제자는 임제

師爲黃蘗馳書 去潙山時 仰山作知客 接得書便問 這箇是黃蘗底 那箇是專使底? 師便掌 仰山約住云 老兄知是般[1]事 便休 同去見潙山! 潙山便問 黃蘗師兄多少衆? 師云 七百衆. 潙山云 什麼人爲導首? 師云 適來已達書了也. 師却問潙山和尙 此間多少衆? 潙山云 一千五百衆. 師云 太多生. 潙山云 黃蘗師兄亦不少.

임제가 황벽의 급한 편지 때문에 위산에게 갔을 때 앙산이 지객知客을 보았는데 편지를 받아 들고서 곧바로 물었다.

앙산 이게 바로 '황벽의 것'이면 '전달자 것'은 어떤 것이요?

임제가 곧 손바닥으로 때리니 앙산이 손을 꼭 쥐고 말했다.

앙산 노형께서도 이런 일들을 아시니 곧 그만두고 함께 위산 스님을 뵈러 갑시다!

위산이 바로 물었다.

위산 황벽사형의 대중은 얼마나 되는가?

임제 칠백 대중입니다.

위산 이끄는 수제자는 누구인가?

임제 방금 편지를 전달한 저입니다.

임제가 반대로 위산 화상에게 물었다.

1 是般 이런 류의.

임제 여기는 대중이 몇이나 됩니까?

위산 천오백 대중이라네.

임제 엄청나게 많군요.

위산 황벽 사형도 또한 적다고 할 수 없지.

●師爲黃蘗馳書 去潙山時 仰山作知客 接得書便問 這箇是黃蘗底 那箇是專使底? 師便掌 仰山約住云 老兄知是般事 便休 同去見潙山!
임제가 황벽의 급한 편지 때문에 위산에게 갔을 때 앙산이 지객知客을 보았는데 편지를 받아 들고서 곧바로 물었다./ 앙산: 이게 바로 '황벽의 것'이면 '전달자 것'은 어떤 것이요?/ 임제가 곧 손바닥으로 때리니 앙산이 손을 꼭 쥐고 말했다./ 앙산: 노형께서도 이런 일들을 아니 곧 그만두고 함께 위산 스님을 뵈러 갑시다!

임제가 황벽의 '급한서신馳書'을 들고 위산의 처소로 갔다. 여기서 치서馳書는 경제적인 도움을 요청하는 '지급 서신'이라는 의미도 있다. 아무튼, 위산의 처소에서 앙산이 객을 상대하는 소임인 지객知客을 보았는데, 임제와의 첫 만남에 앙산이 대뜸 임제에게 법거량을 시도한다. 앙산의 물음은 '서신은 황벽의 면목이라면 과연 임제의 면목은 무엇인가?'라는 말이다. 이 말에 임제는 앙산에게 따귀를 올려붙인다.

여기서 면목이란 본래부터 존재存在하는 자아를 말한다. 흔히 선종에서 진면목을 찾아야 한다고 말하니 진면목인 자아를 주장한다고 생각한다. 그러나 이것은 그런 자아를 찾으려 한다면 네 마음껏 얼마든지 찾아보라고 말하는 것이지, 그것이 있다고 주장하는 게 아니다. 수행자는 그것이 궁금해서 미치도록 궁구하다 보면 모든 것이 잘못된 생각에서 비롯된 망상임을 깨닫게 하는 것이다. 그래서 임제는 앙산의 그런 물음에 헛소리하고 있다고 한 대 올려붙였다.

깨달은 사람은 다른 깨달은 사람의 안목을 금방 알아차릴 수 있는데 그것은 같은 길을 걸었고 같은 고민을 했으며 같은 결론에 도달했기 때문이다. 그래서 임제의 그런 행동에 앙산은 임제를 바로 알아차리고 손을 꼭 잡으며 그만두자고 말한 것이다. 더 이상의 법거량은 무의미하기 때문이다. 그래서 앙산은 바로 스승인 위산을 뵈러 가자고 청한 것이다.

●潙山便問 黃蘗師兄多少衆? 師云 七百衆. 潙山云 什麽人爲導首? 師云 適來 已達書了也. 師却問潙山和尚 此間多少衆? 潙山云 一千五百衆. 師云 太多生. 潙山云 黃蘗師兄亦不少.
위산이 바로 물었다./ 위산: 황벽사형의 대중은 얼마나 되는가?/ 임제: 칠백 대중입니다./ 위산: 이끄는 수제자는 누구인가?/ 임제: 방금 편지를 전달한 저입니다./ 임제가 반대로 위산 화상에게 물었다./ 임제: 여기는 대중이 몇이나 됩니까?/ 위산: 천오백 대중이라네./ 임제: 엄청나게 많군요./ 위산: 황벽 사형도 또한 적다고 할 수 없지.

임제가 앙산과 함께 위산에게 가서 아주 일상적인 대화를 이어 가지만, 이 이야기의 핵심은 누가 황벽의 제일가는 수제자 인가하는 것이다. 여기서 임제는 황벽의 편지를 가지고 온 자신이 수제자임을 위산에게 밝힌다. 이렇게 해서 위산에게 황벽의 법을 이은 수제자가 임제 자신임을 스스로 드러냈다고 볼 수 있다. 참고로 '적래 이달서료야適來 已達書了也'의 '이已'자는 자기 자신을 나타내는 '기己'자와 통용해서 쓰므로 문맥을 따라서 해석해야 한다. 여기서는 황벽의 편지를 전달한 자신이 바로 수제자라고 앙산에게 겸손하게 표현한 것으로 보인다.

보화를 예언하다

師辭潙山 仰山送出 云 汝向後北去 有箇住處. 師云 豈有與麼事? 仰山云 但去! 已後[1] 有一人 佐輔老兄在! 此人秖是有頭無尾 有始無終. 師後倒鎮州 普化已在彼中. 師出世普化佐贊於師 師住未久 普化全身脫去.

임제가 위산에게 하직 인사를 하고 앙산이 배웅하러 나와서 말했다.

앙산 그대는 나중에 북쪽으로 가면 사람도 머물 곳도 있을 것입니다.

임제 어찌 그런 일이 있겠는가?

앙산 일단 가보시오! 이후에는 한 사람이 노형을 보좌해 줄 것이오! 이 사람은 다만 머리는 있으나 꼬리가 없고, 시작은 있으나 끝이 없습니다.

임제가 나중에 진주에 가보니 보화가 이미 거기에 있었다. 임제가 세상에 나왔을 때 보화가 임제를 도와 보좌했는데 임제가 머문 지 오래지 않아 보화는 온몸이 그대로 벗어나 가버렸다.

●師辭潙山 仰山送出 云 汝向後北去 有箇住處. 師云 豈有與麼事? 仰山云 但去! 已後有一人 佐輔老兄在!
임제가 위산에게 하직 인사를 하고 앙산이 배웅하러 나와서 말했다./ 앙산: 그대는 나중에 북쪽으로 가면 사람도 머물 곳

1 已後: 금후(로). 이후(로).

도 있을 것입니다./ 임제: 어찌 그런 일이 있겠는가?/ 앙산: 일단 가보시오! 이후에는 한 사람이 노형을 보좌해 줄 것이오!

앙산은 배웅하면서 임제에게 북으로 가기만 하면 사람도 있고, 살 곳도 있을 것이라고 미리 예언을 했다. 임제는 설마 그런 일이 있겠냐고 말하니 앙산이 다시 어떤 사람이 임제를 기다릴 것이라고 말했다. 실제로 앙산이 예언을 했는지는 정확히 알 수 없다. 사실 예언이란 검증된 사실을 근거로 후대에 기술되는 게 일반적이다. 이 책도 앙산이 살았을 때 자신이 직접 기록한 게 아니다. 후대에 그 제자들이 기술한 어록이므로 앙산이 이렇게 예언했다고 확신할 수 없다. 다만 이렇게 이적異蹟으로 기록하므로 해서 읽는 사람들에게 남다른 인상을 심어줄 순 있다.

● 此人秪是有頭無尾 有始無終. 師後倒鎮州 普化已在彼中. 師出世普化佐贊於師 師住未久 普化全身脫去.
이 사람은 다만 머리는 있으나 꼬리가 없고, 시작은 있으나 끝이 없습니다./ 임제가 나중에 진주에 가보니 보화가 이미 거기에 있었다. 임제가 세상에 나왔을 때 보화가 임제를 도와 보좌했는데 임제가 머문 지 오래지 않아 보화는 온몸이 그대로 벗어나 가버렸다.

여기에 기술된 모든 내용을 그 대로 수용할 순 없지만, 임제가 법을 펼 때 보화가 많은 영향을 끼친 것 같다. 여러 고승전에 보화에 관한 이야기가 비슷하게 등장하는 걸 보면 실존했던 인물임은 틀림없어 보인다. 기록에 의하면 보화는 '전신탈거全身脫去'했다고 한다. 전신탈거는 몸만 사라지는 이적異蹟을 보이는 것을 말한다. 위산과 앙산이 워낙에 유명한 이유는 앙산의 '예언자적 경향'이 그를 세상에 알리는데 더욱 한몫했다. 이러한 신기한 행적은 사람을 모으고 알리는 효과는 발휘하나 그에 따른 폐단도 만만치 않다. 본래 예언이란 여러 가지 상황을 미루어 보면 추측해 낼 수 있는 당연한 사실을 말하는 것이다. 그러나 우리가 그것을 신기해하고 신통력으로 생각하는 것은 바로 이해의 부족 때문이다. 예전에는 신기하게 생각한 일들이 지금은 너무도 당연한 일로 여겨질 때가 많다. 예컨대 우리에게 소리는 언제나 일회성이었다. 그래서 어떤 음악을 들으려면 연주자는 언제나 같은 곡을 처음부터 반복해야만 했다. 그러나 지금은 어떠한가? 언제라도 녹음된 음악을 재생해서 같은 소리를 무한 반복해서 들을 수 있다. 이런 것들이 바로 신통이라 말할 수 있다. 이해하게 되면 당연하고, 이해하지 못하면 신기할 따름이다. 이렇게 이해하면 일상이요, 이해하지 못하면 신통이 되는 것이다.

임제의 황벽에 대한 실망

師因半夏上黃蘗 見和尙看經. 師云 我將謂是箇人[1] 元來 是揞黑豆 老和尙! 住數日乃辭去 黃蘗云 汝破夏來不終夏去! 師云 某甲暫來 禮拜和尙. 黃蘗遂打趁令去. 師行數里 疑此事 却回[2]終夏.

임제가 여름 안거 중간에 황벽산에 올랐다가 화상이 경 읽는 것을 본 게 원인이 되어 임제가 말했다.

임제 내가 장차 이분을 가장 옳바른 사람이라고 말하려 했는데 원래 이렇게 검은콩이나 가리는 늙은 화상이라니!

며칠을 머물다 마침내 하직하고 가는데 황벽이 말했다.

황벽 너는 여름 안거를 깨고 와서 안거도 마치지 않고 가는구나!

임제 저는 잠시 화상께 인사하러 왔을 뿐입니다.

황벽은 결국 가라고 하고 때려서 내쫓았다. 임제가 몇 리를 가다가 이 사건에 의문이 생겨 되돌아가 여름 안거를 마쳤다.

● 師因半夏上黃蘗 見和尙看經. 師云 我將謂是箇人 元來 是揞黑豆 老和尙!
임제가 여름 안거 중간에 황벽산에 올랐다가 화상이 경 읽는 것을 본 게 원인이 되어 임제가 말했다./ 임제: 내가 장차 이

1 是箇人: 어엿한 인간, 가장 훌륭한 사람.
2 却回: 돌아가다, 되돌아오다, 의 뜻.

분이 바로 어엿한 사람이라고 말하려 했는데 원래 이렇게 검은콩이나 가리는 늙은 화상이라니!

이 글의 정황으로 볼 때 황벽에 대한 임제의 신뢰가 언제나 좋았던 건 아닌 것 같다. 임제는 내심 황벽이 대종장이므로 모든 것을 이해해서 '더는 공부하지 않을 것'으로 생각했던 것 같다. 아마도 이러한 생각은 요즘 사람들도 그럴 것이다. 그러나 이것은 아주 많이 잘못된 생각이다. 사람들은 자신의 문제가 해결되면 끝이라고 생각하는 경향이 있다. 그러나 그렇지 않다. 깨달음이란 서로가 서로에게 의지해 있음을 분명히 아는 일이다. 그렇게 서로에게 의지해 있기에 실망하거나 원망할 이유도 없다. 그러나 우리는 서로가 서로에게 연결되어 있다고 생각하지 않고 개개인이 독립적인 존재存在로 살아간다고 생각한다. 그러다 보니 끊임없는 투쟁에 시달리게 된다.

예컨대 어떤 사람이 곤란함을 겪고 있다고 하자! 그가 만약 가족이라면 먼저 안타까운 마음에 돌보려고 하겠지만 남이라고 생각하면 그를 비난하고 내게 어떤 피해나 입히지 않을까 하고 생각하기 마련이다. 깨닫게 되면 모든 게 서로서로 연결되어 있음을 자연히 보게 된다. 따라서 깨닫기 전에 나를 위해 살았다면 깨닫고 나면 남에게 무엇을 할까를 고민하게 된다. 따라서 황벽이 경전을 보고 있는 행위는 자신의 깨달음을 위한 것이 아니고 남에게 어떻게 법을 전할까에 대한 고민이라고 이해해야 할 것이다. 또한 깨달음은 지식이나 상식이 아니다. 부처님께서 삼천 년 전에 가장 위대한 깨달음을 얻었다지만 지금 누구나 가지고 사용하는 스마트폰을 과연 아실까? 물론 알 수 없을 것이다. 다만 그것이 어떻게 사람들에게 스마트폰으로 인식되고 존재存在하게 되는지를 명확히 알 뿐이다.

깨달음의 내용은 대상이 무엇인지를 아는 것이 아니고 내게 대상이 어떻게 드러나게 되는지를 분명히 아는 것이다. 대상이 무엇인지를 판별해서 아는 것이 지식이라면 대상이 내게 어떻게 드러나는지를 알아 오염된 정보를 걸러낼 수 있는 안목이 생긴 게 깨달음이라고 말할 수 있다. 어떤 것이 분명하게 드러났다면 고민은 없다. 고민은 분명히 모르기 때문에 선택한다고 생각하는 것이다. 너무나 당연한 이치인 사실을 있는 그대로 본다면, 그는 그것에 대한 실망이나 괴로움 따위는 없는 것이다.

한 가지 더 시개인是箇人의 시是자는 태양처럼 확실해서 옳다는 의미이다. 즉 일日자와 정正자자가 결합되어 만들어진 글자이다. 그래서 시개인의 의미는 '가장 옳바른 사람'이란 의미를 갖는다.

●住數日乃辭去 黃蘗云 汝破夏來不終夏去! 師云 某甲暫來 禮拜和尚. 黃蘗遂打趁令去. 師行數里 疑此事 却回終夏.
며칠을 머물다 마침내 하직하고 가는데 황벽이 말했다./ 황벽: 너는 여름 안거를 깨고 와서 안거도 마치지 않고 가는구나!/ 임제: 저는 잠시 화상께 인사하러 왔을 뿐입니다./ 황벽은 결국 가라고 하고 때려서 내쫓았다. 임제가 몇 리를 가다가 이 사건에 의문이 생겨 되돌아가 여름 안거를 마쳤다.

임제는 처음에 어리석어 황벽의 가르침에도 이해하지 못해 황벽을 떠나가다가 뒤늦게 무언가가 있음을 직감하고 되돌아와서 안거를 무사히 마쳤다는 이야기이다. 너무나 당연해서 스치듯 지나가는 사람은 중생이고 그것을 잡아내는 사람이 눈 밝은 사람이다. 그런 사람은 남들이 알지 못하는 미묘한 차이를 잡아낼 수 있기에 눈이 밝다고 말하는 것이다. 부처가 사는 세상과 우리가 사는 세상은 조금도 다르지 않다. 그러나 그것을 벌이고 늘어놓는 마음의 판단기준이 서로 다르므로 그들의 법계法界도 모두가 조금씩 다르게 드러난다. 그래서 세상을 바라보는 관점이 각각 다르기에 서로가 자기의 주장이 옳다고 우겨대는 것이다.

어떤 일에 대해 의문이 생겨나지 않으면 그것을 분명하게 알 수가 없다. 그래서 화두는 의심을 근본으로 한다. 만약 의심이 일어나지 않는다면 그는 수행할 수도 없을 뿐만 아니라 아무것도 알아낼 수 없다. 의심은 모든 공부의 근원이다. 요즘 사람들이 '이 뭣고?'하며 단순히 반복적인 질문만으로는 아무것도 얻을 수 없다. 정말 그 질문의 핵심을 매우 깊게 파고들어야 그 대답을 얻을 수 있다. 그러기 위해서는 질문에 빠져버리면 곤란하다. 그 질문이 과연 정당한가를 살펴보아야 한다. 질문의 정당성이 확보되지 않은 상태의 질문은 항상 50:50의 선택의 문제만 주어진다. 만약 이렇게 반반이란 선택이 강요되는 질문만 하게 된다면 그는 언어적 사유를 벗어나지 못했기 때문이다. 언어도단이란 말은 언어적 사유를 벗어나라는 것이지, 말하지 말라고 한 말이 결코 아니다. 언어로 사유하기 때문에 언제나 모순에 부딪히고 시원한 대답을 얻지 못하는 것이다.

수행의 첫 번째 관문은 바로 이 언어적 사유를 벗어나는 것이다. 임제가 대우를 만나 비록 큰 깨달음을 얻었다고 하지만 그것은 단지 자신만의 문제를 해결했을 뿐이다. 황벽은 그것을 알고 있었기에 임제를 곁에 두고 천하의 스승이 되도록 절차탁마切磋琢磨해 주었을 것이다. 임제도 그것을 깨닫고 길을 떠났다가 되돌아와 결제를 마쳤다고 볼 수 있다. 자신의 깨달음을 성취하는 것은 어쩌면 쉬운 일일 수 있다. 그러나 스승이 되어 남을 잘 가르치는 건 좀 다른 문제에 속한다. 안다고 해서 꼭 잘 가르치고 훌륭하게 인도하는 건 아니기 때문이다.

따귀를 꼭 잡다

師一日辭黃蘗 蘗問 什麽處去? 師云 不是河南 便歸河北. 黃蘗便打 師約住與一掌. 黃蘗大笑 乃喚侍者 將百丈先師禪板机案來. 師云 侍者! 將火來! 黃蘗云 雖然如是, 汝但將去 已後坐却天下人 舌頭[1] 去在.

임제가 어느 날 황벽에게 하직 인사를 드렸더니 황벽이 말했다.

황벽 어디로 가려느냐?

임제 하남河南이 옳지 않다면 곧바로 하북河北으로 돌아가겠습니다.

황벽이 바로 때리니 임제가 한 대 올려붙이는 손을 꼭 잡았다. 황벽은 크게 웃고서 시자를 불러 돌아가신 스승 백장의 선판과 책상을 가져오게 했다. 임제가 말했다.

임제 시자야! 불을 가져오라!

황벽 비록 그렇긴 해도, 네가 가져가기만 한다면 이후에는 저절로 세상 사람들을 굴복시키고 입방아도 사라질 것이다.

●師一日辭黃蘗 蘗問 什麽處去? 師云 不是河南 便歸河北. 黃蘗便打 師約住與一掌. 黃蘗大笑
임제가 어느 날 황벽에게 하직 인사를 드렸더니 황벽이 말했다./ 황벽: 어디로 가려느냐?/ 임제: 하남河南이 옳지 않다면 곧바로 하북河北으로 돌아가겠습니다. 황벽이 바로 때리니

1 舌頭: 혀.→~頭

임제가 한 대 올려붙이는 손을 꼭 잡았다. 황벽은 크게 웃었다.

임제와 황벽의 법거량은 계속된다. 임제가 떠나려고 하직 인사를 하니 황벽이 어디를 가느냐고 물었다. 이에 대해 임제는 하남이 옳지 않다면 바로 하북으로 가겠다고 말했다. 과연 이 의미는 무엇일까? 단순히 하남에 갔다가 맘에 안 들면 하북으로 가겠다는 의미일까? 그렇다면 이런 식으로 복잡하게 대답할 이유가 없다. 이것은 '하남'과 '하북'이라는 대립적인 견해로 사유하고 있음을 상징적으로 말한 것이다. 즉 언어적인 사유를 떠나지 못했다는 의미로 일부러 황벽에게 이렇게 대답한 것이다.

깨달은 사람에겐 남이니 북이니 하는 것은 아무런 의미가 없다. 예를 들어 서울에 사는 사람이 부산 사는 사람보고 어디서 왔냐고 물으면 부산에서 왔다고 대답할 것이다. 그리고 바로 이어서 '먼데 사시는군요?' 하고 말할 것이다. 그러나 정작 부산 사는 사람은 결코 멀다고 생각하며 살지 않는다. 멀다면 힘들어서 살 수가 없을 것이다. 다만 서울 사람의 관점에서 먼 것일 뿐이다. 이렇게 언어적으로 생각하면 항상 대립관계를 갖는다. 따라서 수행자에겐 사는 데가 하남이던, 하북이던 그리 중요한 문제가 아니다. 다만 그렇게 생각하는 것이 문제일 뿐이다. 황벽은 임제가 결재를 마쳤음에도 언어적 사유를 한다고 다시 몽둥이로 경책을 내린 것이다. 하지만 임제는 일부러 그렇게 대답했으므로 황벽이 바로 때릴 것임을 예상하고 그 손을 잡은 것이다. 황벽은 그제야 임제의 의도를 알고 크게 웃은 것이다.

●乃喚侍者 將百丈先師禪板机案來. 師云 侍者! 將火來! 黃蘗云 雖然如是, 汝但將去 已後坐却天下人 舌頭去在.
시자를 불러 돌아가신 스승 백장의 선판과 책상을 가져오게 했다. 임제가 말했다./ 임제: 시자야! 불을 가져오라!/ 황벽: 비록 그렇긴 해도, 네가 가져가기만 한다면 이후에는 저절로 세상 사람들을 굴복시키고 입방아도 사라질 것이다.

아무리 훌륭한 진리라고 하더라도 자신만 알고 아무도 모른다면 그야말로 그것은 무의미하기에 그 진리가 공유될 때 비로소 독단적인 생각을 넘어서 보편타당한 진리가 되는 것이다. 황벽이 임제가 이미 중생의 소견을 벗어난 것은 물론이거니와 이미 스승으로서 자격도 갖추어졌음을 확인하고 떠나도 좋다고 허락하는 순간이다. 자신이 스승 백장의 마음을 이어받은 것처럼 제자인 임제에게 마음을 전한 증표로 백장의 유품을 전하려고 하자 임제는 재고의 여지도 없이 그 유품을 거부했다.

사람들은 일반적으로 남의 후광에 힘입어 자신을 증명하려고 한다. 아마 이런 이유로 인가認可라는 전통이 탄생했을지도 모르겠다. 사실 깨달음이란 누가 나를 증명하는 것이 아니고 자신이 스스로 아는 문제이다. 우리가 괴로운 이유는 순전히 모르기 때문이지 남이 날 인정해 주지 않아서가 아니기 때문이다. 사실만 분명하고 명확히 안다면 괴로움 따위는 존재存在하지 않는다. 물론 몸으로 느끼는 고통은 있을 수 있겠지만 적어도 그것이 불합리해서 도저히 견딜 수 없는 일은 발생하지 않는다.

사실 몸으로 느껴지는 고통은 생각보다 그리 오래가지 않는다. 달리 말하면 참을 만하다. 설사 손발이 잘리더라도 어느 순간 적응해 버려 아프지 않게 된다. 그러나 마음에서 용납할 수 없는 고통은 완전하고 명확히 이해하기 전까지 그 고통이 늘어나면 늘어났지 절대 사라지지 않는다. 따라서 번뇌는 명확히 알아야만 사라지는 것이다. 이것을 알았기에, 임제는 다른 사람의 명성이 필요하지 않아 거부한 것이라고 볼 수 있다. 그러나 황벽은 임제가 '가야 할 길'을 벌써 걸어왔기에, 그 뒤에 일어날 상황도 잘 알았을 것이다. 깨닫고 나면 하기 싫어도 해야 할 일이 생기는데, 그것은 깨달음으로 인해 생겨나는 자비심으로 힘닿는 데까지 법을 펼 수밖에 없다.

각 개인이 독립적인 삶의 주체로 생각하고 살아가는 것이 중생의 삶이라면 서로 연결되어 그 어느 것 하나도 소홀히 할 수 없는 게 깨달은 자의 삶이다. 그래서 임제에게 사람들의 마음을 움직여 교화하는 데 도움이 되므로 백장의 유품을 가져가라고 한 것이다. 하지만 임제는 그것마저도 거부하고 시자에게 불태우라고 하였다. 왜냐하면 스승의 유품이 깨달은 사람에게 전해질 땐 그 의미가 빛날 수도 있지만, 자칫 잘못하여 불손

한 세력의 손에 들어가게 된다면 그것은 남을 현혹하여 자신의 이익을 대변하는 물건으로 순식간에 바뀌기 때문이다. 요즘 한국불교에서 벌어지는 법맥에 대한 논란을 보면 그 폐해가 여실히 드러나고 있다. 내가 깨달았다는 사실은 누가 나의 깨달음을 인정해 주는 게 아니라 자신을 얽어맨 그 어리석음에서 벗어나 자유로워지는 것이다.

스승보다 뛰어나야 전수한 것

後潙山問仰山 臨濟 莫辜負[1] 他黃蘗也無? 仰山云 不然. 潙山云 子又作麼生? 仰山云 知恩方解報恩[2]. 潙山云 從上古人 還有相似底也無? 仰山云 有! 秖是年代深遠 不欲擧似和尙. 潙山云 雖然如是[3] 吾亦要知 子但擧看. 仰山云 秖如楞嚴會上阿難讚佛云 將此深心奉塵剎 是則名爲報佛恩. 豈不是報恩之事? 潙山云 如是如是 見與師齊 減師半德 見過於師 方堪傳授!

뒤에 위산이 앙산에게 물었다.

위산 임제가 설마 황벽을 정말로 져버린 것인가?

앙산 그렇지 않습니다.

위산 그대는 또 어째서 그렇게 생각하는가?

앙산 '은혜를 안다는 것'은 비로소 이해해야 은혜를 갚는 것입니다.

위산 옛사람 중에도 또 비슷한 예가 있는가?

앙산 있습니다. 다만 오래전 일이라 화상에게 말하고 싶지 않습니다.

위산 비록 그렇다고 하더라도, 나도 알고 싶으니 그대는 기탄없이 말해 보게.

1 辜負: 고부孤負와 같다. 배반하다.
2 知恩方解報恩: <은혜를 알아야 비로소 은혜를 갚을 줄 안다> 자기가 입은 은혜가 무엇인지 알아야 비로소 은혜를 갚을 수 있다.
3 雖然如是: 그렇지만. 雖然 두 자字로 「…라 해도」 의 뜻

앙산 예컨대 능엄경 법회에서 아난은

'장차 이렇게 깊은 마음으로

무수한 찰토를 받든다면

이것은 곧 이름을 부처님

은혜에 보답하는 것이라고 하네.'라고

부처님을 찬탄했으니,

어찌 이것이 은혜를 갚는 일이 아니겠습니까?

위산 그렇고말고!

스승과 더불어 나란해 보이면 스승의 덕은 반으로 주니

스승보다 더 뛰어나 보여야 그야말로 전수했다고 할 수 있지!

● 後潙山問仰山 臨濟 莫辜負他黃蘗也無? 仰山云 不然. 潙山云 子又作麼生? 仰山云 知恩方解報恩.
뒤에 위산이 앙산에게 물었다./ 위산: 임제가 설마 황벽을 정말로 져버린 것인가?/ 앙산: 그렇지 않습니다./ 위산: 그대는 또 어째서 그렇게 생각하는가?/ 앙산: '은혜를 안다는 것'은 비로소 이해해야 은혜를 갚는 것입니다.

위의 사건에 대해 위산과 앙산의 평도 재미있다. 위산은 임제가 황벽을 떠났으니 혹시 스승을 저버리고 간 게 아니냐고 물으니 앙산이 그렇지 않다고 말하며 진정으로 은혜를 갚는 것은 무명을 벗어나 밝게 아는 것, 즉 이해하는 것이라고 말한다. 이러한 견해는 가르침의 목적이 무엇인지를 이해한다면 어렵지 않게 이해될 것이다. 부처님이나 조사가 다른 사람을 가르치는 근본 이유는 그가 무명에서 벗어나 행복하게 살도록 하기 위해서이다. 그런데 배우는 사람이 무명에 파묻혀서 헤매면서 그저 스승에게 정성만 들인다면 이것은 스승이 바라는 일도 아니며 '은혜를 갚는 것'도 아니다. 특히 절집의 전통과 가치는 바른 이해에 초점이 맞추어져 있어 더욱 그렇다.

● 潙山云 從上古人 還有相似底也無? 仰山云 有! 秖是年代深遠 不欲擧似和尚. 潙山云 雖然如是 吾亦要知 子但擧看. 仰山云 秖如楞嚴會上 阿難讚佛云 將此深心奉塵剎 是則名爲報佛恩. 豈不是報恩之事?
위산: 옛사람 중에도 또 비슷한 예가 있는가?/ 앙산: 있습니다. 다만 오래전 일이라 화상에게 말하고 싶지 않습니다./ 위산: 비록 그렇다고 하더라도, 나도 알고 싶으니 그대는 기탄없이 말해 보게./ 앙산: 예컨대 능엄경 법회에서 아난은/ '장차 이렇게 깊은 마음으로 무수한 찰토를 받든다면/ 이것은 곧 이름을 부처님 은혜에 보답하는 것이라고 하네.'라고 부처님을 찬탄했으니 어찌 이것이 은혜를 갚는 일이 아니겠습니까?

은혜를 갚은 예를 능엄경의 한 구절을 인용했다. 여기서 '먼지 같은 찰토剎土'라는 말을 잘 이해해야 하는데, 먼지 같다는 것은 '먼지처럼 셀 수도 없이 많다'라는 말이고 찰토剎土라는 말의 국토는 세간의 국토를 말하는 것이 아니고 '마음에서 벌어지고 있는 국토'를 말하는 것으로 12처가 벌어지는 법계法界에서의 국토를 의미한다. 그러므로 찰토剎土란 도량으로 이루어진 국토를 뜻하므로 깨달음을 얻었을 때 드러나는 국토를 의미한다. 그렇게 눈에 보이는 먼지만큼 많은 대상이 모두 부처님 도량처럼 깨끗하고 명확하게 보여 받들게 된다면 그는 이미 부처님의 시각으로 세상을 바라보는 것과 다름없다. 즉 법계의 생성과 소멸을 분명하게 이해하여 깨달았으므로 모든 게 부처님의 도량으로 보이는 것이며, 이것이야말로 그 은혜를 제대로 갚는 것이라 말할 수 있다.

●潙山云 如是如是 見與師齊 減師半德 見過於師 方堪傳授!
위산: 그렇고말고! 스승과 더불어 나란해 보이면 스승의 덕은 반으로 주니 /스승보다 더 뛰어나 보여야 그야말로 전수했다고 할 수 있지!

위산은 평을 멋지게 내렸는데 스승과 나란하게 보인다면 스승의 덕이 반으로 줄어들게 되므로, 제자가 스승보다 더 뛰어나게 보여야 비로소 제대로 전수했다고 할 수 있다는 것이다. 이 말은 잘 새겨야 하는데 대부분 뛰어난 스승에겐 변변한 제자가 없는 게 현실이다. 스승의 자격은 훌륭한 제자를 길러내느냐 못하느냐에 그 성패가 달려 있다. 사실 자신이 남보다 많이 뛰어 나는 것은 그리 어렵지 않다. 그러나 훌륭한 제자를 키워내려면 매우 많은 부분에 세심하게 신경 써야만 한다. 황벽이 경전을 보고 있었던 것은 임제 같은 훌륭한 제자를 키우기 위함이지 자신을 위해 공부한 것이 아니다. 강둑을 건너간 사람은 뗏목이 필요하지 않다. 그러나 건너편에 있는 사람을 더 데려오기 위해선 더욱 연구하지 않으면 안 된다. 궁극적인 깨달음을 성취한 후에 하는 공부는 자비심의 발로로 중생제도가 바로 그 목적이다.

부처님과 조사께 절하지 않습니다.

師到達磨塔頭 塔主云 長老先禮佛 先禮祖? 師云 佛祖俱不禮. 塔主云 佛祖與長老 是什麼冤家? 師便拂袖而出.

임제가 달마의 탑을 모신 암자에 이르니 탑주가 말했다.

탑주 장로長老께서는 부처님께 먼저 절합니까? 조사께 먼저 절합니까?

임제 부처님과 조사에게 모두 절하지 않습니다.

탑주 부처님과 조사가 장로長老와 무슨 원수라도 됩니까?

임제가 바로 옷소매를 툭툭 털고 나가 버렸다.

●師到達磨塔頭 塔主云 長老先禮佛 先禮祖?
임제가 달마의 탑을 모신 암자에 이르니 탑주가 말했다./ 탑주: 장로長老께서는 부처님께 먼저 절합니까? 조사께 먼저 절합니까?

임제록의 이 대목은 잘 이해하지 않으면 많은 오해를 불러올 수 있다. 앞의 내용에서 진정으로 은혜를 갚는 길이 '이해하는 것'이라고 말한 사실을 기억해야 한다. 중국은 전통적으로 고승이 원적에 들면 탑을 세워 기념했다. 이런 탑들이 많아지면 그 탑을 관리하는 암자가 만들어지고 자연스럽게 관리자인 탑주가 배정된다. 탑주는 아마도 탑 관리에만 관심이 있고 수행에는 관심이 없어 임제가 탑에 공양물을 올리고 예배하길 은근히 바랐을 것이다. 그래서 임제에게 부처님께 절할 것인지 달마 조사에게 절할 것인지를 물어본 것이다.

●師云 佛祖俱不禮. 塔主云 佛祖與長老 是什麼冤家? 師便拂袖而出.

임제: 부처님과 조사에게 모두 절하지 않습니다./ 탑주: 부처님과 조사가 장로長老와 무슨 원수라도 됩니까?/ 임제가 바로 옷소매를 툭툭 털고 나가 버렸다.

임제는 어디에 먼저 공양 올리며 절해서 복을 구하는 것이 중요한 게 아니고, 불조가 무엇을 가르쳤는지를 아는 게 더 중요하다는 사실을 이미 알고 있었다. 그래서 임제는 탑주에게 부처와 조사에게 절하지 않는다고 말한 것이다. 이미 부처님이나 조사가 깨달은 그 법을 임제 자신도 깨달았기에 누가 누구에게 절하는 것이 그다지 중요하지 않은 것이다. 깨닫기 전에는 갑과 을의 관계가 성립하지만 깨달으면 갑과 을은 아무런 의미가 없어져 버리게 된다.

이렇게 몸으로 보여줬음에도 탑주는 여전히 이해하지 못하고 부처님과 조사에게 무슨 원수라도 졌냐고 한심하게 물어보니, 임제는 더 말을 섞어야 할 이유가 없기에 소매를 툭툭 털고 자리를 떠난 것이다. 소매를 터는 행위는 중국 사람들의 전통적인 관습으로 상대방이 말도 안 되는 소리를 할 때 그냥 무시하고 떠날 때 하는 행동이다.

오늘의 패배는 모자라서

師行脚時 到龍光. 光上堂 師出問云 不展鋒鋩 如何得勝? 光據坐 師云 大善知識豈無方便? 光瞪目云 嗄! 師以手指云 這老漢 今日敗闕也.

임제가 행각할 때에 용광에 이르렀다. 용광이 법당에 올라가 설법했는데 임제가 나가 물었다.

임제 칼도 뽑지 않고 어떻게 이기라는 겁니까?

용광이 앉는 게 증거라고 하니 임제가 말했다.

임제 대선지식大善知識이 어찌 방편도 없으시오?

용광이 쏘아보며 말했다.

용광 뭐라고~?!

임제가 손가락으로 가리키며 말했다.

임제 이 늙은이야 오늘 진 것은 모자라서야.

● 師行脚時 到龍光. 光上堂 師出問云 不展鋒鋩 如何得勝?
임제가 행각할 때에 용광에 이르렀다. 용광이 법당에 올라가 설법했는데 임제가 나가 물었다./ 임제: 칼도 뽑지 않고 어떻게 이기라는 겁니까?

용광이 설법하는데 임제가 들으니 그 내용이 가관이었던 모양이다. '분명히 알고 하는 설법'과 '남의 것을 흉내 내어서 하는 설법'은 듣는 즉

시 다름을 알 수 있다. 아마도 용광의 설법은 후자인 것 같다. 그러니 임제가 칼도 못 뽑는다고 말했을 것이다. 칼은 뽑을 때는 베기 위해서 뽑는 것이다. 그런데 베려는 자가 칼조차 뽑을 수 없을 정도로 준비가 되지 않았다면 과연 어떤 번뇌를 단칼로 벨 수 있겠는가?

● 光據坐 師云 大善知識豈無方便?
용광이 앉는 게 증거라고 하니 임제가 말했다./ 임제: 대선지식大善知識이 어찌 방편도 없으시오?

임제의 물음에 용광은 '거좌據坐'라고 표현했다. 이것을 자리를 묵묵히 앉았다거나, 고쳐 앉았다고 해석하지만, 문맥상 '앉는 게 증거'라고 해석해야 한다. 즉, 용광은 오랫동안 앉으면 깨달을 수 있다고 말한 것이다. 그러니 임제가 깨달음에 이르는 방편인 해결책도 하나 없냐고 반문 한 것이다.

● 光瞪目云 嗄! 師以手指云 這老漢 今日敗闕也.
용광이 쏘아보며 말했다./ 용광: 뭐라고~?!/ 임제가 손가락으로 가리키며 말했다./ 임제: 이 늙은이야 오늘 진 것은 모자라서야.

임제의 그 말을 제대로 이해하지 못한 용광이 쏘아보며 '사嗄'라고 말했다. '사'라는 글자는 반문하는 어감을 지닌 감탄사로 '응? 뭐라고?' 에 해당하는 말이다. 즉 못 알아들었을 때 반문하는 말이다. 임제는 이런 용광이 한심해서 손가락으로 가리키며 부족한 사람이 법상에 올라서 생긴 일이라고 지적한 것이다. 보통은 이 문장을 '금일패궐야今日敗闕也'라고 읽어 '완전히 망했다.'라고 번역하지만, 조금 어색하여 '패궐敗闕'을 '패敗'와 '궐闕'로 나누어 해석해 '진 것은 모자라서'라고 해석했다. 어느 쪽의 의견을 받아들일지는 읽는 사람의 마음이므로 합리적인 쪽으로 해석해 보길 바란다.

이런 무자격자의 상당설법은 비단 용광만의 일이 아니다. 지금도 우리 주변에 비일비재하게 일어나는 일상적인 일이다. 자신조차도 제도하지 못한 이가 결제법문法門을 한답시고 미리 써놓은 글을 들고 법상에 올라가서 앵무새처럼 읽고 있는 현재의 작태와 뭐가 다르단 말인가? 수행자는 정직이 생명이다. 모르면 모른다고 말하는 것이 수행자의 바른 태도이다. 그런데 모르면서 아는 척하는 것은 안 하느니만도 못한 일이다. 모른다고 말하면 적어도 다른 사람을 불구덩이로 끌고 들어가지는 않는다. 적어도 용광 같은 선사는 되지 말아야 할 것이다.

용이 낳은 황금 봉황

到三峯 平和尙 問曰 什麼處來? 師云 黃蘗來. 平云 黃蘗有何言句? 師云 金牛昨夜遭塗炭 直至如今不見蹤. 平云 金風吹玉管 那箇是知音? 師云 直透萬重關 不住淸霄內. 平云 子這一問 太高生! 師云 龍生金鳳子 衝破碧琉璃. 平云 且坐喫茶. 又問 近離甚處? 師云 龍光. 平云 龍光近日如何. 師便出去.

삼봉에 이르니 평화상이 물었다.

평화상 어느 처소에서 있었는가?

임　제 황벽의 처소에 있었습니다.

평화상 황벽에게 무슨 언구言句라도 있는가?

임　제 황금 소가 엊저녁 도탄을 만나더니
지금까지 흔적조차 보지 못하는구나.

평화상 성인의 입김으로 옥피리 분다 한들
누가 그 소리를 알아줄까?

임　제 곧바로 만 겹 관문 바로 지나면
맑은 하늘에도 머물지 않는다오.

평화상 그대는 이렇게 한번 시험해 봐도 참으로 뛰어나군!

임　제 용이 낳은 황금 봉황은 맑은 유리일지라도
뚫고 지나갑니다.

평화상 자! 앉아서 차를 드시게.

그리고 또 물었다.

평화상 최근에 어디에서 떠나왔는가?

임 제 용광입니다.

평화상 용광은 요즘 어떠신가?

임제가 바로 나가 버렸다.

● 到三峯 平和尚 問曰 什麽處來? 師云 黄蘗來. 平云 黄蘗有何言句?
삼봉에 이르니 평화상이 물었다./ 평화상: 어느 처소에서 있었는가?/ 임제: 황벽의 처소에 있었습니다./ 평화상: 황벽에게 무슨 언구라도 있는가?

평화상은 아마도 시문 짓기를 좋아했던 것 같다. 대화가 시를 주고받는 구성으로 이루어져 있다. 평화상은 임제가 오니 어디서 왔는지 물어보고 황벽에서 왔다고 하니 '황벽에게 무슨 언구라도 있느냐?'라고 물었는데, 이것은 '황벽이 뭘 깨닫기나 했나?'하고 조롱하며 묻는 것이다. 이런 반응으로 유추할 수 있는 것은 황벽이 깨달음을 얻었더라도 당시엔 그리 인지도가 높지 않아 몰랐거나 자신이 더 뛰어남을 드러내기 위해 한 말이라는 것이다.

● 師云 金牛昨夜遭塗炭 直至如今不見蹤. 平云 金風吹玉管 那箇是知音? 師云 直透萬重關 不住淸霄內.
임제: 황금 소가 엊저녁 도탄을 만나더니/ 지금까지 흔적조차 보지 못하는구나./ 평화상: 성인의 입김으로 옥피리 분다한들/ 누가 그 소리를 알아줄까?/ 임제: 곧바로 만 겹 관문 바로 지나면/ 맑은 하늘에도 머물지 않는다오.

평화상의 황벽을 깎아내리는 말에 임제는 황금 소가 진흙이나 숫덩어리에 빠지더니 지금까지도 흔적을 찾지 못했다고 말했다. 이 말의 의미는 불성이 있는 그대가 중생이 되더니 지금까지도 깜깜하게 아무것도 모른다고 은유적으로 말한 것이다. 그러자 평화상은 이에 질세라 '금풍金風'이 옥피리를 분들 그 누가 알아줄까? 하고 화답하는데 이 금풍을 '가을바람'

으로 볼 수도 있고, '금선의 입김' 즉 '성인의 말씀'으로 해석할 수도 있다. 여기서는 가을바람이라기보다 성인의 말씀으로 보는 게 옳아 보인다. 결국, 평화상이 하려던 속내는 법문法門은 훌륭할지 모르지만, 과연 몇 사람이나 알아주겠느냐는 것이다. 그 말에 임제는 만겹의 관문을 뚫은 사람은 깨끗한 곳을 찾아 머물지 않는다고 말했다. 즉 깨달은 사람은 더럽고 깨끗함을 이미 떠나서 알아주든, 알아주지 않든 개의치 않는다고 응수해 버린 것이다.

● 平云 子這一問 太高生! 師云 龍生金鳳子 衝破碧琉璃.
평화상: 그대는 이렇게 한번 시험해 봐도 참으로 뛰어나군!/ 임제: 용이 낳은 황금 봉황은 맑은 유리일지라도 뚫고 지나갑니다.

평화상은 임제의 밀리지 않고 뛰어난 모습에 감탄하니 임제는 용이 낳은 봉황은 유리도 뚫고 지나간다고 말했다. 여기서 용은 황벽이요 황금 봉황은 임제를 말한다. 즉 훌륭한 스승이 만들어 낸 제자는 아무리 뚫기 어려운 곳도 다 통과한다는 것을 은유적으로 표현한 것이다.

● 平云 且坐喫茶. 又問 近離甚處? 師云 龍光. 平云 龍光近日如何. 師便出去.
평화상: 자! 앉아서 차를 드시게./ 그리고 또 물었다./ 평화상: 최근에 어디에서 떠나왔는가?/ 임제: 용광입니다./ 평화상: 용광은 요즘 어떠신가?/ 임제가 바로 나가 버렸다.

평화상은 임제의 출중함을 알고 더 할 말이 없어 차 한잔하자고 했다. 그리고 최근에 어디서 왔냐고 묻기에 용광에서 왔다고 하니 평화상이 용광의 안부를 물었다. 이 말에 임제는 대꾸도 없이 나가버린다. 본래 사람은 비슷한 사람들끼리 노는 법이다. 그래서 그가 어울리는 친구들을 보면 대충 견적이 나오기 마련이다. 그래서 임제도 용광과 평화상이 친분이 두터운 것을 확인하고 더 말할 필요를 느끼지 못해 그냥 나와버린 것이다.

대자에게서 소매를 털고 나오다

到大慈 慈在方丈內坐. 師問 端居丈室時如何? 慈云 寒松一色千年別 野老拈花萬國春. 師云 今古永超圓智體 三山鎖斷萬重關. 慈便喝 師亦喝. 慈云 作麼? 師拂袖便出.

대자에 이르니 대자가 방장실 안에 앉아있었다. 임제가 물었다.

임제 단정히 방장실에 계실 때는 어떻습니까?

대자 한겨울 소나무는 천년이 흘러도 한 색이듯
촌 늙은이 염화실도 온 세상의 봄이라네.

임제 고금을 영원히 넘어서야 완전한 지혜의 본체며
만겹의 관문은 세 개의 태산 같은 쇠사슬 끊는 것이네.

대자가 곧 할喝을 하니 임제 역시 할喝을 했다.

대자 왜 그러는가?

임제가 소매를 털고 바로 나왔다.

● 到大慈 慈在方丈內坐. 師問 端居丈室時如何? 慈云 寒松一色千年別 野老拈花萬國春.
대자에 이르니 대자가 방장실 안에 앉아있었다. 임제가 물었다./ 임제: 단정히 방장실에 계실 때는 어떻습니까?/ 대자: 한겨울 소나무는 천년이 흘러도 한 색이듯/ 촌 늙은이 염화실도 온 세상의 봄이라네.

대자는 아마도 방장이 되어 세상을 등지고 청정한 수행자를 자처하며

산 듯하다. 그래서 임제는 그 '방장실에 앉아있을 때' 어떠냐고 질문을 한 것이다. 사람들이 세상을 법계法界로 그려낼 때 시간과 공간이라는 개념을 이용해서 창조해낸다. 그런데 사람들은 어리석어 세상에 시간과 공간이 존재存在한다고 생각한다. 더더군다나 나와 세상이 별개로 존재存在한다고 생각하며, 그 세상에 내가 태어나 살다가 죽는다고 생각한다. 그래서 사람들은 그 세상과 별개의 또 다른 별개의 해탈이나 열반의 세계에 가거나 태어나기를 바라면서 수행하는 것이다. 즉 자신만이 특별한 존재存在가 되려고 하는데, 이것은 아주 큰 착각이고 망상일 뿐이다.

대자 또한 이런 생각에서 헤어 나오지 못하고 있다. 그래서 주관과 객관을 독립적인 개체로 이해하고 있다는 게 그의 시를 통해 드러난다. 대자는 아마도 방장이 되어 세상을 등지고 청정한 수행자를 자처하며 산 듯하다. 그래서 임제는 그 '방장실에 앉아있을 때' 어떠냐고 질문을 한 것이다. '한겨울 소나무가 천년이 지나도 한 가지 색이듯'이라는 것은 한겨울에도 변함없이 푸르른 소나무처럼 자신도 변함이 없다는 말이고, '촌 늙은이 염화실도 온 세상의 봄이라네.'라고 한 것은 방장실에 앉아만 있으면 더할 나위 없이 좋다는 말이다. 여기서 '염화'는 '염화실'로 '방장실'의 다른 말이다.

● 師云 今古永超圓智體 三山鎖斷萬重關.
임제: 고금을 영원히 넘어서야 완전한 지혜의 본체며/ 만겹의 관문은 세 개의 태산 같은 쇠사슬 끊는 것이네.

임제는 대자의 대답에 그의 상태를 바로 파악하고 '고금을 넘어야 완전한 지혜의 본체'라고 꼬집어 말했다. 그 의미는 옛날과 지금이 따로 존재存在하지 않음을 알아야 진정한 지혜라고 말한 것이다. 즉 시간은 세상을 이해하기 위해 마음이 만들어 낸 세상 즉 법계를 창조하기 위한 잣대일 뿐이다. 우리가 세상의 움직임을 이해하기 위해서 시간의 개념을 만들어 세상을 이해한다. 즉 우리가 이해하는 세상은 시간을 제외하면 움직임이 사라져 버린다. 공간에 대한 개념에 시간을 더해야 움직임이 이해되기 때문이다. 그러한 시간에 대한 설명을 임제는 '세 개의 태산 같은 쇠사슬을 끊는 게 만 겹의 관문'이라고 했다.

여기서 세 개의 태산은 과거, 미래, 현재인 삼세를 산으로 비유했고 이것이 뚫고 지나가야 할 만 겹의 성문이라고 한 것이다. 자신에게 이해되는 모든 것은 '시간'과 '공간'의 개념을 이용해 법계法界를 스스로 창조한 것이고, 그렇게 창조된 법계를 세상으로 착각하며 살아가는 것이 중생이다. 이러한 사실을 철저히 깨달아야만 쓸데없이 쫓아다니지 않고 자유롭게 살아갈 수 있는 것이며, 이렇게 살아가는 이가 바로 부처요 조사이다.

● 慈便喝 師亦喝. 慈云 作麼? 師拂袖便出.
대자가 곧 할喝을 하니 임제 역시 할喝을 했다./ 대자: 왜 그러는가?/ 임제가 소매를 털고 바로 나왔다.

임제의 이러한 말을 이해할 수 없었던 대자는 임제에게 할을 했다. 그러나 임제는 받아들이지 않고 다시 할을 했다. 할의 의미는 이 의미를 깨달으라는 일종의 압박이다. 임제의 압박에 대자는 어안이 벙벙해서 그만 '어째서?'라며 자신의 치부를 드러내게 된 것이다. 여기서 '작마作麼?'는 '뭘 하라는 건가?', '왜 그러는가?' 정도의 의미로 해석될 수 있다. 만약 대자가 자신의 사유가 임제가 말한 그곳까지 도달했다면 임제의 한 마디에 바로 깨달았을 것이다. 그러나 그 말을 이해하지 못해 어째서 그런지조차 몰랐다면, 아직 만 겹의 관문을 뚫지도 못하고 방장실을 차지하고 있는 것이니, '방장의 모습을 한 세속 사람'에 지나지 않은 것이다. 그래서 임제는 소매를 털고 나간 것이다. 더 길게 말해봐야 입만 아픈 상황이니 중단하고 자리를 떠나는 것이다. 대화는 서로 간에 의식 수준이 비슷할 때라야 대화가 이루어지지, 그렇지 않다면 서로가 허공에 대고 말하는 독백과 크게 다르지 않을 것이다.

이곳의 상좌를 세 번째 자리로

到襄州華嚴 嚴倚拄杖作睡勢. 師云 老和尙 瞌睡作麽? 嚴云 作家禪客 宛爾不同! 師云 侍者 點茶來! 與和尙喫. 嚴乃喚維那 第三位 安排[1]這上座.

양주의 화엄에 이르니 화엄이 주장자에 기대어 자는 척하니 임제가 말했다.

임제 노 화상께선 어째서 말뚝잠을 자는 척하십니까?

화엄 전문 선객이라 완연하고도 다르구나!

임제가 말했다.

임제 시자야, 차를 다려오너라! 화상과 함께 마셔야겠다.

화엄은 이에 유나를 불러 이쪽의 상좌를 세 번째 자리로 배치하도록 했다.

● 到襄州華嚴 嚴倚拄杖作睡勢. 師云 老和尙 瞌睡作麽? 嚴云 作家禪客 宛爾不同! 師云 侍者 點茶來! 與和尙喫.
양주의 화엄에 이르니 화엄이 주장자에 기대어 자는 척하니 임제가 말했다./ 임제: 노 화상께선 어째서 말뚝잠을 자는 척하십니까?/ 화엄: 전문 선객이라 완연하고도 다르구나!/ 임제가 말했다./ 임제: 시자야, 차를 다려오너라! 화상과 함께 마셔야겠다.

양주의 화엄에게 갔을 때 화엄이 조는 척하니 임제는 그게 거짓임을

1 安排 할당하다, 배치하다.

바로 알아챘다. 화엄 역시 그 자리에서 임제가 범상치 않음을 눈치채고 임제를 인정한다. 이에 임제는 화엄과 차를 마셔야겠다고 시자에게 차를 내오라고 했다. 이것은 화엄과 임제가 서로를 단박에 알아보았고 임제는 이곳에서 한동안 지내겠다고 방부를 청한 것이다.

● 嚴乃喚維那 第三位 安排這上座.
화엄은 이에 유나를 불러 이쪽의 상좌를 세 번째 자리로 배치하도록 했다.

임제의 청을 모를리 없는 화엄은 그 자리에서 유나를 불러 자신의 상좌를 세 번째 자리로 옮기라고 말했다. 즉 첫 번째 자리는 당연히 화엄이고, 두 번째 자리였던 그 절의 상좌를 세 번째 자리로 옮기고, 그 두 번째 자리에 임제를 배치하라는 것이다. 화엄은 임제에게 최상의 대우를 했다고 볼 수 있다. 안목이 비슷한 사람은 굳이 구구하게 여러 가지 말을 하지 않아도 속내를 알 수 있다. 마치 한 모금의 바닷물만으로도 민물인지, 바닷물인지를 단박에 아는 것과 같다. 그 후의 상황이 어떻게 전개되었는지는 정확히 알 수 없으나 이 일단의 이야기만으로도 어느 정도는 화엄과 함께 지냈을 것으로 추정할 수 있다.

하나의 화살은 서천을 거쳐왔다.

到翠峯 峯問 甚處來? 師云 黃蘗來. 峯云 黃蘗有何言句 指示於人? 師云 黃蘗無言句. 峯云 爲什麼無? 師云 設有亦無擧處. 峯云 但擧看! 師云 一箭過西天.

취봉에 이르니 취봉이 물었다.

취봉 어느 처소에서 왔는가?

임제 황벽에서 왔습니다.

취봉 황벽이 무슨 언구가 있기에 사람들을 가리키는가?

임제 황벽은 언구가 없습니다.

취봉 어째서 없다고 했는가?

임제 설령 있다는 것 또한 처處를 거론하면 없기 때문입니다.

취봉 다만 본대로 거론했구나!

임제 하나의 화살은 서천을 거쳐왔습니다.

● 到翠峯 峯問 甚處來? 師云 黃蘗來. 峯云 黃蘗有何言句 指示於人? 師云 黃蘗無言句.
취봉에 이르니 취봉이 물었다./ 취봉: 어느 처소에서 왔는가?/ 임제: 황벽에서 왔습니다./ 취봉: 황벽이 무슨 언구가 있기에 사람들을 가르치는가?/ 임제: 황벽은 '없다.'라는 언구가 없습니다.

취봉의 질문은 '황벽에게 무슨 언구가 있어서 사람을 가르치는가?'하고 물었는데, 이것은 '황벽이 뭘 안다고 가르치느냐?'고 약간 비꼬듯이 말하는 것이다. 아주 친한 사이가 아니면 이렇게 묻기 어려운 질문이다. 임제가 대우에게 갔을 때도 똑같이 이렇게 물었다. 취봉의 이런 물음에 임제는 '황벽에겐 언구가 없다.'라고 잘라서 말했다.

● 峯云 爲什麽無? 師云 設有亦無擧處.
취봉: 어째서 없다고 했는가?/ 임제: 설령 있다는 것 또한 처處를 거론하면 없기 때문입니다.

다시 어째서 없다고 말하는지를 취봉이 물으니 임제는 설사 존재存在한다는 것도 '처處'를 거론하게 되면 '없는 것'이라고 말했다. 그렇다. 황벽이 임제에게 전한 것은 '처處'에 대한 깨달음이며, 이 처는 존재存在하는 게 아니라서 말로 규정지어 표현할 수 없다. 왜냐하면, 바로 그 말을 만들어내고 쓰이는 곳이기 때문이다. 이 처의 작용을 이해하는 것이 불법의 핵심이기에 이것을 깨닫지 못하면 일생 번뇌에서 벗어나지 못할 뿐 아니라 쉴 수도 없다.

● 峯云 但擧看! 師云 一箭過西天.
취봉: 다만 본대로 거론했구나!/ 임제: 하나의 화살은 서천을 거쳐왔습니다.

취봉도 이미 알고 있다는 듯이 본대로 거론했다고 말했다. 그랬더니 임제는 하나의 화살은 서천 즉 인도를 지나왔다고 말했다. 그 말의 의미는 두 가지로 해석할 수 있는데 하나는 '부처님이 쏜 법의 화살'로 보는 것이고, 또 다른 하나는 '중생이 가슴에 맞은 독화살'로 생각할 수도 있다. 부처님이 쏜 화살로 해석한다면 인도를 거쳐 중국으로 와서 자신의 스승 황벽까지 전해졌다는 의미가 된다. 따라서 임제도 황벽에게 법을 이었으니 적통이라는 것을 은유적으로 표현했다고 볼 수도 있다. 또한, 이 화살을 중생이 맞은 독화살로 볼 수도 있다.

부처님께서는 '찰제리'라는 무사 계급이라서 그런지 몰라도 수행도 전쟁과 관련된 비유를 많이 하셨다. 그중 하나가 독화살의 비유이다. 중생은 누구나 독화살을 하나 맞고 있다. 그 독화살은 양극단에 의지해서 사유하고 그것에 근거해서 모든 것을 판단한다는 사실이다. 이것은 모든 것을 '존재화存在化'하여 존재存在한다고 믿고, 또 그 존재存在 때문에 괴로워하게 된다. 이것이 바로 부처님께서 말씀하신 독화살이다. 이 '양극단에 의지한 사고를 뽑아버리는 것'이 바로 독화살의 제거이다. 이것을 부처님께서는 '제3의 길'인 '중도中道'라고 말씀하신 것이다. 따라서 이 존재存在에 대한 사고는 인도사람들도 죽게 했고, 중국 사람들도 죽게 한 그 독화살이라는 취지로 말했다고 생각할 수 있다.

번뇌의 시작은 바로 존재存在한다고 보는 시각에서부터 시작된다. 앞에서 임제는 이미 '존재存在한다는 것'은 '처處'라는 입장에서 바라보면 '없는 것'이라고 말했다. 취봉 또한 본대로 거론했다고 말한 것으로 보아 '독화살 맞은 중생의 소견'을 이미 넘어선 조사임이 분명해 보인다. 임제의 '있다는 것 역시 처를 거론하면 없다.'라는 말에 큰 반응을 보이지 않고 당연하다는 듯이 말하고 있기 때문이다. 같은 내용의 깨달음을 얻은 사람들은 굳이 긴 말이 필요 없다. 단지 몇 마디만 오가더라도 이미 상대가 어느 정도 인지 간파할 수 있다. 예컨대, 내가 지나온 길을 어느 누가 똑같이 밟아서 왔다면 그의 이야기를 조금만 들어도 어디쯤 와 있는지 금방 알 수 있는 것과 같다.

상전과의 만남

到象田 師問不凡不聖 請師速道 田云 老僧秖與麽! 師便喝云 許多禿子在這裏覓什麽椀?

상전에 이르러 임제가 '범부도 아니고 성인도 아닌 것'이 물으며 스님께선 얼른 말해보라고 청했다. 상전이 말했다.

상 전 노승이 다만 그렇다네!

임제가 곧 할喝을 하고 말했다.

임 제 여기에 중들이 하고많은들 무슨 밥그릇이나 찾겠어?

● 到象田 師問不凡不聖 請師速道 田云 老僧秖與麽!
상전에 이르러 임제가 '범부도 아니고 성인도 아닌 것'이 물으며 스님께선 얼른 말해보라고 청했다. 상전이 말했다./ 상전: 노승이 다만 그렇다네!

임제가 상전을 만나서 물어본 것이 '불범불성不凡不聖'인데 무슨 의미인지를 알아야 이 대목이 제대로 이해할 수 있다. '범부도 아니고 성인도 아니다.'라는 것은 언어로 사유하지 않아 대상을 어떤 존재存在로 보지 않는다는 말로 훌륭한 조사를 이렇게 표현한 것이다. 즉 임제가 상전에게 물었던 것은 '스님도 대상을 실체적實體的인 개념으로 바라보는가?'라고 말한 것이다. 그랬더니 상전이 당당하게 말하기를 '자신이 바로 그런 사람'이라며 자신을 그런 대상으로 다시 규정해 버렸다. 이것은 공을 제대로 이해하지 못해서 벌어지는 일이다. 이런 현상은 공을 완전하게 깨닫지 못하고 머리로만 계산해서 대충 동의하고 그런 것 같다고 생각하고 끝낼 때 벌어지는 현상이다. 머리로는 이해한 것 같으나 실제로는 이해한 것이 아니라 남의 생각에 동의한 것일 뿐이다.

● 師便喝 云 許多禿子 在這裏覓什麼椀?
임제가 곧 할喝을 하고 말했다./ 임제: 여기에 중들이 하고많은들 무슨 밥그릇이나 찾겠어?

임제는 상전이 '내가 바로 그렇다.'라고 자아를 규정하는 순간 바로 할을 했다. 그의 어리석음을 할로 꾸짖은 것이다. 자아가 없는 '무아無我' 즉 '공空'을 말하면서 자신이 바로 사람이라고 단정해 버린다면 그야말로 공을 모르는 것이다. 금강경에서 '아라한이 내가 바로 아라한이라고 말한다면 아라한이 아니다.'라고 말하는 것과 같다. 상전은 자기 자신을 이미 그런 상대적인 개념을 떠난 사람이라고 다시 규정했으니 그는 아직도 언어적 사유에서 벗어나지 못한 것이다. 그래서 임제가 단박에 할로 꾸짖은 것이다.

상전이 자신을 이렇게 훌륭한 선승으로 자처하고 포장했으니 그것을 믿고 따르는 대중이 꽤 많았나 보다. 그러니 임제가 승려가 아무리 많아도 제 밥그릇도 못 찾을 것이라면서 한탄한 것이다. '밥그릇을 못 찾는다.'라는 말은 승려가 자신의 역할을 하지 못한다는 말과 같은데, 승려는 풍족하든 풍족하지 않든 간에 모두 시주의 은혜로 그 생명을 이어간다. 그러니 그 은혜를 되돌리는 길은 바르게 깨달아 시주에게 바른길을 인도해야 한다. 승려가 되는 순간부터 이 의무를 저버릴 수 없다. 이러한 의무를 지기 싫다면 출가하지 않고 수행하면 된다. 출가하지 않는다고 깨닫지 못하는 것은 아니기 때문이다. 다만 출가하면 수행에만 전력하여 빨리 깨달을 수 있는 조건이 만들어진다는 것일 뿐 깨달음이 보장되진 않는다. 그러니 승려가 되었다면 바른길을 따라 바르게 수행해야만 시주의 은혜를 갚을 수 있다. 그렇지 않고 잘못된 스승에 의지하여 수행한다면 일평생 노력한다고 할지라도 헛수고요, 시주의 은혜는 갚을 길이 없어지는 것이다.

화두話頭

到明化 化問 來來去去 作什麼? 師云 秖徒踏破草鞋. 化云 畢竟作麼生? 師云 老漢 話頭也不識!

명화에게 이르니 명화가 물었다.

명화 한 곳만을 오가며 무엇 하는 거요?

임제 다만 땅만 밟으면 짚신만 닳겠지요.

명화 끝내 어쩌려고 그러시오?

임제 노인네가 말귀도 못 알아먹는군!

● 到明化 化問 來來去去 作什麼? 師云 秖徒踏破草鞋.
명화에게 이르니 명화가 물었다./ 명화: 한 곳만을 오가며 무엇 하는 거요?/ 임제: 다만 땅만 밟으면 짚신만 닳겠지요.

대화가 너무 짧아 의미 파악이 쉽지 않다. 다만 기존의 번역은 맥락이 맞지 않아 읽을 때마다 의문이 들었다. 대화는 기본적으로 이야기의 전개가 물 흐르듯 자연스러워야 한다. 그런데 서로 알아들을 수도 없는 말만 서로 지껄인다면 그것은 독백일 뿐 대화라 말할 수 없다. 또 그런 대화라면 굳이 선어록에 남길 이유가 있을까? 분명하고 중요하니까 남겼을 것이다.

정황상 임제는 아마도 경행을 했던 모양이다. 당시의 중국불교는 교학 연구가 중심이었다가 선종으로 넘어가는 시점이었으므로 깨달음을 얻는 방법이 교학의 연구나 좌선이 주류를 이루었을 것이다. 그래서 명화는 임제가 한 곳을 왔다 갔다 하는 것을 보고 수행은 하지 않고 쓸데없이 오간다고 생각해서 매우 못마땅했으리라. 그래서 '한 곳만 오고 간다고 부처가 되기라도 한다더냐?'하고 물은 것이다. 그러자 임제는 '단지 땅만 밟고 다닌다면 짚신만 닳겠지요.'라고 말한다. 즉 겉으로는 왔다 갔다 하는 것만 보이겠지만, 그것이 전부가 아니라고 말하는 것이다.

본래 선禪이란 깊게 생각하는데 그 의미가 있다. 깊은 생각을 잘 이어갈 수 있다면 행주좌와行住坐臥 어묵동정語默動靜이 아무런 문제가 되지 않는다. 실질적으로 앉아서 집중하기 어려울 때는 '천천히 걷는 것'이 훨씬 도움이 된다. 그래서 부처님께서도 좌선坐禪 dhyana과 경행經行 cankramana을 균형 있게 하라고 말씀하셨다.

●化云 畢竟作麽生? 師云 老漢 話頭也不識!
명화: 끝내 어쩌려고 그러시오?/ 임제: 노인네가 말귀도 못 알아먹는군!

명화는 끝내 어쩌려고 그러냐고 묻는데 그 의미는 '그렇게 해서 결국엔 깨닫기나 하겠어?'라는 말이다. 당시엔 오랜 세월 동안 보살행을 해야 그 공덕으로 깨닫는다거나 불보살께 지극한 정성을 들여야 깨닫거나 극락정토極樂淨土에 왕생할 수 있다고 생각했다. 물론 현금現今의 상황도 크게 다르지 않다. 그러고 보니 어리석음은 시대도, 학력도 다 초월해 있는 것 같은 생각이 든다. 명화의 물음에 임제는 '노인네가 말귀도 못 알아먹는군!'하고 독백을 했다. 여기서 '화두話頭'란 말이 처음으로 등장한다.

'화두話頭'에서 '두頭'는 머리가 아니고 중국 사람들이 한 글자를 싫어해서 붙이는 단순한 접미사에 해당한다. 따라서 화두란 그냥 '말'이다. 다만 이 말을 이해하지 못해서 생기는 문제일 뿐이다. 깨달음이란 모르는 것을 이해한 것이 깨달음이다. 따라서 깨달음을 얻으면 모든 게 그럴 수 있다고 인정하게 되고, 깨닫지 못하면 도저히 용납이 안 될 뿐이다. 따라서 완전히 깨닫지 못했을 때는 이해되는 일과 이해되지 않는 일이 함께 일어나고 있다. 그러나 완전히 깨닫고 나면 모든 것이 다 이해된다. 이 세상에 벌어지는 모든 것은 일어날 조건이 형성되어 일어났을 뿐 일어나지 말아야 할 일이 일어난 적은 단 한 번도 없다. 다만 자신이 타당하지 못한 생각으로 바라보아서 이해하지 못했을 뿐이며, 당연히 일어날 일들이 일어난 것이다.

'화두의 참구'는 못 알아먹었던 말을 이해하기 위해 그 근원이 완전히 파악될 때까지 끊임없이 궁구하여 그 해답을 얻는 것이다. 거기에는 자세 따위는 그리 중요하지 않다. 만약 자세가 중요하다면 관절염환자는 깨달음을 얻을 수 없단 말인가? 절대로 그렇지 않다! 미쳤거나 너무 어려서 말을 이해할 수 없는 경우만 아니라면 누구든지 가능하다고 부처님께서도 말씀하셨다.

봉림이 사라지다.

往鳳林 路逢一婆. 婆問 甚處去? 師云 鳳林去. 婆云 恰值鳳林不在. 師云 甚處去? 婆便行 師乃喚婆. 婆回頭 師便打.

봉림을 지나가는데 길에서 한 노파를 마주쳤을 때 노파가 물었다.

노파 처에서 간다는 게 무엇입니까?

임제 봉림이 가는 겁니다.

노파 마치 봉림이 없다는 것 같습니다.

임제 처가 간다는 게 무엇입니까?

노파가 바로 걸어가니 임제가 이에 노파를 불렀다. 노파가 돌아보자 임제가 바로 때렸다.

● 往鳳林 路逢一婆. 婆問 甚處去? 師云 鳳林去.
봉림을 지나가는데 길에서 한 노파를 마주쳤을 때 노파가 물었다./ 노파: 처에서 간다는 게 무엇입니까?/ 임제: 봉림이 가는 겁니다.

비록 매우 짧은 대화이지만 매우 의미심장하다. 덕산의 일화에 떡장수 노파가 등장했던 것처럼 여기 임제록에도 노파가 등장한다. 다른 점이 있다면 덕산은 떡장수로 인해 자신의 미숙함이 드러났다면 임제의 경우는 노파의 어리석음을 지적한다. 역자 개인의 생각이지만 이 글을 엮은 저자도 그 점을 염두에 두고 임제를 더 뛰어나게 보이려 한 것으로 보인다. 이 일이 실제로 일어난 일인지 아닌지는 확인할 수 없다. 그렇지만 시사하는 바는 매우 크다. 먼저 노파가 임제에게 '심처거甚處去?'라고 물었는데, 보통 어디를 가느냐고 물을 때는 '하처거何處去?'라는 말을 쓴다. 그런데 '심처거甚處去?'라며 이상한 방식으로 물었다. 임제의 전체적인 주제는 처에 대한 설명이 대부분이므로 이것도 그런 맥락에서 이해해야 한다고 생각한다. 즉 처가 작용할 때 '간다는 것'이 마치 내가 가는 것처럼 느끼지만, 사실은 처에서 드러난 대상들이 일어났다 사라질 뿐이다. 그래서 임제는 봉림이 간다고 말을 한 것이다.

● 婆云 恰值鳳林不在. 師云 甚處去? 婆便行 師乃喚婆. 婆回頭 師便打.

노파: 마치 봉림이 없다는 것 같습니다./ 임제: 처가 간다는 게 무엇입니까?/ 노파가 바로 걸어가니 임제가 이에 노파를 불렀다. 노파가 돌아보자 임제가 바로 때렸다.

노파는 마치 '봉림이 없는 것'처럼 들린다고 하니, 임제 또한 '처에서 간다는 것이 무엇입니까?'하고 되물었다. 그랬더니 노파는 바로 걸어갔다. 즉 자신이 가는 거지 봉림이 없는 것은 아니라고 몸으로 표현한 것이다. 그러자 임제는 노파를 불렀고 되돌아보자 한 대 때렸다. 과연 이것이 무엇을 의미하는지 쉽게 알아차리기 힘들 수 있다. 사람은 세상이란 대상을 인식할 때 '감각 기관'을 통해서 들어온 신호를 처리하여 법계法界라는 세상을 구현하고 그것을 가지고 판단을 하는데 마치 '장기나 체스를 두는 것'과 같다. 여러 가지 말들을 이리저리 움직이며 '전장의 상황을 구현해서 판단하고 지휘하는 것'과 같다. 그러나 사람은 장기판을 실제 세계로 믿고 있어 장기판의 말을 좋아하고 미워하는 것이다. 물론 장기판의 상황이 전혀 근거가 없는 것은 아니지만 그렇다고 완벽한 진실도 아니다.

사람들은 세상을 인식할 때 시간과 공간이란 개념을 통해서 이해하고, 그 공간에서 자신이 살고 있다고 철석같이 믿고 있다. 그리고 공간이란 개념에 시간이 더해지면 움직임을 이해하게 되는데, 이 움직임에 대해 노파를 등장시켜 일깨워 주고 있다. 그래서 '처에서 간다는 게 무엇이냐?'는 임제의 말에 노파가 길을 걸어가 보인 것인데, 그 의미는 세상이 그대로 있는데 '자신이 세상을 걸어간다는 것'을 몸으로 표현한 것이다. 이 노파의 생각이 곧 우리들의 생각을 대변하고 있다. 자신에게 드러나는 세상을 잘 관찰해보라! 자세히 살펴보면 그렇게 말할 수 없음을 발견하고 짐짓 놀라게 된다. 자신이 걸어갈 때 보이는 세상은 한쪽으로 계속해서 사라지며 또 다른 쪽은 계속해서 만들어지고 있다. 사실 걸어갈 때 '감각 기관'을 통해서 들어온 신호들은 순간적으로 구별해서 구현해 내는 세상이 법계法界이고 마음의 작용이다.

임제는 노파에게 이 사실을 알게 하려고 가던 노파를 부른 것이다. 노파가 길을 걸어가면서 노파의 시야에서 사라졌던 그 봉림이 임제가 불러서 노파가 돌아보자 마음이 순간적으로 다시 봉림을 구현해 낸 것을 보여준 것이다. 즉 노파는 봉림은 그대로 있고 사람이 간다고 생각했고 임제는 봉림도 내가 만들고 사라지게 하는 법계法界의 일부분이란 사실을 드러낸 것이다. 그런데 이것을 일반적인 관점으로 바라본다면 노인을 홀대하는 몰상식한 인간으로 매도될 수 있다. 만약 그렇게 보는 사람이 있다면 그야말로 어리석음의 극치라 하겠다.

이 노파와의 일화는 덕산의 떡장수 일화와 교묘하게 비견된다. 덕산의 일화는 시간의 문제를 제시했다면 임제는 공간의 문제를 제시했다. 이 시간과 공간은 실재實在로 그런 시간과 공간이 존재存在하는 것이 아니고 결국 인간의 인식 작용이 만들어 낸 허상이며, 그 허상을 토대로 세상을 이해하고 그렇게 생명 활동을 이어가는 방식일 뿐이다. 이 시간과 공간이 내게 어떻게 드러나게 되었는지를 이해하는 것이 바로 십이연기이며, 이 연기를 완벽하게 이해하면 세상이 드러나는 작동방식이 이해됨과 동시에 대상에 대해 집착하는 마음도 함께 소멸하는 것이다. 그렇기에 십이연기의 처음이 무명이라는 '알지 못함'이며 결론이 '번뇌의 모임'인 '오취온고五取蘊苦'가 되는 것이다.

연기는 무명 때문에 '오취온고'가 만들어지는 과정을 세밀하게 설명한 것이다. 그 내용이 워낙 이리저리 얽혀서 쉽게 이해할 수 있는 것은 아니다. 그러니 깊은 사유가 필요한 것이며, 그 해결책으로 제시된 것이 바로 강한 의심으로 그 문제를 풀어가는 '화두 참선법'인 것이다. 따라서 화두의 중심에 강한 의심이 자리하고 있다. 의심은 깜깜한 무명無明의 모름이요, 깨달음은 밝아져 의심이 사라져 확연히 드러나는 것이다.

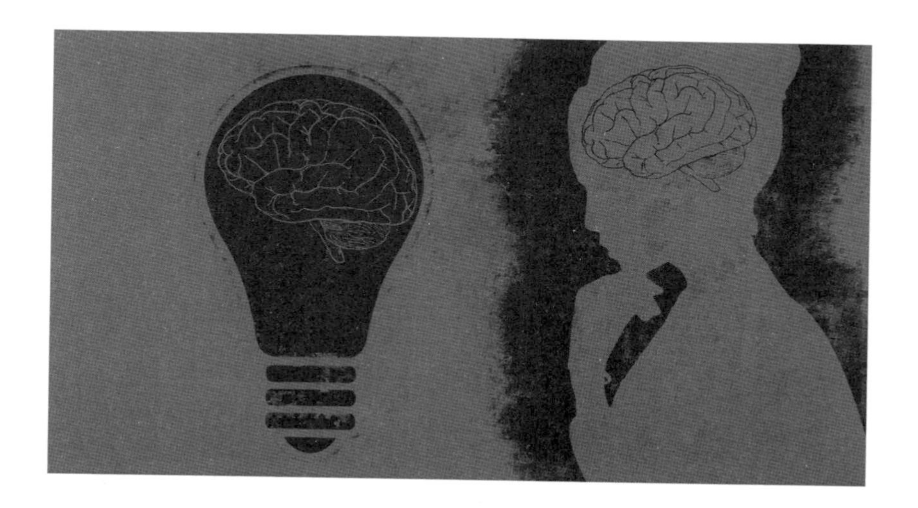

길에서 검객劍客을 만나면 검을 바쳐라

到鳳林 林問 有事相借問得麼? 師云 何得剜肉作瘡? 林云 海月澄無影 遊魚獨自迷. 師云 海月既無影 遊魚何得迷? 鳳林云 觀風知浪起 翫水野帆飄. 師云 孤輪獨照江山靜 自笑一聲天地驚. 林云 任將三寸輝天地 一句臨機試道看. 師云 路逢劍客須呈劍 不是詩人莫獻詩 鳳林便休. 師乃有頌 大道絕同 任向西東 石火莫及 電光罔通.

봉림에 도착하니 봉림이 물었다.

봉림 어떤 상황을 좀 빗대서 물어봐도 되겠는가?

임제 어찌 긁어서 부스럼을 만들려고 합니까?

봉림 바다에 뜬 달은 그림자도 없이 맑은데
노니는 물고기는 저 혼자 미혹되었네.

임제 바다에 뜬 달이 이미 그림자도 없는데
노니는 물고기가 어떻게 미혹되었다 할까?

봉림 바람을 보면 파도가 일고
물과 들엔 깃발과 회오리가 이는 것을 안다네

임제 외로운 수레바퀴가 홀로 비추면 강산이 고요한데
저 혼자 웃는 외마디에 천지가 깜짝 놀랐네.

봉림 세 치 혀로 맘껏 세상을 휘황찬란하게 말할지라도
일구一句라도 기틀에 맞아야 도를 보았는지 시험하리.

임제 길에서 만난 검객에겐
모름지기 검을 바칠지언정
시인이 아니니
시를 바치지는 말라.

봉림이 곧 멈추니 임제가 이에 시 한 수를 읊었다.

임제 크나큰 진리는 절대적으로 똑같다고
제멋대로 서에서 동으로 향해가고
부싯돌 불이 번갯불 더러 통하지 못했으니
어림없다고 하네.

● 到鳳林 林問 有事相借問得麼? 師云 何得剜肉作瘡? 林云 海月澄無影 遊魚獨自迷. 師云 海月既無影 遊魚何得迷?
봉림에 도착하니 봉림이 물었다./ 봉림: 어떤 상황을 좀 빗대서 물어봐도 되겠는가?/ 임제: 어찌 긁어서 부스럼을 만들려고 합니까?/ 봉림: 바다에 뜬 달은 그림자도 없이 맑은데/ 노니는 물고기가 저 혼자 미혹되었네./ 임제: 바다에 뜬 달이 이미 그림자도 없었는데/ 노니는 물고기가 어떻게 미혹되었다 할까?

봉림은 시문 짓기를 좋아했던 것 같다. 그래서 뭔가를 빗대서 물어도 되겠냐고 하니 임제는 뭐하러 긁어 부스럼을 만드냐고 말했다. 그렇게 말해도 봉림은 '바다에 뜬 달은 그림자도 없이 맑은데 노니는 물고기가 저 혼자 미혹되었네.'라고 말하니, 임제는 바다에 비친 달은 원래부터 그림자 자체가 없었는데 노니는 물고기가 어떻게 미혹되었다고 하겠느냐며 되물었다.

● 鳳林云 觀風知浪起 翫水野帆飄. 師云 孤輪獨照江山靜 自笑一聲天地驚.
봉림: 바람을 보면 파도가 일고/ 물과 들엔 깃발과 회오리가

이는 것을 안다네/ 임제: 외로운 수레바퀴가 홀로 비추면 강산이 고요한데/ 저 혼자 웃는 외마디에 천지가 깜짝 놀랐네.

다시 봉림은 '바람을 관찰할 수 있는 것'은 파도가 일렁이고, 들판에 깃발이 흔들려서 안다고 말했다. 파도가 치고 깃발이 흔들리면 바람의 존재存在를 알 수 있다고 대부분이 생각한다. 아마 이 글을 읽는 대부분도 그렇게 생각할 것이다. 그러나 바람이 부는 것을 아는 것은 바람이라는 경험이 쌓이기 전에는 절대 바람임을 알 수 없다. 그래서 바람인지 아닌지는 깃발의 흔들림이나 파도의 일렁임만으로 알 수 있는 것이 아니다. 이러한 것이 모두 처의 작용임을 반드시 이해해야 한다. 그래서 임제는 '외로운 달이 홀로 비추면 고요하고 스스로 웃는 웃음소리에 세상이 놀란다.'라고 말했다.

여기서 외로운 달은 분명히 아는 인식의 작용을 말하며, 드러난 세상도 인식도 모두 자신에게 일어나므로 웃음소리에 세상도 놀란다고 표현한 것이다. 이것은 육조 혜능의 깃발의 일화와 그 맥락을 같이 한다. 결국, 모든 삼라만상이 다 일심이라는 법계法界에서 일어나고 사라지는 일임을 밝힌 것이다.

● 林云 任將三寸輝天地 一句臨機試道看. 師云 路逢劍客 須呈劍 不是詩人莫獻詩 鳳林便休.
봉림: 세 치 혀로 맘껏 세상을 휘황찬란하게 말할지라도/ 일구一句라도 기틀에 맞아야 도를 보았는지 시험하리./ 임제: 길에서 만난 검객에겐 모름지기 검을 바칠지언정/ 시인이 아니니 시를 바치지는 말라./ 봉림이 곧 멈추었다.

임제가 이렇게 말했는데도 알아듣지 못하고 봉림은 '세 치의 혀로는 뭔 말을 못 하겠냐만 한 구절도 제대로 된 게 없어 도를 시험해 보지도 못하겠다.'라고 말했다. 참 어처구니없는 일이다. 임제는 이에 길에서 만난 검객에겐 싸움을 걸지 말고 칼을 바칠지언정 시인도 아니니 시를 바치진 말라고 했다. 즉 아무리 휘황찬란한 미사여구를 붙여 말해도 언어의 경계를 벗어난 사람에게는 말장난에 불과하니 더는 말하지 말라고 봉림에게 일침을 가한 것이다.

지금 이 상황은 초등학생이 대학원생에게 그런 것도 모른다면서 시비를 거는 상황이다. 역자가 글을 보는 눈이 낮아서 분명하게 알 수는 없으나 상황으로 보면, 봉림은 임제의 글이 시문의 관점에서 유려하지 못하다고 시비를 건 것 같다. 그래서 임제가 깨달음을 얻으려는 수행자는 시문이 아니라 바른 견해로 보는 지혜를 갖추는 게 먼저라고 꾸짖은 것으로 보인다.

● 師乃有頌 大道絕同 任向西東 石火莫及 電光罔通.
임제가 이에 시 한 수를 읊었다./ 임제: 크나큰 진리는 절대적으로 똑같다고 제멋대로 서에서 동으로 향해가고/ 부싯돌불이 번갯불 더러 통하지 못했으니 어림없다고 하네.

그제야 봉림의 시문詩文 짓기는 끝나니 임제가 다시 시를 한 수 지었다. 이것은 봉림에 대한 상태를 이르는 시로 '큰 도는 결국 똑같은 것이라면서 제 맘대로 서에서 동으로 향하고, 부싯돌의 불이면서 번갯불 보고 통하지도 못했다고 하는 꼴'이라고 꼬집어 말한 것이다. 어리석게 완전히 뒤집힌 생각 때문에 번뇌와 함께하면서도 그 잘못을 모르고 지혜가 없다고 탓하는 게 안타까워서 한탄하면서 지은 시이다.

개인은 수레와 말로 통하다.

潙山問仰山 石火莫及電光罔通 從上諸聖 將什麼爲人? 仰山云 和尙意作麼生? 潙山云 但有言說 都無寔義. 仰山云 不然. 潙山云 子又作麼生? 仰山云 官不容針 私通車馬.

위산이 앙산에게 물었다.

위산 부싯돌 불이 번갯불 더러 통하지 못해 어림없다고 하니 위로부터 모든 성현이 사람들에게 뭘 할 수 있었겠는가?

앙산 화상께서 어떻게 생각하십니까?

위산이 앙산에게 말했다.

위산 말만 있을 뿐 참뜻을 전혀 알지 못했겠지.

앙산 그렇지만도 않습니다.

위산 그대는 또 어떻게 생각하는가?

앙산 관원官員들은 바늘도 안 받았다지만, 개인들은 수레 끄는 말도 통할 겁니다.

● 潙山問仰山 石火莫及電光罔通 從上諸聖 將什麼爲人? 仰山云 和尙意作麼生? 潙山云 但有言說 都無寔義.
위산이 앙산에게 물었다./ 위산: 부싯돌 불이 번갯불 더러 통하지 못해 어림없다고 하니 위로부터 모든 성현이 사람들에게 뭘 할 수 있었겠는가?/ 앙산: 화상께서 어떻게 생각하십니까?/ 위산이 앙산에게 말했다./ 위산: 말만 있을 뿐 참뜻을 전혀 알지 못했겠지.

이 대목은 앞에서 봉림을 만나 나눈 대화에 대한 위산과 앙산의 평이다. 내용이 재미있어 따로 뺐다. 범부들의 부싯돌 불같은 작은 지혜로 번갯불처럼 강력하고 큰 지혜를 통하지 못해 어림도 없다고 말하는데, 역대의 선지식善知識들은 사람들에게 과연 무엇을 해 주었냐는 게 바로 질문의 요지이다. 그러자 앙산이 위산에게 어떻게 생각하느냐고 되물으니, 위산은 역대 선지식이 말은 했지만 정말로 이해한 사람은 없었을 것이라고 말했다.

● 仰山云 不然. 潙山云 子又作麼生? 仰山云 官不容針 私通車馬.
앙산: 그렇지만도 않습니다./ 위산: 그대는 또 어떻게 생각하는가?/ 앙산: 관원官員들은 바늘도 안 받았다지만, 개인들은 수레와 말로 통할 겁니다.

위산과 달리 앙산은 꼭 그렇지만은 않다고 말하며 관官에서는 바늘도 안 받았다지만, 개인적으로는 수레 끄는 말도 통한다고 말했다. 이 말은 공식적으로는 모든 진리가 똑같다고 말한다지만 개인들은 엄청난 차이가 있다는 걸 잘 안다고 은유적으로 표현한 것이다.

부싯돌 불과 번갯불이 불이라는 사실은 같다고 말하지만, 실질적으로는 엄청난 차이가 있다는 사실을 말 안 해도 다 안다는 것이다. 이렇게 말한 것으로 보아 당시에 선종의 입지가 그리 높지 않았던 것으로 보인다. 사실 선사들의 깊은 성찰이 아니었다면 부처님께서 깨닫고 나서 가르친 설법의 진정한 의미가 드러나지 못했을 것이다.

금우金牛를 아이 취급하다.

到金牛 牛見師來 橫按拄杖 當門踞坐. 師以手敲拄杖三下 却歸堂中第一位坐. 牛下來見 乃問 夫賓主相見各具威儀 上座從何而來 太無禮生? 師云 老和尙! 道什麼? 牛擬開口 師便打. 牛作倒勢 師又打. 牛云 今日不著便! 潙山問仰山 此二尊宿 還有勝負也無? 仰山云 勝卽總勝 負卽總負.

금우에게 도착하니 금우가 임제가 오는 것을 보고 주장자를 옆으로 잡고 문 앞에 버티고 앉아있었다. 임제가 손으로 주장자를 세 번 두드리고 나서 선당禪堂에 돌아와 첫 번째 자리에 앉았다. 금우가 내려와서 보고 바로 물었다.

금 우 보통 손님과 주인이 만나면 각자 예의를 갖추거늘 상좌는 어디서 왔길래 이렇게 무례한가?

임제 노화상의 도는 무엇이오?

금우가 말하려 하자 임제가 바로 쳤다. 금우가 넘어진 척하니 임제가 다시 쳤다. 금우가 말했다.

금 우 오늘은 방편도 통하지 않는군!

위산이 앙산에게 물었다.

위산 이 두 존숙 또한 승패가 있지 않겠는가?

앙 산 이긴 쪽이 모두 이겼으니 진 쪽이 다 졌습니다.

● 到金牛 牛見師來 橫按拄杖 當門踞坐. 師以手敲拄杖三下 却歸堂中第一位坐.
금우에게 도착하니 금우가 임제가 오는 것을 보고 주장자를 옆으로 잡고 문 앞에 버티고 앉아있었다. 임제가 손으로 주장자를 세 번 두드리고 나서 선당禪堂에 돌아와 첫 번째 자리에 앉았다.

선가에서 주장자를 옆으로 드는 행위는 '이 도리를 알겠는가?'를 행동으로 보여주는 것이다. 즉 주장자로 길을 막듯이 진로를 막는 것이다. 즉 막혀있는 의구심을 뚫고 지나가 보라는 의미이다. 그래서 임제는 이미 뚫었다고 손으로 주장자를 세 번 내리치고 금우의 자리인 제 일위의 자리를 차지했다. 아마도 금우는 선지식善知識을 흉내 냈을 뿐이라서 주장자를 세 번 손으로 두드리고 들어갈 것을 예상하지 못한 것 같다. 금우가 임제에게 묻는 의도가 분명했다면 임제의 답변을 듣고 단번에 알았을 것이다.

● 牛下來見 乃問 夫賓主相見各具威儀 上座從何而來 太無禮生? 師云 老和尚道什麼?
금우가 내려와서 보고 바로 물었다./ 금우: 보통 손님과 주인이 만나면 각자 예의를 갖추거늘 상좌는 어디서 왔길래 이렇게 무례한가?/임제: 노화상의 도는 무엇이오?

금우는 예상치 못한 임제의 행보에 맥없이 당해버리고서 뒤늦게 와서 말하기를 '어디서 왔길래 이렇게 예의가 없느냐?'라고 따지니 임제는 오히려 노화상의 도는 무엇이냐고 물었다. 임제는 이미 금우가 아직 멀었다는 것을 간파했기에 무슨 말을 하려고 하자 바로 막아버린다. 뒤에 듣는 말은 모두 변명에 불과하다. 변명은 언제나 반대로 말하는 것이므로 결국 상대적인 개념을 가지고 말하는 논리에 불과하다.

임제가 제일 첫번째 자리에 앉았던 것은 금우를 시험하기 위해서였을 것이다. 보통 상대를 시험할 때 가장 많이 쓰는 방법이 상대방을 분노로 몰아넣는 일이다. 기본적으로 번뇌는 탐진치貪嗔痴의 삼독심三毒心으로 인해서 일어난다. 탐심과 치심도 번뇌를 일으키지만 잘 숨길 수 있어 쉽게 드러나지 않는다. 그러나 분노는 순간적으로 일어나기에 가장 적나라하게 드러난다. 분노를 유발하는 가장 좋은 방법은 상대방이 중요하게 여기는 것을 빼앗으면 된다. 금우에겐 그 제 일위의 자리가 바로 그 역할을 했을 것이다. 그래서 임제가 제일위에 앉았다고 하니 부리나케 좇아와서 따졌을 것이다.

금우가 물은 '종하이래從何而來'라는 말을 잘 생각해 보아야 이 대화의 의미가 잘 드러난다. 종하이래從何而來라는 말은 어떤 전통을 따르기에 이렇게 무례하냐고 묻는 것이다. 당연히 승려는 승가의 전통을 따르는 것이 맞다. 세속의 전통은 연장자가 우선이지만 승가의 전통은 법이 우선이다. 법이 있으면 어른이고 법이 없으면 어린아이이다. 임제가 금우에게 '노화상'이라고 부른 것을 보면 임제보다 연장자이다. 물론 세속의 나이로는 금우가 어른이겠지만, 법의 측면에서 보면 임제가 어른으로 상대조차 되지 않았던 것 같다. 그렇기에 금우에게 노화상의 도道는 무엇이냐고 물었다고 볼 수 있다.

● 牛擬開口 師便打. 牛作倒勢 師又打. 牛云 今日不著便!
금우가 말하려 하자 임제가 바로 쳤다. 금우가 넘어진 척하니 임제가 다시 쳤다. 금우가 말했다./ 금우: 오늘은 방편도 통하지 않는군!

금우의 살림살이를 이미 파악했기에 금우가 말을 하려고 하자 때렸고, 또 피해자인 양 넘어지는 척을 했어도 임제에게 통하지 않은 것이다. 그러니 금우도 두 손 들고 항복할 수밖에 없던 것이다. 금우에겐 가장 최악의 날이었으리라. 하지만 반대로 생각하면 가장 큰 기회이기도 했으리라. 단언컨대 훌륭한 스승을 만날 수 있다면 그 자리에서 죽는다고 할지라도 그는 행운아이기 때문이다.

● 潙山問仰山 此二尊宿 還有勝負也無? 仰山云 勝卽總勝 負卽總負.
위산이 앙산에게 물었다./ 위산: 이 두 존숙 또한 승패가 있지 않겠는가?/ 앙산: 이긴 쪽이 모두 이겼으니 진 쪽이 다 졌습니다.

이 사건에 대해 앙산은 이긴 쪽은 모두 이겼고, 진 쪽은 모두 졌다고 평했다. 그렇다. 임제와 금우의 법거량은 애초부터 상대도 되지 않았기에 이겼다고 말한다면 다 이긴 것이고 졌다면 모두 진 것이다. 앙산이 이렇게 말한 이유는 본래 승부는 대립적인 개념이라서 여기에 승부라는 개념으로 말하면 또다시 자기모순에 빠지기 때문이다. 이 법거량은 누구를 이기고 지기 위해서 하는 것이 아니기에 승부의 문제로 볼 수 없다. 그래서 위산이 '환유還有'라는 표현을 쓴 것이다. 환유는 '그래도 억지로라도 말하자면….'이라는 의미가 그 속에 들어있다.

나의 정법안장

師臨遷化時據坐云 吾滅後 不得滅却 吾正法眼藏. 三聖出云 爭敢滅却 和尙正法眼藏? 師云 已後有人問爾向 他道什麼? 三聖便喝. 師云 誰知吾正法眼藏 向這瞎驢邊滅却? (乃有頌曰 沿流不止問如何 眞照無邊說似他 離相離名人不稟 吹毛用了急還磨 頌畢坐逝) 言訖端然示寂.

임제가 천화遷化할 때가 되어 자리 잡고 앉아 말했다.

임제 내가 죽은 후에도 나의 정법안장正法眼藏을 사라지게 하지 말아야 한다.

상성이 나와 말했다.

삼성 어찌 감히 화상의 정법안장을 사라지게 하겠습니까?

임제 이후에 어떤 사람이 네가 향하는 곳을 묻는다면 그들에게 무엇을 말하겠는가?

삼성이 곧 할喝을 하니 임제가 말했다.

임제 나의 정법안장이 저 눈먼 나귀 근처로 가서 사라질 것을 그 누가 알았을까?

(이에 게송으로 말했다.

임제 흐르는 물이 멈추지 않듯 무엇인지를 묻고
남들이 뭐라한들 끝도 없이 참답게 보아

모양도 이름도 여의어서 사람 받지 않아야 하니
취모검을 써서 마치려면 재빨리 갈아야 하리.

게송을 마치고 앉아서 가셨다.)

말을 마치고 단정하게 원적에 드셨다.

● 師臨遷化時據坐云 吾滅後 不得滅却 吾正法眼藏. 三聖出云 爭敢滅却 和尚正法眼藏?
임제가 천화遷化할 때가 되어 자리 잡고 앉아 말했다./ 임제: 내가 죽은 후에도 나의 정법안장正法眼藏을 사라지게 하지 말아야 한다./ 상성이 나와 말했다./ 삼성: 어찌 감히 화상의 정법안장을 사라지게 하겠습니까?

임제의 마지막 모습이 인상적이다. 여기서 정법안장正法眼藏은 임제가 가르친 정법을 말한다. 즉 임제가 가르친 그 바른 법을 사라지게 해서는 안 된다고 제자인 삼성에게 유언을 했다. 그랬더니 삼성이 어찌 감히 정법안장을 사라지게 하겠냐고 반문을 했다.

● 師云 已後有人問 爾向他道什麼? 三聖便喝. 師云 誰知吾正法眼藏 向這瞎驢邊滅却? 言訖端然示寂.
임제: 이후에 어떤 사람이 네가 향하는 곳을 묻는다면 그들에게 무엇을 말하겠는가?/ 삼성이 곧 할喝을 하니 임제가 말했다./ 임제:나의 정법안장이 저 눈먼 나귀 근처로 가서 사라질 것을 그 누가 알았을까?/ 말을 마치고 단정하게 원적에 드셨다.

임제가 미심쩍었던지 내 가르침의 요지가 뭐냐고 물으니 삼성이 '할喝'을 했다. 할은 수단이지 목적이 아니므로 깨닫지 못하면 아무런 소용도 없는 껍데기에 불과하다. 임제는 삼성이 할을 하는 순간 앞이 아득했으리라. 오죽하면 임종하는 순간에 임제 자신의 바른 법이 저 눈먼 삼성이란 나귀 옆으로 가서 사라지게 됨을 탄식했을까? 그런데도 임제는 아무런 미련 없이 원적에 들었다. 사실 깨닫는 순간부터 그 자신은 번뇌에서 벗어난다. 다만 나와 남이 별개가 아님을 깨닫게 되므로 한없는 자비심이 드러나서 자신만을 위해 이기심을 바탕으로 살아갈 수 없을 뿐이다. 이렇게 해서 한 시대를 풍미했던 선승 임제는 자신이 해야 할 일을 모두하고 단정하게 그의 삶을 아무렇지도 않게 마감했다.

● 乃有頌曰 沿流不止問如何 眞照無邊說似他 離相離名人不稟 吹毛用了急還磨 頌畢坐逝.
(이에 게송으로 말했다./ 임제: 흐르는 물이 멈추지 않듯 무엇인지를 묻고/ 남들이 뭐라한들 끝도 없이 참답게 보아/ 모양도 이름도 여의어 사람 받지않아야 하니/ 취모검을 써서 마치려면 재빨리 갈아야 하리./ 게송을 마치고 앉아서 가셨다.)

이 문장은 임제록엔 나오지 않지만, 경덕전등록景德傳燈錄엔 실려있다. 그래서 임제의 임종게로 알려져 있다. 임제가 말했다면 임제록에 있었겠지만, 누락 된 것으로 보아 뒤에 임종게臨終偈를 덧붙여 넣은 것 같다. 여기선 사실 여부를 따질 필요는 없고 그 의미를 더듬어 보고자 괄호 안에 넣었다.

게송의 요지는 끊임없이 흐르는 물처럼 쉼없이 무엇인지를 묻고 남이 뭐라고 하든 참으로 비추어보아야 '모양이나 이름에 얽매여 사유하는 것' 을 떠나 진정한 무아가 드러나려면, 지혜의 취모검吹毛劍을 급하게 써서 마쳐야 하니 재빨리 갈아야 한다는 것이다. 그런데 여기서 급환마急還磨를 좀 더 살필 필요가 있다. 급환마를 급수마急須磨로 기록된 곳도 있는데 환자를 '다시'로 해석해서 '다시 간다'고 해석하는데 그것은 잘못되었다. 깨달음의 지혜는 갈면 무뎌져서 다시 가는 문제가 아니다. 이 문장은 '가는 것磨' 자체가 화급하다는 말이다. 환還도 '빠르다'라는 기본적인 의미가 있으므로 급수마急須磨로 볼 때는 '급하니 모름지기 갈아야 한다'라는 말이 된다.

또, 여기서 취모검吹毛劍은 날카로운 전설적인 명검으로 머리카락을 입김으로 불어 검에 닿으면 잘린다는 예리한 칼을 일컫는 말인데, 선가禪家에선 번뇌를 끊어내는 지혜를 비유할 때 쓰인다.

제5장 탑기塔記

탑의 기록

탑의기록

師諱義玄 曹州南華人也. 俗姓邢氏 幼而潁異 長以孝聞. 及落髮 受具 居於講肆[1] 精究毘尼 博賾經論. 俄而歎曰 此濟世之醫方也 非教外別傳之旨. 卽更衣游方 首參黃蘗 次謁大愚 其機緣[2] 語句載于行錄. 既受黃蘗印可 尋抵河北鎭州城東南隅. 臨滹沱河側 小院住持 其臨濟因地得名. 時普化先在彼 佯狂混衆 聖凡莫測 師至卽佐之. 師正旺化 普化全身脫去. 乃符仰山小釋迦之懸記[3]也. 適丁兵革 師卽棄去. 太尉默君和 於城中捨宅爲寺 亦以臨濟爲額迎師居焉. 後拂衣南邁至河府 府主王常侍延以師禮住. 未幾卽來 大名府興化寺 居于東堂. 師無疾 忽一日攝衣據坐 與三聖問答畢 寂然而逝. 時唐咸通八年丁亥孟陬月十日也. 門人以師全身 建塔于大名府西北隅. 勅謚慧照禪師 塔號澄靈. 合掌稽首 記師大略.

住鎭州保壽嗣法小師延沼謹書.

住大名府興化嗣法小師存獎校勘

임제의 휘諱는 의현義玄이고 조주曹州의 남화南華 사람이다. 속성은 형邢씨로 어려서는 남달리 총명했고 커서는 효자로 소문났다. 삭발 수계하고 강원에선 비니율장毘尼律藏을 깊이 연구했고 경론은 풍부하게 공부했다. 머지않아 탄식하며 '이것은 세상을 구제하는 의사의 처방일 뿐 교학 이외에 따로 전해졌던 뜻이라 할 수 없다.'라고 말했다.

1 講肆: 강원講院
2 機緣: 도충은 기機는 수행자에 속하며, 연緣은 스승에 속한다고 했다. 사람과 사람의 만남. 서로의 조건, 정황이 교대하는 국면
3 懸記: 부처가 미래未來의 일에 대對하여 미리 말하여 둔 일

곧 옷을 갈아입고 행각하며 먼저 황벽을 뵙고 다음으로 대우를 뵈었는데 그 기연과 말씀은 행록에 실어놓았다. 이미 황벽에게 인가를 받고 찾아간 곳이 하북을 거슬러 진주성 동남 근처이다. 호타滹沱강 옆에 이르러서는 작은 선원의 주지였고 그 지역에 살았기 때문에 임제臨濟라 불리게 되었다. 그때 보화는 이미 거기에 있었는데 미친 척하며 사람들과 섞여서 성인인지 범부인지 추측할 수도 없었는데 임제가 가자, 곧 그를 도왔다. 임제가 왕성하게 교화할 때 보화는 전신탈거 했다. 앙산仰山이란 작은 석가釋迦의 예언과도 부합한 것이다. 마침 전쟁을 만나 임제는 곧 버리고 떠났다.

태위인 묵군화默君和가 성 가운데에 집을 희사해 절을 만들고 또한 '임제'로써 편액을 걸고 임제를 맞이하여 살았다. 뒤에 손 털고 남쪽으로 가서 하부에 이르니 부주인 왕상시가 스승의 예로 불러 머물게 되었다. 얼마 지나지 않아 곧 대명부의 흥화사興化寺의 동당에 머물렀다. 임제는 질병은 없었으나 홀연히 하루는 옷을 여미고 자리에 앉아 삼성과 더불어 묻고 대답하고 나서 적연히 돌아가셨다. 때는 당 함통咸通 팔년 정해(867년) 정월 십일이다. 문도들이 임제의 전신으로써 대명부의 서북 주변에 탑을 세워 모셨다. 칙령으로 시호는 혜조선사慧照禪師이고 탑호는 징령澄靈이다. 합장하고 머리 숙여 임제를 대략 기록하다.

진주 보수사 주지 법제자 연소가 삼가 쓰고
대명부 흥화사 주지 법제자 존장이 교감하다.

편집후기

이 책이 나오기까지 부족한 저를 물심양면으로 도움 주신 모든 분께 진심으로 감사드립니다. 특히, 녹야원 주지 지훈 스님과 아무 말 없이 뒷바라지해 준 케마 보살님과 지장사 신도회장님 이하 모든 신자분께 감사드립니다. 그리고 이 책의 원고를 꼼꼼히 읽고 오탈자를 교정해주신 웨이퍼마스터스의 유우식 박사님과 단국대학교 유영식 교수님, 검단 사형님 그리고 이기인님께 이 자리를 빌려 진심으로 감사드립니다.

2021년 3월 15일 발행
원저자: 慧然
역 주: 古光
펴낸이: 유경식
펴낸곳: 사리각 출판사
출판신고: 2021년 2월 1일 제 448-2021-000001 호
주소: 충북 단양군 단양읍 상진1로 46 지장사 (사리각 출판사)
전화: 043-422-2163
이메일: old-light@hanmail.net
ISBN 979-11-973737-0-1 (03220)
잘못된 책은 구입한 서점에서 바꾸어 드립니다.

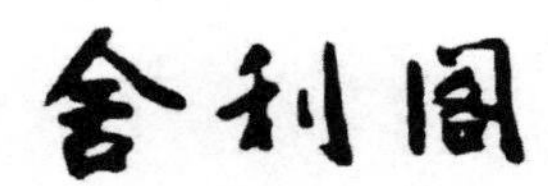